"十二五"普通高等教育本科国家级规划教材

北京高等教育精品教材
BEIJING GAODENG JIAOYU JINGPIN JIAOCAI

新编21世纪社会工作系列教材

社会工作概论

第三版

Introduction to Social Work

主　编　李迎生

中国人民大学出版社
·北京·

主编简介

李迎生　中国人民大学社会工作系暨社会学理论与方法研究中心教授、博士生导师，社会学博士。兼任民政部专家咨询委员会委员、中国社会工作学会副会长、国务院妇女儿童工作委员会儿童工作智库专家、全国基层政权和社区建设专家委员会委员、中国社会保险学会常务理事、中国社会治理研究会常务理事、中国社会工作教育协会常务理事，国家信息中心、华中师范大学、南昌大学兼职教授，人大报刊复印资料《社会工作》执行编委，《社会建设》主编，《中国民政》《社会福利》《甘肃社会科学》《社会工作》《社会工作与管理》等编委。曾任国务院城镇居民基本医疗保险试点评估专家组成员、国家社会工作硕士专业学位设置方案论证专家组副组长、中国人民大学社会工作系首任系主任等职。著有《中国社会政策的改革与创新》《中国社会工作模式的转型与发展》《社会工作助力社会治理——基于北京等地的调查》《当代中国社会政策》《为了亿万农民的生存安全》《社会工作概论》等多部著作，在国内外学术刊物发表论文150余篇，主持国家级、省部级重要科研项目30余项，获国家级、省部级科研、教学成果奖多项。

内容简介

本书是为适应新时期我国社会工作专业教育和实务快速发展的实际需要而编写的，对社会工作的理论、方法和实务知识做了全面系统的梳理和讨论，分上、中、下三篇。

上篇“社会工作总论”全面地讨论了社会工作的基础理论，包括社会工作导论、社会工作发展、社会工作价值、社会工作理论、人的行为与社会环境、社会工作过程等内容。中篇“社会工作方法”系统地梳理了个案社会工作、小组社会工作、社区社会工作、社会工作行政、社会福利政策、社会工作研究等社会工作几大专业方法。下篇“社会工作实务”结合中国实际具体地介绍了老年、儿童、残疾人、学校、医疗、工业、矫正、反贫困等领域社会工作实务知识。

本书在前两版的基础上做了全面修订，适合社会工作教学、研究、实务等专业人员和专业爱好者，以及社会学、人口学、公共管理、社会保障等相关专业理论和实际工作者使用。

撰稿人（按参编章节顺序）

李迎生　刘　娜　韩央迪　葛忠明

冯仕政　方　舒　陈光宇　范龙山

王巧燕　宋　良　刘雪红　郑程浩

祝玉红　张瑞凯　刘艳霞　胡连奎

向德平　乜　琪　郭　燕

第三版前言

自20世纪80年代中后期我国政府决定恢复重建社会工作教育以来，特别是自2006年中共十六届六中全会做出“建设宏大的社会工作人才队伍”重大战略部署以来，社会工作专业在我国取得了超常规发展。截至2017年年底，我国共有339所高校开办社会工作本科专业，约150所高校开办社会工作硕士专业学位（MSW）教育（其中正式开办105所，获准开办45所）。全国各地共开发了312 089个社会工作专业岗位，设置了36 485个社会工作服务站，成立了7 511家民办社会工作服务机构和750家社会工作行业协会。全国取得助理社会工作师和社会工作师证书的人员共326 574人，全国社会工作专业人才资源总量为1 025 757人。社会工作作为一门助人专业和职业，在服务困难群体、促进社会和谐、构建共建共享社会治理格局中发挥着不可忽视的重要作用。

本书是为适应新时期我国社会工作专业教育和实务快速发展的实际需要而组织编写的，自2004年出版以来，受到了各界读者的广泛欢迎，该书被列入新编21世纪社会工作系列教材、北京高等教育精品教材、教育部高等学校社会学学科教学指导委员会推荐教材、普通高等教育“十一五”“十二五”国家级规划教材等。

鉴于本书第一版发行以来已经十多年了，第二版出版至今也已八年，国内外形势发生了深刻的变化，社会工作学科建设和实务建设都取得了不少新进展，为回报广大读者的厚爱，满足中国特色社会主义新时代社会工作专业教育和实务事业发展的需要，我们决定对本书第二版进行比较全面的修订，出版第三版。

第三版增设了“学校社会工作”一章；鉴于“社区福利服务”一章有些内容与“社区社会工作”存在交叉，删除了“社区福利服务”一章；并对全书另外十九章内容进行了不同程度的修改、补充。

自2017年暑期启动修订工作以来，历时大半年，参加本次修订工作的主要有李迎生、祝玉红、张瑞凯、郭燕等。其中，李迎生负责修订统筹并承担第一、二、三、四、五、六、九、十、十一、十八章的修订工作；祝玉红承担“学校社会工作”一章的编写工作；张瑞凯承担第七、八、十二、十七章的修订工作；郭燕承担第五、十三、十四、十五、十九、二十章的修订工作。全书最后经李迎生统改定稿。

感谢中国人民大学“中央高校建设世界一流大学（学科）和特色发展引导专项资金”对本书修订工作的支持，感谢中国人民大学出版社人文分社社长潘宇博士、策划编辑盛杰女士对本书修订、出版工作的关心、催促和辛勤工作，并对参与修订工作的全体同仁表达诚挚的谢意。

本书一定还存在着各种不尽如人意之处，请广大读者批评指正。

李迎生

2018年3月5日

第二版前言

《社会工作概论》（第二版）系普通高等教育“十一五”“十二五”国家级规划教材，教育部社会学教学指导委员会推荐教材，北京市高等教育精品教材，也是中国人民大学出版社组织出版的“21世纪社会工作系列教材”之一。

我国的社会工作教育自20世纪80年代末恢复、重建以来，由于适应了实际需要，发展迅速，目前国内已有社会工作本科专业200多个，每年招生规模超过1万人。社会工作专业硕士（MSW）项目试点工作也于2009年正式启动，2010年正式招生，受到社会各界的欢迎，蕴藏着较大的发展潜力。社会工作学术型研究生教育及社会工作专科、成人教育等也得到了快速发展。在《中共中央关于构建社会主义和谐社会若干重大问题的决定》作出的“建设宏大的社会工作人才队伍”的重大战略部署指引下，近年来，社会工作的专业化、职业化建设在我国上上下下受到了前所未有的关注和重视，正在顺利向前推进。

早在20世纪80年代末中国人民大学经原国家教委批准设立社会工作专业时起，我一直担任该专业的教师，2001年社会工作专业并入社会学系（2003年该系与人口学系合并，成立社会与人口学院）后，我长期担任本专业的实际负责人，2006—2008年曾担任新成立的社会工作系的首任系主任（后因病辞职），是新时期我国社会工作教育的参与者和见证者之一。2007年，我有幸被国务院学位办任命为社会工作硕士专业学位（MSW）论证专家组的副组长（组长为王思斌教授），2009年又被国务院学位办任命为全国社会工作硕士专业学位试点申办单位答辩专家组代组长（组长为民政部柳拯司长及王思斌教授），自2007年起全程参与了MSW设置方案的调研、起草、论证，以及试点准备、答辩、考试大纲的编写等工作，协助国务院学位办及相关专家组组长圆满地完成了任务。参与相关工作的专家主要是来自中国人民大学、北京大学、清华大学、复旦大学、南京大学、南开大学、华中科技大学、华东理工大学、华中师范大学、吉林大学、厦门大学、中山大学、武汉大学、上海大学、河海大学等著名高校的社会工作学科带头人及民政部等有关部委的相关领导。此外，作为MSW设置方案论证的前期工作之一，2007年年初，本人应邀参与了时任教育部副部长吴启迪任组长的教育部专项任务项目“高等院校社会工作人才培养体系及社会工作专业学科建设”课题组，成员主要是教育部及国务院学位办相关司局领导及部分高校相关专家。

国内社会工作专业的发展固然迅速，但也存在着一些不可忽视的问题与困难，其中之一便是教材建设严重不足。本教材的编写和修订正是针对国内同类教材比较缺乏、不能满足教学需要的情况而进行的。《社会工作概论》（第二版）的前身《社会工作概论》及其成书前的讲义在中国人民大学曾多次使用过，接受了多年教学实践的检验。此外，《社会工作概论》也被国内众多兄弟院系采用作为社会工作及相关专业指定教材或参考书。中国人民大学及部分高校社会工作专业研究生招生考试也以本书作为指定参考书之一。该书2004年年初版后多次重印，以满足市场需求。

本书初版在受到广泛欢迎的同时，我们也清醒地认识到，囿于当时各种主客观原因，尤其是国内社会工作专业发展时间比较短暂，可资借鉴参考的文献十分有限，《社会工作概论》初版尚存在着不少缺陷甚至错误。再就是初版问世至今已五年有余，相关事实及研究都发生了较大的变化。如此等等。显然，对《社会工作概论》初版加以修订，已变得十分必要和迫切。

还需指出，在本书修订前，2008年原国务委员、全国人大常委会副委员长、全国妇联主席彭珮云先生在视察我院后，曾通过秘书专门致电我所在学院院长翟振武教授调阅本书，经翟院长转述后，给了本人很大鼓舞；同时也抓紧规划，尽快完成本书修订，以不负各界人士厚望。

《社会工作概论》（第二版）密切结合教学实践的要求，在保留第一版的优势、特点、必要内容的前提下，做了较大幅度的修订、增删、调整、更新：

(1) 全书体例、内容的修订。初版“理论、方法、实务”的体例在第二版保持下来，但章节做了必要的调整、增补。在“理论”部分增加了“社会工作过程”一章，在“方法”部分增加了“社会政策”一章。初版“社会行政”一章中的社会政策内容调整到二版的“社会政策”一章，“社会行政”经扩充独立成章，改为“社会工作行政”。初版“社会工作督导、咨询与研究”一章中的督导、咨询的内容调到二版“社会工作行政”一章，“社会工作研究”经扩充独立成章。另外，删除了初版的“附录”内容。

(2) 各章体例、内容的修订。剔除了部分已相对陈旧的材料、案例等，补充了最新的理论（研究）进展、事实与案例，数据除非特殊情况，尽量采用了最近几年的。一些章节增加了一些延伸阅读性的“专栏”。“本章要点”“复习思考题”“推荐阅读书目”等也做了一定变动，其中不少章增加了案例题。

(3) 指导思想的强化。第二版更加全面、深入地体现了“社会工作本土化”这一基本的指导思想。

(4) 对初版存在的某些技术上的缺陷（如少数文字、事实上的错误等）做了修改。

通过修订，《社会工作概论》（第二版）在借鉴前人已有成就、保持初版基本框架及优势、同时避免其不足的基础上，体现了自己的特色与创新。

《社会工作概论》（第二版）各章分工如下：

第一章，李迎生。

第二章，李迎生、刘娜。

第三章，李迎生、韩央迪（复旦大学）。

第四章，李迎生、葛忠明（山东大学）、韩央迪。

第五章，冯仕政。

第六章，李迎生、刘娜。

第七章，李迎生、韩央迪。

第八章，李迎生、韩央迪。

第九章，李迎生、方舒。

第十章，李迎生、刘娜。

第十一章，李迎生、方舒。

第十二章，韩央迪、李迎生。

第十三章，陈光宇（国家广播电视总局）、范龙山、王巧燕。

第十四章，宋良（国家信访局）、刘雪红、郑程浩。

第十五章，宋良、韩央迪。

第十六章，宋良、张瑞凯。

第十七章，刘艳霞（华东理工大学）。

第十八章，胡连奎（北京青年政治学院）、王巧燕、郑程浩。

第十九章，李迎生、向德平（华中师范大学）、乜琪。

第二十章，李迎生、韩央迪。

上述作者除校外作者特别注明外，皆是我在中国人民大学社会与人口学院的同事、博士生等专业人员。其中，我过去的博士生、现在复旦大学社会工作系任教的韩央迪博士承担了较多的修订工作。方舒、王巧燕、郑程浩除承担了相应章节的编写、修订工作外，还协助主编做了一些协调性、技术性工作。全书修订大纲由主编统一编写，全部书稿经主编最后统一审阅、修改、增删、定稿。

我的同学、原北京青年政治学院社会工作系系主任胡连奎教授于百忙之中为本书第一版撰写了“矫治社会工作”（新版中为“矫正社会工作”）一章。他不幸因病于2005年去世。他的离去，使本人痛失了一位好友和同道。在本书即将出版之际，谨对胡连奎先生的逝世再次表达沉痛的哀悼和深切的怀念之情！

还需说明的一点是，由于主编大意，初版中将作者之一山东大学社会工作系教授葛忠明先生的大名误写成“葛忠民”，新版中特别加以更正，并向葛先生表示歉意。

著名社会工作学者、华中师范大学社会学院院长向德平教授作为主编多年的朋友，欣然应邀参与了修订工作，使本书增色，特此说明并致谢忱。

另外，由于本书的初版及二版的编写、修订工作延续时间长，参与人员多，加上主编本人的疏忽、不慎等原因，引用他人成果尽管力求做到注明来源，通观全书，有些地方还是未能如愿，在此，向有关人士表达诚挚的歉意与感谢。

这次修订工作，时间紧，任务重，责任大，全体人员保持严谨、认真、求实、创新的科学精神，高标准，严要求，把这项工作视为一项光荣的使命，对全书负责，让读者满意。主编在此谨向全体编写人员表示诚挚的感谢！

还要特别感谢中国人民大学出版社人文分社领导潘宇编审一直以来对本书的支持、鼓励、肯定和督促。而我由于一直忙忙碌碌，直到今天才完成全书的修订，十分抱歉，在此请潘编审及广大读者朋友见谅。

感谢编辑徐晓梅女士、魏红岩女士在本书成书过程中所付出的辛勤劳动。由于她们严谨、细致、精益求精的工作，使本书避免了很多不足乃至错讹。

本书适合高校社会工作本科专业"社会工作概论"或"社会工作导论"课程教学用书，也适合于作为社会学、人口学、社会保障、劳动关系、行政管理、公共管理等相关本科专业的教学参考书，还可作为社会工作及相关专业研究生、社会工作专业硕士生等入学考试的专业参考书，各级组织的人事部门、民政、人力资源和社会保障、工会、青年团、残联、妇联、基金会、慈善组织等各类相关系统的专业或业余培训也可选用本教材。

经过修订，本书在已有基础上前进了一大步，这是必须充分肯定的，相信拿到本书的读者也将很快体会到这一点。尽管如此，由于各种原因，新版肯定仍然存在着这样那样的缺陷、不足，恳切希望广大读者批评指正，以便将来进一步修改、提高、完善。

李迎生

2010年2月26日

于北京

第一版序

社会工作是一门新兴学科，同时也是一门助人的专业。它是适应工业化、社会转型、市场经济的需要而产生和发展起来的，是在西方早期的社会工作实践的基础上逐步形成的。作为一门专业的社会工作自 20 世纪初在西方国家开始出现以来，发展非常迅速，以适应社会的广泛需求。我国的社工教育在新中国成立前已经有所开展，但新中国成立后不久随社会学一起被取消，留下了不少值得认真总结、记取的教训。改革开放以来，由于社会的快速转型和市场经济体制的逐步确立，出现了大量的社会问题，无法依靠原有的办法加以解决，社会对专业社会工作的需要非常迫切。在这一背景下，我国的专业社会工作教育自 20 世纪 80 年代末期开始恢复、重建，以满足社会对此方面专门人才的需求。社会工作专业教育恢复、重建以来，由于适应了社会快速转型和体制转轨的实际需要，得到了超常规的发展，目前国内设置社会工作专业的高等学校已近 200 个，还在继续增加之中。这其中不仅有综合性、研究型大学，也有理工农医师范等各类专门高校，还有高等专科学校及职业高校等等。

中国人民大学是国内最早设置社会工作专业的高校之一。1987 年国家教委同意我校及北京大学、吉林大学、厦门大学四所高校设立社会工作专业。当时确定的专业名称是“社会工作与管理”。1989 年北京大学社会学系和国家民政部合作开始招收、培养社会工作本科生。我校的社会工作专业最初设在劳动人事学院，于 20 世纪 90 年代初以“社会工作与管理（社会保障）”的名义开始招收本科生，后来又招收、培养硕士生。20 世纪 90 年代中期国家教委（当时的名称）实施大规模的专业合并、调整，根据调整后的专业格局，劳动人事学院设置劳动与社会保障专业，实际上是原劳动经济专业与社会保障专业的合并，社会工作与管理专业一度停止了招生，原有的教师从事社会保障的教学与研究。直至 1999 年秋该学院才正式在“社会工作”名义下招收本科学生，至 2000 年秋共招了两届。2000 年年底中国人民大学开始实行院系调整，社会工作专业被调至社会学系，2001 年秋该系招收了首届社会工作专业的本科生。

我校院系调整后，根据学科发展需要和本人意愿，部分教师留下继续从事社会保障的教学与研究，部分长期从事社会政策、社会救助、社会福利等方面教学与研究的教师来到社会学系从事社会工作专业建设。他们和我系专业比较接近的教师相结合，成为我系社会工作专业重要的、基本的师资力量。此外，近年来我系还吸收了从海（境）外获得社会工作专业博士学位的教师充实本专业的师资力量，而且利用各种机会和途径对现有的骨干力量进行专业培训和进修，在专业建设的其他方面也做了大量工作，使我系社会工作专业得到了超常的发展。目前我系社会工作专业有教授二人，副教授二人，讲师一人，其中四人具有社会学或社会工作的博士学位，绝大多数具有在国（境）内外学习或进修社会工作和（或）社会政策的经历。与国（境）内外社会工作教育或学术机构的联系也广泛开展起来，目前已和美国、挪威、日本、中国香港等国家和地区有学术往来及其他形式的合作。我系已在国内率先设立社会工作硕士点，即将于2004年招收首届社会工作硕士生（也是内地首届社会工作硕士生）。社会政策的博士点也在积极筹建之中。社会工作专业在人大发展的黄金时期正在到来。

从我校社会工作专业本身的教学需要出发，同时也是基于国内该专业教材建设相对滞后的现实，我们确定将加强、加快社会工作主干课程的教材建设作为近期专业建设的重点之一。除本书外，我们和中国人民大学出版社合作，还将陆续编写、出版《社会政策导论》《个案工作》《团体工作》《社区工作》《人类行为与社会环境》等社会工作主干课程的教材。在主要面向本科教学的主干教材的基础上，我们还将规划、组织本专业研究生教材的编写和出版工作。

《社会工作概论》系中国社会工作教育协会确定的社会工作专业的基础、核心课程之一，也是国家教育部社会学教学指导委员会确定的社会学专业十门主干课程之一。此外，该门课程还是社会保障、社会政策、社会福利、公共管理等类专业的必修课、必选课或选修课。李迎生主编的《社会工作概论》一书是该门课程的一本最新的教材。通读该书，有以下几个特点：

（一）取材新颖。该书全体编写人员尽可能广泛地搜集并使用、借鉴了国内外以及我国港台地区最新相关研究成果和最新文献资料、案例。

（二）内容全面。全面介绍和阐述了社会工作的理论、历史、方法、实务等基本内容，能使读者对社会工作有比较全面、系统、概括的了解和认识。

（三）结合国情。在借鉴国外社会工作专业理论与实际经验的同时，特别注重与中国基本国情相结合，促进社会工作的中国化，以服务于中国社会工作实践。

（四）语言简明。既考虑内容、体系的完整、全面，同时也考虑使用者（主要是专业学生）的实际购买力，尽可能言简意赅地说明问题。在借鉴国外内容时，也尽量符合汉语表达习惯。

主编李迎生是我校社会学系的年轻教授，曾获法学（社会学）博士学位，是社会工作专业的骨干教师之一。李迎生自20世纪90年代初以来主要从事社会政策、社会保障、社会福利等方面的研究，取得了不少有价值的科研成果，其中包括近年出版的专著《社会保障与社会结构转型》（中国人民大学出版社2001年出版）等等。他曾被选派到国外从事社会政策的学习与研究，并曾到香港考察、学习社会工作教育的经验。他担任社会政策、社会保障等研究方向的硕士生导师多年，是新成立的社会工作硕士点的主要指导教师之一。李迎生在近年承担“社会工作概论”“社会工作导论”“社会政策”等课程的教学积累的基础上，以自己为主并邀请部分专业人员编写了这部教材。他在编写大纲中提出的“以主编为主，参编人员少而精”的原则得到了很好的贯彻，这也确保了教材的质量。我可以肯定地说，这本书不仅是国内同类教材中最新的一本，也是其中质量较高的教材之一，读者使用本书不会感到失望。

当然，由于社会工作教育在我国恢复、重建的时间还很短，相关资料、特别是国外相关资料还很有限，编写组全体成员接触社会工作的时间总的来说还不长，对国外、境外资料的本土化改造及对本土社会工作经验的总结提炼还需假以时日等等，这些因素，加上其他一些因素，这使得本书肯定会存在这样那样的不足和缺陷。我希望使用本教材的读者毫无保留地提供自己的意见和建议，以便于编者在该书再版时做进一步的修改、补充、调整、删减，使之更加完善。

记得我当初在主编《社会学概论新修》时，曾提出将“先有后好”作为编写的指导思想之一。我的意思是，“先有”是因为社会迫切需要这样一部教材，我们有责任及时向社会提供这样一部教材；但基于当时的主客观条件，尚难提供一部比较完善的教材，尽管已尽了最大的努力。“后好”是随着时间的推移和主客观条件的变化，在原有的基础上不断修改，使之逐步臻于完善。《社会学概论新修》目前已做了三次较大的修订，发行量达数十万册，读者反映良好，正是我们本着“先有后好”的原则不断修改、不断完善的结果。我们面前的这部教材在今后不断修订的过程中，也一定会不断取得更新、更大的进步，为我国社会工作教育事业做出更多、更好的贡献。

郑杭生

2003年9月

于人大社会学理论与方法研究中心

第一版前言

《社会工作概论》是中国人民大学出版社和中国人民大学教务处在世纪之交组织出版的“21世纪社会工作系列教材”之一，是本人主持的北京市高等教育精品教材“十五”规划的立项项目的最终成果，也是本人主持的“中国人民大学社会工作专业主干课程建设项目”的最终成果之一。

本教材是集体合作的结晶。主编设计、规划了教材编写大纲，并撰写了前言、第一、二、三、四、六、七、八、九、十、十六及十七章；葛忠明（山东大学社会工作系副教授）撰写了第四章第三节的部分内容；冯仕政撰写了第五章；陈光宇撰写了第十一章；宋良撰写了第十二、十三、十四章；刘艳霞撰写了第十五章；胡连奎撰写了第十六章（按执笔章节先后顺序排列）。冯仕政博士是我校社会工作专业主干课程之一《人类行为与社会环境》的主讲教师。他在充实的教学积累基础上又经广泛搜集、研究国外最新资料，写成了“人类行为与社会环境”一章，为读者提供了一个比较合理、科学的人类行为分析框架，丰富了本书的理论基础。胡连奎博士多年从事社会工作及相关领域的教学与研究，并在北京青年政治学院社会工作系主持系务工作，他应主编之邀撰写了第十六章。宋良等三位皆是我指导的高年级硕士生，其研究方向为社会政策（社会工作）。早在他们刚入学不久，我即向他们通报了本教材的编写计划及其他相关研究计划，并指导他们阅读了大量专业书籍及其他相关文献。一年前，正式向他们统一布置了“实务”部分一些章节的编写任务，并指导、督促他们写作。半年前，他们相继交给我初稿。根据我的意见，他们都做了三个回合以上的反复修改、增删。将改稿收齐后，我于2003年暑假期间集中一段时间专门对他们承担的内容进行了全面、具体的修改、调整、增删，其中有的章节或部分再次让有关作者修改甚至推倒重写。三位虚心谨慎，勤奋踏实，在实际承担教材的编写过程中得到了严谨的科研作风、素质及能力的训练，有了很大的进步。尤其是他们在2003年4—7月“非典”肆虐、学校正常的教学秩序受到很大冲击的非常时期，仍坚持住校，并克服困难甚至冒着危险搜集资料，对各自所承担的内容不断修改、完善，使我非常感动。待全部书稿收齐后，主编通读了全部书稿，经修改后定稿。主编感谢全体编写人员为本书所付出的辛勤劳动。

近几年来，本人一直从事“社会工作概论”“社会工作导论”“社会政策”等课程的教学和研究工作，其授课对象为本科生和研究生，积累了比较丰富的相关资料，也取得了一定的教学经验。在实际编写过程中，编写组全体成员通过一切可能的途径搜集了大量国内外最新资料。在近两年的编写过程中，我和其他成员牺牲了大量节假日和其他休息时间，耗费了很多精力，为这本书的编写尽了最大的努力。这些为本书的顺利完成及其质量打下了良好的基础。我们相信，使用本书的读者一定不会感到失望。尽管如此，由于各种主客观的原因，本书一定存在着这样那样的缺点甚至错误，恳切希望使用本书的广大读者批评指正，以便于今后进一步修订、完善。

最后，我衷心感谢北京市教委“十五高等教育精品教材规划”对本教材所给予的大力支持，感谢中国人民大学有关部门、出版社“21世纪教材规划”对本教材的大力支持，感谢学校教务处“本科教学改革项目”对本教材编写的及时支持，感谢我国当代著名社会学家、中国社会学会会长郑杭生先生欣然拨冗为本书作序并推荐本书，感谢以著名社会学家李路路教授为代表的社会学系领导给予的多方面支持，感谢出版社副编审潘宇博士一再的热情督促和认真、耐心、细致的编校，感谢中国社会工作教育协会在资料上及其他方面提供的支持，这些保证了这部教材能够及时面世。在成书过程中，宋良和陈光宇协助主编做了一些具体工作，在此也一并致谢。

李迎生

2003年9月

于人大静园

目　录

上篇　社会工作总论

中篇 社会工作方法

下篇 社会工作实务

上篇

社会工作总论

第一章

社会工作导论

"社会工作"是外来词，是由英语"social work"直译而来的，和汉语语义中的"社会工作"一词有着很大的差别。它是一门新兴的社会科学学科，也是一种助人的专业。国际上对该学科或专业的称谓，因各国政治、经济、社会文化背景的不同，不尽一致。如有的称之为社会福利，有的称之为社会服务，有的称之为社会福利服务，有的称之为公共福利，有的称之为社会救助等。相较而言，更多的国家称"社会工作"，我国也用这一称谓。虽然作为一种助人活动，特别是对社会弱势人群的助人活动或助人事业，社会工作存在于各国，且自古就有；但作为一门学科，作为一种助人专业或专业社会工作，则起源于西方国家，至今只有100年左右的历史。专业社会工作历史虽短，但由于适应了社会需求，发展很快。新中国成立以前，我国就有了专业意义的社会工作。但新中国成立后，由于多种原因，社会工作曾中断了30多年。自20世纪80年代后期开始，社会工作学科和专业在我国得以恢复和发展。进入新世纪以来，特别是在2006年中共十六届六中全会做出的"建设宏大的社会工作人才队伍"战略部署的指引下，我国社会工作发展势头十分迅猛。本章就社会工作的概念及类型、社会工作与相关领域的关系、社会工作的学科性质、社会工作的功能等有关社会工作学科的一些基本问题加以介绍与讨论。

第一节 社会工作的意义及其分类

一、社会工作概念的内涵

(一) 国际上关于社会工作的三种认识角度

社会工作实践普遍存在于世界各国，但社会工作发展程度却因各国政治制度、经济制度、文化传统及社会发展趋势与程度的不同而不同。相应地，各国关于社会工作的界定也不相同。归纳起来，不同国家对社会工作的认识可大致分为以下三类。①

第一类，把社会工作视为一种个人慈善事业。认为社会工作是社会中上层成员出于人道主义或宗教信仰的驱使，对社会上贫苦及不幸者举办的慈善、施舍。

第二类，将社会工作视为由政府或私人社团举办的以解决各种由经济困难导致的问题为目的的各种有组织的活动。如对社会上由于失业、贫困、疾病、老年、残障、精神疾患、孤寡等各种原因面临经济方面困难的人们的扶助与救济事业。

第三类，将社会工作视为一种由政府或私人社团所举办的专业服务。它不分性别、年龄与贫富，以协助个人发挥其最大潜能，使其获得最美满、最有意义的生活为目的。它的工作重心已不仅仅局限于对被救助者社会关系的调整与革新，也不仅仅局限于对被救助者物质上的扶助，而且有专业的咨询服务，以协助他们自觉、自立及发挥潜能。其工作对象不只是若干贫困或遭遇其他社会问题的人，而且已延及一般大众或全体人民。

上述第一类大体上代表了社会工作发展的初期阶段的认识，第二类代表了目前大多数国家的认识与实践，第三类尚主要存在于发达国家。不过，随着世界各国不断向现代化社会迈进，第三类认识和实践正为越来越多的国家所认同。

（二）专业意义上的社会工作

“社会工作”一词，我们在日常工作、生活中常常提到，但其用法一般是通俗意义上的，而非专业意义上的。② 上述关于各国对社会工作认识的三种角度，只有第三种是真正专业意义上的。那么，什么是专业意义上的社会工作呢？这里我们介绍一些比较有代表性的定义。③④⑤

（1）社会工作是一种助人活动。美国社会工作者协会（National Association of Social Workers，NASW）对社会工作所下的定义是：社会工作是一种专业活动，用以协助个人、群体、社区去强化或恢复能力，以发挥其社会功能，并创造有助于达成其目标的社会条件。

（2）社会工作是一种助人过程。弗里兰德（Friedlander）1980 年在其所著的《社会福利概论》一书中强调，社会工作是一种专业服务，也是一种助人的过程。

（3）社会工作是一种助人方法。我国台湾学者廖荣利在 1996 年出版的《社会工作概要》一书中引述了芬克（Fink）对社会工作的定义：社会工作是一种艺术或学

---

① 叶楚生．社会工作概论．台北：同泰公司，1980：3－4．

② 专业社会工作与通俗意义上的社会工作有一些共同之处。通俗意义上的社会工作，如一个教师兼做班主任，一个机关干部兼做工会工作，也经常涉及为工作对象排忧解难，因而也是一种助人行为。但二者的区别明显：首先，专业社会工作有明确的以帮助受助人为中心的指导思想。其次，专业社会工作强调工作方法与技巧，如个案方法、群体（小组）方法、社区方法、访谈技术等；通俗意义上的社会工作不强调这些。最后，专业社会工作强调提供制度化的服务（专业化、职业化、经常化）；通俗意义上的社会工作一般为兼职。

③ 林胜义．社会工作概论．台北：五南图书出版公司，2001：2－6．

④ 徐震，林万亿．当代社会工作．台北：五南图书出版公司，1986：4－6．

⑤ 陈良瑾．中国社会工作百科全书：总论．北京：中国社会出版社，1994：1－2．

科，它通过提供助人的服务，以增强个人与群体的人际关系和社会生活功能。这种助人的专业方法注重人们和其所处环境的交互关系。

(4) 社会工作是一种专业。廖荣利本人在《社会工作概要》一书中对社会工作所下的定义是：社会工作是现代社会中一种独特的专业领域，它运用社会的和心理的科学原则，以解决社区生活中的特殊问题，并减轻或解除个人的生活逆境和压力。

(5) 社会工作是一种制度。威特默尔（Witmer）1942年在其所著的《社会工作：一种社会制度的分析》一书中认为：社会工作是有组织的机构或团体为解决个人所遭遇的困难而实施的一种援助，是为协助个人调整其社会关系而实施的各种服务。史伯林（Siporin）在1975年出版的《社会工作实务概论》一书中也认为：社会工作是一种协助人们去预防和解决社会问题，恢复并增强他们的社会生活功能的一种社会制度化方法。

(6) 对社会工作的综合性定义。斯基摩尔（Skidmore）在其1994年出版的《社会工作导论》一书中，对社会工作下了一个综合性定义：社会工作是一种艺术、一种科学，也是一种专业，其目的在于协助人们解决其个人、群体（尤其是家庭）、社区的问题，以及运用个案工作、小组工作、社区工作、行政和研究等方法，促使个人、群体和社区之间的关系达到满意的状态。2014年7月，国际社工联等机构在澳大利亚墨尔本联合召开会议①，会议对社会工作做出了新的解释，这个定义也是综合性的：社会工作是以实践为基础的专业，是促进社会改变和发展、提高社会凝聚力、赋权并解放人类的一门学科。社会工作的核心是社会公平公正、人权、集体责任和对多样性的尊重。社会工作专业以社会工作理论、社会科学、人类学以及相关的本土化知识为理论支撑，社会工作使人们致力于解决来自生活的挑战，提升生活的幸福感。②

我国学者陈良瑾等人认为：社会工作是一种不以营利为目的的助人自助的专业性社会服务工作，也是一门独立的学科和专门的职业。社会工作是为帮助人们满足那些仅凭个人努力无法满足的需求而采取的各种有组织的做法；它视受助者为积极能动的主体，而不只是被动消极的客体；它提供必要的条件和运用专业的方法使受助者发挥潜能，以自己解决自己的问题；它是一门以现代科学所提供的知识为基础的应用性社会科学。③

2007年12月，国务院学位办社会工作硕士专业学位设置专家论证会议经广泛讨论，对社会工作也下了一个综合性定义：社会工作是遵循以人为本、助人自助、平等公正的专业价值观，在社会服务及社会管理等领域，综合运用专业知识、技能和方法，帮助有需要的个人、家庭、群体和社区，整合社会资源，协调社会关系，预防和

① 即国际社会工作教育联盟和国际社会工作者联合会于2014年7月在澳大利亚墨尔本召开的“世界社会工作、教育与社会发展联合大会”。

② 李晓慧，高翔．社会工作专业的国际新定义//中国社会工作研究：第13辑．北京：社会科学文献出版社，2016.

③ 陈良瑾．中国社会工作百科全书：总论．北京：中国社会出版社，1994：2.

解决社会问题，促进社会稳定和谐的专业和职业。①

我国台湾学者李宗派、李增禄、徐震和林万亿等对社会工作下的定义也是综合性的。

（三）本书对社会工作的定义

我们也倾向于从综合性角度给社会工作下定义，因为前述从活动、过程、方法、专业、制度等不同角度对社会工作下的定义总体上都失之片面，只有从综合的角度下定义才能使人们对社会工作产生全面、完整的认识。但从现有从综合性角度下的定义看，有的失之笼统，本土性不足；有的失之宽泛，专业性不足；有的啰唆、累赘，精练性不足；等等。因此，从综合性角度给社会工作下定义虽然比较科学、合理，但要做好并不是一件容易的事情。

在本书第一版，我们曾给社会工作下过这样一个定义：社会工作是指社会工作者运用专业知识与方法帮助社会上处于不利地位的个人、群体和社区，克服困难、解决问题并预防问题的发生，恢复、改善和发展其功能，以适应和进行正常的社会生活的服务活动。② 这个定义比较简练，但现在看来不足在于：对社会工作对象概括不全面；从服务对象角度考虑多，从社会角度考虑不足；对社会工作专业（学科）属性界定不足；等等。

我们在这里尝试给社会工作下一个新的定义：社会工作是一个以实践为基础的专业，是维护人的社会权利、促进社会协调发展的一门学科。社会工作遵循以人为本、助人自助、平等公正、协调共享等基本理念和专业伦理，综合运用专业知识、技能和方法，帮助有需要的个人、家庭、群体（组织）和社区，整合社会资源，协调社会关系，恢复、改善和发展其社会功能，克服困难、解决问题并预防问题的发生，以适应和进行正常的社会生活。

关于这个定义，我们在此做以下几点解释。

第一，它强调社会工作是一个以实践为基础的专业，是一门应用学科。它不是一个以理论为主旨的专业，虽然它有其独特的理论基础。

第二，社会工作是一个以价值为本的专业，社会工作的专业价值涉及社会一般价值（如以人为本、平等公正、协调共享）、社会工作独有的价值（如助人自助）、社会工作专业伦理等层次。

第三，社会工作的主体涉及直接主体和间接主体。直接主体是社会工作者（机构），间接主体是国家（政府）和社会。社会工作者（机构）在国家社会政策框架下

---

① 2007 年下半年，国务院学位办组织了社会工作硕士专业学位设置方案的论证工作，先后在北京大学、中国人民大学召开了两次专家论证会议，与会专家包括王思斌（北京大学，专家组组长）、李迎生（中国人民大学，专家组副组长）、赵甲明（清华大学）、顾东辉（复旦大学）、关信平（南开大学）、徐永祥（华东理工大学）、周晓虹（南京大学）、雷洪（华中科技大学）、张友琴（厦门大学）、向德平（武汉大学）、田毅鹏（吉林大学）、蔡禾（中山大学）、张文宏（上海大学）、江立华（华中师范大学）、施国庆（河海大学）等教授，与会领导包括时任国务院学位办副主任李军及时任文理医学科处处长黄宝印等。在 2007 年 12 月于中国人民大学召开的第二次专家论证会上，会议讨论并确定了对“社会工作”的定义。

② 李迎生．社会工作概论．北京：中国人民大学出版社，2004：6.

借助政府和社会各方面资源为社会工作对象提供专业服务。

第四，社会工作对象是社会中广泛存在的有这样那样需要①的个人、家庭、群体（组织）和社区，主要涉及社会困难群体，也涉及暂时陷入困境的普通个人、家庭等服务对象。

第五，社会工作运用专业知识和方法提供服务，即提供专业服务。社会工作专业知识来自社会工作理论、社会科学、人类学以及相关的各方面知识的整合，社会工作专业方法包括但不限于个案工作、小组工作、社区工作、社会行政等。

第六，社会工作的功能涉及维护人的社会权利、促进社会协调发展等多个角度，概而言之，即通过帮助个体（家庭、群体社区），实现个体与社会的协调发展。

这一定义既是一般意义上的，也是结合中国实际的，还是与时俱进的（如结合了中国共产党十八届六中全会提出的新发展理念等），因而可以认为是一个本土化的且具有时代特征的社会工作定义。

二、社会工作的分类

社会工作可以按不同的标准进行分类。这些被学者经常采用的标准包括社会工作的方式方法、社会工作所针对的问题的性质、社会工作的对象、主办机构的性质以及综合性标准等。这里我们介绍以下几种。

（一）按社会工作方法进行分类

可将社会工作分为个案社会工作、小组社会工作、社区社会工作、社会工作行政。

（1）个案社会工作（social case work）：以个人及单个家庭为对象的一种社会工作方法。

（2）小组社会工作（social group work）：以一群人、团体或社团为对象的一种社会工作方法，也称社会群体工作。

（3）社区社会工作（community organization and community development）：以一群人共同生活的地区即社区为对象的一种社会工作方法。

---

① 社会工作对象的需要也是与时俱进的。习近平同志在党的十九大报告中指出，“经过长期努力，中国特色社会主义进入了新时代，……我国社会主要矛盾已经转化为人民日益增长的美好生活需要和不平衡不充分的发展之间的矛盾”。在新时代，困难群体的需要也将呈现出新的特点。在满足了基本的生理需要后，困难群体要满足安全感的需要，其中最关键的就是使自己和子女都具备一定的能力和机会参与劳动力市场，获得安全的工作环境、足够的收入，并能使子女也具备知识和能力，使个人和家庭都有保障。困难群体也需要爱，需要归属感，除了对自己所属群体的归属感，也希望融入更大范围的社区、社会。比如，老人在获得生活照料之外，还需要精神慰藉；残疾人希望融入社区，与他人建立良好的互动关系，满足情感和归属的需求。困难群体也需要尊重，甚至可以说，更需要尊重，他们希望得到社会大众的尊重，就算暂时或长期接受社会帮助，也要有尊严，而不要被标签化为失败者、懒汉等。困难群体对自己的前途、发展空间有所希冀。比如，很多进城务工人员对职业发展有自己的规划，并积极寻求时机自我创业、实现自己的理想和抱负。李迎生，吕朝华．社会主要矛盾转变与社会政策创新发展．国家行政学院学报，2018（1）．

（4）社会工作行政（social administration）：主要以行政的方法与程序，通过制定和执行社会政策推进社会工作的一种方法。

（二）按社会问题的性质进行分类

按社会问题的性质进行分类，即对社会工作者职责范围之内的社会问题做出划分。

社会问题包罗万象，但通常被社会工作者认定为其职责所在的社会问题主要有：贫穷问题，失业问题，疾病问题，婚姻、家庭问题，儿童问题，老年问题，身心残障问题，吸毒问题，酗酒问题，犯罪问题，劳工问题，种族歧视问题，等等。

（三）按社会工作的对象进行分类

一般而言，按社会工作所涉及的对象，社会工作可分为儿童社会工作、青少年社会工作、老年社会工作、妇女社会工作、贫民救助工作（反贫困社会工作）、残疾人社会工作、劳工（工业）社会工作、农民社会工作、患者（医疗）社会工作、社会越轨者工作（矫正社会工作）等。

（四）按社会工作的方式（媒介）进行分类

按社会工作的方式（媒介），可将社会工作划分为家庭式、社区或社会式、机构式三类。

（1）家庭式：包括儿童寄养、儿童家庭补助、家庭服务等。

（2）社区或社会式：在社区设置社区（社会）服务中心来开展工作，如设置儿童福利站、老人活动中心等。

（3）机构式：通过设置儿童福利院、老人院、伤残康复中心、精神病康复中心等来开展工作。

这一分类法起源于传统上将社会工作划分为院内救济（indoor relief）和院外救济（outdoor relief）的分类方法。家庭式与社区或社会式属院外救济，机构式属院内救济。

（五）按与服务对象接触的方式进行分类

按与服务对象接触的方式，可将社会工作分为直接式（初级）服务和间接式（次级）服务。

（1）直接式（初级）服务：也称微观社会工作。社会工作者直接面对案主或服务受益人，在直接接触过程中，达到服务的目的，包括个案工作、小组工作，以及各种治疗、辅导、咨询等。

（2）间接式（次级）服务：也称宏观社会工作。社会工作者不直接面对案主，而是以间接的方式提供服务或实现服务的功能，如社会立法、社会行政、社会政策、社会工作研究、社会工作督导、社区组织与社区发展、社会计划等。

(六) 按主办机构的性质或经费来源进行分类

按主办机构的性质或经费来源，可将社会工作分为公办、私立、公私合办三类。

(1) 由政府或国家机关主办的社会工作（公办）：由政府纳入公共福利部门，聘用社会行政人员及社会工作者推动业务，其经费由国库或地方政府开支。

(2) 由私人社团或民间团体主办的社会工作（私立）：所需经费由私人社团筹募或由财团捐助。

(3) 公私合办的社会工作：其形式可以是由私人社团或民间机构举办，由政府拨款补助并加以督导、协调。

一般说来，凡事关全国的社会福利事务一般应为公办；因地、因对象、因方法制宜的社会工作，应鼓励民间举办或民办公助。

(七) 按专业水准进行分类

按专业水准，可将社会工作分为庶务性、政务性及专业性的社会工作三类。

(1) 庶务性社会工作：传统式的社会救济性质的工作，便是一种庶务性的社会工作。

(2) 政务性社会工作：即政治组织或社会团体为了某种政治目的或作为一种宣传手段，所从事的表现的或形象的社会服务工作。

(3) 专业性社会工作：由社会工作专业组织根据人们需求而提供的有步骤、有方法、全面性、整体性、以促进社会公平和社会发展为目的的社会服务工作。

(八) 综合式分类

为方便计，不少国家、地区、国际组织采用一种多维的或综合的标准来对社会工作进行分类。其所用的维度涉及对象、领域、方面、部门、区域等。

联合国社会发展委员会将社会工作分为：调节社会关系、进行职业介绍和职业辅导、实施社会安全或社会保险、倡导合作事业、进行社会教育、举办儿童福利、提供心理或精神卫生服务、提供公共卫生服务、提供伤残康复服务、参与住宅规划、进行公共救助、实行老年救助、推进城乡建设、推进社会运动、从事社会福利行政、从事社会工作教育等方面的工作。

美国《社会工作百科全书》将社会工作者涉及处理的问题分为52个，包括堕胎、青少年怀孕、收养、老年、酒精滥用、儿童虐待和遗弃、儿童性虐待、儿童福利服务、公民权利、矫治、发展性障碍、生理性障碍、灾害救助、离婚与分居、家庭暴力、药物滥用、紧急健康服务、单亲家庭、继养家庭（stepfamilies）、家庭与人口计划、成人寄养服务、儿童寄养服务、一般和紧急救助、儿童的群体照顾、健康计划、无家流浪者、同性恋、住宅服务、饥饿和营养不良、收入维持、低收入者服务、信息和转介服务、青少年犯罪、法律服务、文盲、长期照顾、亲人死亡、心理健康与心理服务、病人权利、贫穷、初级健康照顾、娼妓、儿童保护服务、老人保护服务、种族隔离与歧视、难民、逃亡者、性别歧视、性功能失调、自杀、失业和未充分就业、退伍军人服务。①

根据我国的实际，可将社会工作分为：儿童社会工作、青少年社会工作、老年社会工作、残疾人社会工作、妇女社会工作、家庭社会工作、学校社会工作、医疗社会工作、工业（企业）社会工作、反贫困社会工作、矫正社会工作、社区社会工作、农村社会工作、民族社会工作等。

第二节 社会工作与相关领域的关系

本节我们将对社会工作与相关领域的关系进行辨析。这些领域包括社会保障、社会救助、社会福利、思想政治工作、社会服务等。弄清社会工作与这些领域之间的区别和联系，对于我们学习、研究以及实际推展社会工作，显然是必要的。

一、社会工作与社会保障

（一）社会保障的内涵

“社会保障”一词来源于英文的“social security”，我国香港、台湾地区学者一般将其译为“社会安全”，日本学者则将其译为“社会保障”。我国采用日本学者的译法。社会保障首先是一种制度或社会政策，不同的国家或地区及国际组织对此有不同的解释。国际劳工组织在1942年出版的有关文献中曾有一个定义：“通过一定的组织对这个组织的成员所面临的某种风险提供保障，为公民提供保险金，预防或者治疗疾病，失业时给予资助并帮助其找工作。”这个定义虽具权威性，但实际上是将社会保障视为社会保险，失之过窄。

美国1973年出版的《韦氏新大学辞典》这样来解释社会保障：“社会保障是社会或国家为个人及其家庭保证经济安全和提供社会福利的公共计划的原则和实践。”

1981年出版的《大英百科全书》也将社会保障视为“一种公共福利计划”，“其设置是为了保护个人及其家庭不因失业、年老、疾病或死亡以致收入受到损失，并通过公共服务（如医疗）以及为家庭生活提供经济补助以增进其福利。社会保障可包括社会保险计划、保健及福利事业，以及种种保护收入的方案”②。

日本总理府社会保障审议会1950年发表的《劝告》对社会保障的界定为：“社会保障是指针对疾病、负伤、分娩、残疾、死亡、老龄、失业、多子女及其他原因造成

① 林振春．社会工作．台北：师大书苑有限公司，1998：32－34.

② 冯兰瑞等．中国社会保障制度重构．北京：经济科学出版社，1997：216－217.

的贫困，从保险的方法和直接的公共负担上，寻求经济保障途径。对陷入生活困境者，通过国家救助，保障其最低水平的生活。与此同时，谋求公共卫生和社会福利的提高，以便使所有国民都能过上真正有文化的社会成员的生活。”①

以上三个定义能较准确地反映先进工业化国家社会保障制度发展的现状。实际上，现代社会保障是现代国家以政府为主体，经过立法程序，通过动员社会资金或用再分配国民收入的办法，对社会上的贫者弱者实行救助，使他们能够享有最低生活，对工资劳动者暂时或永远失去工资收入后给予一定程度的收入补偿，使他们能够维持基本生活，以及为城乡全体居民提供福利，以维护社会安定、促进经济成长和增进公民生活福利的一种制度或社会事业。也正因为如此，社会保障才具有人们所素称的“社会安全网”或“社会稳定器”的性质。② 尽管养老抚幼、扶贫济困等自古就存在，但在工业文明出现以前，和自给自足的小农自然经济相适应，它们要么是由一家一户的家庭或家族来承担的（如养老抚幼），属家庭保障，要么是由国家零星举办的（如扶贫济困），并带有施舍的性质，因此，它们都不是社会保障。社会保障是一项现代社会政策，是由国家通过法律实施的一种制度化举措。它将实施社会保障视为现代国家的一项义不容辞的责任，而将国民依法享受相应的保障待遇视为保障对象的权利，一种不可剥夺的生存权与发展权。当然，在先进的工业化各国，达到以上认识并非易事，而是经历了一个相当长时期的曲折过程。其间既有统治阶级顺应经济和社会的发展与稳定的需要而为的因素，在相当程度上，也是被统治阶级艰苦卓绝斗争的结果。

（二）社会保障体系构成

现代国家为保障国民的基本生活和提高其社会福利，一般都设置若干种保障项目，由此构成了社会保障体系。从西方先进工业化国家社会保障体系的结构来看，一般都可大致划分为核心（基本）保障与补充保障两大层次（也有划分为更多层次的）。

社会保险（social insurance）在社会保障体系中无疑居于核心层次。《简明不列颠百科全书》将社会保险解释为“预防各种经济危险（如因疾病、年老或失业而丧失收入）的公共保险计划……社会保险计划不同于私人保险。社会保险金的分摊，通常是强制性的，不仅可由被保险人提供，而且可由雇主和政府负担。其受益（救济）金的多寡，也不似私人保险那样严格地受所付保险金多少的限制。社会保险还与其他形式的公共援助有着明显的区别。社会保险制度大多是自我筹集资金，将分摊的保险金存入为此目的而设立的特定的基金。救济金的支付，通常以所付的保险费为基础，而不以需要为依据，因此无须去调查家庭经济情况。救济金成为一种权利，以领取公共基金为羞耻的副作用已大为减少。社会保险金的筹措，各国情况大不相同，在澳大利亚、瑞典、丹麦等国，国家为社会保险计划提供大部分的费用。一国之内社会保险费用的分摊也因具体保险计划的不同而情况各异，如工伤保险的费用常由雇主全部负

---

① 日本总理府．社会保障统计年报．东京，1998：61.

② 侯文若．社会保障实务大全．北京：新华出版社，1994：2.

担”[1]。我国学者一般认为，社会保险是以一般劳动者为对象，以保障他们（及其家属）在遭遇各种生存风险时，其基本生活不致中断的一种社会政策。[2][3][4] 它强调受益人权利与义务相结合，采取由受益人与雇主等分摊有关费用，由国家提供最后担保的方式推行。社会保险一般通过国家立法，经由政府出面强制推行。为使劳动者在其劳动生活中或退休以后不受遭遇的各种风险的打击，现代国家设置了种种保险项目，一般由七个部分组成，即疾病社会保险、生育社会保险、工伤社会保险、残障社会保险、失业社会保险、老年社会保险和死亡社会保险。在社会保险体系中，各项目并非同等重要。一般而言，在以上各种项目设置中，各国更重视老年、疾病及失业等三大保险项目。也正因为如此，这三大项目在社会保险体系中居于重要位置。

社会保险之外的其他社会保障项目，如社会救助、企业补充保险、个人储蓄保障、社会补贴、家庭津贴等，则属于补充保障或附属保障。

当然，以上对社会保障体系结构的划分是以先进工业化国家为参照而做出的，对其他发展中国家，特别是其中一些更落后的国家不一定适用。对后一类国家而言，社会救助就不一定是补充保障，而是基本保障形式之一。

中国社会保障制度的基本框架，见表 1－1。

表 1－1　　中国社会保障制度的基本框架

	层次	项目		标准	资金来源	对象
社会保障制度	基本保障	社会保险	养老保险	基本生活	雇主、雇员、国家	工薪劳动者
			医疗保险			
			失业保险			
			工伤保险			
			生育保险			
			死亡保险			
			遗属保险			
	最低保障	社会救助	生活救助	最低生活保障	国家和社会	贫民（低于贫困线的无业或有业者）
			医疗救助			
			教育救助			
			住房救助			
	最高保障	一般社会福利	社会性福利	改善生活	不同主体（国家、区域、单位）	全民或单位职工
			区域性福利			
			单位性福利			
	特殊保障	特殊社会福利	老人福利	相当于社会救助，又有所不同	国家和社会	特殊弱势群体
			儿童福利			
			残疾人福利			

① 简明不列颠百科全书：7 卷．北京：中国大百科全书出版社，1986：117.

② 邓大松．社会保险比较论．北京：中国金融出版社，1992：187－188.

③ 侯文若．现代社会保障学．北京：红旗出版社，1993：1－2.

④ 郑功成．社会保障学——理念、制度、实践与思辨．北京：商务印书馆，2000：18.

(三) 社会工作和社会保障的异同

社会工作和社会保障的共同点在于，它们都是对社会上处于困难境地的人们提供帮助。

二者的区别可从以下五个方面来理解：(1) 社会保障基本上是由国家法律规范的救援措施与政策，属于社会政策的范畴；社会工作则是具体、直接的社会援助的提供。社会工作将社会保障政策、项目转化为现实的服务，使之成为社会大众所共享的成果。(2) 社会保障属于收入或物质上的帮助；社会工作不仅提供物质上的帮助，而且提供精神上的帮助。(3) 社会保障的直接目的是维持有困难者的基本生活，以不致发生危险，所以也叫社会安全；社会工作除了救助之外，还有发展受助者能力的任务。(4) 社会保障是对个人、家庭而言的，社会工作的对象包括个人、家庭及社区。(5) 社会保障的基本责任主体是国家和政府；社会工作的责任主体是社会工作者和受助者双方，是他们之间的合作。

二、社会工作与社会救助

(一) 社会救助的内涵与发展过程

社会救助是一种现代提法，原来一般称救济、济贫，我国官方文件常称社会救济。社会救助译自英文 social relief。按汉语习惯，relief 通常被译为救济。按照有关权威解释，社会救助是指“国家和社会对贫困者提供最低水平生活需求的物质援助，并增强他们适应社会生存能力的一种社会保障制度”①。

社会救济有着比较悠久的历史。在中国，历史上出现过种类繁多的“赈穷”“恤贫”措施，如赈谷、赈银、工赈、施粥、平粜、居养、慈幼等。这些措施一般由政府提供或倡导。西方的社会救济起源也较早。中世纪以后，其救济举措比较有特色，出现了由政府干预或倡导、教会或民间参与的慈善济贫事业。比较著名的事件如 1601 年英国女王伊丽莎白颁布济贫法，规定国家开征济贫税，但将管理济贫工作的责任委托给教区，并允许各教区征税充作济贫费用。17—18 世纪，美国大体上也是仿照此法实施救济，但仅针对教徒中的贫民，且所给的救济很少。19 世纪中叶以后至 20 世纪上半叶，贫富悬殊的社会矛盾加剧，工人运动高涨；同时，不少国家也有能力从制度上解决不同类型贫民的生存保障问题。在此前提下，自德国开始，西方各国相继建立了涵盖广泛的社会保障制度。其中针对在业人员所可能遭遇到的贫困，主要实行社会保险制度。社会救济作为社会保障制度的一部分，其所针对的对象是没有劳动能力，或收入不足以维持法定的最低生活标准即低于“贫困线”的个人或家庭。救济金额常视救济对象的家庭人口和贫困程度而定。它以法律为依据，经过申请和审核等科学程序，确定申请者是否有权享受救济。

---

① 中国大百科全书·社会学．北京：中国大百科全书出版社，1991：310.

现代国家大多建立了社会救济制度，但提法不同。在日本称之为“国家救助”，其具体项目有生活救助、医疗服务帮助、教育资助、居住条件补助、分娩补助、就业补助、安葬资助七项，生活救助的标准是使被救助的贫困家庭享受到一般家庭人均月生活消费支出的60%。在英国，社会救济制度则被称为“生活补贴制度”。我国港台地区一般称“社会救助”。我国官方文件一直称这项制度为“救济”制度或“社会救济”制度，只是近年来才开始出现“社会救助”的提法。在某种意义上，这也是受到我国港台地区的影响；但根本的还是基于对现代社会救济制度和历史上的济贫实践本质上的区别的理解，而不是简单的一字之差。

关于现代社会救济制度和历史上的济贫举措之间的根本区别，本书将在“反贫困社会工作”一章做比较详细的说明，故在此不再赘述。应当指出的是，本书在行文中往往是“救济”“救助”交替使用，这主要是照顾我们早已约定俗成的提法。其实，现代意义上的“社会救济”均应当称为“社会救助”；历史上的济贫，可笼统称为“救济”。这一点提请使用本书的读者朋友注意。

(二) 社会救助与慈善事业

“慈善”一词的汉语意义为“慈爱，富有同情心”，在英文中的对应词是“philanthropy”。在慈爱、同情动机的支配下所表现出的行为便是所谓“善行”或“慈善行为”“慈善事业”。若做简单化的理解，“慈善”一词含有恩赐、施舍的意思。从历史上直到今天，也确实有人这样来理解“慈善”。但慈善的本质应是“人类善爱之心的表现与标志”①。早在古罗马时期，人们就将富人为穷人解除痛苦且不损害穷人的尊严视为重要的宗教责任。中国历史上的慈爱思想也是源远流长的。起源于不同历史时期的世界几大宗教教义中，更含有丰富的慈善、友爱、互助的思想，这些成为教徒和世俗的人们从事善行或慈善事业的思想基础。

西方历史上的济贫事业一般由教会经办，表现为宗教和民间的慈善事业。政府对济贫的支持一般体现为立法干预，如前述英国在16世纪、17世纪所采取的模式。在这种模式中，慈善济贫应是济贫或社会救济的主要内容。但在现代国家，原先的模式发生了改变，政府不仅通过立法或制定社会政策干预济贫事业，而且贫困救助一般成为国家社会保障制度的重要内容之一。政府的贫困救助具有标准化、经常化和强制化的特点。

原由教会和民间主办的慈善济贫的形式在现代国家还存在，甚至得到了发展。在发达国家，慈善组织成为“第三部门”② 的重要组成部分。1998年，美国有慈善组织734 000个，其中规模较大的如总部设在纽约的“世界宣明会”，在全球有89个办事处，主管100多个国家和地区的慈善工作。该组织早在1947年就与中国建立了联系，自20世纪80年代以来对中国的救灾、救济事业给予了各种实际支持。③ 和政府的贫

---

① 郑功成．社会保障学——理念、制度、实践与思辨．北京：商务印书馆，2000：28.

② 在发达国家，一般将政府组织称为第一部门，将企业、公司组织称为第二部门，而将一些非营利部门或公益组织称为第三部门。

③ 阎明复．美国慈善事业的考察报告．社会保障制度，2001（10）.

困救助措施相比，慈善济贫一般不具有标准化、经常化、强制化的特点（当然不排除一些例外）。之所以有此区别，一个重要原因是二者的供款机制不同。政府的贫困救助有财政担保，慈善济贫则主要依赖社会捐助。

尽管有上述不同，但二者所针对的对象有着一致性，慈善事业的发展甚至惠及了政府一时难以顾及的部分社会成员，如农民，是对政府措施的补充。慈善事业的发展也可在一定程度上提高救助对象的生活水平，等等。如此说来，慈善事业可被视为现代社会救助制度或体系的一个比较特殊的组成部分。

三、社会工作与社会福利

（一）社会福利的内涵

社会福利概念的使用比较广泛。在欧美，人们一般不大使用“社会保障”，而使用“社会福利”。第二次世界大战以后，世界上出现了一大批“福利国家”，社会福利的概念更是经常为人们所谈论。但社会福利又是一个非常模糊的概念，虽然屡被提起，但要把它界说清楚，其实并不容易。以下我们介绍几种比较权威的著作中有关社会福利的界说。

1. 对“社会福利”的广义理解

美国社会工作者协会 1999 年出版的《社会工作百科全书》对社会福利的解释是：“社会福利是一个宽泛的和不准确的词，它最经常地被定义为旨在对被认识到的社会问题做出反应，或旨在改善弱势群体的状况的‘有组织的活动’、‘政府干预’、政策或项目……社会福利可能最好被理解为一种关于一个公正社会的理念，这个社会为工作和人类的价值提供机会，为其成员提供合理程度的安全，使他们免受匮乏和暴力，促进公正和基于个人价值的评价系统，这一社会在经济上是富于生产性的和稳定的。这种社会福利的理念基于这样的假设：通过组织的治理，人类社会可以生产和提供这些东西，而因为这一理念是可行的，社会有道德责任实现这样的理念。”①

2. 从广义、狭义的结合上对“社会福利”的界说

1994 年出版的《中国社会工作百科全书》对“社会福利”的解释是：“按其字义和一般人的观念，通常被理解为有关改善社会成员物质、文化生活的一切举措。在社会工作专业领域里，有广义和狭义两种理解。在世界许多国家，特别是西方发达国家里，大多把‘社会福利’当作‘社会保障’的同义词。如《简明不列颠百科全书》将社会保障解释为‘一种公共福利计划’，属于对‘社会福利’一词的广义解释。在另一些国家里，如美国、日本等国，社会福利仅指社会保障制度中的一个特定的范围和领域，通常是指专为弱者所提供的带有福利性的社会服务与保障，如儿童福利、老人福利、残疾人福利等等。从这个意义上，‘社会福利’一词便具体化为‘社会福利服务’或‘社会福利事业’，属于对社会福利的狭义理解。在中国，社会福利仅仅是社

---

① 尚晓援．“社会福利”与“社会保障”再认识．中国社会科学，2001（3）．

会保障体系的一个组成部分，属于狭义社会福利范畴。”①

也有学者从辨析社会福利与社会保障关系的角度出发，区分了国际上对社会福利的广义与狭义理解：“虽然‘社会福利’和‘社会保障’这两个概念都有广义和狭义的定义，但从国际惯例和许多国家的实践经验看，把‘社会福利’定义为‘社会保障’制度的一个部分是不恰当的。社会保障在国际社会政策的研究中有相对固定的、通行的含义，指由国家或立法保证的、旨在增加收入安全的制度安排。社会福利的含义则宽泛和含糊得多，一般指作为人类社会，包括个人、家庭和社区一种正常和幸福的状态。贫困、疾病和犯罪等社会病态是‘社会福利’的反义词。广义的‘社会福利’制度指国家和社会为实现‘社会福利’状态所作的各种制度安排，包括增进收入安全的‘社会保障’的制度安排。狭义的‘社会福利’则指为帮助特殊的社会群体，疗救社会病态而提供的社会服务，它与‘社会保障’的制度安排同为促进人类幸福的制度措施，只是针对不同的社会问题。”②

3. 对“社会福利”的狭义理解

日本社会福利学者一番ケ濑康子认为：社会保障和社会福利都是解决人们所遭遇的生活问题的对策措施。针对生活问题如贫困而平均地、常规地给予一定的经济供给，便是狭义的社会保障。而针对有生活问题的个人或者家庭、地区提供个别的或者特殊性措施，则是社会福利事业。在现实社会里，社会福利事业往往只是对社会保障发挥一种替代或者补充性的作用，因此，从广义的角度来论述社会保障用语时，大多也就包含了社会福利事业。③ 我国学者侯文若在其主编的《社会保障实务大全》及其他多种社会保障著作中，一般将社会保障划分为三大层次，即基本保障——社会保险，最低保障——社会救助，最高保障——社会福利。这里的社会福利显然是对人们在解决了基本生活需要基础上的一种较高层次的物质或精神需求的满足。而他提到的另一种福利如残疾人福利，则属于最低或基本层次保障的范畴。

4. 本书的看法

基于以上对社会福利概念定义的梳理，可以看出，对社会福利的理解离不开特定的社会文化背景。一般而言，西方社会更多地倾向于从广义上理解社会福利，将社会保障作为社会福利的一部分，或者将二者在同等意义上使用。而在我国，则更多地倾向于从狭义上理解社会福利，将社会福利作为社会保障制度的一部分。随着时间的推移，我国目前也在一定程度上出现了认同西方社会福利概念的倾向。

（二）社会福利制度的类型

社会福利从理想到现实一般要经过三个层次，即社会福利思想、社会福利制度和社会福利状态。社会福利状态是指人类生活中的幸福和正常的状态，是和贫困、疾病、犯罪等社会病态相对的。其思想基础是对社会福利状态的设想和勾画，即社会福

① 陈良瑾．中国社会工作百科全书．北京：中国社会出版社，1994：419.

② 尚晓援．“社会福利”与“社会保障”再认识．中国社会科学，2001（3）.

③ 一番ケ瀬康子．社会福利基础理论．武汉：华中师范大学出版社，1998：34－35.

利思想。而将社会福利变为社会福利状态的中介，便是社会福利制度或社会福利政策，它是国家和社会为实现社会福利状态而设计的。由于社会福利制度具有如此重要的作用，所以受到人们广泛的重视。

关于社会福利制度的类型，一种最为流行的划分是20世纪60年代由社会学家威伦斯基（Harold Wilensky）和莱博克斯（Charles Lebeaux）提出的。[①] 他们根据国家在社会福利供给中的职能，将社会福利制度区分为“补缺型”（residual，也有的译为“剩余型”或“残余型”）和“制度型”（institutional）两种类型。[②] 第一种认为国家的社会福利机构只有在其他通常的渠道如家庭和市场不能维持时，才应为遇到困难的人提供帮助。它实际是主张一种针对弱势群体的有限的、基于家计调查的服务。第二种将社会福利服务当作工业社会一种正常的社会功能，它以提供制度化的、针对全体人民的普遍福利为职志。这种关于社会福利的类型划分和有关社会福利的广义、狭义理解显然是密切相关的。这一框架已被广泛运用于国际比较社会政策的研究。近年来在西方国家兴起的关于东亚福利体制的研究中提出的所谓“东亚福利模型”（the East Asian welfare model），实际上可视为“剩余型”福利体制的一个变种。[③④]

目前经常被引用的是丹麦学者艾斯平-安德森（Gosta Esping-Andersen）于1990年提出的社会福利的类型划分，其划分依据是劳动力商品化的程度。艾斯平-安德森受马克思主义的影响，认为，在资本主义社会，劳动力被商品化了。劳动力商品化的程度越高，表明他们越是依靠出卖劳动力获得收入，以维持生存；而国家社会福利项目的提供则在不同程度上降低了劳动力商品化的程度。按劳动力非商品化的程度，艾斯平-安德森将主要的社会福利制度区分为自由型、保守或合作型及社会民主型等三类。在自由型福利国家，人们认为社会福利不应降低工作伦理，它应是有限的、以家计调查为前提的，一般伴有社会歧视。这类国家有美国、英国等，在这类国家，一般不存在劳动力的非商品化。在保守或合作型福利国家，劳动力中度非商品化，社会福利作为公民权的一部分的观念被广泛接受，但传统的权威结构和合作主义的安排对这种公民权有很大影响。宗教的和传统的关于家庭和性别分工的信仰占有统治地位，教会和志愿组织在社会福利供给中发挥着很大的作用。这类国家以德国为代表。在社会民主型福利国家，劳动力高度非商品化，社会福利项目高度制度化，社会服务在国家的福利供给中所占比重极高，政府成为确保人民的福利需要得到满足的基本机制。这类国家以瑞典为代表。

（三）社会工作与社会福利的异同

社会工作与社会福利的联系在于：（1）二者的对象趋向一致。从社会工作的发展趋势看，社会工作和广义社会福利的覆盖对象是逐渐重合的。（2）社会工作是现代社

---

① 尚晓援．“社会福利”与“社会保障”再认识．中国社会科学，2001（3）．

② 有的学者，如英国的蒂特马斯（Titmuss），参照这一划分而提出修正，将社会福利制度划分为选择型和普遍型。

③ Midgley J. The East Asian welfare model：Welfare orientalism and the state. The journal of Asian studies，1999，58（3）．

④ 李迎生．社会保障与社会结构转型．北京：中国人民大学出版社，2001：210－212.

会福利制度的一个重要组成部分，是推行社会福利的专业化、制度化手段。(3) 在我国，由行政系统推行的社会福利（狭义的社会福利，如残疾人福利、儿童福利、妇女福利、老人福利），实际上和社会工作混合在一起，难以做出明确的区分。

二者的区别在于，无论是广义的社会福利，还是狭义的社会福利，都是指一种社会政策；社会工作则是具体服务的提供，是实现社会福利的手段。如社会福利政策规定了向弱势群体提供的福利设施的资金来源和种类，而社会工作则帮助人们特别是有困难者享用这些设施。社会工作者还可以在社会福利政策提供的资源和社会弱势群体之间起桥梁和纽带的作用，使相应的资源为相关的人们所利用。

四、社会工作与思想政治工作

(一) 思想政治工作概述

思想政治工作是指以人为对象，解决人的思想、观点、政治立场问题，提高人们思想觉悟的工作。思想政治工作是党的工作的重要组成部分，是实现党的领导的重要途径和社会主义精神文明建设的重要内容，也是搞好经济工作和其他一切工作的有力保证。思想政治工作必须服从和服务于党的中心工作，具有鲜明的党性、实践性和群众性。它以马克思列宁主义、毛泽东思想为指导，用共产主义思想体系教育党员、干部和群众，使人们确立正确的立场、观点，掌握正确的思想方法和工作方法，自觉地为实现党的当前的和长远的革命目标和任务而努力奋斗。思想政治工作是一门科学，其理论基础是辩证唯物主义和历史唯物主义，它把马克思主义的建党学说、心理学、教育学、社会学、伦理学等融为一体，是一门综合性的应用科学。它有其固有的工作规律和特点，还有经过实践反复检验的基本工作原则和科学的工作方法。思想政治工作和经济工作及其他一切业务工作的关系不是领导和指导关系，而是服务和保证关系，即思想政治工作为经济工作和其他一切业务工作服务，保证经济工作和其他一切业务工作的社会主义性质和方向。思想政治工作是中国共产党的传家宝，无论是在革命战争时期还是在社会主义建设时期，党和毛泽东同志都十分重视思想政治工作。新中国成立初期，毛泽东同志提出了“政治工作是一切经济工作的生命线”的科学论断，这是对思想政治工作的地位和作用的形象概括。中共中央《关于建国以来党的若干历史问题的决议》充分肯定了这一论断，并强调这是“具有长远意义的重要思想”。在新的形势下，思想政治工作要为实现党的基本路线服务。要继承和发扬党的思想政治工作的光荣传统，努力创造适应新形势的思想政治工作的有效方式和途径，切实把思想政治工作贯穿于建设和改革的每个领域中，激励人们的社会主义积极性、创造性和献身精神，把全民族的力量凝聚到建设有中国特色的社会主义的宏伟事业上来，保证我国现代化建设沿着社会主义方向健康发展。

(二) 社会工作与思想政治工作的异同

相同之处：(1) 工作对象。都是做人的工作。(2) 工作内容。思想政治工作包括两大层次，第一层次为正确的世界观、价值观、人生观教育，第二层次为日常思想教育，社会工作主要以第二层次为工作内容。(3) 工作目标。大的目标都是服从和服务于社会主义现代化建设的大局。

不同之处：(1) 起源不同。社会工作起源于西方的社会救助实践，思想政治工作起源于我党在战争年代的宣传动员工作。(2) 目标不同。就具体目标而言，思想政治工作以改变人的思想观念为目标，社会工作主要着眼于工作对象日常生活、社会功能（社会适应）的改变。(3) 理论基础不同。思想政治工作以马克思列宁主义、毛泽东思想为直接的理论基础，社会工作则以社会学、心理学、教育学、管理学等为直接的理论基础。(4) 工作主体不同。思想政治工作一般由各级组织中的领导特别是党团领导负责进行，双方地位一般来说不平等；社会工作一般由社会工作者进行，双方地位平等。(5) 工作方法不同。思想政治工作一般采用宣传动员、说服教育的方法；社会工作一般采用专业方法，如个案工作、小组工作、社区工作等。

(三) 思想政治工作的发展趋势

从发展的眼光来看，思想政治工作可以借鉴现代社会工作的理念和方法。其一是理念的借鉴：首先是平等待人的观念，其次是服务的观念，最后是受教育者自决的观念。其二是方法的借鉴：社会工作在长期的发展过程中，逐渐形成了一整套专业化的工作方法，如个案工作、小组工作、社区工作等，这些独特的工作方法对于思想政治工作的创新，具有很大的启发和借鉴价值。

五、社会工作与社会服务

(一) 社会服务的内涵

“社会服务”这个词使用的频率比较高，在日常生活中经常被使用。同时，社会服务也是一个和社会工作有着密切联系的概念。

《辞海》对“服务”一词的释义有两点：其一是指为集体或为别人工作，如为人民服务；其二是政治经济学术语，亦称劳务，是指不以实物形式而以提供活劳动的形式满足他人的某种特殊需要，如医疗部门以及服务性行业等工作者的劳动活动。结合上述两方面的意义，可将社会服务界定为一种以提供劳务的形式来满足他人或社会需求的活动或行为。

一般意义上的社会服务是一个比较笼统的概念。具体而言，社会服务应有广义和狭义之分。广义的社会服务包括生活福利性服务、生产性服务和社会性服务。生活福利性服务指直接为改善和发展社会成员的生活福利而提供的服务，如衣食住行用等方面的生活福利服务。生产性服务指直接为物质生产提供的服务，如原材料运输、能源供应、信息传递、科技咨询、劳动力培训等。社会性服务指为整个社会正常运行与协调发展提供的服务，如公用事业、科教文卫事业、社会管理事业等。狭义的社会服务指针对社会成员的生活福利提供的服务。

（二）社会服务的分类

社会服务按其性质可分为物质性服务和精神性服务。物质性服务带来价值增值并创造利润，一般会不同程度地改变物质的形态，但也有不改变物质形态的、仅仅是一种“活动性”的服务。精神性服务主要指为人们提供某种精神享受的服务，其形式可以是义务性的，也可以是经营性的。

社会服务按其程度或层次可分为基本性服务、发展性服务和享受性服务。基本性服务主要指生产、生活和社会运行所必需的服务，如公用事业、商业和部分生活服务业。发展性服务主要指为人类和社会发展所提供的服务，如文化教育、科学研究等。享受性服务主要指为社会成员提供物质和精神享受的服务，如文化娱乐、旅游等。

（三）社会工作与社会服务的异同

社会工作有时也被称为社会服务。以上对社会服务所做的各种划分都和社会工作有联系。社会工作一般而言是狭义上的社会服务，或称福利服务。但随着社会的发展，也涉及一定范围、一定程度的广义的社会服务。社会工作既是一种物质性服务，因为它不仅为工作对象争取和提供资源，其工作过程本身也是创造价值的；同时也涉及精神性服务。社会工作主要提供基本性服务，也涉及发展性服务和享受性服务。

社会工作和社会服务的区别在于：社会服务是一个一般性概念，社会工作则是一个特殊性概念。社会服务的对象是全体社会成员；社会工作的对象一般是社会成员中比较特殊的部分，是社会中的弱势群体或困难群体，社会工作者主要针对他们提供服务，包括物质和精神、心理各方面的服务。社会服务是一种涉及全面的服务；社会工作一般是指福利服务，是为将一个国家的社会福利政策转化为现实并使之成为社会弱势群体乃至其他成员能够享用的东西而进行的活动。

社会工作和一般意义上的社会服务的区别还在于，社会工作是一种注重工作程序的福利服务活动，通过各种服务程序，以实现社会福利的目标。而这种社会服务的程序是依据社会工作专业的知识、价值、伦理、方法及技术来确定和进行的，以确保福利服务达到预期的效果。

当然，这里所讲的注重工作程序的社会工作，是专业意义上的社会工作，而不是一般意义上的福利服务工作。像西方专业社会工作出现之前的福利服务工作及中国改革开放前的社会工作，就不是严格设计并按照科学程序开展福利服务的社会工作。中国改革开放以来虽加强了福利服务，但由于长期忽视专业社会工作的建设和人才培养，其对实际的福利服务工作的负面影响在短期内尚不可能消除。中国福利服务的科学化、专业化建设还有很长的路要走。

第三节 社会工作的性质

一、社会工作的学科性质

（一）社会工作是一门综合性应用社会科学

1. 社会工作学是一门科学

现代意义上的社会工作即专业社会工作产生于20世纪初，经过近一个世纪的发展，已逐渐成为一门科学、一门应用性社会科学学科。一些学者将其直接称为社会工作学。① 社会工作学的研究对象，即一种专业化的助人活动，研究这种专业化的助人活动的理论、方法与实施过程，揭示助人活动中带规律性的东西，以更好地指导助人实践。

虽然社会工作的科学性质正为越来越多的学者所承认，但它毕竟尚未像社会科学的一些基本学科如社会学、经济学、法学、管理学等那样得到比较普遍的认同。不少学者并不认为作为一种助人活动的社会工作是一门科学，只不过是综合运用许多相关学科的知识、方法于助人活动中的一个知识领域。这种认识应当说是不正确的。

科学是反映自然、社会和人类思维规律的知识体系。它所揭示的是在上述各个领域被千百万次证明为正确的规律性的东西。在人类所积累的庞大知识体系中，人们往往根据性质和内容的不同而将这些知识划分为不同的科学学科。就大的学科门类而言，人类知识可分为有关自然的知识与有关社会的知识两大类。人类有关自然的知识即为自然科学，包括物理学、化学、生物学、天文学、地理学等，而数学成为认识这些学科乃至下面提到的社会科学学科的工具。人类有关社会的知识则为社会科学，包括经济学、社会学、法学、政治学等。此外，人类还形成并积累了有关文化、艺术的系统知识，包括历史学、语言学、文学、艺术学，这些学科组成了人文科学。而哲学则成为人类认识自然、社会及人类自身的理论工具。

在自然科学和社会科学学科内部，又可分为基础科学与应用科学两大层次。前者注重对自然、社会现象变化规律性的认识，从而形成带有明显理论倾向的知识。后者是将这些知识应用于适应、改造自然，以及适应、改造社会的活动，从而形成各种应用性知识。

20世纪以来，人类科学知识的发展出现了两个比较明显的趋势：一是学科划分越来越细；二是学科间相互渗透增多，各学科，甚至自然科学与社会科学两大学科门

① 如我国香港学者、香港大学社会工作与社会行政学系教授周永新有关社会工作的著作，即命名为《社会工作学新论》；内地较早出版的吉林大学社会工作系王刚义的社会工作著作，书名亦为《社会工作学》。

类的界限越来越模糊。后者不仅导致了大量边缘学科的出现，也导致了一些综合学科的出现，以适应解决一些交叉性的、比较复杂的自然和社会问题的需要。

一般而言，一门学科得以成立的基本条件是有独特的概念工具和理论体系，可以被用来解释某一特定领域的现象，以利于人们对这些现象的认识。应当说，这样的条件对一门基础性学科而言是必备的。是否有独特的、严密的理论体系是衡量该学科能否成立的基本标准。但对于一些应用性学科，上述标准就失之过严。因为对于这些学科来说，它们强调的是对相关科学知识的应用，以解决实际问题为目标。至于那些知识、理论是否本学科所独有，其实并不重要。例如，自然科学领域的各种工程技术学科，便是这类应用性学科。

根据上述分析，社会工作学究竟能否称得上一门科学呢？回答是肯定的。

2. 社会工作学是综合性应用科学

毫无疑问，社会工作是一门科学，虽然它本身一般并无独特的概念和严密的理论体系，但它是运用各相关学科提供的知识、理论，以解决助人过程中所涉及的各种问题。因而可以说，社会工作是一门应用性科学。现代社会问题繁多，且涉及面广，又复杂多变，社会工作以解决社会问题为己任，为有效地解决问题，实现助人的目的，必然借助多门学科，包括自然科学的理论、方法与技术知识。因此，社会工作又可以说是一门综合性应用科学。尽管社会工作需经常借助自然科学来实现自己的目的，但它借助更多的，或者说主要依靠的仍然是社会科学各学科的理论和方法，所以，将社会工作界定为一门综合性应用社会科学学科，似并无不可。

（二）社会工作的学科性质

社会工作作为一门综合性应用社会科学，和其他学科相比，有着自己比较独特的学科性质或特点。

1. 社会工作的科学性

社会工作是一门科学，从总体上讲，这个问题我们在上面的讨论中已经解决了。那么，如何具体地理解社会工作的科学性质呢？我们认为，社会工作的科学性质可从以下几个方面来理解。

（1）工作态度的客观性。社会工作是一种助人的活动，是社会工作者为求助者提供资源以帮助其摆脱困境的过程。在这一过程中，工作者虽抱有助人的价值观念，但他审视问题的立场及态度却是客观的。他不是从感情出发，而是基于自己的知识基础、专业操守客观地对待问题，寻求合理且有效的解决问题的办法。社会工作者与受助者之间的关系是工作关系，他以“专业角色”开展工作，力求避免将其个人偏见、冲动等态度不经意地流露于助人过程中。

（2）工作方法的科学性。社会工作十分注重工作方法，因为科学的工作方法是成功开展社会工作的基本条件之一。经过近一个世纪的发展和不断积累、完善，社会工作已形成一整套针对不同任务的工作方法，包括个案社会工作、小组社会工作、社区组织与社区发展、社会行政，等等。这些方法反映了社会工作助人过程的基本规律，经受了无数次助人实践的检验，已成为社会工作者必须遵循的标准的工作准则。

（3）工作程序的合理性与严密性。从接触求助者到接受他的请求，从了解求助者的需要到设计工作方案直至最终解决问题，社会工作的过程是一个持续的、前后连贯的过程，每个环节都是必不可少的，都在为达成目标准备着条件，直至实现目标。当然，社会工作过程的合理性与严密性不是自动实现的，需要社会工作者在不断总结经验、教训的基础上做出精心的设计。

2. 社会工作的实用性

正如前面所讨论的，社会工作不是一门以探讨学理为宗旨的基础学科或理论学科，而是以解决实际问题为宗旨的应用学科。与自然科学中以解决现实问题为宗旨的工程学类似，社会工作学是社会科学中以解决现实社会问题为宗旨的，或可称为“社会工程学”。社会工作虽然也要告诉人们如何看待和分析各种现实的社会问题，但它更看重的是教导人们如何去解决这些问题。社会工作学科所提供的各种理论、方法与技术、技巧，都是为解决社会问题服务的。正是鉴于社会工作学科的实用性质，国外及我国港台地区的社会工作教学都特别强调“学以致用”，注重案例教学，并将课堂教学与实习相结合，使学生在接触实际中，真正掌握助人的本领。

3. 社会工作的综合性

社会工作对象即社会问题的复杂性，决定了它必须善于运用多种社会科学甚至自然科学提供的理论、方法及技术为自己服务。以社会工作的几大基本方法为例，它们分别涉及社会学、心理学、行为科学、教育学、政治学、经济学、法学、行政管理学等多门学科的知识。此外，为开展社会工作，统计学、社会调查方法与技术及计算机应用技术也是必须掌握的。可以认为，社会工作学科的知识体系是开放的，它通过不断地提炼、吸收一切有利于开展助人活动的各相关学科的知识，来充实自己的内容。应当指出，社会工作的综合性并不意味着其学科知识是杂乱无章、不成体系的。它是以实际有利于助人活动、解决现实问题为标准或核心，去取舍相关知识的。因此，社会工作的学科知识是整合的、成体系的。

二、社会工作的专业特质

李增禄在《社会工作概论》一书中指出，社会工作的特质有以下七项。[①]

（1）专业学科：社会工作是一种专业，有专业理论体系、伦理守则、专业文化、社会认可，还有专业的科系、训练机构等。

（2）助人自助：社会工作关怀人的问题，尊重个人差异，让受助者参与解决问题，以期能自助而结案。

（3）利他服务：社会工作是利他的、非营利性的服务工作，社会工作者为专业的利他主义者，从事人道服务。

（4）民主客观：以客观科学方法了解真相，并尊重个人的自由意志，谋求对策，解决问题。

---

① 李增禄．社会工作概论．3版．台北：巨流图书公司，2002：47.

（5）直接工作：具有一整套面对案主直接解决问题的技巧与方法，如个案工作、小组工作、咨商、心理治疗等。

（6）间接工作：有间接协助案主或社会大众解决问题的手段或方法，如借助协调沟通，利用社区资源，或透过政策立法、福利行政及福利措施为全民谋福利。

（7）机构组织：具有社会工作的机构及专业社会工作人员的组织。

徐震、林万亿认为，社会工作的专业特质有以下12项。①

（1）注重个人的整体性——社会工作把个人视为一个整体，包括个人、环境及其行为。个人不会独立于环境之外，也非情绪、理性或心理、社会、生理单一部分的体现。

（2）强调环境的重要性——社会工作相信个人生活受到环境的重要影响。许多个人问题系由社会环境带来的，解决个人问题，也必须从环境着手。

（3）注意运用社区资源——解决社会问题经常不是由案主或社会工作机构单独进行的，而是需要借助一定的资源。个人所生活的社区是案主最基本的社会环境，社区资源的发掘和利用是社会工作的主要特征之一。

（4）通过建立和谐关系开展工作——社会工作的助人过程关键在于相互接纳的关系的建立。这种关系包括情绪支持、接纳、信赖与分享解决问题过程的经验。

（5）讲求助人自助——社会工作不是单方面的施予，而是与案主一起工作。社会工作者相信每一个人都具备自我解决问题的部分力量，只要重新让案主了解自己的潜能，以及协助案主借助外力，即可解决案主的问题。

（6）注重团队协作——分工是社会工作助人过程的一个重要特征。分工不是指将助人的过程划分为不同的阶段，而是指由不同专长的社会工作者（乃至其他领域的专家）共同解决同一案主的问题。

（7）主张民主参与——社会工作重视个人的尊严与人格的完整，相信生存权利与福利的赋予是个人的基本权利。社会工作者在助人过程中以协助案主自我决定为主，而不是处处代案主做决定。社会工作者鼓励案主参与认定问题、思考解决办法，合力解决问题。

（8）讲求理论与实务相结合——社会工作注重“实施取向”，讲求实践与行动。但是实施不是单靠经验的传递，而是以社会工作理论为基础。

（9）建立督导制度以维护专业素质——社会工作的正常、顺利进行需要合格的督导制度，由合格的督导员对新加入的社会工作者进行督导工作，以增进其专业成熟度。

（10）尊崇专业伦理——社会工作是一种助人的专业，除理论的掌握与经验的获得外，每一个社会工作者都应严格遵守专业制度所规定的伦理守则。

（11）依托机构开展工作——社会工作者除少数是私人开业外，一般受雇或依托于社会工作机构（社会工作的机构及专业社会工作人员的组织）开展工作。

（12）不以营利为目的——社会工作的职业生涯与其他行业不尽一致。社会工作

① 徐震，林万亿．当代社会工作．台北：五南图书出版公司，1986：15-18.

讲求服务与奉献精神，社会工作者的满足感来自助人事业的实现以及人类安康和谐的生活状态。社会工作制度不会为任何个人或社团所利用而不利于案主或社会工作专业本身。

我们认为，以上所列主要是就专业意义上的社会工作而言的，我国目前的社会工作显然尚不具备以上特质，但应朝此目标努力。

三、当代社会工作实务的基本特征①

从发达国家的情况来看，当代社会工作实务具有多样性、整合性、建设性等基本特性，以下分别论述。

（一）多样性（多元性）

社会工作是一种助人的、利他的服务工作。当今社会的社会结构急剧变迁，社会组织日渐复杂，社会工作亦随之日趋多元化与多样化。这一点可以从不同角度来看。(1) 从社会工作的机构来看，有的机构是公立的，有些是私立的，有些则是公私合立的；有些是一国设立的，有些则是国际合作的。这些机构的设置背景、价值观念、工作目标、经费来源与服务范围等各有不同，就使社会工作呈现出多元性。(2) 就社会工作的服务领域而言，社会工作者广泛活跃于托儿所、儿童福利中心、领养机构、养老院、康复机构、救助中心、住宅服务机构、监狱、社区，乃至街头巷尾，非常普遍。(3) 社会工作的服务方式方法呈现多样性的特征，有直接服务，也有间接服务，还有社会工作研究等。

（二）整合性

在社会工作最初出现的阶段，求专求精成为一种基本的倾向。社会工作的三大基本方法，即个案工作、小组工作与社区工作在开始出现的时候是分立的、各自为政的。这种专门化的趋向在当时是可以理解的，但其负面影响也是比较明显的。强调特殊和专门化可能使各种服务工作变成残缺不全的、片段的，社会工作各领域间变得难以交流与协调。于是，为推动社会工作的进一步发展并使社会工作的专业方法更加适应社会及案主的现实需要，自 20 世纪 50 年代后期起，要求将社会工作专业方法加以整合，以案主问题为中心，全面、灵活地运用社会工作专业方法的呼声开始高涨，从而使专业社会工作的发展进入了一个新阶段。目前，在各种社会工作领域中，社会工作的各种专业方法均可以灵活运用。对社会工作者的训练也不再仅仅局限于某一专门的领域、专门的方法，而强调必须具备通用的社会工作的基本理论与方法（在过去，不同的专业方法适用于不同的领域，社会工作者专精于某一方面而对其他方面缺乏了解）。

---

① 徐震，林万亿．当代社会工作．台北：五南图书出版公司，1986：序言．

（三）建设性

以前人们一般将社会工作视为一种慈善事业，只看到其消耗性的一面，而看不到其建设性的一面。现在社会工作的功能已不仅限于济贫或救助不幸的狭小范围，而是在社会变迁与社会救助中担负起对各种人群的服务——包括人生中的每一个阶段与社会上的每一个阶层。因此，有人主张当代的社会工作应包括减缓的（palliative）、预防的（preventive）与发展的（developmental）三种概念或功能。也有人强调社会福利在国家建设中对于改进国民生活品质、促进经济发展的作用。更有人认为现代的社会工作已从“病的模式”（disease model）进入“生的模式”（life model）。换句话说，当代的社会工作已不再局限于消极的救助工作，而已扩展到积极的全民服务。它对于促进国家经济与社会的协调发展，具有积极的、建设性的贡献。

（四）挑战性

在新世纪，对社会工作而言，也是机遇与挑战并存，而且挑战大于机遇。在知识经济时代，社会贫富差距将加大，激烈的竞争将使经济上的失败者增多，社会对社会福利或社会工作的需求将会进一步上升。但近来西方国家的福利制度改革大幅度削减了政府的福利支出，又使得社会工作者难以获得足够的资源去满足案主的需求。此外，在新世纪，信息技术、微电子技术、电信技术、网络科技、生物工程等的迅猛发展，使得利用电脑、网络进行间接沟通或全国乃至跨国界的治疗成为可能。这便给社会工作的更大发展带来了空间与便利。但同时，产生于工业化时代的社会工作强调直接性、区域性、有限的互动及人与环境的协调等特性，传统治疗、沟通方法与技术能否与新技术实现衔接，对社会工作者来说是一个挑战。

第四节 社会工作的功能

社会工作的目的是协助个人和社会解决问题，并发挥个人和社会的潜能，以增进个人和社会的福利，促进人的发展和社会进步。也就是说，社会工作不仅仅局限于消极地解决问题，而是要积极地预防社会问题的发生。

关于社会工作的功能，不同的学者有不同的概括。例如，柏伊姆（Boehm）将社会工作的功能概括为：（1）复原的功能，包含治疗性（curative）功能和康复性（rehabilitative）功能。（2）提供资源的功能，即组织协调社会资源为案主所用。（3）预防的功能，即预防社会功能的失调。徐震、林万亿将社会工作的功能概括为恢复的功能、预防的功能及发展的功能三种。王思斌将社会工作的功能概括为四种：“解决困难和问题”（治疗的功能）、“预防问题产生，增强社会预应力”、“开发社会资源，促进人的发展”、“促进社会稳定和社会进步”。

根据各种有关社会工作功能的概括，本书在此将社会工作的功能划分为五种，即复原的功能、配置资源的功能、预防的功能、发展的功能和稳定社会的功能。以下分别加以介绍、讨论。

一、复原的功能

社会工作能够减少、消除导致社会功能失常的一些因素，使之逐步恢复正常。如通过社会工作，使下岗乃至失业者重新就业；使贫困者得到救济；使关系紧张的夫妇矛盾得到缓解，乃至重归于好，从而不仅挽救了这对夫妇，也使他们的子女不致因父母不和、失教而成为问题青少年。社会工作就是这样使案主乃至社会问题得以减少，使受到损害的社会功能得到恢复。因此，所谓社会工作的复原功能，具体说来，是指恢复受到损害的社会功能，对已产生的问题进行事后补救，消除产生问题的个人和社会环境因素，恢复其原先的功能或产生新的替代功能，以取得正常的社会生活。

在我国现阶段，民生问题比较突出。截至 2007 年年底，我国有城市低保对象 2 244.2万、农村绝对贫困和低收入人口 7 006.2 万、残疾人 8 296 万、重点优抚对象 460 多万、孤儿 57.3 万、老年人 1.43 亿、常年受灾人口超过 1 亿、失地农民 7 000 万左右、流动人口 1.6 亿，不少普通城乡居民的精神（心理）健康乃至生存状况也令人担忧。社会工作能够减少、消除导致民生问题的一些因素，使之逐步恢复正常。如使失业者重新就业，使贫困者得到救济，使孤老得到安置，使流浪者获得归宿，使受灾者得到救助等。

从社会工作的历史看，社会工作的首要工作即治疗，解决已经出现的问题。芮奇蒙德（Marry E. Richmond）的《社会诊断》一书，已概括说明了这种专业活动的特点。

二、配置资源的功能

社会工作配置资源的功能有两个方面的含义。

其一，社会工作设置本身就是一种社会资源，它通过机构的设置、人员的配置、社会政策的制定、社会服务的计划与发送等一整套健全、完善的制度体系，调节个人与个人、个人与群体、个人与社会的关系。

其二，社会工作调节社会资源的分配，使之得到充分利用，特别是为困难人群、弱势群体所用。这具体又可细分为两个方面：

(1) 社会工作者通过自己的工作协调社会现有的各种资源，为弱势群体成员所用。现代社会一般都建立了针对弱势人群的社会福利制度。在发达国家，这种制度已经非常完善，但也比较复杂，不同的制度针对不同的弱势人群。社会工作者可以针对案主所面临的困难的性质和状况，向他们提供可资利用的福利资源的信息，并具体帮助他们了解申请社会救助的方式、方法或途径。如通过向特困者介绍如何申请和领取困难救济，使其从社会中获得必需的生存资源。

（2）社会工作者积极为社会弱势人群争取资源，以改变他们的生存状况。社会资源的分配往往是有利于社会强势群体的，这在初次分配中是不可避免的，但应通过再分配使之趋于相对合理，以确保社会弱势群体成员的生存权利、利益。社会工作者应当通过自己的工作，促使国家和政府积极修正、调整社会政策，完善社会福利制度，使之有利于弱势人群；应当积极动员并争取来自社会的、社区的、民间组织的、慈善机构的、富裕阶层的各种力量关心弱势群体，增加物质、资金和设施的投入，帮助他们克服困难。

三、预防的功能

社会工作预防的功能是指社会工作不仅要解决社会问题，更要采取措施预防社会问题的发生。社会工作的预防功能一般通过以下两方面的工作来实现：

（1）预警，即对可能出现的问题做预先警报。根据我国的人口政策和国际趋势，我国在21世纪初会进入老龄化社会，应当向社会及可能受影响的人群发出警报。社会变迁加剧，人际关系疏离变得不可避免；让一部分人先富起来，两极分化可能发生：这些都是可预期的。

（2）应变，即社会工作者通过自己的工作来预防问题的发生。社会工作者可从以下两方面来开展工作：一是强化个人或群体的功能，提高他们对所面临问题的认识能力并做好思想准备，且进行必要的资源积累。如尽早进行个人养老储蓄或（和）参加社会养老保险，就有利于确保未来的老年生活不致发生大的波动。二是强化社会支持体系，健全和强化社会福利体系与社会工作的助人体系，形成社会支持网络，以便对可能出现的问题加以及时、有效的因应。

社会工作者广泛分布于社会福利、社会救助、社区服务、就业服务、医疗卫生、扶贫开发、优抚安置、慈善事业、婚姻与家庭生活服务、教育辅导、司法矫正、劳动者权益维护、青少年服务、儿童保护、妇女及老年服务、精神健康服务、流动人口服务与管理等社会生活领域，不仅具体解决社会（民生）问题，而且是社会（民生）问题的发现者、预防者。他们最直接、最基层、最全面、最具体、最真实地接触社会，也最容易首先发现各种社会问题的苗头，从而提前采取措施加以控制、防范，或协调有关部门共同加以应对，把问题解决在萌芽状态乃至根本杜绝问题的发生。

四、发展的功能

社会工作发展的功能是指通过社会工作促进人的发展特别是社会弱势群体成员潜能的开发，使之摆脱困境，成为正常的社会一员。社会工作的核心理念“助人自助”就充分体现了这一点。

一般说来，人的发展包含三方面的含义：其一是指人的物质生活水平的不断提高，其二是指人的精神生活水平的不断提高，其三是指人的潜能的充分发挥与自我实现。

谋求发展是每个社会成员的权利，包括社会中的困难群体、弱势群体的成员。正是由于后者在社会中所处的弱势地位，社会工作者应当帮助他们实现发展的愿望。社会工作者在这方面的工作包括：（1）帮助社会中的弱势群体获取必需的生存资源；（2）根据国家法律对他们的基本权利给予保护；（3）着重开发受助者个人的内在资源，包括智力及其他能力，以及将外来援助转化为自我发展的动力的能力等。

五、稳定社会的功能

社会稳定是社会结构各组成部分之间关系的相对固定状态。这是社会正常运行和协调发展的基础和前提。当相当数量的社会成员的正当需要不能得到满足时，有可能导致社会的动荡与混乱，从而威胁社会的稳定。

研究表明，一个国家的人均GDP达到3 000美元左右的范围时，这个国家就将进入黄金发展期，同时也将进入社会矛盾凸显期。对大量出现的社会矛盾如果处理不当或不及时，就有可能使这个国家陷入动荡与混乱，断送发展的机遇。我国已进入改革发展的关键时期，经济体制深刻变革，社会结构深刻变动，利益格局深刻调整，思想观念深刻变化。这种空前的社会变革，给我国发展进步带来巨大活力，也必然带来这样那样的矛盾和问题。

社会工作常常扮演社会关系的协调及疏导者的角色，其在化解社会矛盾方面起着不可忽视的作用。“社会工作在稳定社会方面所产生的意义，应是社会工作能够不断发展的原因之一。”① 社会工作者通过自己的努力，对社会上的贫者、弱者施以援助，协调、化解各阶层之间的矛盾特别是贫富矛盾，不仅给人们的正常生活创造了条件，同时也起到了稳定社会的作用。

本章要点

1. 社会工作是遵循以人为本、助人自助、平等公正的专业价值观，在社会服务及社会管理等领域，综合运用专业知识、技能和方法，帮助有需要的个人、家庭、群体和社区，整合社会资源，协调社会关系，预防和解决社会问题，促进社会稳定和谐的专业和职业。

2. 社会工作可以按不同的标准进行分类。被学者经常采用的分类标准包括社会工作所针对的问题的性质、社会工作的方式方法、社会工作的对象、专业水准、举办机构的性质以及综合性标准等。比较而言，按综合性标准及按社会工作对象即社会弱势群体的类别来划分社会工作的种类的方法比较常用。其他分类标准也或多或少、不同程度地被涉及。

3. 社会工作与社会福利、社会保障、社会救助、思想政治工作、社会服务等诸多领域密切相关。弄清社会工作这些领域之间的区别和联系，对于学习、研究以及实际推进社会工作，显然是必要的。

---

① 周永新．社会工作学新论．香港：商务印书馆（香港）有限公司，1994：66.

4. 社会工作产生于20世纪初，经过一个多世纪的发展，已成为一门应用性社会科学学科。社会工作这门学科具有科学性、实用性及综合性的特点。此外，社会工作作为一个专业，也有区别于其他专业的特质。

5. 社会工作不仅仅局限于消极地解决问题，而且要积极地预防社会问题的发生。社会工作的功能可细分为五种，即复原的功能，配置资源的功能，预防的功能，发展的功能，稳定社会的功能。其中复原、预防和稳定的功能是经常被学者提及的，也是社会工作最基本的功能。

复习思考题

1. 什么是社会工作？试比较各国对社会工作的不同理解。
2. 试述社会工作的几种主要分类方法。
3. 试述社会工作与社会保障的区别与联系。
4. 试述社会工作与社会福利的区别与联系。
5. 试述社会工作与思想政治工作的区别与联系。
6. 联系实际，谈谈社会工作的基本功能。
7. 谈谈你对社会工作学科性质的认识。
8. 谈谈你对社会工作专业特质的认识。

关键概念

社会工作、社会保障、社会救助、慈善、社会福利、社会服务、社会工作学科性质、社会工作功能

推荐阅读书目

1. 李迎生．中国社会工作模式的转型与发展．北京：人民出版社，2016.
2. 林胜义．社会工作概论．台北：五南图书出版公司，2001.
3. 一番ケ瀬康子．社会福利基础理论．武汉：华中师范大学出版社，1998.
4. 李增禄．社会工作概论．3版．台北：巨流图书公司，2002.
5. 陈良瑾．中国社会工作百科全书．北京：中国社会出版社，1994.
6. 王思斌．中国社会工作研究：第13辑．北京：社会科学文献出版社，2016.

第二章
社会工作发展

作为一种助人的实践，社会工作已有几千年的历史。但是作为一种专业，社会工作则是近100年前才出现的。作为一种专业，社会工作首先产生于西方，这是与西方社会具备了相应的思想基础及社会历史条件分不开的。工业化、市场经济等在欧美的推进，导致了社会经济结构的巨大变化，出现了各种社会问题，这是社会工作产生的基本的时代背景。西方古代丰富的助人思想特别是古希腊、古罗马时期的助人思想，基督教的博爱思想，以及文艺复兴以后出现的人道主义价值观等，则成为西方社会工作产生的思想背景。这两个方面的条件缺一不可。从中国的情况来看，正如本章第三节所述及的，其社会福利思想源远流长，但由于缺乏相应的社会历史背景，专业社会工作未能首先在中国产生。本章先就西方工业革命以来对专业社会工作产生重要影响的社会工作实践加以介绍，接下来专门讨论专业社会工作的起源和发展，最后考察社会工作在中国的发展演变情况与当前发展专业社会工作的必要性、现状和前瞻。

第一节 工业革命以来的西方社会工作实践

虽然作为一种制度形态的社会工作是工业文明的产物，但非制度形态的、表现各异的帮助人们抵御生存风险的措施与方法古已有之。在西方古代农业社会，和落后的自然经济相适应，抵御生、老、病、残、灾等生存风险，亦主要由个人和家庭来承担。和东方古代社会一样，所谓“家庭保障”也是西方农业社会基本的社会保护形式。当然，在古代西方社会，统治阶级出于维持统治与剥削的需要，有时也在低水平与小范围内，对于其统治和剥削对象，在他们尚能参加劳动的时候，承担最低生活保障的义务，并于被统治对象陷入贫困时实际提供最低生存保护，如公元6世纪末罗马城邦市政当局曾将谷物无偿地分发给丧失劳动能力的人和阵亡将士的遗属，以减缓社会冲突。但这种保护和现代社会工作的一个根本区别在于，前者是属“慈善”性质的，以统治者对其子民的恩惠，或者富人对穷人的馈赠、施舍为其突出特点，人们接受这种施舍是以丧失自尊为代价的。而且既然是施舍，那就得取决于统治者的好恶，因而它并不能为接受保护者提供真正的安全感。

一、西方社会工作产生的背景[①]

（一）思想背景

古希腊、古罗马时期的助人思想，基督教的博爱思想等，是西方社会工作产生的最早的思想来源之一。早在古希腊、古罗马时期，人们就对何为幸福有独到的认识。当时人们认为：幸福是通过与别人分享财富得来的。富人要想感到愉悦，得到别人的喜爱与赞美，就应该提供一些财富给穷人。在古罗马时期，人们将富人为穷人解除痛苦视为一种重要的道德责任；并且认为富人在帮助穷人时，只有使穷人不失去尊严，才能更显出富人的尊贵。产生于1世纪的基督教，其基本教义中就有“当爱你的邻居”的告诫。这里的“邻居”，既包括朋友、亲戚，也包括陌生人，乃至敌人。

基督教新教主张，个人与神的交往是直接的，不必经由教士传达，每个人的心灵都可能直接跟上帝交流。这就破除了宗教等级制度，而提供了“在上帝面前人人平等”的思想。这种平等观念对于社会工作的产生显然是一个间接的但非常重要的推动。

起源于欧洲的文艺复兴运动的人道主义是一种把人的权利、价值和尊严放在首位来考虑的价值观念，它承认人的一切权利与生俱来，包括人的生存权、发展权等。李宗派将人道主义的基本价值概括为七个方面，可见其内容之丰富。[②]人道主义强调人的尊严、重视人的价值和平等权利，对社会工作的出现产生了重要的影响。

应特别指出，社会福利观念从“个人责任观”向“社会责任观”的转变，对社会工作的发展产生了直接的影响。工业革命导致了大量社会问题的出现，其中社会弱势群体的生存问题日益突出，需要社会加以解决。但在一个较长的历史时期中，人们认为贫穷主要是个人造成的，个人应对自己的处境负责。社会提供个人福利会使个人丧失自尊。所以，这时的社会福利是“补残式”或“残余式”的，只有在个人及其亲属都无能为力的情况下，社会才介入救助事务。这种情况自19世纪后期以来发生了实质性的改变。人们开始认识到，在市场经济条件下，一些人成为弱势群体有着不可抵御的社会根源，且急剧的竞争使任何一个社会成员都有沦为社会弱者的可能。这便促使政府重新考虑自己在社会福利中充当的角色。

（二）时代背景

工业化、市场经济等在欧美的推进，导致了社会经济结构的巨大变化，出现了各种社会问题，这是社会工作产生的基本的时代背景。工业革命、市场经济的历史功绩不容抹杀，亦不可能被抹杀；但其所带来的问题亦是十分严重的。就与社会工作的产生直接相关的方面而言，可以指出以下几点。

---

① 李迎生．西方社会工作发展历程及其对我国的启示．学习与实践，2008（7）．

② 李宗派．人道与仁政．社区发展月刊，1976（9）．

其一，工业革命导致的社会转型加速了传统社会福利模式的解体。原先的农民流入城市，进入工厂，原来的农业社会传统的生活方式与家庭保障、邻里互助传统遭到削弱乃至破坏，需要新的社会服务方式来替代。社会工作就是这样一种由国家和社会提供的服务方式。

其二，工业化、市场经济导致了社会收入分配日益两极分化，激烈的竞争使中小企业破产，使工人、农民变成赤贫者，激起了尖锐的社会矛盾。为缓解社会矛盾，需要国家和社会对社会下层给予更多的关注。社会工作的出现，有助于缓解社会下层阶级的生存状况。

其三，工业革命、市场经济改变了人们传统的社会关系，将以初级关系（血缘、地缘关系等）为主的社会变成了以次级关系（业缘关系）为主的社会。正如马克思、恩格斯所指出的，它无情地斩断了把人们束缚于天然尊长的形形色色的封建羁绊，它使人和人之间除了赤裸裸的利害关系，除了冷酷无情的现金交易，就再也没有别的联系了……总而言之，它用公开的、无耻的、露骨的剥削代替了由宗教幻想和政治幻想掩盖着的剥削。社会关系的上述变化，招致各种精神、心理上的问题，使得社会中的弱势群体、困难群体，以及个人、家庭难以适从，唯有必要的社会支持才能帮助他们渡过难关。

二、工业革命以来的西方社会工作实践

这里主要介绍与讨论一些对专业化社会工作产生比较重要或直接影响的西方各国工业革命以来的社会工作实践，涉及伊丽莎白济贫法、德国的汉堡制与爱尔伯福制、英美慈善组织会社、英美的睦邻组织运动以及各国社会保障制度的建立等内容。

（一）英国的伊丽莎白济贫法

1. 由来

英国的产业革命开始最早，社会对贫穷问题的威胁的感受亦最深，其济贫事业也最发达。英国原来是由教会办理济贫事务的。但到了16世纪，贫民数量迅速增长，教会财力已不堪重负，于是改由政府接办。伊丽莎白女王登基执政后，针对贫穷问题，曾颁布了各种济贫法案，其中以1601年的法案（Poor Law，史称旧济贫法）最为完备，也最为有名。该法案正式承认政府对济贫负有责任，并建立了初步的救济行政制度与救济工作方法，成为各国现代社会救济事业的开端。

2. 基本内容及其特点

伊丽莎白济贫法的基本内容具有如下特点：

（1）规定每一教区每周应向地主征收济贫税。

（2）规定贫民救济应由地方教区举办，每一教区设立监察员若干人，中央政府设立监督人员。

（3）规定凡有工作能力的贫民必须参加劳动，不得行乞游荡，以工作换取救济（这可看作以工代赈的发端）。教区设贫民习艺所，配给原料及工具，强迫有劳动能力

者从事生产。

（4）对不能工作的贫民，如患病者、老人、残疾人，实行救济。救济工作分院外与院内两种。对有家庭者给予家庭补助，使其回家从事生产（院外救济）；对无家可归者实行院内救济。

（5）规定人们对贫穷亲属负有救济的义务。教区即公共救济机构仅在贫民无法从其家人或亲属处获得帮助时，才给予救济。

济贫法产生于以小农经济为主体的社会，旨在阻止劳动力的流动和稳定旧的社会秩序。在当时的立法者看来，将劳动者束缚于他所在的教区较之让他背井离乡、四处流浪于社会更为有利。这种救济形式显然于自由经济的发展不利。济贫法虽然将过去小范围的零星的赈济事业转变为一项政府行为，但由于其基础仍是以承认统治阶级与被统治阶级的社会权利不平等为前提的，统治者履行保障被统治者最低生存条件的责任，但以后者接受其支配为条件。因此，这种救济形式仍没有摆脱“慈善”的性质。

18 世纪末叶，在英国部分地区还出现了一种新的济贫形式——斯宾汉姆兰德制。与济贫法的有关规定不同，斯宾汉姆兰德制不强制要求贫民到习艺所劳动，而是规定对每个收入低于标准水平的劳动者按面包的市价和劳动者家庭成员的人数进行补贴。这种济贫方式于 1795 年在伯克郡实行，后推广到其他农业区域。它提出的口号是公平收入，但其宗旨和济贫法并无二致：阻止劳动力流动，遏制自由经济。在实行斯宾汉姆兰德制的地区，劳动者不愿背井离乡到缺乏生存保障的新兴工业区去。因此，尽管斯宾汉姆兰德制和济贫法一样，具有某些可为现代社会保障所借鉴的合理成分，然而由于它试图维护一种已被历史证明落后的社会经济结构，阻止新的社会经济结构，从而代表了要求倒退的社会势力。在斯宾汉姆兰德制实行之际，英国工业革命方兴未艾，工业化浪潮不可逆转，旧有的各种救济形式已明显落后于时代的需要，必然为新的救济形式所代替。

3. 缺陷

就与现代社会工作的关系而言，济贫法成为现代救济工作的开端，对专业社会工作影响很大。但它也有不少严重缺陷：（1）可能养成贫民的依赖心理；（2）对贫民的自尊心注意不足；（3）干涉了贫民谋生的自由。

（二）德国的汉堡制与爱尔伯福制

1. 汉堡制

德国也是工业革命开始较早的国家之一。为解决日益严重的贫民问题，1788 年，汉堡市曾实行了一种比较有特色的救济制度，史称汉堡制，对后来各国救济制度与方法影响较大。汉堡制是按布希（Busch）教授起草的计划制定的。它规定在该市设立中央办事处，综理全市救济业务。全市按救济需要设立若干区，每区设监察员一人，赈济员若干人。实施救济的原则是助人自助。其工作的内容或方式包括：（1）为失业者介绍工作；（2）将贫苦儿童送往职业学校习艺；（3）将患病者送往医院诊治；（4）对沿街乞讨者不予施舍，以取缔无业游民，使贫民不致依赖成习。汉堡制施行了 13 年，很有成效。但到后来，因城市人口增加太快，救济人员不足，该制度趋于衰微。

2. 爱尔伯福制

1852 年，德国另一个小城市爱尔伯福（Elberfeld）也仿效汉堡制并加以改良，实施救济制度，史称爱尔伯福制，对后来救济工作的方法影响较大。其具体内容为：(1) 将全市划分为 564 段，每段约有居民 300 人。(2) 每段设赈济员一人，由政府委派地方热心人士担任，为荣誉职。(3) 赈济员的工作有两个方面。其一是发放赈济款。求助者必须与赈济员接洽。接案后，赈济员应首先赴求助者家庭做家境调查，经调查确实为需要救济者方能给予帮助。救济实施后，每两星期再前往调查一次。发放赈济款依据法律所规定的最低标准，不许贫民养成依赖心理。其二是从事段内贫穷的预防工作，如介绍职业、训练与管理无业游民等。(4) 全市每 14 段设一个赈济区，每区设监察员一人，领导区内各段赈济员，并由区内 14 段联合组成一个赈济委员会，由区监察员任主席，每两星期开会一次，讨论有关全区赈济工作。(5) 全市设立由各区联合组成的中央委员会，由委员九人组成，作为全市最高救济机关，统一管理和支配全市济贫所、医院及院外救济事宜，每两星期开会一次。

(三) 英美的慈善组织会社

1. 由来

由于工业化的迅速推进，贫民、失业者人数大增，而当时实施的济贫法实际效果并不尽如人意。在这种情况下，各种具有不同目标的慈善组织纷纷出现，征募捐款，救济贫民。由于这些组织互不搭界，各自为政，造成了不少混乱与浪费。为纠正这种现象，索里（Reverend Henry Solly）牧师参考汉堡制及爱尔伯福制的做法，于 1868 年建议成立一个组织，以协调政府与民间组织的各种慈善活动。故于 1869 年在伦敦成立了第一个慈善组织会社（Charity Organization Society）。

该会社的基本理论主张是，个人应对其贫穷负责。接受公共救济将损害贫民的自尊心、进取心与道德观念，致使他们依赖救济为生。因此，该会社主张贫民应尽其所能以维持本人的生活，外来力量只在必要时才介入救济。

2. 实施救济的方法

慈善组织会社实施救济的具体方法为：

(1) 成立一个中央管理与联系机构，并将伦敦全市划分为若干区，每区成立一个分支机构，主持救济分配工作。

(2) 各区办理区内所有救济机构受理申请救济案件的总登记，另特设咨询部，供济贫法执行人员、各慈善组织及个别慈善家搜集有关申请救济者的材料，使不少同时向多个救济机构“求助”的职业乞丐暴露其真面目。

(3) 各区派人对所有申请案件进行个别详细调查，其涉及的项目包括申请人的各种社会环境，如住房、健康、教育及工资等。

(4) 提高救济款物配额，使之能够满足申请人的生活需要。

3. 对社会工作专业化的贡献

自 1869 年第一个慈善组织会社在伦敦成立后，英国其他大城市纷纷仿效，至该会社成立第九年，其影响甚至跨越国界，达于美国。1877 年美国水牛城（Buffalo）出现全美第一家慈善组织会社，其后，该类组织在其他城市也相继建立，在水牛城会社成立后的六年内，美国共有 25 个城市成立了会社。

慈善组织会社的实践对社会工作的专业化有重要的贡献：

（1）会社首创派友好访问员（friendly vistors）访问申请救济者，以了解其社会背景并确定应采取的措施。它强调依据调查，按个别情况的不同，对每一案件分别做出处理。这种强调"个别化"的做法，促进了个案社会工作这一社会工作专业方法的产生。

（2）会社促进各救济机构、慈善组织为解决社区问题采取协调合作的步骤，也为社区组织工作的发展奠定了基础。

（四）英美的睦邻组织运动

1. 由来

睦邻组织运动（the Social Settlement Movement，Settlements and Neiborhood Centers），也称社区改良运动。19 世纪末叶，牛津大学经济学讲师汤因比（Arnold Toynbee），一位虔诚的基督徒，为宣扬基督的博爱精神，消除人间不平，与贫民共同生活，并为他们服务。但汤因比不幸患肺病于 1883 年去世，年仅 30 岁。汤因比的精神对另一位牛津大学毕业生巴涅特（Samuel A. Barnett）影响很大。巴涅特为东伦敦教区的牧师，该教区是伦敦最贫穷的教区之一，有很多失业者、患病者，以及居住于拥挤、肮脏住宅者。巴涅特发动当时就读于牛津大学、剑桥大学的学生前往该教区为贫民服务，与贫民同处，以便实际了解贫民的生活情形，研拟对策。为纪念亡友汤因比，巴涅特于 1884 年在其教区建立了一个大学社区睦邻服务中心，取名为汤因比馆（Toynbee Hall）。

汤因比馆实际上就是一个社区服务中心，具有以下四个特点：

（1）设于贫民区，备有宿舍，所有工作人员均与贫民共同生活。

（2）没有既定的工作计划，视居民实际需要而工作。

（3）尽量发动当地人才，培养其自觉的互助合作精神，为社区服务。

（4）社区睦邻中心不仅是服务中心，而且也是文化中心，向居民介绍本国及国外文化。

汤因比馆成立后，睦邻组织运动迅速推广，不仅成为英国社会改良运动的一种新潮流，而且引发了世界上许多其他国家的社区改造运动，其中以美国最为明显。美国第一家睦邻服务中心由柯义特（Stanton Coit）于 1886 年在纽约创办，取名为邻里指导中心（the Neighborhood Guild）。其后得到迅速推广，其中尤以简·亚当斯（Jane Addams）于 1889 年在芝加哥创办的赫尔馆（Hull House）最有名。到 1939 年，全美社区睦邻服务中心已达 500 多所。

2. 对社会工作专业化的意义

睦邻组织运动对专业社会工作发展的意义在于：

（1）社会工作的目的在于谋求个人与社会生活的改善，工作方式应从个人与社会双方入手。

(2) 社会工作应随时依社区实际需要而开展，应发动、组织或配合社会力量开展工作。

(3) 社会工作应以整个社区为对象，以促进社区福利的全面改善为目的。

(4) 社会工作进行的方法，不仅可运用个案社会工作方法，而且应运用小组社会工作、社区组织等方法。

(五) 现代社会保障制度的建立

1. 英国的新济贫法

现代社会保障制度发端于工业革命的发源地英国。1834 年，英国政府颁布并实施新济贫法。新济贫法和 17 世纪初颁布的旧济贫法相比，其突出的特点是：认定要求社会救济属于公民的合法权利，国家依法实施救济则是义不容辞的义务；并且认定救济不是单纯的消极行动，而是一项积极的福利举措。这显然与旧济贫法将救济视为一种施舍等特性不同。也正因为如此，作为现代社会保障体系之一的社会救助，第一次通过法律程序颁布并确立下来。

2. 基尔特与友爱社

西方社会保障发展史上最具影响的事件是发生于 19 世纪 80 年代，由德国俾斯麦政府推动颁布并实施的一系列社会改革，它使得作为现代社会保障制度的核心的社会保险第一次出现于历史舞台。关于现代社会保障的核心采取了社会保险形式而非其他形式，如传统社会救济方式的原因，这里或许有必要多着墨几笔。有学者指出，这主要与私人保险制度在西欧社会存在演化已久，并已成为社会保险直接的制度基础和根源有直接关系。① 早在公元前 2000 年左右，地中海航运就已遵循“一人为众人，众人为一人”的共同海损原则。而作为社会保险直接制度基础之一的保险形式，则起源于中世纪的基尔特（Guild）原始人身保险制度和在此基础上发展而来的友爱社。

基尔特统指西欧封建社会城市间手工业者或商人在商品经济相当发展的条件下，为限制竞争、规定生产或业务范围、解决业务困难和保护同行利益等，由同业或相关行业联合组成的同业组织。原始的保险形式便是以基尔特制度作为其载体而发展起来的。早在 9 世纪，这一制度就已在欧洲出现。随着城市的兴起，逐步衍生出和农村经济相区别的城市经济。在城市经济环境中，商人及其家庭作为一个基本单位，难以抵御城市中日益增大的经济风险。而他们所遭遇的经济损失，又无法从皇家、贵族或封建领主处得到补偿，只有依赖自己组织起来的共同力量，才有利于避免或转嫁所面临的经济损失。这样，通过基尔特即行会来共济互助和补偿经济损失的保障制度逐渐在西欧发展起来，到 11 世纪，已达到相当高的水平。在基尔特原始保险制度的基础上，西欧在 16 世纪逐步建立和发展起来的商业人寿保险制度，无疑为现代社会保险制度的出现提供了重要的制度和技术方面的基础。

产生于中世纪的英国友爱社（Friendly Society）自 16 世纪开始有了较快的发展。它也是一种人们自愿参加的组织。入社的前提是缴纳一笔一定数额的互助金。当其成

① 林义．社会保险制度分析引论．成都：西南财经大学出版社，1997：50－54.

员遭遇疾病、死亡时，可以获得一笔保险补助。18世纪末，英国已有友爱社7 200个，成员为65万人。而到19世纪末，其成员总数已达450万人，约占成年男性人口的1/2。友爱社这类互助保险形式的普遍发展，亦对现代社会保险事业的兴起提供了重要参照。

3. 各国社会保险制度的建立

现代社会保障制度的核心采取社会保险形式而非其他，从根本上说，还在于社会保险是与工业化及市场经济相适宜的一种保障形式。

俾斯麦在德国当政时期，根据当时形势的需要，以兴起与盛行于西欧的各种民间保险及商业保险为蓝本，并吸取欧洲一些国家早年就已出现的以国家干预的形式实施社会救济的经验，于19世纪80年代积极推动议会通过了一系列社会保险法案，并颁布实施：1883年建立了健康保险计划，由劳工缴纳保险费的互助基金会管理；1884年通过了工伤保险计划，由雇主协会经管；1889年实行老年退休保险，由各州政府管理。在俾斯麦政府的社会保险计划中，工人、雇主与国家各自承担相应的义务，从而建立了当时世界上最完备的工人社会保障制度。

继德国实施社会保险之后，欧美等其他国家纷纷仿效，一个时期内在资本主义世界形成一股潮流。英国保守党政府早在1875年就通过了《公共健康法》，1905年又通过了《失业工人法》。1908年自由党政府在工党支持下通过了《退休金法》，1909年通过了《劳工介绍法》。1911年英国议会通过的《国民保险法》，包括工人医疗保险和失业保险。法国、奥地利、丹麦、芬兰、意大利、荷兰、瑞士、瑞典、比利时等西欧、北欧各国也相继建立了以社会保险为核心的工人社会保障制度。

美国、日本作为后起的工业化国家，其实施社会保险的时间较上述国家稍晚一些。美国曾经是最崇尚自由放任的资本主义国家，但面对1929年开始的席卷全球资本主义世界的经济危机，新上台的罗斯福政府不得不引进政府干预，实施“新政”。1935年罗斯福政府颁行了美国历史上第一部社会保障法典《社会保障法》，据此，老年社会保险、失业社会保险等得以实施。亚洲的日本1921年颁布了《健康保险法案》，1927年实施；1939年颁行《船员保险法》，为船员建立了年金保险制度；1942年颁行了《劳动者年金保险法》，建立了劳动者年金保险制度；1947年又分别颁布了《失业保险法案》及《工伤保险法案》，并据此建立了相应的社会保险项目。

工业化国家各社会保险项目建立的基本情况见表2-1。

表2-1　工业化国家各社会保险项目建立的基本情况

国家	实施各主要险种的年份			
	疾病	工伤	老年	失业
德国	1883	1884	1889	1927
奥地利	1888	1887	1906	1920
丹麦	1933	1916		1891
挪威	1909	1894	1936	1938
荷兰	1963	1895		1937
意大利		1898	1919	1919

续前表

国家	实施各主要险种的年份			
	疾病	工伤	老年	失业
英国	1911	1946	1908	1911
法国	1930	1946		1910
芬兰	1913	1910	1913	1949
瑞士		1911	1946	
瑞典		1916	1913	
比利时	1944		1924	1944
美国			1935	1935
日本	1927	1947	1942	1947

资料来源：侯文若．现代社会保障学．北京：红旗出版社，1993：22. Maruo N. The development of the welfare mix in Japan//Rose R，Shiratori R. The welfare state East and West. New York：Oxford University Press，1986：66.

4. 对社会工作专业化的意义

各国社会保障制度的建立对专业社会工作的意义在于：

(1) 国家通过制定法案或政策，执行对社会福利的管理，使作为间接社会工作方法之一的社会福利行政开始登场。

(2) 社会保障制度的建立，也为社会工作者提供了新的、比较规范的活动空间，并在这一过程中验证、提炼和发展了具体的专业方法。

(六)“福利国家”的兴起和发展

1.《贝弗里奇报告》与“福利国家”的兴起

“福利国家”(welfare state) 这个词最早出现于1941年英国大主教威廉·邓普(William Temple) 所出版的一本小册子《公民与教徒》中。他创立“福利国家”的概念来取代“权力国家”(power state)。第二次世界大战结束以前，美国总统罗斯福在《大西洋宪章》中提倡的四项基本人权，即言论自由、信仰自由、免于恐惧的自由与不虞匮乏的自由等，使世界思潮为之一变，尤其是免于恐惧与不虞匮乏的两项自由人权成为西方各国争取社会保障的基本依据。以上皆给“福利国家”的总设计师、英国著名的经济学家与社会活动家威廉·贝弗里奇 (William Beveridge) 以影响。早在第一次世界大战爆发前夕，贝弗里奇就曾帮助英国政府设计起草过失业保障法案，该法案于1911年颁布实施。在英国政府此后颁行的老年保险法案及健康保险法案中，也贯彻了贝弗里奇有关保险费由雇主与雇员分摊投保的思想。1942年11月，贝弗里奇向英国内阁提交了《社会保障及有关服务》的长篇报告，提出通过全面实施社会保障措施以重建家园。这便是后来人们所称的《贝弗里奇报告》。报告还提出，要在战后重建英帝国，必须首先铲除“五害”——疾病、贫穷、愚昧、怠惰和匮乏。在铲除“五害”的同时，必须建立“从摇篮到坟墓”的一整套社会福利措施，包括失业、老年、职业伤害、遗属等保险项目和家庭津贴等。报告所提出的最引人注目的建议是，英国应首先推出面向城乡全体国民的社会保障制度，国民不分种族、信仰、财产状况，只要达到规定的年龄，就有权享受一份退休金，以安度晚年。报告还提出，投保标准采取划一方式，不论收入高低，保险费都按统一标准提取；各种保险金的给付，一律按统一标准，不与本人在职时的收入、工资挂钩；补助金必须充分，以满足被保险者的基本生活所需；社会保障制度的实施须置于统一的行政管理机构之下；等等。此外，报告还建议大力开展社会救助活动，并在国家保险外，发展商业性人身保险作为补充。

《贝弗里奇报告》为第二次世界大战后的社会保障做了理论上的架构，也描绘出了福利国家的初步模型。以此为基础，英国政府自 1945 年起，陆续出台了国民健康服务、国民保险法、教育法案、房屋政策及国民救助法案等一系列社会保障法案。1948 年，英国首相艾德礼宣布英国已成为“福利国家”。

继英国之后，瑞典、法国、丹麦、挪威、联邦德国、奥地利、比利时、荷兰、瑞士、意大利等先进工业化国家也纷纷按照“福利国家”模式重建并扩大社会保障项目，并先后成为“福利国家”。除西欧、北欧国家外，美国、澳大利亚、日本、新西兰也仿效“福利国家”来构建本国的社会保障体系。

2. 第二次世界大战后西方社会保障制度的特点

西方国家在第二次世界大战后重建与发展起来的社会保障制度具有如下特点。

（1）项目齐全。除了退休金保险、失业保险和医疗保险三大基本保障外，各国还纷纷设立了各种补贴和救助项目，如孕妇补贴、产妇补贴、幼儿补贴、学童补贴、住房补贴、低收入家庭补贴、寡妇补贴等，有些国家设立的保障项目达几十种之多。从表 2-2 所列日本社会保障体系中可见一斑。可以说战后西方社会保障体系基本上实现了“从摇篮到坟墓”都有保障。

表 2-2　　日本社会保障体系一览

广义的社会保障	社会保险	健康保险、年金保险、工伤保险、雇佣保险、船员保险、各种共济保险等
	公共救助	生活保护
	社会福利	身体及智力残疾者福利、老人福利、儿童福利、母子福利等
	公共卫生与医疗	结核病、精神病、传染病防治，上、下水道以及废弃物处理等
	老人保健	老人医疗等
	恩给	文员恩给、旧军人遗属恩给等
	战争牺牲者援护	战争牺牲者遗属年金等
相关制度	住宅对策	公共住宅建设等
	雇佣对策	失业对策等

资料来源：日本总理府社会保障制度审议会事务局．社会保障统计年报．1998：61.

（2）标准较高。西方各国以第二次世界大战以后较长一段时期内经济的稳定发展为后盾，实现了“高收入”和“高消费”。以被称为“福利国家的橱窗”的瑞典为例：该国社会保障标准之高、项目之全与实施范围之广都居各福利国家之先，以至于在 20 世纪五六十年代，该国几乎将国民生产总值的 2/3 都花在了建设“福利国家”之上。由于设置了高标准，如各项社会保险项目，被保险者能够过上比较体面的基本生活，以致有些工作，如采矿、挖煤、环境卫生、搬运、伐木等，因其重、脏、险、苦，人们宁愿坐享高失业补助，也不愿去从事。

（3）国际化。联合国国际劳工组织（International Labour Organization，ILO）在促进社会保障国际化方面发挥了积极的作用。1952 年，国际劳工组织制定并通过了《社会保障最低标准公约》，对退休津贴、疾病津贴、医疗、护理、失业津贴、工伤补偿、残疾津贴、子女补助、死亡补助等有关社会保障补助金的内容、保障对象的条件和支付的最低标准等都做了明文规定。其后，该组织又通过一系列“公约”和“建议书”，提出了希望各成员国达到的社会保障标准。这些“公约”和“建议书”等虽无约束力，但一直成为各国实际制定社会保障政策和标准的重要依据。近来，随着欧洲一体化进程的逐步加快与深入，欧盟各成员国社会保障体系亦在走向一体化。

（4）全民化。社会保障尤其是作为其核心内容的社会保险从城市工商业劳动者逐渐惠及乡村农业劳动者乃至全体农村居民。当然，各国对农村居民的社会保险处理方法有所不同。有的国家如英国，按照《贝弗里奇报告》所做的设计，其社会保险计划具有城乡一体化的性质。有的国家如联邦德国、法国、丹麦、美国、加拿大等，都分别建立了面向农民的养老金保险制度。还有的国家如日本，养老金保险（在日本称“年金保险”）是有统有分的：在最基本养老金待遇上最终实行了城乡一体与全国统一（基础年金），但不同产业、部门从业人员又都享有一份独立的职业关联养老金（可称之为附加养老金）。这里应当指出，即使后两类国家，其健康保险、国民救助和服务等也都是城乡一体化的。尽管从形式上看，后两类国家对城乡劳动者社会保险（老年保险）分别办理，但其实质差别已微不足道了。①

在 1945—1973 年这段被称为“辉煌的 30 年”的时间内，西方各国经济持续稳定增长，工业化、城市化继续向更高阶段推进，社会结构更趋一体化。与此相伴，这些国家的社会保障事业也取得了长足的发展，达到了历史最高水平。社会保障制度在维护社会稳定、促进经济繁荣、推动社会结构更高水平的整合等方面，发挥了应有的作用。但是我们也应当看到，西方各国普遍实施的“从摇篮到坟墓”的福利普遍化政策，也潜伏着种种深刻的经济与社会危机。以 1973 年席卷整个西方世界的石油危机为标志，各国社会保障事业潜伏的危机日益明显地暴露出来。为此，西方各国纷纷对其福利体系进行改革。

战后西方各国普遍实施的“从摇篮到坟墓”的福利普遍化政策，潜伏着种种深刻的经济与社会危机，主要包括：福利制度成本过高造成财政危机；福利制度的高保障性增加个人依赖，高税收抑制社会成员积极就业；高福利以高税收支撑，导致企业及富裕阶层移民加剧；高福利导致其他地区移民大量涌入，加剧社会矛盾；等等。受石油危机影响，西方各国经济增长减缓，个人收入增长停滞、失业率上升，“福利国家”潜伏的危机日益明显地暴露出来。

为摆脱危机，1979 年撒切尔夫人出任英国首相和 1980 年里根当选美国总统，标志着新自由主义在发达资本主义国家上升为主流经济理论和政策取向，对“福利国家”着手进行大刀阔斧的改革：（1）削减社会福利开支。新自由主义者认为，社会福利形成了对经济发展最强的抑制力量，它使人们对国家提供福利产生了越来越多的依

---

① 日本农业年鉴刊行会．日本农业年鉴．1999：376.

赖，这种依赖会剥夺个人的创造性。(2) 由普遍性福利向选择性福利转变，将有限的资源向最需要的群体倾斜。(3) 使政府从社会福利领域“淡出”，福利责任向个人和家庭转移。主要措施有：调高社会保障（福利）税的征收额度；鼓励雇员参加企业举办的保险和自行购买商业保险等。

上述改革虽然在一个时期内取得了明显的成效，然而，20 世纪 90 年代前后，新自由主义的政策也出现了问题，表现在：经济发展速度放缓；贫富差距扩大；左翼政党为争取选民、谋求上台执政，也迫使一个时期以来急剧右转的福利体制改革遭到遏制。“第三条道路”思潮成为影响西方国家福利改革的主要思潮：其一，各国调整就业与福利的关系，实施积极的就业促进制度。帮助和鼓励人们通过从事工作来摆脱贫困和对福利的依赖，并获得生活保障。其二，注重发展教育事业，加大教育投资。其三，社会保障实行国家与私人并举。摈弃了完全由国家提供保护或完全由私人提供保护的两极做法，允许私人机构介入，引入竞争机制。目前，相关改革方兴未艾。

3. 对社会工作专业化的意义

“福利国家”的出现及其后的改革，对专业社会工作的意义在于：

(1) 它使社会福利行政得到了空前的发展。

(2) 社会工作作为其中的一项基本制度受到空前的重视，其提供服务的专业方法得到认可和发展。

(3) 社会工作由主要面向弱势群体的专业开始向面向全体国民的专业转变。

(4) 社会工作由再分配型、事后补救型福利向发展型、预防型福利转变。

第二节 专业社会工作的发展

社会工作作为一门专业发展的历史不长，只有 100 年左右。本节首先讨论专业社会工作发展的背景、条件，然后分几个阶段讨论西方专业社会工作的发展。

一、专业社会工作发展的必要条件[①]

(一) 国家（政府）对社会福利事务干预的强化推动了社会工作的规范化和专业化

以 19 世纪 80 年代德国俾斯麦政府颁布并实施的一系列社会保障制度为标志，现代社会福利（社会保障）制度在西方各国陆续建立并得到迅速发展。到第二次世界大战结束，西方社会福利制度进入了空前繁荣的时期——“福利国家”阶段。西方各国

① 李迎生．西方社会工作发展历程及其对我国的启示．学习与实践，2008 (7).

现代社会福利制度的建立与发展对专业社会工作的意义是明显的、深远的，鉴于前面已做说明，这里不再赘述。

（二）现代社会服务对象需求的多元性、层次性，传统社会工作难以满足

社会工作实践普遍存在于世界各国，但社会工作发展程度却因各国政治制度、经济制度、文化传统及社会发展趋势与程度的不同而不同。相应地，各国关于社会工作的界定也不相同。归纳起来，国际上不同国家对社会工作的认识可大致分为以下三类：第一类，把社会工作视为一种个人慈善事业。第二类，将社会工作视为由政府或私人社团举办的以解决各种因经济困难所导致的问题为目的的各种有组织的活动。第三类，将社会工作视为一种由政府或私人社团所举办的专业服务。[①] 上述社会工作学者对国际上关于社会工作的几种不同认识角度的划分给了我们以启发。从西方社会工作的发展历程来看，自19世纪后期开始，社会工作进入从上述“第二类”向“第三类”过渡的阶段（至第二次世界大战结束，进入“第三类”社会工作占主导地位的时期），对发展专业社会工作的需求出现了不断增强的趋势。

（三）现代科学的快速发展为社会工作专业化建设提供了理论基础

专业社会工作的发展是和现代科学的发展密不可分的。关于社会工作理论的结构，按与社会工作实践联系的紧密程度来划分，不少学者倾向于将其划分为两大层次，但提法稍有不同。提姆斯（N. Timms）将社会工作理论划分为理论基础（外借理论）和实施理论两个层次。第一层次的理论来自其他科学，如社会学、心理学、精神医学、医学、经济学等，它便是人们通常所称的社会工作的理论基础。第二层次的理论即实施理论，来自社会工作实践经验的积累，是直接用于指导社会工作实践与达成社会工作的目标的。[②] 大卫·豪（David Howe）将社会工作理论划分为“为社会工作理论”（theory for social work）与“社会工作理论”（theory of social work）两个层次。[③] 皮拉利斯（Pilalis）则提出社会工作理论的“三分模型”，即宏观理论、中观理论和实践理论。其中宏观理论与中观理论的一部分来自其他学科。[④] 不论上述哪种划分，都将社会科学乃至部分自然科学的重要学科、理论作为社会工作的理论基础，从而可见这些学科对推进社会工作专业化建设的重要性。19世纪以来自然科学和社会科学的发展、繁荣，为专业社会工作的发展提供了又一个必不可少的条件。

（四）社会工作作为一门专业的依据

19世纪末20世纪初，社会工作开始逐渐形成一门专业，进入专业发展阶段。为何可以做此判断呢？格林伍德（E. Greenwood）在1957年提出的专业的五个基本特

---

① 叶楚生．社会工作概论．台北：同泰公司，1980：3－4.

② Douglas T. Group processes in social work：A theoretical synthesis. New York：Wiley，1979：1.

③ 王思斌．社会工作概论．北京：高等教育出版社，1999：63－64.

④ 李迎生．社会工作概论．北京：中国人民大学出版社，2004：92－93.

征便可视为判断标准。格林伍德认为，作为一门专业，其所应具备的基本特征是：

（1）一套理论体系（a body of theory），即有一套系统的理论体系或专业知识、技术。

（2）专业的权威（professional authority），专业人员对案主拥有判断的专利权，案主也可由这种专业的权威获得安全感。

（3）共同信守的伦理守则（code of ethics），即有一套共同信守的专业工作守则或信条，如客观、保密等。

（4）社会或社区的认可（sanction of the community），社会人士或社区居民承认该专业在一定范围内的权利与特权。

（5）专业的文化（professional culture），包括专业的价值观、象征符号、行为规范等。

格林伍德所提出的判断标准被称为"特征论"或"特质论"，在社会工作学界被广泛引用，影响很大。除此之外，也有一些学者从其他角度提出判断一个专业的标准，其中被社会工作学界所引用的有"过程论"和"权力论"。①

"过程论"以威伦斯基为代表。他认为，每个专业的发展正如生命的发展历程一样，有共同的发展阶段。他指出专业发展的几个阶段分别是：

（1）开始出现全职的工作需要；

（2）训练的要求出现；

（3）专业结社出现；

（4）立法保护以维护专业利益；

（5）制定伦理守则。②

"权力论"则认为，专业并非一种理性的界定过程，而是一种职业成就的社会评价结果。哪种职业在社会分工中占有比较重要的地位，它就可以自行操控其工作的本质。也就是说，一种职业的可替代性越低，它所拥有专业的界定就越明显。③

基于以上标准判断，社会工作在19世纪末20世纪初已开始逐渐成为一门专业。

二、专业社会工作的起源及其初步发展

19世纪中后期，起源于英国并活跃于欧美的慈善组织会社运用友好访问员开展工作，可以被视为专业社会工作的起源。因为友好访问员必须直接面对案主从事服务工作，为提高服务质量，就有必要接受培训。美国最早开始这方面训练的机构是纽约慈善学院（New York School of Philanthropy），1898年该院开办了一个为期六周的暑期训练班，训练带薪的友好访问员。

---

① 林万亿．当代社会工作：理论与方法．台北：五南图书出版公司，2002：67.

② Harold W. The professionalization of everyone? . The American journal of sociology，1964（2）：137－158.

③ 同①.

1915年，费勒克斯讷（Abraham Flexner）在美国慈善与矫治委员会大会上发表《社会工作是一种专业吗》的学术报告，其中提到作为一门专业应当具备的六个条件，包括“伴随个人责任的智慧性操作”“专业素材来自科学与学习”“这些素材应当趋向实用且轮廓分明”“拥有可教育的沟通技术”“趋向自我组织”“在动机上逐渐养成利他性”。费勒克斯讷所提出的这些条件仿佛大海中的航标，给当时的社会工作者指明了方向，指引他们更加努力地去实现使社会工作成为一门专业的理想。

1917年，芮奇蒙德发表《社会诊断》一书，其基本宗旨便是要使社会工作的方法成为一门独立的知识，使社会工作的技术成为一种可传递的技术。该书的出版，成为专业社会工作发展史上的一个具有里程碑意义的事件。其后，关于社会工作的各种专业方法被相继提出，并逐步发展、完善。

三、社会工作三大专业方法相继形成并各领风骚

（一）个案工作方法的形成

芮奇蒙德的《社会诊断》一书奠定了社会工作的个案工作方法的基础。她的研究所采用的“诊断”一词虽是医学意义上的，但实质上更多的还是受到社会学的影响。她更关注个人问题（贫穷）的社会方面。在她看来，造成案主问题的原因主要不是个人道德上的瑕疵，而是社会资源的不足。诊断的过程便是仔细收集案主情境资料，以便加以科学诊断。这种做法摆脱了过去仅凭慈悲之心开展慈善救济工作的传统，而开始使社会工作成为一种“科学的慈善”。

20世纪20年代以后，直到40年代，个案工作都是社会工作的主要方法。不过，由于弗洛伊德精神分析心理学的发展及其向社会工作领域的渗透，社会工作者开始关注案主个人经验的意义和价值，特别是案主早年生活经验对于当前行为的影响。这时的社会工作者不再只是关心贫民的慈善布施者，同时也是关注并能解决个人心理问题或心理病症的社会医师。

就社会工作专业知识的发展而言，芮奇蒙德的思想成为个案工作诊断派理论的起源。此外，汉密尔顿（G. Hamilton）奠定了个案工作心理分析的学理基础。个案工作中颇具影响的功能派也在这一时期形成。只是另一重要派别即问题解决派的形成较晚，直到20世纪50年代才形成。

（二）小组工作方法的形成

在个案工作方法得到不断发展的同时，社会工作另一重要专业方法在20世纪30年代开始形成并受到重视。柯义尔（Grace L. Coyle）于1930年出版了《组织群体的社会过程》一书，奠定了小组工作的学理基础。1939年，在美国社会工作会议上，小组社会工作成为其中一个独立的小组。1946年，小组工作方法开始被视为与个案工作方法具有同样的地位。1955年，美国小组社会工作者协会并入美国社会工作者协会。

（三）社区工作方法的形成

社区工作方法形成及获得社会工作专业方法的地位相对要晚一些。虽然在 1939 年召开的美国社会工作会议上，有关社区组织的方法已被提出并讨论，1944 年所列出的社会工作专业课程中，也列有社区组织，在 1946 年召开的美国社会工作会议上，还成立了一个“社区组织研究协会”，但直到 1950 年召开的美国社会工作会议上，社区组织才被正式列为社会工作的专业方法之一。

社会工作三大专业方法先后形成后，社会工作遂开始成为一种比较完善的专业。同时，这三大方法作为社会工作的经典方法，在社会工作专业训练和实务开展中，各自发挥着重要的、不可替代的作用。

四、社会工作专业方法的整合

现代社会的高度复杂，社会及案主问题的多种多样且牵涉面广，使得单纯依靠某一种方法难以解决案主问题。社会工作专业方法各自发展过于分化，其弊端日益显现出来，为推动社会工作的进一步发展并使社会工作专业方法更加适应社会及案主的现实需要，自 20 世纪 50 年代后期起，要求将社会工作专业方法加以整合，以案主问题为中心全面、灵活地运用社会工作专业方法的呼声开始高涨，从而使专业社会工作的发展进入了一个新阶段。

20 世纪 60 年代末到 70 年代，赫恩（Gordon Hearn）和比斯诺（Bisno）等学者努力发展出一套整合、统一的社会工作实施知识与技术。平克斯（Pincus）、米纳汉（Minahan）和史伯林等人则尝试探索出社会工作共同的特征与干预阶段，以打破个案工作、小组工作及社区工作各自独立的局面。1977 年，英、美两国的社会工作学者还专门召开会议商讨社会工作方法的整合问题。

社会工作的整合已产生了比较重要的影响。在社会工作实务层面，社会工作者运用系统理论，着重考察案主与其周围环境的互动，并根据案主问题的具体情境决定采取相应的干预措施。这便给社会工作者提出了更高的要求，他们必须具有广博的知识和技能，能自如地选择合适的服务方式，以满足案主及其环境系统的需求。而这又必然促进与导致了社会工作教育的变革，使之向培养具有更加全面、综合能力的社会工作者的目标而不断努力。

五、21 世纪的社会工作

人类社会已进入 21 世纪。对社会工作而言，新世纪也是机遇与挑战并存，而且挑战大于机遇。

在知识经济时代，社会贫富差距将加大，激烈的竞争将使经济上的失败者增多，社会对社会福利或社会工作的需求将会进一步上升。但近年来，西方国家的福利制度改革大幅度削减了政府的福利支出，又使得社会工作者难以获得足够的资源去满足案主的需求。1996 年美国出台的《个人责任与工作机会调和法案》强调个人责任、工作取向、最少的社会福利、最大的工作期待，对社会工作的发展便是一个严峻的挑战。

在新世纪，信息技术、微电子技术、电信技术、网络科技、生物工程等的迅猛发展，使得利用电脑、网络进行间接的沟通，以及全国乃至跨国界的治疗成为可能。这便给社会工作的更大发展带来了空间与便利。但同时，产生于工业化时代的社会工作强调直接性、区域性、有限的互动，以及人与环境的协调等特性的传统治疗、沟通方法与技术，它能否实现与新技术的衔接，对社会工作者来说是一个挑战。

社会工作的专业方法与技术等皆起源于西方国家，特别是美国，而后传播到发展中国家，包括我国。后者的国情与前者显然不同，这就提出了社会工作本土化的问题。实际上这个问题早于 20 世纪末叶在南美、中东、非洲及印度等地就已经被提出了①，但进展不大。中国也面临着社会工作本土化的问题。如何解决这一难题，成为新世纪社会工作者的一个重大课题。

21 世纪社会工作者将在解决上述课题的过程中，在不断迎接挑战的过程中，取得新的更大的进展。

第三节 中国社会工作的发展

在中国，自古以来有关社会福利的思想和实践就很丰富。本节分古代、近代及现当代三个阶段对中国的社会工作实践加以介绍、讨论，并根据改革开放以来的现实，探讨在我国发展专业社会工作的必要性和重要性。

一、中国古代的社会福利思想与实践

(一) 中国古代的社会福利思想

古代有关社会福利的思想非常丰富。中国古代一些杰出的思想家都对社会福利问题有过精辟的阐释，其思想至今仍有影响。

中国儒家典籍之一《礼记》载有孔子关于“大同”社会的理想：“大道之行也，天下为公。选贤与能，讲信修睦，故人不独亲其亲，不独子其子，使老有所终，壮有所用，幼有所长，矜（鳏）寡孤独废疾者，皆有所养。男有分，女有归。货，恶其弃于地也，不必藏于己。力，恶其不出于身也，不必为己。是故谋闭而不兴，盗窃乱贼而不作，故外户而不闭。是谓大同。”（《礼记·礼运》）孔子所描绘的“大同”社会是

① 林胜义．社会工作概论．台北：五南图书出版公司，2001：23.

他理想中的“福利社会”，是和社会工作所追求的目标相一致的。尤其是“老有所终……皆有所养”这几句，不仅对我国早期的福利措施的提出与实施有着深远的影响，同时也是现代社会主要的福利措施如老人福利、就业服务、儿童福利、社会救助及残疾人福利等的重要思想基础之一。

孟子主张统治者应广施“仁政”：“制民之产，必使仰足以事父母，俯足以畜妻子，乐岁终年饱，凶年免于死亡。”（《孟子·梁惠王上》）如此，则“百姓亲睦”。他还提倡家庭、邻里、社区成员之间应当“出入相友，守望相助，疾病相扶持”（《孟子·滕文公上》），以及“老吾老以及人之老，幼吾幼以及人之幼”（《孟子·梁惠王上》）。这些思想含有丰富的社会互助、社会福利、社会政策、社会行政的内容。

墨子主张“兼爱”：“天下之人皆相爱，强不执弱，众不劫寡，富不侮贫，贵不敖贱，诈不欺愚。”（《墨子·兼爱中》）“有力者疾以助人，有财者勉以分人，有道者劝以教人。若此，则饥者得食，寒者得衣，乱者得治。”（《墨子·尚贤下》）墨子提倡的爱人如己的“兼爱”思想，以及吃苦耐劳、自我牺牲的实干精神，对我国古代乃至当今社会工作、社会福利的发展，有着重要的思想启示。①

（二）中国古代的社会福利实践

中国古代的社会福利事业很不发达，这主要有两方面的原因：其一，传统中国的社会组织以家庭、家族为单位，人们在遭遇贫病鳏寡，出现生活无依时，一般由家庭或家族成员出面照顾，无须由政府或民间另行办理救济事业。其二，中国古代的救济事业以临时性的救灾救荒事业为主，如遇水旱灾害、饥馑、瘟疫等，政府及民间有一些临时性的救济措施，没有形成制度化的救济事业。根据史籍记载，我国古代开展救济与福利工作所采取的形式或方法，主要有以下几种。②

1. 保息与救荒之政

《周礼》记载大司徒分别提出“保息六政”与“荒政十二”，作为救济贫民的基本措施。保息六政的基本内容包括慈幼、养老、赈穷、恤贫、宽疾、安富等六种措施，类似于现代的儿童福利、老年福利、社会救助、医疗服务、住宅与就业服务等各种福利服务工作。

保息六政实际上是正常年份特别是升平时期的社会福利措施。而遇荒年，则有一些救荒应急的措施。荒政十二具体是指：（1）散财——给饥民以粮食；（2）薄征——减免租税；（3）缓刑——减免刑罚；（4）弛力——减除徭役；（5）舍禁——解除山林之禁；（6）去几——撤除关卡，使百货流通；（7）省礼——减少吉礼；（8）杀哀——节约凶礼；（9）蕃乐——闭藏乐器而不作；（10）多昏——不备礼而婚配者多，则男女相保；（11）索鬼神——祈求保护百姓；（12）除盗贼——为民除害，安定民心。

---

① 韩明谟．从墨家学说中吸取社会工作者的力量//何国良，王思斌．华人社会社会工作本质的初探．香港：八方文化企业公司，2000：63-79.

② 下面所谈到的各种措施和办法，有的实际实行过；有的虽然提出，但限于当时的主客观条件，并未实行。

2. 九惠之教

《管子·入国》提出执政者居上为政，应广施仁政，行“九惠之教”。管子所讲的“九惠之教”实际上就是九种社会福利措施，包括老老、慈幼、恤孤、养疾、合独、问病、通穷、赈困以及接绝。按今天的话说，就是实行老年福利、儿童福利、社会救助、医疗服务、婚姻服务、健康服务、就业服务、义亲奉祀[①]等措施。

3. 仓储救济

古代中国通过仓储实施救济有常平仓、义仓、社仓三种。常平仓为汉宣帝所设，其意为“常持其平”。在谷价低时由政府买入谷物储存，谷贵时再以低价售出，以此救济百姓，使其安度荒年。常平仓的设置断断续续一直延续到魏晋南北朝时期。

隋文帝时，出现了义仓这一救济形式。它或由政府征收粮食建立，或由富户捐粮储存而形成。遭遇灾荒时，则开仓济民。义仓延续到宋朝，后因管理不善被废止。

社仓起源于宋朝。宋朝朱熹制定社仓法，鼓励民间自行捐集粮食，自行管理仓务。遇到荒年或青黄不接之时，则开仓济民。社仓虽为民间所设，但政府对其起监督作用。直到民国时期，社仓还以一定形式出现过。

除以上措施外，中国古代开展社会救济工作的方式还有一些，如赈谷与赈银——实行实物救济与资金救济相结合；施粥——当灾情严重，灾民众多，尚未发赈时，施粥便成为一种紧急救济措施；居养——设置机构，收容流民、乞丐、鳏寡孤独及残疾无依者，是一种早期的院内救济；以及历代政府对灾民、贫民的施医、施棺等救济办法。

二、近代中国的社会工作

到了中华民国时期，现代意义上的社会工作即专业社会工作开始在我国出现。不过，当时不叫社会工作，而采用日本的译法，叫“社会事业”。[②] 在1949年新中国成立以前的几十年时间内，社会工作有了一定的发展，其具体表现有以下几点。

(一) 社会行政和社会政策

1940年，中华民国政府设立社会部，隶属于行政院，主管全国的社会救济、社会福利、社会组织、社会运动、社会服务、劳工行政及合作行政等事务。1942年，又在全国省、市、县普遍设立社会部下设机构，省政府设社会处，县政府设社会科。至此，我国社会行政制度正式确立。社会部成立后，开展了有关社会政策与社会立法的创制或修订、执行工作。1945年国民党提出社会政策基本纲领，但实际没有执行。

(二) 社区组织与社区发展

其中最著名的是20世纪二三十年代进行的“乡村建设运动”。“乡村建设运动”

① 指古代政府为激励人民对国家效忠，规定为公务及为国捐躯者，必须对其亲属给予优待、抚恤，鼓励他们奉祀捐躯者；而对无子无女者，则由政府拨款给其族亲或故旧，由他们奉祀捐躯者。

② 言心哲．现代社会事业．上海：商务印书馆，1945：6.

是一大批知识分子立志唤起民众、改造乡村乃至拯救中国的一种实际行动。前后参加运动的有600多个团体，其中较著名的有晏阳初领导的定县平民教育实验区、梁漱溟领导的邹平乡村建设实验区等。“乡村建设运动”受到当时革命者的严厉批评，但其作为现代意义上的中国社区组织与社区发展事业的一个开端，对社会工作的发展有积极的贡献。

（三）微观社会工作实务

起源于西方的微观社会工作在近代中国也开始出现。不过，当时开展社会工作实务主要限于医院等有限的领域，且主要由外国人从事。1913年，在美国接受过医疗社会工作训练的休姆（Hume）应聘到湖南长沙的耶鲁医院从事社会服务工作。他积极推动成立了长沙社会服务联盟。1918年北京协和医院成立了“宗教与社会服务部”，1920年蒲爱德（Ida Pruitt）女士受聘于该部主持医院社会工作，对中国微观社会工作的开展产生了一定的影响。①

（四）社会工作专业教育

19世纪末20世纪初，社会学从西方传入中国，到20世纪30年代，中国已有约20所大学设有社会学系，其中燕京大学、沪江大学、金陵大学、金陵女子大学、复旦大学、东吴大学、华西大学、齐鲁大学等高校的社会学系均分设社会工作专业或开设社会工作课程，并各自设有社会工作实验基地等，如沪江大学在上海杨树浦设立的“沪东公社”，金陵大学在南京四所村设立的“友邻社”。这些机构为中国培养了早期的专业社会工作者。

三、新中国成立后至今的社会工作

（一）改革开放前的中国社会工作②

新中国成立后，专业意义的社会工作由于高校社会工作教育被取消而中断了30多年。效仿苏联，改革开放以前，我国逐步建立了与计划经济体制相适应的社会福利制度，而社会工作（实际社会工作）作为社会福利制度中最具实践性的部分，在当时的经济社会生活中也扮演着重要的角色。在计划经济下，民政部门、工会、妇联和共青团等行政性和半行政性机关事业单位、人民团体等，都不同程度地承担着社会工作职能，它们的工作领域、服务对象以及工作目标等与现代专业社会工作比较接近。

在计划经济下，政府是社会工作的唯一主体，政府通过企业（单位、集体）、民政系统，以及人民团体、福利性事业单位等三大部门履行社会服务职责，这三大部门通过一系列服务过程，将社会福利和服务资源输送到各类社会成员（对象）那里。其

① 林万亿．当代社会工作：理论与方法．台北：五南图书出版公司，2002：143．

② 李迎生，方舒．中国社会工作模式的转型与发展．中国人民大学学报，2010（3）．

一是国有、集体企业和机关/事业单位。国家通过制度安排为全体城镇国有、集体企业的劳动者和机关/事业单位工作人员提供养老、医疗、住房、教育和救助等基本保障和服务，这一途径是我国计划经济时期政府包揽社会福利和服务的主要方面。其二是工会、共青团、妇联等人民团体、福利事业单位。这类单位和团体是准政府部门，在计划经济时期具有行政性和半行政性特点，也承担着重要的社会工作职能，为所涉及的群体提供一定的福利服务。其三是民政系统。长期以来，实际承担社会工作最多、最典型的政府部门都可被划归民政系统一类。社会工作的这三条途径，其服务对象几乎涵盖了当时所有城镇人口和部分农村人口。

概而言之，计划经济下的中国社会工作模式具有以下几大特点。

1. 政府包揽——单位承办

在计划经济时期，我国社会工作呈现“政府包揽”的局面。自新中国成立始，政府在几十年时间内，不但为实际社会工作制定了一系列制度架构和政策体系，而且为当时社会中几乎所有福利和服务提供全额资金支持，更主动参与到具体的福利和服务实践中去，而这些方面的工作都是靠各种类型的单位来承办的。这里的“单位”是一个类概念，是我国计划经济时期各种所有制性质企业、政府行政部门，以及各类事业单位的总称，经历过计划经济时期的人对这一个词并不陌生，计划经济下的社会成员首先就是“单位人”。

在计划经济下，政府对经济运行采取计划和干预的方式，各种单位都需接受政府指令，也为了政治稳定而尽可能多地吸纳社会成员就业。除就业福利外，“单位承办”还包括其他诸多内容，如：单位为职工办理各种社会保险；承担职工的各种日常福利，如子女教育、退休人员养老和公共住房等，甚至职工家庭的婚丧嫁娶和柴米油盐等物品的供应也在其中（各种形式的补贴）；政府和单位出资帮助困难职工家庭，从生活救助到医疗、养老等服务无所不包；等等。所以，计划经济下的单位承担了政府福利和服务职能，是整个社会工作模式的关键环节。

在这一时期，政府对城镇就业人口采取的是一种“普惠型”社会工作体制，相对而言，对城镇其他类型的就业者、非就业人口和农民采取的则是一种“补救型”体制，政府对这些社会成员中的困难群体的福利职责是依靠民政部门和具有福利性质的事业单位、人民团体来履行的，具体形式有政府救济、社会（集体）帮扶等。

2. 以职业身份为基准的差序格局

从社会工作涉及的对象或覆盖的人群来看，计划经济下我国社会工作大致呈现一种“差序格局”，详见图2-1。

由上图可知，在计划经济下，我国社会工作的对象，在社会福利和服务的享有上存在较大差别，而这种差别呈现出同心圆结构，暂且以费孝通先生的“差序格局”命名之。这个结构分为五个层次，其中，居于核心地位的人群是政府行政人员及参公管理事业单位工作人员，而以此为圆心向外扩展，依次包括国有企业职工和一般事业单位工作人员及其家属、集体企业职工及其家属、城镇其他类型就业者和非就业居民，以及广大农民。同时，计划经济下我国社会工作运作和实施的标准是按照社会成员的职业身份来划分的。由于当时人们的各种福利和服务待遇的享有主要由所在单位来完

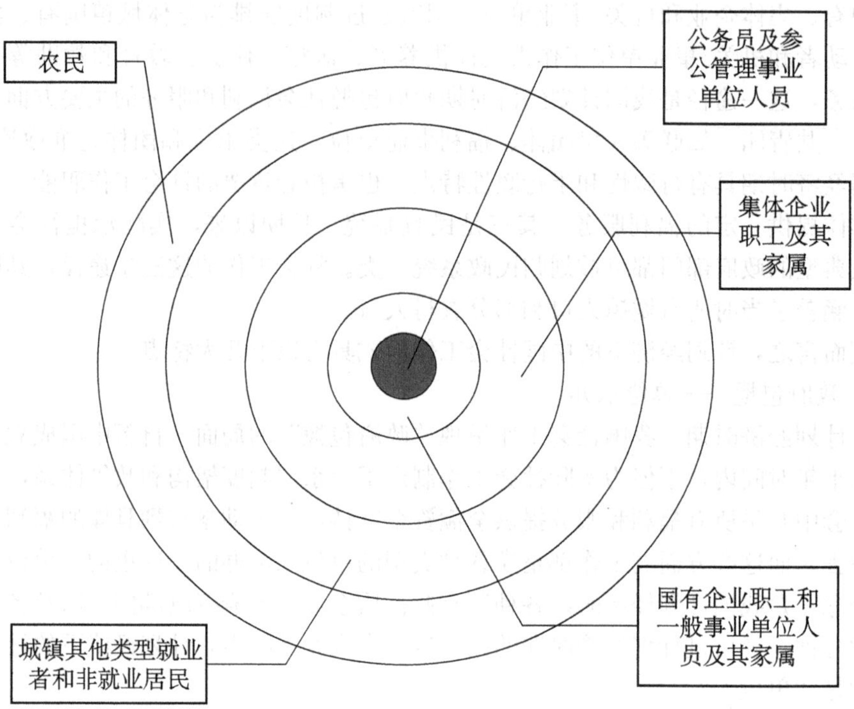

图 2－1 计划经济下中国社会工作模式的“差序格局”

成，所以根据人们所属单位性质的不同，即人们职业身份的不同，人们获取福利资源和社会服务的机会以及获取量也有着较大的差异。这其中，“城乡人口由于户籍限制，政府供给的福利资源和公共服务有着巨大的差别”①。

3. 非专业性

20 世纪 50 年代，社会工作在高等学校被停办，直接造成了我国 30 多年没有专业社会工作教育，社会工作专业人才的培养中断了。因此，计划经济时期，我国社会工作实务具有非专业性的特点，表现为实际社会工作人员知识背景的非专业性、社会工作实务方法的非专业性、社会工作实践过程的非专业性和社会工作目标的非专业性。首先，计划经济时期实际社会工作人员基本没有受过专业教育，因而工作方法不专业，除了物质帮扶外，就是精神激励、思想疏导、组织动员和政治宣传等。而专业社会工作除了基本的个案、小组和社区三大方法以外，还发展出个案管理、社会工作督导和行政等一系列科学方法，这些方法里又包含了众多具体实务技巧，保证了服务的质量和水平，而这些往往都是当时的实际社会工作人员所没有掌握的。其次，计划经济下的社会工作实施过程一般是先集体、后个人，即首先通过组织和动员，然后对效果不明显的对象施以个别说服与教化，这与专业社会工作尊重个人差异有着很大区别。再者，一般情况下，从事事后救济型社会工作的从业人员多，而从事事前预防和发展工作的少，而这也与专业社会工作的目标相距甚远。专业社会工作并不仅仅局限

---

① 李迎生，方舒．中国社会工作模式的转型与发展．中国人民大学学报，2010（3）．

于个人和家庭问题的解决，更在于通过制度性利他活动，使人们真正取得能力的提升，实现助人自助。

总之，在计划经济下，我国实际社会工作人员，由于缺乏专业知识和训练，只凭实践经验和群众威信开展工作。实际社会工作人员的非专业性决定了他们工作手段和方法的落后，难以提供个性化、多样化、系统化的专业服务，服务质量难以得到本质提升，最终也将难以适应日新月异的社会变迁。

（二）中国社会工作的转型[①]

1. 计划经济下的社会工作在快速转型时期遭遇严峻挑战

1978 年，党的十一届三中全会召开，标志着我国社会进入快速转型时期，“其特点除了速度大大加快外，其广度、深度和难度都前所未有”[②]。

我国快速的社会转型给社会工作带来了两方面的影响和冲击。一方面，政府决策和行政能力趋于弱化。计划经济时期，国家和政府对包括福利领域在内的一切社会领域采取统包统揽方式，目的是集中力量办大事、办成事，随着经济体制的转轨，社会结构出现新的分层，价值观念也呈现多元化趋势，企业和劳动者纷纷走向市场，政府已无法像以往那样包揽整个社会事务，行政决策和行政能力出现弱化。另一方面，我国社会结构的转型，引发了众多的社会问题，呈现出社会问题丛生的局面。比如失业、养老、贫困人口等问题在转型期集中表现出来，加剧了社会矛盾，并有可能产生严重后果。市场经济体制的确立使得越来越多的社会成员进入市场、参与竞争，然而他们也将不可避免地面临较高风险，而不像计划经济下人们的安全度那么高。同时，社会转型使社会越来越走向“个人化”或“原子化”，导致社会支持网络弱化，个人规避和抵御风险的能力降低，特别是那些弱势群体更是处境堪忧。

这样，在社会快速转型期政府决策能力弱化、社会问题丛生的现实下，计划经济下的社会工作模式不适应社会快速转型趋势的不足越发暴露出来。因此，中国社会工作模式的转型势在必行。

2. 中国社会工作的转型进程

改革开放以来，随着社会学的恢复、重建，专业社会工作的教育和实践在我国得到了恢复发展。自 1987 年国家教委批准中国人民大学、北京大学、吉林大学、厦门大学等四所高校设置社会工作专业至今，设置社会工作专业的高校已逾两百所，每年招收及毕业的本科生均在万人左右；社会工作专业教材、著作、期刊和论文大量出版；社会工作专业教育、研究机构和团体相继建立；有关社会工作、社会福利的学术交流频繁展开；实务领域业已形成社区服务、最低保障、司法矫治、老年和残疾人等社会工作。

20 世纪 90 年代，上海市首先尝试在浦东新区的教育、卫生、民政系统内设置社会工作岗位，先后成立了 5 个社会工作站。2003 年 11 月，上海举办了国内首次社会

---

① 李迎生，方舒．中国社会工作模式的转型与发展．中国人民大学学报，2010（3）．

② 同①．

工作职业资格考试。随后，在浦东试点成功的基础上，相继出台了《上海市社会工作者职业资格认证暂行办法》《上海市社会工作师（助理）注册管理试行办法》等文件，建立了职业社会工作者资格认证、注册管理、从业规范和继续教育等一系列制度。

进入新世纪，党的十六届六中全会明确提出了“建设宏大的社会工作人才队伍”的战略决策，并要求建立健全以培养、评价、使用、激励为主要内容的政策措施和制度保障。2007 年，在总结上海等地试点经验的基础上，全国范围的社会工作者职业标准和考核评价办法出台，首次全国统一的社会工作师资格考试也于 2008 年正式举行。2008 年的汶川地震，更突显了社会工作在救灾重建过程中的重要作用。

近年来，社会工作职业化的试点工作在上海、深圳、万载等地取得了新的进展。2006 年 10 月，深圳市出台了《关于加强社会工作人才队伍建设推进社会工作发展的意见》和七个配套文件（简称“1＋7”文件）。文件明确了社工的职业定位、社会角色、专业岗位分类等，对社工资格认证、社工薪酬保障体系、社工专业岗位设置等做出了规定。2007 年，深圳作为试点城市，在全国首先启动了“政府购买，民间运作”的社会工作服务新机制。与此同时，上海市的禁毒、社区矫正、青少年事务的管理工作，也开始由政府向三家社团——自强社会服务总社、新航社区服务总站、阳光社区青少年事务中心购买服务。江西万载则在探索农村社会工作发展路径方面提供了可资参考的经验。

上海和深圳等地首先探索创建的政府“委托-购买”服务的机制，是中国社会工作模式转型过程中在运作机制上的有益尝试和创新，已在全国全面推广。在新模式下，政府为公众提供福利服务是通过“委托-购买”的方式加以实现的：政府将服务职责通过财政付费购买方式分派给民间组织和专业团体，通过这些组织向社会成员提供服务，在这些组织实施服务的过程中和完成后，政府组织相关专家对其进行监督和评估，判断其是否准确、及时、有效地完成了任务，“政府购买服务的核心是实行投入招标、作业竞争、利益互动”①。评估的结果一般能决定民间组织是否具有承办社会服务项目的资质，并根据考核的结果来决定明年是否继续购买以及购买的额度。

3. 转型期中国社会工作的特点

（1）两类社会工作并存。

中国社会工作模式的转型自 20 世纪 80 年代专业社会工作引入时始，已历经二十多年的发展。然而，众所周知，在我国社会工作模式的转型过程中，计划经济下的实际社会工作不可能一下子就退出社会历史舞台。因此在此过程中，必然存在实际社会工作与专业社会工作并存的局面，即存在“两张皮”的现象，这是转型期中国社会工作模式的最显著特点。

新老社会工作并存表现为两种社会工作人员队伍并存、两种社会工作实施途径并存和两种社会工作职业制度并存。首先，计划经济下的实际社会工作人员，由于政治体制和社会政策的惯性使然，仍然挂靠在民政和福利性事业单位体制下。而专业社会工作者一方面被吸收到前一种社会工作体制中，另一方面则转入各类民间服务组织

---

① 李迎生，方舒．中国社会工作模式的转型与发展．中国人民大学学报，2010（3）．

中，从事着具体的一线社会工作。其次，计划经济下的实际社会工作，仍然通过民政、工青妇老等福利性事业单位和各类人民团体等途径，运用传统的行政性社会工作方式对社会成员开展福利服务工作；而专业社会工作者依靠民间服务组织网络，深入社区和街道等基层单位，直接面对社区居民，运用科学合理的程序和方法开展社会工作，满足人们个性化的福利服务需求。最后，计划经济下从事社会工作的人员，在编制、薪金、晋升和岗位设置等方面，都向公务员和事业单位人员看齐，因而不存在制度方面的问题。然而，中国的专业社会工作由于起步较晚，制度基础薄弱，因此在制度建设方面仍有很长的路要走。

(2) 过渡性。

从现实来看，在中国社会工作领域中，原先的社会工作模式仍占主导地位，但其非专业性特征决定了其越来越不能适应社会变迁的要求，也无法满足人们的服务需求。社会工作的新模式仍处于孕育未成形阶段，但从国际通则来看，将在社会生活中扮演越来越重要的角色。转型期的中国社会工作模式明显地具有过渡性质。

目前两种社会工作力量自身都存在着问题。一方面，实际社会工作从业人员存在专业化问题。社会工作不是一种慈善式活动，从本质上讲，它是整个社会分工体系的组成部分，也是由专业技术人员长期从事的一项事业和一种职业。然而，从我国社会工作发展的现状来看，实际社会工作人员的专业素养和技术水平偏低，远不能满足社会成员的福利和服务需求。这就要求实际社会工作人员必须走上专业化道路。另一方面，新生专业社会工作者存在职业化问题。经过社会工作专业教育和训练，具备社会工作专业知识和素养的专业人才，时至今日仍未很好地融入国家职业制度体系，政府和社会还需在使用、激励、评价和培养等方面，进一步建立健全专业社会工作者职业制度。

另外，社会工作本土化也是必须正视的问题。我国专业社会工作从专业方法到价值理念都来自西方，因而必须将社会工作专业的普遍方法和价值理念与中国的特定文化背景、社会现实相结合。

(3) 不平衡性。

从专业社会工作自身的发展来看，地域之间、城乡之间在发展程度上存在不平衡，差距十分明显。上海、深圳等发达的东部地区和大城市，最早将专业社会工作引进并落实到社会实践层面。如上海，早在国家社会工作师全国职业标准和资格考试办法出台之前，就已颁布了当地的社会工作从业标准和考试办法，上海和深圳两地已经初步探索出“政府购买服务”的社会工作新机制。北京也在近两年将专业社会工作者引进基层社区，建立社区工作者服务站，直接面向社区居民提供服务。可以说，专业社会工作在这些发达地区和大城市中的发展是快速的。然而，我国的中西部地区、中小城市和广大的农村地区，由于经济社会发展水平的原因，在社会工作发展方面与发达地区和大城市相比就显得比较落后。

4. 民间组织发育不足

在西方社会工作发展过程中，民间组织是为民众提供服务的主力军，政府只在政策和规则方面起主导性的指引作用，不能对民间组织施以过多干预。然而，由于我国计划经济下的社会工作“行政化”色彩太过浓厚、政府包揽社会服务的政策惯性还在起作用，因而民间服务组织的发展一直充满曲折。甚至在已经试点“政府购买服务”的上海，三家民办非企业由于是政府出资，在日常活动开展和服务提供过程中，时常遭到当地政府和主管部门在“我出了钱，就要你办事”错误思想作用下的诸多不合理干预，影响了其正常运转和健康发展，而这种现象较具代表性。

（三）新时代社会工作发展的新机遇①

党的十九大指出，经过长期努力，中国特色社会主义进入了新时代。从现在起到2020年这段时间是我国实现“两个一百年”重大战略目标第一个“一百年”的关键期，是全面建成小康社会、构建社会主义和谐社会的关键期。这一时期面临全面深化改革、着力推进新型城镇化、创新社会治理、构建适度普惠型社会福利体制等诸多历史重任。在实现第一个“一百年”重大战略目标的基础上，又要乘势而上开启全面建设社会主义现代化国家新征程，向第二个“一百年”奋斗目标进军。中国特色社会主义进入新时代，对社会工作的发展提出了新的更高的要求。

1. 社会结构的新变化对社会工作产生巨大需求

（1）社会快速老龄化要求加快社会工作发展。2013 年我国老年人口数量达到2.02 亿，老龄化水平达到 14.8%，社会总抚养比从 2012 年的 44.62%上升到 2013 年的 45.94%。与此同时，老年人口内部变动将进一步加剧人口老龄化的严峻性：一是高龄老年人口继续增长，从 2012 年的 0.22 亿上升到 2013 年的 0.23 亿，年增长 100 万人的态势将持续到 2025 年；二是失能老年人口继续增加，从 2012 年的 3 600 万增长到 2013 年的 3 750 万；三是慢性病老年人持续增多，2012 年为 0.99 亿，2013 年突破 1 亿大关，城乡老年人自报患有慢性病的比例为 64.0%，其中城市为 72.3%，农村为 57.5%；四是空巢老人规模继续上升，2012 年为 0.99 亿，2013 年突破 1 亿大关；五是无子女老年人和失独老人开始增多，2012 年我国至少有 100 万失独家庭，且每年以约 7.6 万个的数量持续增加。具有“未富先老”特征的老龄社会的来临，一方面需要国家加强养老保障体系建设，另一方面需要大力发展老龄产业和组织，满足不同层次老年人的不同需求。这种庞大的人口规模和巨大的社会需求都需要社会工作的积极参与。

（2）人口流动加速要求加快社会工作发展。2013 年，全国农民工总量 2.69 亿人，其中外出的农民工 1.66 亿人。当前以农民工为主体的流动人口和由留守儿童、留守老人、留守妇女组成的“三留”弱势人群规模不断扩大，随着传统家庭社会功能的不断弱化，他们对社会服务的需求将不断递增，形成一个庞大的消费市场。2013 年全国妇联发布的《我国农村留守儿童、城乡流动儿童状况研究报告》显示，我国农村留守儿童数量达到 6 102.55 万人，占农村儿童的 37.7%，占全国儿童的 21.88%，与 2005 年全国 1%抽样调查估算数据相比，五年间全国农村留守儿童增加约 242 万。近年来，突发事件、安全事故和人身侵害构成了农村留守儿童的三大威胁。此外，研

① 李迎生，袁小平．经济新常态时期的社会工作发展：需求、挑战与应对．教学与研究，2015（11）．

究显示，留守儿童还面临着学业和心理等方面的问题，这些因素共同构成了留守儿童健康发展的重要挑战。流动儿童方面，全国流动儿童规模达 3 581 万，数量大幅度增长。同时据推算，0～17 岁城乡流动儿童规模为 3 581 万，在 2005 年的基础上增加了 41.37%，且有增长的趋势。在这些流动儿童中，户口性质为农业户口的流动儿童占 80.35%，据此全国有农村流动儿童达 2 877 万。留守老人方面，2012 年我国农村留守老人约有 5 000 万。留守妇女所面临的各种心理问题以及由分居两地导致的家庭问题也是目前我们必须面对的社会压力，同样需要社会工作者的积极介入，承担起服务重任。

（3）贫富差距拉大要求加快社会工作发展。截至 2013 年年底，全国有农村低保对象 2 931.1 万户、5 388.0 万人，比上年同期增加 43.5 万人，增长了 0.8%。农村五保方面，截至 2013 年年底，全国农村五保供养 537.2 万人。此外，我国贫困和低收入老年人数量仍然较多，2012 年全国约有 2 300 万人。2014 年，李克强总理在政府工作报告中提出，“我们要继续向贫困宣战，决不让贫困代代相传”。当前的贫困问题更多地演变为机会贫困和能力贫困以及心理贫困。在对贫困的治理中，社会工作可以发挥其整合链接资源、恢复个人社会功能、增强个人自信、帮助个人实现自我的特殊功能。因此，未来的反贫困政策必然需要社工组织和社会工作者的积极参与，发挥其反贫减贫的特殊功效。

2. 全面深化改革的新要求对社会工作产生巨大需求

（1）新型城镇化推进要求加快社会工作发展。2014 年政府工作报告提出，今后一个时期，新型城镇化建设，要着重解决好现有“三个 1 亿人”问题，即促进约 1 亿农业转移人口落户城镇，改造约 1 亿人居住的城镇棚户区和城中村，引导约 1 亿人在中西部地区就近城镇化。这一战略目标的提出对社会服务的发展提出了广泛需求。目前新型城镇化发展面临的最大障碍是体制机制问题，包括土地的使用、户籍制度的转换、社会管理模式的转型、公共服务的升级和生态环境保护等，这一系列基本社会问题的解决都对未来社会服务的转型升级提出了新的机遇和挑战。新型城镇化要求大中小城市均衡发展，其中一项便是中小城市社会工作服务的跟进。2010 年《中小城市绿皮书》的数据显示，我国中小城市的数量为 2 160 个，人口在 100 万～300 万的大城市有 110 个，人口在 300 万以上的城市有 20 个。要使中小城市与大城市均衡发展，其社会工作的发展状况应不低于大城市的发展。为此，中小城市需要建立起比大城市更加多的社会工作人才队伍、专业服务机构和服务平台。以社会工作服务机构为例，按照每个城市一个机构的标准，至 2020 年需建立 2 160 个民办社工服务机构，远远高于大城市的数量。

（2）社会治理创新要求加快社会工作发展。党的十八届三中全会提出创新社会治理体系，要求改进社会治理方式，激发社会组织活力，创新有效预防和化解社会矛盾的体制。这一要求更加注重社会组织在社会治理中的作用，注重预防和化解社会矛盾，走出了政府维稳观念下的管理主义思维，倡导社会组织参与治理、更加关注社会矛盾的预防和化解。《2012 年社会服务发展统计公报》显示，截至 2012 年年底，全国共有社会组织 49.9 万家，比 2011 年增长 8.1%。其中社会团体 27.1 万家，比上年增长 6.3%；基金会 3 029 家，比上年增加 415 家，增长 15.9%；民办非企业单位 22.5 万家，比上年增长 10.1%。不言而喻，未来一个时期将是我国社会服务组织发展的黄金期，它将吸引大量的专业社会工作者参与到社会治理之中，进一步推进社会的和谐发展。在创新社会治理的过程中，社区治理是重要的一环。我国目前有 2 853 个县级行政区划单位，12 812 个乡，20 117 个镇，7 566 个街道，8.7 万城市社区，69 万农村社区。按照一个社区配备一名社会工作专业人才的标准，社区共需要社会工作专业人才近 78 万。按照一个乡镇（街道）需要一个社工服务站的标准，共需要 45 000 个左右的社工服务站。在香港地区，2011 年有民办社工服务机构 3 800 家，平均每万人 5.5 家。按照这一比例，我国在创新社会治理的过程中，需要近 79 万家民办社工服务机构。这样就需要近 80 万名社会工作机构管理人才，按照 1∶100 的标准配置督导，那就需要近 8 000 名社工督导。即使是按照一个县区具有一个民办社工服务机构的标准，我国也需要社工服务机构近 3 000 个。

（3）实现基本公共服务均等化要求加快社会工作发展。党的十七大提出要推进基本公共服务均等化，这是针对目前我国的基本公共服务在区域之间、城乡之间、不同社会群体之间的明显的非均衡特征来说的。要减轻目前区域、城乡、人群之间在教育、卫生、文化、就业再就业服务、社会保障、生态环境、公共基础设施、社会治安等方面服务资源的不均衡，必须加大公共服务资源的投入，同时需要引入民间社会服务组织的积极参与。在这一过程中，实现基本公共服务均等化的现实需求与社会工作的发展尚不能满足这种需求之间的巨大张力，必会引致社会工作等服务组织的大发展。

3. 人民诉求的新特点对社会工作产生巨大需求

（1）风险社会来临，社会公共安全要求强化，要求加快社会工作发展。当前我国各种社会矛盾交织相错，各种社会问题不断增多，社会风险呈现出多元化、多样性和不稳定的状态，我国整体上进入了一个高风险社会的发展时期。世界银行发布的“全球 1950—2010 年重大自然灾害分布图”显示，我国长期以来遭受台风、干旱、地震的严重侵袭，发生在中国的巨大自然灾害约占全球的 30%，是世界上因灾死亡人数最多的国家之一。我国以占全球 7%的国土面积承受着全球 33%的大陆地震，地震灾害造成的死亡人口占全球地震死亡人口的 55%以上。我国有 136 个城市位于 7 度及以上地震烈度区，70%的大城市、半数以上的人口、75% 以上的 GDP 分布的沿海区域，普遍面临海洋、洪水、地震气象等自然灾害的侵袭。除自然灾害外，我国的人为灾害也在逐年增加，2011 年，我国交通事故死亡人数达 62 387 人。2013 年，全国各类生产安全事故死亡人数接近 7 万人。2014 年以来，我国发生了多起典型暴力事件。昆明火车站严重暴力恐怖事件、乌鲁木齐火车南站暴力恐怖事件、广州火车站砍人事件等一系列的案件表明我国的公共安全受到严重挑战。各种社会风险集中呈现、交织相错的社会形势给社会工作的发展提供了新的机遇和空间，对社会工作的发展形成了广泛的需求。

（2）快速社会转型导致人民精神压力加剧，要求加快社会工作发展。当前我国精神健康领域的社会问题也变得日益严峻，主要分布在青年人、农民工及其家庭和老年人群体，并呈现出蔓延扩散趋势。调查显示，我国各类精神障碍患者已有约1亿余人，有将近3 000万抑郁症患者；我国17岁以下的青少年中，至少有3 000万人受到各种心理和行为问题困扰，其比例呈逐年上升趋势。同时，我国每年有25万人自杀，有150万人因家人朋友自杀而产生长期严重的心理问题。在农民工方面，长期分居导致夫妻双方情感淡漠、家庭关系破裂、农民工情感压抑等精神健康方面的问题。同时，以"新生代"农民工为代表的流动人口逐步成为流动人口的主体，他们进城打工的诉求发生变化，双向流动将被进城定居逐步取代，融入城市的愿望更加迫切。这一庞大"新生代"流动群体的精神和心理层面的问题也应受到极大关注。在老年人方面，统计表明，我国85%的老年人存在不同程度的心理问题。27%的老年人有明显的焦虑、忧郁心理障碍。另外，据估算，2013年我国有1 600万名重性精神病患者，同时在北京、广西、山东、四川等地发生多起精神病患者伤人事件。如此严重的精神健康问题提示我们，未来社会工作的发展方向应向精神健康领域延伸。

（3）调解转型期人民群众多元化的利益诉求要求加快社会工作发展。近年来各种群体性事件规模不断扩大，数量不断增多。调查数据显示，因征地引发的农村群体性事件已占全国农村群体性事件的65%以上。近年来，环境污染纠纷日益增多，如各地为抵制PX项目落地而进行的群众游行示威活动，包括"厦门事件""什邡事件""启东事件"等。一部分上访群体在利益诉求不能得到有效表达和解决的情况下甚至出现过激行为，如发生在中国青年报社门前的7位江苏农民因拆迁补偿问题得不到有效解决而服用农药事件。这类因利益诉求不能得到有效表达而采取极端行为的事件近年来发生的频率越来越高。可以预见在未来一段时期，民众为表达利益诉求而引发的各种群体性事件将不断增多。随着社会多元治理的倡导，以社工为主体的社会服务组织在将来的民众利益诉求表达中将发挥日益重要的作用。

（四）新时代社会工作发展面临的挑战[①]

1. 社工人才数量、质量远未达到要求

自党的十六届六中全会做出了"建设宏大的社会工作人才队伍"重大战略部署后，我国社会工作人才队伍建设进入了快速发展阶段。完善的人才培养体系以及多部门的共同重视促进了社工专业人才总量持续增长，截至2013年年底，持证社工总量达12.38万人。但总体而言，我国社会工作人才队伍建设的进度滞后，社会工作人才的数量与质量远未达到要求。在数量方面，根据《社会工作专业人才队伍建设中长期规划（2011—2020年）》，2015年我国社会工作专业人才总量达到50万，其中，中级社会工作专业人才达到5万，高级社会工作专业人才达到1万。与此相比，目前社会工作人才的缺口仍比较大，尤其是高级专业人才的缺口更大，社会工作督导人才、专业的社会工作行政和行业管理人才、社会工作机构管理人才还比较匮乏。截至2014年3月，我国才开始实施社会工作领军人才选拔计划，培养高级专业人才。在质量方面，一方面，持证社会工作者的比例过低，截至2013年年底，我国持证社工占社会

---

① 李迎生，袁小平．经济新常态时期的社会工作发展：需求、挑战与应对．教学与研究，2015（11）.

工作专业人才的比例为34.3%。另一方面，受制于实务训练不足的原因，目前通过学历教育培养出来的社会工作专业人才偏重理论，实务经验缺乏，而短期的对实际岗位的工作人员进行培训由于欠缺系统性和长久性，其专业能力的提升缓慢，无法顺利实现从“实际社会工作者”向“专业社会工作者”的转化，以满足多样化的社会需求。

2. 社会工作体制机制尚不完善

“十二五”时期，我国社会工作制度化建设有了长足进展，颁布了《关于加强社会工作专业人才队伍建设的意见》(2011)、《社会工作专业人才队伍建设中长期规划(2011—2020年)》(2012)、《边远贫困地区、边疆民族地区和革命老区人才支持计划社会工作专业人才专项计划实施方案》(2012)、《关于政府购买社会工作服务的指导意见》(2012)、《民政部关于进一步加快推进民办社会工作服务机构发展的意见》(2014)等多项重要政策文件，进一步捋顺了社会工作的体制与机制。但由于专业社会工作制度建设起步晚，社会工作的体制机制还有待进一步健全和完善。在社会工作的领导体制方面，多部门密切配合的工作格局还未建立起来，社会工作行业管理机构建设还未完全铺开。一些省市（如广东省、北京市）虽然建立了社工委，统筹负责社会工作的发展，但在许多地区，社会工作的发展仍停留在民政领域。在社会工作的人才管理方面，管理方式仍很陈旧，相关的法制建设还不健全，至今仍未有专业性的社会工作人才管理政策，社会工作人才使用机制也有待进一步制度化，专业社会工作的人才流动配置机制也未畅通。在社会工作服务机制方面，社会工作的服务平台比较匮乏，社会工作服务社会治理的机制建设还处于探索中，社会工作岗位开发的政策措施与标准体系还未统一，社会工作专业人才与志愿者联动服务机制也处于探索阶段。在社会工作的保障机制方面，政府购买社会工作服务虽已启动，但政府财政和福利公益金对社会工作的投入力度仍很小，社会工作的资金预算尚未被纳入公共服务预算中，多元化的投入机制也有待建立。

3. 社会工作服务效能有待增强

“十二五”以来，我国专业社会工作人才数量有了很大增加，实务领域专业社会工作也有了进一步的拓展，医务社会工作、企业社会工作、司法社会工作、民族社会工作等都有了长足发展，但社会工作的效能还有待进一步增强。一方面，社会工作在解决社会矛盾、满足社会成员需求方面所发挥的作用还不明显。在很多社会矛盾比较突出的领域（如拆迁、信访），社会工作的介入还不深入，还未形成有效化解社会矛盾、降低社会风险的机制。另一方面，在已开展社会工作服务比较多的社会福利、社会事务、慈善救助、优抚安置、社区工作等领域，社会工作服务解决社会成员实际问题的能力还不足，效果不明显。在创新社会治理方面，社会工作服务机构的发展还比较缓慢，开展社会工作服务的能力也有待进一步提高，还未能起到有效弥补“政府失灵”和“市场失灵”的作用。此外，作为一种制度化的助人方式，社会工作在保护弱势群体利益、促进社会公平、改善社会结构等方面的效果还未显现。

4. 社会工作发展环境有待优化

与国外相比，我国专业社会工作者还未有较好的职业声望、社会地位和福利待遇。在深圳，社工的流失率接近20%。此外，社会工作界也缺乏公关意识，不会自觉主动塑造社会工作形象。各类媒体对社会工作的宣传、报道相对较少，专业社会工作只为部分群体所认知。社会工作的知识普及以及服务普及的程度低，整个社会还未形成理解、尊重社会工作专业人才的良好社会氛围。对政府而言，不少地区（尤其是中西部地区）还缺乏对发展社会工作的重视。各地陆续开展了一些针对党政领导干部的社会工作专题研究班，但许多地方基层政府的党政领导和工作人员对社会工作的认识仍很肤浅，对社会工作的本质属性及其功能、社会工作与社会治理的关系等方面的认识仍不到位，往往把社会工作等同于社区工作，或者是针对社会事务的工作，不能正确区分社会工作与传统社会服务的差别。

5. 社会服务资源的整合有待加强

在社会工作发达的国家，社会工作大都被纳入整个福利体制中，是社会的整体福利之一。社会工作者往往是公共福利资源的主要分配者，社会工作服务与其他福利服务一道被用于解决社会问题，满足弱势群体需求。目前，我国社会工作与福利制度的整合还不强，社会工作服务与其他公共服务的衔接也缺乏相应制度规定。例如，“十二五”时期，我国在社区矫正、减灾救灾、禁毒、艾滋病、农民工等领域都投入了大量的服务资源，但社会工作与这些服务资源的整合性和衔接性不高。在艾滋病防治方面，2013年中央财政投入经费近25亿元，但社会工作对艾滋病防治的整体介入少。在减灾救灾领域，还未建立起社会工作服务与应急救助的统筹整合机制。即使是在传统的民政行业，社会工作服务与其他福利资源的整合性也不强，社会工作者往往单独开展工作。

6. 社会工作发展不平衡问题比较突出

社会工作发展不平衡主要体现在地区、城乡和领域几方面。在地区方面，社会工作人才队伍建设的试点地区以及东部发达地区（尤其是广东、上海、北京等）社会工作的专业化与职业化发展明显好于其他地区。以社会工作人才队伍建设为例，截至2012年，广东、江苏、浙江、北京、上海、山东六省市的社会工作师和助理社会工作师占全国的61.9%。“十二五”以来，试点地区的社会工作继续得到良好发展，在社会工作的制度化建设、政府购买服务、政社互动方面涌现了很多有益的地方经验，如上海经验、深圳经验、广东经验和太仓经验等。但很多地区至今还未开展社会工作服务。在城乡方面，我国农村社会工作人才队伍建设还未完全铺开，社会工作专业人员、服务机构、政府财政投入等大都集中在城市。在领域方面，民政领域的社会工作发展在速度、深度与广度等方面均好于其他领域，教育、劳动保障、人口计生、卫生、信访、妇联工会等领域的社会工作发展相对较慢。

本章要点

1. 工业化、市场经济等在欧美的推进，导致了社会经济结构的巨大变化，出现了各种社会问题，特别是由于贫富的严重分化，贫民问题日益突出，迫切需要加以解决，这是社会工作产生的基本的时代背景。

2. 虽然作为一种制度形态的社会工作是工业文明的产物，但在西方古代社会已有一些民间或政府的救济措施，只是这些措施和现代社会工作的根本区别在于，前者是属“慈善”性质的，以统治者对其子民的恩惠或者富人对穷人的馈赠、施舍为其突出特点，人们接受这种施舍是以丧失自尊为代价的。

3. 对专业社会工作产生比较重要或直接影响的西方各国的社会工作、社会福利实践，一般涉及伊丽莎白济贫法、德国的汉堡制与爱尔伯福制、英美慈善组织会社、英美的睦邻组织运动以及各国社会保障制度的建立、福利国家的兴起和演变等内容。这些实践对社会工作专业方法、服务领域、服务对象的形成与演变以及发展和扩大产生了不同程度的影响。

4. 按照格林伍德等人提出的确定或区分一个专业的标准，即一套理论体系、专业的权威、共同信守的伦理守则、社会或社区的认可、专业文化，社会工作是在19世纪末20世纪初进入专业发展阶段的。在至今不过一百年左右的发展历史中，专业社会工作经历了初步发展、三大专业方法相继形成与确认、专业方法的整合等阶段，如今正在应对新世纪为社会工作带来的各种挑战与机遇中努力取得新的发展。

5. 在中国，自古以来有关社会福利的思想和实践都很丰富。到了中华民国时期，现代意义上的社会工作即专业社会工作开始在我国出现。新中国成立后，由于各种原因，专业社会工作停顿了30余年，直到20世纪80年代中后期才开始恢复。由于适应了社会需要，专业社会工作发展迅速，但在现阶段，中国社会工作尚存在专业社会工作与本土社会工作两个模式并存的问题。

6. 随着中国特色社会主义进入新时代，社会结构的新变化、全面深化改革的新要求、人民诉求的新特点都对社会工作发展产生新需求，但由于各种制约，新时代社会工作发展尚面临着严峻的挑战。

复习思考题

1. 简述西方专业社会工作产生的背景。
2. 简述对专业社会工作产生重要影响的西方社会工作实践。
3. 试述第二次世界大战以后西方社会保障制度的特点及其对社会工作专业化的意义。
4. 按照格林伍德的标准分析社会工作作为一个专业的根据。
5. 专业社会工作起源于何时？其发展经历了哪几个阶段？
6. 举例说明中国古代实施社会救济的主要方法或措施。
7. 试述转型期中国社会工作发展的特点。
8. 试述新时代中国社会工作发展面临的机遇与挑战。

关键概念

伊丽莎白济贫法、慈善组织会社、睦邻组织运动、福利国家、芮奇蒙德、专业社会工作、保息六政、九惠之教、中国社会工作转型

推荐阅读书目

1. 李迎生．中国社会工作模式的转型与发展．北京：人民出版社，2016.

2. 李迎生．社会保障与社会结构转型．北京：中国人民大学出版社，2001.

3. 李增禄．社会工作概论．3版．台北：巨流图书公司，2002.

4. 林万亿．当代社会工作：理论与方法．台北：五南图书出版公司，2002.

5. 林振春．社会工作．台北：师大书苑有限公司，1998.

6. 彭华民．中国社会工作学科：百年论争、百年成长与自主性研究．社会科学，2017（7）.

第三章
社会工作价值

社会工作价值是社会工作实践的基本前提和操作指南。它不仅规范了社会工作的目标和意义，也规范了社会工作的基本技巧和方法，以及社会工作机构、社会工作者的行为和态度。[①] 可以说，社会工作价值是社会工作的灵魂和统帅；没有一定的价值体系的指导，社会工作也就不会存在，更不可能得到发展。因此，价值对社会工作具有特别重要的意义。本章我们将具体介绍、探讨社会工作价值体系方面的问题。

第一节 价值及其对社会工作的意义

一、价值的界定

"价值"一词最初的意义是某物的价值，主要指经济上的交换价值，18 世纪政治经济学家亚当·斯密的著作中即有如此提法。现代经济学所涉及的价值，一般包括使用价值和交换价值。前者是指财物得以满足人的欲望的性质，后者是指一物得以交换他物的能力。使用价值和交换价值存在一致的一面，也存在矛盾的一面。就后者而言，有些具有明显使用价值的事物却不一定或很少具有交换价值；而有些具有最大交换价值的东西却不一定或很少具有使用价值。

价值是哲学上的一个重要范畴。在康德哲学中，明确区分了先验与经验两个领域。经验世界是理性和科学探讨的领域；而人的行为、道德等领域则是价值把握的领域，涉及是非、善恶、美丑等的判断标准的问题。19 世纪，在若干思想家和各种学派的影响下，价值的意义被更为广泛地涉及与探讨，这批思想家中有新康德主义者 R. H. 洛采、A. 里奇尔以及提出重新评估一切价值的学说的尼采等人。R. B. 佩里于 1926 年出版的《一般价值论》被称为新立场的杰作。他认为，价值是"一切有益的事物"。他还探讨了价值的八个领域：道德、宗教、艺术、科学、经济、政治、法律

① 文军．个体主义还是整体主义：社会工作核心价值观及其反思．社会科学，2008（5）．

和习俗。人们通常将价值区分为工具价值和固有价值，即作为方法的善和作为目的的善。J. 杜威在1922年出版的《人性与行为》和1939年出版的《评价论》中提出了对价值的实用主义的解释，试图打破这种方法和目的的区分，不过他的做法更像是在强调人类生活中的许多实际事物，如健康、知识、美德，在两种意义上都是善的。C. I. 刘易斯等哲学家对价值做了更多的区分，例如，区分了工具价值（即某一目的是善的）和技术价值（即善做某事），还区分了贡献价值（即作为整体的部分是善的）和终极价值（即作为整体是善的）。[①]

除经济学、哲学对"价值"一词广泛涉及之外，社会学、人类学、心理学等应用社会科学也对"价值"一词提出了各自的界定。在社会学的意义上，价值通常是指抽象而一般化的行为准则。社会群体成员能够强烈地感受到这种行为准则的制约或束缚；同时，价值也是判断特定行为和目的的标准。社会学家提姆斯（Timms）将社会学意义上的价值概念区分为以下七个层面的含义：（1）一种客观的群体规范；（2）一种象征化的文化理想；（3）一种对人的行为的评价标准；（4）一种对引人注目的事物的信念；（5）一种目标；（6）一种基本的取向；（7）一种普遍化的态度。[②] 价值能够通过社会化的机制为社会成员所接受，使之不仅是每个群体成员所同意的外在陈述，而且也是每个成员的个别承认。

人类学所讲的价值，是指人对一定目的的欲望与态度，它是影响人的思想及行为的动因。文化人类学家克罗孔（Kluckhohnic）认为："价值"一词蕴涵着一种典范，一种准则，这些典范或准则是持久起作用的，是组织一个社群或个人行动系统的原则。他还指出，价值是对于所欲求的事物的一个概念，这一概念可以是外显的，也可以是内含的，每一个人的特殊，每一团体的特质，皆可由其所持有的价值概念来加以区别。而其对可欲的事物，即对可供行动采用的方式、手段和目的的选择，均发生影响。克罗孔的价值定义在社会科学中影响很大，是最普遍为学者所接受的看法。[③] 也有学者指出，价值是指蕴涵于某文化中的根本性的倾向与偏好。价值是文化的根本特征，是文化的相对稳定不变的内核。价值为文化中的意识形态、制度、法律与风俗提供终极的意义。价值规定了一种文化的基本风格。[④]

心理学意义上的价值，我们可借心理学家莫里斯（Morris）的有关论述来了解。莫里斯在其所著《人类价值种种》一书中认为，"价值"一词可包含以下三个层面的意义：（1）实用价值，也称操作价值（operational values）。它是指人们在选择行为上会有所偏好。"鱼我所欲也，熊掌亦我所欲也，二者不可得兼，舍鱼而取熊掌者也。"之所以选择熊掌，是因为它比鱼更有价值。（2）怀想价值（conceived values），也称认知价值。这是一种注意到或联想到后果的选择行为。当前的选择从后果来看并非是最好的或最有价值的，甚而可以说是有害的，选择者本身也知道这一点，且对自己选择的评价是负面的，但他又无法拒绝或不能抵御当前的选择。比如一个理性吸毒者的

① 简明不列颠百科全书：第4卷．北京：中国大百科全书出版社，1985：306.
② Timms N. Social work values：An enquiry. London：Routledge&Kegan Paul，1983：121.
③ 黄维宪等．社会个案工作．台北：五南图书出版公司，1985：27-29.
④ 张雄．个案社会工作．上海：华东理工大学出版社，2000：23.

选择行为就是如此。(3) 客体价值（object values）。这是指根据客观条件，什么是最值得选择的。至于一个人事实上是否选择它或在怀想中认为是否应该选择都不重要。如特定药物便是特定患者“应该如此”的选择。

以上从不同学科乃至日常意义上考察了“价值”一词的含义。那么，社会工作上所讲的价值究竟是指什么呢？这是最后必须有所交代的。巴勒特（H. M. Bartlett）认为：价值是指被认为好的或应当追求的东西，是一种主观判断，其间杂有情感因素。社会工作活动所要朝向的目标或所追求的目的，便是社会工作价值。史伯林认为：社会工作价值是一种与理想的目标、满足人类基本需要、有益于人群的最终状态相关的态度。这里所涉及的人类基本需要，包含人的生存、认知、安全、认同、归属、自尊、胜任、隐私、成就和自我实现等等。

可以认为，价值就是人们对社会中一切事物的是非、善恶、美丑的判断或评价。社会工作价值不是别的，它是社会工作专业或社会工作者基于社会公平、平等、和谐、公正的理想和人类基本需求的满足等而奉行的一套基本理念、态度及行为准则的总称。社会工作所奉行的价值与其他领域所奉行的价值以及社会一般价值既有联系，又存在明显的区别。

二、价值在社会工作中的地位

价值对社会工作的存在和发展具有特别重要的意义。关于价值在社会工作中的地位或对社会工作的意义，可以从以下几个方面加以说明。

(1) 从社会工作的产生与发展的历史进程来看，社会工作是与价值密切相连的一种职业或事业。在工业化进程中，社会弱势群体日益增多，进而成为阻碍社会发展的不利因素，他们迫切需要来自社会的帮助。在这样的背景下，社会工作应运而生。它一开始就是社会福利事业的一个组成部分，而我们知道，福利制度是和价值须臾不可分离的。不过，最初的社会工作所秉持的价值基础是怜悯，不是将对弱者的帮助视为社会应尽的责任，而是将其视为富人对穷人的施舍。所以其时的社会工作还不是现代意义的社会工作——它是零星开展的，不是一种社会设置。现代意义的社会工作的价值理念发生了根本的变化，把对社会弱者的支持和救助视为社会特别是政府义不容辞的责任，视为促进社会和谐、公正的必然要求。在这一基本理念的指导下，现代社会工作被作为社会福利制度的重要内容而加以发展，取得了令人瞩目的成就。从西方社会工作目前的发展状况中，就可以明显地看到这一点。

(2) 从价值与社会工作的总体关系看，价值是社会工作存在和定义的重要基础。社会工作学者戈德斯坦（H. Goldstein）指出：“价值被认为是社会工作定义的基础，它们同时被看作是它的唯一基础或不可缺少的基础之一。它们还被认为是社会工作技术的源泉，是对某些人进入某种职业的动机和社会工作者与案主关系互动的特征、关系的解释。总之，在社会工作的结构中，价值被置于重要的战略地位。”列维（Levy）也指出：“社会工作是一个以价值为本的专业。它不仅是做事情的一种方式，而且是关于做什么事情是有价值的和它应该如何去做的准则。对于人们，它充满着理想主义的抱负和关于人们应该如何被对待的理想主义的理念。"①

（3）从价值与社会工作者的关系看，价值构成一个理想的社会工作者生命意义的重要组成部分乃至全部。社会工作学者在这方面的论述很多，如戈德斯坦把社会工作者称为"价值注满的个人"。作为一个理想的社会工作者，无论在意识还是在潜意识里，都充满着社会工作的价值观念；无论在精神还是在行为上，都受到社会工作价值的支配和导引。当然，就一个现实的个人而言，他必然有其个人的价值目标。人们进入社会工作领域最初的动机是各不相同的，但他们既然选择了这个职业并愿意为之付出毕生的努力，那么，将社会工作价值内化为个人的信念和行为导引，便是一种必然的要求。一个社会工作者在从事社会工作的实践过程中，也会找到某种自我实现的方式。

（4）从价值与社会工作方法和技术的关系看，价值对社会工作方法、技术、技巧的选择与运用具有重要的影响。社会工作作为一门应用性社会科学，方法、技术等在其中占有重要的地位。价值对社会工作方法和技术具有方向性的指引作用。社会工作具体方法、技术的形成和运用受价值的制约，是为实现社会工作的总体目标而被选择、运用和发展的。不受价值指引的实施方法是盲目的，是不利于社会工作助人目标的实现的。同时，价值和社会工作的方法、技术之间又是互动的。社会工作价值不是抽象、空洞的说教，而是通过一定的方法、技术来具体体现的；没有实施方法的社会工作价值是不存在的。

三、社会工作价值的结构

有关社会工作价值的结构，不同的学者做出的划分也不相同。夏学銮认为，社会工作的价值体系（结构）包括社会价值、目标价值、手段价值和职业道德四个层次。社会价值是整个大社会所崇尚的基本价值，是社会工作价值体系的基础层次，它对社会工作价值有一个决定作用和导向作用。社会工作的目标价值是确定社会工作本身目标的价值，它为社会价值所规定。反过来，社会工作的目标价值又规定了社会工作的手段价值。社会工作的手段价值是一种带有操作性的价值，它是从社会工作的目标价值中派生和发展出来的，是目标价值的具体实现。社会工作职业道德是社会工作的伦理价值，它与社会价值、目标价值及手段价值都有关联：社会价值构成职业道德的基石，目标价值构成职业道德的核心，手段价值构成职业道德的主体。②

应该说，以上划分是很有道理的。这方面的划分还有很多，不再一一赘述。从方便理解的角度，在此将社会工作的价值结构大体上划分为三大层次。第一层次为社会工作的一般价值，也就是社会基本价值或一般价值，为所有社会成员所共享。第二层次为社会工作自身的价值体系，这一层次受第一层次价值的影响，同时具有自身的独特性。第三层次为社会工作的专业伦理，通俗而言，即社会工作的职业

① 王思斌．社会工作概论．北京：高等教育出版社，1999：41.

② 夏学銮．论社会工作价值教育的问题//王思斌．社会工作导论．北京：北京大学出版社，1998：66.

道德。

第二节 西方社会工作的价值体系

一、西方社会工作价值的基础

对西方社会工作的价值观产生重要乃至直接影响的社会思潮或思想观念，一般说来主要有新教伦理、人道主义、乌托邦思想以及社会福利观念。以下分别加以介绍。

（一）新教伦理

基督教在宗教改革时所提倡的一些新观念成为社会工作价值的重要思想基础。新教伦理主张，个人与神的交往是直接的，不必经由教士传达，每个人的心灵都可能直接跟上帝交流。这就破除了宗教等级制度，提供了“在上帝面前人人平等”的思想。这种平等观念对于社会工作的产生显然是一个间接的但却非常重要的推动。新教主张，个人要为自己的成功或失败负责，通过意志行动战胜人性的罪恶，人的主要目的是通过艰苦的工作实现物质繁荣，社会的主要目的是维持使物质繁荣成为可能的法律和秩序，社会应通过有限的努力以恢复、激发不成功者或越轨者为了自己而更加努力工作，通过物质或经济上的奖赏和惩罚促进社会变迁，等等。这明显地包含着自我负责、社会责任、社会秩序、助人自助等价值观念，这些都成为后来社会工作的一些主要的价值观念或工作准则。

（二）人道主义

人道主义是一种把人的权利、价值和尊严放在首位来考虑的价值观念，起源于欧洲的文艺复兴运动。人道主义有广义和狭义之分。广义的人道主义包括哲学上的人本主义、经济上的自由主义、政治上的民主主义以及伦理上的人道主义等非常丰富的内容。而狭义的人道主义即伦理意义上的人道主义，它承认人的一切权利与生俱来，包括人的生存权、发展权等。我国台湾学者李宗派将伦理上的人道主义的基本价值概括为以下七个方面。①②

（1）承认每一个人生而平等，不论其生活环境、社会地位、种族肤色、宗教信仰、政治党派或行为模式，均享有与他人同样的生存权利。

---

① 李宗派．人道与仁政．社区发展月刊，1976（9）．

② 徐震，林万亿．当代社会工作．台北：五南图书出版公司，1986：87－88．

(2) 承认每一个人都是一个生物的、心理的与社会的有机体。人的行为可以研究，也可以控制。

(3) 承认人人生而自由。每个人在不侵犯他人自由的前提下，应享有充分的自由。

(4) 互相帮助，共同发展。个人与他人、社会相互依赖，个人与社会都有责任维护彼此的发展，社会应帮助个人排除其发展道路上的障碍。

(5) 人类需要不断努力，设法改进、重建社会，预防社会病态和罪恶的发生。

(6) 人人均有尊严。不论其年龄、性别、身份及生活环境如何，其尊严都须得到尊重。

(7) 人人均有追求自由平等和自我发展的权利。在一个民主社会里，每个人均享有生存权、工作权、健康权、教育权、居住权、休闲权、选举权、参政服公职权、接受迅速而公开的审判权等基本权利。

人道主义所包含的主要价值原则后来成为社会工作基本价值的直接来源。

(三) 乌托邦思想

对"乌托邦"(Utopia)一词，《简明不列颠百科全书》所做的解释是："一种理想的国家，居民生活在看起来完美无缺的环境中。因此，'乌托邦的'和'乌托邦主义'被用来形容空想的、不能实现的改革。"这是对"乌托邦"一词的带贬义的理解。其实，"乌托邦"一词也含有"理想社会"的意思，人们对理想社会的追求从来没有停止过，它是推动人类不懈奋斗的动力源泉之一。

1516年，托马斯·莫尔出版了《关于最完美的国家制度和乌托邦新岛》(以下简称《乌托邦》)，这是"乌托邦"一词最初的出现。在这部著作中，莫尔提出共产主义是根治私人生活和公共生活中利己主义的唯一良药。其实，在莫尔之前，柏拉图的"理想国"、基督教的"天堂"、佛教的"极乐世界"、儒教的"大同世界"，以及和莫尔大致同时或其后出现的康帕内拉的"太阳城"等，都是关于理想社会的生动描述，尽管其中有不少空想乃至神秘的成分。

一些宗教团体和政治改革家还进行了对建立乌托邦社会的不懈探索。从17世纪中叶开始至19世纪中叶，北美建立了100多个这样的"公社"或"移民区"，其中以欧文和傅立叶建立的"公社"最为著名。不过，在当时的条件下，这些探索最后都以失败告终。

人类关于理想社会的追求和探索尽管存在这样那样的缺陷，经历了种种挫折、失败，但其中含有丰富的合理成分。而这些合理成分是社会工作基本理念的来源之一。

(四) 社会福利观念

社会福利观念从"个人责任观"向"社会责任观"的转变，促使政府重新考虑自己在社会福利提供中的角色，导致了现代社会福利制度的产生，也对作为现代社会福利制度重要组成部分的社会工作的发展产生了直接的影响。这种影响首先体现在价值层面，进而推动了社会工作的制度化、专业化、职业化。

二、关于西方社会工作价值体系的不同概括

作为社会工作的灵魂，价值决定了这一专业的特殊性质与特殊地位。对西方社会工作自身所遵循的一套价值体系，不少学者都做过归纳，这里我们介绍其中被社会工作界广为引用的几种。通过对这几种归纳的比较分析，我们可对西方国家特别是美国社会工作的价值体系有一个基本的了解。

（一）戈登对社会工作价值的归纳

戈登（W. E. Gordon）将社会工作价值概括为以下六个方面。

（1）个人应受到社会的关怀。

（2）个人与社会是相互依赖的。

（3）每个人对他人都负有社会责任。

（4）个人的需要既有与他人共同的一面，也有相异的一面。

（5）在一个民主社会里，个人的潜能应能得以充分实现，同时个人也能通过社会参与而尽到社会责任。

（6）社会有责任消除个人自我实现的障碍，以帮助个人自我实现。

（二）比斯台克对社会工作价值的归纳

比斯台克（F. Biestek）认为，社会工作的基本价值应包含以下九个项目。

（1）人的潜能：人的潜能是不同的，社会工作者不仅应尊重每个人的尊严和价值，也应注意充分注重和发挥个人的潜能。

（2）人的责任：人有与生俱来的内在动力和责任，以发挥其潜能，实现社会功能，完成其自我实现。

（3）人的权利：人有选择的权利，以完成其自我实现。

（4）人的需要：所有的人都有其基本的人性需要。个人的和谐成长和基本需要的满足，依赖社会提供的机会和保护。

（5）人的社会功能：人的社会功能对于个人的自我实现非常重要，社会工作者应促进每个人社会功能的发挥。

（6）社会的责任：社会有责任建立和维持公正、和平与秩序，并且创造和自我实现有关的条件与资源，以帮助个人自我实现。

（7）社会的权利：社会的发展与繁荣是个人参与的结果。社会有权利要求每一个人做到人尽其力，社会工作将起到实际的促进作用。

（8）个人对社会的职责：每个社会成员在致力于自我实现的过程中都有义务对社会公益有所贡献。社会工作的任务在于促进案主的身心健康，使其对社会有所贡献。

（9）人的自我抉择权：人有自我抉择的权利，这是培养责任、促进成长和实现自我的必要途径。

(三) 柏伊姆对社会工作价值的归纳

早在20世纪60年代，柏伊姆就曾指出，社会工作实务的有效性依赖于社会工作的科学性与价值基础。[①] 他将社会工作所奉行的基本价值归纳为以下六个方面。

(1) 每个人都有自我实现 (self-actualization) 的权利，也有寻求达到此项目标的能力。社会工作珍视每个人自我实现的潜能，维护其达到自我成就的权利，努力配合社会状况，应用社会资源促使其实现自我成就。

(2) 每个人都有义务寻求自我实现的方法以贡献于社会。社会工作激发个人，使其不仅有自我实现的意愿，更促使其以实现自我成就来有效地贡献社会、报答社会。

(3) 社会有义务协助个人发挥其潜能，也有权利利用其成员的贡献使社会本身更富足、更充实。个人与社会的关系是相互的：个人有权利与义务去实现自我，社会也有权利与义务要求并协助个人发挥潜能。当个人的能力得到社会的激励与诱导而竭力发挥时，社会便因而更富足、更充实。

(4) 每个人都必须协调和发展社会给予的力量与机会，来满足其生理、心理、经济、文化、审美及各种精神方面的基本需要。社会工作帮助个体在与社会协调的条件下发展自我，满足需要。

(5) 由于社会日趋复杂，彼此之间相互依赖性增高，为了协助个人努力实现自我，专业化的社会组织变得必要。只有专业化的社会组织才能应对现代社会的种种变迁，并有效地帮助个人达到自我实现。

(6) 为使每个人不仅能实现自我，而且能贡献社会，社会组织必须在社会公认和允可的条件下，尽量在范围、种类及品质上广泛地满足个体与社会的需要。

(四) 泰彻对社会工作价值的归纳

泰彻 (M. Teicher) 将社会工作的基本价值概括为以下六项。[②]

(1) 每一个人都有作为个人的尊严和价值。

(2) 每一个人都应该受到尊敬和得到周到的对待。

(3) 每一个人都应该参与影响自身的决策。

(4) 每一个人都应该自由发展自己的能力和天赋。

(5) 每一个人都应该公平地分享对物品和服务的控制。

(6) 对实现理性行为所必需的信息，每一个人都应该具有完全和自由获得的权利。

(五) 列维对社会工作价值的归纳

列维将社会工作价值体系划分为四大部分，每一部分又细分为若干方面 (见表3-1)。

---

① Boehm W W. Social work: Science and art. The social service review, 1961, 35 (2): 144-152.

② Teicher M. Values in social work: A re-examination. New York: National Association of Social Workers, 1967.

表 3-1　　列维对社会工作价值的归纳

维度	内涵
社会价值观	（1）每一个人都应该具备身体、情绪和精神的健康。 （2）每一个人都有公民和法律的权利。 （3）每一个人都应享有社会福利。 （4）对需要帮助的人应给予应有的同情和关心。 （5）每一个人或群体既有其独特性，也有共同的特性。 （6）每一个人都有其尊严。 （7）每一个人都有达到健康安全的生活条件的机会。 （8）每一个人都有运用和发展自身能力和潜能的机会。 （9）每一个人都有接受教育以扩展个人能力和兴趣、爱好的机会。 （10）每一个人都有尽其所能地得到满意工作的机会。 （11）每一个人都有隐私权。 （12）每一个人都能依据需要和爱好与他人发展愉悦、健康、建设性的相互关系。 （13）每一个人都有物质、文化和艺术方面的财富和发展的机会。 （14）每一个人都有参与制定和执行公共社会政策的机会，并在此过程中发展相关的能力。
组织和机构的价值	（1）组织和机构应及时、充分、不带偏见和歧视、民主地执行它们的计划、法规和其他被认可的功能。 （2）平等地接近所有的人和不同的群体，并告知有关组织和机构所有的服务、计划和机会。 （3）平等地接纳所有的人和不同的群体，以便尽可能地提供服务、计划和机会。 （4）组织和机构应适应人们希望改善的需要，通过机构的规章制度或其他被认可的责任提供服务。 （5）公正、周到、适宜及创造性地利用组织和机构的权威、资源和机会。 （6）对每一个人给予细致、尊敬的处理和治疗。 （7）组织和机构应尽最大努力让每一个人参与服务过程，并通过这种服务影响案主。 （8）向案主提供参与地区事务管理和发展的机会。 （9）组织和机构应向案主说明机构所有的功能及执行这些功能所应有的规范行为。
专业价值	（1）工作重点应放在对人的服务而不是财富的获取和增加。 （2）公平、周到、适宜、创造性地利用职业的权利、权威和机会去和案主发展关系。 （3）向案主说明专业功能执行过程中的行为规范。 （4）向案主提供相关的社会和公共政策，关心并影响案主功能的发挥。
实践价值	（1）充分、公平、周到、道德、有足够的能力去施行专业服务。 （2）不介意案主的辱骂，对案主的问题进行研究和探索。 （3）尊重案主的人格尊严。 （4）尊重案主的隐私权。 （5）诚实且可信赖。 （6）尽可能让案主参与并决定他们自己感兴趣的问题及渴望做的事。 （7）宣传与案主需求相关的公共、社会和组织、机构的政策，并且分享案主的需要和渴望。

资料来源：Reamer F G. Social work values and ethics. New York：Columbia University Press，1995：25-27. 翟进，张曙．个案社会工作．北京：社会科学文献出版社，2001：34-36.

（六）莫拉莱斯和谢弗对社会工作价值的归纳

从实务层面角度，莫拉莱斯和谢弗（Morales and Sheafor）将社会工作的价值分为三个层次。[①]

（1）对人的价值。相信人类的价值与尊严是与生俱来的，个体具有能力与动机、负责、归属感、共同与独特需求等特性。

（2）社会工作的工具价值。相信人应受尊重及保持尊严、使人有机会自决、相信个别独特性、使人有机会得到协助而实现与他人的互动。

（3）对社会的价值。倡导提供人人公平的机会及资源，社会应提供资源与服务，以满足人们的多元需求。

以上对社会工作价值的各种概括涉及人的本质、人的责任、人的需要、人的权利与义务、社会的功能、社会的职责、个人与社会的关系等，从中可看出社会工作对个人、社会及其相互关系的基本态度。至于不同概括之间的区别，可从比较中加以体会。

比较而言，上述几种概括大致可划分为三种取向：第一种取向主要是从个人角度来讨论社会工作的价值。持此种取向的有泰彻的社会工作价值体系及列维的有关社会工作的社会价值观。从他们的表述中可以清楚地看到，他们所关心的皆是“每一个人”的生活状态，如泰彻的表述“每一个人都有作为个人的尊严和价值”“每一个人都应该受到尊敬和得到周到的对待”，列维的表述“每一个人都有其尊严”“每一个人都应享有社会福利”，莫拉莱斯和谢弗的表述“相信人类的价值与尊严是与生俱来的”等。第二种取向主要是从社会的角度来考察社会工作的价值。在西方社会，持此种取向者应该说比较罕见，如戈登的社会工作价值体系就具有这种取向。第三种取向主要是从个人与社会相结合的角度来讨论社会工作的价值，比斯台克的社会工作价值体系以及柏伊姆的社会工作价值体系具有此种取向。一方面，他们从个人的角度讨论了人的尊严和价值，将它视为至高无上的；另一方面，他们也从社会的角度讨论了社会的和谐、公正、秩序、发展的重要性；另外，他们还讨论了个人与社会的相互权利与义务的关系。应该说，这种取向更能体现社会工作所追求的基本价值和理想，其中，比斯台克的社会工作价值体系在表述上也更简明、具体、规范，所以，也就不难理解其在西方国家社会工作界所产生的重要、持久的影响了。

当然，以上三种取向的划分是相对的。由于西方文化注重个人的基本价值取向，西方社会工作价值体系中更多地强调的是前者，而不是后者。持第一种取向的就不必说了，持第二、第三种取向的，其最终落脚点还是在个人而不是社会。

还应指出的是，列维的社会工作价值体系比较详细、具体，这是其长处，但也稍嫌琐碎、复杂。实际上，列维的这套价值体系除第一层次的“社会工作的社会价值观”外，其他更多地似应归入社会工作的专业伦理的范围。

三、西方社会工作价值的矛盾

西方社会工作价值体系各部分之间、各学派之间、各执行主体之间以及在实施过

---

① Morales A，Sheafor B W. Social work：A profession of many faces. Boston：Allyn and Bacon，1989.

程中，并非总是和谐、协调、一致的，而是更经常地表现出各种矛盾和冲突。以下分别从几个方面加以分析。[①]

（一）社会意识形态与社会工作专业价值的矛盾

社会一般价值作为社会工作价值体系的第一层次，对社会工作的专业价值乃至专业伦理都起着重要的制约作用。在西方，作为社会一般价值的核心内容的资本主义意识形态，就对社会工作的发展造成了严重的束缚和钳制。社会工作的专业价值以实现社会公正、普遍福利为目的，这就很容易被人扣上"社会主义"的帽子而受到攻击和防范。实际上，正如不少西方学者（如社会福利研究中的"冲突学派"）所指出的，社会福利只有在有利于资本主义制度的存在和发展的前提下才能得到存在和发展的权利。

（二）不同学派关于社会工作价值的争论

这个意义上的价值冲突有着不同的表现。上面提到的有关社会工作价值体系的各种归纳，实际上表现了不同学者在社会工作价值问题上的争议和矛盾。在个案社会工作领域，起源于宾夕法尼亚大学社会工作学院的功能学派与起源于哥伦比亚大学社会工作学院的治疗学派，在对个案工作价值目标的认识问题上就持有不同的见解。前者认为，个案社会工作的技巧是基于帮助（而不是治疗）这一特殊过程概念之上的一项完全独立的技术；后者则主要关注治疗本身。在社会群体工作领域，社会目标模式、治疗模式及交互模式等的关注点各不相同。读者可从本书后面介绍的相关内容中体会这一点。实际上，这方面的例子还有很多，在此就不一一列举了。

（三）不同主体在社会工作价值问题上的摩擦

社会、社会工作机构、社会工作者等社会工作不同执行主体的价值观往往会出现矛盾甚至对立状态。在西方世界，其社会价值是受资本主义的政治、经济制度影响的，而社会工作的价值主要是受人道主义、社会福利观念、乌托邦思想等的影响而形成的一种比较理想的价值观念。因此，社会价值与社会工作机构、社会工作者奉行的社会工作专业价值常常处于尖锐的矛盾对立之中。社会价值强调社会控制，与社会工作强调人的权利、自由、自决和参与之间有一致的一面，但有时也会发生矛盾、冲突。社会工作机构是社会设置的维持社会稳定的特定部门，它必须体现其福利、服务的性质；而在实际中，有些机构却可能打着"福利"的旗号为自己谋利。一个实际的社会工作者的个人目标往往会和社会、机构的要求存在距离，如果二者不能实现磨合，也会发生矛盾、冲突。

（四）社会工作实施过程中的价值冲突

在抽象的意义上谈论社会工作价值比较容易，而将抽象的价值具体化或操作化就

---

① 夏学銮．社会工作的价值体系//王思斌．社会工作概论．北京：高等教育出版社，1999：39－56．

有可能发生矛盾、出现问题。自由和福祉是社会工作价值所追求的，但在实际中，这二者又是很难统一的：强调自由有时会威胁到福祉，反之亦然。社会工作强调“案主自决”，但在实际操作中，诱导案主自我决断是一件既要耐心、又费时间的事。这就不难理解所谓的“操纵”及“家长作风”等违反社会工作价值的情形的存在——前者是社会工作者对案主的行为进行有意的控制；后者是社会工作者代替案主进行行为选择，干涉了案主的自由。社会工作价值为社会工作者规定了许多“应该”和“不应该”的行为规则，但在实际执行中，究竟哪些是“应该”的，哪些又是“不应该”的，需要社会工作者灵活掌握和具体运用。这样一来，往往会使一个实际社会工作者处于无所适从的境地。

1967 年，美国学者麦克雷德（Mcleod）和梅耶（Meyer）从社会工作者的角度，将社会工作过程中涉及且要处理的价值冲突归纳为 10 个方面，对人们很有启发意义。这 10 个方面分别是：

（1）个人价值与体系目标之间的冲突（individual worth vs. system goal）——社会工作重视个人的价值与尊严，往往会偏向案主的特殊需要；但其他社会成员的需求与社会体系的目标也不能忽视。有时二者难以兼顾，社会工作者对于究竟要站在哪一边往往难以决定。

（2）个人自由与社会控制之间的冲突（personal liberty vs. social control）——社会工作尊重个人自由，重视案主自决；但从社会控制的需要出发，有时又会限制个人的自由。

（3）群体责任与个人责任之间的冲突（group responsibility vs. individual one）——社会工作强调社会对个人的福利需求负有不可推卸的责任，而个人也应该为社会做贡献。二者往往会发生冲突。

（4）安全、满足与奋斗、刻苦之间的冲突（security and satisfaction vs. struggle, suffering and denial）——社会工作强调社会要给个人各种安全保障，满足其基本需求，唯其如此，个人的潜能才能发挥；但也有人主张个人刻苦奋斗、自立自强，才是最合理的。

（5）相对论与绝对论之间的冲突（relativism vs. absolutism）——社会工作追求真善美，反对假恶丑；但事物是相对的，而非绝对的。对不同的事物，社会工作者的看法会有差异，处理的方法和技巧也不尽相同。

（6）变革创新与传统主义之间的冲突（innovation-change vs. traditionalism）——为了增进人类的幸福，究竟是不断改革创新比较好，还是维护传统、在安定中求进步比较好，很难有定论。

（7）异质性与同质性之间的冲突（diversity vs. homogeneity）——社会工作强调个别化，但对社会弱势群体过分个别化，往往会和社会主流文化格格不入，难以融合。这个问题有时就很难处理，如在北京市的住房改革中，关于廉租房的建设是集中成片好，还是和其他社会阶层的住房混建好，就引起了不少争议，没有定论。

（8）文化决定论与自然遗传论（个人本能论）之间的冲突（cultural-determinism vs. individual nature）——文化决定论认为人类行为受社会环境的影响较大，但个人本能论强调人类生理因素对个人行为的重要影响。认为在对个人成就的影响因素中，究竟是环境的因素比较大，还是本能的因素比较大，对社会工作方案的选择及其实施效果具有重要影响。

（9）相互依赖与个人独立之间的冲突（interdependence vs. individual autonomy）——社会工作认为人类作为群居动物，应当相互依赖；同时它也尊重个人的独立自主。在什么情况下要注意运用人与人的相互影响，在什么情况下要尊重个人的独立自主的权利，运用时有时会发生冲突。例如对社区养狗的处理，从尊重个人的独立自主权利看，养狗应该无可非议；但从尊重社区整体的相互依存性出发，则以不养为好。

（10）个别化与类型化之间的冲突（individualization vs. stereotyping）——社会工作尊重人的独特性、人的尊严和人的价值，认为每个人都有异于别人的地方；但社会工作研究过程中难免将人加以类型化，做出不同的归类，从而可能造成刻板化的印象。例如，弱势群体成员每个人都有自己的独特性，但从研究的需要出发，又必须对他们加以不同的分类，这样一来，就有可能忽视个体的独特性。在实际开展工作时，对这一点应当加以注意。

这两位学者的研究表明，在美国，社会工作者所奉行的价值观偏重于这 10 对相互冲突的价值的前者，而较忽略后者。而后者更多地表现为社会一般的价值观。但在不少情况下，社会工作者也采取灵活、折中的方法加以处理。①

专栏：个体主义与整体主义——社会工作价值观之争②

回顾社会工作的发展历程，在社会工作领域中，存在着“个体主义”（individualism）和“整体主义”（holism）两种不同价值观的争议，以至于在今天的社会工作理论与实务层面上都产生了“个体主义”和“整体主义”两种截然不同的社会工作价值取向。

个体主义价值取向的社会工作理论认为，社会工作的主要目的就是为有困难的个体提供资源与服务，解决个人困惑和实际问题，满足个人成长的需要。因此，持这种价值取向的社会工作者常常会相信既有制度的可行性，认为社会问题只源于个人的不幸或有问题的性格，相信只要给予个人必要的服务及资源解救，就可以尽量减少受助人因失控而影响现行制度。对持这种价值观的大多数社会工作者而言，他们需要做的就是考虑如何切实地去帮助遇到困难的个体，即使感觉到了社会制度或政策层面存在着某种问题，他们也认为凭借社会工作者的单一力量是很难改变现有政策的，这也不是一般社会工作者所应该或主要考虑的事情。对此，其基本的价值表述就是：“社会政策掌握在制定政策的人手中，我们能够做的就是帮助那些眼前有困难的个体。”并由此形成了诸如心理分析理论、认知理论、行为主义理论、标签理论、赋权与倡导理

① Mcleod D L，Meyer H J. A study of the values of social worker//Thomas S. Behavior science for social workers. New York：Free Press，1967：401－416.

② 文军．个体主义还是整体主义：社会工作核心价值观及其反思．社会科学，2008（5）．

论、社会诊断理论、人本主义理论等社会工作理论，以及社会诊断模式、人本中心模式、问题解决模式、危机干预模式、行为治疗模式、认知治疗模式、叙事治疗模式等个体主义价值取向的社会工作模式。

而整体主义价值取向的社会工作理论则认为，社会工作的最终目的是加强群体间的合作性，维护社会秩序的稳定和促进社会整体的发展。因此，持这种价值取向的社会工作者比较强调通过社会变革和集体动员的力量去解决个人或社会问题。持这种价值观的大多数社会工作者认为，社会工作的根本目的在于通过帮助改变弱势群体的社会地位，尤其通过对有碍社会公正的社会制度的批判与摒弃来最终促成社会的稳定与发展。对此，其基本的价值表述就是："解决个体困难的最终目的也是为了整个社会的稳定，我们需要做的就是促成政策层面上的变化以使更多的人受益。"由此也形成了诸如社会系统理论、生态系统理论、结构主义理论、制度主义理论、批判主义理论等社会工作理论，以及任务中心模式、社区工作模式、结构式社会工作模式、文化多元主义的社会工作模式、个人-环境实践模式等整体主义价值取向的社会工作模式。

第三节 形成中的我国社会工作价值体系

目前，加快社会工作的发展和社会工作的专业化建设是我国经济改革和社会发展的迫切需要。基于这一专业在我国长期受到忽视、排斥的实际情况，发展社会工作事业要做的工作可以说是千头万绪。而其中关于社会工作价值的建构是基础性、前提性的工作之一。本节先就我国社会工作的价值基础（思想基础）加以探讨，然后就我国社会工作价值的基本内容提出初步看法。

一、我国社会工作的价值基础

对我国社会工作价值观的形成具有比较直接影响的方面应包括社会主义核心价值观等当代中国占统治地位的文化价值观念，社会主义人道主义，中外有价值的社会理想、社会福利思想，马克思列宁主义、毛泽东思想、邓小平理论、"三个代表"重要思想、科学发展观、习近平新时代中国特色社会主义思想中的有关内容。其中，作为我国社会工作价值基础的比较直接的方面应主要包括这样一些内容：一是社会主义核心价值观，二是社会主义人道主义，三是中外有价值的社会理想、社会福利思想。

（一）社会主义核心价值观

党的十八大提出，倡导富强、民主、文明、和谐，倡导自由、平等、公正、法治，倡导爱国、敬业、诚信、友善，积极培育和践行社会主义核心价值观。富强、民主、文明、和谐是国家层面的价值目标，自由、平等、公正、法治是社会层面的价值取向，爱国、敬业、诚信、友善是公民个人层面的价值准则。2017 年 10 月 18 日，习近平在十九大报告中指出，要培育和践行社会主义核心价值观。要以培养担当民族复兴大任的时代新人为着眼点，强化教育引导、实践养成、制度保障，发挥社会主义核心价值观对国民教育、精神文明创建、精神文化产品创作生产传播的引领作用，把社会主义核心价值观融入社会发展各方面，转化为人们的情感认同和行为习惯。

社会主义核心价值观与社会工作价值观的关系是普遍与特殊、上位与下位的关系。社会主义核心价值观是国家意志的体现，是社会意识形态的核心组成部分，而社会工作价值观属于一个职业领域的伦理价值，体现的是一定社会群体的价值观念。前者必然对后者具有统摄、制约、引领、调节的作用。这种作用机制是客观存在的，它可能通过社会主义核心价值观引导和支配主流的社会价值观而起作用，也可能通过社会主义核心价值观直接影响社会工作专业价值观而起作用，还可能通过社会主义核心价值观影响社会工作者个体的道德职业操守而发挥作用。如果社会工作的专业价值观与社会主义核心价值观存在着根本冲突，那么社会工作在中国的发展就会受到严重限制，甚至被严重边缘化，发挥不了它干预社会进程的作用。[①] 基于社会主义核心价值观构建我国社会工作价值观是学界首肯的研究方向。[②]

社会工作价值体系的层次是由价值到伦理、由理念到行为、由抽象到具体逐层递进的。前者是后者的基础和前提，后者是前者的具体化和操作化。因此，社会工作价值体系的构建应该是由最抽象的社会价值开始自上而下的逐层演绎。由此，可以设计一条社会主义核心价值观转化为社会工作者职业伦理行为的路线图（见图3-1）。[③]

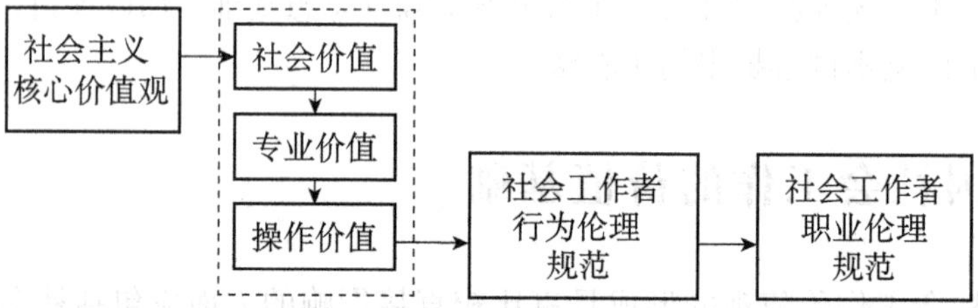

图 3-1 社会主义核心价值观转化为社会工作者职业伦理行为路线图

(二) 社会主义人道主义

社会主义人道主义是在批判继承资产阶级人道主义基础上形成的。资产阶级人道主义反对神学，提倡人学；反对神权，提倡人权；反对神性，提倡人性；反对愚昧，

---

① 何历宇．社会主义核心价值观与中国社会工作伦理之构建．浙江学刊，2012 (4)．

② 刘玲．社会工作职业领域中社会主义核心价值观培育路径研究．宜宾学院学报，2014 (5)．

③ 同②．

提倡理性；反对迷信，提倡科学；反对神道，提倡人道。其历史进步意义是明显的，也是西方社会工作价值的重要源泉。但是，这种人道主义也存在着严重的历史局限：它对“人”的界定主要局限于正在兴起的资产阶级，实际上并未将广大工人、农民和其他社会劳苦大众包括在内。在实践层面，它主要考虑的是资产阶级自身的解放，而未考虑广大劳苦人民的解放。在这些方面，社会主义人道主义与资产阶级人道主义存在实质性的区别。社会主义人道主义不仅适用于广大劳苦人民，同时也适用于资产阶级等有产阶级成员。在我国改革开放新时期，社会主义人道主义实际上已经涉及全体社会成员。作为这种人道主义代表者的无产阶级不仅要解放自己，还要解放全人类；通过解放全人类，以实现自身的彻底解放。这样，在社会主义人道主义基础上构建起来的社会工作价值必然是和西方社会工作价值既有联系，又有区别的。

如何处理个人、集体与国家的关系，是社会主义人道主义的基本内容之一。在这方面，它有如下特征：

（1）它承认个人的合法权益，保护个人所拥有的一切权利。

（2）它在处理三者关系的次序上坚持个人利益应当服从集体利益，集体利益应当服从国家利益。

（3）它始终强调，社会组织和国家机构要成为个人利益的忠实代表，其一切活动都不应该脱离“为人民服务”的根本宗旨。

（三）中外有价值的社会理想、社会福利思想

毫无疑问，历史上一切有价值的社会理想、社会福利思想也是建构我国社会工作价值的思想源泉。中国传统文化，特别是其社会思想中包含着极为丰富的社会福利内容。儒、道、佛、法各家都有对理想社会的描述，都有对社会福利问题的论述。孔子的“仁爱”思想、墨子的“兼爱”思想，以及孟子的“老吾老以及人之老，幼吾幼以及人之幼”、范仲淹的“先天下之忧而忧，后天下之乐而乐”等，都含有“爱人”“助人”“人的责任”等现代社会工作所追求的理念，这些都是我们应当加以充分发掘的。除此之外，对西方传统的社会思想、社会福利观念，我们也应当加以分析，吸收对我有用的合理内核。国内过去对中外社会思想，特别是社会福利思想的研究一直是一个薄弱环节，这种局面应当改变。

二、我国社会工作价值的基本内容

我国社会工作价值的基本内容主要应包括个人对社会的责任、奉献、义务以及社会对个人的需要的满足和基本权利的维护两大方面。

（一）我国社会工作关于个人的价值

人的价值是指关于人的存在和发展的意义。人的价值要回答的问题是：人是什么，人为什么存在，人与社会是什么关系，等等。人的价值究竟是什么？以下七个方

面应该说是很重要的：

（1）个人目前的生存状态是最应该珍惜的；

（2）人的存在是不受任何外界力量规定的；

（3）人应该享受作为人的一切权利，其中最重要的是人的生存权和发展权；

（4）人应该受到社会的关怀和保护；

（5）人应该享有基本的、适当的教育机会；

（6）人有从事一定的职业和取得维持生存、发展所必需的收入的权利；

（7）人在部分或全部丧失劳动能力后，有从社会获得基本生活保障的权利。

人在拥有、享受各种基本权利的同时，也具有责任。人的责任包含对自己的责任、对他人的责任、对群体和社区的责任、对社会和国家的责任等。

人对自己的责任与生俱来。坚持人的权利就是对自己最大的负责。

人对他人的责任是人作为一个社会人所必须承担的责任。在社会关系体系中，一个人承担着不同的角色，如父母、子女、夫妻、邻里、朋友、同事等，不同的角色要求担负不同的责任。

人对群体、社区的责任涉及为所生活和工作的社区、群体的利益与目标承担义务，奉献自我。一个人应当遵守群体规范，认同组织目标，维护社区团结，增进共同利益。

人对社会、国家的责任是最高层次的责任。社会代表个人，国家代表社会。个人有义务贡献社会，为国家奉献。中国人素来有“天下兴亡，匹夫有责”的高度社会责任感，而今更应发扬光大。

（二）我国社会工作关于社会的价值

社会是人类生活的共同体，是以共同的物质生产活动为基础而相互联系的人们的有机总体。社会的本质是生产关系的总和。社会对个人的责任主要有以下几个方面：

（1）教化的责任。教化也称社会化。社会担负着对人实施教化的责任，使人从一个“自然人”成为一个认同社会规范、承担社会责任的“社会人”。

（2）供养的责任。社会应以各种方式使其成员维持基本生存。社会的经济制度、福利制度等就承担着这方面的责任。

（3）发展的责任。人除了维持基本生存的需要外，还有着发展和自我实现的需要。社会应提供各种支持，使人充分发挥潜能，健康成长，自我实现。

（4）保护的责任。当个人受到自然的、社会的各种不可抗力的侵袭或伤害时，社会应当提供切实的措施，予以保护。

（三）我国社会工作中个人价值和社会价值的协调与统一

我国作为一个社会主义国家，从根本上来说，个人价值和社会价值是统一的；但有时也存在着矛盾、摩擦乃至冲突，需要社会工作者从中加以协调、疏解直至消除，使之重新统一起来。

在社会主义条件下，个人价值和社会价值的统一或一致表现为：个人的存在和发展是社会存在和发展的前提，社会的和谐稳定则为个人成长和自我实现提供良好的外部环境；个人的健康、幸福、教育良好是社会所追求的基本目标；社会帮助个人解决生存、发展所面临的问题是社会良性运行、协调发展的必要条件；如此等等。

个人价值与社会价值之间也存在着矛盾、冲突。本书在论述西方社会工作价值冲突时所提到的一些表现，在社会主义条件下也会不同程度地存在。具体来说，个人价值与社会价值的矛盾、冲突表现为：个人眼前利益与社会长远利益的矛盾，个人局部利益与社会整体利益的矛盾，个人需求的无限性与社会所能提供资源的有限性的矛盾，个人自由与社会控制的矛盾，个人权利与社会责任的矛盾，个人自我决定与社会协调的矛盾，等等。

对社会主义条件下所存在的个人价值与社会价值之间的矛盾加以协调，特别是使社会弱势群体的生存、发展的需求与社会所可能提供的资源的有限性之间的矛盾得以协调，是社会工作者应尽的职责。社会工作者的工作，能使个人利益与社会利益得以兼顾，社会良性运行与健康发展的目标终将实现。

三、西方社会工作价值与中国文化契合的可能性[①]

西方社会工作价值虽然受西方社会的文化体系的深刻影响，但并非和中国文化水火不相容。随着经济全球化的推进和东西方跨文化交流的全面展开，西方社会工作价值和中国文化之间的契合并非不可能，这将推进中国社会工作价值的建设及社会工作专业在中国的深入发展。

(1) 关于社会工作专业的本质（终极）目标：中国文化强调人和社会以及人与人之间关系的和谐的理念同西方社会工作强调促进社会整合的理念是一致的。

(2) 关于个人与社会的关系：中国文化虽然非常强调个人的修养和家庭观念，但目前政府和社会也开始强调和重视社会对个人的重要性，主张社会对个人具有照顾责任。因此，在个人与社会的关系问题上，中国文化同西方社会工作价值存在共通的趋势。

(3) 关于个人对他人的责任和互助：中国文化强调个人对家庭和亲属的责任，强调“推己及人”，有可能促进公民责任意识的产生。现代政治文化强调社区互助与个人对集体和国家的责任感，这些同西方社会工作价值强调个人对社会的责任的观念基本是一致的。

(4) 关于人类的共同需要：人类的基本社会需要包括生理的需要、安全的需要、爱和归属感的需要、尊重的需要、自我实现的需要等。无论在西方，还是在中国，都存在这些基本的需要（西方社会工作价值关注个体需要的满足，中国同样应该关注）。

(5) 关于个人的权利和社会参与：西方社会高度重视个人的基本权利，人与人之间比较独立，同时法制化的制度和民主政治环境又强化了个人参与和维护个人权利的意识。中国文化固然十分强调个人对集体、国家的忠诚和奉献，但也不忽视个人权利

---

① 王思斌．社会工作导论．北京：高等教育出版社，2004：94－95.

的保护和社会参与。

(6) 关于理想社会的理念：西方社会工作价值主张推进整体社会福利的进步和实现个人潜能的开发的理念同中国文化所强调的实现“大同”社会与“和谐社会”的理念是一致的。

确实，西方社会工作的价值观和社会主义的价值观有明显共通的一面，使西方社会工作的价值有可能成为社会工作的共同价值。但我们也应看到，起源于西方的社会工作价值与中国文化也存在着不少矛盾乃至冲突的一面。尽管这种情况未来可能会发生变化，但就现阶段而言，这种差异是不容忽视的。例如，西方文化的个人主义价值观和中国文化的集体主义价值观在个人和社会谁为优先的选择上是存在明显差异的。西方社会工作价值关于社会对个人责任的观念与中国文化也是有差异的。

专栏：如何处理中国文化与社会工作价值的关系①

社会工作源于西方文化，一旦在华人社会实践，会否与中国文化格格不入？以香港地区为例，福利服务开始时多由教会创办，从事福利工作人士中亦多外国传教士。20世纪70年代以后，香港政府开始为市民提供福利服务，社会工作亦逐渐形成专业，慢慢脱离西方文化的影响。在这种情况下，中国文化与社会工作价值观念的关系开始受到关注。同一时间，台湾地区福利界人士提出社会工作必须“本色化”及“国情化”，并在这方面做了一些研究工作。

中国幅员辽阔，且“几于无年无灾，从亦无年不荒”，所以有悠久的营办福利的历史和经验，也早定下救贫和救灾的原则和目标，如《周礼·地官司徒》言：“以保息六养万民，一曰慈幼、二曰养老、三曰振穷、四曰恤贫、五曰宽疾、六曰安富。”《礼记·礼运》提出的“大同”思想，更是中国数千年来关心民间疾苦人士寻求达到的目标：“大道之行也，天下为公，选贤与能，讲信修睦。故人不独亲其亲，不独子其子，使老有所终、壮有所用、幼有所长。矜寡孤独废疾者皆有所养。男有分，女有归。货恶其弃于地也，不必藏于己，力恶其不出于身也，不必为己，是故谋闭而不兴，盗窃乱贼而不作，故外户而不闭。是谓大同。”

至于具体的福利营办措施，中国历朝均有特定的方针，也十分注重乡里和宗亲等组织的互助作用，强调的是亲疏远近的分别，正所谓“老吾老以及人之老、幼吾幼以及人之幼”，目的是激发众人推己及人和互相扶持的精神。单从上面的叙述，很难对中国文化的福利思想做深入探讨，但中国文化提出的“大同社会”与西方文化追求的“福利社会”，确有本质上的分别。“大同社会”是通过伦理关系建立起来的，但“福利社会”的基础则是人有至高无上的尊严，并必须发展潜能以肯定自我的存在。以中国文化而言，人却永远不是独立的个体，如梁漱溟指出的：“在中国思想上，所有传统的态度总是不承认个体的独立性，总是把人认作‘依存者’……”

在现代社会，对人的地位和身份的看法，有了极大的变化，个人的独立性也较前增强。但无可否认，在中国人的社会，人总被视为家庭成员之一，或工作单位的一分

① 周永新．社会工作的哲理基础．社会福利，2002 (4)．

子，很难与西方社会的个人意识比较。因此，在深受中国文化影响的社会里，一般人对社会工作者宣扬的信念，仍不能无条件地接受。其中矛盾，可用图 3-2 说明。

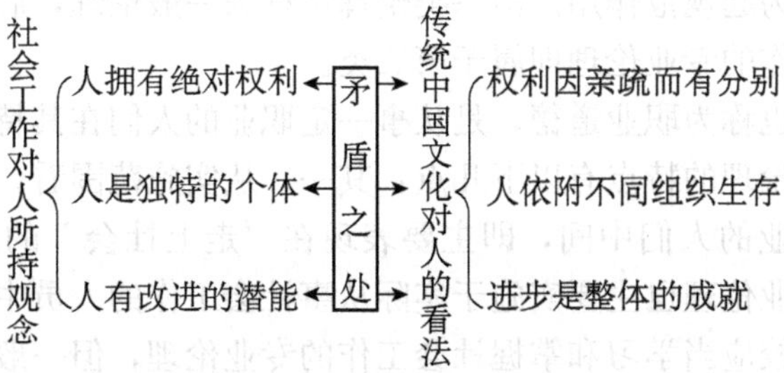

图 3-2　中国文化与社会工作价值观念矛盾之处

中国文化与社会工作价值观念在本质上虽有分别，但两者也非互相排斥。例如，关于人是独特的个体还是依附者的问题，社会工作的看法是人有独特的个性和自主的权利，但也必须通过群体组织来满足本身的需要；中国文化的观点是，人主要是群体的一员，但本身独立的身份也不能完全抹杀。所以，两者的差异主要是在重点上有不同的理解。

不过，即使两者不至互相对立，中国文化与社会工作也毕竟是两个不同的系统。那么，是否需要建立一套适合中国文化的社会工作价值观念？这又未必。如上所述，中国文化与社会工作在观念上虽有矛盾，但两者不是完全无法协调的。事实上，中西文化的交流，已使很多中国传统观念出现变化；随着社会日趋开放，文化观念对人的行为表现产生的规范也不如以往强烈。因此，解决的办法，并非另创新的社会工作价值观念，而是把固有的加以灵活运用，使之适合现代华人社会的需求。从以往香港和台湾等地区的经验看，社会工作的推行并没有遭遇很大的困难，虽然在哲理观念方面，一些修订是必需的。

第四节
社会工作的专业伦理

一、什么是专业伦理

没有价值与伦理，社会工作者获得的知识及使用的技巧将变得一无是处。所有专业化的职业都建立于价值基础之上，并受伦理守则的引导。[①] 相对价值而言，伦理是对一种相关的行为的标准和期望，用以规范有关个人和团体的责任。法国社会学家涂

① Bisman C. Social work values: The moral core of the profession. British journal of social work, 2004 (34): 109-123.

尔干（Durkheim）将伦理分为两类：第一类伦理适用于所有人，使每个人都能界定自己的言行，并适当地维持个人与他人的相互关系；第二类伦理则仅仅适用于特定团体，对其成员的行为起规范作用。前一类伦理可称为一般伦理，后一类伦理则被称为专业伦理。社会工作的专业伦理即属于第二类。

专业伦理一般也称为职业道德，是从事一定职业的人们在其特定的工作中的行为规范或准则。专业伦理的特点有以下几点：其一，从实施范围看，专业伦理主要表现在实际从事一定职业的人们中间，即主要表现在“走上社会”的成人的意识和行为中。社会工作的专业伦理也主要实施于实际从事社会工作的人员中间。至于社会工作专业的学生，在学校应当学习和掌握社会工作的专业伦理，但一般来说，既然他是学生身份，他应当遵守的就是学校的行为规范。当然，他在实习时应当实际遵循专业伦理的要求，同时也应遵守学校的有关规定。即便在实习时未能很好地体现专业伦理的要求，对他的处理也显然要比对实际从业人员的处理宽松得多。其二，从内容上看，专业伦理与职业要求和职业生活相结合，具有较强的稳定性和连续性，往往表现为世代相袭的职业传统，形成人们比较稳定的职业心理和职业习惯。其三，从表现形式上看，专业伦理比较具体、多样，有较大的实用性。各种职业从本职要求出发，适应本职业的特点和人们的接受能力，往往采取一些概括、简明的形式，如工作守则、行为须知、规章制度等，能比较方便地为本职业从业人员所掌握与遵循。从专业伦理的这些特点我们可以看出，它能使社会工作的一般价值理念在实际社会工作中得以具体体现，即使社会工作的一般价值具体化。

社会工作专业伦理的功能有三个方面：其一，它成为社会工作这一专业的指南针或行为准则，规范该专业人员的言行。其二，它使社会工作专业人员在履行职责时，能凭借其专业伦理维护专业的原则、权威。其三，它作为一种标准，能借以评判该专业的实施效果。

二、不同国家和地区的社会工作专业伦理建设

本部分分别介绍美国、我国台湾地区及大陆地区有关社会工作专业伦理建设的情况，主要涉及其各自制定的有关伦理守则或法典的基本内容。现代意义的社会工作或专业社会工作起源于西方国家，经过较长时期的发展，其专业伦理建设取得了比较成熟的经验。我国台湾地区专业社会工作的建设也比大陆早很多。对不同国家和地区社会工作伦理守则的考察、比较，可以促进我国社会工作的专业伦理建设。

（一）美国社会工作伦理守则

1997 年 1 月开始实施的美国社会工作者协会伦理守则[①]共涉及六大方面的内容，包括社会工作者对案主的伦理责任、社会工作者对同事的伦理责任、社会工作者在实

---

① 该伦理守则于 1996 年 8 月由美国社会工作者协会会员代表大会通过，1997 年 1 月施行，2008 年经会员代表大会修订。

务机构的伦理责任、社会工作者作为专业人员的伦理责任、社会工作者对社会工作专业的伦理责任，以及社会工作者对社会的伦理责任。该伦理守则非常详细、具体，2008 年又进行了修订。表 3－2 是该伦理守则的简要内容。

表 3－2　美国社会工作者协会伦理守则

维度	简要内容
对案主的伦理责任	(1) 对案主的承诺：社会工作者的主要职责是提高案主的福祉，维护其正当利益。 (2) 自决原则：社会工作者尊重并增进案主的权利，帮助他们自我决断、以自我努力厘清自身的目标。 (3) 知情权：社会工作者应在案主知情的前提下基于专业关系对案主提供服务。 (4) 称职：社会工作者应在具备专业教育与实务经验资格的前提下为案主提供专业服务。 (5) 文化能力与社会多元化：社会工作者必须具有敏锐的文化能力，接纳和认可社会的多元性。 (6) 利益代表：社会工作者应在专业关系中始终代表案主利益，避免与案主发生专业服务以外的任何关系，禁止利用案主的关系实现服务以外的任何目标。 (7) 保密：社会工作者应尊重案主的隐私权，除特殊情况外不得泄露任何信息。
对同事的伦理责任	(1) 尊重：社会工作者应尊重同事，并表现出正确和公正的认可、评价与责任。 (2) 保密：社会工作者应尊重由同事在其专业关系过程中共同分享的私密信息。 (3) 跨学科合作：社会工作者应以社会工作专业的视角、价值观和经验为依据在跨学科合作过程中全力参与，并做出贡献。 (4) 价值中立：当关涉同事的论争时，社会工作者不应利用同事间或同事与案主、同事与机构间的争论以达至个人目的。 (5) 咨询：当有需要时，社会工作者必须寻求同事的建议或咨询，在这个过程中，社会工作者必须尽可能保护案主信息的私密性。 (6) 转介服务：当有必要时，社会工作者应以严谨、适宜的工作方法将案主转介给合适的同事。
在实务机构的伦理责任	(1) 监督与咨询：提供监督与咨询的社会工作者必须具有必要的专业知识和技能储备，并能正确评估和引导社会工作者以专业特质服务于案主。 (2) 教育与培训：作为教育者或实地指导者的社会工作者应负责为学生提供最先进的专业知识，对他们的表现进行专业评价，并保证案主对学生服务的知情权。 (3) 专业评估：负有评估职能的社会工作者应以明确的标准公正地评估工作人员的专业服务。 (4) 服务记录：做好合理的服务步骤记录。 (5) 转介：当案主在与社会工作者的专业联系过程中联系其他社会工作者时，后者应在服务协议签订前慎重考虑，一切以案主的利益为宗旨。 (6) 行政管理：社会工作者应在机构内和机构外积极寻求满足案主需要的充足资源。 (7) 继续教育与员工发展：社会工作管理者应对社会工作者的继续教育采取合理的发展步骤，及时扩充社会工作的实践与伦理知识。 (8)（对）机构和雇主的承诺：社会工作者应在美国社会工作者协会的伦理标准基础上实践对机构和雇主的承诺，并改进机构政策、程序及服务的效率与效果。
作为专业人员的伦理责任	(1) 称职：社会工作者只能在现有能力合格或获得必要能力的基础上接受责任分担或工作任务，社会工作者必须力争成为或一直是专业领域中的佼佼者。 (2) 拒绝歧视：社会工作者应杜绝任何有关种族、民族、国家、性别、性取向、年龄、婚姻状况、政治信仰、宗教或精神/身体残疾的偏见。 (3) 杜绝私人行为：不允许社会工作者的私人行为阻碍专业责任的实现，坚守中立、诚实、正直等（个人品质）。

续前表

维度	简要内容
对社会工作专业的伦理责任	（1）专业正直：社会工作者应致力于专业领域相关内容的保持与改进，保持专业的权威性。 （2）评估与研究：社会工作者应在实践的过程中保持对专业知识与实践的评估与研究，促进专业发展、专业教育、专业实践的全面发展与提升。
对社会的伦理责任	（1）社会福利：社会工作者应从各个层面致力于全社会福祉的提高，以代言人的身份促进基本人权的实现，促进社会、经济、政治、文化价值观以及（有利于社会正义实现的）制度的发展。 （2）公共参与：在影响社会政策与福利制度方面，社会工作者应推动公众的广泛参与。 （3）公共危机处理：社会工作者应尽可能提供合适的专业服务以应对公共危机。 （4）社会与政治行动：社会工作者应致力于社会、政治行动等，以确保全体社会成员能以公平的方式获得各种资源、就业、服务以及满足人类基本需求与全面发展的机会。

资料来源：Code of ethics of the national association of social workers. [2018 - 03 - 04]. http://www.naswdc.org/pubs/code/default.asp.

从表 3 - 2 可以看出，美国社会工作伦理守则可从以上多个方面进行解读，但其所尊崇的核心价值是：（1）个人价值：重视社会中的每一个人；尊重个人与团体的差异。（2）专业价值与伦理：协助案主发展自助的能力；尊重与案主关系的保密性；在专业关系中不涉及私人情感与需要；即使感到挫折，也坚持为案主利益考量；愿意将知识技巧提供给他人；坚持个人行为与专业行为符合规范标准。（3）社会价值：改变社会以满足社会性的需要；坚持社会改变以及为所有成员的经济、物质与心理福祉而努力。

（二）我国台湾地区社会工作伦理守则

我国台湾地区于 1998 年颁布实施的社会工作伦理手册共包含以下 18 条内容：

（1）秉持爱心、耐心及专业知能为案主服务；

（2）不分性别、年龄、宗教、种族等，本着平等精神，服务案主；

（3）应尊重案主的隐私权，对在专业关系中获得的资料，恪尽保密责任；

（4）应尊重并培养案主自我决定的能力，以维护案主权利；

（5）应以案主之最佳利益为优先考量；

（6）绝不与案主产生非专业的关系，不图谋私人利益或以私事请托；

（7）应以尊重、礼貌、诚恳的态度对待同人；

（8）应信任同人的合作，维护同人的权益；

（9）应在必要时协助同人服务其案主；

（10）应以诚恳态度与其他专业人员沟通协调，共同致力于服务工作；

（11）应信守服务机构的规则，履行机构赋予的权责；

（12）应公私分明，不以私人言行代表机构；

（13）应致力于机构政策、服务程序及服务效能的改善；

（14）应严格约束自己及同人之行为，以维护专业形象；

（15）应持续充实专业知识，以提升服务品质；

（16）应积极发挥专业功能，致力于提升社会工作的专业地位；

（17）应将专业的服务扩大普及于社会大众，造福社会；

（18）应以负责的态度，维护社会正义，改善社会环境，增进整体社会福利。

（三）中国大陆地区社会工作伦理守则

中国社会工作者协会为社会工作者制定的伦理守则包含总则、职业道德、专业修养及工作规范四个方面的内容。

1. 总则

我国社会工作者继承中华民族悠久的历史、文化传统，吸收世界各国社会工作发展的文明成果，高举社会主义人道主义旗帜，以促进社会稳定和全面进步为己任。我国社会工作者通过本职工作，提倡社会互助，调节社会矛盾，解决社会问题，改善人际关系，为社会主义的物质文明和精神文明建设服务。

2. 职业道德

（1）热爱社会工作，忠于职守，具有高度的社会责任感和敬业精神。

（2）全心全意为人民服务，为满足社会成员自我发展、自我实现的合理要求而努力工作，并不因其出身、种族、性别、年龄、信仰、社会经济地位或对社会贡献不同而有所区别。

（3）尊重人、关心人、帮助人。为保障包括人的生存权、发展权在内的人权而努力。注意维护工作对象的隐私权和其他应予保密的权利。

（4）同工作对象保持密切联系，主动了解他们的需要，切实为之排忧解难。

（5）树立正确的服务目标，以关怀的态度，为工作对象困难问题的预防和解决以及其福利要求提供有效的服务。

（6）清正廉洁，不以权谋私。

3. 专业修养

（1）树立正确的社会工作价值观和为专业献身的精神。

（2）努力学习和钻研业务，不断提高专业技术水平和专业服务质量。

（3）通过参加专业培训和进修，努力实现专业化，提高工作效率和服务效能。

（4）运用专业的理论知识与方法技能，帮助社会成员改进和完善社会生活方式，不断提高生活质量，以利于民族素质的提高。

（5）从广大群众的集体力量和创造精神中吸取专业营养，促进专业的发展与创新。

4. 工作规范

（1）重视调查研究，深入了解社会成员的困难和疾苦，并采取有效措施，切实帮助他们摆脱困境。通过不断的调查研究，提高社会工作的服务水平。

（2）对待工作对象，应平易近人，热情谦和，注意沟通，建立互相信赖的关系，努力满足他们各种正当的要求，并帮助他们在心理和精神等方面获得平衡。

（3）对待同行，应互相尊重，平等竞争，取长补短，共同提高。在业务上，诚意合作，遇有问题时，互相探讨，坦率交换意见，或善意地进行批评和自我批评，以促进专业水平、工作效率和服务效能的提高。

（4）向政府有关部门、社会有关方面反映社会成员需要社会工作解决的问题，以及对工作的意见和建议。

（5）向社会成员宣传贯彻国家有关社会工作的政策、方针和法规，鼓励和组织社会成员积极参与社会事务。

（6）对待组织和领导，应按照民主集中制的原则，主动献计献策，提供咨询意见，并自觉服从决定，遵守纪律，维护集体荣誉。努力使领导和单位的计划实施获得最佳效果，圆满地完成社会工作的各项任务。

附录　有关社会工作价值与伦理的案例讨论[①]

针对社会工作专业人员的保密原则，尽管各国的相关伦理守则都给出了相对具体的规定。但在日益多元化的现代社会里，社会工作者依然会遭遇许多关涉价值与伦理的困境。在社会工作的专业发展上，“塔拉索夫案”与“杰夫案”具有十分重要的影响，亦引起了社会工作者的广泛讨论和专业反思。更重要的是，它推动了美国法律界相关法律法规的出台、修订和完善。

案例一

1976年，一位在加州大学咨询中心接受心理治疗的年轻男子告诉他的治疗师，他遭到所爱慕之人塔拉索夫（Tatiana Tarasoff）的拒绝。该名男子告诉治疗师他计划杀死塔拉索夫。治疗师告诉了校警，但是校警质疑当事人只不过在表达其幻想。该治疗师被责备破坏了为当事人保密的原则，并被告知应把所有来自当事人幻想的资料销毁。在两个月之后，该名男子杀了塔拉索夫，她的父母对学校提出控诉，认为该咨询中心所聘的治疗师应该有责任对他们的女儿提出警告。在经过多次的判决及逆转之后，该案最后上诉到加州的最高法院，最后法官做出治疗师的决定不适当的判决，亦即治疗师在这一过程中所做的警告不够，治疗师未告知塔拉索夫可能身陷危险之境，以尽到保护其人身安全之责。

该案的判决结果使社会工作人员及心理卫生专业人员感到困惑。该案给予社会工作者的印象是：当发现当事人有伤害他人的意图时，治疗师必须做到告知；在治疗初始，治疗师须告知当事人保密的限制与例外的情况。

在塔拉索夫案判决后，各州均以塔拉索夫案判决作为类似案件的审判依据，对包括在机构内的或私人执业的咨询或心理治疗实务工作者，如精神科医师、心理学家、社会工作师、宗教咨询师、婚姻治疗师、督导，以及医师、护理师等助人工作者均适用塔拉索夫判决。

① 陈慧女．法律社会工作．台北：心理出版社，2004：135－136．

案例二

1991年6月27日，雷德蒙（Mary Lu Redmond）警官在执勤时向一名男子射击并致其死亡，该案因在场目击民众看法不一而持续接受调查。在这段时间里，雷德蒙警官开始接受持有执照的临床社工师柏耶尔（Karen Beyer）的心理咨询。同时，该名被击毙男子的遗产受益人杰夫（Carrie Jaffee）对雷德蒙警官提出其损害该男子的权益、过当使用武力致使其当事人死亡的控告。至此，雷德蒙警官已接受超过50次的咨询疗程，而杰夫要求给予警官心理咨询的社工师上法庭接受交互诘问，但遭到柏耶尔及雷德蒙的拒绝（为保护当事人隐私起见）。在最后的判决里，法官告诉陪审团有关社工师并无合法上庭辩护的资格，陪审团最后做出对警官不利的判决。该判决结果最后到上诉法院有了逆转，法院认为该判决法院拒绝去保护在社会工作师与当事人之间的保密沟通，而做了错误的判决。

1996年6月13日，美国最高法院做出了判决法则，最高法院的史蒂文斯（Stevens）认为，对于持有执照的精神科医师、心理学家的保密原则应“扩及具有心理治疗背景且持有执照的社会工作师”，因为社会工作师亦提供心理健康方面的处遇。

杰夫 vs. 雷德蒙案件的判决结果令社会工作界相当振奋，对于20年来在法庭上逐渐被侵蚀的治疗关系的隐私权首度得到了法律的保护，同时也为那些尽责的社会工作师采取勇敢行动提供了最大的支持。柏耶尔可能遵守法院的意见，并在法庭上提供其记忆与记录中的有关资讯；假设她不遵行的话，则可能会被监禁、被吊销执照、丢了工作。但是，若她遵从法官的意见，那她就可能会伤害到当事人，并违反专业伦理守则及个人诚信。

尽管杰夫案的最终判决给社工界很大的信心提振，但关涉法律与社会工作专业伦理间的冲突时，仍有很多关于资格、例外及误解的问题存在。究竟这一判决会是扩展社会工作人员保密权的一个新趋势，还是只是让专业更加困惑的一种信息，这仍有待观察。

小结和讨论

在塔拉索夫的案件里，我们可以清楚地了解到，对于当事人及相关人员人身安全的维护是基于保密原则的。但杰夫 vs. 雷德蒙案及判例则有许多需进一步深思的地方：社会工作人员在法庭中是否可以透露当事人的资料？当司法要求透露专业治疗关系中有关当事人的相关资讯和信息时，若不遵行的话则可能会被吊销执照，但若遵行的话就意味着泄露当事人的隐私，此时的社会工作者应当如何抉择呢？

本章要点

1. 价值是人们对社会中一切事物的是非、善恶、美丑的判断或评价。社会工作价值是社会工作专业或社会工作者基于社会公平、平等、和谐、公正的理想和人类基本需求的满足等而奉行的一套基本理念、态度及行为准则的总称。社会工作所奉行的价值与其他领域所奉行的价值以及社会一般价值既有联系，又存在明显的区别。

2. 价值对社会工作的存在和发展具有特别重要的意义：从社会工作的产生与发展的历史进程来看，社会工作是与价值密切相连的一种职业或事业；从价值与社会工作的总体关系看，价值是社会工作的灵魂，是其存在和定义的重要基础；从价值与社会工作者的关系看，价值构成一个理想的社会工作者生命意义的重要组成部分乃至全部；从价值与社会工作方法和技术的关系看，价值决定了社会工作方法、技术、技巧的选择与运用。

3. 社会工作价值的结构大体上可划分为三大层次。第一层次为社会工作的一般价值，也就是社会基本价值或一般价值，为所有社会成员所共享。第二层次为社会工作自身的价值体系，这一层次受第一层次价值的影响，同时具有自身的独特性。第三层次为社会工作的专业伦理，通俗而言，即社会工作的职业道德。

4. 对西方社会工作的价值观产生重要乃至直接影响的社会思潮或思想观念，主要有新教伦理、人道主义、乌托邦思想以及社会福利观念等。对我国社会工作价值观的形成具有比较直接影响的方面主要包括这样一些内容：一是社会主义核心价值观，二是社会主义人道主义，三是中外有价值的社会理想、社会福利思想。

5. 对西方社会工作所遵循的一套价值体系，不少学者都作过归纳，大致可划分为三种取向：第一种主要从个人角度来讨论社会工作的价值；第二种主要从社会的角度来考察社会工作的价值；第三种主要从个人与社会相结合的角度来讨论社会工作的价值。其中，比斯台克的社会工作价值体系更简明、具体、规范，在西方社会工作界发生着重要而持久的影响。由于西方文化注重个人的基本价值取向，西方社会工作价值体系中更多强调的是前者，而不是后者。即便持第二、第三种取向，其最终落脚点也是在个人而不是社会。中国在建构社会工作价值体系时，应强调个人价值和社会价值的统一。

6. 西方社会工作价值体系各部分之间、各学派之间、各执行主体之间以及在实施过程中，并非总是和谐、协调、一致的，而是更经常地表现出各种矛盾和冲突。这些矛盾和冲突有些是资本主义社会所特有的，有些则带有普遍性。

7. 专业伦理是从事一定职业的人们的行为规范或准则。社会工作专业伦理的功能有三个方面：其一，它是社会工作这一专业的指南针或行为准则，规范社会工作者的言行；其二，它使社会工作者在履行职责时，能凭借其专业伦理维护专业的原则、权威；其三，它作为一种标准，能借以评判社会工作的实施效果。

复习思考题

1. 什么是价值？什么是社会工作价值？
2. 如何理解价值对社会工作的存在与发展具有特别重要的意义？
3. 试比较西方社会工作学者关于社会工作专业价值的不同概括。
4. 谈谈美国社会工作者协会伦理守则对我国社会工作伦理建设的参考借鉴价值。
5. 我国社会工作价值体系应当如何建设？谈谈你的认识。
6. 什么是社会工作的专业伦理？它对社会工作的功能何在？

关键概念

价值、社会工作价值、社会工作价值基础、社会工作专业价值、社会工作专业伦理

推荐阅读书目

1. Mcleod D L，Meyer H J. A study of the values of social worker//Thomas S. Behavior science for social workers. New York：Free Press，1967.

2. 何历宇．社会主义核心价值观与中国社会工作伦理之构建．浙江学刊，2012（4）.

3. 翟进，张曙．个案社会工作．北京：社会科学文献出版社，2001.

4. 周永新．社会工作的哲理基础．社会福利，2002（4）.

5. Teicher M. Values in social work：A re-examination. New York：National Association of Social Workers，1967.

6. 周沛．社区社会工作．北京：社会科学文献出版社，2002.

7. 文军．个体主义还是整体主义：社会工作核心价值观及其反思．社会科学，2008（5）.

第四章 社会工作理论

与工业化初期带有慈善性质的社会工作不同，现代社会工作作为一种专业化的助人活动，不仅有着明确的价值体系，而且建立在系统的理论（知识）基础上。那种认为社会工作所涉及的仅仅是具体、细致甚至琐碎的实务而不涉及理论的观点，以及认为仅凭爱心、热情、慈善甚至怜悯就能做好社会工作的观点，无疑是对社会工作的误解，更会在实践中产生不利的结果。实际上，现代社会工作制度的建立和运作、社会工作的方法与技术体系的形成与发展、社会工作实务的推进模式与专业技巧等等，无一不与一定的理论、知识相联系。并且在历经百余年的发展历程后，社会工作已形成了一套独特的知识体系。正因为如此，在学习了社会工作的价值基础之后，必须进一步了解、掌握社会工作的理论及知识基础。

第一节 社会工作理论的意义及发展

一、理论对社会工作的重要性

（一）理论及其功能

理论是由一系列逻辑上相互联系的概念和判断组成的知识体系，是对经验知识的抽象概括和总结。理论具有描述、解释、预测一定事物或现象的存在、变化并提示解决问题的方法等多方面的功能。

1. 描述

理论能对事物或现象的状态及其变化发展做出比较科学的描述，帮助人们了解一定事物或现象。社会工作涉及个人、群体、社会各个类别和不同层次的问题，社会工作者在实际介入之前，对各类问题的状态应当有比较清楚的了解。

2. 解释

理论能解释事物或现象产生的原因。事物或现象间存在着多种多样复杂的关系，有的是共变关系（如一个人的手比较长，脚通常也比较长），有的是互动关系，有的是因果关系，等等。其中因果关系是最重要的一种关系。在社会工作中，了解问题的成因，是制定适宜的服务方案的前提性条件。

3. 预测

根据理论所揭示的事物或现象之间的因果关系，我们便能通过调查所掌握的事实，对特定事物或现象的未来做出比较准确的预测。在社会工作中，它能帮助工作者未雨绸缪，防患于未然。同时，它也能使社会工作者在做出某种介入时，便于对其效果做出一定的预测。

4. 提示方法

不少实用型理论是对实际工作经验的总结，其有效性、合理性是被前人无数次的经验证明了的。这类理论在社会工作实务领域有很多，它提示乃至提供解决同类问题的方法、程序及技巧，从而使社会工作者在面对实际问题时，成竹在胸，沉着应对。

理论的上述四大功能并非是截然分开的，而是相互联系的。所谓描述性理论，有时也是解释性理论，前者所描述的因果关系，能用于解释事物或现象，预测事物或现象的变化发展，提示解决问题的方法。

（二）理论对社会工作的重要性①

首先，是否有“一个理论体系”，是衡量一个专业能否成立且获得社会承认的重要标志。格林伍德在 1957 年提出，作为一门专业，其所应具备的基本特征有以下五个：（1）一个理论体系（a body of theory），即有一套系统的理论体系或专业知识、技术；（2）专业的权威（professional authority）；（3）共同信守的伦理守则（code of ethics）；（4）社会或社区的认可（sanction of the community）；（5）专业的文化（professional culture）。他认为当时的社会工作已经具备了这些条件，可以称为一个专业；但是其专业化程度还不高，有待于进一步发展成熟。在他提出的五个衡量标准中，第一个条件就是是否有“一个理论体系”，可见，理论对于一门专业的重要程度。事实上，也正是因为有了一套系统化的理论体系，进而对社会现象做出了有说服力且符合逻辑的解释，一门专业才能赢得社会的认可。同时，也正是由于理论体系发展的系统化、复杂化，掌握这种理论体系所需要经过的教育和训练会很长、很困难；而一旦掌握了这种理论，一个人就可能成为一个专业的权威。

其次，社会工作理论对社会工作从业人员解决案主问题能力的培养产生着重要影响。社会工作是解决社会问题的。社会工作专业训练的目的，就是使学生毕业后能胜任社会工作的职责。社会问题非常复杂，社会工作者所从事的服务范围广、种类多，社会工作对象的特点及问题各不相同，且不断变化，在有限的训练中还不能教会学生应对众多的问题。而要解决上述矛盾，就要使学生通过系统的社会工作理论训练，掌握应对各种社会问题的方法。有的学者对解决社会问题能力的层次做了细致的分

① 李迎生．构建本土化的社会工作理论及其路径．社会科学，2008（5）．

类①，对我们训练社会工作专业的学生很有启发意义：

（1）懂得解决某一类问题的方法及程序；

（2）懂得解决多种类别问题的方法及程序；

（3）懂得如何选择适当的方法及程序来解决所面对的不同问题；

（4）针对所面对的问题，懂得设计相适应的解决方法及程序。

只具有第一层次解决问题能力的人不能担任社会工作者，只能作为辅助人员。具有第二层次解决问题能力的人能够担任社会工作助理人员，其工作任务由督导人员指派。具有第三层次解决问题能力的人能够担任社会工作者，但由于社会问题多种多样，他在开展实际工作时，经常会感到力不从心。至于第四层次解决问题的能力，可以说是一种理想的境界，是社会工作训练要努力达到的目标。

一般来说，经过社会工作训练能使学生的能力达到第三层次，应该说基本完成了任务。而要使学生的能力能由第二层次上升到第三层次，其主要因素便是对理论的把握，特别是那些可以帮助我们了解问题的成因、知道解决问题的条件、明白解决方法与问题之间关系的理论。而要由第三层次能力上升到第四层次能力，我们便需要懂得建立及修改、完善理论，使其协助我们解决千变万化的问题。

二、社会工作理论的发展

回顾西方社会工作发展的历史，早期（19 世纪）的社会工作者，被称为“提供财物支持的人”。他们只是行动者，而不是思想者，也没有自觉地运用科学的理论和方法为案主提供服务。只有当社会工作发展到专业化阶段，理论对社会工作的重要性才逐步被认识并得到重视。

在社会工作正式成为高等学校的一个专门训练领域之初，社会学的理论与方法成为社会工作主要的知识来源。1917 年芮奇蒙德发表的《社会诊断》一书，虽然采用了医学意义上的“诊断”概念，但该书仍然根据社会学的观点，强调社会因素对个人行为的重要性。在 1920 年以前的社会工作训练中，社会学都是最主要的内容。

1917 年之后，随着“诊断”“治疗”模型的引进，精神分析心理学及精神医学对社会工作训练的影响逐渐加大，并逐步取代社会学成为社会工作的主要理论来源，以至于在社会工作理论的发展史上出现了一个所谓“精神医学的洪流期”或“精神分析的洪流期”。这种状况一直延续到 20 世纪 30 年代末期。

进入 20 世纪 40 年代后，社会工作理论开始出现多元化。在这一时期，人类学、社会学、社会心理学等学科的理论、知识都介入了社会工作领域，成为社会工作训练和实务的基本的理论来源。

20 世纪 60 年代西方国家对贫穷救济政策的反思，导致了社会工作的危机和转机。在这个时期，政治学、经济学、公共行政等学科知识纷纷为社会工作所采用。后来，系

① 罗致光．社会工作与社会科学理论的运用//周永新．社会工作学新论．香港：商务印书馆（香港）有限公司，1994：18－19.

统理论、生态学等学科的知识又介入了社会工作领域，使社会工作的理论更加丰富。

社会工作理论的丰富和多元化，固然大大拓宽了社会工作的理论空间，但也使社会工作者在理论选择上感到无所适从，于是出现了理论统一的要求。不少人认为，所有的社会工作理论与实践都享有共同的目标，因此，一些体现社会工作本质的共同的概念、原理与方法、技巧可以从现有的各种理论与实践中抽取出来，而发展出一种"一元化"的社会工作理论框架。

自20世纪70年代以来，社会工作进入全盛发展阶段，出现了许多尝试整合不同理论的学者和专家，如巴勒特、史伯林、戈德斯坦、平克斯和米纳汉以及斯柏区特（Specht）和维克利（Vickery）等。在他们看来，社会工作的理论中存在一些具有共性、具体且固定的内容。[①] 在后现代主义理论的影响下，去中心化、解构成为社会工作理论中日益凸显的重要概念，差异和冲突被视为社会生活的本质状态，从而促使社会工作者把目光转向为现代社会所塑造的边缘者、被忽略者、非中心者和被剥夺权利者。[②] 正如大卫·豪所指出的，在多元主义（pluralism）、参与（participation）、权力（power）和执行（performance）四大因素的影响下，社会工作原有的发展路径受到挑战，并处于重构或碎片化的处境。[③] 整体上，以反对宏大叙事为指向的多个理论进一步推动了社会工作理论的发展与多元化趋势。

目前，对社会工作理论进行整合的策略主要有两种，一种是对不同理论进行联结或融合，另一种是辨识不同实践理论间的共通之处。[④] 但这种努力试图取得的结果尚是有限的。一些人认为，在现有的水平下，提出社会工作的统一理论是超前的、不现实的，社会工作领域各种理论并存、竞争的局面将会在一个相当长的时期内延续。目前，社会工作者大多已不再追求建构统一的社会工作理论框架，而是通过对该领域的各种理论进行归纳、整理，使其有序化。

第二节 社会工作理论的范围及结构

一、社会工作理论的范围及特点

（一）社会工作理论的范围

关于社会工作理论（知识）的范围，学者们各自的归纳有所不同。这里引用一些

---

① Howe D. Modernity，postmodernity and social work. British journal of social work，1994（24）：513-532.

② 何雪松，陈蓓丽．当代西方社会工作的十大发展趋势．南京师范大学学报，2005（6）．

③ 同①．

④ 何雪松．社会工作理论．上海：上海人民出版社，2007：226-227．

学者从不同角度做出的归纳。

1. 按学科归纳

从学科的向度来归纳，社会工作理论来自以下学科的知识：

（1）有关人类行为与社会环境的知识，包括社会学、心理学及社会心理学等。

（2）有关社会福利与社会服务体系的知识，包括经济学、政治学、生物学、人文生态学、人类学、公共卫生学、医学、法学、犯罪学、行政学等。

（3）有关社会工作实施的知识，也称社会工作的实施理论，是以上述各种学科的知识为基础，结合社会工作的实际经验而形成的。

2. 按知识层次归纳

与社会系统的层次相对应，社会工作的知识层次涉及以下诸种：

（1）人格理论；

（2）群体理论；

（3）组织理论；

（4）社区理论；

（5）社会制度理论；

（6）文化理论；

（7）生态系统理论；

（8）国家或政府体系理论。

上述各个层次的理论，一般都涉及以下几个方面的内容：

（1）这些结构的发展与成长；

（2）这些结构的常态功能；

（3）这些结构的功能失调或解组；

（4）解决问题和变迁的知识；

（5）社会工作在各层次的实施知识。

将以上两者加以结合，就形成了有关社会工作的系统的理论（知识）体系。

3. 综合性归纳

巴勒特在1958年提出社会工作的基本知识包括九个方面，其观点被广泛引用。巴勒特的概括是从社会工作本身的知识需求出发的，打破了学科的界限，可以视为对社会工作理论（知识）的一种综合性归纳。

（1）人类行为与社会环境的知识，即从个人与其环境（人类、社会、经济、文化）的交互影响来考察人格发展与行为特征；

（2）人际互动心理学；

（3）表达内在感受的语言、手势和活动的沟通技巧；

（4）影响个人、群体行为的团体过程；

（5）影响个人、群体、社区的文化因素，包括宗教信仰、价值观念、法律和社会制度等；

（6）个人、群体间形成各种互动关系的过程；

（7）有关社区的内在过程、发展与变迁模式、社区的服务机构与资源；

(8) 社会服务的结构、组织与方法;

(9) 个人的自我了解及个人的情绪、态度等心理因素对事业的影响。

(二) 社会工作理论的特点

社会工作理论(知识)具有专业性、改良性、操作性、客观性等特点,以下分别加以介绍与讨论。

1. 社会工作理论的专业性

所谓社会工作理论(知识)的专业性,是指这些理论、知识体系对社会工作专业而言具有独占性和专门性。这是社会工作取得社会认可与专业权威的主要来源,是社会工作者取得专家权的主要依据。应当承认,相对于不少比较成熟的专业来说,社会工作理论(知识)的专业独占性程度尚不高,本书在前面讨论社会工作理论发展时提到社会工作理论呈现多元纷呈的局面,尚难以整合成比较严密的理论体系,这是社会工作者应当充分关注的问题。

2. 社会工作理论的改良性

社会工作理论,特别是社会工作的实务知识,对人与社会资源、环境有充分的了解,并将其目标设定为帮助他人、改善环境、促进人类生活质量的不断提高。因此,社会工作的知识是助人的知识,是改良性知识,这是社会工作理论(知识)最突出的特性之一。

3. 社会工作理论的操作性

社会工作理论(知识)不是抽象的理论思辨,它能够转变为具体的运用。因此,社会工作理论(知识)是可操作的,我们在下面讨论社会工作理论的结构时将会涉及。社会工作理论(知识)也是有层次的,但即便是最抽象意义上的社会工作理论(知识),也是来自对实践经验的总结,并反过来指导新的实践。社会工作领域所存在的更多的理论(知识)是实务性理论,可操作性是实务理论最显著的特点。

4. 社会工作理论的客观性

社会工作理论是经过无数次实践验证而被证明为真实、正确、有效的一些观念和认识,这些理论(知识)是可由别人基于充分、健全和合乎逻辑的证据而加以证实的。

二、社会工作理论的结构

社会工作理论的结构,按照与社会工作实践联系的紧密程度来划分,不少学者倾向于将其划分为两大层次,但提法稍有不同。

提姆斯将社会工作理论划分为理论基础(外借理论)和实施理论两个层次。第一层次的理论来自其他科学,如社会学、心理学、精神医学、医学、经济学等,它便是人们通常所称的社会工作的理论基础。第二层次的理论即实施理论,来自社会工作实践经验的积累,是直接用于指导社会工作实践与达成社会工作的目标的。[①]

---

① Douglas T. Group processes in social work: A theoretical synthesis. New York: Wiley, 1979: 1.

大卫·豪将社会工作理论划分为“为社会工作理论”与“社会工作理论”两个层次。前者是指社会工作理论中用来对人与社会的本质、人的行为与社会运行的规则和机制进行解释的那部分内容。后者则是指社会工作理论中用来对社会工作实践本身的性质、目的、过程、方法进行说明的那部分内容。二者之间既存在着明显的区别，又存在着不可分割的联系。和提姆斯的划分相比较，两种划分是基本一致的，只是提法不同而已。①

和多数学者对社会工作理论的二分法不同，皮拉利斯则提出社会工作理论的“三分模型”，即从抽象到具体将社会工作理论划分为既相互区别又密切联系的三个组成部分：宏观理论、中观理论和实践理论（见图 4－1）。

理论抽象程度	结构部分	内容	实例
高 ↑	宏观理论：	对人与社会的本质、人的行为与社会运行机制进行综合性说明	弗洛伊德主义、马克思主义、结构功能主义等
	中观理论： a．解释性理论	对人的行为与社会过程某一方面进行专门解释	标签理论、儿童发展理论等
	b．介入模式理论	对社会工作实践本身的性质、目的、过程等进行一般说明	危机介入模式理论、任务中心模式理论等
低 ↓	实践理论：	社会工作的具体技巧、操作方法	自由联想法、批判式提问法等

图 4－1　皮拉利斯“三分模型”

（1）社会工作的宏观理论。

这一层次的理论涉及对人与社会的本质、人的行为与社会运行机制的综合性说明，其抽象程度较高，如弗洛伊德的精神分析理论、马克思主义的社会福利理论、结构功能主义的社会福利理论、福利经济学等就属于这个层次。

（2）社会工作的中观理论。

它属于宏观理论与实践理论的中间层次，又可分为解释性理论与介入模式理论两个部分。其中解释性理论是对人的行为与社会过程某一方面做出具体解释，如解释社会问题的标签理论、儿童发展理论等。介入模式理论是对社会工作实践本身的性质、目的、过程等进行一般说明，如危机介入模式理论、任务中心模式理论等。

（3）社会工作的实践理论。

这一层次的理论涉及社会工作的具体技巧与操作方法，如自由联想法、批判式提

---

① 王思斌．社会工作概论．北京：高等教育出版社，1999：63－64.

问法等，便是属于该层次的理论，其抽象程度最低。

由于第二层次的中观理论又实际分为两个部分，因此，皮拉利斯模型实际上是一种四分模型。和二分模型相比较，四分模型的前两部分即宏观理论与解释性理论，大致属于二分模型的第一层次即理论基础部分；后两部分即介入模式理论与实践理论，大致属于二分模型的实施理论部分。因此，可以认为，四分模型实际上是对二分模型的细化，此外并没有提供更多的东西。①

专栏：社会工作理论的四大传统范式②

社会工作理论传统上分为四大范式，具体见表 4－1。

表 4－1　社会工作理论的四大传统范式

	实证传统	人本传统	激进传统	社会建构传统
本体论	朴素的现实主义——现实是“真实的”，而且可以被了解	人的行为或者社会现象并非全然不证自明、可量化、能被客观测量	历史现实主义——真实的现实是由社会、政治、文化、经济、种族和性别等价值观念塑造而成的，是在时间中结晶化而成的	相对主义——现实具有地方性的特点，是被具体地建构出来的
认识论	客观现实可经由科学研究而揭示真相，主张因果线性思维，且强调任何事件都有特定的原因	人与物之间是有差别的，强调人是认识的主体	交往的/主观的认识论；研究结果受到价值观念的过滤	交往的/主观的认识论；研究结果是创造出来的
方法论	实验的/操纵的方法论；对假设进行验证；主要使用量的方法	强调人的现象与物的现象之间存在着本质的差异，注重对其意义的阐释	对话的、辩证的方法，基于一种解释性社会科学传统，旨在揭示人们赋予行动的意义以及规制个人行为和互动的社会规则	阐释的/辩证的方法论；强调所谓的现实或真理是在人们的头脑中，而非独立于人的存在
实务模式	遵循问题—评估—介入—评鉴的实践观，社会工作者以线性因果关系去寻找问题的解决方法 代表：证据为本的实践	关注个体或团体与环境的互动、尊重个人对自己经历的理解和解释 代表：存在主义治疗，灵性视角	强调经由赋权将个人的体验与社会和政治结构联系起来而实施改变行动 代表：结构视角、赋权视角和女性主义社会工作等	关注案主的优势、意义和能动性，并以此为出发点帮案主改变境遇 代表：叙事治疗、寻求治疗、优势视角
不足	漠视个体与团体的差异性，难以发挥主体作用	缺乏结构化的实践指引，难以把握；难以改进不完善的制度	过于激进，得不到政府等相关部门的资源支持	低估案主的物质需求；对制度的解构无能为力

① 王思斌．社会工作概论．北京：高等教育出版社，1999：64－66.

② 何雪松．社会工作理论．上海：上海人民出版社，2007：16－29.

库恩于1962年在《科学革命的结构》一书中提出，范式是由研究者的观察角度、基本假设、概念体系和研究方式构成的，它表示科学家看待和解释世界的基本方式。一个范式是一种世界观，一种对事物的一般性看法（perspective），一种揭示“真实”世界复杂性的途径。它是基于本体论、认识论和方法论的基本信念系统。

基于不同的哲学基础，社会工作不断反思自己的哲理基础，逐步形成了四个理论范式：实证传统、人本传统、激进传统和社会建构传统。在不同的理论范式下，社会工作在以利他主义为导向的“助人自助”活动中，分别发展出各具特点的实施理论。如实证传统理论倡导工作者遵循线性的因果关系来寻找并解决案主的问题；人本传统理论则专注于对人性自我能力提高的重要性的认识，注重从个人层面挖掘解决问题的动力；激进传统理论主张将个人问题置于政治结构、文化结构与社会结构等综合因素下来考量，注重唤醒人们改造社会中的不公；社会建构传统理论则着眼于当下的构成性理解，注重生成新的社会现实，反对简单地根据专业术语进行分类、类化、治疗和介入。

第三节 社会工作的理论基础

社会工作作为一门应用社会科学学科，其理论基础具有综合性。以下主要介绍社会学、经济学、心理学等学科领域中对社会工作具有重要或直接影响的一些理论、学说。这些理论、学说即构成社会工作学科的理论基础。

一、社会学的社会福利理论

（一）社会学的社会福利研究的演变

在西方社会学发展史上，早期社会学家一般都不太关心社会福利问题的研究。作为社会学创始人的孔德及斯宾塞等从实证的观点及社会有机论出发来分析人类社会的结构，认为社会结构具有关联性、互赖性及整合性，以此暗示社会的持续特质与稳定形态。而以解决社会不稳定为对象的社会福利，被视为短暂而过度的矫正行动。社会问题解决之后，社会福利亦当随之消失。斯宾塞就曾严厉批评社会改革的方案。在他看来，慈善性的社会改革方案，其作用不外乎阻碍社会进化的规律。后来的社会学家如涂尔干及韦伯等，对社会问题不是不感兴趣，就是对解决问题的改革行动持怀疑态度。19世纪80年代，德国俾斯麦政府颁行一系列社会保险政策，开创了通过政府干预解决社会问题的先例。之后欧洲各国陆续制定社会保险及社会救助政策。到1945年英国工党政府把发表于1942年的《贝弗里奇报告》提出的理想付诸实施，开创了现代福利国家社会福利的新纪元，亦开启了社会福利理论的研究化阶段。

不过，在1970年之前的欧美福利理论研究中，研究者只是试图从欧美社会福利历史发展的轨迹中，归纳出一些简单的分析模式。其所持的观点，秉承古典社会学家对社会福利研究漠不关心的态度，记述社会福利的演变及其对社会的必需性，只说明了社会福利在每个历史发展阶段的存在事实，即“社会福利存在的状况”，并未进一步探讨“为什么存在”以及“如何存在”。正如牛津大学的高素普（John H. Goldthorpe）在1962年所批评的，此时的研究完全是一种“为解释而解释”的观点。

这种局面自20世纪60年代后期开始有了转变。社会学家开始摒弃传统上社会学不重视社会福利理论研究的态度，为当时欧美积极且广泛的政府干预社会福利服务寻找理论上的依据。这一研究是由以帕森斯为代表的结构功能主义开启的，其他学派如冲突理论、交换理论、现象学社会学等亦不同程度地介入了这一领域。这里仅对结构功能主义及冲突理论的社会福利理论做一简要述评。

（二）功能主义的社会福利理论

1. 功能主义思想的演变

功能主义所探讨的是社会秩序如何维持，以及维持社会秩序的结构、过程和方法等。它从整体的观点和静态的角度出发，认为欲解析社会结构和社会过程，必须从对社会整体的探讨入手。因为个人的态度和行为是由社会所影响的，社会体系的子系统（sub-system）如政治、经济、文化等都是依附于整个社会体系的功能而存在的，并促进社会体系的整合。

早期社会学家如孔德、斯宾塞及涂尔干等，其思想中都含有丰富的功能主义的内容，但功能主义的直接提出者是社会人类学家马林诺夫斯基（Malinowski）和拉德克利夫·布朗（Radcliff Brown）。他们从人类学的角度出发，认为功能是为了达成社会秩序，联结社会关系，而功能的发挥必须在一个既定的社会组织结构内才能实现。“结构”指的是一个社会体系内不同部分的位置以及彼此之间的关系，而“功能”指的则是不同部分所扮演的角色，以使体系能够有效率地整体运作。由于伴随人口的成长，社会分化产生，社会关系趋向复杂，因而需要复杂的社会体系来维持全部体系的整合和功能。

继早期功能主义学者之后，帕森斯（Talcott Parsons）、默顿（R. K. Merton）、戴维斯（Kingsley Davis）和莫尔（William Moore）、斯梅尔瑟（N. T. Smelser）等对功能主义理论有了更进一步的发挥。帕森斯是将功能主义更系统化的社会学家。他认为“社会体系”才是社会学所要探讨的主题，唯有通过社会体系的理论才能建立个人和社会之间的关系。他特别强调社会中无论是个人还是团体彼此之间建立关系体系，其目的都是达成功能性目标。而社会体系的功能性目标分为四种，即适应（adaptation）、目标达成（goal attainment）、整合（integration）及潜模式维持（latency）。帕森斯在建构社会体系模式时，着眼点为“共识”（consensus）、“均衡”（equilibrium）和“整合”（integration）。

默顿在批判帕森斯有关思想的基础上提出了自己的“修正功能主义”。他不认为社会体系中的不同部分必然是相互依赖的，指出这种相互依赖的情形只能存在于某个特殊的关系之中。他亦反对社会体系趋向稳定与均衡的观点，认为个人的某些行为对社会稳定和均衡反而有破坏的作用。默顿将此称为“负功能”（dysfunctional），他还指出了帕森斯理论中“社会中的某些制度对社会体系来说是不可或缺的”这一偏颇，认为这种假设忽略了“结构性因素”如何影响这些体系内的制度。相同的制度在不同的社会中，其形式可能有所差异，但并不影响其功能的发挥。戴维斯和莫尔的功能主义理论则着重于社会如何通过结构阶层化体系来达到功能分化的目的。处于不同的社会地位，获得不同的奖赏和报酬，也取得不等的权力，社会结构中的不同阶层借此来维持社会秩序和稳定。他们的理论亦旨在证明由于社会分工和社会阶层化过程而出现的不平等似乎是所有社会事实上必定存在的现象，因而是普遍的。

斯梅尔瑟的功能主义理论应用了“结构分化”（structural differentiation）的概念来解释社会变迁，后被引用来解释西方福利国家的发展。在他看来，任何社会体系、社会制度或社会组织，都会由于逐渐僵化而无法发挥其相应的功能，同时外在社会的需求要求组织体系改变其功能，因此社会体系本身势必产生分化，以适应新的社会环境，并重新适当有效地扮演其功能。

2. 功能主义的社会福利理论

早在20世纪五六十年代，欧美就出现了一种从功能主义出发的社会福利理论，被称为“社会行政观点的社会福利理论”。这一理论把社会福利视为解决社会失调或社会问题的一种方法，以维持社会的整合和秩序。其研究的重点在于政府社会福利，以及这些福利解决社会问题的功能。该理论认为，现代福利国家的社会福利服务，即为了解决人类社会贫、愚、懒、脏、病这“五害”，其实现有赖于相关政策及教育政策、就业安全政策、住宅政策以及健康政策等政府社会福利政策的制定。持社会行政观点的社会福利理论认为，社会福利是为解决社会问题而设计的。其理论假设的基础十分简单，解释力也比较弱。而且该理论只重视对工业社会福利制度的分析，因而限制了这种研究观点的比较能力，特别是工业社会与发展中国家社会福利的比较研究。

帕森斯创立的结构功能主义理论体系及后来学者对它的修正补充，为社会福利理论研究提供了更完善的理论框架。持新功能主义观点的社会学者将社会福利视为政府的一种积极的干预措施。政府通过社会福利服务来干预解决社会问题乃是社会结构的一种“功能必要性”，是为了达成社会体系的整合功能。帕森斯、默顿、斯梅尔瑟等对政府通过社会福利干预解决社会问题都持相当支持的态度。这一态度与早期功能主义形成鲜明的对比。

尽管功能主义社会福利学者将社会福利视为一种政府行为，但导致社会福利项目与模式发展及演变的基本原因还在于经济与技术方面的因素。威伦斯基、卡特莱特（P. Cutright）、里姆林格（Gaston RimLinger）及加伦逊（Walter Galenson）等人对世界范围内不同国家社会福利模式演变的比较研究一再表明，一个国家的社会福利发展与其社会经济发展的水准高度相关，而人口结构、都市化因素及政治结构等也与社会福利有密切的联系。卡尔（Clark Kerr）在其1962年于伦敦出版的《工业主义与工业人》一书中强调了技术因素在福利国家发展中的作用。卡尔认为，工业社会的发展是一种原子本质的趋势。政府的干预，特别是在社会福利方面的干预，逐渐扩大其范围和深度。从前工业社会的慈善福利和家族福利，转变为工业社会的职业（企业）福利和国家社会福利。社会福利的发展显然是有阶段性的。而工业技术的发展，成为决定政府干预社会福利的先决条件。

虽然以上观念引起了不少争议，但却提供了一种解释工业国家社会结构和社会福利制度之间相互关系的理论架构。

综合考察功能主义者的社会福利理论可见，他们一般是从“功能必要性”的角度出发剖析社会福利模式的发展与演变的原因的。在他们看来，西方福利国家的产生主要受到两种结构因素的影响，第一种即社会结构本身的“成长过程”，第二种即“结构变迁”。“成长过程”指的是社会成长的能力，其中心因素为经济力量，以及改变结构的政治力量。经济力量和政治力量加速了社会的成长变化。“结构变迁”包括组织和制度的变迁，其变迁的方向势必导向“结构功能分化”。而此结构功能分化与前面所提到的成长过程和成长力量又有十分密切的关系。由于结构功能分化导致社会规范的松弛及人口的迅速流动，结果引发社会的问题和压力。

从结构功能分化的角度来看，至少有以下三种力量推动着社会的变迁，使其走向分化的方向：其一是工业化，它促进了社会经济和人口的成长；其二是都市化，人口向都市集中，带来新的社会压力，如规范解体与新的社会需求；其三是科层化，政府科层组织不断扩大，以及政治参与机会不断提高，导致政府干预范围的扩大和政治参与对政策形成的压力。受此三种结构功能分化因素的影响，社会产生许多新的问题和福利需求。如工业社会中劳工因工作条件和环境改变而引起的问题；缺乏劳动能力的人群如老人、残障人员及儿童等的福利保障，这些原本由家庭来承担，但在工业社会中，由于家庭功能式微，必须由其他福利机构来承担；都市人口的集中，造成对公共设施如住宅、卫生设备、交通等的严重需求；等等。这些问题或需求形成问题压力，通过民主政治的参与来影响政府政策，要求政府干预市场机能的运作，提供各种社会福利来满足个人和家庭的需求。因此，从功能主义角度来看社会福利的发展，其结论必然是，社会福利的兴起和发展乃是结构功能分化后的功能性反应。

在此，可对功能主义社会福利理论的要点做如下归纳：

（1）工业化、都市化与科层化等三种力量（因素）导致社会结构功能发生了分化——从传统社会过渡到现代社会（或从农业社会过渡到工业社会，从农村社会过渡到都市社会）。

（2）现代社会福利制度的出现和发展是一种社会结构功能分化后的功能性反应。社会福利是作为一种政府行为而存在的，是作为政府的一种积极的干预措施而出现的。政府通过社会福利服务来干预和解决社会问题乃是社会结构的一种“功能必要性”，是为了达成社会体系的整合功能。帕森斯、默顿、斯梅尔瑟等对政府通过社会福利干预解决社会问题都持相当支持的态度。

（3）导致社会福利制度出现的基本或深层原因在于经济与技术方面的因素。工业化、都市化产生新的社会问题、社会需求，家庭保障解体，要求新的社会福利体制。

世界范围的不同国家现代社会福利制度的起源一再表明，一个国家的社会福利发展与其社会经济发展的水准（工业化水平）高度相关。

（4）科层化的发展，民主参与的扩大，使下层群众的需求能够通过民主参与获得反映，也影响了社会政策的制定。

（5）在工业化、都市化、科层化发展的不同阶段，会出现不同的福利制度。在前期，一般出现选择型社会福利制度；而到了后期，各国相继选择了普遍型社会福利制度。

功能主义的社会福利理论研究在19世纪70年代初期至20世纪60年代达到全盛不是偶然的。在20世纪五六十年代，结构功能主义理论体系趋于成熟并处于优势研究地位。这一体系的理论假设趋向于保守和支持既有的社会秩序。一方面，社会福利传统上的保守本质，使得从功能观点来解析社会福利的意义，似乎理所当然。另一方面，由于功能主义迎合了社会政治优势团体的需要，因此得到政府的支持。政府提供功能理论学术研究的环境，借此来合理化政府干预社会福利的权力基础，同时亦欲借此来解决工业社会所发生的问题。

功能主义的社会福利理论具有合理的成分：（1）它视工业化与都市化为社会福利之因，越是工业化的社会，其社会福利越趋相近。这种假设在一定程度上说明了工业化与社会福利之间的逻辑联系。既然社会福利由工业技术和经济发展的条件来决定，那么，各国就应当根据本国的经济发展水平来决定其相应的福利项目。（2）功能主义关于科层化的发展、民主参与的扩大导致下层群众的需求能够通过民主参与影响社会政策制定的观点对发展中国家也有参考价值。（3）功能主义视政府通过社会福利干预社会问题为理所当然，亦为发展中国家发展社会福利提供了有益的启示。

另外，不合理成分有：（1）功能主义福利理论在强调工业化等因素对社会福利的影响作用的同时，忽视了社会福利所具有的主观性质（社会福利制度的建立受意识形态、文化背景的影响），因此就难以解释如中国在其工业化之初何以能够建立起城市工业劳动者的社会福利体系这样的问题。（2）这一理论的构建者希望创立一种社会福利的“大理论”，并以此诠释所有社会的社会福利及其发展，因而在其理论建构过程中，采取了“异中求同”的方法，忽略了社会福利的差异本质。

（三）冲突主义的社会福利理论

1. 冲突主义的演变

冲突主义的创立者达伦多夫于1959年在其所著《工业社会的阶级与阶级冲突》中提出了冲突理论模型。它把社会体系视为分工、敌对、压制、异议、冲突、非整合和变迁的系统，而社会体系的冲突来源是利益和权力分配的不平均。个人或团体为争取有限的利益和权力，势必导致社会体系的冲突。和功能主义模型强调功能整合不同，冲突理论模型是从动态的角度来解析社会结构的。

冲突理论将其来源归结为马克思主义的阶级理论，其基本假设为社会体系的冲突和敌对起于资本主义体系内劳工阶级的异化，而劳工阶级的异化则起于阶级之间利益的矛盾和冲突。实际上，马克思主义的阶级理论和冲突理论之间存在着基本的差异，这里姑且不论。除达伦多夫的冲突理论模型建构外，晚近在部分吸收或批判马克思主义阶级理论基础上所发展起来的结构主义马克思主义与批判理论（这些也被归于冲突理论中）的一些基本思想，在解释西方福利的起源、演变与本质时，也具有重要的价值。

结构主义马克思主义是社会哲学家阿尔都塞（Louis Althusser）结合一些现代人类学理论而创立的。阿尔都塞试图从马克思的阶级理论出发，来探讨在一种社会结构下为什么和如何产生"阶级矛盾"。他认为导致社会阶级产生矛盾的决定性因素是"经济体系的本质"；为了避免因阶级之间的矛盾和冲突而导致社会体系的崩溃，必须通过"意识形态的政府机构"以及"压制的政府机构"的运作，使社会体系免于解体。另一结构主义马克思主义思想家波连查思（Nicolas Poulantzas）侧重于政治结构的分析，探讨了政治结构与社会阶级和社会变迁间的关联，认为政治结构通过意识形态与压制机构来维持社会体系的整合。显然，结构主义马克思主义的某些假设与功能主义有些关联，认为社会变迁的目标在于通过政府维持社会各个部分之间的整合。

批判理论反对将经济基础作为社会体系的决定因素，而侧重于意识形态和政府的影响力量。哈贝马斯认为，资本主义体系的危机或矛盾，导致体系中不同部分相互依赖性的逐渐增加；而就社会体系来说，主要的难题就在于维持其"合法性"。因此，如何通过某些动机和报酬的提供来维持已有社会体系的秩序与稳定，就成为亟待解决的问题。上述目标是通过政府来实现的，而由政府主导的意识形态则合法化了社会秩序。显然，批判理论的这一思想与结构主义马克思主义相似。

2. 冲突观点的社会福利理论

冲突理论模型出现后，自 20 世纪 60 年代初起，一些学者尝试将其用于社会福利研究。19 世纪以来社会福利的急剧发展，以及政府在经济与社会生活中作用的不断加强，特别是 20 世纪中"福利国家"的兴起，激发了不少学者以冲突模型解释这种变化的热情与兴趣。

（1）福利国家产生的原因。沙维尔（John Saville）是最早应用冲突模型探讨福利国家起源与发展的学者。他认为，福利国家的发展是以下三个因素相互作用的结果：一是工业资本主义对一个更有效率的生产环境的要求，尤其是对高生产力劳工的需求；二是劳工阶级在反对剥削方面所做的斗争；三是有产阶级承认为了政治安全所必须付出的代价。沙维尔重视劳工阶级的角色，以及劳工运动在导致福利国家方面所起的作用。但他同时亦强调指出："如果低估了其他两个因素的重要性，将是历史上的不正确和政治上的错误；同样，如果误解了现代资本主义的基本性质，也是不正确和错误的。"① 沙维尔还指出，19 世纪英国有产阶级之所以关心福利改革，正是为了经济上的效率和政治上的稳定。

（2）福利国家的功能。冲突模型的社会福利理论将福利国家的一个主要功能视为维持社会秩序、减少社会冲突和紧张。对统治阶级来说，减少工人对资本主义政体的不满，争取劳工的国家认同，从而使阶级的冲突得以消除，这才是他们最关心的。冲

---

① Saville J. The welfare state：A historical approach. New reasoner，1958（3）.

突模型社会福利学者据此指出了俾斯麦所推行的一系列社会政策的虚伪性：俾斯麦的社会保险政策貌似关心工人福利，实际目标则在于粉碎当时在德国日益成长的政治势力，即革命的社会主义。为了对抗激进的社会主义，统治阶级遂通过社会政策设法来“国家化”较低的社会阶级，把劳工纳入有产阶级的社会秩序中。冲突模型的社会福利理论认为，福利国家的另一个功能在于提高资本社会经济上的效率。孟德尔（E. Mandel）认为，大型公司的规模和资本密集的经营需要稳定：消费的稳定及投资的稳定。为了达到这一目的，政府对经济活动的干预就变得必要。同时，“社会保险、社会保障、失业给付”等体系形成了这种稳定力量的来源之一。孟德尔对健康和教育服务发展的分析亦旨在证明，这些措施的最初动机在于增加工人的生产力和生产年龄。①

（3）福利国家的本质——是否达到了社会平等？至于福利国家是否如其提倡者所称达到了社会平等的效果，冲突模型社会福利学者则给予了否定的回答。沙维尔发现，福利服务大部分是由劳工阶级来担负其财政的，故其所牵涉的再分配只是一种水平的再分配，而不是垂直的再分配。因此，在他看来，福利国家只不过是将19世纪维多利亚时代自助的措施，稍经改变装入20世纪的新瓶而已。唐荷夫（G. W. Domhoff）亦指出，1934年美国新政时代的社会保障立法，使大众被迫节省其所得之一部分以备不时之需，所得、地位和权力的分配，本质上丝毫不受其影响。欧非（Claus Offe）的研究亦旨在证明，资本社会的政府机构，使这个资本社会成为一个“资本”的社会。他指出，在所有先进的资本社会，不论是先进还是后进的福利国家，我们所看到的都是“贫穷与富庶的共同存在……谋利的工业生产逻辑和个人需求逻辑的并存”。这种矛盾并未因福利国家的来临而解决，只不过在某些部分被修正和降低其严重性而已，因此，“福利国家丝毫不代表资本社会结构上的变化”②。也正因为如此，在资本主义社会体系内，社会平等是不可能实现的。

冲突模型的社会福利理论对福利国家的起源、演变及其本质的揭示是深刻的，有助于克服对福利国家认识上的片面与肤浅。但由于这一理论只提供了社会福利演变的一般性原则，因而难以用于具体的社会福利政策的研究。

二、经济学的社会福利理论

经济学有关社会福利的理论极为丰富，为社会福利制度的建立和发展、为作为现代社会福利制度的重要组成部分的专业社会工作的形成和发展，提供了重要的理论根据。因而，经济学的社会福利理论成为社会工作的主要理论基础之一。本书这一部分将择要介绍一些经济学领域有关社会福利的理论，主要涉及一些学派的社会福利理论。

---

① Mandel E. Maxist economy theory. London：MerLin，1968：530，337，533.

② Offe C. Advanced capitalism and the welfare state. Politics and society，1972，2（4）.

(一) 福利经济学

福利经济学有新旧之分。这里介绍福利经济学的创始人、英国经济学家庇古等人的社会福利思想。

以庇古为代表的福利经济学（旧福利经济学）形成于 20 世纪 20 年代，以 1920 年庇古出版《福利经济学》一书为标志。它强调通过增加国民收入和国民收入再分配两种方式，来增加全社会的福利。就前者而言，关键是合理配置生产要素。在生产要素中，最重要的是劳动力。要获得劳动力的合理配置，就必须给劳动力的所有者——劳动者以适当的劳动条件，改善他们的生活福利状况，使劳动者在患病、伤残、生育、失业、年老、死亡时能得到适当的物质帮助和社会服务，以及增加一些必要的货币补贴。就后者而言，福利经济学主张应向高收入的富人征收累进所得税和遗产税，同时向劳动者增加失业补助、社会救济，以实现“收入均等化”。只要国民收入的再分配进行得合适，即使国民收入总量未获得增加，也同样可以收到增进普遍福利的结果。

第二次世界大战后，福利经济学进入了一个新的发展时期。新福利经济学导源于意大利经济学家帕累托，由英国的卡尔多、希克斯和美国的萨缪尔森等人所倡导。新福利经济学提出了所谓“帕累托最优状态”，认为在收入分配固定不变的条件下，只要每个社会成员根据各自的偏好方式花费其收入，使他们获得的效用或福利达到极大值，就可以推论整个社会的效用总和或社会福利达到极大值状态。新福利经济学还认为，任何经济改革都会使一些人受益，另一些人受损。如果通过某种经济政策使受益者补偿受损者，且补偿后还有剩余，这就增大了社会福利。后者便是卡尔多和希克斯提出的“假想的补偿原理”。

(二) 凯恩斯主义

凯恩斯主义也被称为“反危机理论”“有效需求理论”，是 20 世纪 30 年代针对西方世界经济危机而提出的理论，对社会福利制度的建立和发展产生了重要的影响。

凯恩斯的反危机理论，建立在提高社会有效需求的基础之上。他不同意“供给自然创造需求”的学说，认为在资本主义生产方式下，情况正好相反，即并非供给决定需求，而是需求决定供给。因为资本主义社会是个“买方”社会，这种需求名曰社会有效需求，不是自然需要。社会有效需求包括资本的有效需求或投资需求和居民的有效需求或消费需求。只要设法提高这两类需求从而提高社会有效需求，便可刺激投资增加、生产增加、供给增长，实现充分就业，进而摆脱经济危机。要提高资本有效需求，国家就必须积极干预经济，通过增加财政支出，发展基础设施建设，包括有关公共福利的各种基本建设，以刺激资本家投资建厂、发展物质生产。要提高居民的有效需求，办法有两条：一是刺激出生率回升、人口自然增长率提高，摆脱人口危机；二是刺激生活水平的提高。后一条也是其中主要的一种办法。人口增长了，特别是人民的生活水平提高了，居民的有效需求自然会提高。而要提高出生率，提高生活水平，也有赖于积极的国家干预。国家可借广泛发展社会福利事业的途径实现这两个目标。

因为社会福利事业发展了，居民的生活福利可以得到增进，妇婴得到保护，生育得到保障。

在凯恩斯看来，为了刺激社会有效需求的提高，国家即使出现财政赤字也应在所不惜。凯恩斯的“反危机”理论对西方国家战后社会福利事业的发展，起了非常重要、直接的推动作用。

（三）新剑桥学派

这是第二次世界大战后以英国剑桥大学的罗宾逊、卡尔多等学者为代表形成的一个学派。这个学派认为，国民收入的分配和再分配不合理，是资本主义生产方式的症结所在。只有资产阶级国家主动地、积极地采取各种措施来调节国民收入的分配和再分配，使之趋于“合理化”，实现收入“均化”，才有可能保持社会的长治久安。因此，新剑桥学派寄希望于国家调节，寄希望于国家实行包括社会福利措施在内的社会政策，来调节收入的分配，以实现收入“均化”。

为了实现收入“均化”，达到普遍福利的目标，新剑桥学派还提出了一些具体的政策主张。如它主张国家应给予低收入家庭以救助、补贴，逐渐减少乃至消除贫困家庭；主张失业保险的津贴应适当提高，以使失业者可以享受科学、文化和技术知识的教育，提高自身素质，以便日后能够从事收入丰厚一些的工作；主张实施高额财产税、累进所得税，以抑制高收入者收入的过分增加，使社会各阶层的收入水平逐渐“均等化”，等等。罗宾逊甚至主张实行断然的、几近没收式的遗产税，以消除财产过于集中的不合理现象。遗产税上交国库，用于社会救助和社会福利事业。

（四）马克思主义

马克思主义经典作家对社会福利问题做出了自己的回答，其中马克思、列宁的有关思想为社会主义国家社会福利制度的建立和发展提供了重要的理论根据。

马克思在《哥达纲领批判》中，提出了关于“社会总产品”即社会成员集体的劳动所得的分配原则。他指出，社会总产品不能不折不扣平等分配给所有社会成员，从中应该扣除：“**第一**，用来补偿消耗掉的生产资料的部分。**第二**，用来扩大生产的追加部分。**第三**，用来应付不幸事故、自然灾害等的后备基金或保险基金。”在将剩下的部分作为消费资料进行个人分配之前，还应从中扣除：“**第一，同生产没有直接关系的一般管理费用……第二，用来满足共同需要的部分**，如学校、保健设施等……**第三，为丧失劳动能力的人等等设立的基金**，总之，就是现在属于所谓官办济贫事业的部分。”[①] 马克思在这里提出的社会总产品“两次有效扣除学说”，包括了社会救助、社会保险、社会福利及其设施的制度构想。

列宁在1912年俄国社会民主工党第六次全体会议的决议中提出，最好的工人保险形式是国家保险。[②] 他还在《关于对杜马提出的工人的国家保险法案的态度》的决

---

① 马克思，恩格斯．马克思恩格斯选集：第3卷．2版．北京：人民出版社，1995：302－303.

② 列宁．列宁全集：第21卷．中文2版．北京：人民出版社，1990：155.

议中提出国家保险四原则：（1）它必须为工人在所有丧失劳动能力的情况下提供保险；（2）保险的范围应包括所有工资收入者及其家属；（3）所有受保人应收到与其工资收入相当的补偿，保险支出全部由雇主和国家负担；（4）各种形式的保险都必须由地方型的统一保险组织，根据受保人全权管理的原则进行管理。[①] 马克思主义经典作家的上述论述，成为后来许多社会主义国家包括中国建立国家保险型的社会福利制度的理论根据。

（五）新保守主义

新保守主义出现于20世纪70年代，在英美等国非常盛行，为了与19世纪盛行的保守主义思潮相区别而被称为新保守主义。新保守主义的基本观点是：

1. 自由市场制度是解决社会问题的有效途径

新保守主义追随古典经济学的看法，强调只有通过自由市场制度的力量，才能解决社会存在的问题。他们反对政府对市场运作加以太多的控制，认为政府的责任只是维持治安和抵御外来侵略，而不必干预经济活动。

2. 个人及其家庭应对福利负责

新保守主义认为，自由市场制度为社会上的每一个人提供公平的发展机会，人人皆有自我照顾的责任，而行使自我照顾的制度就是家庭。个人必须自助，家庭也必须对成员的福利承担责任。强调个人、家庭对福利的责任是新保守主义的一个重要特点。

3. 社会福利必须采取选择性原则

新保守主义不主张推行社会福利制度，认为推行这一制度费用高昂，在需求不断增加的情况下，社会福利会出现供不应求的局面，而且要求社会福利的人和那些纳税或供款以支持社会福利的人之间必然出现矛盾。因此，为解决这一问题，就必须使享受社会服务的人承担全部或部分服务成本。社会福利只提供给那些在社会上不能自助的人士，其他人必须通过市场或家庭来满足福利需求。

三、心理学相关理论

心理学、行为科学、社会心理学的理论成为社会工作最直接的理论来源和支撑，其中精神分析理论、学习理论、需要理论、行为修正理论、群体动力学等，对社会工作的影响最大。以下择要介绍。

（一）精神分析学

这是以弗洛伊德及其追随者的精神分析学说为基础形成和发展起来的一种社会工作理论。

弗洛伊德将人格分为本我、自我和超我三个部分。本我是人格中最原始的部分，

① 列宁．列宁全集：第21卷．中文2版．北京：人民出版社，1990：155.

是人的一种本能，它按照快乐原则行事，是一个人活动的内驱力。自我是人格中的理性部分，是人的行为的调节系统。超我大体上相当于人的良心，是社会道德权威在内心的表现，通过耻辱感和自豪感来左右自我的决定。本我与超我处于永恒的冲突之中，自我则从中起调节作用。精神分析学认为，人的全部行为都来自本能的驱使，本能的被压抑，特别是性本能的被压抑是造成一个人日后罹患精神障碍或行为反常的主要原因。

弗洛伊德创立精神分析学以后，社会工作者将该学说引进社会工作领域，认为社会工作的任务是对服务对象的变态人格进行治疗，帮助服务对象重新建立本我、自我与超我三者之间的平衡。精神分析方法将协助完成这一任务。

(二) 社会学习理论

这一理论是在行为主义心理学的基础上发展起来的，其对人的行为原因的考察的理论对社会工作者颇有参考价值。

社会学习理论认为，人的行为既不完全受内部力量的驱使，也不完全受环境力量的支配。人的行为受内在因素与外部因素的交互作用的影响。亦即人的行为受环境和个人的认知、需要的影响，同时人的行为又创造和改造环境。人的不同动机以及对环境的不同认知使人表现出不同的行为，而且这种行为又以其结果使人的认识和动机发生改变。

这样，社会学习理论否定了人类行为的决定论，而将其置于具体的社会、心理环境中，并通过它们之间的相互作用及行为过程来考察。

(三) 人文主义理论

人文主义理论是在马斯洛的人本主义心理学、胡塞尔与舒茨的现象学以及布鲁默的符号互动主义等基础上形成的一种理论。

该理论认为，每个人都生活在“意义世界”中，而每个人的意义世界都是通过自己对这个世界的理解或解释建立起来的。当人们的理解或解释过程发生了困难，如现在与过去的理解不一致，自己与他人的理解不一致时，问题便出现了。社会工作者的任务就是要去努力理解案主的意义世界及其内在矛盾，帮助他们重构自己的意义世界。

激进的人文主义虽然也认为人们生活的世界是一个“意义世界”，但它又指出了这个世界充满了不公正的现实。与一般人文主义不同，它认为人们在“意义世界”里经历的许多人格的、心理的问题都只有依据现代资本主义社会的反人道特征才能被理解。社会工作的任务就是与案主一起，通过改造现存的社会秩序，来解决人们在“意义世界”所遇到的种种问题。该理论虽然要求改变社会现实，但其最终落脚点仍然是服务对象“意义世界”的变化。

(四) 群体动力学

群体动力学也称团体动力学，是社会心理学中研究群体和群体意识的形成及过程，研究群体成员相互依存、相互作用、群体行为和群体变迁的动力及其机制的理论。

群体动力学的基础是勒温的场论。它认为人们的生活空间是一个心理场，是一个动态的整体，其动力是心理力量。也就是说，人们生活于其中的群体是靠其成员之间复杂的相互作用维持着的。群体动力学对群体中各种潜在动力的相互作用、群体对个体行为的影响以及群体成员之间的关系做出科学的解释，以揭示群体动态或相互作用的机制。

群体动力学所揭示的群体环境对个体态度、行为的影响，群体领导方式或作风（专制型、民主型或放任型）对群体心理气氛、群体成员行为的影响等，对社会工作的一些经典方法，特别是社会群体工作方法具有直接的指导意义。

四、系统理论

系统理论在社会工作中有着广泛的、重要的运用。[①] 当今西方社会工作实务中的人与环境方法（person-environment intervention），就起源于系统理论。系统理论分为一般系统理论（general systems theory）和生态理论（ecological theory），梅耶将系统论和生态论综合为生态系统理论（eco-systemic theory），对社会工作实务影响巨大。[②]

社会工作中运用的系统概念和理论来自贝塔朗菲（Von Bertelanffy）的一般系统理论。该理论认为，所有的有机体都是系统，系统由子系统组成，附属于超系统。因此，社会成员、家庭、邻里和社区就可被视为社会系统的一部分，它们都是社会系统的子系统；在这里，社会系统被定义为一种社会组织模式，具有特定的界限使之与其环境区别开来；社会系统的各个组成部分相互联结，共同构成一个具有秩序的稳定模式。因此，界限成为系统理论的重要概念，用以区别系统及其环境。当系统的界限是渗透的，容许系统与其环境进行交流的时候，该种系统就是开放的，反之就是封闭的。系统理论强调系统内部和系统之间的交流，即横向与纵向的互动，并且假定在交流的过程中，反馈（资源、信息和能量的）会影响系统内和系统间的互动。正是通过这种互动，系统的各个组成部分才能保持联结（linkage）状态。系统理论特别强调结构的平衡（equilibrium）和所谓的最佳稳定状态（homeostasis），认为案主出现问题就在于案主系统与其他系统之间的平衡被打破了。另一个值得重视的观点是，系统理论强调开放系统在与环境的互动过程中必须改变自身的结构，以适应外部环境的变迁，从而达到自我改造、自我治疗、自我强化的目的——系统适应环境的这个过程被系统理论家们叫作“成长”（growth）的过程。[③]

---

① 本节所讨论的系统理论及其对社会工作的影响是一般意义上的；下一节所涉及的则是具体意义上的，但限于篇幅，不展开讨论。

② Kemp S P，Whittaker J K，Tracy E M. Person-environment practice. New York：Aldine De Gruyter，1997.

③ Payne M. Modern social work theory. New York：Palgrave Macmillan，1997.

应用系统理论于社会工作中，可将整个社会工作视为一个整合的系统，而将工作所涉及的内容视为整合系统的四个基本子系统（basic systems），即案主系统（client system）、行动系统（action system）、目标系统（target system）和改变媒介系统（change agent system），分别指需要协助的个人、群体和社区，可能对个人、群体和社区提供帮助的个人、群体和社区（如教师、学校），在改变案主过程中必须被改变的个人、群体和社区成员（可能是案主本身，也可能是案主周围的其他成员）以及协助、推动和提供改变计划的个人或群体，包括社会工作者和机构。从这个基本框架出发，系统模式的最重要的问题是要发现、确定系统中所出现的问题。也就是说，相对于系统的平衡、最佳的稳定状态而言，服务对象的问题表现在系统失衡的方面是首先需要得到确定的。接着，针对服务对象系统，需要形成一个行动系统以落实系统分析过程中所形成的介入策略，使整个系统得到改造（transformation），而不是单单改变案主本身。①

正如有的学者所指出的那样，系统介入模式并没有受到广泛一致的欢迎。人们对该种方法的反应大不相同，从小心谨慎地欢迎到彻头彻尾地拒绝，不一而足。② 批评的意见主要是指出这种方法太抽象、机械，特别是系统论虽然把人的环境的复杂性作为关注的焦点，但却没有为具体的介入服务提供方法上的指导。

为了克服系统理论的抽象性，生态理论被引入社会工作，成为社会工作的理论基础之一。生态理论被大多数学者视为一般系统理论的一个亚类型，其核心观点是，有机体［生命系统（living system）］与其环境之间存在着持续的交流和互动。也就是说，人们与其所处的环境被视为相互依赖、彼此补充的整体；在这个整体中，人们与其环境相互改变、塑造对方。事实上，生态学的观点提供了一种有机论的世界观，与生命系统和人类体验较为接近，因此比一般系统理论更适合于社会工作的理论与实践。从生态理论的观点来看，社会工作将注意的焦点放在促进人们的成长、发展及其适应环境的能力上；更重要的是，它强调消除环境的障碍，使环境对人们的需求有更多的响应，向人们提供更多的营养资料（nutritive properties）。由于这种方法既可以以人为取向，又可以以环境为取向，更可以以人与环境的关系为取向，因此人们的问题就不再被视为是由人们自身而引起的，问题的关键在于人与环境的关系上。杰美因（Germain）和吉特曼（Gitterman）提出的“生命模式”（life model）把人们需要改变的生命问题（problems in living）概念化为对生命中三个领域的反应，即生命阶段转换的压力、非适应性的人际互动和对人们的需求缺乏反应的自然与社会环境。社会工作解决这些问题的方法，是把注意力放在解放、支持和促进人们的因应能力以及增进社会和自然环境对人们需求的响应上。

生态理论的生命模式的重要意义在于它突出强调了对环境的重视，并试图通过环境介入（environmental intervention）发挥社会工作的服务功能。但与系统理论一样，生命模式同样具有它的缺陷。首先，它强调的是人对环境的渐进式的适应能力，而不

① Pincus A，Minahan A. Social work practice：Model and method. Itasca，IL：Peacock，1973.

② Hartman A. To think about the unthinkable. Social casework，1970：51.

是强调对环境的改变。其次，生态理论的逻辑假设是，成功地适应环境意味着健康和幸福的人生，这是值得讨论的。事实上，由于人类的适应能力，人们很多时候是在适应那些他们根本不愿忍受的处境。最后，生态理论存在着一种潜在的可能性，即把人们的适应不良归因于人们的某种病理现象，而不是环境条件本身。

梅耶提出的生态系统理论（eco-systems perspective），使涵盖系统理论和生态理论的概念框架成为可能。生态系统理论的最大特点，可以说是它为社会工作提供了一种思考的方法，借此对人和环境的关系进行理论上的概括，并着重强调实务过程中人与环境两个方面的平衡把握。通过协同地应用系统理论和生态理论，生态系统理论最起码可以在概念上克服单一地应用某种理论模式所具有的内在限制。可以说，生态观点消除了系统理论的抽象性与机械性，而系统理论又促使人们把注意力放在人与环境的相关性上，放在重视改变的过程上，当然，同样也放在人们对于环境的适应上。

从理论上讲，生态系统理论具有如下特点：（1）它同时强调人与环境而不偏废任何一方。（2）它强调评估的综合性。（3）它是非指导性的、开放的。（4）它鼓励创造性的、折中的介入方法。

但这种理论的缺陷也是明显的，这主要表现在：（1）其视角具有非批判性。几乎所有的生态系统理论都重视人与环境的相互依赖，而不能发现二者之间的紧张和矛盾关系。（2）作为一种开放的理论，生态系统理论具有明显的非指导性、非方向性。这很容易导致这样的局面，即它可以容纳任何一种介入的方法，从而使那些以工具理性为主导的介入方法找到自己的立足之地，违背社会工作的社会使命，使社会工作演化为福利管理主义。（3）生态系统理论是一种后设理论或元理论，而不是一种实务的模式，不能为社会工作实务提供具体的操作方法，它所提供的是一种允许多样性理论与实务存在的观念框架。①

除以上所介绍的这些学科的一些基本理论、学说对社会工作的重要影响之外，近现代国际上的一些社会主义思潮中也蕴涵了丰富的社会福利思想，对社会福利、社会工作制度的发展具有重要的推动作用与指导价值。例如费边社会主义的有关社会福利的思想就有一定的代表性。费边社（Fabian Society）是19世纪末在英国伦敦出现的一个社会主义团体。20世纪20年代初，费边社会主义学者以悉尼·杰姆斯·韦布、蓓特丽斯·波特·韦布为代表，鼓吹随着社会的不断进步，劳动者再也不能满足于济贫法的低标准。应大大改善劳动者的生活状况和福利待遇，使他们能够平安地克服疾病风险、伤残风险、失业风险、老年和死亡风险，并对婴儿诞生和幼儿成长给予物质帮助。在他们看来，对劳动者实施这样的福利政策，有助于缓和劳资关系，有助于渐进的社会改革，从而使劳动者缓慢而渐进地接受政府的社会政策，实现普遍福利。费边社会主义者反对马克思主义的暴力革命论，主张采取迂回曲折的渐进方式，亦即通过实施普遍的福利措施，来达到实现社会主义的目的。他们的主张对英国工党的施政纲领影响很大，第二次世界大战后英国工党上台执政即颁布实行“普遍福利”政策，

① Meyer C H. Clinical social work in the eco-systems perspective. New York: Columbia University Press, 1983.

不是偶然的。

政治学、行政学、教育学、管理学、法学甚至自然科学的一些学科都在不同程度上成为社会工作学科的理论来源或方法、技术的根据。限于篇幅，在此就不一一介绍了。

第四节 社会工作的实施理论

社会工作的实施理论是有关助人过程、方法的理论模型或实务模型，其目标是帮助社会工作者完成诊断、计划、干预、评估的任务。它是社会工作者用来达到案主人格乃至社会体系变迁的模型或方法。本节首先介绍社会工作实施理论的基本内容和范围，然后通过社会工作的整个过程，结合前面对社会工作理论及社会工作价值的讨论，对社会工作的实施模型做出概括性的、总结性的说明。

关于社会工作实施理论的范围或内容，黄维宪等人在 1985 年出版的《社会个案工作》一书中，引述西方学者的划分，按层次分为预估理论和干预理论两个方面。

预估理论也称诊断理论，它在社会工作的助人过程中主要帮助社会工作者了解人、情境与问题等，以选择合适的目标、目的和任务，并在此基础上建构一套具体的实施原则。预估理论包含社会研究、问题分析、人格与情境的诊断，以及根据研究成果形成社会工作治疗计划或处理方法的程序。

干预理论是用来影响人格变迁、社会体系和生态体系的改良以实现社会工作目标的方法或模型。干预理论具体包含治疗原则、方案运作、变迁过程及效益评估等各个细目。通过干预而引起的变迁可分为微观层次和宏观层次。微观层次的变迁如个体行为的改变、家庭结构的变迁、群体生活的促进以及社区关系的改善等；宏观层次的变迁如大型复杂组织的改变、社会改良、经济与社会的协调发展等。一般而言，通过社会工作干预而达成的变迁更直接地表现于微观层次上。

特纳（Turner）在《社会工作治疗》一书中列出了 18 种社会工作理论：

（1）自我心理学（ego psychology）；

（2）心理-社会治疗（psychosocial theory）；

（3）问题解决理论（problem-solving theory）；

（4）社会工作实施的功能理论（functional theory for social work practice）；

（5）存在主义社会工作（existential social work）；

（6）案主中心理论（the client-centered theory）；

（7）认知理论（cognitive theory）；

（8）完型理论与社会工作治疗（gestalt theory to social work）；

（9）交换分析的社会治疗模式（transactional a social treatment model）；

（10）调解与社会工作治疗（mediation and social work treatment）；

（11）一般系统理论与社会工作（general theory and social work）；

（12）社会工作实施的生命模式（the life model of social work practice）；

（13）角色理论（role theory）；

（14）沟通的概念与原则（communication concepts and principles）；

（15）行为修正理论（behavior modification：a technology of social change）；

（16）任务中心模式（task-centered treatment）；

（17）家庭治疗理论（family therapy）；

（18）危机理论（crisis theory）。

托尼尔关于社会工作实施理论的概括，主要涉及个案社会工作中所运用的一些理论、模型。实际上，小组工作、社区工作、社会行政工作中也都有各自的适用理论与模型，如小组工作中的社会目标模式、治疗模式、交互（互动）模式、折中模式，社区工作中的地区（社区）发展模式、社会计划模式、社区行动模式等。

除此之外，在社会工作的不同实务领域，如老年、儿童、残疾人、医疗、家庭、企业、社会越轨者、贫民等领域，社会工作者分别形成了各具特色的工作模式、方法和技巧。这些自然也是社会工作实施理论的重要组成部分。

第五节 社会工作理论的本土建构[①]

一、本土社会工作理论建构不足制约社会工作发展

实行改革开放政策以来，随着社会学的恢复重建进程，专业社会工作的教育及实践在我国也得到了恢复发展。

自 1987 年国家教委批准北京大学、中国人民大学等四所高校设置社会工作专业以来，至 2018 年年初，我国有 80 余所高职院校开展社会工作专科教育、339 所高校开展社会工作本科教育、105 所高校和研究机构开展社会工作专业硕士（MSW）教育，另有 45 所高校获准开展社会工作专业硕士（MSW）教育，每年培养社会工作专业毕业生 3 万多名。可见，社会工作恢复重建 30 年来，我国社会工作专业教育取得了突飞猛进的发展。

与此同时，社会工作专业实践在我国也取得了快速进展，特别是进入 21 世纪以来的发展举世瞩目。2006 年 10 月，《中共中央关于构建社会主义和谐社会若干重大问题的决定》首次提出要“建设宏大的社会工作人才队伍”。随后，2010 年 6 月，

① 李迎生．构建本土化的社会工作理论及其路径．社会科学，2008（5）．

《国家中长期人才发展规划纲要（2010—2020年）》正式印发，纲要明确了要加快中国经济社会发展，必须重视和培养六类重点人才，社会工作人才位列其中。2011年11月，中央18个部委联合印发《关于加强社会工作专业人才队伍建设的意见》，2012年4月，中央19个部委和群团组织联合发布《社会工作专业人才队伍建设中长期规划（2011—2020年）》，对社会工作专业人才的教育、培训、评价、使用、激励等提出了具体要求。自2006年以来，我国社会工作专业人才队伍迅速壮大，截至2017年年底，全国取得助理社会工作师和社会工作师证书的人员共326 574人，全国社会工作专业人才资源总量为1 025 757人。全国各地共开发了312 089个社会工作专业岗位，设置了36 485个社会工作服务站，成立了7 511家民办社会工作服务机构和750家社会工作行业协会。社会工作者为老年人、妇女、儿童、青少年、药物滥用人员、残疾人、失业人员、受灾群众、进城务工人员、返乡农民工等特殊群体提供服务，取得了良好的成效。政府对社会工作的资金投入（购买）力度也逐年加大，2017年，各地社会工作投入资金量达51.1亿元，其中，上海、广东社会工作投入突破10亿元。

在看到我国社会工作教育与实践取得迅猛发展的同时，也必须看到，由于本土社会工作理论建构严重不足，我国在专业教育及实务中采用的理论、方法及技术技巧主要或基本是借用西方的，这种局面已极大地制约了我国专业社会工作的长远发展，这是应当引起高度重视的。

第一，社会工作职业化难以顺利、深入地推进。推进社会工作的职业化需要一定的理论准备，其中对社会工作概念的本土界定就至关重要，会影响社会工作就业领域（部门）及就业岗位的认定。按照《中共中央关于构建社会主义和谐社会若干重大问题的决定》中的论述，公共服务和社会管理部门都是社会工作人才的用武之地，这样，我国社会工作的外延就要比西方宽广得多。但目前我国教科书关于社会工作概念的界定基本是借鉴西方的，即将社会工作主要界定为一种专业服务，显然不符合我国的实际。

第二，社会工作教育难以实现稳定、持续发展。自世纪之交以来，由于高等教育规模的迅速扩展，设置社会工作专业的高校也在急剧增加，高等社会工作教育的规模已达到了空前的水平。但是，由于理论准备不足，社会工作专业所培养人才的就业部门、岗位不明确，所学的专业技能和知识也难以在实际工作中有效运用，许多学生对这个专业的前景感到茫然①，更多的学生毕业后从事了与社会工作无关的职业。

第三，社会工作学科难以取得在学术机构中应有的地位。新中国成立初期，社会学、社会工作被取消，这与当时这些学科的西方化色彩过于浓厚有关。20世纪80年代后期，社会工作学科在高校得以恢复重建，但在专业教育中采用的理论、方法等仍主要来自西方，对本土社会工作的理论与实务模式的总结与传授严重不足。一个起源于西方的学科，如果不能得到本土化的改造，久而久之是很难在高校立足的。

第四，社会工作专业难以取得国家和社会的最终认可。按照《中共中央关于构建

---

① 吴亦明．论中国特色社会工作理论框架的构建．南京师范大学学报（社会科学版），2002（3）．

社会主义和谐社会若干重大问题的决定》做出的“建设宏大的社会工作人才队伍”的战略部署，毫无疑问，构建和谐社会需要大量的社会工作专门人才，但通过专业训练的这些人能否真正担当起推进和谐社会建设的重任，能否取得适当的职业地位及待遇水平，则取决于他们是否具备了解决各种社会问题的能力，这种能力的训练单靠取自西方的理论、方法是远远不够的。只有通过本土化了的社会工作理论、方法的训练，他们才有可能真正具备解决本土社会问题的能力，社会工作作为一种专业才能最终得到国家和社会的认可。

因此，对我国而言，要真正发挥社会工作的价值、发挥其利他主义的专业使命，固然离不开一线社会工作者的实践与努力，更离不开理论工作者在建构本土化社会工作理论中做出的尝试与努力。

二、本土社会工作理论的建构之路

首先是本土特色的社会工作理论基础或基础理论的建构。在20世纪60年代之前，西方社会工作理论主要借鉴其他学科，构成社会工作的理论基础。这种局面在20世纪60年代之后发生了重要的变化，开始了社会工作理论的整合化努力时期。这种意图代表了社会工作理论发展的趋势，但由于条件的限制，其所取得的结果还是有限的。

中国特色社会工作理论的建构，既要注重吸收其他学科的相关理论成果，又要注重整合化的基础理论的建设。就前者而言，我国近期以社会学为基础，同时吸收多学科成果、紧密结合当前社会现实、在科学发展观指导下逐步形成的社会建设理论，对社会工作的本质、地位、作用、领域、方式方法等都有比较明确的论述，无疑应当成为本土特色的社会工作理论基础的重要内容。

本土特色的社会工作基础理论的建设对中国社会工作的发展更具有深远的意义。借鉴西方形成的社会工作基础理论框架，吸收马克思主义及其本土化思想成果中关于社会福利问题的论述，批判继承中国传统社会福利思想，紧密结合社会转型时期的社会工作实际，在此基础上经过不断的理论概括，是可以最终形成本土特色的社会工作基础理论的。在当前，对社会工作内涵和外延做出符合本土实际的界定，对我国社会工作的发展就具有特别重要的意义。

其次是本土特色的社会工作实施理论的建构。由于社会文化背景不同，对西方社会工作的实施理论也不能完全照搬照抄，必须加以本土化的改造。同时，本土非专业意义的社会工作也积累了一些有益的经验、方式方法、实践模式，经过总结提炼，也可以成为本土特色的社会工作实施理论的组成部分。

西方社会工作实务中经常采用的个案工作、小组工作、社区工作、社会行政等基本方法，有些在我国的实施空间受到了一定的限制。总的来讲，由于“差序格局”的存在，中国人对陌生人难以产生真正的信任，由社会工作者对单个的案主提供服务就难以取得明显的效果。此外，在中国这样一个人口众多、经济发展不均衡、社会服务需求却又十分巨大的大国，个案工作方法很难在大范围内全面实施，只能作为其他方法或社会政策的辅助方法。西方社会工作中普遍遵循的“案主自决”原则、“个别化”原则、“为案主保密”原则，由于社会及个人双方面的原因，在中国实施起来会遇到种种困难与障碍。因此，对西方社会工作实施理论加以本土化改造是中国社会工作发展的必然要求。

对本土非专业意义的社会工作传统、经验进行科学的总结、提炼，也是建构本土特色的社会工作实施理论的一个重要途径。中国传统中利用家族、亲友关系解决单个家庭、成员面临的困难的办法，就是民间解决弱者生存问题的有效办法，可以对此加以挖掘、提炼。对于新中国成立以来，我国利用行政手段解决人们生存、发展问题的模式，利用党团组织、群众组织解决困难群体生存问题、心理（思想）问题的模式，只要善于总结、科学改造，就可以发现一些能为专业社会工作所采用的本土方式方法与模式。党的十九大报告提出“加强社会治理制度建设，完善党委领导、政府负责、社会协同、公众参与、法治保障的社会治理体制，提高社会治理社会化、法治化、智能化、专业化水平”，对我国专业社会工作的发展及提供模式将产生深远的影响，我们应当认真地分析研究，探索在这样一种社会治理格局下专业社会工作的发展模式和方式方法。

快速的社会转型提出了发展社会工作的需要。在起源于西方工业革命和市场经济实践的专业社会工作被证明是解决相关社会问题的有效途径、而本土非专业社会工作难以满足这一需要的情况下，在我国专业社会工作发展初期借鉴西方社会工作相对成熟的理论体系是必然选择。随着这一进程的推进，对西方社会工作理论加以本土化改造及对本土社会工作传统加以科学提炼又成为一种现实的要求，目前我国社会工作的发展正处在这样一个阶段。无疑，“建构本土特色”是一个长期的工作。而从“建构本土特色”过渡到“超越本土特色”，即把本土社会工作理论提升为一种国际化的理论或成为国际化的社会工作理论的一个组成部分，则将成为中国社会工作学者的不懈追求。

本章要点

1. 和工业化初期带慈善性质的社会工作不同，现代社会工作作为一种专业化的助人活动，不仅有着明确的价值体系，而且建立在系统的理论（知识）基础上。现代社会工作制度的建立和运作、社会工作的方法与技术体系的形成与发展、社会工作实务的推进模式与技巧等，无不与一定的理论、知识相联系。

2. 社会工作理论具有专业性、改良性、操作性、客观性、多元性等特点，其中多元性表现得比较突出。社会学、经济学、心理学、人类学、政治学、管理学乃至自然科学的不少学科都成为社会工作的理论基础或来源。社会工作理论的丰富和多元化，大大拓宽了社会工作的理论空间，但也使社会工作者在理论选择上感到无所适从，于是不少人试图发展出一种“一元化”的社会工作理论框架。不过所取得的结果有限。

3. 社会工作理论的结构，从与社会工作实践联系的紧密程度来划分，不少学者倾向于将其划分为两大层次，但提法稍有不同。提姆斯将社会工作理论划分为理论基础（外借理论）和实施理论两个层次。大卫·豪将社会工作理论划分为“为社会工作理论”与“社会工作理论”两个层次。皮拉利斯则提出社会工作理论的“三分模型”，即宏观理论、中观理论和实践理论，实际是对“二分模型”的细化。

4. 社会工作的理论基础是社会工作理论中借鉴其他相关学科的那些内容，是用来对人与社会的本质、人的行为与社会运行的规则和机制、社会福利制度的本质及其建立的必要性与可能性等进行解释的。

5. 社会工作的实施理论是社会工作理论中用来对社会工作实践本身的性质、目的、过程、方法进行说明的那部分内容。它以社会工作理论基础中那些比较直接的方面为依据，通过对社会工作实践经验的总结与验证而形成，并直接用于指导社会工作实践与达成社会工作的目标。

6. 在我国专业社会工作发展初期，借鉴西方社会工作相对成熟的理论体系是必然选择。但随着这一进程的推进，对西方社会工作理论加以本土化改造及对本土社会工作传统加以科学提炼，在此基础上逐步形成本土化的社会工作理论，又成为一种现实的要求。

复习思考题

1. 谈谈你对理论在社会工作中的功能与重要性的认识。
2. 试述皮拉利斯关于社会工作理论结构模型的基本内容。
3. 社会工作理论具有哪些特点？
4. 什么是社会工作的理论基础，它具有什么特点？
5. 什么是社会工作的实施理论？谈谈你对其所包含的大致内容（范围）的认识。
6. 谈谈你对中国本土化社会工作理论建构路径的看法。

关键概念

理论、社会工作理论、皮拉利斯模型、社会工作理论结构、社会工作理论基础、社会工作实施理论

推荐阅读书目

1. 周玟琪，叶琇珊，林万亿．当代社会工作理论：批判的导论．台北：五南图书出版公司，1995.
2. 徐震，林万亿．当代社会工作．台北：五南图书出版公司，1986.
3. 何雪松．社会工作理论．上海：上海人民出版社，2007.
4. 陈红霞．社会福利思想．北京：社会科学文献出版社，2002.
5. 李迎生．构建本土化的社会工作理论及其路径．社会科学，2008（5）.
6. Payne M. Modern social work theory. New York：Palgrave Macmillan，2005.

第五章

人的行为与社会环境

为了科学地评估案主的处境和所面临的问题，制定相应的介入方案，社会工作者必须了解人的行为的有关知识。人的行为的形态及其发展，离不开特定的社会环境。因此，本章将秉持“人在环境中”的社会工作理念，对人的行为的生理、心理和社会动因及其相互关系，对人的行为的生命周期变化及其机制做一个简要的阐述。

第一节 人的行为与社会环境概述

一、人的行为

通常所说的“行为”一词，其含义有狭义和广义之分。狭义的“行为”，仅指可以观察到的外部活动；而广义的“行为”，则指个体针对环境刺激所做的所有反应，除了包括狭义的行为外，还包括只能通过表象去间接推断的内部心理过程。这里所说的“行为”指的是广义的行为。当然，在这一广义的“行为”概念下，对于行为的本质和具体过程，不同学科和学者又有不同的理解，有时甚至是相互矛盾的。关于这一点，本章第二节有详细的阐述。

人的行为具有适应性、复合性、变化性、多样性和累积性等重要特征。

第一，适应性。所谓适应性，是指人的行为是人类主动适应环境的结果，是人类个体与其环境之间相互作用的产物。动物行为也具有一定程度的适应性，但其适应能力比人的行为要差得多。这首先表现在，动物的行为大都是初级的本能行为，这些行为对环境的适应性多是被动地接受自然选择的结果，而不是主动地创造和学习的结果。而人的行为则大多是习得性行为（acquired behaviors），是经过创造性思考而生成的。其次表现在，虽然动物也具有一定的学习能力，但人类的学习能力比动物要强得多。生物学上一般将学习方式分为四种：习惯化（habituation）、印随学习（imprinting learning）、联想性学习（associative learning）和洞察性学习（insight learning)。[①] 生物学研究表明，动物也具有一定的学习能力，但其学习方式多是初级的习惯化和印随学习，而人类则基本上是高级的联想性学习和洞察性学习。人类正是由于具有很强的学习能力，所以才能够适应环境的改变而不断建构新的行为方式和行为系统。

第二，复合性。所谓复合性，是指人的行为是由生理的、心理的、社会的、文化的等多种因素共同作用的结果。与其他生物一样，人的行为也受生物或生理因素的影响，但除此之外，人的行为还要受非常复杂的心智过程和社会-文化设置的影响。人的行为的复合性使人的行为的逻辑和机制比动物行为的要复杂得多，也更难以预测和控制。这也正是为什么关于人的行为的研究要综合生物学、医学、心理学、人类学、社会学、政治学等多门学科知识。

第三，变化性。人的行为在人的一生中是不断变化的，并且这种变化是有一定常规的。变化分为两个方面：一是生长（growth），表现为细胞的不断分裂和增殖，生理结构和功能的不断成熟和完善；二是发展（development），表现为社会经验不断增长，生活技能不断丰富，生理、心理和社会等多个行为层面越来越协调，越来越一体化。前者是一个生物过程，后者是一个社会-文化过程。由于人的行为的复合性，人在一生中的行为变化比动物要丰富得多。动物的行为变化主要是一个生长过程，而人类的行为变化则主要是一个发展过程。

第四，多样性。人类个体与个体之间在行为方式上存在着非常大的差异，使人的行为呈现出色彩斑斓的多样性。在动物世界中，同一物种的不同种群之间也存在着行为差异，但这种差异多起因于生物因素，其多样化程度比人的行为要低得多；而人的行为的变异则起因于生物、心理、社会、文化等多种因素，这些因素互相影响、彼此叠加，使人类的行为变异非常复杂。

第五，累积性。由于人类具有非常强的学习能力，后代对先辈的行为方式不仅仅是简单的模仿，而是在继承基础上的不断改造和创新。这样，人的行为就会不断积累，形成越来越丰富的文化和知识的向外和向下传播。动物行为则没有这种性质。动物行为中虽然也有不少经过后天学习而成的行为，并且也可以通过模仿等简单方式传播，但由于动物的学习能力毕竟有限，因此，这些习得性行为往往会随着某些生物个体或种群的灭失而灭失，不会像人类一样形成自己高深的文化。

根据不同的标准，人的行为可以划分为不同的种类。在社会工作中，最常见的区分是正常行为（normal behavior）和非正常行为（abnormal behavior）。正常行为通常是指同时符合以下标准的行为：第一，符合社会普遍认可的价值规范，或与社会中绝大多数人的行为相似或一致；第二，符合人的行为在生理和心理方面的一般发展规律，而且发展良好；第三，行为在生理、心理和社会等多个方面的发展是平衡的、和谐的。[②] 反之，不符合以上标准中的任何一条都算是非正常行为。非正常行为往往会给个人、家庭和社会带来困扰，因此是需要通过社会工作加以矫正或改变的。

---

① 宋林，韩威．大学生物基础．北京：中国人民大学出版社，2002：244－246．

② 沙依仁．人类行为与社会环境．修订版．台北：五南图书出版公司，2001：4．

二、社会环境

这里所说的“社会环境”，指的是人类个体生息于其中的，由生物（生理）的、心理的和社会的等多种因素交织而成的社会系统。关于社会环境的构成，美国社会工作学者杰美因和布鲁姆认为可将其分为物理环境、社会设置和文化三个部分。[①]所谓“物理环境”，包括“由植物、动物、地理和气候因素组成的自然界，以及由城市、郊区、远郊区和农村等布局，由城市广场和乡村绿地，由人类生活于其中的居所和其他建筑物，由审美的和实用的物体，由媒体、交通和动力系统等组成的具有特定物理空间和时间结构的人工世界”。物理环境是人的行为最为基本和广阔的背景。

社会设置指的是人在社会交往过程中自发形成或有意识创建的人与人之间的结合体，包括家庭、伙伴群体、正式组织、社区、社会关系网络等等。社会设置也作为社会环境的一个重要组成部分，规定着人的行为的发展。比如，一个良好的家庭环境有利于儿童的成长，反之则可能导致儿童身体发育迟缓，产生心理障碍和社会偏离行为。

文化是社会环境构成的第三个方面。这里所说的文化是狭义的文化，它指的是为一定人群所共享的知识、信仰、艺术、道德、法律、风俗和生活方式等。文化作为一种世界观和价值观，潜移默化地塑造着每个人的价值取向、认知方式、情感认同和行为方式，规定着人与人之间的交往和沟通。

为了更好地把握人的行为与社会环境之间的关系，社会工作学者还将社会环境划分为微观系统、中介系统、外生系统和宏观系统四个层次。[②]

微观系统（microsystem）是一个人在日常生活中与之有长期的和直接的接触的个人、群体、组织或机构，比如家庭、学校、朋友、邻居等。微观系统是个人生活中最核心、最重要的环境，对个人行为及其发展有着直接而重要的影响。

中介系统（mesosystem）是在个人所处的微观系统之间发挥联结和中介作用的系统。举例来说，学生同时处于家庭和学校这两个微观系统之中。一些学校为了全面了解学生的学习和生活情况，建立“家长会”等组织，以便于学校老师和学生家长之间的沟通和交流。在这里，“家长会”将学生所处的两个微观系统——家庭和学校联结起来，这个“家长会”就是该学生的中介系统。中介系统也是个人生活的重要环境，中介系统良好，对于问题的及时发现和解决，对于行为能力的提升都具有重要意义。

外生系统（exosystem）是个人与之没有或很少有直接的接触和互动，但却可以

---

① Germian C B，Bloom M. Human behavior in the social environment：An ecological view. 2nd Edition. New York：Columbia University Press，1999：32－34.

② Pillari V. Human behavior in the social environment：The developing person in a holistic context. 2nd Edition. Pacific Grove：Brooks/Cole Publishing Company，1998：16－17.

直接影响个人生活的群体、组织或机构等。对于一个学生而言，教育部就是他的外生系统，因为学生虽然与教育部各个部门、各位官员之间基本上不存在直接的、长期的互动，但教育部制定的招生政策、课程指南、教育发展规划等，却会对学生的生活造成直接影响。再如，儿童 A 的父亲在一家大公司工作，虽然 A 未参与这家公司的任何活动，但如果这家公司倒闭的话，他的父亲就面临失业的危险，父亲失业显然会直接影响到 A。在这个意义上说，这家公司就是 A 的外生系统。

宏观系统是指能够对外生系统造成直接影响的制度、文化、意识形态或社会结构等。比如，政府推行的"减员增效、下岗分流"等国有企业改革政策，导致国有企业大量裁员，一些下岗工人家里的孩子面临无钱上学的窘境。对这些孩子来说，"减员增效、下岗分流"政策就是宏观系统。

恰当地划分社会环境的层次，有利于准确地把握个人所面临的问题，制订正确的社会工作方案。

三、人的行为与社会环境的关系

评估和提升人的行为的社会功能是社会工作的核心任务。在社会工作发展之初，由于时代和知识的局限，社会工作者往往从个体内部特别是心理方面去寻找行为的动因。自 1917 年现代社会工作的先驱芮奇蒙德出版《社会诊断》一书以来，人的行为与社会环境之间的关系越来越受到社会工作人士的重视。经过几十年的发展，"人在环境中"（person in environment）的理念已经成为社会工作界的共识。当然，在具体阐发这一理念时，又存在着不同的理论和观点。这里主要介绍杰美因和布鲁姆的社会生态学理论。[①]

杰美因和布鲁姆认为，与其他任何生物一样，为了自身的生存和发展，人类必须适应环境的变化。尽管人类对环境的适应已经从主要依靠有机体去适应转变为主要依靠文化去适应，但无论如何，对环境的适应都是人的行为的基本导向。也就是说，人的行为与社会环境是相互依存、相互影响的，其中任何一方只有从与另一方的关系中才能得到正确的理解。因此，必须把人的行为与社会环境作为一个统一的系统来分析。

从基本性质上看，人的行为与社会环境之间不是单向的因果关系，而是双向的交流和互惠关系。也就是说，任何一方的改变都会同时对对方造成影响。对于这种双向交流和互惠关系，可以从三个角度进行分析：结构的角度、发展的角度和运行的角度。

（一）结构的角度——主要考察个人与环境之间的契合程度

人类不断对个人和环境进行调整的根本目的，是使个体和环境之间达到最佳的

① Germian C B，Bloom M. Human behavior in the social environment：An ecological view. 2nd Edition. New York：Columbia University Press，1999：1-40.

契合（fit）。不同的个体与环境之间的契合优度（goodness of fit）是不一样的，有的契合得非常好，有的只是基本契合，还有的契合不佳。不同的契合优度，对个体的生长和发展以及环境的持续和优化具有不同的影响。在社会生态学看来，社会工作所处理的问题既不单纯是个人问题，也不单纯是环境问题，而是个人与环境之间的契合问题；社会工作的核心是调整个人与环境之间的关系，提高两者之间的契合优度。

人与环境的良好关系能够培养个人良好的联结力（relatedness）。所谓联结力，指的是一个人所拥有的与他人建立互惠性关系的能力。杰美因和布鲁姆认为，联结力是个人应该具备的一种非常重要的生存能力。只有具备良好的联结力，个人才能不断借助环境中的资源以满足自身的需要。最终形成的联结力的高低是衡量个人与环境之间契合程度的主要标准。

（二）发展的角度——主要考察个体的生长和发展过程及其与社会环境之间的关系

如前所述，人的行为的变化可以分为生长和发展两个方面。这两个方面常常是联系在一起的，发展过程要以一定的生长过程为基础，而发展过程反过来也会促进或损害生长过程。人在一生中会不断地生长和发展，这是一个不争的事实。然而，在社会工作理论中，对于人的生长和发展与社会环境究竟有多大程度的联系，以及是否存在对所有人来说都是不可避免的、普遍性的发展阶段，却有很多争议。从生命历程（life course）视角看来，每个人都有其独特的生命轨迹，这个轨迹取决于个人与社会环境之间持续的、累积性的互动；而从生命周期（life cycle）视角看来，人类个体之间有着大致相同的生命周期，人的一生可以划分为若干阶段，这些生命阶段是序列性的、普遍性和可预测的。

从发展的角度衡量人与环境之间关系的好坏，关键是看它在多大程度上培养了个体的自我规划能力（self-direction）。所谓自我规划能力，是指在尊重他人的权利和需要的同时，能够做出最有利于自己的明智的决定，并采取有效行动付诸实施的能力。

（三）运行的角度——个人与环境之间的关系可以划分为两个过程，即压力-应对/防卫和挑战-奋斗

杰美因和布鲁姆认为，个人与环境往往是以生活事件（life event）为中介而相互作用的。所谓生活事件，就是对个体和环境造成扰动的某种刺激。这种扰动有可能来自外部环境的变化（如战争），也可能来自个体内部环境的变化（如疾病）。正是通过一个个的生活事件，客观环境因素的变化才被个体意识到，并由个体做出相应的反应。生活事件对个体来说，可能构成压力源（stressor），也可能构成挑战源（challenger）。一个生活事件到底是压力源还是挑战源，取决于个体对该事件的主观体验。如果个体对该事件的体验是负面的，就是压力源；如果体验是正面的，则是挑战源。因此，有可能出现这种情况：同样一个事件，在一些人那里是压力源，在另一些人那

里则是挑战源；同样一个事件在同一个人那里，在某一时刻表现为压力源，在另一时刻则表现为挑战源。

生活事件作为压力源会对个体的生理和心理造成极大的压力，使个体急欲摆脱。此时个体可能做出的行为反应，一是应对（coping)，即正视现实并积极地寻找解决之道；二是防卫（defending)，即极力回避现实，否认现实。

生活事件作为挑战源，使个体感受到的不是压力，而是一种挑战性，它激发的行为反应是奋斗，即个体热情奋发，相信能够利用足够的资源去战胜它，并从中受益。

个人与环境之间的互动过程是反馈性的。面对环境的压力或挑战，个人如果反应成功，则会提高个人与环境之间的契合优度，促进个体的生长和发展，反之则可能导致生理的、心理的或社会的功能失调，严重者甚至导致整个系统的崩溃。

衡量个人与环境关系运行的好坏，主要是看其在多大程度上培养了个体的胜任感（competence）和自尊（self-esteem)。胜任感，指的是个人相信能够通过自己的努力去影响或控制环境的信心。自尊是指由联结力、自我规划能力和胜任感等多个方面培养起来的关于自我的正面感觉。

四、人的行为评估的基本框架

研究人的行为与社会环境之间关系的最终目的是准确地评估人的行为的动力机制，为制订社会工作方案提供理论依据。杰美因和布鲁姆的社会生态学理论深刻地阐述了人的行为与社会环境之间的关系，但其作为一种描述性的宏观理论，并未提供一个清晰的、具有可操作性的行为评估框架。[①] 从社会工作理论和实务的现状来看，尽管“人在环境中”理念已经成为行为评估的基本出发点，但如何对“人在环境中系统”（person-in-environment system，PIE 系统）进行更为具体的分析，不同学者往往根据自己的专长提供不同的框架。这些框架彼此间差异很大，有时甚至是相互矛盾的。这里经过比较和分析，决定采用阿希福特（Jose B. Ashford）等学者提出的分析框架。[②]

阿希福特等人提出的分析框架，主要采取两个维度：一个是横向的生物-心理-社会维度（biopsychosocial approach)，另一个是纵向的生命周期维度（life cycle dimension)。前者分析人的行为的三个层面——生理（生物）的、心理的和社会的，后者分析人的行为在整个生命过程（从胎儿期直到老年期）中的演化。运用这两条轴线交叉而成的坐标系，人的行为与社会环境之间的关系就能得到比较完整的分析。因此，下面两节将分别阐述人的行为的三个层面和生命周期。

---

① 宋丽玉等．社会工作理论：处遇模式与案例分析．台北：洪叶文化事业有限公司，2002：224－225.

② Ashford J B，Lecroy C W，Lortie K L. Human behavior in the social environment：A multidimensional perspective. 2nd Edition. Belmont：Wadsworth/Thomson Learning，2001.

第二节 人的行为的三个层面

一、生物生理层面

人类个体作为一个生物有机体，其行为发展必然受到生物和生理因素的制约。这主要表现在：第一，人的基本生物性状受遗传信息的控制，这是不以人的意志为转移的。第二，体质状况构成个人社会发展的基础。中国人常说“身体是革命的本钱”，就是这个道理。一个人身体健康或者具有某种生理特长，往往是个人社会发展的有利条件，身体衰弱或有生理缺陷则往往构成不利条件。第三，人作为一个生物体，其内在的“生物钟”规定着每个人基本的生活节奏和生命周期，人人都逃不出生老病死的大限，生理发育过程中的某些环节或阶段也常常构成生命历程中的重要转折点或生命事件。关于这三个方面，这里着重谈一谈遗传因素的影响。

关于遗传因素对人的行为的影响，达尔文的自然选择学说已有初步阐述，现代遗传学说则更是把关于遗传的研究推进到了分子水平。现代遗传学说已经揭示，DNA是人体内最重要的遗传物质。遗传信息的实质是DNA分子中的四种碱基A、T、C、G的配对组合方式。基因是人类遗传信息的基本结构和功能单位。所谓基因，就是一个具有特定核苷酸顺序的DNA片段。基因位于染色体上，每个染色体都包含着多对基因。正常人体细胞内共有23对、46条染色体。在人的生育过程中，精子和卵子中的染色体相互配对组合，从而将父方和母方的基因遗传给新的人类个体。来自父方和母方的基因按照一定的规律形成不同的基因组合。这些基因组合，控制着人体细胞的分裂、增殖和衰老，从而控制着人体的生长和发育。由于新的个体的基因是父方和母方双方基因的重新组合，因此，他（她）的生物性状相对于其父亲和母亲来说总会存在变异。

基因的重组是人类遗传变异的主要形式，但有的时候遗传变异也可能是由遗传物质本身的变异造成的。遗传物质的变异主要有两种形式：一种是基因突变，另一种是染色体畸变。遗传物质变异有可能导致遗传性疾病。遗传性疾病可以分为染色体病和基因病。

染色体病是指由染色体数目异常或结构畸变而引起的疾病。常见的如唐氏综合征，即先天愚型，是因第21号染色体多出一条（有三条）引起的。

基因病是由基因缺陷而导致的疾病，包括单基因病、多基因病和伴性遗传病三种。

单基因病是指由单一致病基因引发的疾病，比较常见的有家族性高胆固醇血症、白化病、苯丙酮尿症、半乳糖血症等。根据基因的相对性状，单基因病又可以分为单显性基因病和单隐性基因病。

多基因遗传病，指由多对致病基因共同作用而引发的遗传病，发病率比单基因病低，常见的有先天性髋关节脱位、唇裂或腭裂（俗称兔唇）和无脑儿等。

伴性遗传病，指由性染色体上的致病基因所引起的遗传病。伴性遗传病的致病基因大都在X染色体上，发病机会男性高于女性。常见的有红绿色盲、抗维生素D佝偻病。

现代遗传学说在揭示了人类遗传机理的同时，似乎也在颠覆着人类的信仰和知识体系。人们不禁要问：遗传因素到底在多大程度上制约着人类的行为？对于人的行为，到底是先天的生物遗传因素还是后天的社会文化因素起着更大的作用？在这个问题上，不外乎两种观点：基因决定论与社会决定论。长期以来，不管是在普通人的意识中还是在人类的知识体系中，占主导地位的都是社会决定论，即后天环境、后天教养决定着人的行为。这一点，也是人与动物的根本区别。但大量人体基因及其遗传性状的发现，对这一观点构成了严重挑战。比如，1999年以色列遗传学家宣称，他们在人体内发现了一种“冒险基因”，携带这种基因的人喜欢寻找强烈刺激，所以比其他人更易染上毒瘾，即使出生才两周的新生儿，若带有这种基因，对外界的事物也会显示出异常的警觉和好奇。他们推测，美国著名的肯尼迪家族之所以不断出现非正常死亡事故、性丑闻和毒品丑闻，可能与该家族携有“冒险基因”有关。[①] 现在社会决定论和基因决定论的争论仍然非常激烈。

这里需要注意的是，尽管生理因素对人的行为及其发展具有重要影响，但生理因素往往是与心理和社会因素共同发生作用的，一些生理变化甚至是由心理和社会因素诱发的。在上海的一次调查表明，人们的社会行为取向和方式在很大程度上能够影响人们的身体健康，身体的功能性失调和器质性病变，往往是不良社会行为取向和方式不断刺激和反复作用的结果。[②] 一些遗传性疾病也与社会因素有关。比如先天愚型是一种染色体病，但它往往是由产妇生育过晚造成的，而高龄产妇的大量出现又与整个社会的制度安排和文化变迁有关。工业革命以来，人类对外界环境的改造能力大大提高，环境的改变在造福人类的同时，也造成了大量潜在的、难以预见的生物和生理危险因素。

在社会工作中，往往会遇到大量由于生物生理因素而陷入困境的案主。这要求社会工作者必须了解有关的生物、生理和医学知识，以便为案主提供更好的服务。

二、心理层面

人的潜意识、感觉、认知、情绪、需要、态度、意志等心理过程，也是人的行为的重要动力。关于人的行为的心理层面，精神分析理论、行为主义心理学、认知心理学和人本主义心理学从不同角度进行了深刻的分析。

---

① 以色列遗传学家称：肯尼迪家族悲剧可能与基因有关．(1999-07-22)[2018-03-04]. http://tech.sina.com.cn/news/ology/1999-7-22/2564.shtml.

② 王召平，李汉林．行为取向、行为方式与疾病——一项医学社会学的调查．社会学研究，2002 (4).

（一）精神分析理论

精神分析理论的创立者是奥地利精神病医生弗洛伊德（Sigmund Freud）。后来荣格（C. G. Jung）、阿德勒（A. Adler）、埃里克森（E. H. Erikson）等人对弗洛伊德的理论进行了修正和补充，史称“新弗洛伊德主义”。精神分析学说的基本特征是强调潜意识以及由意识与潜意识之间的冲突所导致的紧张、压抑、焦虑等情绪对人的行为的影响。

弗洛伊德认为，人的心理分为两个层面：意识和潜意识。传统心理学所研究的意识、感觉、知觉、注意等，属于人的意识层面。在这个层面的背后，还存在着一个更为隐秘，但同时也更为活跃的潜意识层面。潜意识层又分为两个部分：一是无意识，由原始的冲动、本能以及被压抑的欲望和动机组成，由于失去了与正常交流系统和语言规则的联系，几乎无法进入意识层面；二是前意识，是意识和无意识之间的中介，其内容在一定条件下可以从无意识状态转变为意识状态。人的心理过程主要是无意识的。无意识尽管受到压抑，但仍然无时不在力图表达自己，任何有意识的行为实际上都受着无意识的干扰甚至支配。其中，又以性本能最为重要和活跃。人格也是意识（表现为自我和超我）和潜意识（表现为本我）冲突和斗争的结果。本我、自我和超我如果和谐一致，人格就会正常发展；反之，如果失衡或冲突，人格发展就会非常困难，甚至出现不同程度的心理疾病。

精神分析理论所阐述的无意识现象以及与此相关的心理疾病，对社会工作具有重要指导意义，因此在 20 世纪 30—50 年代，它曾在社会工作的知识体系中处于垄断地位。

弗洛伊德之后的“新弗洛伊德主义”理论对社会工作也有重大影响。其中又以埃里克森的理论影响为最大。埃里克森认为，除了性等生物因素之外，社会文化对于人格发展也有重要影响；人格的发展贯穿人的整个一生。人在成长的每个阶段，都会遇到某种心理问题，都要对周围环境所提出的特定社会要求做出反应。如果个人能成功地解决这些问题，心理和行为发展就会比较顺利；反之，则易出现心理和行为问题。

（二）行为主义心理学

行为主义是 20 世纪初由美国心理学家华生（Jonh B. Watson）创立的一个心理学流派。行为主义认为，人的心智过程是难以观察，也难以验证的。传统心理学以心智过程为主要研究对象，使心理学陷入哲学思辨和神秘主义的境地。要使心理学成为真正的科学，就必须摒弃对心智过程的研究，而以可观察的外在行为作为唯一的研究对象。行为主义认为，任何行为都是由环境中的刺激所引起的反应。人的行为的基本过程就是刺激（stimulus）-反应（response），简称“S－R 模式”。刺激和行为之间存在着某种对应关系，心理学的根本任务就是通过实验和观察寻找刺激和反应之间的种种对应关系，寻找人的行为过程中的各种 S－R 模式。

行为主义认为，人的行为是完全可以训练的。因为，既然人的行为是对刺激的反应，并且遵循 S－R 模式，那么，我们就可以通过对刺激的不断变换来对人类的行为反应进行训练，使其养成所需要的固定的行为反应模式。这就是行为主义所说的“学习”。后期的行为主义理论吸收了认知心理学的一些观点和理论，对S-R模式进行了一定程度的改进。比如，班杜拉提出了“观察学习”的观点，即个体并不一定必须亲身经历某种刺激后才会做出某种行为反应。事实上，他可以通过观察他人的行为及其后果而习得某种行为反应模式。

从上面的分析可以看出，行为主义理论的基本取向是强调外部环境的刺激模式对人的行为的影响。根据这种理论，社会工作的主要任务是通过一定的方法对案主的行为反应模式进行训练和矫正。

(三) 认知心理学

认知心理学是以人的认知过程为主要研究对象的一个心理学分支。精神分析学侧重于研究潜意识，行为主义主要研究可观察的行为，而认知心理学则主要研究注意、知觉、记忆、思维和语言等高级的内部心理过程。认知心理学发展于20世纪50年代中期，到20世纪70年代后成为美国和西方心理学的主要研究方向之一。在社会工作中，认知心理学是经常被援引的一门专业知识。认知心理学的知识非常庞杂，这里主要介绍皮亚杰的认知发展理论。

皮亚杰（J. Piaget）认为，人天生就有一种认知结构，他称之为“基模”。基模具有整合和组织功能，能够将片段的、琐碎的经验组织和统一起来，形成逻辑化的、有条理的认识。在人的一生中，随着身体的发育和经验的增长，基模会不断发生变化。认知发展的实质就是基模的变化。认知的发展主要是通过同化和顺应等过程实现的。同化是个体对新获得的刺激进行过滤或改变，使之融入原有的基模的过程；顺应是个体对基模进行调整以适应新的刺激的过程。每当遇到新的刺激，个体总是试图用原有的基模去同化，若获得成功，便取得暂时的平衡；若不成功，个体便会做出顺应，即对基模进行调整，直至达到认识上的新的平衡。正是这样一个循环往复的同化、顺应和平衡过程，推动着基模不断从低级向高级演进，从而也推动着认知能力的发展。皮亚杰把认知发展分为四个阶段：感知动作阶段（0～2岁）、前运思阶段（2～7岁）、具体运思阶段（7～11岁）和形式运思阶段（12岁以上）。

皮亚杰认为，影响认知发展的主要因素有四个：(1) 成熟，指有机体的成长，特别是指神经系统和内分泌系统的成熟；(2) 经验，即通过与外界物理环境的接触而获得的知识；(3) 社会环境，主要是语言和教育的影响；(4) 平衡化，即个体不断自我调整，以实现上述三个因素之间平衡的过程。这个过程会不断对基模进行新的建构。

在认知心理学看来，人的行为主要不是受制于潜意识中的本能，也不纯粹受制于外部环境的刺激，而是受制于理性思考。人的行为过程中的各种困境主要是理性认知方面的缺陷造成的。根据这一理论，社会工作的主要任务是帮助案主培养良好的认知能力，建立对自然和社会的正确认识。

(四) 人本主义心理学

与上述三种心理学理论都不相同，人本主义心理学强调人的行为的意识性、目的性和创造性，强调人与动物的差异，重视人的行为的价值性和特殊性，故称为人本主义心理学。其代表性理论是美国心理学家马斯洛（A. Maslow）创立的需要层次理论。

马斯洛认为，需要是人的行为的内在动力。人的需要按紧迫性和重要性分成五个层次：（1）生理的需要，这是人类最基本最原始的需要，在一切需要中，生理需要是最优先产生的；（2）安全的需要，包括心理上和物质上的安全保障，对体制、秩序和法律的需要，对保护者实力的要求等；（3）归属和爱的需要，即渴望同他人结成一种充满深情的关系的需要，既包括接受他人的爱，也包括给予他人的爱；（4）尊重的需要，包括两大类：一是对于实力、成就、胜任、优秀、独立和自由的欲望，二是对名誉、威望和地位的需要；（5）自我实现的需要，即通过自己的努力，实现自己对生活的期望，从而对生活和工作感到很有意义、很有价值，这是最高层次的需要。上述五种需要呈梯次排列，只有低级的需要得到最低限度的满足后才会追求高一级的需要，如此逐级上升，不断推动着行为的发展。

马斯洛认为，每个人都有发展的潜能，都有自我实现的需要，心理学的任务就是要充分挖掘人的潜能，满足其自我实现的需要。

人本主义心理学在社会工作中也是一种广有影响的理论，它使社会工作者意识到每个人都有自己独特的“意义世界”，社会工作者的主要任务就是去理解案主的“意义世界”及其内在矛盾，并帮助案主恢复或重建自己的“意义世界”。

在社会工作史上，心理学曾经扮演过很重要的角色。在相当长的时间内，心理驱动被看作人的行为之主要的甚至唯一的动力，心理学模式成为社会工作实务的主导模式。尽管实践已经表明这种观点并不完全正确，但心理学仍然是社会工作中不可或缺的一门知识。

三、社会层面

除了受生理和心理因素的影响，人的行为还会受到社会因素的影响。如果说，生理和心理因素构成人的行为的内部环境，那么，社会因素则构成了人的行为的外部环境。从社会的角度来看，人的行为实际上是一个扮演社会角色的过程。人总是生活在社会系统之中的。任何社会系统都内含着一定的时间和空间结构。这些时间和空间结构，有些是物理性的，有些是社会性和文化性的，还有些则兼有物理性、社会性和文化性。社会系统的时空结构作为一种基本框架，从纵向和横向两个维度确定了个体在整个社会系统中的位置。这个位置就构成了个人角色扮演的大舞台，从而规定着人的行为的形态和发展。

从时间上说，人作为一个生物有机体，其行为必然受到生物钟的制约，这是自然时间的作用。除自然时间外，还有社会时间，不同社会和文化对时间都有不同的安排。伴随这些社会时间安排，人们或休息，或娱乐，或庆祝，或放松。在绝大多数情况下，自然时间节奏和社会时间安排是叠加在一起的，它们共同对人的行为施加影响。

从空间上说，物理环境中的各种物质要素都有一定的空间关系，这种物理空间无疑会影响人的行为。与此同时，不同社会和文化还会对不同物质要素的占有和使用做出某种规定，这就构成社会和文化意义上的空间结构。比如，不同社会和文化，对什么是私人空间、什么是公共空间、什么是隐私、什么是合适的人际距离的理解和规定是不同的。这些规定自然也影响着人们的行为。与时间结构一样，在绝大多数情况下，物理空间和社会-文化意义上的空间是叠加在一起而对人的行为施加影响的。

更具体地说，社会系统对人的行为的意义主要体现在三个方面：第一，作为社会化机制，它影响着个体对社会角色规范的学习和领悟；第二，作为资源配置机制，它影响着个体角色扮演所需要的条件和手段；第三，社会系统的运行方式影响着人的行为的内部环境，即生理和心理过程。

首先，人对环境的适应能力不是与生俱来的。只有通过社会互动，不断内化与社会角色有关的价值规范和生存技能，才能从一个“生物人”转变为“社会人”，才能适应社会生活。这个过程就是社会学所说的社会化。人的社会化过程会涉及一系列个人、群体和机构。在现代社会中，对人的社会化影响最大的主要有家庭、学校、工作单位、同龄群体和大众传播媒介等。这些社会机制实施社会化的方式、内容和功能各不相同，其中任何一个环节出现问题，都有可能导致社会化失败，进而导致行为问题。①

其次，角色的成功扮演还需要资源。在现代社会中，资源的配置方式主要有三种：市场、制度安排和关系网络。三种资源配置方式的逻辑和机制是不一样的。大致来说，市场是交易性的，资源的配置服从等价交换规律；制度安排是分配性的，资源的配置采取强制性的支配-服从方式；关系网络是互惠性的，资源的配置服从投桃报李、各取所需的原则。

社会系统中有很多社会角色，如父母、朋友、同学、商人等等；也有很多社会设置，如家庭、企业、大学、社区、国家等等。每个社会角色和社会设置所掌握的资源的种类、多寡和分配方式都是不同的，因而每个人与有关社会角色和设置的关系不同，他所获取的资源的种类、多寡和获取方式也就不同。总的来说，自从人类社会出现阶级以来，人类社会资源的配置就是不平等的。社会资源的不平等是造成社会问题，包括社会工作问题的重要根源。

最后，社会系统作为人的行为的外部环境，其运行方式还会影响人的行为的内部生理和心理环境。其原因在于：第一，人作为一个生物有机体，本身就是社会系统的构成要素，社会系统的运行方式会直接影响到人体的运行。比如，现代科层制组织单纯把一个人作为生产工具来使用，很少考虑人之为人的情感和价值需要，结果导致人的“物化”，就像《摩登时代》里那个在生产线上专门负责拧螺丝的工人，无论走到哪里都做拧螺丝状。第二，社会系统的改变同时意味着生物和物理环境的改变，从而间接影响到人体生理和心理过程的运行。比如全球化进程的加快，在推动信息和物质交流的同时，也推动了疾病的“交流”；大量西方文化的传入，会造成价值冲突和认

---

① 郑杭生．社会学概论新修．3版．北京：中国人民大学出版社，2003：81－105.

知紊乱；如此等等。

关注人的行为的社会层面，对社会工作具有非常重要的意义。它使我们认识到，人都是生活在一定的社会环境之中的，社会工作的一个重要任务是恢复或重建个人所处的生活系统，不能仅仅从个体内部寻找问题的原因和解决方案。

第三节 人的行为与生命周期

人的行为虽然是不断变化的，但这种变化是有阶段性的。与人的生命周期相适应，人的行为呈现阶段性变化。在社会工作中，通常将人的行为的变化划分为胎儿期、婴幼儿期、儿童期、青少年期、成年早期、中年期及老年期七个阶段。

一、胎儿期

人的行为的发展在胎儿期即已开始。作为生物个体的人是由受精卵发育而来的。受精卵着床后逐渐发育成胚胎，以及与母体建立联系的附属物——胎盘、胎膜、脐带及羊水等。胚胎在母体内经过大约 40 周即 280 天的发育，最后分娩，脱离母体。

在胎儿期，听觉、视觉、味觉、嗅觉和触觉等感觉器官已经发育完成。相应地，胎儿已经具有一定的意识能力。据研究，胎儿的意识能力大约是在 6 个月后产生的。6 个月后，胎儿能够感知外部世界，并能够把感觉转换为情绪。胎儿还具有一定的记忆能力和沟通能力。有证据显示，新生儿对自己母亲的声音以及他在胎儿期曾经听到的音乐会产生反应，新生儿通常会比较喜欢自己的母语，因为他们在子宫里经常听到这些声音。[①] 这表明，胎儿已经具有一定的认知能力。利用胎儿的认知能力，现在一些优生学家正在积极探索“胎教”的途径。不过，由于目前尚有大量科学疑团未解开，因此在实施“胎教”时一定要慎之又慎。

胎儿的行为发展从一开始就受到环境的影响。影响最大、最直接的是孕妇的生理和心理状况。从生理上说，主要有孕妇的年龄、营养和体质、健康状况、是否有不良嗜好、用药等方面。从心理上说，孕妇在孕期保持良好的心理状态至关重要。抑郁、悲伤、猝惊等不良情绪会影响胎儿发育，导致流产或死胎，或日后出现情绪和行为问题。有研究报告称，怀孕妇女过度焦虑会使胎儿在未来的成长中容易出现情绪和行为方面的问题。研究显示，儿童情绪和行为动作方面的问题与怀孕时期的母亲过度焦虑有很大关联，那些焦虑程度高的孕妇生下的孩子日后出现情绪和行为问题的概率是通常情况的两到三倍。[②]

---

① Ashford J B，Lecroy C W，Lortie K L. 人类行为与社会环境 . 台北：双叶书廊有限公司，2000：229.

② （2002 - 06 - 04）[2018 - 03 - 04]. http：//baby. sina. com. cn/health/2002. 06. 04/47 _ 28561. shtml.

需要注意的是，孕妇的生理和心理状态受到社会和文化因素的制约。比如，环境污染、生育观念落后、产前卫生保健体系和孕期社会保障体系不健全、家庭关系或其他社会关系不和睦、遭遇失业或其他生活变故等等，都会影响孕妇的生理和心理状态，进而影响胎儿的发育和行为发展。

二、婴幼儿期

0～3 岁为婴幼儿期，其中第一个月为新生儿期。

新生儿期是一个非常脆弱的时期，某些关键问题如果处理不当会影响婴儿的发育和发展，甚至危及婴儿的生命。现在医院通常采用阿普加量表（Apgar Scale）对新生儿状况进行评估，目的是掌握新生儿在母体外环境中的生存能力和神经系统的发育状况，以便及时制订应对方案。

早产儿是新生儿中的一个特殊群体。在医学上，一般将怀孕不足 37 周即分娩的婴儿称为早产儿。早产儿由于器官发育尚未成熟，在新生儿期的致病率与死亡率均特别高。长大成人后，其行为问题的发生率也比较高，因此往往是社会弱势群体的一个重要组成部分。

婴幼儿的生理发育非常迅速。婴幼儿在 1 周岁时，身高可达到出生时的 1.5 倍，体重达到出生时的 3 倍，脑容量可达到成年时的 47%。在 1～3 周岁期间，身高每年增加 5～7 厘米，体重每年增加约 2 千克，脑重每年增加约 280 克，3 岁幼儿的脑重与成人相比，只差 400 克左右。在此期间，婴幼儿的新陈代谢非常旺盛，对各种营养和能量，特别是蛋白质的需求量很大。[①] 营养不良会导致婴幼儿发育严重迟缓。

随着生理的迅速发育，婴幼儿的动作能力和语言能力开始发展。动作发展的基本顺序是从头到脚，从脊椎到四周。在语言方面，在出生后 3～5 周，婴儿能够发出 a、o 等元音；4～10 个月，能够连续发音和发出多音节；11～12 个月，能够发出音调，开始理解语言的意义；12～15 个月，掌握少数单词，并能简单地表达自己的意思；15 个月以后，能够使用多个单词组成句子，并开始掌握语法。

在认知能力方面，根据皮亚杰的理论，婴幼儿的发展属于感知动作阶段。婴幼儿的动作从随机的反射动作逐渐发展为目的导向的行为，并发展出物体运动守恒观念。

在态度和情绪方面，在出生后的第一年，婴幼儿会发展出愤怒、悲伤、惊讶、恐惧等情绪，到第二年则会发展出窘迫、羞耻、负疚和自豪等情绪。根据埃里克森的理论，在此期间，婴幼儿心理发展的主要矛盾是：(1) 信任与不信任（0～1 岁）。婴幼儿得到父母或他人的良好照料，各种需求得到充分满足，能使婴儿建立起对周围环境的信任感；相反，则会对他人和环境产生不信任。(2) 自主与羞怯、怀疑(2～3 岁)。婴幼儿在这一阶段开始学习对自己的肢体活动加以自主控制，用自己的感官去熟悉周围环境。父母应有意识地鼓励孩子的这种自主性活动，过多的指导以及责怪或限制，会使婴幼儿产生羞耻感，并对自身的能力和周围的环境产生疑虑，不利于养成独立自

---

① 徐愫．人类行为与社会环境．北京：社会科学文献出版社，2003：113－115.

主的个性。

在社会行为方面，婴幼儿逐渐学会与他人互动，并对他人有强烈的依恋需要。在道德方面，婴幼儿尚未形成明确的道德观念，对规范的服从完全是出于对惩罚的恐惧或是为了取得相应的奖赏。

总的来说，婴幼儿的行为发展固然具有很强的生物性，但仍然离不开适当的环境刺激。在此过程中，家庭对婴幼儿的良好照顾、家庭成员与婴幼儿之间的温馨交流，所起的作用最为关键。

三、儿童期

儿童期一般指 3～12 岁这段时间。本章对儿童期的界定与第十四章“儿童社会工作”中对儿童期的界定有所不同。本章界定的范围比后者要窄。儿童期又可以划分为两个阶段：3～6 岁为学龄前期，6～12 岁为学龄期。

（一）学龄前期

学龄前儿童在生理上仍呈快速发展趋势，皮下脂肪减少，肌肉渐趋结实，加上骨骼的发展，身体变得强壮，精力也非常旺盛。大脑结构和机能的不断完善，使动作能力大大增强。学龄前儿童特别好动，动作的协调性和准确性也大为提高。

在认知能力方面，学龄前儿童注意力能够集中和持久，特别是对感兴趣的事物和活动，注意时间更长。记忆组织的能力大大加强，能够对所记忆之事物根据自己的感情进行一定程度的润色，对带有感情色彩的事物的记忆尤其深刻。儿童语言表达能力进一步增强，能够使用长句和复杂句。环境的刺激对儿童语言技巧的发展影响很大，成人与儿童间的口语互动有利于儿童语言的发展；相反，则有可能导致口吃等语言障碍。根据皮亚杰的认知发展理论，这一时期属于思维上的前运思期，思维的基本特点是“自我中心”和“万物有灵”。

在态度和情绪方面，儿童具有想象力，能够根据现实的事物对可能的事物进行推测和想象。随着想象能力的发展，开始发展出对未来和不可见事物的恐慌和恐惧心理。攻击行为开始发展并在 4 岁时达到高峰，此后随着沟通技巧的提高，次数逐渐减少。根据埃里克森的理论，这一时期儿童心理发展的主要任务是：克服负疚感，培养进取心。这一时期的儿童由于感觉能力、动作能力和语言能力提高，开始表现出独立性和主动性，父母如果对儿童的主动要求不予理睬或管束太多，取笑或惩罚儿童一些带有创造性甚至有点荒诞的做法，会使之产生负疚感，影响其进取心、想象力和创造力。

在社会行为方面，学龄前儿童具有自我体验能力，能够区分自己的性别和性别角色，能够根据一定的特征对他人进行分类；具有一定的角色扮演能力，能够用移情方式思考不同角色之间的关系；开始发展出利他主义行为。在道德观念上，这一时期占主导地位是“乖娃娃取向”，儿童非常看重家长和亲友所定下的“乖娃娃”标准，努力按照这个标准行事，以期获得家长和亲友的认可。

（二）学龄期

学龄期儿童的身体发育趋于平缓，皮下脂肪进一步减少，肌肉更加强健，动作的流畅、协调程度和力度都大为提高；仍然比较好动，但开始对一些需要安静的活动感兴趣，兴趣也渐趋集中。

在认知方面，属于皮亚杰所说的“具体运思期”，即思维仍以具体的事物为对象，但已经能够进行逆向思维，并发展出质量守恒观念。语言表达更为精练和准确，语法的使用更为复杂，能够理解语词背后比较复杂和抽象的语意，能够欣赏幽默和笑话，能够通过语言暗示控制自己的行为。

在情绪方面，根据埃里克森的理论，这一时期心理发展的主要任务是培养奋发向上的精神，克服自卑感。原因在于，这一时期儿童动作能力和认知水平进一步提高，因此对周围事物的性质、用途和构造的好奇心增强，乐于使用工具去进行操作活动。此时成年人应鼓励儿童积极动脑并努力完成自己喜爱的活动，从而培养起儿童完成任务的奋发精神。不理解或压制儿童的想象力和创造性活动，会造成儿童的自卑感。

在社会行为方面，儿童的自我意识渐趋稳定和复杂，自我中心主义意识仍很强烈。社会关系大大扩展，社会互动的技巧、角色领悟和扮演能力大为提高，能够主动结交朋友。在道德发展方面处于科尔伯格所说的第四阶段，即儿童的眼界已经越出家庭和亲友的界限，认识到更多的社会团体和更高层次的社会规范的存在。

在整个儿童期，社会环境对行为发展的影响主要有：（1）社会经济状况对儿童的身体发育影响甚大。贫困家庭和落后地区的儿童常常发育不良或发育迟缓，而在大城市和发达地区，儿童肥胖症则较为普遍。（2）游戏是这一时期儿童最主要的学习方式之一，游戏对于理解社会角色规范、发展社会互动技巧都非常重要。年幼儿童单独玩耍的时候比较多，家庭应当提供比较丰富的、符合其兴趣的玩具；稍长的儿童群体游戏比较多，应当为其创造时间、空间等合适的条件。（3）家庭的教养方式对儿童影响很大。研究表明，过于严厉和宽松的教养方式都不利于儿童的成长，最佳的教养方式是权威型的。（4）儿童需要和谐的家庭关系。父亲或母亲存在精神或行为方面的问题，或者家庭关系紧张，往往导致儿童出现生理发育和情绪方面的问题。（5）在学校中表现的成功或失败对学龄儿童成长的影响非常大，为此，学校应建立合理的教育方式和评价体系，特别是要注意挖掘儿童的特长，保护儿童的自尊。（6）在现代社会中，儿童面对传媒的时间甚至长于面对父母的时间，传媒直接影响儿童的价值、认知和情感取向。

四、青少年期

青少年期一般始于 10～12 岁，止于 21 岁或 22 岁。青少年期在生理上的一个重要变化是，性功能成熟，具有生育能力；男性和女性分别出现第二性征——生理学上把第二性征从出现到成熟这段时间称为青春期。

在认知发展方面，青少年期属于皮亚杰所说的形式运思期，即具备抽象思维能力，能够运用“假设-演绎”的思维方式。这一思维能力极大地开阔了青少年的视野，利用这一能力，他们能够对大量未知的事物进行自己的推演和判断。

在情绪方面，由于内分泌活跃，情绪高亢，青少年要求独立的自我意识非常强烈，但由于理想与现实的差距，往往陷入严重的内心矛盾。根据埃里克森的看法，青少年期最关键的任务是建立对自我的角色认同和定位，但由于面临抉择的问题极多，比如个体身心发育、家庭内外关系、同性/异性关系、学业问题、未来发展问题等等，青少年易陷入角色混淆困境，出现比较严重的行为问题。

在社会行为方面，青少年开始集中学习未来事业发展所需要的技能；由于具有追求独立的强烈愿望，对包括家长、老师在内的权威产生逆反心理。在社会道德标准方面，青少年开始意识到各种道德信仰之间的矛盾和冲突，因此对各种社会规范，不管是道德还是法律，都不再简单地遵从，而会根据实际情况做灵活的变通；与此同时，他们开始努力发展自己独立的道德价值和规范，越来越多地摆脱习惯而按照自己的标准行事。青少年与同辈群体的关系较亲密，与家庭渐渐疏远。他们较易接受同辈群体的行为标准并努力融入同辈群体，同辈群体所形成的亚文化或反文化往往比家庭和学校的教导具有更大的影响力。

青少年期是一个社会偏离行为的高发期，主要行为问题有青少年犯罪以及由性冲动而带来的种种问题。

五、成年早期

成年早期一般指 22～35 岁，有人也称之为青年期。人的生理机能一般在 22～25 岁达到高峰，这一时段的体力最好，精力最旺盛，此后开始逐渐走下坡路。但总的来说，在整个成年早期，人的生理机能都保持在高水平。这一时期也是最佳生育年龄，绝大多数人在这一时期组建家庭，生儿育女。

在心理方面，成年早期是人的心智能力最强的时期，人们思维的敏捷性和精密性都比青少年期大大提高，具备了独立决策能力。根据埃里克森的理论，这一时期心理发展的主要任务是克服以往的自我中心主义意识，学会与他人建立亲密关系，包括被人爱和爱他人，否则求爱、建立家庭等人生大事将难以完成，本人也将陷入难以自拔的孤独感。道德发展更趋于完善，逐渐形成稳定的道德观。

在社会行为方面，成年早期是人生的重要转折点，不管从家庭来讲，还是从事业来讲，都是奠定基础的阶段。这一时期开始承担大量社会角色，包括为人夫妻、为人父母、承担公民责任、履行职业角色等等。

六、中年期

中年期一般指 35～60 岁。与前几个阶段相比，中年期有一个很重要的特点，即这一时期的行为主要受个人社会经历，特别是个人对自己生命周期的感觉的影响，受生理变化的影响很小，因此，不同个体的中年期的起止年限差异很大，35～60岁只是一个大致的范围。

中年期是一个生理上走下坡路的时期。大多数中年人开始“发福”——体形肥胖，行动笨拙；听力、视力下降；容颜衰老；经常感到精力不济。更年期是中年期非常重要的经历。一般女性在50岁左右，男性在60岁左右，体内激素特别是性激素分泌失调，导致一系列生理和心理上的不适，比如腰胀腰痛、湿热多汗、皮肤发红、胃肠功能紊乱、焦虑、易怒、多疑、失眠、多梦等等，这些症状被称为“更年期综合征”。男性的更年期综合征不甚明显，对工作和生活影响不大，女性则比较明显，最显著的标志就是月经停止。更年期综合征会带来一系列社会问题，主要有：由更年期引起的多疑、易怒、焦虑等心理往往导致家庭和社会关系紧张，角色扮演失败；男、女更年期表现的差异，容易导致夫妇失和，婚外情、离婚等现象的发生率上升。这一时期也是疾病的多发期，各种癌症、心血管病是较为常见的病症。

在心理方面，总的来说，中年人心态趋于平和、沉稳、现实，对人生、对社会、对生活、对事业去掉了很多不切实际的幻想。不过，由于个人生理状况特别是社会经历不同，中年人的心理体验的个体差异相当大。一些人刚40岁出头即感叹时不我待，老之将至；一些人到了50多岁仍觉得生机勃勃，前途一片光明。埃里克森认为，这一时期心理发展的主要矛盾是：创造与停滞（generativity vs. stagnation）。由于人到中年，中年人普遍对自己的期望不高，转而寄希望于下一代。他们精心培养下一代，从儿女所取得的成就中寻求满足；即使是没有子女的中年人，也可以从爱护、培养其他年轻人，从与他们的交流和沟通中寻求满足。在此过程中，他们形成一种创造未来、创造希望的创造感。这对中年人来说是一种非常健康的心理。相反，那些不能发展出对年轻人的关爱的人，则会感到百无聊赖，感到人生已到穷途末路。

在社会生活方面，中年期是事业达到顶峰的时期，是人生最辉煌的时期。与此同时，中年期也是社会分化最明显的时期。那些社会竞争的成功者，会感到很幸福；那些失败者，则会出现各种经济问题、生活问题和心理问题。中年人家庭生活方面的变故尤其多。首先，子女长大成人，离开家庭独立生活，家庭的“空巢化”对很多中年人来说是一段苦涩的经历。其次，由于生理周期不同步，夫妻关系可能面临危机。最后，中年期也是一个疾病多发的时期：本人多年操劳，身体状况江河日下，开始患上这样那样的疾病；而自己的父母此时已经步入老年，也正是疾病的高发期。这些都会给中年人带来严重的经济压力、生理压力和心理压力。

七、老年期

60岁直到死亡为老年期。在老年期，人的生理机能明显衰退。行动能力大不如前，各种健康问题接踵而至。感觉器官机能的衰退，导致感知能力下降；注意力难以集中，记忆力更差。

在心理方面，不同老年人的表现呈现出相当大的差异。美国老年学家伯克利认为，老年人的心理受其人格类型的影响：（1）“成熟型”人格的人能够平稳地进入老年，对于退休和老化表示接受，既不悲观，也不畏惧，既不过于进取，也不过于防卫。（2）“摇椅型”人格的人不拘小节，亦无大志，视退休为解除责任，正好安享晚年；对于老化，没有任何心理负担。（3）“防卫型”人格的人，固执刻板，防卫心理很强，守规矩，负责任，不肯接受退休，仍想找事做，希望借此证明和保持活力，消除对衰老的恐惧。（4）“愤怒型”人格的人，过去有不得志的经历，到了老年仍非常伤心，把自己的失败都归咎于他人，常常满腹牢骚，愤世嫉俗。（5）“自怨自艾型”人格的人，过去亦有不得志的经历，但与“愤怒型”的人不同，主要把责任归咎于自身，因此沮丧、消沉，认为人老了，是没有价值的废物，只有死亡才是解脱。①

埃里克森认为，老年期的主要心理发展任务是实现自我统合，避免绝望情绪。人到老年，会经常回忆和总结自己一生的活动，力图给自己的一生做出一个使自己满意的解释，给它画上一个完满的句号。如果个人不能找到这样一种满意的解释，就会陷入追悔和绝望的情绪之中。

现代社会针对老年期做了大量制度安排，其中最重要的是退休制度。对于这一制度安排的利弊，存在着不同的看法。一些人认为，退休制度是一个社会正常的新陈代谢机制，既有利于社会发展，也有利于老人颐养天年；另一些人则认为，生理年龄并不等同于心理年龄和社会年龄，一些过了退休年龄的人仍有创造力，他们本人也仍想继续从事社会活动，强制退休制度既浪费了人力资源，也不利于个人的身心健康。因此，如何发挥社会制度安排（包括退休制度）对老年人及整个社会的正面影响，克服其负面影响，是一个值得注意的问题。

专栏：基于人的生命周期的社会福利制度设计②

每个人的生命阶段都有独特的需求与发展任务，而家庭是“人们在不同生命阶段（儿童、青少年、成年人、老人等）相关问题的交汇点”③。为了回应和满足基于个人及家庭生命历程的各个阶段和不同特点的问题与需求，社会福利体系的建立与完善，也因生命周期阶段的不同而有相对应的制度设计。

最早将埃里克森的生命周期概念与社会福利服务相对应的学者是迈耶④，之后西柏龄⑤再将其发扬光大。“从摇篮到坟墓”的社会福利制度与个体生命周期有着密切的联系。一般来讲，社会福利制度框架以个体生命周期中不同阶段的特点和需要为设置依据。这里我们以瑞典的社会福利制度设计为例加以说明。

瑞典的福利制度框架是由一套广泛的社会保险制度和严格控制并须进行家计调查

---

① 沙依仁．人类行为与社会环境．修订版．台北：五南图书出版公司，2001：229－230.

② 宁亚芳．高社会福利水平创造强国家竞争力——基于瑞典的实证研究．中州学刊，2013（5）.

③ 张秀兰，徐月宾．构建中国的发展型家庭政策．中国社会科学，2003（6）.

④ Meyer C. Social work practice. New York：Free Press，1970//林万亿．当代社会工作：理论与方法．3版．台北：五南图书出版公司，2013：39.

⑤ Siporin M. Introduction to social work practice. London：Macmillam，1975//林万亿．当代社会工作：理论与方法．3版．台北：五南图书出版公司，2013：39.

的济贫/社会援助体制组成的。瑞典的社会保险制度覆盖了所有在瑞典居住或工作的人，并为家庭和儿童，为遭遇残疾、工伤、疾病和年老的人们提供保护。社会保险的目的在于为社会成员生命的每一个阶段提供必要的保障。瑞典的社会福利体系正是通过完善的家庭政策和社会保险政策满足了不同年龄段的社会成员的需求。①

瑞典的家庭政策为儿童健康成长和早期人力资本积累提供了公平、全面的保障。瑞典家庭政策最重要的内容包括：日间照料中心和课后服务（day care centers and after-school services）、父母保险（parental insurance）、儿童津贴（child allowance）和其他待遇（other benefits）。瑞典家庭政策的实施为儿童的健康成长提供了全面的保障。从胎儿期到儿童入学阶段，儿童都可以享受旨在维护儿童发育成长起点公平的社会福利待遇。这种维护儿童发育成长起点公平的社会福利制度安排可以使儿童在生命周期的早期阶段获得良好的身体素质，积累较好的人力资本。瑞典社会福利制度中完善的教育福利极大地提高了公民的素质、知识储备和劳动技能。

瑞典为青少年提供了从学前教育到高等教育都免费的教育福利，而且对于那些接受教育时间延长的人会自动延长其相应待遇的给付时间，这对于公民接受教育有着明显的鼓励作用。对于处在工作期仍继续接受教育的社会成员，瑞典采取继续发放学生援助待遇的政策，以鼓励和促进成年劳动者获得必要的教育、更新知识水平从而提高劳动技能。

瑞典的家庭政策和劳动力市场政策交织在一起。家庭政策的出发点在于将儿童抚养和父母工作巧妙结合起来。这一导向确保了父母，尤其是母亲的劳动参与。通过国家干预的方式，以具体的家庭政策实施分担了父母在子女抚养照料上的部分责任，为父母参与劳动力市场和重返工作岗位解除了后顾之忧。同时，瑞典的劳动者在工作期间拥有完善的就业关联福利，具体包括失业保险、工伤保险、疾病补偿、就业支持计划等。这些就业关联福利使劳动者即使因各种原因失业后也能顺利重返劳动力市场。而当劳动者退出劳动领域后，可以获得优厚的退休金和老年服务，老年阶段的生活能得到可靠保障（见图 5－1）。

我国台湾学者林万亿②将生命周期分为初婚期、生育期及养儿期（0～3 岁）、学龄前期（3～6 岁）、学龄期（6～13 岁）、少年期（13～18 岁）、成年前期（18～21 岁）、成年期（21～65 岁）及老年期（65 岁以上）八个阶段，提出了基于不同阶段个人、家庭不同的需求与任务、问题与危机及相对应的社会福利体系。林万亿认为，因个人的生命周期镶嵌在家庭的生命里，没有生育与收养的经验，就没有儿童照顾的问题，自然也就没有生育期及养儿期、学龄前期、学龄期、少年期及成年前期的亲子关系维度的需求与任务，直接跳到成年期。

社会工作者应熟悉生命周期中的阶段转换与衔接，阶段转换与衔接良好与否，是社会工作者关注的焦点。

---

① Bergqvist C，Nyberg A. Welfare state restructuring and child care in Sweden//Michel S，Mahon R. Child care policy at the crossroads：Gender and welfare state restructuring. 2002：287－307.

② 林万亿．当代社会工作：理论与方法．3 版．台北：五南图书出版公司，2013：42－43.

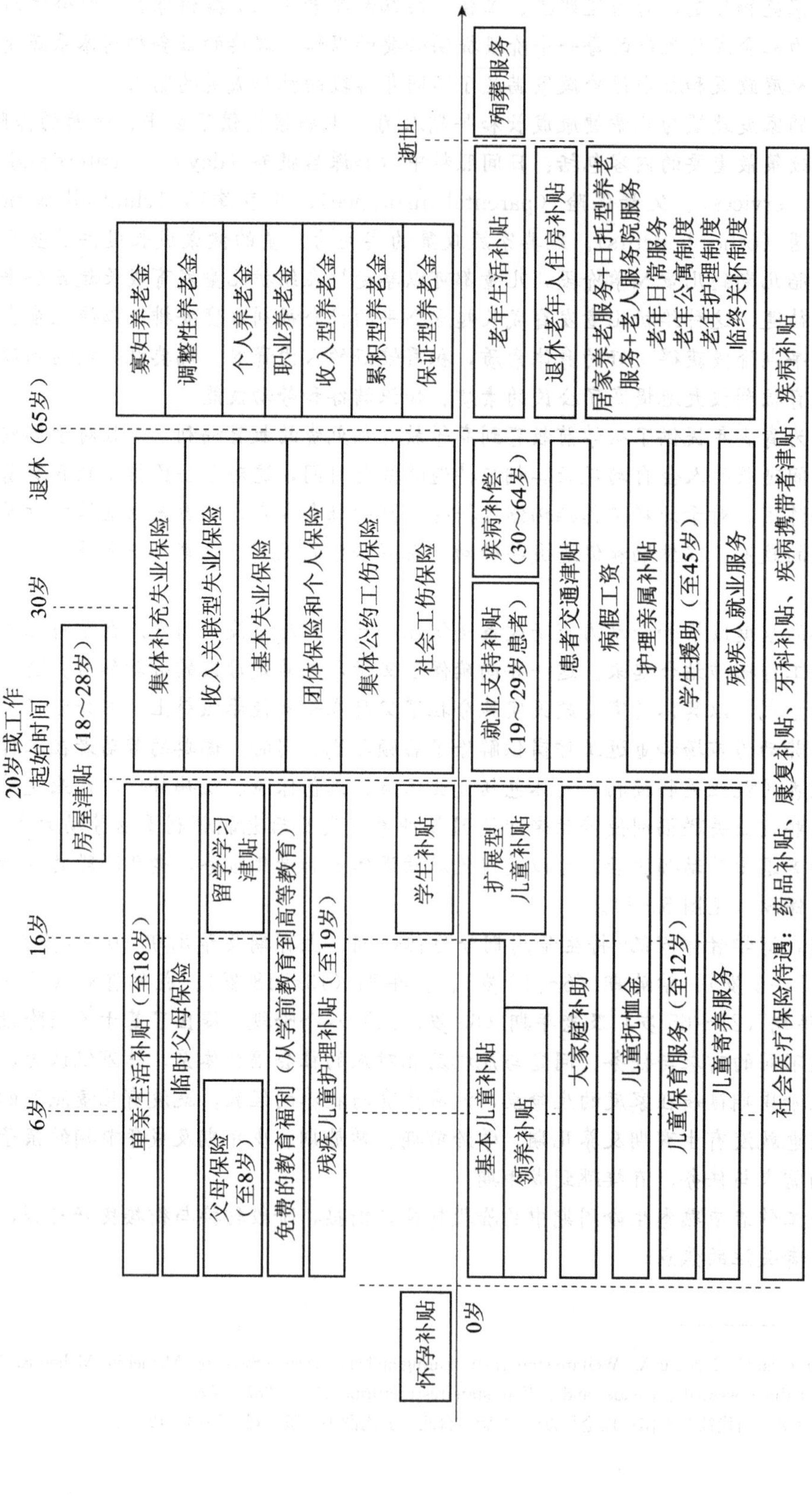

图5-1 瑞典社会福利制度的个体生命周期全覆盖图

资料来源：根据瑞典官方网站（www. forsakringskassan. se）公布的制度介绍编制而成。

本章要点

1. 行为是个体针对环境刺激所做的所有反应，既包括可以观察到的外部活动，也包括只能依靠某些迹象间接推断的内部心理过程。人的行为具有适应性、复合性、变化性、多样性和累积性等重要特征。社会工作常把社会行为分为正常行为和非正常行为两大类。

2. 社会环境是人类个体生息于其中的，由生物（生理）的、心理的和社会的等多种因素交织而成的社会系统，由物理环境、社会设置和文化等要素构成。社会环境可以分为微观系统、中介系统、外生系统和宏观系统四个层次。

3. 人的行为与社会环境之间不是单向的因果关系，而是双向的交流和互惠关系。对于这种双向交流和互惠关系，可以从三个角度进行分析：结构的角度、发展的角度和运行的角度。对人的行为的评估应坚持“人在环境中”的理念，把人的行为放到它与社会环境的关系中去理解。

4. 对人的行为可以从生理、心理和社会三个层面进行评估。生理层面主要考察遗传因素、身体发育过程及其周期对人的行为的影响；关于心理层面，主要有精神分析理论、行为主义心理学、认知心理学和人本主义心理学等理论，它们从各自的角度对行为的心理层面进行了深刻的分析；社会层面主要考察社会设置和文化对角色扮演的目标取向、资源条件及其对个体生理和心理过程的影响。

5. 对人的行为还可以从生命周期的角度去评估。人的一生可以划分为胎儿期、婴幼儿期、儿童期、青少年期、成年早期、中年期和老年期七个时期。每个时期人的行为都有自己的生理、心理和社会特征。这些行为特征都是个体与环境交流和互动的结果。

6. 人的行为与社会环境理论对社会福利制度建设、社会工作服务框架的设计具有重要的指导意义。一般来讲，社会福利制度框架以个体生命周期中不同阶段的特点和需要为设置依据。

复习思考题

1. 什么是行为？人的行为具有哪些重要特征？
2. 什么是社会环境？社会环境由哪些要素构成？可以划分为哪些层次？
3. 怎样理解人的行为与社会环境之间的关系？
4. 人的行为有哪些层面？不同层面之间的关系是什么？
5. 人的行为可以划分为哪几个阶段？每个阶段的特征是什么？
6. 人的行为与社会环境的理论对社会福利制度建设有什么启示？

关键概念

人的行为、社会环境、人的行为的三个层面、生命周期

推荐阅读书目

1. Ashford J B，Lecroy C W，Lortie K L. 人类行为与社会环境. 台北：双叶书

廊有限公司，2000.

2. 沙依仁．人类行为与社会环境．修订版．台北：五南图书出版公司，2001.

3. 徐愫．人类行为与社会环境．北京：社会科学文献出版社，2003.

4. 林万亿．当代社会工作：理论与方法．3 版．台北：五南图书出版公司，2013.

5. Germian C B，Bloom M. Human behavior in the social environment：An ecological view. 2nd Edition. New York：Columbia University Press，1999.

6. Ashford J B，Lecroy C W，Lortie K L. Human behavior in the social environment：A multidimensional perspective. 2nd Edition. Belmont：Wadsworth /Thomson Learning，2001.

7. Lindbeck A. Improving the performance of the european social model：The welfare state over the life cycle. Research Institute of Industrial Economics，2003.

8. Garbarino J. Children and families in the social environment：Modern applications of social work. 2nd Edition. Abingdon，Oxon：Routledge，2017.

第六章

社会工作过程

社会工作过程即社会工作者运用专业方法帮助案主解决问题、满足案主需要的过程。本章首先对社会工作助人过程的基本要素进行分解，并对助人过程的主体（社会工作者）及助人过程的对象（案主）展开分析；接下来着重讨论助人过程发生的前提即社会工作专业关系的特征、重要性及助人过程的基本模式等内容；最后通过案例介绍，让读者加深对社会工作过程的理解。

第一节 社会工作过程的要素

社会工作过程或助人过程涉及的要素主要包括助人者（社会工作者）、受助者（案主）、机构与设施、自然与社会环境、社会资源、助人（干预）行动等。

一、社会工作者

社会工作者也称助人者。他们是受雇于社会福利机构，专职从事社会服务的人。一般而言，社会工作者被称为专业的助人者，以与一般从事社会服务的志愿工作者等相区别。而究竟什么人才称得上是合格的社会工作者，国外社会工作学者提出过一些基本的判断标准。如斯卡洛齐（Scalozzi）提出以下五个类别的人可以被纳入社会工作者的行列：（1）具有社会工作专业硕士（MSW）资格的人；（2）经常或时而通过有资格的社会工作者的协助以实现社会工作任务的人；（3）能够实施社会服务的人；（4）自认为是社会工作者的人；（5）被其雇主认为是社会工作者的人。[①] 上述说法尚有不少值得商榷之处。就他所说的第一类人，迄今为止，很难说只有具备社会工作专业硕士资格并从事社会服务的人才能被称为社会工作者；他所说的其他几类人则过于宽泛。

在社会工作专业化程度较高的国家，对于社会工作者是有严格的限定的。西方社

① Scalozzi J. Some conceptual issues in social welfare manpower studies. Welfare in review，1967（5）.

会福利机构中的从业人员并不都是社会工作者。在不少西方国家，从事社会福利工作的人员，除了有社会工作者的提法外，还有社会服务人员、社会福利人员等提法。严格说来，这几种提法有区别：社会服务人员、社会福利人员一般指受雇于社会工作或社会福利机构的工作人员，包括专业和非专业人员；而社会工作者仅指社会服务人员中的专业人员。

一般而言，社会工作者是指受过社会工作专门知识和技能训练的，从事相关社会服务的实际工作与教学、研究工作的人员。狭义的社会工作者仅指那些受过专门训练的实务人员；广义的社会工作者则应包括相关教学、研究人员。社会工作者是从事专业性助人活动的职业群体。这是社会工作专业的本质特征在社会工作者身上的体现。社会工作专业的宗旨是为有需要的人提供帮助，是通过社会工作者的努力而实现的。社会工作者通过实际行动，帮助受助者恢复和提升社会功能，克服困难，解决问题，满足需要，并进而获得自我实现。

在我国，社会工作的专业化、职业化建设已经引起了党和政府的充分重视。2006年7月，人事部、民政部联合发布了《社会工作者职业水平评价暂行规定》和《助理社会工作师、社会工作师职业水平考试实施办法》，首次将社会工作者纳入专业技术人员范畴，为进一步提高社会工作人才队伍的专业化水平提供了制度保障。2007年12月，民政部正式发布了《全国助理社会工作师、社会工作师职业水平考试大纲》，并于2008年开始每年举行全国社会工作师考试。上述几个重要文件的发布、实施及专业社会工作者的诞生，对我国社会工作职业化建设产生了深远影响。

二、案主

案主（clients）也称受助者或当事人，也就是社会工作服务的对象。案主可以是个人、家庭，也可以是群体、组织，还可以是社区乃至社会系统。案主经常有不同种类的问题或不同层次的需求。根据是否接受了社会服务，案主可分为“当前案主”（actual clients）和“潜在案主”（potential clients）两类。已经或正在使用社会服务的案主被称为“当前案主”；可能需要社会工作服务，或有权利接受社会工作服务而尚未提出要求者，被称为“潜在案主”。

案主就是社会工作要去改变或服务的目标人口。受目标人口影响或与目标人口有关系而求助于社会工作机构的人，严格说来，不是社会工作的案主。例如，有位女士为治疗丈夫的毒瘾前来社会工作机构求助。这时，社会工作要改变的不是这位女士本人，而是她的丈夫。因而，真正的案主就不是这位女士，而是其丈夫。这个问题不搞清楚，就会引起不必要的混乱。

三、机构与设施

机构与设施是提供社会工作实际服务的场所。它可以是工作场所、学校、医院，也可以是社区、小区服务机构，还可以是专门设置的治疗机构。社会工作者在这些场所内和案主一起工作，以改变案主的行为或解决问题。在这一场所内的设备、环境，构成一种助人的结构、界限、符号意义、规范与路径，与其他场所相区别。社会工作的机构与设施通常包括设备、人力、规范、目标，以及其所坚持和奉行的社会福利理念等。这些显然都是影响社会工作服务成效的重要因素。社会工作通常所说的“变迁媒介”，包括个人、群体、组织、机构等，它们被赋予职责去改变个人、家庭、社区、群体乃至社会。这些媒介基本都可包括在机构与设施中。因此，社会工作机构与设施对社会工作的影响是至关重要的。

四、自然与社会环境

环境是指与人的生存和发展密切相关的外在事物的总和，包括自然环境和社会环境。社会工作虽也关注自然环境对个体的影响，但更关注对个体产生直接影响的社会环境。

社会环境是指与人的生存和发展有关的社会因素的总和。具体可分为：(1) 社会小环境。这是某一个体、群体生活于其中的直接的生存小环境，它与人们的生活直接相关，如家庭、邻里、工作单位、学校、同辈群体等。(2) 人际关系环境。这是指与人们的生活、工作有密切关系的人际关系的总和，如邻里关系、同事关系、朋友关系等。人际关系网络是一个人的社会支持网络的一部分，是一个人的重要的社会资源或社会资本，对个体具有非常重要的作用。(3) 社会生态环境。它强调的是人们在社会生态系统中所处的生活、生存状态。查尔斯·H. 扎斯特罗 (Charles H. Zastrow) 等人认为，社会生态系统理论把人的社会环境如家庭、机构、团体、社区等看作一种社会性的生态系统，强调每个人的生存环境应该是一个完整的生态系统体系，即由一系列相互联系的因素构成的一种功能性整体。[①] 社会结构就是社会生态环境状况的一个具体表现，社会、社区成员或群体的共生关系和竞争关系是人们的生存环境，它会直接或间接地影响人的生存和发展（如贫民窟对个体的影响）。(4) 社会文化环境。人们总是生活在一定的文化之中，这种文化也就成了人们的生活环境。文化是由知识、价值观念、行为规范、法律、风俗等形成的体系。社会的风俗习惯、价值观念、法律法规体系成为人们生活的基础和背景，是人们生存发展的一种特殊环境。[②] 社会工作之所以重视社会环境，不仅在于它对个体的生存和发展会产生重要影响，更重要的在于社会工作所借以实现其目标的资源存在于社会环境之中或由社会环境来提供。

五、社会资源

社会工作专业或社会工作制度本身是作为一种正式的社会资源 (social resource) 系统而存在的，同时为帮助案主与实现社会工作的目标，人们还应特别注意借助其他

① 付立华．社会生态系统理论视角下的社区矫正与和谐社区建设．中国人口·资源与环境，2009 (4)．

② 王思斌．社会工作导论．2版．北京：北京大学出版社，2011：141.

社会资源系统的作用，包括正式的和非正式的。

平克斯和米纳汉将有助于人们的社会资源系统划分为三类：(1) 非正式的或自然的资源系统，主要包括家庭、朋友、邻居、同事、亲戚等，它能够提供物质与精神的帮助，还能提供具体的服务和资源。(2) 正式资源系统，包括党派、专业团体、群众组织、各种协会等。这些组织致力于提升成员的福利和利益，直接提供资源给成员，并帮助他们与各种社会系统打交道。(3) 社会性资源系统，是为适应社会公共生活与活动而建立起来的满足人们短期或特别需要的机构，是人们社会生活的重要支持系统，包括学校、医院、社会服务机构、公安机关等。

社会资本即社会工作借以实现其目标的有效社会资源。布迪厄认为："社会资本是实际的或潜在的资源的集合体，那些资源是同对某种持久性的网络的占有密不可分的……它从集体性拥有的资本的角度为每个成员提供支持……"① 在布迪厄看来，社会资本是一种可以从中吸取某种资源的、持续性的社会网络关系；社会资本具有潜在性和现实性，只有当社会网络被行动者调动或利用时，它才能以某种能量或资源发挥资本在实践中的作用，这时它就是现实的社会资本。② 林南认为："社会资本是嵌入社会网络关系中的可以带来回报的资源投资"③。这与科尔曼和普特南等人的观点基本上达成了一致，这一概念从某种意义上说明了社会资本是一种可以通过有目的的行动来获得的社会资源。

在社会工作学科研究的范畴之内，社会支持可以理解为已获得的社会资本。它是一种生理或情感上的援助或安慰，通常来源于家人、朋友、同事或所在社区中关心、关注我们的邻里等等。④ 此外，社会支持还是精神病学分析中的一个重要概念，主要强调案主在精神层面对社会支持的获得。社会工作的开展需要分析案主所处的社会环境，甄别哪些社会资源及社会支持是通过社会工作介入可以被调动，并可以为改善案主当前所处的不利地位所用的。

就社会工作事务的开展情况来分析，社会资本在社会工作中所发挥的作用主要有以下几个方面：(1) 激发案主潜能，帮助案主调适心理状态并勇敢应对压力，重塑案主自尊、自信的良好心理状态；(2) 帮助案主重建良好的人际关系网络，发挥社会支持系统的协助作用，与社会工作者一起帮助案主解决问题；(3) 帮助案主分析从其所处微观社会资源环境中所能获得的各种社会资源，帮助他们通过正式渠道获取各种社会公共资源及服务，如各种社会救助、社会福利、社区资源等；(4) 通过重建案主的社会关系网络系统，帮助案主实现由被动地接受帮助到主动寻找突破、解决当前问题的转变。

---

① 布迪厄．文化资本与社会炼金术．上海：上海人民出版社，1997：202.

② 刘少杰．国外社会学理论．北京：高等教育出版社，2006：361.

③ Lin N. Social capital: A theory of social structure and action. New York: Cambridge University Press, 2001: 24-25.

④ The free encyclopedia. [2018-03-06]. http://en.wikipedia.org/wiki/Social_support.

六、干预行动

社会工作机构和社会工作者为了实现社会工作目标所实际开展的工作、采取的行动就是社会工作干预行动。其实，社会工作的干预行动也就是社会工作整个过程中所进行的全部活动，包括建立契约、界定问题、制订计划、执行计划与成效评估等。通常情况下，由于案主的问题比较复杂，单靠一套干预行动并不一定就能彻底解决案主的问题，而往往需要通过几套方案与行动才能实现一个社会工作的目标。因此，对社会工作干预行动与社会工作目标的关系不能简单化地理解；社会工作的干预行动是社会工作机构或社会工作者针对案主需求所采取的一切服务过程。

第二节
社会工作的主体——社会工作者

社会工作者是社会工作的主体，社会工作的助人目标是通过社会工作者来实现的。那么，什么是社会工作者呢？社会工作者在助人活动中具有哪些作用或者说充当什么角色呢？

一、社会工作者的界定

"社会工作者"一词最初出现于1900年，和专业社会工作出现的年代大致相同。在社会工作成为一种专业的助人活动之前，从事助人活动的主要是一些志愿服务人员，他们按照自己所信仰的宗教教义或价值观从事慈善救济活动。最初提出"社会工作者"一词的是西蒙·N. 帕顿（Simon N. Patten），他在1900年创造了这个词。只不过从帕顿本人的原意看，社会工作者主要是指那些从事社会救济物品分发的人员，还不能被称为专业社会工作者。随着社会的发展，社会问题日益复杂和多样化，过去的仅凭个人热情和信仰的、无组织且非专业的助人活动已不能满足社会的需要，社会工作于是走向专业化，作为专业人员的社会工作者也就出现了。

美国社会工作者协会（NASW）对社会工作者的界定为："毕业于社会工作学院，运用他们的知识和技巧为个人、家庭、社区、组织和社会提供社会服务的人员。社会工作者帮助人们提高解决问题的能力，帮助他们获得所需要的资源，促进个体与人们及其环境的互动，促使组织负起对社会的责任，影响社会政策。"① 英国社会工作者协会对社会工作者的定义是，社会工作者是"受雇于社会服务机构或相关组织，在其

---

① Barker R L. The social work dictionary. NASW Inc.，1987：155.

雇佣契约中明确规定其社会工作者身份，在社会工作实务领域内履行义务的专业工作者”。我国学者编著的《中国社会工作百科全书》将社会工作者界定为“从事社会工作的专业人员”。

以上几个比较权威的定义都将社会工作者视为专业人员。实际上，社会工作者是遵循社会工作的价值观念和专业伦理，运用社会工作专业方法从事社会服务的专业人员。社会工作者既然是专业人员，那么，其从业资格的获得需要经过一定的条件和手续。各国对社会工作者的认可、评核的标准不尽一致，国际社会工作界认可的社会工作者应符合以下几点：（1）持有社会工作执业证照；（2）具有社会工作专业教育的背景；（3）受社会工作道德伦理和职业守则的制约；（4）从属于社会工作专业组织或协会；（5）以社会工作作为职业生涯。①

二、社会工作者的专业层次划分

社会工作在西方发达国家的发展历史比较悠久。以美国为例，其社会工作已经发展为一项成熟而独立的职业，根据服务对象的不同，通常分为以下几类：（1）儿童、家庭和学校社会工作者；（2）医疗卫生社会工作者；（3）心理健康与药物滥用社会工作者；（4）其他社会工作者。根据美国劳工部“2006—2016 年全美就业矩阵”，截至 2006 年，美国的专职社工人数已达 59.4 万人，预计到 2016 年将达到 72.7 万人，从业人员的具体分布参见表 6-1。

表 6-1　　美国社会工作者 2006 年从业人数与 2016 年预期从业人数

分类	从业人数（2006 年）	预期从业人数（2016 年）	2006—2016 年从业人数预期增长情况	
			数量	百分比（%）
全体社会工作者	594 000	727 000	133 000	22
儿童、家庭和学校社会工作者	282 000	336 000	54 000	19
医疗卫生社会工作者	124 000	154 000	30 000	24
心理健康与药物滥用社会工作者	122 000	159 000	37 000	30
其他社会工作者	66 000	78 000	12 000	18

资料来源：美国“2006—2016 年全国就业矩阵”.［2010-06-30］. http://www.bls.gov/oco/ocos060.htm.

美国专业社会工作者的准入条件是必须具有社会工作专业学士学位，在一些小的社区机构，社会学、心理学及其他一些相关专业的毕业生也可以从事基础社会工作师的工作。美国社会工作师的分级主要依据社会工作者的学历、经验。（1）美国的社会工作专业学士学位教育主要培养从事直接服务的人才，如个案工作者。本科课程阶段的学习主要包括培养社工价值理念、应对文化多元化及帮助案主渡过危机、促进社会与经济公平、人类行为与社会环境、社会福利与服务、社会工作实践、社会研究方法

① 殷晓清，薛和．当代社会工作．北京：中国时代经济出版社，2003：246.

等。(2) 美国的社会工作专业硕士学位教育阶段则要求学生在特定的领域中继续发展自己的专业素养，达到能够开展门诊咨询、管理大宗案例、胜任监督管理角色、创新性应对案主社会服务需求的职业水准。(3) 大学里的教学和研究职位则通常要求拥有社会工作专业博士学位。

专栏：美国社会工作教育委员会《教育政策与审核标准》(2001 年)

学士学位培养方案和硕士学位培养方案之目标：

1. 在专业社会工作事务中运用评判性思考的技巧。

2. 了解专业的价值观基础和伦理标准、原则，并以此为准开展工作。

3. 摒除歧视开展工作，运用与当事人的年龄、阶级、肤色、文化、能力水平、民族特点、家庭结构、性别、婚姻状况、出生国、种族、信仰、性和性取向有关的知识和技巧开展工作。

4. 了解压迫和歧视的形势与机制，应用能推动社会经济公正的宣传策略和社会变革策略。

5. 了解并能解释社会工作专业的历史及其当今的结构与问题。

B6. 将通才社会工作实务的知识和技巧运用到所有不同规模的系统工作中。

M6. 将通才社会工作观的知识和技巧运用到所有不同规模的系统工作中。

7. 用得到实证支持的理论框架去了解生命历程中个体的发展与行为，个体之间的相互作用，个人与家庭、群体、组织和社区的相互作用。

8. 分析、建构和影响社会政策。

9. 评估研究工作，将研究发现用于实际工作，评估自身的工作干预措施。

10. 针对当事人、同事和社区这些不同的对象，使用不同的沟通技巧。

11. 会把督导和咨询用于适当的社会工作实践中。

12. 在组织和服务传输系统的框架内发挥作用，寻求必要的组织变革。

资料来源：法利等．社会工作概论．9 版．北京：中国人民大学出版社，2005：51.

美国各州关于社会工作师层次的划分不尽相同，不过从总体上来讲，美国社会工作师大致分为四个层次，从高到低分别是高级社会工作师、独立社会工作师、专业社会工作师、基础社会工作师（包括非专业社会福利人员），具体情况见图6 -1。

(1) 高级社会工作师，要求拥有社会工作专业博士学位，并且具有五年以上实务经验，需要以已获取临床社会工作文凭和临床社会工作合格文凭为前提。

(2) 独立社会工作师，简称 LCSW (licensed clinical social worker)，即拥有执照的临床咨询社工。他们被要求拥有两年以上的实务经验，已获得社会工作师、学校社会工作师资格或合格临床社会工作师资格。获取独立社工师认证的具体要求在美国各州稍有不同，以犹他州为例，一位独立社工师必须接受过 4 000 小时以上的临床社会工作或精神健康治疗训练，这些训练必须在两年之内完成，且不包括以知识教育为目的的课程在内。

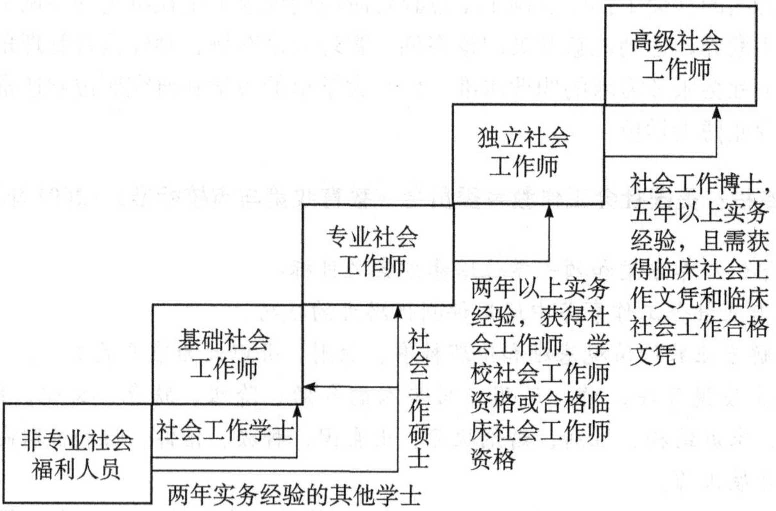

图 6-1　美国社会工作者职业层次阶梯

（3）专业社会工作师，简称 CSW（certified social worker），指通过鉴定与认证的社会工作师。专业社会工作师必须拥有社会工作专业硕士学位及专业认证机构颁发的更高层次教育或培训项目文凭。他们的工作通常包括对精神健康治疗的监督和指导，通过采用观察、描述、评估、分析、介入、治疗等手段，运用社会工作的原则、方法和程序来防止、处理、消除案主的精神疾患或功能失调。

（4）基础社会工作师，简称 SSW（social service worker），从字面意义可理解为认证社会服务工作师。基础社会工作师需要拥有社会工作专业学士学位，而非专业社会福利人员通常是取得其他相关专业学士学位且社会工作实务经验满两年的社会工作者。他们必须通过社会助理工作师的认证考试，一般从事社会工作师的助理工作，或者从事病患和个案管理工作，不具备从事精神健康治疗工作的资格。①

专栏：我国《社会工作者职业水平评价暂行规定》部分内容

第一条　为规范社会工作者职业行为，提高社会工作者专业能力，加强社会工作者队伍建设，根据国家职业资格证书制度的有关规定，制定本规定。

第二条　本规定适用于在社会福利、社会救助、社会慈善、残障康复、优抚安置、卫生服务、青少年服务、司法矫治等社会服务机构中，从事专门性社会服务工作的专业技术人员。

…………

第四条　社会工作者职业水平评价分为助理社会工作师、社会工作师和高级社会

① What Are the Differences Between An Ssw, Msw, Csw, and Lcsw? . [2018-03-06]. http://www.thefreelibrary.com/What+Are+the+Differences+Between+An+Ssw,+Msw,+Csw,+and+Lcsw%3F-a01073793572.

工作师三个级别。高级社会工作师职业水平评价办法另行制定。助理社会工作师、社会工作师英文分别译为：junior social worker，social worker。

…………

第十一条　助理社会工作师考试报名条件：

（一）取得高中或者中专学历，从事社会工作满 4 年；

（二）取得社会工作专业大专学历，从事社会工作满 2 年；

（三）社会工作专业本科应届毕业生；

（四）取得其他专业大专学历，从事社会工作满 4 年；

（五）取得其他专业本科及以上学历或学位，从事社会工作满 2 年。

第十二条　社会工作师考试报名条件：

（一）取得高中或者中专学历，并取得助理社会工作师职业水平证书后，从事社会工作满 6 年；

（二）取得社会工作专业大专学历，从事社会工作满 4 年；

（三）取得社会工作专业大学本科学历，从事社会工作满 3 年；

（四）取得社会工作专业硕士学位，从事社会工作满 1 年；

（五）取得社会工作专业博士学位；

（六）取得其他专业大专及以上学历或学位，其从事社会工作年限相应增加 2 年。

第十三条　助理社会工作师、社会工作师职业水平考试合格，颁发人事部统一印制、人事部和民政部共同用印的《中华人民共和国社会工作者职业水平证书》。该证书在全国范围有效。

第十四条　凡以不正当手段取得社会工作者职业水平证书的，由发证机关收回证书，2 年内不得再次参加社会工作者职业水平考试。

…………

第十七条　助理社会工作师应具备以下职业能力：

（一）熟悉与社会工作业务相关的法律、法规、政策和行业管理规定，掌握基本的社会工作专业知识；

（二）能够与各类服务对象建立专业服务关系，对服务对象的问题做出预估，制定服务计划和服务协议，独立接案、结案并提供跟进服务；

（三）能够根据服务计划，运用专业方法和技术协助服务对象解决问题。

第十八条　社会工作师应具备以下职业能力：

（一）能够熟练运用社会工作业务相关的法律、法规、政策和行业管理规定，具备较丰富的社会工作专业经验；

（二）能够综合运用各种社会工作方法，为服务对象提供专业服务，处理各类复杂问题，并对所提供的专业服务质量与效果进行评估；

（三）能够指导助理社会工作师开展专业工作，帮助其提高专业工作水平和能力；

（四）能够制定科学合理的工作方案和发展规划，整合、运用相关社会服务资源，拓展服务领域，保证服务质量。

…………

三、社会工作者的角色

社会工作者在助人活动中充当着重要的角色，起着主导性作用。他们不仅是直接服务的提供者，也是案主的支持者、倡导者，还是资源协调者和政策影响者等等。以下讨论的社会工作者的角色主要是从直接服务角度出发的，至于间接服务的角色以及难以区分直接服务与间接服务界限的角色等，这里不讨论。

（一）服务（提供）者

社会工作者最基本的角色之一便是向工作对象（案主）提供社会福利服务。这里的福利服务是广义上的，既包括提供物质、资金等方面的服务，也包括心理、精神层面的服务，教育方面的服务，等等。

（二）（案主）支持者

社会工作者凭借自己的专业知识、技能，从客观的立场，给予案主以心理上的支持和关心，帮助案主正确地分析、评估个人的处境和问题，向案主提示思考、解决问题的方向和思路，实现社会工作“助人自助”的宗旨。

（三）（行动）倡导者

社会工作者经常成为工作对象采取一定行动的倡导者。当通过客观、全面的分析，发现只有采取一定的行动才能帮助案主尽快摆脱困境时，社会工作者就应当向案主积极倡导、鼓励此种行动，并给予引导，直到取得实际的进展。

（四）（过程、资源）协调者

社会工作者既是助人过程的协调者，也是社会资源的协调者。就前者而言，社会工作的过程是一个连续的过程，要使助人过程顺利进行并取得实际效果，显然需要社会工作者加以协调和控制。就后者而言，案主问题的解决往往需要借助各种社会资源。社会工作者应通过有效的协调，使案主得到这些必需的资源，以解决问题，摆脱困境。

（五）（政策）影响者

社会工作者也是社会政策的影响者。案主问题的出现，既有个人层面的原因，也有社会层面的原因。因此，案主问题不是仅仅通过微观层面的直接服务就能彻底解决的，往往还需要宏观层面的社会政策的配合。社会工作者应当将其工作经验、教训、发现反馈给政策制定者，促进社会政策的修正和调整。

第三节
社会工作的对象——社会弱势群体

社会工作的对象即案主，也称受助者或当事人。案主可以是个人、家庭，也可以是群体、组织，还可以是社区乃至社会系统。一般而言，社会工作的对象属于社会弱势群体。有人可能会提出疑问：一个亿万富翁有时候也会求助于社会工作者，那么亿万富翁属于社会弱势群体吗？亿万富翁作为成功的财富人士，当然不属于社会弱势群体。但当他因为陷于特定困境（如患上了抑郁症）而求助于社会工作者并成为案主时，他便在一定意义上成为社会弱势群体（病患者）的一员了（当然与本书下面将要界定的社会弱势群体还是有区别的）。在西方发达国家，社会工作的对象有从社会弱势群体向全体社会成员转变的趋势，而在当下的我国，社会工作的案主尚主要属于社会弱势群体。

一、社会弱势群体的含义及其分类

（一）社会弱势群体的界定

社会弱势群体，也叫社会脆弱群体、社会弱者群体，简称弱势群体，英文为social vulnerable groups。它主要是一个用来分析现代社会经济利益和社会权力分配不公平，社会结构不协调、不合理的概念。它是社会学、政治学、社会政策研究等领域中的一个核心概念，也是经济学、法学、伦理学、哲学等学科的重要概念。在中外思想史上，关于社会弱势群体的思想虽然早已有之，但它成为社会科学的核心或重要概念却是20世纪的事。经济学关于贫困的研究，法学、伦理学关于基本人权和社会责任与义务的研究，社会学关于社会分层和社会问题的研究，社会学等的分支学科社会工作和社会福利（社会政策）的发展和普及，是推动社会弱势群体概念进入社会科学主流的主要因素。①

有关社会弱势群体的问题，近年来一直是我国学术界关注的热点问题之一。随着我国经济体制改革的全面深入和社会结构的快速转型，社会弱势群体的问题变得越来越突出，已经到了非关注和解决不可的时候了，这便是导致这一问题成为学术界热点的基本原因。近年来，经济学、政治学、法学、社会学、伦理学、哲学等各类社会科学学科都不同程度地介入了这一问题的讨论，提出了各自的见解。关于社会弱势群体或弱势群体的概念，不同学科的解释角度各不相同，这里不打算将各个学科的解释一一罗列，仅就社会学等相关学科对社会弱势群体的界定加以讨论。

社会学对“社会弱势群体”这个概念的界定有许多很有价值的观点。郑杭生等曾

---

① 王思斌．社会转型中的弱势群体．中国党政干部论坛，2002（3）．

提出："社会脆弱群体是指凭借自身力量难以维持一般社会生活标准的生活有困难者群体，它是社会支持的对象。"对它的判断指标是一般社会生活标准，既包括由收入不足所造成的匮乏状态，也包括由个人或社会原因所造成的心理病障及随之而来的心理越轨。① 孙立平认为，弱势群体的所谓"弱势"包括三层含义：一是他们的物质生活处于贫困状态，与贫困人口高度重叠；二是他们在市场竞争中处于弱势地位；三是他们在社会和政治层面上也往往处于弱势地位，缺乏表达和追求自己利益的能力。② 邓伟志认为："弱势群体是指创造财富、聚敛财富能力较弱，就业竞争能力、基本生活能力较差的人群。"③ 杨团则提出，看一个群体是否弱势群体的四个角度，即"是否丧失具有市场竞争能力的人力资本，是否难以融入所处地域的社会生活，是否难以与其他群体享有平等的公民权利，是否远离社会权力中心和社会对于社会群体的既定评价"④。

社会学界关于弱势群体的定义还有很多。正如社会科学中许多重要概念都存在众说纷纭的现象一样，关于弱势群体的概念也是仁者见仁，智者见智。上述多种说法从不同的方面和角度，对社会弱势群体进行了界定。共同之处是都指出了弱势群体"弱"在哪里（如"有困难者""处于不利地位""能力较差者"）。稍有不同的是，有的指出了"弱"的原因，如"由于某些障碍及缺乏经济、政治和社会机会"等；有的以隐含的形式提出了社会支持的必要性，如"凭借自身力量难以维持一般社会生活标准"；有的不仅提出了判断弱势群体的客观标准，还提出了主观标准；等等。总之，社会弱势群体是由他们在社会中所处的较差的社会地位和获取社会资源较差的社会机会和境遇而导致其物质生活处于困境、心理承受能力脆弱，需要借助外在力量的支持等来定义的。只有这样来理解社会弱势群体才是比较全面的。

总结以上的讨论，本书认为，社会弱势群体是指那些由于社会及个人的原因，在社会竞争中处于不利地位，缺乏获取社会资源的机会和境遇，因而其物质生活处于困境，心理承受能力脆弱，需要外在力量（国家和社会的力量）支持的人群。社会弱势群体具有如下特征。

（1）社会弱势群体的"弱势"有着多方面的表现。弱势群体在经济上一般是贫困群体，这是弱势群体最基本的、最重要的一个特征。除此之外，弱势群体的弱势还表现在更多的方面，如社会地位卑微，心理承受能力脆弱，精神长期处于忧郁、压抑状态等等。对弱势群体的弱势地位或者说弱势处境的理解是仅仅局限于经济地位，还是从多方面加以认识，是经济学和社会学的不同的认识角度所致，由此而引申出来的对弱势群体的社会支持政策便会出现不同的结果。过去的经验一再证明，仅仅从经济上对弱势群体加以救助是难以改变弱势群体的弱势地位的，或虽然在一定时期内能够取得急功近利式的效果，但从长期看，收效甚微。

（2）社会弱势群体的存在有着多方面的、个人难以改变的原因。具体来说，弱势

---

① 郑杭生等．转型中的中国社会和中国社会的转型．北京：首都师范大学出版社，1996：320-321.

② 苑歌．关注社会弱势群体——访清华大学社会学系教授孙立平．中国企业报，2002-04-12.

③ 邓伟志．关注"弱势群体"．文汇报，2002-03-29.

④ 杨团．弱势群体及其保护性社会政策．前线，2001（5）.

群体的形成，既有社会的原因、自然的原因，也有个人的及家庭的原因等等。无论是出于什么样的原因，不管是个人的还是社会的原因，都是他们依靠自己的力量无法改变的，尽管他们并非不想改变上述困境。有些困境是个人原因造成的，如身体和自身素质；有些是社会原因造成的，如制度变革、技术发展等；有些是个人和社会原因共同造成的，如我国转型期部分群体的下岗、失业。在资本主义发展的早期，社会强调自由竞争，“适者生存”，人们更多地将弱势群体的贫困处境归咎于个人原因，社会对弱势群体采取放任不管的态度。这种状况后来发生了重大转变，人们更多地从社会的角度来考察弱势群体形成的原因。因为，在一种公正的社会体制下，尽管弱势群体依然存在，但不会构成严重的社会问题。

(3) 要改变弱势群体的生存状况和社会处境，需要国家和社会力量给予帮助或支持。也就是说，他们是一些需要他人帮助、支持甚至是救助的群体。外力的帮助和支持是改善、改变他们的状况的主要力量。当然，现代意义的社会支持不是一种被动的帮助或施予；它强调借助外力的支持，同时通过与弱势群体成员自身的力量的结合，提升社会弱者的能力，增加他们社会参与的机会，将内因与外因相结合，从而达到改变他们弱势处境的目的。这便是现代社会工作所强调的“助人自助”理念的具体体现。

(二) 社会弱势群体的分类

对社会弱势群体可以进行多种分类。我们在此讨论几种比较有代表性的分类。

1. 将社会弱势群体分为初级弱势群体与次级弱势群体两大类

郑杭生等曾把社会脆弱群体分为初级脆弱群体和次级脆弱群体两个层次。初级脆弱群体是指由于成员基本生活需要未能得到满足而形成的社会生活有困难者。它包括：(1) 无依无靠的鳏寡孤独者、残疾人和其他因丧失、缺乏劳动能力而无生活来源者；(2) 遭受自然灾害难以维持基本生活需要的个人和家庭；(3) 无固定职业或失业造成生活水平低于基本标准的个人和家庭；(4) 由于其他原因造成生活水平低于基本标准的个人和家庭。和贫困线一样，初级脆弱群体也可以设立一个量化标准。当然，这一标准必须随着社会的发展不断修正。次级脆弱群体则是指在其基本物质需要得到满足的前提下，由于自身生理和心理上的病障或社会失调的影响造成其心理上的受挫感和剥夺感，从而难以适应社会甚至形成越轨行为的社会成员的集合。①

2. 把社会弱势群体分为生理性弱势群体与社会性弱势群体两类

持这种划分标准的学者比较多。前者沦为弱势群体，有着明显的生理原因，如儿童、老年、残疾人等，这类人作为社会弱势群体，其形成主要是生理性原因。有一些学者把妇女划分为社会弱势群体，也主要是从生理性原因而言的。后者沦为弱势群体，则基本上是出于社会原因，如下岗者、失业者、农民工等，他们沦为社会弱势群体主要是社会的原因。社会的制度安排和社会结构的变迁，是导致这类人成为社会弱

① 郑杭生等．转型中的中国社会和中国社会的转型．北京：首都师范大学出版社，1996：320－321.

势群体的基本原因。[①②]

3. 将社会弱势群体分为三类

陈成文在《社会弱者论：体制转换时期社会弱者的生活状况和社会支持》一书中将社会弱者划分为“生理性社会弱者”“社会性社会弱者”“自然性社会弱者”三大类，生理性社会弱者和社会性社会弱者这两个类别与生理性弱势群体和社会性弱势群体这两个类别基本上是对应的，而自然性社会弱者则主要是由于自然环境方面的原因而形成的一类社会弱势群体，主要包括生态脆弱地区的人口、自然灾害的灾民等。[③]

4. 对社会弱势群体做综合性划分

即不根据生理、心理、社会等成因对弱势群体进行分类，而根据研究需要从综合的角度认识和划分弱势群体。对社会弱势群体做综合性划分主要是基于以下考虑：现有的有关弱势群体的分类大多是根据形成原因划分的，虽然在一定意义上是必要的，但显然是有缺陷的。因为这些作为原因的因素其实是密切相关的。就个体的直接原因说，弱势群体的个人能力不足；深层原因则是社会结构的缺陷，即社会设置的安排有问题。具体来说，社会弱势群体的出现，既有生理方面的原因，又有社会方面，即经济、政治和文化方面的原因。生理原因是与个体的生物性发展相关的，如年幼、年老、残疾、体弱多病都会影响一个人的竞争能力。而社会因素的影响也是十分重要的，有时甚至是关键的。如果社会给生理能力较弱者以充分支持，他们就可以不沦为社会弱者，或者说，把他们的弱势处境减少到最低限度。

基于以上认识，本书并不主张从形成原因的角度对社会弱势群体做特别明确的划分，而是主张从综合的角度来理解和认识社会弱势群体的概念，并根据研究的需要对社会弱势群体做出一定的划分。

二、社会弱势群体的成因

关于社会弱势群体形成的原因，国内外学术界都有不少现成的解释。总的来看，自然的、社会的、个人的等某一因素或某些因素的综合，都可能导致一些人陷入弱势群体之中。其中社会因素是主要的。在此只从社会的角度主要强调以下两点。

第一，作为社会问题而出现的弱势群体产生于社会结构的不合理、不公平。

在这里，考察一下比我国早大约一百年发生社会转型或社会现代化过程的美国社会关于弱势群体的归因的演变，对研究本问题颇有参照价值。19 世纪末 20 世纪初，美国社会发生了以迅速的、大规模的城市化为主的重大社会变迁，引发了大量的社会问题。社会学家介入了对社会问题的研究，并提出了一些关于社会问题产生原因的理论解释。最初的解释主要是从个人道德的角度出发的，比如社会病理学把某些人的贫困归咎于他们的懒惰、不良习惯等。这种解释后来逐渐为社会结构论所代替。20 世

---

① 朱力．脆弱群体与社会支持．江苏社会科学，1995 (6).

② 王思斌．社会转型中的弱势群体．中国党政干部论坛，2002 (3).

③ 陈成文．社会弱者论：体制转换时期社会弱者的生活状况和社会支持．北京：时事出版社，2000：34.

纪50年代以后，权力因素被引入社会问题的分析，特别是社会批判学派，把社会问题的出现归咎于社会制度、社会结构的不公平与不合理。在社会分层研究中，学者们越来越把失业、贫困、疾病、不发展等现象同社会制度的不公平联系起来，认为由于社会制度方面的原因，某些社会成员缺乏权利和竞争能力，从而陷入困境。[①]

这一解释角度的转变是很有现实意义的。固然我国根本的社会制度是不会导致社会分为强势群体和弱势群体的，但不少具体的社会经济制度及其运行机制，确实是导致不少人成为社会弱势群体的重要原因。联系实际可以看到，不少社会弱势群体特别是社会性弱势群体的存在便是与社会结构的不合理、不公平相联系的。我国长期实行城乡分割的制度，包括户口制度、就业制度、社会保障制度等等，对农民是不公平的，是造成农村弱势群体长期不能摆脱贫困的重要的社会原因。在计划经济时代，城市实行"统包统配"的就业制度以及就业和保障高度统一的制度，在这种情况下，弱势群体问题就不明显，但也由此而导致了职工对企业的高度依赖。在实行社会主义市场经济体制以后，上述状况必须改变。但由于社会保障制度还不健全，企业对职工的义务短期内尚难完全剥离，从而导致下岗职工的大量出现。

第二，作为社会问题而出现的社会弱势群体产生于社会福利的不完备、不健全。

社会结构的不合理造成了一部分人沦为社会弱势群体，但如果一个社会有了比较健全、完善的福利制度，与社会弱势群体相关的社会问题就会大为缓解，不可能越发严重。

社会弱者的存在是社会工作形成的基本要素。早期的社会工作的助人理念是怜悯。20世纪50年代，英国著名的社会学家和社会政策专家马歇尔全面论述了公民权理论，认为公民权由公民的民事权利、政治权利和社会权利组成，而社会权利主要体现在教育制度和社会福利方面，即意味着所有拥有完全公民资格的公民都有享受社会服务和社会福利的权利。这一理论为英国福利国家的建设提供了理论上的重大支持，同时也带来了对与社会弱势群体相连的社会问题的新的理解，即此类社会问题产生于社会福利制度的不完备和不公平，因为在福利能够充分满足人们需求的情况下，社会弱者是不存在的。[②] 正是基于上述原因，现代社会工作将关注弱势群体、帮助社会弱者、健全福利制度视为社会应尽的责任。

完善、健全的福利制度的存在，对缓解乃至解决社会弱势群体问题，固然是十分重要的；但我们同时必须看到，福利制度的完善程度和社会经济发展水平密切相关，人们不能追求超越社会历史发展阶段的社会福利制度。

三、关注弱势群体的必要性和重要性

关注社会弱势群体，使社会弱势群体的基本生活得到保障、基本权益得到维护、人格尊严得到尊重，是促进社会公正的需要，是社会和谐发展的必然要求，其重要性

① 王思斌．社会转型中的弱势群体．中国党政干部论坛，2002（3）．

② 同①．

和必要性可以从以下两个角度加以认识。

（一）社会角度：关注弱势群体是维护社会稳定、促进社会和谐发展的需要

社会稳定是社会结构各组成部分之间关系的相对固定状态。当相当数量的社会成员的正当需要不能得到满足时，有可能导致社会的动荡与混乱，从而威胁社会的稳定。

现代社会的一个重要特色，是社会上常常出现各种矛盾和不均现象。特别是随着财富的增加和分配不均，社会各个阶层之间，尤其是贫困者和富裕阶层之间的利益冲突日趋尖锐，矛盾更加复杂。虽然传统社会也存在各种各样的不平衡，但由于社会封闭、信息不畅，这些矛盾往往被掩盖或压制了。现代社会则不同，信息透明度加大，传播速度提高，矛盾趋于尖锐。高压手段只会加剧矛盾，激化问题，导致更严重的冲突乃至动乱。因此，现代社会一般主张通过疏导的方式来处理矛盾，解决问题，而这正是社会政策及其执行手段——社会工作所主张的。社会政策作为支持和帮助社会弱势群体的制度化模式，在化解社会矛盾方面起着不可忽视的作用。

当代世界的一个规律性现象是，一个国家的人均国民收入一旦达到 3 000 美元左右，这个国家就将进入黄金发展期，同时也将进入社会矛盾凸显期。[①] 对大量出现的社会矛盾如果处理不当，就有可能使这个国家陷入动荡与混乱，断送发展的机遇。我国目前尚处在这样一个历史时期：随着改革的不断深化，现阶段我国的社会矛盾已比较突出、尖锐。由下岗和失业者等参与的各类群体性事件对社会的稳定构成威胁。此外，退休金的发放问题、医疗费问题、职工伤残补偿问题、农民工的劳动保护问题也积压了不少社会矛盾和纠纷。这些都更加凸显出在我国加快健全与完善相关社会政策的必要性和重要性。通过社会政策对社会贫者、弱者施以援助，协调、化解各阶层之间的矛盾特别是贫富矛盾，能给人们的正常生活创造条件，同时也可以起到稳定社会的作用。

社会稳定是社会良性运行和协调发展的前提和基础。所谓协调发展，可以从不同的角度来理解。从社会群体的角度看，协调发展就是指不同社会群体特别是强势群体与弱势群体之间合理的平衡。有了这种强弱合理的平衡，就能维持社会的稳定、协调发展，若没有这种强弱合理的平衡，社会就难以保持稳定，社会的协调发展也就不可能实现。

（二）个人角度：关注弱势群体是维护人的基本生存权和发展权的需要

生存权和发展权是每个人的基本人权，是不可剥夺的，应当切实加以保护和维

---

① 这个现象也被称为“中等收入陷阱”，它是指一个国家发展到中等收入阶段（人均国内生产总值 3 000 美元左右）后，可能出现两种结果：（1）持续发展，逐渐成为发达国家。（2）出现贫富悬殊、环境恶化甚至社会动荡等问题，导致经济发展徘徊不前。后一种结果一般被称为进入了中等收入陷阱。拉美地区和东南亚一些国家是陷入“中等收入陷阱”的典型代表。

持。尤其是随着社会的发展，相对于人的生存权来说，人的发展权变得更加重要。人的发展包含三方面的含义：其一是指人的物质生活水平的不断提高；其二是指人的精神生活水平的不断提高；其三是指人的潜能的充分发挥与自我实现。固然，人的生存权的解决具有基础性的意义；但人的发展权作为一种高层次的权利，如果得到了切实的保障，生存权也就随之解决了。过去我们强调关注弱势群体问题的社会意义，这是对的，但也不能走过头，而忽视了对弱势群体成员自身基本权利的关注。随着社会的发展，后者应当越来越受到重视和强调。

弱势群体成员由于自身和社会的这样那样的原因，难以维护自身的生存权，发展权就更无从谈起了。这就需要国家和社会的支持和帮助。现代国家和社会一般是通过以下方式来维护弱势成员的基本生存权和发展权的：(1) 通过制定、完善相关的法律、法规体系对社会弱势群体的基本权利给予保护，使弱势群体的权利保护获得法理的依据，并通过适当的宣传使之成为社会共识。(2) 通过福利制度的设置调节社会资源的分配，使之为困难人群、弱势群体所用。这具体又可细分为两个方面。一是国家和社会根据一定的社会政策协调社会现有的各种资源，为弱势群体成员所用。现代国家一般都建立起了针对弱势人群的社会福利制度，在发达国家，这种制度已经非常完善，但也比较复杂，不同的制度针对不同的弱势人群。国家和社会通过设置专门的机构，针对案主所面临的困难的性质和状况，向他们提供可资利用的福利资源的信息，并具体帮助他们了解申请社会救助的方式、方法或途径。如通过介绍特困者如何申请和领取困难救济，使其从社会中获得必需的生存资源。二是国家和社会积极为社会弱势人群争取资源，以改变他们的生存状况。社会资源的分配往往是有利于社会强势群体的，这在初次分配中是不可避免的，但可以通过再分配使之趋于相对合理，以确保社会弱势群体成员的生存权利、利益。国家和社会通过自己的工作，促使国家和政府积极修正、调整社会政策，完善社会再分配制度，使之有利于弱势人群；积极动员并争取来自社会的、社区的、民间组织的、慈善机构的、富裕阶层的等各种力量关心弱势群体，增加物质、资金和设施的投入，帮助他们克服困难。(3) 强调“助人自助”，着重开发受助者个人的内在资源，包括智力及其他能力，以及将外来援助转化为自我发展的动力的能力等。

现代社会就是通过以上途径促进社会弱势群体成员生存权的保护和潜能的开发，使之摆脱困境，成为正常的社会一员的。只有从维护人的基本生存权和发展权的角度来认识并关注弱势群体的重要性和必要性，才是比较全面的。

第四节
社会工作专业关系

社会工作过程的有效进行，首先依赖于社会工作者与社会工作对象（案主）之间专业关系的建立。

一、什么是社会工作专业关系

关于什么是社会工作专业关系，很多学者曾对此做出了界定。艾伦·基斯·卢卡斯（Alan Keith Lucas）认为，社会工作专业关系是一种为身处困境中的人们提供的媒介，他们可以借助这种媒介来重新做出选择，决定是否接受帮助并从中获益。[①] 他认为这种助人关系中最重要的几个要素包括同感、现实、情感、知识、关爱、目的、眼前的事实与客观的态度。辛西娅·比斯曼（Cynthia Bisman）认为，社会工作专业关系是一种社会工作者与案主之间的信任联结关系，这种信任的建立有两个前提，首先是案主相信社会工作者适合而且有能力满足案主的需求，其次是案主有能力且值得通过社会工作者的帮助来改变他们目前的处境。[②] 表 6-2 则更全面地展示了其他研究者对社会工作专业关系的界定。总体来看，这些定义着重强调了案主与专业人员之间的联结状态和交互作用，但是对社会工作专业关系的专业性与客观性强调不足。

通过与人际关系的比较，可以进一步理解社会工作专业关系：(1) 专业关系是为专业目的而建立的，是为了社会工作所计划改变的目标而建立的；而人际关系可能以自身的满足为目标。(2) 专业关系的形成不以社会工作者的自身利益为前提，而人际关系的建立则可以以自身利益为出发点。(3) 专业关系的形成应当避免社会工作者的个人爱好或偏见，而人际关系则涉及较多的个人偏好与主观情绪。

笔者认为，社会工作专业关系是社会工作者为实现其计划改变的目标而和服务对象有意识地建立起来的、情感无涉或中立的专业社会关系。

表 6-2　社会工作专业关系的含义

概念提出者	概念内容
比斯台克，1957	专业关系是工作者和案主之间态度和情感的一种动态互动，旨在帮助案主更好地调试他们自己及其与环境的关系。
平克斯等，1973	专业关系是工作者及其所涉及的其他系统之间的一种情感纽带，也可能包括“一种合作、讨价还价或冲突的气氛”。
海伦·H. 珀尔曼（Helen Harris Perlman），1979	专业关系是指这样一种关系：在其中，双方有一个共同的目标；有一个特定的时间框架；工作者把自己献身于案主的利益；它带来专门知识、专业伦理守则和专门技巧的权威；此外，在工作者致力于维持朝向目标的工作中，关系是受到控制的，工作者意识到并控制自己的感情、反应和冲动。
柯科托维克和钱西（Kokotovic and Tracey），1990；霍伦维茨（Horonwitz），1991；甘地（Gady），1993；巴锲勒（Bachelor），1995 等	专业关系是一种治疗联盟。

① Lucas A K. Giving and taking help. North Carolina：University of North Carolina Press，1972：4748.

② Bisman C. Social work practice. New York：Cengage Learning，1994：77.

续前表

概念提出者	概念内容
廖荣利，1992	专业关系是指专业人员和案主的内心感受和态度表现的动态、交互反应关系，工作人员通过交互作用以协助案主社会生活适应能力的改善和增强。
翟进和张曙，2001	专业关系是社会工作者和案主之间建立起来的一种工作关系，它通过双方内心感受与情绪的动态交互反应，协助案主解决问题。

资料来源：Johnson L C，McClelland R W，Austin C D. Social work practice—A genera-list approach. Canadian Edition. Allyn and Bacon Canada，2000：160//杜景珍．个案社会工作——理论·实务．北京：中国水利水电出版社，2007.

二、社会工作专业关系的基本特征

（一）目的性

社会工作的专业关系是社会工作者为专业的目的而建立的，社会工作者是为了通过这种关系，更好地协助案主和帮助案主解决或防止个人、家庭或社区的问题，发掘案主的潜能。

（二）以案主利益为本

在专业关系中，案主的利益高于社会工作者的利益，社会工作者应为实现案主的利益、满足案主的需要而开展工作。绝不允许社会工作者因自身的利益或需要而损害案主的利益。这和一般人际关系强调互惠明显不同。

（三）对称性

在社会工作中，虽然强调平等和民主，但这是就工作态度而言的。工作者只有以平等和民主的态度开展工作、对待案主，才能克服因双方地位的差距而可能对案主产生的不利影响，并使案主建立对社会工作者的信任和认同。而就实际地位而言，社会工作者是受过系统的专业训练的业务权威，案主是接受帮助的人，二者的地位是非对称的。在互动中，案主应当如实地提供与问题相关的个人资料，而社会工作者就不必这样做。

（四）受制约性

专业关系不仅要受到社会工作所要达到的基本目标的制约，即要经由专业关系的建立和维持，使社会工作的基本目标得以顺利实现；而且要受到专业的基本价值和伦理守则的制约。在社会工作中，社会工作者应当以专业关系行事，控制个人的情绪和偏好。

（五）工具性

专业关系和社会工作的目标之间的关系是目的和手段的关系，建立专业关系的目的是实现社会工作的目标，这便是专业关系的工具性之所指。当然，为维持良好的专业关系，社会工作者与案主之间一定的情感交流与互动也是必要的，但这应以不违背社会工作的伦理守则和社会工作的目标为前提。

（六）短暂性

专业关系的维持具有一定的时限，是一种暂时的工作关系。当案主的问题得到解决，或虽未解决但由于某种原因需要转介给其他社会工作者时，双方的专业关系也就结束了。这时，接受转介的社会工作者将与案主重新建立专业关系。

三、专业关系的重要性

在社会工作界，学者比较普遍的看法是，为了达成特定的目标，社会工作者必须与案主建立和维持良好的、有效的专业关系。①

首先，专业关系对社会工作者具有制约作用，使其在专业范围内活动，从而使其活动朝向社会工作的目标。

其次，专业关系也是确立社会工作专业权威的重要来源和基础。通过确立专业关系，案主可以对社会工作机构和社会工作者产生信赖感，也可经由专业关系获得安全感。

第五节 社会工作过程模式

社会工作过程是社会工作机构或社会工作者基于社会工作的价值理念，运用社会工作专业方法并借助社会资源系统，通过和案主建立专业关系，并经由预估（诊断）、计划、干预与评价等一系列前后连贯的行动而帮助案主满足需要、解决问题，以达成社会工作目标的过程。

一、关于社会工作过程的讨论

社会工作机构与社会工作者为了实现改变案主的目标，需要采取适当的干预行动。社会工作干预行动是社会工作机构或社会工作者针对案主需求或问题所采取的一切服务过程。关于社会工作服务过程的阶段划分，学术界有不同的看法。

① 徐震，林万亿．当代社会工作．台北：五南图书出版公司，1986：15.

（一）三阶段说[①]

三阶段说将社会工作的助人过程分为三阶段。

第一阶段：探索（exploration），约定（engagement），预估（assessment），计划（planning）。

第二阶段：执行（implementation），目标实现（goal attainment）。

第三阶段：结案（termination）。

赫普沃思、鲁尼等人认为，这三个阶段分别拥有不同的目标，通过这三个阶段的工作，助人的过程往往都能收到良好的效果。不过这三个阶段在行动和工作技巧上并没有截然的分野，只是在强度和频率上差别较大。

（二）四阶段说[②]

格里肯认为，社会工作过程包括四个阶段，即收集案主信息的预估（assessment）阶段、选择信息的诊断（diagnosis）阶段、与案主合作制订计划解决案主当前遭遇问题的治疗计划（the treatment plan）阶段、判断社会工作过程是否对案主有所帮助的评价（evaluation）阶段。

帕克等人的 ASPIRE 模式便是在总结相关学者的类似意见基础上提出的。这个模式涵盖四个连续性的过程：评估（assessment）、规划（planning）、介入（intervention）、检视及评监（review and evaluation），如图 6－2 所示。

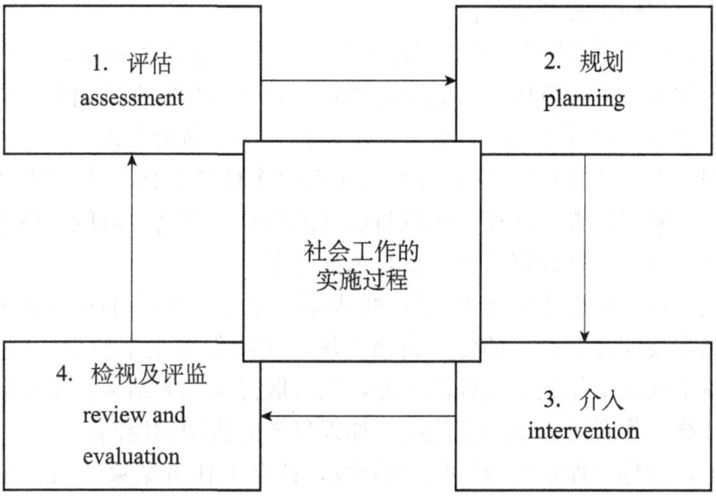

图 6－2 社会工作的实施过程：ASPIRE 模式

资料来源：Parker，Bradley. Social work practice，2008//林胜义．社会工作概论．5 版．台北：五南图书出版公司，2013：130.

① Hepworth D H，Rooney R H，Rooney G D，Stromgottfried K. Direct social work practice：Theory and skills. Brooks/Cole Pub Co.，2009：36－37.

② Glicken M D. Social work in the 21st century：An introduction to social welfare，social issues，and the profession. Sage Publications，2006：33.

（三）五阶段说[①]

李晓凤采用了五阶段说：订定阶段（the engagement phase）；评估阶段（the assessment phase）；计划与订定契约阶段（the planning and contracting phase）；介入阶段（the intervention phase）；检讨与终结阶段（the evaluation and termination phase）。

此外，还有几种更加细致的阶段划分方式，如廖荣利将社会工作过程分为申请和接案、资料收集和情报研判、诊断与服务计划、服务与处遇、结案与评估、持续服务六个阶段，黄维宪等则将其分为八个阶段等。

二、社会工作的基本过程

以上种种提法虽有不同，但是也不排除有些只是做了综合或细分。本书倾向于参考 ASPIRE 模式，将社会工作的实施过程划分为四个阶段，即预估（诊断）、计划、干预与评价。

约定（engagement）即确立专业关系无疑是社会工作过程开始的前提。当当事人（准案主）向社会工作机构求助时，社会工作机构就应当对所求助的有关信息进行初步的评估，根据评估的结论确定是否接受该当事人。如果接受，该当事人即成为案主，接下来便是安排相应的社会工作者与案主建立专业协助关系。专业关系确定下来，社会工作过程便正式开始了。

（1）预估，也称“诊断”。社会工作者与案主建立专业关系后，预估的工作便开始了。社会工作者在这一阶段工作的关键是收集和分析与案主问题有关的各方面资料和数据，以了解案主的真实情况，为下一步制订干预计划做准备。

（2）计划，也称“规划”。它是社会工作机构或社会工作者为了解决问题或达成目标而进行的一系列思考、计算、比较与抉择的过程。在这一阶段，最重要的工作可以归结为两个方面，一是设定目标，二是选择方案。

（3）干预。这一阶段是实际采取行动的阶段。社会工作者通过在各种备选方案中反复比较而确定最佳方案后，即将其付诸实施，实际促使案主改变，解决案主问题。这一阶段是整个社会工作服务过程的关键，能否取得预期的结果，主要取决于这一阶段。因此，社会工作者对方案的实施应当加以科学的协调和控制。

（4）评价，也称“评估”。经过干预阶段，社会工作者结束了与案主的关系，必须对干预的实际效果进行科学的评价。这种评价是全面进行的，着眼于整个过程的整体效果。它不仅对案主是重要的，而且对社会工作机构和社会工作者也是重要的，这一步骤提供了在特定状况下社会工作者的工作是否有效的重要信息。

---

① 李晓凤．社会工作——原理·方法·实务．武汉：武汉大学出版社，2008：280.

三、理解社会工作过程

在这里我们专门选取了一个案例，帮助本书使用者理解社会工作过程的基本程序及各阶段的主要任务。

案例介绍：从微观到宏观——金融危机下的农民工社会工作综合干预服务案例[①]

2008 年，肇始于美国的金融海啸给中国，特别是给中国制造业带来巨大的冲击，而在第一线承受冲击的则是农民工群体。当年 12 月 20 日，国务院颁布了《关于切实做好当前农民工工作的通知》。2009 年年初，中央农村工作领导小组办公室根据统计称，2008 年全国约有2 000万农民工因金融危机失业。农民工再次成为社会的关注焦点，成为社会帮扶的主要对象。而在“关注”“帮扶”的背后，却隐含忧患。西部一位劳务输出大市的市委书记曾这样说：“我们有 200 多万人在外打工，最怕这些人都倒流回来，成为社会问题。”[②]“协作者”是国内最早运用社会工作专业理念与手法服务农民工的民办社会工作机构，而京津冀地区的北京“协作者”、长三角地区的南京“协作者”和珠三角地区的珠海“协作者”，恰恰处于中国农民工主要聚集的三大区域，其深切感受到金融危机对农民工的影响。在此背景下，三地“协作者”迅速联合行动起来，探讨如何回应危机。

金融危机的影响波及全球，背后有深刻的政治经济成因，对于如此宏大的社会议题，社会工作者应该如何入手呢？单独的个案、小组、社区工作方法，显然都无法完全回应。聚焦于农民工在金融危机中的处境，在多年的基层服务经验基础上，“协作者”的社会工作者一方面致力于对农民工的实质支援，另一方面则坚守助人自助的专业理念，警惕作为服务对象的农民工在所谓的“关怀”中再次被建构为不稳定因素，或者再次被简单定位为“救助”对象。“协作者”认为，对金融危机的专业回应，一方面需要发挥社会工作专业的直接服务功能，通过整合资源，提供专业服务，切实解决农民工生活工作中的现实困难，并在服务中挖掘农民工群体自身的潜能，搭建支持平台，鼓励他们面对危机进行自助和互助。另一方面则需要发挥社会工作的倡导功能，向社会传递、还原农民工在危机中的真实声音和形象，为支持性政策提供参考，并消除公众的恐慌心理，与农民工群体并肩携手应对危机。这两方面应该成为社会工作干预介入金融危机困境中的农民工的关键点，对此，“协作者”认为必须从微观层面使服务对象直接受益开始，进而带动鼓励服务对象与相关利益群体共同参与推动宏观的社会倡导，这样才能更完整地回应社会性危机。这个过程中的核心则是服务对象

---

① 根据李涛、刘倩（北京市协作者社会工作发展中心）、李真（南京市协作者社区发展中心）、杨玳瑁（珠海市协作者社会工作教育推广中心）编写的案例改编。资料来源：徐月宾，姜海燕，李仁利．社会工作实务：案例与标准．北京：社会科学文献出版社，2015：167 - 179.

② 金融危机对农民工影响有多大．（2008 - 12 - 01）［2018 - 03 - 06］．http：//finance. sina. com. cn/review/20081201/14425574915. shtml.

的参与和行动。

一、分析评估

（一）服务对象处境分析

国家统计局的数据显示，2008 年全国农民工总量达到 22 542 万，而金融危机持续发酵，2008 年上半年倒闭中小企业 6.8 万家，下半年尤其是第四季度企业生存状况更加恶化，用工市场萎缩，大量农民工提前返乡。金融危机对农民工的影响体现在多个维度。(1) 从危机管理的角度来看，制度差异造成社会保障缺失，加上金融危机使大量失业农民工失去单位保护，而社会组织发育不良，导致农民工群体脆弱性增加，危机风险扩大。(2) 从金融危机的特点来看，依靠外销的企业订单不足，使得靠加班工资构成收入主要部分的农民工收入锐减，生活压力骤增。(3) 从劳资关系来看，企业裁员，使得农民工失业，而且是在没有预警的情况下被失业，各类权益保护问题凸显。(4) 从社会支持环境来看，主流社会鼓励失业农民工返乡创业，但返乡创业的各方面支持措施并未有效落实到位，缺乏社会支持的农民工得不到有效直接的物质、情感和信息支持。“协作者”的快速评估发现，事实上，大量农民工在金融危机时期返乡更多的是为了节省在城市的生活成本，而不是为了所谓的创业，“返乡创业”的主流舆论和政策导向反而增加了他们的焦虑和无助。(5) 从相关利益者角度分析，本身抵抗风险基础薄弱的农民工，在面对危机时还容易被标签为“不稳定因素”，为城市的付出与回报不成正比的剥夺感，极易让他们降低社会信任度；而同样难以了解该群体真实想法和处境的城市居民则陷入对该群体的莫名恐慌甚至排斥中。由此，危机时期的农民工深陷“生存”与“创业”、“关注”与“排斥”的两难情境。而最值得警惕的是，在这个资讯发达的信息时代，诸多关于金融危机与农民工群体关系的社会话语中，并没有他们自己的声音。

“协作者”多年服务农民工的切身经历表明，从 20 世纪 80 年代初进城务工浪潮兴起以来，农民工在从乡村迁移到城市的过程中遭遇了各种挑战，农民工利用自身的智慧和勤奋，不仅带动了自己和家乡的发展，更推动了城市社会经济的进步。在各种挑战和危机面前，他们不仅不会成为不稳定因素，反而是应对社会危机的中坚力量，这一视角也正是本次危机中社会工作专业回应的基础。

（二）“协作者”能力分析

从专业基础看，北京“协作者”主要致力于回应城市化进程中的农民工问题，多年来形成了“团结合作、助人自助”的农民工服务特色，即注重广泛动员社会参与，在回应农民工实际需求的过程中，培育、提升农民工自我服务与服务社会的能力，探索出了服务与倡导相结合的服务模式，奠定了扎实的农民工专业服务基础。

从专业经验看，成立于 2003 年的北京“协作者”本身就是在应对 SARS 危机中崛起的专业机构，成立之初就启动了“农民工‘非典’紧急救援与社会支持行动”，并在“非典”之后持续开展农民工紧急救助服务，积累了丰富的应对社会危机的专业经验。而“协作者”每年进行一次的全国性的农民工专题调查，也使“协作者”随时掌握农民工的动态需求，对农民工的生存现状有切身的体会。

从组织基础看，“协作者”在京津冀、长三角、珠三角三个地区具有一定的服务基础和动员能力。2007年，北京“协作者”模式被引进推广到长江三角洲地区，成立了“南京市协作者社区发展中心”。南京“协作者”在流动儿童及其家庭服务方面积累了丰富经验，通过儿童进入处于城市边缘的农民工家庭，并从农民工家庭逐步扩展到农民工聚居的社区，具有较强的组织动员能力。2008年，北京“协作者”模式再次被引进推广到珠江三角洲地区，成立了“珠海市协作者社会工作教育推广中心”。珠海“协作者”尽管刚注册登记不久，但其所处的地理位置——珠海西部工业区——具有沿海工业区的典型特征，前期的田野调查，使其对工业区有较为深入的认识，而其成立的背景——区域内最大企业的合作邀请，也为其进入企业开展服务奠定了基础。南京“协作者”、珠海“协作者”是北京“协作者”服务模式的推广者，在服务理念与手法上具有共同性，相互间是紧密的合作伙伴关系，由此构成了三地“协作者”立足我国最主要的三大农民工聚集区联合开展专业介入的保障。

基于上述背景，“协作者”认为需要连接三地力量，由北京“协作者”牵头，在三地同步实施介入行动，服务金融危机下的农民工，增强农民工应对危机的信心和能力，并向社会公众、政策制定者还原农民工的声音和需求，消除社会恐慌，携手应对危机。

二、服务计划

面对金融危机这样涉及不同领域、不同层面的深刻冲击，“协作者”认为单一的社会工作服务方法无法完全回应危机，社会工作的介入既需要关照个体的微观需求，亦需看到个体困境背后的结构性和制度性因素。因此，“协作者”认为社会工作介入金融危机下的农民工服务时，亦需从个体、群体、社会三个层面来回应危机。社会层面的行动基础正是建基于前两者的微观和中观服务过程之上，而服务对象全过程的参与，本身便是社会行动的一部分。

由此，“协作者”将综合取向的社会工作介入金融危机下的农民工服务的目标定位为：通过为农民工提供持续的个案辅导和经济救助，满足农民工在生活工作中的实际需求；开展以发掘自身潜能、建立互助支持平台为主题的小组和社区活动，增强农民工应对危机的信心和能力，减少其焦虑，预防和化解矛盾；通过三地“协作者”同步开展参与式研究，为农民工提供社会表达的渠道，表达在金融危机下他们自我的需求和心声，呈现他们真实的生活状态，形成农民工参与的研究报告并发布，从而让主流社会看到金融危机对农民工群体的真实影响以及该群体的实际需求与选择期望，消除社会误解和恐慌，推动建立更适合的社会支持，携手渡过金融危机难关。

增强社会支持是该服务计划的核心策略。社会支持包含宏观、中观、微观三个层面，以及感觉到的和实际支持的层面。因此，“协作者”将服务策略明确为将个案、小组和社区等直接服务与调查研究相结合，动员农民工作为志愿者而非仅仅是服务对象，全程参与其中，在满足回应农民工切实需求的同时，通过发布研究报告，开展社会倡导，形成广泛社会影响，从而实现从微观到宏观，包括物质、情感、技术和信息等在内的综合性的干预。服务计划时间为从2009年1月到2009年4月，实际后续服务持续到2009年年底。主要行动包括以下三个方面：第一，开展农民工权益维护、生活指导、法律政策等咨询辅导与紧急救助服务，为处于困境中的农民工提供资讯和物质支持。第二，开展以培育提升农民工应对危机的信心和能力为主题的团体活动，形成群体内互助支持的基础。第三，开展“农民工眼中的金融危机”调查研究，组织动员农民工加入研究团队，在农民工返乡期间开展问卷调查、个案访谈、小组座谈，最终形成调查报告，集中向社会发布。

三、计划实施

三地“协作者”围绕服务目标，结合各自的区域特点，在三地实施服务计划。

首先，开展农民工权益维护、生活指导、法律政策等咨询辅导与紧急救助服务，为处于困境中的农民工提供资讯和物质支持（2009 年 1—12 月）。

从 2008 年年底金融危机集中爆发至 2009 年年底危机影响减弱，三地“协作者”启动救援热线，开展线上与线下的救援服务，为处于困境中的农民工提供直接个案支持（具体数据参见服务成效部分相关介绍）。其中珠海“协作者”通过热线发现一宗工人投诉企业实行综合工时制变相剥夺工人利益的求助，该企业有 40 000 多名工人，社会工作者通过深入调查获悉该企业工人普遍不满该制度。珠海“协作者”紧急介入，作为第三方沟通渠道，及时向该企业管理层反馈，并直接与该企业高层取得联系，建议企业加大对综合工时制的解释力度，调整与员工的沟通方式——不是告知，而是尊重员工的参与，听取工人意见，并坦陈金融危机对企业的影响，以争取员工的理解。在珠海“协作者”的积极斡旋下，企业采纳了社会工作者的建议，加大力度在不同层面与工人展开积极沟通，向工人说明综合工时制实行的法律依据及政府批文，明确其实行的期限，从而避免了大规模的冲突。

“协作者”一方面协助金融危机下的农民工解决实际困难，维护其合法权益，另一方面在个案服务中，鼓励服务对象了解、学习与自身权益相关的法律政策知识、沟通表达和发掘争取资源等技巧，积极理性表达自己的诉求以解决冲突。同时动员接受个案服务的农民工参与团体活动，在“协作者”平台上认识来自不同地域、行业的同伴，相互分享彼此的打工经历和生活经验，逐步建立相互支持网络。

其次，开展以培育提升农民工应对危机的信心和能力为主题的团体活动，形成群体内互助支持的基础（2009 年 2—4 月）。

在前期个案服务的基础上，三地“协作者”对农民工群体在金融危机中的处境有了更真切的了解，结合各地的情况，开始推进团体服务。

北京“协作者”在三八妇女节当天开展金融危机与女性打工者的主题活动。从社会性别的角度切入，关注女性打工者在金融危机下的处境，通过角色扮演协助参与活动的女性打工者和女大学生，共同分析在金融危机下，女性不仅面临同样的就业压力，还因为社会角色的要求，承担更多来自家庭方面的压力。大家分组讨论，对打工者自己能解决的困难和需要外部支持才能解决的困难进行细分，从而让打工者看到自身努力的方向。南京“协作者”则邀请南京市有关部门的人员，《新华日报》、《南京晨报》、江苏人民广播电台等媒体代表，社会组织代表，与来自不同行业的打工者齐聚一堂，讨论金融危机下打工者面临的挑战与机遇。社会工作者通过“绳网游戏”让参与者感受彼此的连接。在金融危机面前，各个阶层的每个人的生活其实都受到影响，如何面对呢？解决的办法就在组员的讨论、分享、汇报中产生。而工业区里一片阴霾，大量工人辞工，珠海“协作者”将需求调查与协助新生代农民工认识自我、增强面对危机的信心结合起来，深入工人宿舍开展了4次“我们的力量”小组沙龙。一方面通过宣传公益服务，告诉工人在遇到困难时如何求助；另一方面开展参与式的交流，让工人们从工友间的相互认识，到分小组讨论分享目前最困难、最需要帮助的事情，原本陌生的工友发现彼此有很多相似之处，在讨论解决办法时也再次感受到了团队的力量。与此同时，三地“协作者”建立社区公益剧场，以“透过电影看人生”为主题，持续播放应对危机的励志公益影片，社会工作者带领打工者赏析影片，从中汲取生活力量。更进一步，针对工业区新生代农民工普遍反映对未来发展感到迷茫，不知返乡创业还是继续留在城市的现状，社会工作者通过开展自我认识活动，协助农民工思考自己人生中最看重的因素，学习如何发现问题，找到问题的原因，从而发现行动的路径。

不难发现，在团体服务过程中，三地“协作者”采取了多样化的专题服务，且均围绕协助挖掘农民工群体自身的力量，加强同伴、各群体间的理解和协作来应对危机，协助农民工发现自己需要的外部支持，合理地化解压力，并通过邀请政府部门参与、媒体宣传等方式，使服务得以扩大。

最后，开展“农民工眼中的金融危机”调查研究，组织动员农民工加入研究团队，在农民工返乡期间开展问卷调查、个案访谈、小组座谈，最终形成调查报告，集中向社会发布（2009年1—4月）。

2008年12月，由北京“协作者”设计调查问卷、访谈提纲、开展调查访谈员培训。2009年1月开始，三地“协作者”委派社会工作者、农民工志愿者，在返乡的农民工中开展“金融危机下农民工返乡现象调查”；同时，针对京津冀地区、珠江三角洲地区、长江三角洲地区等主要劳务输入地的农民工进行调查访谈。本次调查以问卷调查、个案访谈和焦点小组的方式进行，历时一个月，共有33名调查者参与。其中，重点邀请了16名农民工志愿者，在其生活、工作的地区以“生活者”的视角进行观察、了解，并参与撰写报告。问卷发放区域主要集中在劳务输出密集的地区，包括安徽、江西、河南、广西等10个省和自治区，以及涉及农民工劳务输入的重要地区——珠江三角洲的深圳、广州等，长江三角洲的南京、苏州等，京津冀地区以及福建等共16个省市。

16名农民工志愿者在开展返乡调查发放问卷和主持座谈前均接受过培训，社会工作者协助他们了解为何要在返乡时进行金融危机调查，为何他们要作为调查者参与。这是一次参与式的研究行动，研究的过程本身也是服务的过程，参与调查的农民工通过问卷填答、访谈交流，对金融危机带给自己的冲击有了更多思考，从而为自己的生活安排做了更多准备；而作为志愿者参与的农民工则不仅收获了其他农民工兄弟姐妹的经历和观点的分享，在组织过程中亦提升了为群体服务的责任感与能力。

2009年3月，调查报告全文正式通过媒体向社会发布，并在“协作者”的农民工团体服务中同步与打工者分享，让他们看到自己或同伴的劳动成果，感受行动的价值。报告在社会上产生了强烈反响。

四、总结评估

从服务对象需求出发，整合社会工作服务方法，将微观服务与宏观的社会倡导行动相结合；实现社会工作服务机构跨地域就同一主题联合行动，应对社会危机：这是本服务案例最为突出的两个特点。历经4个月的服务，取得的成效和经验具体如下。

（一）服务成效

1. 微观服务层面的成效

为农民工提供法律政策、生活指导等咨询和个案紧急救助1 573人次，追讨合法劳动报酬和经济补偿1 243 772元，为陷入生活困境的农民工累计提供170夜救助性住宿和212餐餐饮救助，为44名遭遇失业、工伤、疾病及失学的农民工与流动儿童提供紧急救助款25 180元，向4个边缘农民工聚集社区发放二手衣物4 676件。并在此过程中预防和化解了多起劳资冲突事件，培养22名农民工成为志愿者。

2. 中观服务层面的成效

在北京、南京和珠海的6个社区与工业区开展团体与社区服务，为农民工构建自信心提升与支持的平台，提升其组织协调能力；通过“协作者”平台，原本居住在同一社区或工厂却是陌生人的农民工彼此形成支持网络。这样，在金融危机笼罩下的生活中，他们无疑多了直接的支持力量。

3. 宏观倡导层面的成效

《生活在继续——一份来自民间视角下农民工眼中的金融危机调查报告》是金融危机期间唯一一份由社会工作者带动农民工志愿者参与调查完成的报告，从服务对象视角出发的研究介入点，蕴含着浓郁的社会工作特色。报告不仅向社会呈现了在金融危机影响下的农民工的真实状态，而且就公共服务改革、社会工作专业介入、农民工保护、就业创业、工业区管理与服务等方面提出了具体的政策与服务建议。该报告被《中国社会报》《中国改革报》《中国社会工作杂志》《新京报》《第一财经日报》等媒体发布，并被2008年出版的《经济中国》一书全文收录，该书编辑专门在编者按中向该报告致敬，称“它更真实地呈现出农民工视野中的中国社会和经济，更真实地折射着另一片精神世界”。国务院农民工工作联席会议办公室邀请“协作者”参加座谈，介绍报告情况，并专门前往“协作者”进行实地调研。

（二）经验总结

面对宏大社会危机时，如何将社会工作擅长微观服务的特点与宏观的行动相结合，以推动产生更大的社会影响力，是中国本土社会工作发展必须回应的问题。本案例将微观服务与宏观社会倡导相结合，突破单一社会工作方法的局限，整合个案、小组、社会行动等多元化社会工作服务方法，创新性地探索了一条回应宏大社会危机问题的社会工作服务路径。

创新性地推动民办社会工作服务机构跨地域合作，就某一社会危机问题进行社会性的专业干预，以“协作者”在三地建立的服务网络为基础，结合服务目标和区域特点，整合资源，迅速联动，这一尝试也为不同区域相同服务领域的社会工作专业化服务提供了借鉴。

本章要点

1. 社会工作过程是社会工作机构或社会工作者基于社会工作的价值理念，运用社会工作专业方法并借助社会资源系统，通过和案主建立专业关系，并经由诊断、计划、干预与评价等一系列前后连贯的行动，帮助案主满足需要、解决问题以达成社会工作目标的过程。

2. 社会工作过程或助人过程涉及的要素主要包括助人者（社会工作者）、受助者（案主）、机构与设施、自然与社会环境、社会资源、助人（干预）行动等。

3. 社会工作者也被称为助人者。一般而言，社会工作者是指受过社会工作专门知识和技能训练的从事相关社会服务的实际工作与教学、研究工作的人员。狭义的理解只是那些受过专门训练的实务人员；广义的理解则应包括相关教学、研究人员。社会工作者是从事专业性助人活动的职业群体。通过社会工作者的实际行动，使受助者恢复和提升社会功能，克服困难，解决问题，满足需要，并进而获得自我实现。社会工作者在助人活动中不仅仅是直接服务的提供者，也是案主的支持者、倡导者，还是资源协调者和政策影响者等等。

4. 社会工作服务的对象即为案主，也被称为受助者或当事人。案主可以是个人、家庭，也可以是群体、组织，还可以是社区乃至社会系统。案主经常有不同种类的问题或不同层次的需求。根据是否接受社会服务，案主可分为“当前案主”和“潜在案主”两类。已经或正在使用社会服务的案主称为“当前案主”；可能需要社会工作服务或有权利接受社会工作服务而尚未提出要求者，称为“潜在案主”。在我国现阶段，社会弱势群体是社会工作的主要服务对象。

5. 社会工作专业关系是社会工作者为实现其计划改变的目标而与服务对象（案主）有意识地建立起来的、情感无涉的专业社会关系。社会工作过程的有效进行，依赖于社会工作者与案主之间专业关系的建立。关注并帮助弱势群体是社会工作的应尽之责。

6. 社会工作经过长期的发展已形成了通用的一般模式以指导社会工作实务的开展。社会工作过程一般涉及预估（诊断）、计划、干预和评价等基本程序，以帮助案主渡过难关、解决问题。

复习思考题

1. 助人过程中主要涉及哪些因素？它们各起什么样的作用？

2. 什么是社会工作者？社会工作者在助人过程中承担着什么样的角色？

3. 谈谈你对社会工作对象（案主）的理解。社会工作的案主是否可被界定为弱势群体？

4. 什么是社会弱势群体？社会弱势群体可以根据哪些标准加以划分？

5. 什么是社会工作的专业关系？它有什么特点？

6. 试述社会工作的过程模式。

关键概念

社会工作过程、社会工作者、案主、社会工作专业关系、ASPIRE 模式、社会工作过程模式

推荐阅读书目

1. 李晓凤．社会工作——原理·方法·实务．武汉：武汉大学出版社，2008.

2. Lucas A K. Giving and taking help. North Carolina：University of North Carolina Press，1972.

3. Bisman C. Social work practice. New York：Cengage Learning，1994.

4. Hepworth D H，Rooney R H，Rooney G D，Stromgottfried K. Direct social work practice：Theory and skills. Brooks/Cole Pub Co.，2009.

5. Glicken M D. Social work in the 21st century：An introduction to social welfare，social issues，and the profession. Sage Publications，2006.

6. 林胜义．社会工作概论．5 版．台北：五南图书出版公司，2013.

中篇

社会工作方法

第七章

个案社会工作

个案社会工作也称社会个案工作、个案工作，英文为 social case work，是社会工作传统的三大工作方法之一，与小组社会工作、社区社会工作等方法相并列。但从时间顺序上看，个案社会工作最先被提出来并在实际工作中得到应用，因而相对于社会工作其他专业方法而言，个案社会工作方法理论基础更加完备，方法、技术和技巧更加健全。个案社会工作和西方近二三十年来出现的“以个人为对象的社会工作实施”（social work practice with individual）有所不同。[①] 后者是以个体作为社会工作帮助的对象或干预的标的，目的在于强化个体的社会功能。它既包括直接服务，也包括间接服务，在方法上强调综合运用社会工作的各种方式、方法，只是服务的对象或关注的焦点是以个人为主的。而个案社会工作虽然也是以个人为服务对象，但它被视为社会工作的独特方法之一，有自己的理论、技术和技巧，是有别于小组社会工作与社区社会工作的一种方法。本章将就个案社会工作的概念、历史沿革、实务模型、实施原则与程序以及比较具体的技术、技巧做比较全面的介绍。

第一节 个案社会工作的概念及其历史沿革

一、个案社会工作的界定

关于什么是个案社会工作，学者们给出了很多定义，以下介绍比较有代表性的几种。

20 世纪头 10 年，个案社会工作的创始人之一芮奇蒙德对它所给出的定义是：“个案社会工作是以个人为出发点，通过社会工作者对案主的有意识影响，来促进案主的人格发展的过程”[②]。这是关于个案社会工作最早的定义。该定义强调个案社会

① 林万亿．当代社会工作：理论与方法．台北：五南图书出版公司，2002：283.

② Richmond M E. What is social case work? . New York：Russell Sage Foundation，1922：98－99.

工作是一个过程。

20 世纪 40—50 年代，汉密尔顿指出："个案社会工作的特点在于它客观地处理实务，并提供咨询，以激发和保持案主的心理能力。在服务进行时，应鼓励案主积极参与以解决其面临的困境。"① 该定义强调激发案主的主动性。

台湾学者叶楚生指出："个案社会工作是现代社会工作中一种由个人入手的专门工作或方法，其实施对象为个人或家庭，主要目的在协助发生问题或遭遇困难的个人或家庭，对于他们的问题加以详细的研究及分析，予以适当的处理，以期解决其问题或困难，促进其人格的健全发展与家庭生活的调适，增进其个人的、家庭的与社会的福利。"②

王思斌等人则认为，个案社会工作是由专业社会工作者运用有关人与社会的专业知识和技巧，为个人和家庭提供物质或情感方面的支持与服务，以帮助个人和家庭降低压力，解决问题，达到个人与社会的良好福利状态。在个案工作中，工作者在与案主彼此信任合作的关系中，充分调动案主本身的潜能与积极性，共同探讨和研究案主的问题及其家庭与社会环境，运用案主本身及社会的资源，增进案主解决问题的能力，达到协助案主适应社会的目的。

笔者在综合考察各家关于个案社会工作的定义的基础上，试图对个案社会工作给出一个既比较全面又比较简明的定义。基于此，笔者对其给出的基本界定为：个案社会工作是一种以个人或家庭为对象（案主）的社会工作专业方法。社会工作者通过与案主建立专业关系，运用专业知识与技术，协调可资利用的各种社会资源，为案主提供直接的一对一服务，以协助案主摆脱困境，解决问题，达到与社会、环境的良好适应。

基于以上定义，特别是结合笔者及王思斌等人的定义，大致可以概括出个案社会工作的一些基本特点：

（1）个案社会工作是以专业知识和技巧为基础的社会工作专业方法之一。

（2）个案社会工作的对象或案主是有问题的个人或家庭，注重个人或家庭的独特性。

（3）个案社会工作注重并了解个人或家庭发生问题的内在、外在原因。

（4）社会工作者注重调动各方面的资源，特别是社会资源，以解决个人或家庭面临的问题。

（5）社会工作者注重建立专业关系以开展工作，注重取得案主的信任与配合。

（6）个案社会工作特别强调案主自决，社会工作者只是或只能从旁协助。

（7）个案社会工作的目的是帮助个人或家庭摆脱困境，以达到与社会的良好适应。

---

① Hamilton G. Theory and practice of social casework. New York：Columbia University Press，1951：34.

② 叶楚生．社会工作概论．台北：同泰公司，1980：104.

二、个案社会工作的优势和不足

同其他社会工作的专业方法相比，个案社会工作有其独具一格的优势，但是也有这样那样的缺陷。这就要求在进行社会工作时，社会工作者在侧重使用一种社会工作方法时应注意配合使用其他社会工作方法。

(一) 个案社会工作方法的优势

个案社会工作方法的优势可概括为以下三个方面。

(1) 社会工作者与案主一对一地直接讨论问题，寻求解决办法，能够建立起比较密切的专业关系，有利于问题的解决。

(2) 一般而言，该方法所涉及的案主问题不是很复杂，涉及面不广，社会工作者了解情况比较容易，也不必花费太多的精力和时间去协调各方面的力量，以寻求问题的完满解决。

(3) 社会工作者易于看到自己工作的成果，便于总结经验、教训，使工作得以不断改进。

(二) 个案社会工作方法的不足

个案社会工作方法的不足，也可以概括为以下三点。

(1) 个案社会工作只能涉及微观层次的社会问题。个案社会工作所着重解决的是个人和家庭的问题，这些都是微观层次的社会工作，其方法与技巧难以用于解决大范围的、重大的社会问题。

(2) 个案社会工作只能解决简单的社会问题，或充当解决复杂问题的辅助方法。个人和家庭问题种类繁多，有些是个案社会工作方法能解决的，有些则不是，需要同时运用其他方法或制度上的配合才有最终解决的可能。例如贫穷问题，个案社会方法所能解决的是使案主树立信心、取得能力的问题，但要根除贫穷，还需社会分配制度、社会保障制度、社会行政等方面的配合。

(3) 运用个案方法需要较多的人力资源配置。个案社会工作强调一对一，强调对案主问题全过程的参与和追踪，因而需要较多的人力资源配置。在有问题的案主较多而社会工作者人力不足的情况下，不宜采用这一方法。就我国实际而言，我国尚处在不发达阶段，很难大范围地采用个案方法去解决个人和家庭所面临的社会问题。

三、个案社会工作的历史沿革

个案社会工作的历史可以追溯到 19 世纪中叶英美等国出现的慈善组织会社，至今已有 100 多年的历史。1917 年芮奇蒙德发表的《社会诊断》一书是个案社会工作开始成为社会工作专业方法的基本标志。在这之前的几十年则为该方法的萌芽阶段。在个案社会工作 100 多年的发展历史中，根据不同时期所强调的重点或面临的问题之不同，以及个案社会工作方法的发展演变状况之差异，可将个案社会工作的发展相对划分为五个时期。以下分别加以介绍。

(一) 强调个人的道德因素的时期，个案社会工作方法开始萌芽（19世纪中叶到20世纪初）

这一阶段可以视为个案社会工作的萌芽阶段。其时欧美各国资本主义尚处在自由竞争阶段，社会一般观念认为，个人的贫穷乃是个人不努力所致，但是基于人道主义的精神，资本家应担负救济贫民和改良社会环境的责任。19世纪初，英国牧师查默斯（Thomas Chalmers）在格拉斯哥实施贫民救济时，通过了解贫民的工作能力、亲朋的有无、居住时间等，以确定是否实施救济。1843年，美国成立“改进贫穷状况协会”，以个别化的方式协助贫民、访问贫困家庭、提供咨询、鼓励就业、提倡自尊自立。后来在欧美先后兴起的慈善组织会社，聘任“友好访问员”走访前来求助的贫穷家庭，调查求助者的职业、工资、教育、健康及居住环境，以证实是否需要实施救助；当救济工作完成后，再次对案主家庭进行调查，以评判救济工作的效果。这种个别救助的工作方式，便是个案社会工作方法的雏形。慈善组织会社为利于工作的开展，开设课程训练“友好访问员”，促进了社会工作教育的兴起。课程讲授内容主要为个案调查的方法。

(二) 强调社会因素的影响的时期，个案社会工作方法初步形成与体系化（慈善组织会社后期至第一次世界大战结束）

这是个案社会工作发展的第二阶段。这一时期，工业化大都市中求助者发生的问题大多涉及遭受遗弃、犯罪、酗酒及其他非法或不道德行为。检视这些问题发生的原因，大多可归结为患病、工资不足、居住环境不良以及父母生活堕落之类。这便促使社会工作者认定社会问题发生的原因在社会而不在个人。该阶段个案社会工作的特色是，特别重视问题的社会因素与环境因素方面的改善。所以当时曾试图在（通过社会政策）改善老年津贴、改革童工法等方面着手解决个人的问题。

1917年，芮奇蒙德发表《社会诊断》一书，书中指出：个人所遭遇的问题，乃是由于其不能适应社会环境制度，或由于环境不良所导致的个人与社会关系的失调。住宅、失业、医疗卫生等等环境因素都是案主问题的根源。她所建议的社会工作方法包括：(1) 了解求助者个性和其所面临的问题的实质；(2) 了解求助者的社会关系，分析其社会助力及阻力的影响；(3) 探求求助者个人心理和问题的交互作用，了解社会环境的间接作用。她要求社会工作者讲求会谈的技巧，提供善意的劝导，鼓励案主合作，以减少人际关系的困扰、挫折或不安，这成为其后个案社会工作的典范。1922年，她又发表《个案社会工作是什么》一书，使个案社会工作更加理论化。

(三) 重视心理因素的影响的时期，个案社会工作方法进一步发展（第一次世界大战结束到20世纪30年代）

在这一时期，个案社会工作改变了前一阶段重视社会环境影响的主张，强调心理因素的作用。以下两个方面的因素是导致这一时期的个案社会工作重视心理因素的影响的主要原因。

(1) 当时的案主，如退伍军人、儿童等，所遇到的问题多为心理与精神方面的问题，单靠社会环境的改善并不能完全解决案主的问题。

(2) 尤其是当时正值精神分析学家弗洛伊德学说盛行，这使得当时的社会工作者能够比较方便地采用心理分析方法帮助案主解决问题。

这一阶段的个案社会工作的特点可以概括为以下几点。

(1) 注重搜集案主对问题的主观看法和解释。在个案工作者看来，收集客观材料固然重要，但案主对其本身问题的看法似更加不可或缺。无论其正确与否，都会对解决问题有所帮助。

(2) 认为案主问题的产生受其内在因素（情感与心理因素）的影响大于受外在环境因素的影响。个案工作者应着重于探究案主问题发生的内在原因，分析其因果关系，然后基于分析结果，决定处理方法，并视其为解决案主问题的根本方法或途径。

(3) 强调"案主自决"原则的运用。认为案主在情绪和心理方面的准备如求助的意愿、自主的精神、合作的态度等，是促进服务效果的必备条件。

(4) 强调个案工作者在工作中应秉持客观与理智的态度。个案工作者不能在工作中渗入个人的情绪反应乃至偏见，应以维持与案主的专业关系为准则。

20 世纪 20 年代正值弗洛伊德的学说盛行之时，他的门徒兰克（Otto Rank）提倡以"意志"为中心的"功能途径"的个案工作，后经塔弗特（Jessie Taft）和罗宾逊（Viginia Robinson）集其大成而形成"功能派个案社会工作"。1937 年，汉密尔顿创立"心理社会途径"的个案社会工作。就实务的开展而言，1918 年，美国成立"医疗社会工作者协会"；1919 年成立"访问教师协会"，成为学校社会工作者协会的前身；1926 年成立"精神病理社会工作者协会"。至此，以个案工作为主的几个社会工作实施领域更具专业化的色彩。

(四) 强调环境改善与心理因素并重的时期，个案社会工作方法趋向完善（第二次世界大战以后至 20 世纪 60 年代）

这一时期的个案社会工作既重视案主问题的心理方面，也重视其社会方面，尤其注重从个人与环境的互动角度探求案主问题的根源及其解决办法。该时期的个案工作有以下特色。

(1) 认为个人的人格、行为无不受个人心理及社会环境的交互影响。案主问题之所以发生，亦是受个人心理因素与社会环境因素的影响所致。个案工作者应同时注意考察这两种因素对案主的问题的影响。

(2) 视客观需要确定开展工作的方法。对某些案主，仅需协助其对外在社会环境做一定的改变；对某些案主，需偏重于内在心理分析与调适，以期改变其行为；对某些案主，则需二者兼顾，以利于其问题的解决。

(3) 个案社会工作注重借鉴现代科学的各种最新成果以丰富、发展自身。由于现代行为科学等相关知识的发达，社会工作者从中选择与吸收了一些特别有用的知识、理论与方法，创立或完善了个案社会工作的理论、方法与技术。

20世纪50年代，以珀尔曼为代表的学者创立了“问题解决派个案社会工作”；20世纪60年代，托马斯（E. J. Thomas）创立了“行为修正派个案社会工作”。至此，个案社会工作的四大经典模式宣告形成并开始发挥作用。个案社会工作的理论基础与实施途径更加趋向多元化与专门化。这些都大大便利了实际工作的开展，促进了工作效率的提高。

（五）个案社会工作的新发展（20世纪60年代以后至今）

当代社会日益复杂，社会问题越来越多，解决起来也越来越困难，依靠单纯一种方法已不能满足实际需要。适应这一形势，在这一时期，社会工作专业方法与实务开始出现了整合化的趋势。受这一趋势的影响，个案社会工作也出现了一些新的变化。其中以直接服务概念为核心的新型社会工作干预途径的提出（或者如本章开头所提出的“以个人为对象的社会工作实施”），对传统的个案社会工作产生了冲击。这种“直接服务的社会工作实施”将原来分属于个案工作、小组工作乃至社区工作的功能纳入一个体系，成为社会工作的直接干预过程，使得社会工作全部的方法与技术都可在同一问题的解决过程中发挥作用。上述变化并非意味着个案工作地位的削弱，相反表明了个案工作实施范围的扩大。它不再仅仅局限于个人或家庭的服务领域，所有直接的社会工作实施都可使用个案工作的方法。

自20世纪80年代开始，强调“个案管理”（case management）成为个案社会工作的一种最新趋势或潮流。个案管理的概念实际上并不明确，从现有的各种解释看，它是社会工作者针对具有多种问题且需要多种助人者同时介入的案主的协助过程。[①]个案管理模式的出现，使个案工作者传统的助人模式发生了重要的变化。

从本质上看，社会工作个案管理是一种服务供给方式。专业社会工作者在其中既是需求评估者，又是直接的服务提供者，更是服务的管理者与协调者。一般情况下，社工评估案主及其家庭的需求，并在适当的时候安排、协调、监督、评估及倡议多元化的服务体系，以此满足案主特定的复杂需求。一个专业的社会工作者即社会工作个案管理的主要供给者。与其他形式的个案管理相区别的是，社会工作个案管理不仅呈现了案主的生理、心理及社会状态，更重要的是表达了个案管理运行背景的社会系统的形态。

第二节
个案社会工作的实务模式

个案社会工作经过100多年的发展，已经形成了一些比较成熟的实务模式。这些

---

① Ballew，Mink. 社会工作个案管理. 台北：心理出版社，1998：3.

模式虽然起源于西方国家，但在一定意义上反映了社会工作的一般规律，因而对我国社会工作实务的开展有着一定的指导价值。本节主要就功能派个案社会工作、心理社会派个案社会工作、问题解决派个案社会工作、行为修正派个案社会工作等个案社会工作的几种经典实务模式及后来发展起来的任务中心派个案社会工作、通才实务派个案社会工作、萨提亚家庭治疗模式等加以介绍与讨论。

一、功能派个案社会工作

功能派个案社会工作源于20世纪30年代美国宾夕法尼亚大学的社会工作学院，由塔弗特、罗宾逊等人首倡，是他们借鉴当时的知名心理学家兰克的“意志心理学”而推行的一种个案工作方法。兰克是弗洛伊德的门徒，倡导自我心理学，强调人是自己的创造者，个人的意志是个体控制与组织的力量，通过助人关系及在不同时间阶段加以运用，可协助个人发挥力量或释放潜能以解决问题，增进福利。兰克所谓的“意志”是指一种有组织且具支配性的内在潜能。兰克的心理学理论深深地影响了塔弗特和罗宾逊。塔弗特提出“机构功能的运用”（use of agency function）的概念，强调机构功能与助人过程之间的关系，功能派也因此而得名。

功能派认为，所有社会工作的目标在于发挥个人、小组和社区的潜力，以满足个人需求和社会利益；应当通过发动社会力量来制定社会政策，建立必要的社会机构，使所有的人都能得到自我实现的机会。个案工作者的职责在于发展、执行社会服务方案，以满足一些仅由个人努力无法达到的需求，增进个人的成长与福利。该派认为，个案社会工作的主要目标不在于治疗，而在于达成机构的社会目标。具体而言，功能派个案社会工作的实施原则是：

（1）社会工作者在提供服务时要求案主参与，以了解并诊断案主的问题，然后有计划地不断加以修正。

（2）通过对服务阶段的设计和控制，案主的潜力能得以充分发挥。在起始阶段，社会工作者可进行尝试性的服务，在中间阶段应增强案主的参与程度和责任感，在结束阶段应使案主由于潜能得以发挥而获得成就感。

（3）在工作过程中，机构功能的发挥与专业角色应当兼顾。社会工作者应注意运用地方资源，使各种机构如医务、精神病、教育、宗教和经济等机构充分发挥其功能，为案主服务。

（4）注重服务结构的设计，以提高服务的效率。服务结构涉及时间、地点、政策及程序等要素。选择适宜的时间、地点，通过正确的政策或规则开展工作，可以提高服务工作的效率。

（5）在工作过程中应始终注意运用专业关系协助案主改变，帮助案主做决定，引导案主通过对其原有生活情境的感受和经验以重建自我。①

---

① Smalley R E，Bloom T. Social casework：The functional approach//Encyclopedia of social work. Washington，D. C.：NASW，1977：128－129.

功能派个案社会工作提倡全面性服务的观念，加强专业服务与其他服务机构之间的联系与配合，促成各类服务人员与受助者之间的密切联系，以协助和促成案主改变。

二、心理社会派个案社会工作

心理社会派个案社会工作的起源可上溯至芮奇蒙德的《社会诊断》一书，由此开始被称为“诊断学派”。20 世纪 30 年代，汉密尔顿发表《个案工作的基本概念》（Basic Concept in Social Casework）一文，对心理社会派首次做出了系统阐释，成为该派的著名代表人物。后来，哥伦比亚大学的郝里斯（Florence Hollis）将该派进一步发扬光大，从而使心理社会派个案社会工作成为个案社会工作的重要理论派别之一。

心理社会学派的理论基础主要是心理学理论（如精神分析理论、人格理论、认知理论、角色理论、小群体理论）、文化人类学理论以及系统理论。该派将系统理论运用于个案工作过程中，强调人与环境互动的体系。“人在情境中”（person-in-situation）是该派的核心概念，强调人与环境的互动关系。其中的“人”是指个人内在的心理体系，“情境”是指个人生活的社会网络与物质环境。人、环境以及二者的交互影响是其中三个最重要的因素。在人与环境的交互影响过程中，任何部分的改变都将引起其他部分的改变，如此不断地相互影响、塑造，最后达到平衡状态。因此，该派认为治疗的首要任务在于调整个人的人格体系及环境体系，以增进人格的成长与适应。协助的目标在于适度满足受助者的基本需求，帮助其处理面对的问题，增强有效处理问题的能力，减轻痛苦，以增加实现目标与期望的机会与能力。在环境改善方面，则应尽量使案主自己担当改善环境的责任，只有在案主自己担当遇到困难时，社会工作者才介入协助。

心理社会派个案社会工作的实施程序可分为心理社会调查、诊断与治疗三大部分，其具体任务包括以下几方面。

（1）建立关系：在社会工作者与案主之间建立专业助人关系，使受助者对工作者的善意与能力产生信任感，降低案主的各种不舒服感受，如焦虑、罪恶感、恐惧感及无价值感等。

（2）从事调查：了解受助者对其困难的看法及求助原因，了解受助者的求助动机，了解其个人发展资料、家庭资料等。

（3）分析诊断：将调查收集得来的资料加以分析、归纳、整理后，对问题的性质做出推论及决定适合案主情况的服务与治疗方式。

（4）实施治疗：根据诊断结果制订并实施治疗计划，调整个人人格状态、环境状态，使人与环境之间达到理想的适应状态。诊断并非一次完成，而应随着“人与环境”的改变不断进行；计划也应根据诊断结果不断修正，可将治疗计划分为长期计划和短期计划，逐步实施。

心理社会派个案社会工作所发展的主要治疗技术既有针对个人系统的，也有针对环境系统的。针对个人系统的技术主要有以下方面。

（1）支持性的：包括有兴趣地倾听、真诚地接纳及鼓励等，使案主感到并得到支持。

（2）疏导性的：使案主无拘无束地谈论其情境，使他的感受得到纾解。应特别留意案主的主观感受，并加以疏导。

（3）直接影响：通过忠告、建议、强调、坚持、积极说服及运用实际干预等方法。这一方法实际上很少运用，案主也可对工作者的影响加以拒绝。

（4）对话与讨论：反映案主的人格类型，使其了解过去的经验与目前行为间的关系。

针对环境系统的技术是指社会工作者在考虑案主利益后，针对环境所实施的具体的改善方法与途径。改善环境的方式与途径因人而异，如为被遗弃的儿童安排寄养家庭，为心理失调者安排住院治疗等，都是一些比较具体的改善环境的办法，以改变案主的生理、社会与人际关系状况。

心理社会学派强调个别化的治疗原则，对案主问题的诊断，注意联系案主过去的生活经验；同时联系与案主目前生活相关的各方面信息，在与案主的人际互动中探讨其发生问题的原因与实质。此外，对案主人格、心理状态的了解也是重要方面。应注意掌握案主"自我"的强弱程度，因为它是平衡个人欲望与理想的力量。

"危机介入模式"（crisis intervention）或"危机介入法"是一种对处于生活危机状态中的人施以短期性治疗的方法，是心理社会派个案社会工作的主要方法之一。该模式最早是由林德曼（Erich Lindeman）和卡普兰（Gerald Caplan）在20世纪40—50年代提出来的。危机介入法的目标为：

（1）缓和不当压力对案主的影响，协助案主采取适当的方法改善环境。

（2）促进案主处理问题的能力，协助案主恢复其遭遇危机前的适应能力，并使之得到增强。

危机介入的程序和技术可分开始、中间和结束三个阶段来进行。

（1）开始阶段：首先，通过会谈搜集案主基本资料。会谈应集中于案主正在经历的危机事件上。在会谈过程中，工作者应注意了解案主"自我"的强度，并了解其社会资源网络。其次，应将关注的焦点集中于案主所面临的真正的问题，即案主最感到不安的问题。最后，以乐观的态度帮助案主减轻焦虑，减少无助感，并对工作者产生信赖。

（2）中间阶段：工作者应进一步收集资料，重点仍是目前的资料，但也应注意将目前的情形与案主过去的生活经历联系起来，以帮助案主认识前因后果。其后，工作者应和案主一起探讨解决问题、摆脱危机或压力的办法，并让案主通过学习、练习来逐步解决问题。

（3）结束阶段：与案主一起回顾已取得的进步，征询案主对问题解决程度的看法或感受。如果案主感到满意，介入过程便可结束。

三、问题解决派个案社会工作

问题解决派个案社会工作是20世纪50年代由珀尔曼提出的一种个案社会工作模

式。当时欧美流行的功能派个案社会工作及心理社会派个案社会工作等个案社会工作模式各有所长，但又都存在着这样那样的缺陷，引起了不少学者及社会工作者的反思，希望发现整合模式的个案社会工作的知识与行动理论，以弥补前述实务模式之不足。在这种背景下，问题解决派应运而生。该派系是由心理社会派分化出来的一个派别，同时又吸收了功能派的实施观点、自我心理学理论、存在主义理论以及社会心理学有关自我发展的理论等整合而成。

问题解决派个案社会工作的基本假设主要有以下两点。

（1）人类生活是一连串问题解决的过程。该派认为，人的一生其实就是不断解决其所面临的问题的过程，通过这一过程，以获得快乐、奖赏、安定、舒服与适应良好，避免痛苦、惩罚、不安及适应不良的情形发生。

（2）个人无法以习惯的方式应对自己的问题，有着个体的及社会的多种原因。个体的原因可能是由于他缺乏动机、能力，社会的原因可能是由于他缺乏机会。必须借助机构提供的物质的、心理的、社会的协助，以有效地处理问题。

基于以上假设，社会工作者的主要目标为协助案主有效且满意地解决他所不能胜任的社会任务或人际关系方面的问题。社会工作者的任务有以下四部分。

（1）引导并增强案主寻求改变的动机。在开展工作时，社会工作者应注意激发案主的动机，并指示其方向，减轻案主因无力而致的焦虑、恐惧或逃避行为，给予案主安全感，使其企望成功，将自我的活力专注于应做的工作。

（2）演练并发挥案主解决问题的心理-行动能量。社会工作者应激发案主的智力、情绪与行动的能力，并经过重复练习，使案主的自我功能（感觉、认知、理解、选择、判断和行动等多方面能力）得到开发，以应对并解决问题。

（3）寻求可资解决案主问题的资源与机会。问题解决的过程需要适宜的社会环境。社会工作者通过为案主寻求解决或减轻问题所需的资源或机会，使案主能比较顺利地完成所应该完成的任务。

（4）鼓励案主改变看法。在社会工作过程中，社会工作者应消除案主自认为是社会牺牲品或是“有问题的人”的想法，对案主勇敢地直面其所面临的困难给予嘉许，并鼓励其选择较好的处理方法。

问题解决派将个案社会工作界定为：“一个人（a person）为问题（a problem）所困时，向特定的地点（a place）寻求协助，由专业社会工作者运用助人过程（a process），以增强个人解决问题的能力，并提供问题解决过程所需的资源。”这一定义往往被概括为个案社会工作的“4P”。

四、行为修正派个案社会工作

行为修正派个案社会工作是在第二次世界大战后，受行为心理学发展的影响而形成的一种个案社会工作模式。行为修正学派在理论基础及实施原则等方面都与功能学派、心理社会学派、问题解决学派有所不同。前面介绍的三个学派以心理分析、自我心理学为基础，重视个人内在冲突、需要、自我功能与环境间的交互影响；行为修正学派则以心理学的学习理论为基础，重视外在环境对个人行为的制约影响，强调通过学习的过程改变行为。该派虽然主要运用学习理论来解释人的行为，但并非具有统一的理论体系，而是存在着许多分支。托马斯曾将行为修正派个案社会工作划分为五个类别，并指出其中三个类别是基本的，即反应制约派、操作制约派及社会学习派。

行为修正学派的基本假设可概括为以下几点。

(1) 强调可观察到的行为。行为修正学派重视可观察到的行为，认为行为的变化是由于个体的成熟、学习与中枢神经的变化而改变的。它尤其重视其中由学习而改变的行为。该派以学习理论为基础，运用各种行为修正技术，消除不想持续的行为，增进所希望持续的行为。

(2) 行为可具体划分为操作性行为与反应性行为。前者可经由个人意识控制，又称随意性行为。行为的结果影响到该行为是否再现以及出现的频率。后者也被称为不随意行为，它无法受个人意识的控制，而是由刺激引发生理改变所产生的，最常见的如焦虑反应。对行为的以上区分是行为修正派理论与治疗技巧的主要依据。

(3) 行为的持续存在有其必须具备的条件。引发行为的前因与维持行为存在的效果反应是行为持续存在的必要条件，二者缺一不可。该派在消除某一种不希望持续的行为时，控制上述二者之中的一种即可。故与行为相伴出现的前因后果是该派治疗与评估的指标。

(4) 重视与问题有关的当前行为特别是偏差行为。该派虽直接以偏差行为或症状作为治疗的对象，但不否认过去经验对当前行为或行为学习的影响。

行为修正学派以削弱不适应行为、增强适应行为为主要目的，能够削弱或增强行为的理论与技巧成为该派关注和发展的重点。该派学者认为，一个刺激可引发多种反应，但在同一个时间内只能有一种反应出现。所以要削弱某一行为，就应当使该行为在同一时间里为另一反应行为所抑制或取代，进而在刺激与新反应行为之间建立关联。这样一来，原有的刺激-反应间的关系就被改变了。关于行为修正的技巧，前述操作制约派、反应制约派及社会学习派各有不同。其中，操作制约派有关行为改变的技巧包括以下几种。

(1) 正增强。希望出现的行为反应一旦出现，立即给予奖赏，以提高行为出现的频率。

(2) 负增强。当不希望出现的行为出现时，立即给予嫌恶反应，或给予惩罚，以减少此类行为。

(3) 消除。当不希望的行为出现时予以忽视，不做任何反应，以降低该行为发生的频率，乃至消除该行为。

(4) 差别增强。目标行为出现时给予奖励，希望消除的行为出现时不做反应，以提高目标行为出现的频率，消除不希望的行为。

(5) 形成反应法。此法是将目标行为的达成作为最终目的，通过设计具体步骤逐步实现。在这一过程中，每完成一个步骤时，均给予鼓励，以助长新行为的产生。

行为修正学派个案社会工作的基本程序包括以下几个步骤。

(1) 建立关系：与案主建立关系，使案主确定与社会工作者合作的意愿，以保证从界定问题到修正过程中案主与社会工作者的全面配合。

（2）界定问题：全面考察案主感觉到的或社会工作者观察到的问题；根据案主和社会工作者的共同看法确定需要立即处理的问题；对要处理的问题及其相关的范围做详细讨论，使之明细化。

（3）评估资源：全面考量环境中可资利用的资源。

（4）确定目标：确定行为修正计划所期望达到的目标行为。

（5）设计计划：设计具体的行为修正计划。

（6）实施计划：通过计划的实施，以改变案主的行为。

（7）结果评估：通过具体的指标评估计划实施的结果。

（8）结果维持：维持已经修正的行为。

五、任务中心派个案社会工作

早在 20 世纪 50 年代，珀尔曼就力图通过将焦点集中在问题解决过程上而把个案社会工作的理论与实务统一起来，由此逐渐演变出一种特殊的工作方法——任务中心模式（task-centered model）。确切地说，任务中心派个案社会工作最早是由芝加哥大学的雷德（Reid）与艾普斯坦（Epstein）于 1972 年正式提出的，试图以“有计划的短期处置”取代传统长期治疗，把力量集中于处理外显问题而非内在肇因。许多研究显示，短期的计划性治疗方案比长期且焦点模糊的助人工作有效。

这一模式整合了心理动力、问题解决、行为学派和实证研究结果等知识与技术。其基本假设是：（1）案主问题的产生是因为能力暂时受限，而不是病理因素所致；（2）解决问题的困难在于环境或资源不足；（3）当人陷入问题时会产生改变问题的动力，但也有适应问题的本能；（4）人们只想把问题减轻到可以忍受的地步，而不是从根本上解决问题；（5）当个人了解到自身有问题时，会采取行动解决。因此，工作者可通过专业服务过程增强案主解决问题的能力，并使案主成为解决问题及促成改变的主要媒介，而工作者只扮演资源供给者与链接者的角色。

任务中心模式是一种短期的实务工作方法，主要用于解决个人或家庭特定的心理社会问题。具体而言，它主要应用于八类问题：人际冲突、不满意的社会关系、正式组织中的问题、角色困难、社会转型中的问题、情绪问题、资源不足问题和行为问题。在工作过程中，个案工作者和当事人一起就要解决的特定问题及解决问题所要花费的时间达成明确的协议；社会工作者和当事人共同制订解决问题的行动方案，给当事人指派任务，说明其行动的总方向或具体步骤。在专业服务过程中，社会工作者应运用不同的干预手法，尽力帮助当事人按计划方案行事，以期达到既定的行动目标。

在具体的专业服务过程中，任务中心派个案社会工作分四个阶段进行：（1）个案规划阶段（case planning phase）；（2）执行阶段（implementation phase）；（3）修正阶段（revisions phase）；（4）结束与延长阶段（termination and extensions phase）。

从实务的具体环节看，任务中心模式涵盖了下列几项内容：（1）确认案主动机；（2）确认任务的种类、可行性与阶段目标；（3）形成任务体系；（4）执行任务；

(5) 结案。

雷德与艾普斯坦指出，任务中心实务工作过程的沟通结构分为系统性和反应性两种。前者有助于案主与工作者探讨具体问题、确认目标问题、确定任务行程、设定时间限度、实践任务及有效地结束；后者则包括案主回馈、案主自我表露、使案主感到被接纳以及让案主充分了解与运用社会工作者的助力。

六、通才实务派个案社会工作

通才实务派个案社会工作（general approach social casework）又被称为“综融社会工作”，是时下受社会工作专业人士青睐的工作方法。它主要受20世纪60年代系统理论的影响，及受巴勒特、戈登和其他社会工作教育人员拓宽社会工作实务视角的影响，试图打破传统社会工作方法分立的局面，倡导综合运用社会工作的三大专业方法。①

通才取向社会工作的发展综合了慈善组织会社和社区睦邻运动分别对环境中的人与社会公正的目标倚重，反映了一种更整体化的社会改革与社会行动要求。20世纪60年代，伴随公民权利运动与反贫困运动的兴起，社会舆论对社会工作聚集于个人的有限治疗效果与伦理提出了质疑。在此背景下，社会工作研究者承认了这些不足，并开始回归其立足社会变革的使命，至少在政策层面，社会工作者做出了努力。在教育层面，自1974年以来，美国社会工作教育协会（CSWE）就对社会工作大学教育体系提出了通才取向的实务要求。②

这一学派的基本假设是：(1) 每个人同时生存于不同的社会体系中，因而案主有待解决的困扰或问题可能兼及各个体系；(2) 大部分的问题是多面向的，仅较少的求助者是因单一议题或单一因素而身处困境；(3) 有效的干预应直指较大的体系，如制度或结构；(4) 预防与改革通常从跨越个人、家庭、小团体的层次着手，才能引起真正的改变。

通才实务模式以问题解决模式为基础，采纳的是系统观或“人在环境中”这一观点，在实施时结合了社会工作信奉的独特性、价值观和伦理守则。它要求社会工作者不仅具备扎实的个案工作理论、知识及技术，而且具备综合运用其他专业手法的能力，以便能够面对和服务于不同的服务对象，处理各种各样的问题。

七、萨提亚家庭治疗模式③④

萨提亚家庭治疗模式（The Satir Model）是美国著名家庭治疗大师维吉尼亚·萨

① 法利等．社会工作概论．9版．北京：中国人民大学出版社，2005：50，61.

② Sallee A L. A generalist working definition of social work：A response to bartlett. Research on social work practice，2003 (13)：349-356.

③ 萨提亚等．萨提亚家庭治疗模式．北京：世界图书出版公司，2007.

④ 萨提亚．新家庭如何塑造人．北京：世界图书出版公司，2006.

提亚（Virgini Satir）在20世纪50年代创立的一种家庭治疗理论与实践体系，又称为联合家庭治疗。该模式在创始之初以家庭治疗为主要应用领域，随着理论的发展及新一代治疗师的延展，它现在不仅应用于家庭治疗，还普遍应用于个人咨询、团体辅导等领域。

受人本主义的影响，萨提亚家庭治疗模式非常重视人的自我价值。该模式认为每个人都有自身价值以及成长所需的所有资源，而且每个人都有能力改变。在改变过程中，人类个体的自我价值比任何其他因素对其行为的影响都大，外在的行为表现只是个体自我价值的展现。自我价值越高，则个体的应对方式越协调；当自我价值被扭曲或是被贬低的时候，人就会产生问题。当自我价值提升时，外在的行为问题会自行消失。因此，治疗师的主要任务就是帮助案主找到他们丰富的潜能——他们的价值感、希望、自我接纳、充满能量、负责任和选择的能力，并教他们有效地利用这些资源，从而提高个体自尊、更好地为自己负责任，进而达到“表里一致”。

萨提亚家庭治疗模式用系统的观点来看待家庭，认为家庭成员之间的互动构成了家庭，家庭则是家庭成员非常重要的成长基础。家庭成员个人问题的产生在很大程度上与家庭系统有关系，相对来说，开放家庭对于家庭成员个体以及家庭系统整体具有积极的影响。萨提亚家庭治疗模式非常强调家庭的沟通，认为家庭沟通的形式反映了家庭成员各自的自尊程度，沟通的不良在很大程度上并不是沟通技能不足造成的，而是因为家庭成员自尊程度偏低，由此导致内心所向和行为所示的背离。并且，沟通是一个多方传递的过程，涉及了自我、他人、情景三方面因素，良好的沟通应该是这三个方面合力顺畅且达到一致性。社会工作者的任务就在于帮助案主建立良好的自我评价，开展表里一致的家庭沟通。

基于人本主义理论基础，萨提亚提出了家庭治疗模式中较普遍的信念和原则：

其一，对“人”的信念。

（1）我们都是同一生命力的明证，通过这股生命力相联结。

（2）人们因相同而有所联结，因相异而有所成长。

（3）大多数人在任何时候都是尽他们所能而为的。

（4）个体通常会选择熟悉感而非舒适感，尤其是在压力之下。

（5）健康的人际关系建立在价值的平等上。

其二，对“改变”的信念。

（1）改变总是可能的，即使没有外在的改变，也会有内在的改变。

（2）人们拥有改变的资源。

（3）希望是改变的重要因素。

（4）我们不能改变过去的事情，但可以改变它们对我们的影响。

（5）过程是通往改变的途径，内容形成了改变得以发生的情境。

（6）感受是我们自己的，我们能学会改变感受、管理感受和享受感受。

其三，对“应对”的信念。

（1）问题本身不是问题，如何应对才是问题。

（2）应对乃是自我价值层次的展现——自我价值越高，应对的方式越协调。

其四，对“家庭治疗”的信念。

（1）家庭出现的症状只是沟通缺乏的迹象或是家庭规则阻碍成员成长的迹象。

（2）每个人都拥有他们成长发展必需的所有资源。

（3）家庭是一个系统，每个人、每件事情都是相互影响的。

（4）治疗师本人及其理念是治疗时最重要的工具。

萨提亚家庭治疗模式以个人内在系统、人际互动系统以及原生家庭系统为重要干预目标，围绕它们发展了一系列非常具有特色的技术，主要包括冰山理论、家庭重塑、生存姿态、个性部分舞会以及冥想。

（一）冰山理论

萨提亚认为，每个人都是一座“冰山”，外在被看到的行为表现及个体能感知到的意识层面只是冰山的一角，它只影响个体生命的 5%～10%；行为和意识的真正动因，那些个体很难觉察到的潜意识层面，是“冰山”在水面之下更为庞大的部分，它对个体生命的影响高达 90%～95%。正如一座冰山，个体生命中能够被外界看到的行为和被个体本身感知到的内在，以及个体的潜意识层面，由上至下依次是：行为、应对方式、感受、感受的感受、观点、期待、渴望和自我（见图 7－1）。其中，自我是一个人“内在冰山”最核心、最本质的部分，也是一个人外在行为表现最深层的动因。自我价值评价的高与低直接影响着我们生命潜能的释放程度。[①]

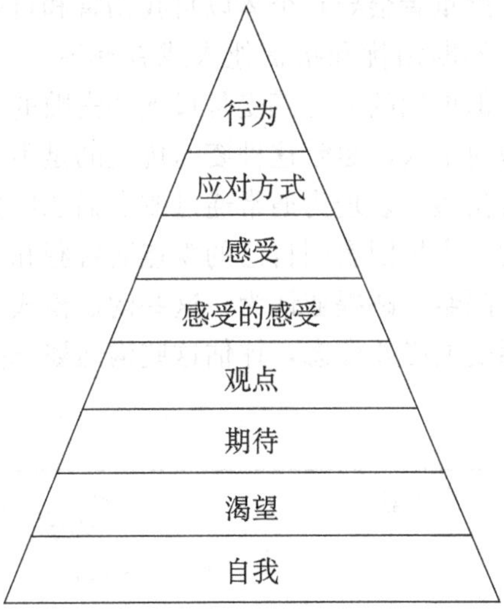

图 7－1 冰山理论

（二）家庭重塑

家庭重塑（family reconstruction）技术是萨提亚家庭治疗模式中最有特色和最有代表性的技术之一。经典的重塑方式通常是在一个大组中（从 15 人到几百人）完

① 萨提亚等．萨提亚家庭治疗模式．北京：世界图书出版公司，2007：6－7.

成的，并需要1～3天时间。引导者会告诉参与者这个家庭的历史，之后让这个家庭的当事人（主角）选择并邀请小组其他参与者来扮演当事人（主角）童年生活中具有重要意义的亲属或其他人。在重塑过程开始之前，这个家庭的当事人（主角）要确定他或她希望达到的目标。在这个目标明确后，当事人（主角）和小组其他成员用戏剧的形式展示当事人（主角）自己的原生家庭，其父母的原生家庭，其父母的约会、求爱和婚礼场景或某一个非常重要的时刻，以及其理想中的家庭。家庭重塑这个技术能够让当事人（主角）将他或她的家庭动力因素外化出来，并且识别这种压力情景所唤起的知觉和感受；同时，也给当事人（主角）一个机会，让他或她能够用成年人的视角、新的框架来看待在自己的原生家庭中可能存在的某些令人痛苦的应对模式，从而接受过去并转变自己的生活模式。

（三）生存姿态

生存姿态是萨提亚总结出来的人们在压力下，对他人、环境、自己的应对方式，生存姿态技术是一种用可视化的方式展现自我价值和内心感受的技术。萨提亚认为家庭沟通的方式反映了其成员的自我价值感。间接的、不清楚的、不完整的、没有澄清的、不准确的、扭曲的、不适当的沟通是功能失调家庭系统的特征。萨提亚建构了讨好型、责备型、超理智型、打岔型四种不良的沟通姿态（见图7－2）。讨好型，表现为自我贬抑地、没有原则地赞成、道歉和试图迎合。这种态度会导致个体压抑自己的愤怒并代之以生理紊乱，严重者会导致个体以自我伤害和自杀来表达自我价值感的完全缺失。责备型，表现为不断烦扰和指责他人或者环境，把焦点放在对他人的期待上，通过努力控制别人，但他们的内心感受是孤独和失败的。超理智型，表现为采取一种僵硬而刻板的姿态应对他人，尽管这种姿态传达的是不参与和控制感，但是他们的内心感受是脆弱的。打岔型，表现为通常通过改变话题以分散注意力，用假装压力不存在的方式来处理压力，害怕因表明自己的观点而冒犯和伤害他人，但他们在内心里感到不被关心和与他人隔绝。萨提亚认为，这些沟通模式本质上是那些痛苦的人用以避免暴露自己的真实感受的必要姿态，评估这些沟通姿态能够为治疗师的干预提供指导。

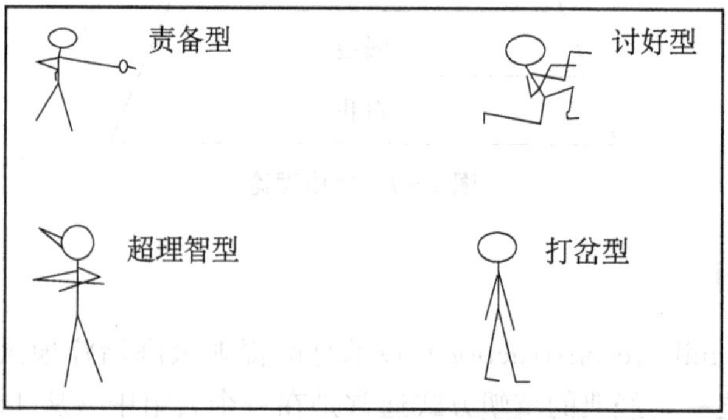

图7－2　生存姿态

(四) 个性部分舞会

萨提亚认为，每个人都是由多个层面构成的整体，但是人们并不会喜欢自己的全部，他们会否认自己不喜欢的部分，并将自己可以接受的部分作为重点。但是这种否认让个体丧失了真实的自我。个性部分舞会让参与者去体验这种整体性和分割，并让他们认识到自己身上每一种成分、每一个特点都是能够进行多种转化并可以被使用的。这是一个确认、转化和整合个体内部资源的过程，其目的是转化和整合个体的各个部分（包括喜欢、接纳的部分和不喜欢、不接纳的部分）。运用个性部分舞会的常见方式是：在一个比较大的房间中（可以为接下来想象的聚会提供空间），让 15～40 个人组成小组，分别扮演“主人”（希望转化和整合自己各个部分的个体）的多个不同组成部分。引导者（治疗师）利用一张大活页纸或者一个布告板以及其他道具，营造一个宴会的气氛，让参与者以可视化的方式来演出其扮演的部分。

(五) 冥想

萨提亚通常以冥想作为治疗的开始。她认为治疗师要做的重要事情就是帮助人们找到他们的价值感、希望、自我接纳、充满能量及负责任和选择的能力，通过冥想调整身心状态，可以让案主与自我的力量联结，从而获得安宁、平和与力量感。

整体而言，萨提亚家庭治疗模式在个案社会工作的各个领域都有深刻的影响，在婚姻问题干预、精神健康干预、问题青少年干预、吸毒人员干预、犯罪人员干预等多个领域，都发挥了非常重要的作用。

专栏：不同理论预设下的社会工作实务临床评估

基于不同的理论预设，社会工作者在面向个别化的当事人时，使用的评估方法可能会有所差异。即使是针对具有类似问题、同属一个群体的当事人，社会工作者在接案时所使用的评估方法也可能大相径庭。

不同模式下的社会工作实务临床评估，见表 7-1。

表 7-1　社会工作实务的临床评估

名称	历史	理论基础	评估技巧
心理社会评估模式	可追溯至芮奇蒙德的《社会诊断》一书，又称诊断学派。该模式立足于弗洛伊德的精神分析观点来看案主的问题，认为对案主的过去的了解有助于对案主的诊断与评估。	倡导以“人在环境中”的观点来看人的功能，强调个体内在心理、人际与环境等因素的交互影响。	(1) 案主的问题是来自所承受的压力吗？ (2) 案主有其他长期未解决的问题吗？ (3) 案主有自我功能上的问题吗？ (4) 案主缺乏环境的支持吗？ (5) 案主拥有多少环境支持以及自我能力的情形？

续前表

名称	历史	理论基础	评估技巧
问题解决评估模式	20世纪50年代，珀尔曼试图整合诊断学派与功能学派，发展出问题解决派个案社会工作模式，这是一种折中的建构模式。	源自自我心理学、角色理论、符号互动理论以及理性问题解决过程，强调个体潜能与机构功能的发挥。	(1) 珀尔曼的4P评估：person、problem、place、process（整合式的问题评估架构）。 (2) 德利默斯（Doremus）的4R评估：roles、reactions、relationships、resources（就案主的个别状况进行评估）。 (3) 谢弗（Sheafor）等人的4M评估：motivation、meanings、management、monitoring（就机构的功能进行评估）。
行为修正评估模式	将行为技巧整合进社会工作实务领域中。	采自行为心理学，认为行为是学习而来的。	具备量化测量特点，分9个评估步骤： (1) 将问题一一列出； (2) 标定主要问题并签订同意接受服务的契约； (3) 获得案主的承诺与合作； (4) 详述目标行为； (5) 设定目标行为的基准线； (6) 界定可能控制的条件； (7) 评估环境资源； (8) 详述行为目标； (9) 形成行为修正的计划。
任务中心评估模式	发展于20世纪50年代，主要是在短期内提供一种有效的社会工作服务。	源自不同的理论与技术取向，整合了行为认知、学习理论、家族治疗等理论派别的理论预设与治疗技术。着重于指导性以及协助性的角色，协助案主厘清问题并拟定改变方向，重视治疗关系，并将案主视为有解决能力的人。	评估目的在于界定所存在的问题，以及所想达到的改善结果，包括： (1) 了解案主对于问题的感受及看法； (2) 借由探索、澄清、界定问题来协助案主厘清其所遭遇的问题。
生活模式的评估系统	发展于20世纪70年代，为生态学取向的评估模式。	整合了一般系统理论、生态学观点、增权理论等，建构了综合性的生态系统观点。	(1) 人格特质； (2) 微观系统； (3) 中层系统； (4) 宏观系统。
家庭结构评估模式	发展于20世纪60年代。	理论焦点在于家庭的结构，包括家庭行为模式、家庭系统与次系统、家庭生活循环。	(1) 谁是家庭中的主事者？ (2) 家庭成员是如何处理其冲突的？ (3) 在家庭中是否有被谴责的“已被认定的病人”？ (4) 画出家庭的世代图有助于对案主在家庭世代中所处脉络的了解。

续前表

名称	历史	理论基础	评估技巧
多重评估模式	由临床心理学家拉扎勒斯（Arnold Lazarus）所发展的一种系统性、综合性的心理治疗取向。	拉扎勒斯根据班杜拉的社会学习理论、一般系统理论、团体及沟通理论等发展出来的一套完整的理论。它是一种非常个人化的治疗，根据每个人的个别性而采取不同的介入方法。	B：行为（behavior）； A：情感（affect）； S：知觉（sensation）； C：认知（cognition）； I：人际关系（interpersonal relationships）； D：药物与生理因素（drugs/biology）。
综融式评估模式	发展于20世纪60年代，立足于通才取向社会工作的理论基础。	受系统理论、问题解决派社会工作理论的影响。采纳的是系统观或“人在环境中”这一观点，倡导综合管理。	（1）基本资料； （2）目前问题的本质； （3）案主（包括案主自身、家庭、学校/工作单位、朋友/同僚/同学）； （4）脉络与社会支持网络； （5）心理测量或评估量表； （6）摘要。

资料来源：陈慧女．法律社会工作．台北：心理出版社，2004：153-168.

第三节
个案社会工作的实施原则与程序

本节就个案社会工作的一般实施原则与程序加以介绍与讨论。在介绍、讨论个案社会工作的实施原则与一般程序之后，专门对欧美20世纪80年代以后兴起的且目前非常受个案工作者推崇的个案管理的基本概念与程序做简要介绍。

一、个案社会工作的实施原则

（一）个案社会工作的专业关系

要做好个案社会工作，社会工作者必须建立并维持与案主之间良好的专业关系。个案工作的本质在于给案主提供一个有意义的联系，通过工作者的影响，激发案主的学习动力，促进案主经由这种协助来克服困难、解决问题、发挥社会功能，并进一步将这一协助经验内化，增进个人自我功能的整合与发展。因此，“关系”亦即专业关系是个案工作的灵魂。

个案工作的专业关系可从以下几个方面来理解：（1）它是一种满足案主需求的关系。社会工作者以促进案主成长、发展和培养其良好的社会适应为己任，并为此提供适宜的态度与服务。(2) 它是一种激发案主改变的新的力量源泉。工作者通过提供温暖、支持和安全感，减轻案主的焦虑与不安，使其将全部精力用于积极的改变和调适。(3) 它是一种互动、互补的关系。它不仅是案主与工作者之间态度与感受的交互反应的过程，而且在这一过程中，基于对各自角色的共识，案主坦诚地表达自己的问题和困难，工作者接纳其表达并提供必要的资源，在这种互补的关系中共同完成任务。(4) 它是一种真诚的关系。工作者以真诚的态度面对案主，也鼓励案主真诚地表达自己。

其实，专业关系在其他社会工作专业方法中也是需要建立并加以运用的，只是在个案工作这种一对一、面对面的服务中，它变得更加重要。

个案社会工作的专业关系受到来自工作者与案主双方多种因素的影响。关于这一点，布莱默（Lawence M. Brammer）列出了图示（见图 7－3）。①

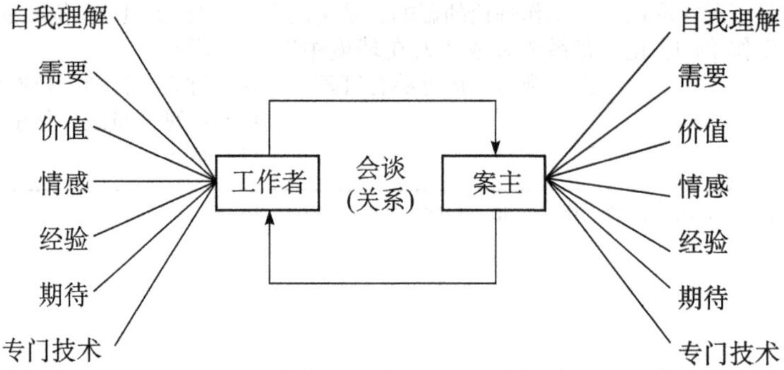

图 7－3　会谈中的专业关系

自我理解：此时此刻对自己的想法。

需要：人们共同的需要与个别的特殊需要。

价值：个人的价值观与理想。

情感：此时此刻的情绪状况，如焦虑、抵制等等。

经验：过去有关足以影响到和他人建立关系的能力的一切经验。

期待：对彼此的行为以及互动结果的期待。

专门技术：使工作者成为专家的有关人类关系的科学知识和改善人际关系的专业技术。工作者与案主带着理性与非理性因素进入专业关系。

(二) 个案社会工作的实施原则

要建立并维持社会工作者与案主之间良好的专业关系，社会工作者在开展工作的过程中必须坚持一些基本的原则。

关于这一点，有关个案社会工作及社会工作概论的不少教材或专著都有涉及，但在概括上有些不同。李增禄主编的 2002 年版《社会工作概论》将其概括为十个方面，即保密、接纳、沟通、重视个别差异、案主参与和自决、妥善处置情感转移、工作者

① 徐震，林万亿．当代社会工作．台北：五南图书出版公司，1986：154. 稍有改动。

自我表现认识、认识家庭访视和家庭治疗、资源运用、认识同侪之间的求助与助人。徐震、林万亿在1986年出版的《当代社会工作》一书中将个案工作的实施原则概括为七个，它们是个别化、有目的的情感表达、接纳、适度的情感介入、非批评的态度、案主自我选择、保密。林胜义在2001年出版的《社会工作概论》一书中也将其概括为七种，分别是个别化、有目的的感受表达、有控制的情绪介入、接纳、不批评的态度、尊重案主的自我决定、保密。翟进、张曙在2001年出版的《个案社会工作》一书中的概括则是：综合分析研究、具体情况具体分析、案主积极参与和自决、重视专业关系、承认接纳、注重沟通、严守专业秘密。

综合考察上述关于个案社会工作实施原则的各种概括，可以看出，这些概括都涉及一些共同的方面，如个别化、接纳、沟通、尊重案主自决、社会工作者自我控制、保密等。因此，这些可以作为个案社会工作的一些最基本的原则。以下我们分别做简要说明。

1. 个别化的原则

个别化的原则也称注重个别差异的原则。该原则要求重视案主在生理上、心理上和社会环境上的独特性，相信每个案主对其所遭遇的情境、问题或困难皆有独特的看法与感受，工作者的处理方式亦因此而有所不同。

2. 接纳的原则

接纳的原则要求视每一位案主为独立的、有价值的个体，承认其有独特的个性、气质、特征、态度、观念和行为等。接纳不同于赞同、赞许，它是一种中性的、客观的态度取向，即既不表示赞同也不表示反对。接纳的态度可以创造自由的气氛，使案主可以任意抒发各种感受，披露个人观点，这样就便于工作者确定问题的症结，以便对症下药。

3. 有效沟通的原则

这一原则要求工作者以诚恳的态度面对任何案主，在与案主沟通的过程中，尽量理解案主表达的意思，不仅仅满足于表面、肤浅的了解，而是帮助案主深入地探索自己的情绪、想法及行为上的问题。[①]

4. 尊重案主自决的原则

社会工作者应当秉持案主自决的原则，即每个人都有自我决定的能力，即便社会脆弱群体的人员也不例外。即使案主有逃避、放弃或推卸“自我决定”的趋向（这种情况往往会发生），社会工作者亦应以容忍的态度鼓励他产生自决的能力，引导案主参与对问题的剖析乃至改善的整个过程，而社会工作者只是从旁提示、劝导与协助。坚持这一原则，可以培养案主的独立性，不致养成案主的依赖心理。

---

① 为精确地理解案主的真实感受，国外及我国港台地区的学者提出“同理的沟通”。所谓同理的沟通(empathic communication)，是指精确而敏感地理解案主内心的感受，以及使用语言去反馈对这种感受的了解，以真正分享案主的经验与感受。同理与同情不同。同情是有相似经验或相同感受的人之间相互表达了解对方的经验。同理则是指境遇不同的人也能了解他人的感受与处境。同情是较自然与本能的表现，同理的了解则比较困难，因为没有共同的经验，却要去了解别人的感受。同理的沟通对培养及维护助人关系非常重要。林万亿．当代社会工作：理论与方法．台北：五南图书出版公司，2002：295－304.

5. 社会工作者自我控制的原则

社会工作者在助人的过程中，应始终运用其“专业自我”（professional self）开展工作，以专业角色行事，对案主的各种反应要力求理性，避免将个人偏见、冲动等态度不经意地流露于助人过程中，以顺利地协助案主的自我成长与发展。

6. 保密的原则

该原则要求社会工作者尊重案主的隐私权，对所取得的资料应严加保密。承诺为案主保密，这是工作者与案主建立良好关系的第一步。即使案主未要求保密，工作者亦应尽保密之责。其方式包括：不向他人透露案主的姓名及资料；不向他人提及会谈的内容及过程；使会谈室为案主与工作者所专用，不让外人旁观；避免不同案主在约谈时碰面；等等。①

二、个案社会工作的程序

个案社会工作的程序，亦即实施个案社会工作的步骤。对个案工作步骤的科学、合理设计，有利于工作的顺利进行。以下分别对个案社会工作的一般程序及个案管理的基本程序进行介绍。

（一）个案社会工作的一般程序

关于个案社会工作的程序，不同的学者所做的设计不尽相同。对其主要有以下几种划分。

（1）三步骤说。将个案社会工作划分为访问、诊断及治疗三个步骤。

（2）四步骤说。将个案社会工作分为申请与接案、调查与研究、诊断与分析、治疗与服务四个步骤。

（3）五步骤说。在四步骤说的基础上，加上“评估与结案”这一步骤。

（4）六步骤说。将个案社会工作分为请求、调查、诊断、计划、治疗、记录六个步骤。

我们倾向于采用六步骤说来划分个案社会工作的程序，具体包括接案、调查、诊断、计划、治疗及结案，以下分别做简要说明。

1. 接案

当有人前来社会工作机构求助且被接受时，工作者便开始与其建立起专业关系。对前来求助者，一方面应了解求助者的问题、需要和具体要求，另一方面应评估求助者的问题是否符合机构服务的范围，以决定是否接案。如果不接案，应向求助者说明

---

① “为案主保密”无疑是社会工作者应当遵守的基本原则，但也不能绝对地理解。有时为了更好地协助案主，可以提供或与有关同事、其他专业人员分享案主的某些私密资料，这时候就不受该原则的限制。当然在这样做时，有时要征得案主的同意，有时则不必。后一种情况适用于案主提供的资料涉及违法犯罪行为或是当案主有明显的自杀倾向时。

不能接案的原因，并让其向其他适当的机构求助，或向其他机构转介。

社会工作机构对初次前来求助的人士可设立专门接案人员负责接案，也可由工作者直接接案。一旦决定予以帮助，即应建立个案工作档案。

2. 调查

接案工作完成后，社会工作者即应针对求助者的境况进行全面深入的了解。了解的范围包括案主的经济状况、家庭结构及互动关系、成长的历程、社会适应力、可用的资源以及当前所面临问题的实际情形等。由于每个案主都有其独特性，案主的问题和需求也各有不同，因此，在搜集资料之前，社会工作者通常必须先对案主的问题加以思考和探讨，以便找出搜集资料的方向和重点。至于搜集资料的具体方式，主要包括：(1) 通过与案主直接会谈来搜集资料。通过案主的直接表述，可以了解其对自己的问题的看法和感受，也可在会谈中观察到案主的态度和行为。(2) 家庭访问。实地考察和了解案主的家庭状况、家庭关系和生活环境，并通过向案主家人搜集资料，来印证案主本人的陈述。(3) 对与案主相关的人士进行访问了解。如通过与案主有密切联系的亲戚、朋友、同学、同事等加以了解。

3. 诊断

仔细推究案主所面临问题的真相、特点、原因及症结，探讨问题与案主人格之间的交互关系，以了解案主的能力、态度和改变的可能性；同时研判社会资源的多寡及可资利用的范围，初步筹划未来治疗的策略。诊断的要点包括案主的生理功能、心理功能、社会功能及环境等不同方面：(1) 生理功能。根据案主性别、年龄、教育背景、就业状况、婚姻状况、健康状况等基本资料来分析诊断。(2) 心理功能。从案主的智力状态、人格特点、自我意识、防御机能等方面加以判断。(3) 社会功能。根据案主的人际关系状况、社会角色与地位状况来分析研究。(4) 社会环境。根据案主生活于其中的社会文化环境如种族、语言、宗教信仰、社会阶层等因素来做出判断。总之，对案主问题的诊断需综合与案主相关的所有资料。

4. 计划

工作者在了解、掌握案主的问题的实质及其需要，以及在掌握可资调配的资源的基础上，应着手拟定比较周全的治疗方案。改变案主的计划可具体分为近期计划和远期计划。就近期计划而言，主要着眼于较易达到的目标，如改变案主的某种行为、澄清案主一些不切实际的观念、化解一时的危机或压力、克服某个问题等。就远期目标而言，应通过计划的设计，提高或充实案主的能力和信心，以彻底摆脱困境，如使案主强化自我认识、建立自信、改善人际关系、增强社会适应能力、发挥潜在能力等。社会工作者应注意和案主一起讨论解决问题的具体方法与途径，然后设计可行性方案，这样便于案主配合与参与。

5. 治疗

治疗亦称“介人”“干预”，是正式将上一阶段制订的计划加以实施以协助案主解决问题的过程，是整个个案工作过程的重点。在这一阶段，个案工作者的工作包括协助案主抒发积郁的情绪、澄清案主不合理的观点或疑虑、修正偏差的行为、改善环境、肯定自我信心和调整社会关系等。

6. 结案

当工作已进行到一个阶段时，由工作者和案主共同检讨过去的工作成效，评估项目包括治疗的目标是否达到、工作方式是否适当、案主方面对改变的进度是否满意等。评估的结果有助于调整服务计划，使服务达到令人满意的结果而结案。结案后，为了确保案主能够适应良好，社会工作者通常在一定时限内还要进行追踪服务。

个案社会工作的实施过程与程序见图 7-4。[①]

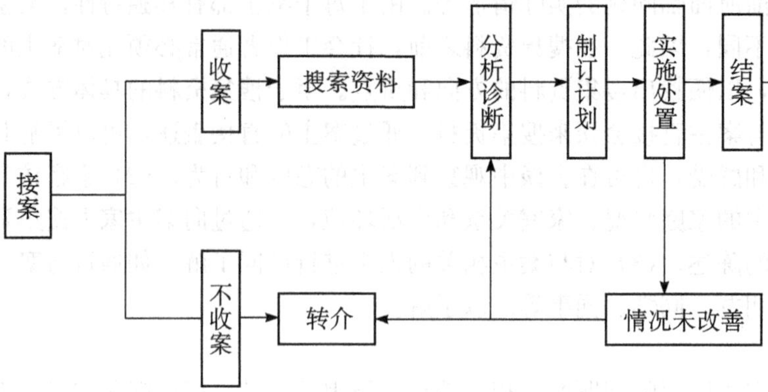

图 7-4 个案社会工作的实施过程与程序

对个案社会工作过程的划分是相对的，是为了方便理解。实际上，对上述各个步骤往往难以做出截然的、泾渭分明的区分。例如，诊断在调查阶段实际上就已开始了，治疗更是贯穿于以上各个阶段。因此，在实际开展工作时，对各种程序应当灵活掌握与运用。

（二）个案管理的基本程序

1. 个案管理的概念

个案管理是个案社会工作的新发展。20 世纪 80 年代以来，“个案管理”的概念和实务开始在西方国家出现并受到社会工作者的普遍欢迎。其实，早在英国慈善组织会社时期，个案管理就已产生，这类组织将社区中各类救济机构的救济记录集中保管，便是个案管理的初期形式。[②]

那么，“个案管理”这一概念应当如何理解呢？美国社会工作者协会在其 1987 年出版的《社会工作百科全书》中对其做了具体解释：“个案管理是由专业社会工作者替一群或某一案主协调整合所有助人活动的一种过程。在这一过程中，要使各种不同福利及相关机构的工作人员相互协调，为案主提供其所需的服务，并以扩大服务的成效为其主要目的。”“当提供案主所需的服务必须经由许多不同的专业人员、福利机构、卫生保健机构或人力资源来达成时，个案管理即可发挥其协调与监督的功能。”1992 年，美国社会工作者协会对个案管理的任务、目标及行业标准做出了具体规

---

① 林胜义．社会工作概论．台北：五南图书出版公司，2001：44.

② 同①55.

定，指出个案管理的目标主要有五个方面：其一，促进发展，解决问题，提升案主的能力；其二，推动制度的形成，促进制度的完善，为案主提供更有效、更人性化的资源与服务；其三，提升制度与案主的关联度，为案主提供更有效的资源、服务与机会；其四，提高服务传递系统的覆盖面与服务量；其五，推动社会政策的发展与完善。①

巴勒（Ballew）和明克（Mink）在《社会工作个案管理》一书中对个案管理的解释为："提供给那些正处于多重问题中且需要多种助人者同时介入的案主的协助过程。"②

从以上定义中，可以发现个案管理的几个要点：（1）个案管理涉及的案主一般具有多重问题。如一个失业者不仅物质生活困难，还有就医、住宅、子女就学等方面的困难。（2）案主需要多种助人者的协助。案主需要的服务往往分别存在于不同的服务机构，归属于不同的服务项目。（3）有人能保证将多种服务资源顺利地通过服务系统提供给案主。③

根据角色类型的差异，个案管理中社会工作者的角色可分为人际关系类、信息类和决策类，具体见表 7-2。

表 7-2 个案管理中社会工作者的角色

类别	具体角色
人际关系类	首脑、领队、联络者
信息类	监督者、传播者、发言人
决策类	创业者、问题处理者、资源搜集者、协调者

资料来源：Wolk J L，Sullivan W P，et al. The managerial nature of case management. Social work，1994，39（2）：152-159.

可见，个案管理就是结合各种不同专业的工作人员为案主提供服务的一种过程，亦即服务协调的工作。④ 这种服务协调的工作是由专业社会工作者来提供的，是社会工作者专业角色的新拓展。

2. 个案管理的程序

（1）申请、接案：当准案主提出申请时，社会工作机构应确认能否解决准案主的问题，如确认能够解决，即可接案；如确认不能解决，则引介到其他机构或领域。

（2）调查、诊断：对案主的各方面情况进行调查，收集资料。然后根据这些资料做出分析、诊断，确定案主所面临的各种主要问题及其原因。

（3）计划拟定：针对案主的问题列出可能或必要的资源，拟定协助案主解决问题的计划。计划应确定服务的重点和先后次序，以便循序渐进地实现。

---

① （2009-12-05）[2018-03-04]. http://www.socialworkers.org/practice/standards/sw.case_mgmt.asp.

② 巴勒，明克．社会工作个案管理．台北：心理出版社，1998：3.

③ 林万亿．当代社会工作：理论与方法．台北：五南图书出版公司，2002：346.

④ 林胜义．社会工作概论．台北：五南图书出版公司，2001：55.

(4) 执行计划：帮助案主与能提供帮助的机构及资源取得联系，是计划执行中最关键的工作。由于案主问题复杂，不可能一下子全部解决，应当分清轻重缓急，逐步解决。

(5) 监督、协调：在案主和各种资源提供者之间，居中监督、协调，以保证计划的实现。

(6) 评估、结案：针对服务的过程及其效果做出评估，考核服务的成果。

综上所述，个案管理与一般个案工作有很多不同，这也是个案管理得以兴起及发展的基本理由。但二者也有许多相似点：二者都是协助个人或单个家庭的一种过程或程序，只不过个案管理比一般个案工作更为复杂。就此而言，可以将个案管理视为一种更高级的个案工作。另外，个案管理的运作程序与一般个案工作并无实质区别，只是个案管理更强调服务协调而已。在运作个案管理程序时，社会工作者既是相关服务的协调者，又是服务提供者，较之一般个案工作，社会工作者多了一重服务协调的角色。

第四节 个案社会工作的技术、技巧

在运用个案社会工作方法开展实际工作时，涉及许多技术、技巧的灵活使用。本节主要介绍其中最常用的一些技术、技巧，包括个案会谈的技巧、家庭访谈的技巧、个案记录的技巧等。

一、个案会谈

在个案社会工作中，会谈是经常用到的一个基本的技术、手段。社会工作者与案主往往经由会谈建立专业关系，通过会谈这种直接的沟通方式收集资料、诊断问题，并协助案主获得问题的最终解决。因此，会谈对个案工作非常重要，注重会谈的方式与技巧的运用，将有利于提升助人服务的成效。

（一）个案会谈与一般谈话的联系和区别

个案会谈是社会工作者与案主之间的互有目的的专业谈话或交谈，是一种专业谈话，和一般谈话既有联系又有本质的区别。

个案会谈与一般谈话的联系或相似之处是：(1) 谈话双方都是用语言或非语言的方式交换意见、态度与感觉。(2) 谈话双方都是面对面地相互影响。

但个案会谈作为一种专业谈话，和一般会谈又有着本质的区别：(1) 个案会谈是一种有目的的谈话，其内容、程序、时间、地点经过了周密的设计与选择。(2) 在会谈过程中，社会工作者与案主的角色不同，前者负有推动会谈程序的责任。(3) 社会工作者将会谈作为一种工作途径或工具，以会谈的形式向案主提供专业服务。(4) 在个案会谈中，社会工作者的应对行动经过了详细计划。这种计划建立在经验的累积与对会谈规律的理论认识的基础上。(5) 个案会谈作为一种专业会谈，不是娱乐活动，但为了活跃会谈的气氛，有时会融入少量幽默与诙谐的话题。

(二) 个案会谈的类型

个案会谈大体上可分为收集资料会谈、分析诊断会谈及治疗服务会谈三类。这是根据会谈的目的而做出的分类。不过，对这种划分只能相对地理解。

(1) 收集资料会谈：也称社会史会谈 (social history interviews)，这种会谈的目的是充分收集有关案主个人及其社会背景的资料，以作为分析诊断的根据。

(2) 分析诊断会谈：这种会谈的目的是针对案主的问题进行客观、合理的评判。通过社会史会谈收集得来的资料，有些涉及案主的需求、助力及阻力等内容，对这些内容加以深入发掘、了解，便自然进入分析诊断会谈。

(3) 治疗服务会谈：这种会谈以促进案主的调适、改变为目的。治疗服务会谈并非在分析诊断会谈结束之后才开始，实际上在收集资料会谈中，治疗服务的工作就已开始了。不过，严格意义上的治疗服务会谈却是在服务计划制订后，较完整而有序地通过会谈来推进服务计划，完成服务的目标。

(三) 个案会谈的阶段及技巧

在个案工作的整个过程中都涉及会谈。而就一次会谈本身来说，涉及开始、中间与结束等不同的阶段。这也是专业会谈与一般会谈的不同之处。专业会谈是一种结构化会谈。

(1) 开始阶段：在这一阶段所涉及的话题较具一般性，应根据案主的实际状况而对谈话内容做弹性的调整。一般说来，开始时案主由于对工作者缺乏了解与信任，态度往往比较犹豫，不太愿意开放性地表达自己，而是选择有所保留。这时，工作者应以坦诚、接纳与开放的态度，鼓励、启发案主充分表达自己。同时还应让案主了解机构所能提供的服务的范围以及案主对处理自身问题的责任。通过双方的努力以建立良好的专业关系，共同寻求案主问题的解决。

(2) 中间阶段：这个阶段是个案会谈的关键程序或环节。会谈的目的能否实现，主要取决于这一阶段是否顺利进行。社会工作者应当运用各种技巧将其与案主之间的交谈引向会谈所要达到的目的，同时使双方维持良好的互动关系。在该阶段，工作者要注意：会谈内容的范围不宜过于分散；对关键问题应引导案主做深入陈述；如案主的陈述离题太远，应当运用转折的技巧使之回到讨论的主题。

(3) 结束阶段：当会谈的主要目的基本达到后，会谈便进入结束程序。结束会谈前，社会工作者应协助案主进行的准备工作包括：使案主的情绪由进行时的高亢状态逐渐趋向平缓；为本次会谈做摘要，提示会谈主要事项的完成情况及达到的成果，这样既会对案主形成鼓励作用，又使其对下次会谈的内容有所期待；也可了解案主对本次会谈的感受，这种反馈对工作者设计下次会谈是有帮助的。总之，会谈结束时的气氛应是一种轻松、和谐与合作的状态。

二、家庭访谈

个案社会工作的会谈有时是在机构的会谈室进行的，有时是在案主家庭中进行的，有时是在学校、医院、企业、社区、监狱、餐厅乃至街头进行的。可见个案工作的会谈地点是广泛的。不过一般说来，个案工作的会谈更多地是在社会工作机构和案主家庭进行的。这里主要就家庭访谈进行说明。

家庭访谈即社会工作者在案主家庭中进行的会谈。家庭访谈的功能在于证实案主提供材料的真实性，并实际了解案主的家庭生活和社会关系，以利于社会工作者全面掌握案主资料，从而对案主问题做出准确的分析、诊断，进而协助案主解决问题。家庭访谈还有促进案主家庭配合社会工作机构辅助案主解决问题的目的。因此，家庭访谈对个案工作来说是一个必要、重要的环节。

家庭访谈一般在以下情形下发生：(1) 对案主陈述的事实的可靠性发生怀疑时；(2) 认为案主问题发生的原因主要来自其家庭时；(3) 案主患有疾病或不便，来机构会谈发生困难时；(4) 案主与工作者久未联系或失去联系时；(5) 为解决问题亟须案主家庭配合时；(6) 案主年龄尚幼，必须由其家长或监护人参与时；等等。

一般说来，家庭访谈固然重要，但只是作为辅助或补充手段使用；对案主本人的了解、案主本人所表达的主观感受才是最重要的。社会工作者切不可为案主家庭成员的意见所左右，反而忽视了案主本人的意见和真实感受。这是个案工作者必须充分注意的。

此外，进行家庭访谈时，还应加以注意的事项包括：(1) 访谈的目标应当明确。否则，很难取得实际的效果。(2) 访谈的时间应当合适。一般应放在访谈对象下班后或节假日进行，且造访前应和案主约定。(3) 访谈时的着装应当得体。社会工作者的着装，要视访谈对象而定，一般应整洁、大方，且与访谈对象的生活习惯比较接近。(4) 访谈的态度应当严谨。社会工作者是代表机构行事，其态度和言行应当严谨，同时要合乎当地的风俗习惯和访谈对象的社会背景。

三、个案记录

个案记录是指对社会工作者与案主接触、了解并诊断案主问题及协助其解决问题的整个过程的记载。记录的内容主要包括：一般的、基本的资料，如姓名、年龄、性别；案主的心理及社会状况；案主问题的表现及其特征；案主本人对自身问题的陈述及感受；社会工作者对案主问题的分析、诊断；针对案主问题的处理经过与方法；等等。

个案记录的意义在于：它可以帮助社会工作者总结经验与教训，以便改进工作；当需要转介时，记录可以帮助新的社会工作者了解案主；个案记录也为社会工作的研究与教育提供了丰富的实际资料或案例。

个案记录的方式主要有流水式、对话式及分段式。

(1) 流水式。即将案主资料及诊断、治疗经过全部记录下来。其优点是非常详尽、具体；但缺点是浪费时间、精力，且没有重点。

(2) 对话式。即记录工作者与案主会谈发生时彼此之间的互动、沟通的内容，不仅记录口语的，一些非言语的内容也被记录下来。通过这种记录可以清楚地了解案主的内在感受和问题、工作者会谈的技巧以及双方互动的过程。

(3) 分段式。按事情发生的先后顺序分段记录，且给每段加上标题，使内容清晰可见。

以上各种记录方式可根据实际需要灵活运用。

本章要点

1. 个案社会工作是一种以个人或家庭为对象（案主）的社会工作专业方法。社会工作者通过与案主建立专业关系，运用专业知识与技术，协调可资利用的各种社会资源，为案主提供直接的一对一服务，以协助案主摆脱困境，解决问题，达到与社会、环境的良好适应。

2. 在社会工作的几大专业方法中，个案社会工作最先被提出来并在实际工作中得到应用。因而相对于社会工作其他专业方法而言，个案工作方法理论基础更加完备，方法与技术、技巧更加健全。从其萌芽时期算起，个案社会工作已有100多年的历史。就该专业方法本身的发展而言，大体经历了萌芽、初步形成与体系化、进一步发展、趋向完善以及在当代的新发展五个时期。

3. 经过100多年的发展，个案社会工作已经形成了一些比较成熟的实务模式。其中最重要的有功能派个案社会工作、心理社会派个案社会工作、问题解决派个案社会工作、行为修正派个案社会工作四大经典模式。新近发展起来的实务模式有任务中心派个案社会工作、通才取向派个案社会工作。这些模式虽然起源于西方国家，但在一定意义上反映了社会工作的一般规律，因而对我国社会工作实务的开展具有一定的指导价值。

4. 不同学者关于个案社会工作实施原则的概括虽有出入，但都涉及一些共同的方面，如个别化、接纳、沟通、尊重案主自决、工作者自我控制、保密等。因此，这些可以作为个案社会工作的一些最基本的原则。个案社会工作的程序具体包括接案、调查、诊断、计划、治疗及结案六个基本步骤。

5. “个案管理”是20世纪80年代开始出现的一个概念或实务。它是结合各种不同专业的工作人员为案主提供服务的一种过程，亦即服务协调的工作。这种服务协调的工作是由专业社会工作者来提供的，是社会工作者专业角色的新拓展。个案管理的程序包括：申请、接案；调查、诊断；计划拟定；执行计划；监督、协调；评估、结案等。个案管理的运作程序与一般个案工作并无实质区别，只是个案管理更强调服务协调而已。

6. 在运用个案社会工作方法开展实际工作时，涉及许多技术、技巧的灵活使用。其中社会工作者最常用的一些技术和技巧包括个案会谈的技巧、家庭访谈的技巧、个案记录的技巧等。

复习思考题

1. 什么是个案社会工作？它有何优势和不足？
2. 试述个案社会工作方法的历史沿革。
3. 试对个案社会工作的七大模式进行比较分析。
4. 概述个案社会工作的实施原则。
5. 概述个案社会工作实施的程序。
6. 什么是个案管理？它与个案工作的运作程序有何不同？
7. 案例讨论：

刘先生是独子，幼年丧父，和母亲相依为命。因为是独子，所以母亲非常宠爱他，刘先生成绩不好，只念到高职。毕业后，他在一家小工厂上班，在结婚一年后母亲过世，只留下一点钱。目前刘先生仍旧在工厂当工人，育有一男一女。孩子出生后，刘家无力负担保姆费用，所以刘太太辞去了工作在家照顾小孩，去年刘家贷款买了一处房子，所以刘先生只好晚上兼职来补贴家用。因为经济不景气，刘先生被公司辞退。刘先生一边找工作，一边增加晚上兼职的时间。在友人的介绍下，他向县政府申请社会救助。由于刘氏夫妻有家庭和工作能力，不符合社会救助条件，但被告知他们可去申请失业补助和就业辅导，也可到儿童机构去申请与儿童相关的各种福利服务。

由于长期以来刘先生忙着上班、挣钱养家，与孩子相处时间短，孩子都相当怕他，再加上刘先生感慨过去没有好好念书，因此对孩子寄予厚望。最近长子因为有两科考试不及格，因此被父亲打了一顿，第二天没有去上课。刘太太打电话请社会工作者协助。

请根据案例讨论以下问题：

（1）本案例案主所遇到的主要问题是什么？

（2）运用哪种模式能较好地解决案主的问题？

关键概念

个案社会工作、个案社会工作实务模式、维吉尼亚·萨提亚、个案社会工作实施原则、个案社会工作程序、个案社会工作技巧、个案管理

推荐阅读书目

1. 林万亿. 当代社会工作：理论与方法. 台北：五南图书出版公司，2002.

2. 李增禄．社会工作概论．3版．台北：巨流图书公司，2002.

3. 徐震，林万亿．当代社会工作．台北：五南图书出版公司，1986.

4. 黄维宪等．社会个案工作．台北：五南图书出版公司，1985.

5. 萨提亚等．萨提亚家庭治疗模式．北京：世界图书出版公司，2007.

6. 萨提亚．新家庭如何塑造人．北京：世界图书出版公司，2006.

7. Hamilton G. Theory and practice of social case work. New York：Columbia University Press，1951.

8. Reid W J，Epstein L. Task-centered practice. New York：Columbia University Press，1977.

第八章
小组社会工作①

小组社会工作，英文为 social group work，也称社会小组工作或小组工作、社会团体工作或团体社会工作等。小组社会工作起源于 19 世纪中叶的欧美，到 20 世纪 40 年代发展成为社会工作的专业方法之一。本章将对小组社会工作的基本概念、历史发展、实务模式、工作程序、实施原则与技巧等进行介绍与讨论。

第一节 小组社会工作的意义及其历史

一、小组社会工作的意义

小组社会工作是社会工作三大传统工作方法之一。关于小组社会工作含义的界定，学者们的意见也不统一，这里我们介绍几种经常被引用的观点。

柯义尔认为："小组社会工作是一种教育过程，通常由各种志愿结合的成员，在社会工作者的协助下于闲暇时间内实施。其目的是通过个人人格的互动，以促进个人人格成长，以及为了实现共同目标，而促成小组成员间互动合作的集体行动，以创造

---

① 我国港台地区学者的著作中一般称为"社会团体工作"或"团体工作"。大陆出版的为数不多的社会工作著作中，有称"社会团体工作"的，但更多地称之为"小组社会工作"。本书作者在第一版中称"社会群体工作"（当时提出的主要考虑是：第一，按照汉语的习惯或国人的习惯性解释，"团体"是指有共同的目的、志趣的人所组成的集体，如"人民团体""团体活动"，一般来说，能称"团体"的，其规模都比较大，这显然不太符合社会工作意义上的小集体；"小组"是为工作、学习上的方便而组成的小集体，如"党小组""小组讨论""互助小组"，"小组"规模虽小，但一般来说，它隶属于规模更大的正式组织，也不是社会工作意义上的、一般不隶属于任何正式组织的小集体。如此说来，"群体"比较符合社会工作意义上的小集体，它一般来说规模较小，又不隶属于更大的正式组织。第二，无论是"团体""小组"还是"群体"，在英文中都是一个词"group"，采用"群体"的提法，也符合英文的原义）。现从读者方便的角度考虑，采用国内比较通行的提法，称为"小组社会工作"或"小组工作"。

小组情境。”①

克那普卡（Gisela Konopka）的界定是：“小组社会工作是社会工作的方法之一，它通过有目的的群体经验，协助个人增强其社会功能，以及更有效地处理个人、群体或社区的问题。小组社会工作的对象包括由健康的个人所组成的小组，以及由受困扰的个人组成的小组。当小组社会工作者运用其专业训练和技巧，去帮助一群在功能上有困扰的个人所组成的小组时，他便是在进行小组治疗工作。”② 这一定义涵盖了小组社会工作的发展与治疗两大目标，比较完整。

崔克尔（Harleign Trecker）则指出：小组社会工作是一种方法，通过个人在各种社区机构中的小组，凭借小组社会工作者的协助，引导个人在群体活动中互动，以使他们彼此建立关系，并以个人需求与能力为基础，获得成长的经验，目的在于实现个人、群体、社区发展的目标。③

笔者认为，小组社会工作是一种专门的社会工作方法，它通过社会工作者的协助与小组成员的互动互助，使参加小组的个人获得行为的改变、社会功能的恢复与发展，并达到小组目标，促进社区与社会发展。

二、小组社会工作与个案社会工作的比较

作为社会工作的三大传统工作方法中的两种，小组社会工作与个案社会工作不仅表现出不同的发展轨迹，更在实务操作中呈现出诸多差异。

第一，个案社会工作比较重视个人心理方面的改变；而小组社会工作则强调整体的改变，既包括心理机能，也包括社会功能。

第二，个案社会工作发展较早，有较完备、深入的实务方法；而小组社会工作使用的方法相对较少。

第三，个案社会工作的服务对象相对较少，比较集中，但花费时间较长；小组社会工作的服务对象较多，但花费的时间不多，周期较短。

第四，与个案社会工作相比，小组社会工作中的案主学习效果较具体、快速且更行动化。

第五，个案社会工作的案主只从社会工作者一人那儿得到帮助；而小组社会工作的案主不仅从社会工作者那儿得到帮助，还从其他成员那儿得到帮助。

第六，对小组社会工作效果的评价远较对个案社会工作效果的评价复杂、困难。

---

① Coyle G. The group work mehod//Social work yearbook，1937//徐震，林万亿．当代社会工作．台北：五南图书出版公司，1986：168.

② Konopka G. Social group work：A helping process. N. J.：Prentice Hall，1972//徐震，林万亿．当代社会工作．台北：五南图书出版公司，1986：168－169.

③ Trecker H B. Social group work：Principle and practice. New York：Association Press，1976//李增禄．社会工作概论．3版．台北：巨流图书公司，2002：47.

三、小组社会工作的功能与类型

（一）小组社会工作的功能

早在小组社会工作发展的早期，美国学者梅（Main）等就从“社会工作者”主体角度对小组社会工作的功能进行了研究和分析。[①] 西方、我国港台地区及大陆的广大学者更从广义角度对“小组社会工作”的功能给出了不同的看法。对此进行梳理，具体可从以下四个方面进行阐述：（1）社会化与再社会化。作为社会中的个体，小组社会工作使群体成员发生改变，和过去告别，成为更积极的社会角色。（2）社会控制。通过小组过程，成员可以学习遵从适应社会需要的行为规范，培养社会责任心。（3）能力建设，影响个人发生改变。通过小组过程和经验，个人的价值观念、态度及行为发生改变，促进个人成长、社会适应及自我实现。（4）社会行动。当关涉社区和整个社会问题的活动时，个体在用集体的力量解决问题的过程中可以获得与他人协调配合解决问题的能力，解决单靠个人力量所不能解决的问题。[②]

（二）小组社会工作的类型[③]

除了青少年服务外，小组社会工作在发展的过程中逐渐被广泛扩展应用于家庭服务、康复服务、感化服务及医务社会工作等方面。根据香港理工大学何洁云等学者的研究，小组社会工作的类型依据不同的分类原则可做如下划分（见表 8－1）。

表 8－1　小组社会工作的类型

分类标准	小组社会工作分类
组成形式	自然小组，组成小组，强制小组
小组导向	心理小组，社会小组
参与形式	自愿小组，非自愿小组
成员关系	初级小组，次级小组
成员自由度	开放小组，封闭小组
组织结构	正式小组，非正式小组
成员界限	封闭小组，开放小组
工作目标	社交/娱乐小组，教化小组，服务/志愿者小组，兴趣小组，任务小组，意识提升小组，教育小组，成长小组，治疗小组，社会化小组，自助/互助小组，社会行动小组

资料来源：林万亿．团体工作．台北：三民书局，1991．徐震，林万亿．当代社会工作．台北：五南图书出版公司，1986.

---

① Main M W，Macdonald M E. Professional functions and opinions of social group workers. Social service review，1962，36 (4)：421－432.

② 王思斌．社会工作概论．北京：高等教育出版社，1999：98.

③ 何洁云，谢万恒．小组工作．香港：香港理工大学应用社会科学系，2002（内部资料）.

（三）小组社会工作的治疗要素与动力分析

小组社会工作固然有许多功能，但其中“治疗”的功能应是最基本或最核心的功能。为什么一个人在群体中能得到改变与帮助？自小组社会工作被不断推广应用后，不少学者都对此进行了探索和分析，并由此形成了群体动力学。

在小组社会工作中，组员改变并非自然发生，而是依赖于某些特定要素的作用。亚龙（Irvin Yalom）认为，这主要是由于群体本身提供了治疗的条件或环境，这种条件或环境的提供，有利于或促进了个人发生积极的改变。归纳而言，它包括了以下诸要素：

（1）传递信息。只要组员聚在一起，就可以彼此分享消息或资料，也可以得到劝告或建议。

（2）灌输希望。“有人和我在一起，我就不再孤独，有了希望，也就有了力量。”

（3）问题的普遍性。“有人和我身处同样的处境，我不是全世界最不幸的人，不要自怨自艾了，勇敢地面对现实吧！”

（4）利他主义。“大家既然同在一条船上，就彼此帮助，互相了解吧！”

（5）修正个人早期经验。“我又有机会了，就再试一次吧。以前的挫折和不幸，可以避免再发生了。”

（6）发展社交技巧。群体提供了绝好的社交机会：“我可以在这里练习一下，他们不会笑话我的。”

（7）模仿行为。“他是我可以认同的对象，我应向他学习，以他为榜样。”

（8）人际学习。了解自己的人际关系如何，应如何改善自己的人际交往技巧：“他们为什么有这种行为？我应如何应对？”

（9）群体内聚力。体验归属于一个群体的美好感觉：“我如何为群体效力？”因为大家是荣辱与共的。

（10）感情净化作用。“群体是我的避风港，我有委屈烦恼都可在这里倾诉，他们会听的。”①

在群体过程中，社会工作者应充分利用这些要素，注重加强各要素间的交互整合作用，以整体提升群体的动力与影响力，由此促成组员的改变与成长。值得一提的是，社会工作者应依循当时当地的原则，适时推动相关要素的孕育与发展，以催化这些要素对组员的积极影响。

事实上，这些促成群体改变或成长的要素即群体动力学研究的内容之一。20世纪30年代，勒温（Kurt Lewin）在艾奥瓦大学儿童福利研究中心进行了一系列群体行为研究，并于1944年在一篇论述社会心理学的理论和实践关系的论文中首次提出了“群体动力”（group dynamics）一词，用以描述群体中各种力量、变化和影响的过程。20世纪40年代，该研究群体转移到麻省理工学院，群体动力研究中心（Cen-

---

① Yalom I. The theory and practice of group psychotherapy. 4th Edition. New York：Basic Books，1995.

ter for Group Dynamics at MIT）正式成立。在《人际关系》（*Human Relations*）创刊号刊登的两篇文章中，勒温系统论述了“群体动力”的概念、研究方法与应用①②，开了群体动力分析与研究的先河。

在勒温的群体研究中，场域理论（field theory）是其分析群体动力的理论基础。在界定“场”的概念时，勒温援引了爱因斯坦的定义，“场是相互依存事实的整体”③。但勒温主要是从人的心理场和行为场角度出发，立足于不同因素对个体的交互影响。场域理论认为，每个人的行动均为行动发生的场域所影响。这一场域既包括物理环境，也包括他人的行为以及与此相连的许多因素，而且这个场域是此时此地发生的。群体成员之间是互动的，每位成员都会受到其他成员的影响。因此，通过个人、群体和社会系统之间的开放和相互影响，可以达到增强个人和社会功能的目标。在场域理论中，有两大关键概念或因素，即命运关联（fate interdependence）和任务关联（task interdependence）。就前者而言，当组员意识到其命运依赖于群体的整个命运时，群体就具有了心理学意义上的命运关联价值。在勒温看来，命运关联仅是许多群体过程中一种较弱的交互依赖形式，一个更加显著的交互依赖因素是组员目标的一致性与依赖性。换句话说，当依赖于所有组员行动的群体目标达成时，也就意味着强大的群体动力形成了。但是，这种动力既可能是正面的，也可能是负面的。在正向的群体过程中，一个组员的成功可以直接推动其他组员的成功转变。但在负向的群体过程中，竞争对一方意味着成功，但对另一方却可能意味着失败。④

此后，许多学者如柏恩（Berne）、布莱德福特（Bradford）和李皮特（Lippitt）等人相继加入到群体动力的研究队伍中来，群体动力研究于第二次世界大战后的 10 年得到迅速发展，一系列关于群体动力研究的成果也相继问世。20 世纪 60 年代后，群体动力研究更加繁盛，有关群体动力的研究成果也广泛地被运用于工业、教育、社会工作、心理健康与治疗、政府机构等各种领域。

那么，群体动力因素到底是如何发挥作用的？对此，一大批学者和研究者给出了自己的答案。艾里斯与费舍尔（Ellis and Fisher）、杨及东于 1994 年均从输入因素、过程因素和输出结果三大变项入手，对群体的动力过程进行了解析。在此基础上，徐西森给出了更为精致的分析模型，具体如图 8－1 所示。应当说，这一模型以更富动态性的解释力呈现了群体运作的全过程，使实务工作者更加清晰地了解到群体过程改变的缘由及机制。

---

① Lewin K. Frontiers in group dynamics：Concept，method and reality in social science；Social equilibria and social change. Human relations，1947（1）：5－41.

② Lewin K. Frontiers in group dynamics：Channels of group life，social planning and action research. Human relations，1947（1）：143－153.

③ Lewin K. Field theory in social science，selected theoretical papers. New York：Harper & Row，1951.

④ Brown R. Group processes，dynamics within and between groups. Oxford：Blackwell，1988：28－30.

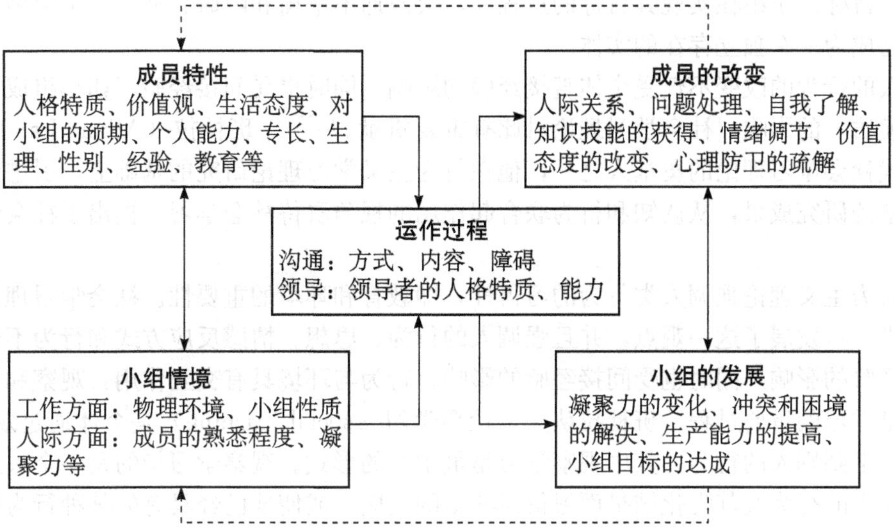

图 8－1　群体动力因素及其流程模型

资料来源：徐西森．团体动力和团体辅导．台北：心理出版社，1997.

系统理论也是对小组工作有着重要指导价值的一个理论。[①②③] 社会工作领域中的系统观点源自路德维希·冯·贝塔朗菲（Ludwig Von Bertalanffy）的一般系统理论。1971 年，美籍奥地利生物学家贝塔朗菲提出了一般系统理论，认为：生命有机体都是一个完整的系统，各个系统都是一个更大系统的子系统；系统中的元素存在着相互作用及关联性，并且系统与其外部环境间还有交互式的开放特性与自适应性。将系统理论应用于小组工作，我们可以看到：

（1）小组是由互动元素组成的一个整体、是一个真实的结构，虽然它是由一个个成员组成的，但是成员之间的互动使得团体具备了个体所没有的整体性特征，并且有了自己的发展规律，这些特征和规律不能用其组成要素和脉络来解释。

（2）小组作为一个整体，当各个成员都发挥各自功能的时候，小组功能就能实现最大化，并对成员的行为有强大的影响力，促使小组成员改变。

（3）系统的各个部分是相互联系和相互影响的，一个系统的变化会间接或者直接地影响其他系统。用这一视角来分析团体，会看到小组成员之间也是相互联系和相互影响的，一些成员的改变会对其他成员的行为产生影响。另外，成员的互动可能是具有建设性的、有益的，也可能是不健康的、毁灭性的。

（4）所有的系统，都包含流动、交换、转型的过程。小组系统与家庭、学校、机构、社区、社会等外部系统和小组内的子系统（成员）处于互动状态，使得小组不断发生变化，进而影响到成员的行为。

（5）所有的系统都需要保持一个稳定的状态，其通过维持内部平衡和外部发展实

① 万江红．小组工作．北京：中国人民大学出版社，2016.

② 赵芳．小组社会工作：理论与技术．上海：华东理工大学出版社，2015.

③ 许林高．社会团体工作：理论与实务．台北：五南图书出版公司，2014.

现这一目标。小组在实现其目标的过程中，会遭遇不平衡和障碍、冲突，也会努力维持自己成为一个独立存在的实体。

人的行为的改变不仅受个体直接经验的影响，同时也受间接经验（如小组成员的相互模仿）的影响，社会学习理论对此有重要贡献。[①②③④] 班杜拉（Albert Bandura）是现代社会学习理论的奠基人之一，他在行为主义学习理论研究的基础上，引进认知心理学的研究成果，从认知和行为联合起作用的视角看待社会学习，提出了社会学习理论。

行为主义理论强调人类行为的习得性，即教育和环境的重要性。社会学习理论继承并进一步发展了这一观点，并且强调人的行为、思想、情感反应方式和行为不仅受直接经验的影响，同时也受间接经验的影响；行为与环境具有交互作用，观察和模仿学习是学习的重要过程。班杜拉认为，社会学习（social learning）是个体通过观察、模仿而学到别人的行为，其中观察学习是最主要的形式。观察学习指的是一个人通过观察他人的行为及其强化结果而习得某些新的反应，或使他已经具有的某种行为反应特征得到矫正。此外，班杜拉提出，学习者如果看到他人成功的行为、获得奖励的行为，就会增强产生同样行为的倾向，如果看到失败的行为、受到惩罚的行为，就会削弱或抑制发生这种行为的倾向，这个机制被称为“替代性强化”（vicarious reinforcement）。另外，班杜拉还强调认知在学习过程中的重要性。在班杜拉看来，人的学习绝不是像机器人一样被动、机械，学习的成功与否在很大程度上取决于人的认知能力的发挥。社会学习理论对于理解小组中成员的行为以及推动小组的发展提供了一个非常好的理论架构。

第一，社会学习理论强调人们通过观察和模仿他人的行为就可获得改变，形成新的行为方式。在小组工作过程中，每个成员都是一个资源库，小组能够给每个成员提供一个丰富的行为总汇，成员可以结合自己的风格，从丰富的表现和互动中寻找榜样，进行观察、模仿和学习，增加个人的适应性行为。

第二，小组可以提供丰富的替代强化资源。成员在小组中不仅可以观察到各种各样的行为，还可以看到这些行为的后果。小组成员间分享的经历、经验的材料，可以为每个成员提供学习的榜样或者前车之鉴，充分发挥替代性强化的作用。

第三，班杜拉强调认知的重要性，对人的尊严和能动性给予了充分的肯定。这个观点会使工作者在带领小组时更有信心，也更能够放松：在小组操作过程中，因为个人不是被动地接收信息，而是以自己过去的经验为基础，有选择地去接受和回馈信息。这些信息直接针对小组成员的需要和他们所关心的问题，成员能够随时做出非常个人化的处理。因此，工作者有理由相信即使小组出现暂时的困难，甚至退化现象，小组依然蕴藏着较大的成长的潜能和发展的可能性。

综上所述，可以看出，群体本身就提供了治疗的条件与可能，只要善于运用，必

---

① 万江红．小组工作．北京：中国人民大学出版社，2016.

② 赵芳．小组社会工作：理论与技术．上海：华东理工大学出版社，2015.

③ 许林高．社会团体工作：理论与实务．台北：五南图书出版公司，2014.

④ Toseland R W 等．团体工作实务．台北：双叶书廊有限公司，2014.

能达到小组社会工作的目标。

四、小组社会工作的起源和发展

小组社会工作作为一种专业社会工作方法，其历史并不长，是从 20 世纪 30 年代以后才逐渐形成并被接纳的。但人类的小组社会工作的实践却有着比较久远的历史。这里主要介绍与讨论工业革命以后对专业社会工作产生比较直接影响的小组社会工作实践及专业小组社会工作的形成和发展。

(一) 英美等国早期的小组社会工作实践

小组社会工作起源于 19 世纪的欧美。当时的欧美，特别是英国及美国，由于工业革命的迅速推进，传统的家庭、邻里关系及生活方式遭到破坏，产生了各种社会问题。当时的一些宗教及社会人士尝试通过建立群体并通过群体活动的方式解决人们所面临的问题。1844 年，威廉（George Williams）爵士在伦敦成立男青年会，其宗旨是鼓励一般青年布商追随基督教的生活方式。之后，1851 年，在美国的波士顿成立了全美第一家男青年会（全称为“美国基督教青年会”），其后各地纷纷仿效。1854 年，美国基督教青年会全国协会成立。1866 年，美国基督教女青年会也成立起来。这类青年群体通过举办各种技术训练班，开展闲暇活动，提供旅游设备，不但使青年人获得群体生活的经验，也培养了群体的领导人才，成为专业小组社会工作的开端。

对专业小组社会工作有着重要影响的还有其后的英美慈善组织会社的建立和发展。如 1884 年伦敦成立的“汤因比馆”及其后美国芝加哥出现的“赫尔馆”。这类机构协助邻里间重新建立了解与合作，热心帮助穷人免费获得教育与谋生技艺的训练，协助他们解决生活上的各种难题，并特别帮助移民度过语言不通、诸事不遂的艰苦岁月。为提供更好的服务，这类机构还着手研究了不同类型的社会群体，试图发现更加合理的、便于改善服务对象生活品质的群体形式。

(二) 专业小组社会工作的形成和发展

小组社会工作正如个案社会工作一样，起初并未被作为一种社会工作的专业或实务方法。在小组社会工作被作为社会工作专业学生的训练课程之前，人们一般以所属机构的性质来看待小组社会工作，如将在青年会工作的人称为青年会领导者，将在救济院工作的人称为救济工作者等。在专业化的服务过程中，工作者发现，群体具有互相支持的功效。20 世纪初，受到社会学、教育学、心理学等各门社会科学发展的影响，小组社会工作开始逐渐成形并走向专业化，出现了学科知识系统化、专业方法多样化等趋势。

早在 1906 年，纽约的慈善学校就开始提供有关小组社会工作的训练课程，以训练能够胜任救济院工作的学生。1923 年，美国俄亥俄州的西部储备大学（Western Reserve University）正式将小组社会工作作为社会工作的一门训练课程，规定该课的目标是训练学生（领导者）运用群体的方法和原则，学习如何通过群体的过程来带领群体成员寻找生活的方向。1927 年，这种讲授以小组社会工作的方式来为案主服务的方法的课程被正式命名为“小组社会工作”。到 1937 年，全美有 13 所教育机构开设小组社会工作课程，其中 10 所是社会工作学院。

1935 年，美国全国社会工作会议增设小组社会工作部门。次年，全美小组社会工作者协会成立。1946 年，在纽约的水牛城召开的全美社会工作会议上，柯义尔以“迈向专业化”为题发表演说，指出小组社会工作应被作为一种广义的社会工作方法。这一意见被大会接受。其后，小组社会工作正式成为社会工作的专业方法之一，并开始运用于家庭治疗、青少年犯罪治疗、残疾人康复治疗及精神病人的治疗等许多方面。

小组社会工作专业化的过程始终离不开小组社会工作专家从事的实验与理论建构。1920—1930 年，柯义尔在女青年会进行女工、儿童的群体实验，以及成人教育的群体实验，其后写成《组织群体的社会过程》一书。纽斯泰德（Wilbor Newstetter）自 1926 年起对儿童营进行了连续 12 年的实验，于 1938 年写成《群体调适》一书。以上两书皆为早期有关小组社会工作的重要理论著作。1948—1949 年出版的威尔逊（Gertrude Wilson）的《小组社会工作实务》、崔克尔的《小组社会工作》、克那普卡的《以儿童为对象的治疗性小组社会工作》等书，亦成为小组社会工作的必读书目。1966 年，帕普尔和罗斯曼（C. P. Papell and B. J. Rothman）发表论文提出的小组社会工作的三大模式，已成为小组社会工作实务的经典模式。另外，在此前后，其他学者也提出了不少小组社会工作的实务模式，共同把小组社会工作推向了一个新的发展阶段。

在小组社会工作的专业化不断取得新进展的同时，小组社会工作的实施领域也在不断扩大。特别是自 20 世纪 60 年代以后，小组社会工作方法应用的领域更加广阔。在工业关系、学校教育和社区发展等方面，小组社会工作的方法都开始得到重视和应用。在成人教育、工人教育、成人俱乐部乃至公共住宅中也引进了小组社会工作的方法。可以说，在现代社会中，凡是调适社会关系及促进个人与社会关系发展的群体活动，都有意或无意地、直接或间接地采用小组社会工作的方法。

第二节 小组社会工作的实务模式

自 20 世纪 60 年代中期起，小组社会工作者在总结实务工作经验资料的基础上，提出了若干小组社会工作的实务模式，以供实际工作者参考。这类模式很多，各有侧重，包括对前人模式的批评、发展或整合，在此介绍其中的几种。社会目标模式、治疗模式及交互模式是经常被提到的三大模式，折中模式及整合模式则是在批评、借鉴、整合三大经典模式的基础上提出的。

一、社会目标模式

社会目标模式（social goals model）的基本概念是社会意识、社会责任、社会变迁。其理论基础是有关个人与社会关系的一般原理：社会系统与个人和群体间是相互作用、相互影响的。个人和群体出现功能失调或问题，往往与社会系统的功能失调有关；而个人和群体的行为又对社会系统的运转与社会变迁产生影响。它认为，凭借共同参与群体情境，个人就能够对社会变迁产生影响。

该模式关注的重点是社会变迁与整合，强调通过对个人社会责任感的培养去影响和促成社会的改变，而不是相反。这显然与社会工作的特点相吻合。因此，在实务工作中，这一模式往往利用群体的过程发展成员的民主意识和社会责任心，并增强他们适应社会生活的能力。由于群体情境使得成员发生上述种种改变，因此，群体作为一个统一的集体，通过共同行动就能影响社会的变迁。

社会目标模式将社会工作者视为富有影响力的人。社工负责培养群体成员的社会意识，并在群体中孕育出一种新的价值体系。社工凭借自身的社会责任感，鼓励、引导成员发生改变，并且组织、策划群体成员的集体行动，以达到影响社会变迁的效果。

二、治疗模式

治疗模式（remedial model）是在个案社会工作相关模式的基础上发展起来的一种小组社会工作实务模式。它将小组视为一种治疗的环境或工具，强调通过小组经验来治疗个人心理、社会与文化的适应问题。它也认为通过小组经验而获得改变能够进一步预防某些个人问题的发生。该模式所针对的案主一般为生理或心理伤残者、违法犯罪者及思想或情绪障碍者等。

在实务工作中，治疗模式注重选择对其他成员有最大影响效果的成员，并借助成员的参与、互动，以促成成员的行为改变。为使小组的效果能得到充分发挥，该模式注重发展小组凝聚力、一致性和相互性，同时维持一个有效的小组内在结构。但该模式关注的焦点是个人，小组只是作为一种媒介物，通过它来实现个人的改变。

小组社会工作者在该模式中的地位是权威的专家。通过运用专业知识和技巧，社工诊断个人需要、安排治疗计划，并控制小组的发展进程。社工也像一位家长或导师，引导并协助成员的互动，促成成员的行为发生实际的改变，并及时给予鼓励和支持。

三、交互模式

交互模式（reciprocal model）又称调解模式（mediating model），强调在由具有

相似问题的成员组成的小组中，通过相互协作与互助，发展解决问题的技巧，帮助小组成员建立自信心及实现个人的社会潜能。该模式和前述两大模式不同的是，它所关注的既非社会目标，也非个人，而是互动、互助的过程本身。小组被视为一个互助的系统，小组成员将其他成员作为自己解决问题的资源。

在实际操作中，该模式注重此时此地（here-and-now）经验和感情的交流；要求工作者认清小组中的各种冲突，并将其引向正面功能，以刺激成员的合作，开发成员应对冲突的能力。此外，该模式也强调工作者事先对成员背景的了解，强调引导成员互动的技术，以及审慎地做好小组结束工作的必要性。

在这一模式中，社会工作者不负责设计方案，不设法控制小组的运作。他不是要为成员做什么，而是与成员一起做。小组的形成与维持由小组成员互动的结果来定，成员共担对小组的责任。此外，小组社会工作者充当案主与小组以及小组与机构间的协调者。也正是在这个意义上，该模式被称为“调解模式”。

四、折中模式

折中模式（eclectic position model）是克莱恩（Klein）在分析、批评上述三大模式的基础上所提出的一种小组社会工作新模式。该模式直接引用了治疗模式的方法，故小组社会工作者的行为和社会目标模式相似；而在小组社会工作者与小组成员的关系上，它又沿用了交互模式的方法与特点，故称为“折中模式”。

该模式所基于的理论主张，任何小组社会工作的实施都不可能只靠单一方法就能达到目标，而需灵活且综合地运用不同的方法。在小组内，工作者应给予小组成员较大的行动空间，给予成员相对大的自由与民主，小组则应该提供更能满足成员需要的环境。而工作者只是作为小组的一分子，承担着催化的功能，以促成小组目标的达成。因此，社会工作者的角色仅仅是一个引导者或服务者，而不是一个决策者或权威，尽管在专业知识上他当然应是一个权威。

五、整合模式

整合模式（integration model）是由托普金斯和盖洛（Tompkins and Gallo）提出的，也称“目标规划模式”。该模式也是在总结上述小组社会工作前三大经典模式的缺陷的基础上提出的一种整合模式。

由于小组社会工作理论未能解决个体、群体与社会三者间的关系及适当均衡问题，因而小组社会工作经典三模式往往只是侧重于三个因素中的一个，而忽略了其余两个因素的影响。因此，整合模式试图将三个因素联结成一个总的系统，而其中的每一个因素自然构成一个子系统，每一个子系统都依赖于一些变量因素的变化（见图 8－2）。[①]

---

① 范克新，肖萍．团体社会工作．北京：社会科学文献出版社，2001：207.

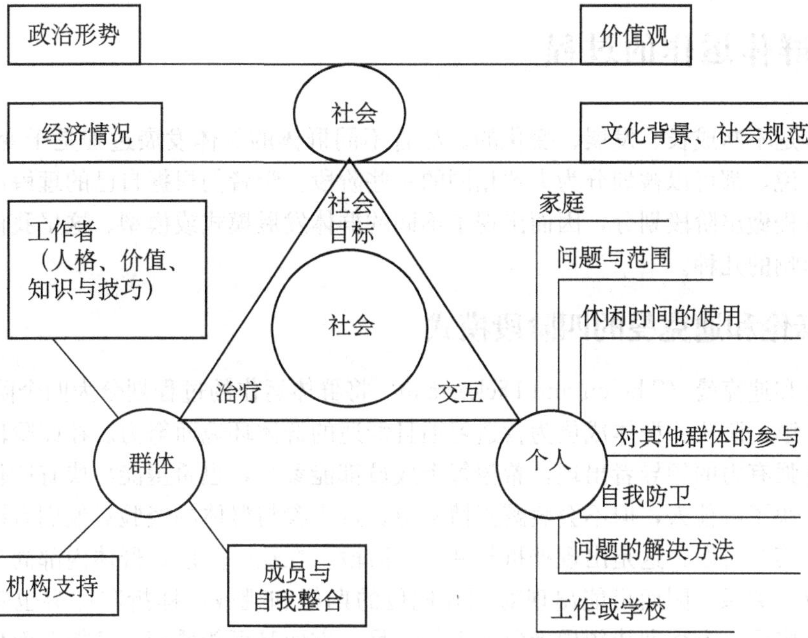

图 8-2　小组社会工作整合模式

在小组运作中，个人、群体与社会三者间应处于适度的均衡发展中。小组社会工作者的任务就是对影响模型的三个子系统及它们之间的关系与和谐程度做出及时正确的估计，然后以此为根据做出群体目标的规划。而小组目标可以是经典三模式设定的任何一个，也可以是联结三因素的新目标。一旦发现三个子系统出现某种问题或相互之间出现某种不协调，就必须适时改变小组的目标。如当发现小组个人与其他个人或子系统之间产生冲突，致使个人遭受伤害时，目标就应变为个人的自我增强。只有由健全的个人组成的小组，才能影响社会的变迁和社会正义风气的形成。同时，适时改变小组目标，也能达到治疗与互动的效果。

在这一模式中，小组社会工作者不只是一个组织者或治疗者，还是一个能够根据小组运作的实际情况而对目标做出适时调整的干预者。

第三节
群体运作的过程与小组社会工作的程序

群体不是固定不变的，而是一个发展着的有机体。群体的运作有其自身的阶段性规律。小组社会工作的过程与步骤和群体运作的阶段紧密相关。认识群体运作的一般规律，无疑是进行小组社会工作的前提。本节首先对群体运作的一般过程加以介绍，然后就小组社会工作的主要环节进行讨论。

一、群体运作的过程

群体是不断成长、发展、变化的。尽管不同群体的具体发展过程是千变万化的，但一般来说，都可以被划分为大致相同的一些阶段。学者们根据自己的理解而对群体运作的过程做出阶段划分，因而出现了不同的群体发展模式或模型。这里我们介绍其中较有影响的几种。

（一）泰伦和迪克曼的四阶段模式

泰伦和迪克曼（Thelen and Dickerman）将群体运作的过程划分为四个阶段。

（1）第一阶段：群体成员为营造习惯且舒适的群体环境而努力。在此阶段，成员迫切期待强有力的领导者出现，希望每个成员都能参与，也希望能尽快有所作为。他们期望尽快了解他人，但不会表露真情实感。过去参与群体的经验对他们有影响。

（2）第二阶段：这是出现挫折与冲突的阶段。在这一阶段，群体内部尚未建立起稳定的权力关系，因而可能出现对领导地位的期望和挑战，挫折和冲突也就不可避免。群体成员一方面期待领导者负起责任，另一方面又可能希望自己能取而代之。群体中存在一种既服从又敌视的双重情感。

（3）第三阶段：经过挫折与冲突后，群体开始出现稳定。群体发展出一种始终一致的感情、故步自封的态度和力避冲突的意愿。为满足成员及群体的需求，群体成员片面追求安定与和谐，冲突固然得以避免，但群体也失去了成长的动力。

（4）第四阶段：强调以完成任务为中心。在这一阶段，群体成员意识到群体中他人的权利和成员间相互影响的过程，冲突减少了，群体把完成任务放到了首要位置。

（二）加兰德、琼斯和克洛德尼的五阶段模式

加兰德、琼斯和克洛德尼（Garland，Jones and Kolodny）将群体运作的过程划分为五个阶段。由于这种划分比较合理，因而经常被小组社会工作者引用和依循。

（1）熟悉与亲近期：这是群体刚刚组成的时期。群体成员从不同的渠道走到一起，开始尝试与其他素不相识的人建立关系。但此时他们的心理状态是矛盾的，对环境不断地做出观察与试探，对他人表现出既想接近又戒备和回避的特征。

（2）权力与控制期：当经过一段时期的接触，成员之间慢慢熟悉且发现群体有满足个人需求的能力时，群体成员会积极参与群体活动，并开始角逐在群体内的地位，展开权力争夺。在这一阶段，群体内部的冲突与妥协、权力与控制、角色调整与关系重组不时发生，成员之间的相互影响增大，伤害他人或被伤害的机会增大。经过这一过程，群体会形成初步结构，个别成员因不能获得权力或不愿接受群体规范的制约，在这一阶段可能退出。

（3）亲密与凝聚期：在这一阶段，群体的权力格局基本确立，群体成员的角色基本确定，群体的结构因而处于相对稳定的状态。群体成员之间开始密切交往，相互了解，相互依赖，相互之间的关系因此变得更加亲密了。由于群体角色的相对固定，成

员开始将群体生活与家庭生活进行比较，相互之间会出现一种同胞式的竞争。群体成员意识到群体经验对个人成长与改变的重要性，因而对群体更关注，也更加积极地参与群体活动。

（4）差异与分辨期：在这个阶段，群体成员开始认识到每个成员都是有差异的，开始认识到领导者的独立人格，变得能接纳其他成员的个性、实力、态度和需要，对群体有较高的认同。家庭式、同胞式的情感减弱，群体规范和标准成为行为依据。成员间的权力争夺与冲突减少，而是相互支持，自由沟通，充分合作。群体的凝聚力增强，整合度提高，开展集体行动的能力增强。

（5）分离与终止期：此时，群体目标已经实现，任务已经完成。成员面临分离，开始寻找新资源以满足自己的新需求。由于面临着转移和打破已经建立起来的相互之间的友谊和配合默契的群体关系，成员会出现各种焦虑情绪和行为，如内聚、反对、散漫、逃避等。

（三）塞瑞和葛林斯基的七阶段模式

塞瑞和葛林斯基（Sarri and Galinsky）将群体的运作过程划分为七个阶段。

（1）初期：这是群体组成的前期。群体成员的不同背景成为影响群体以后发展的主要因素。在此阶段，群体组织者或领导者基于对成员个性和背景的分析制定群体目标，策划群体活动。

（2）成立期：群体成员互相探讨共通点和共同兴趣，寻求相似性和交互性，开始向群体投入感情及责任并初步关注群体目标。此时在群体中，准群体结构出现，群体结构初现。

（3）中前期：此时开始出现群体凝聚力，成员对群体目标的认识较为清晰，并为实现群体目标而努力。

（4）重整期：此时群体对开始形成的观念和结构产生挑战，发生怀疑，对群体目标与运作过程加以修正。

（5）中后期：群体比以前更加成熟，群体目标更加清晰，群体结构更具整合感和稳定性。

（6）成熟期：在此阶段，群体结构、群体目标、群体运作与控制程序已趋于稳定与完整。群体目标、群体规范、群体文化不仅为成员所熟悉，而且为外界所了解，群体成员面对内外压力已能更有效地做出反应。

（7）结束期：可能由于目标已达成，也可能由于未能完成使命，群体最终面临解散。

通过对以上不同观点的梳理，可以看出，有关群体发展的理论探讨非常丰富。在吸收整合琼斯、塔克曼和巴尼特等人的相关研究成果的基础上，根据群体的任务功能与人际关系功能，可对小组社会工作进行阶段划分①，见表 8－2。

---

① The CEDA meta-profession project group process.（2009－12－05）［2018－03－04］. http：//www.cedanet.com/meta/group_process.htm.

表 8-2　小组社会工作不同阶段的特征

阶段	任务功能（task functions）	人际关系功能（personal relations functions）
1	导向（orientation）	试探与依赖（testing and dependence）
2	小组行动（organizing to get work done）	组内冲突（intragroup conflict）
3	信息流（information-flow）	小组聚合力（group cohesion）
4	解决问题（problem-solving）	组员间的相互依赖（interdependence）

结合前面勒温的“命运关联”与“任务关联”两大概念，可以清晰地看出，在不同的群体阶段，小组社会工作的任务与人际关系都相应地表现出差异性。对实务工作者而言，这种直观式的梳理可以使小组社会工作者更好地抓住每一次小组社会工作的任务目标，并引导工作者更好地洞悉组员间所发生的关系变化，更好地扮演一个服务者、催化者、协调者的角色。

二、小组社会工作的程序

基于群体运作的一般过程，小组社会工作从开始规划到评估结束有着一套严密、科学的程序。这里不打算对这样一套程序做全面展开，只就其中的一些主要环节进行讨论。

整合群体运作的过程模式或群体运作的一般模式和社会工作的目标、价值、理论基础与技术技巧，可以发展、演化出一套有关小组社会工作的基本程序。这样一套程序对于开展工作无疑具有重要的指导意义。

正如上述学者对群体运作的一般过程的看法存在分歧一样，学术界及社会工作者对小组社会工作过程或程序的认识也不尽一致。如美国社会工作者协会将小组社会工作的程序划分为接案、组成小组、实际开展小组社会工作、维持小组及结案五个阶段。诺森（Northen）将小组社会工作划分为准备期（计划与接案）、初期导向、探索与考验小组、问题解决与稳定化、结案五个步骤。克那普卡将小组社会工作过程分为获取成员资料、进行社会诊断、采取行动以达成治疗效果三大阶段。塞瑞和葛林斯基根据其对群体运作过程的划分而将小组社会工作相应划分为七个阶段。这些划分都为理解小组社会工作的过程提供了参考。本书将小组社会工作划分为前期准备、小组形成、沟通协调、达成目标及结束工作五个阶段。

（一）前期准备

这个阶段是为实际开展小组社会工作做准备的阶段。在这一阶段，社会工作者的任务包括：(1) 根据需要，决定组成一个小组并将其公布，同时接受希望参加小组的成员的咨询。咨询的内容一般包括小组聚会的时间、地点、周期、规模、其他成员的有关情况等。(2) 通过会谈和其他形式，确定小组的组成人员。(3) 小组成员初步确定后，召集全体成员参加首次聚会，使小组成员发生初步接触。(4) 确定小组社会工作的目标。

在前期准备阶段，无论在社会工作者那里，还是在成员那里，小组都还是不确定的。不过，从第一次见面开始，一些细腻的群体动力便可以感受得到。初次见面的成员的行为一般表现为两种：一种沉静、退缩；一种积极、充满活力。每个成员的心情是焦虑的、恐惧的、封闭的，其行为表现是试探的、揣测的、伪装的和不友善的。群体成员对工作者是不信任的，甚至是仇恨的，因为工作者代表权威。这时的社会工作者应更多地聆听并尽力创造一种保护、包容的气氛，使群体发展出一种可信赖的关系，协助成员减少恐惧和不安，增强成员参与群体的信心。在此过程中，社会工作者应巧妙地指出小组的目标，为成员确定方向。

（二）小组形成

在这一阶段，群体成员开始确立角色体系和行为模式，他们对群体的依赖和期待开始形成。此时，社会工作者应充分鼓励成员参与群体活动，协助成员产生对群体的依赖感和归属感，建立群体目标，并发现实现目标的方法和途径。

为获得群体成员的信任和充分合作，社会工作者应主动证明自己具有协助群体实现目标的意愿和能力。他们应当态度和蔼，言语亲切，平易近人，而不能盛气凌人或居高临下。社会工作者还要避免接受来自其他成员的服务，避免追求舒适的位置，避免成为群体讨论的中心，避免成为唯一的问题解答者。他们应积极主动地引导群体过程，而不仅限于被动地接受咨询。面对来自群体成员的冲突、挑战、排斥和依赖，社会工作者应当不间断地加以处理。

（三）沟通协调

这一阶段也可称为协调整合期。在这一时期，群体发生整合、分化和再整合。群体形成后，随即进入整合阶段，但整合之后还有可能再度发生分化，如此，再整合便成为一种客观需要。当然，也不是所有的群体都会经历分化现象，有些群体的发展可能比较顺利、平静。

针对群体成员间所发生的冲突，社会工作者应当客观地分析并以适当的方式、方法冷静面对，而不应指责、威胁、挑衅及惩罚。关于社会工作者对待冲突的态度与行为反应这一点，学者的看法存在分歧。有人认为社会工作者应当加以干预，以保证群体结构不致被破坏；但也有人持不同看法，认为冲突有益于成员自我再认知，群体成员可以从别人的反馈中了解冲突的本质。在群体发展过程中，冲突一般是有意义的。冲突的解决也应主要依靠群体成员自己，而不是社会工作者。这样一来，社会工作者的作用何在呢？社会工作者的作用在于针对冲突过程，引导群体成员获得同理心的能力，以了解冲突的本质，促成冲突的解决。

在协助解决冲突的过程中，社会工作者应当引导群体发展近期和远期目标，参与群体决策过程。社会工作者可以通过激发成员表达个别意见或适时提出具有启发性或示范性的意见，以引导群体成员的创造性思考。

针对群体中可能出现的成员试图摆脱社会工作者并控制群体的种种试探，社会工作者应当向成员说明，他只是群体的组织者、引导者或顾问，而不是群体策略的决定者。他也应说明，群体成员的相互依赖和相互配合关系到群体目标的实现与否。组织群体活动旨在增强彼此的配合，以达成群体目标。

(四) 达成目标

此一时期也可称为成就期。群体在不断的分化、整合过程中曲折前进，到了这一阶段，已经能够逐渐表现出其功能与维系群体的运行。由于群体目标的达成，群体对其成员会产生一种群体感，或者说在成员之间发展出一种内群体（in-group）的感觉。

在这一阶段，小组社会工作者应借助群体成员之间发展起来的高度的相互支持和良好沟通，在初步目标达成后，协助群体拟定新的阶段性目标，使小组社会工作进入一个新的阶段。当新的阶段开始后，社会工作者可以在一定程度上把自己从群体中抽离出来，而让群体成员更多地参与，以确保群体不断产生新的效果，实现新的阶段性目标，使群体目标最终得以完满、全面实现。

(五) 结束工作

结束工作也称结案，包括结案前的准备和结案后的追踪等方面的工作。一个群体是否应当结束，可通过以下几种情形来判定：(1) 群体是否已到了预定结束的时限；(2) 群体是否完成了预定的任务；(3) 成员是否已不再需要该群体；(4) 群体是否已不能实现再整合；(5) 群体成员是否减少到不能实现预定的任务；(6) 社会工作者是否放弃了对该群体的职责。

群体结束时，社会工作者应做好结案工作。在结案之前，社会工作者就应适时提醒群体成员做好分离的准备。工作者还应在现实中协助群体成员与社区组织和机构建立联系，为成员发现新的资源，以满足需要，确保小组社会工作成效的巩固。群体结束后，社会工作者应将群体每次聚会的记录加以整理，形成工作总结。

应当指出，以上对小组社会工作过程或程序的讨论，是一般意义上的，是小组社会工作要经历的一般程序。而就不同的小组社会工作模式（如社会目标模式、治疗模式、交互模式）而言，社会工作者在群体发展的不同阶段的工作重点往往表现出一定的区别，这里就不详细介绍与讨论了。

三、小组社会工作计划书的撰写

工欲善其事，必先利其器。在小组社会工作开始前，撰写小组社会工作计划书是非常必要的。要得到机构的支持和批准以及相关资源的资助，一份逻辑清晰、周密翔实的小组社会工作计划书可以使其事半功倍。更为重要的是，撰写小组社会工作计划书能够使小组社会工作者对小组理念、理论框架、小组目标等形成清晰的认识，帮助其为每一阶段的小组活动做好充分准备，并使其清晰地知道工作的程序安排和每一个工作阶段的活动节目安排。此外，一个完善的计划书设计也可以为小组评估奠定基础。表 8-3 是何洁云等列出的小组计划书应该包括的内容。[①]

---

① 何洁云，谢万恒．小组工作．香港：香港理工大学应用社会科学系，2002（内部资料）．

表 8 - 3　　小组社会工作计划书设计的要素

要素	要素细目
1. 理念的阐述	机构的背景
	导致设计小组的原因
	小组的理论/概念架构
2. 目标	终期目标
3. 小组成员	特征、年龄、性别、教育背景
	需要处理的范围（成员的问题和需要等）
4. 小组的特征	性质
	短期/长期，持续时间
	规模、组合
	聚会频率
	聚会的时间（上午/下午）
5. 明确的目的	阶段目标
6. 初拟的程序计划和日程	每次聚会的计划草案（可以按小组成员的需要修改）
	程序活动
	日期、时间、每次聚会的地点
	活动的具体目的
	社会工作者的责任
	活动的准备
	所需器材
	每次聚会所需的资金
7. 招募计划	按照机构的规则定下小组建立的程序
	小组成员的来源与甄选
	宣传、招募方法
	允许的招募时间
	招收方法
8. 需要的资源（除资金外）	器材
	地点和设备
	人力资源，如是否需要志愿者等
	特别项目
	有关人员
9. 预料中的问题和应变计划	小组成员的问题
	小组社会工作者或机构的问题
	其他来源的问题
10. 预算	程序、器材、交通等费用的总和
	费用或小组成员会费
11. 评估方法	评估的范围
	评估的方法

第四节
小组社会工作实施的原则与技巧

一、小组社会工作实施的原则

小组社会工作实施的原则是从前人开展小组社会工作的实际经验中逐步积累并通过社会工作学者的研究提炼出来的，它来自实际，并为今后实际开展小组社会工作提供理论上的指导。

凯塞尔（Chara Kaiser）曾经概括出小组社会工作的十大实施原则：(1) 社会工作者的功能在于协助成员，使其更有能力；(2) 运用科学的技术开展小组社会工作；(3) 与小组及其成员建立专业关系；(4) 运用与自我理论有关的知识；(5) 具有接纳的态度及同理心；(6) 以小组的立场为出发点；(7) 积极地使用小组规范；(8) 遵循个别化的原则；(9) 运用互动的过程；(10) 对口头及非口头的沟通资料都加以了解。

克那普卡则将小组社会工作的实施原则概括为 14 种：(1) 小组内成员的个别化；(2) 小组的个别化；(3) 彼此接纳的态度；(4) 与小组成员建立有目的的协助关系；(5) 鼓励成员之间的合作与互助；(6) 适当地修正小组的过程；(7) 鼓励小组成员发展其能力；(8) 鼓励成员参与小组问题解决过程；(9) 使成员在冲突中增强解决问题的实际体验；(10) 向成员提供各种新的机会；(11) 运用必要的限制以维系小组的运作；(12) 设计有效的小组活动方案；(13) 及时评估小组及其成员取得的进展；(14) 社会工作者热诚、人道并具有专业素养。

崔克尔将小组社会工作的实施原则归纳为以下 13 项：(1) 应当体现社会工作的基本价值；(2) 应当了解人类的基本需求；(3) 应当了解社区文化的特质；(4) 要有健全的小组社会工作计划；(5) 小组目标应当明确可行；(6) 社会工作者应当与小组建立专业关系；(7) 对小组及其成员的协助应当体现个别化；(8) 对小组成员的互动应当加以引导；(9) 鼓励小组自决；(10) 应建立适当的、弹性的小组内部结构以实现小组的功能；(11) 小组活动计划的推进应循序渐进；(12) 善于运用各种社会资源；(13) 对小组社会工作的效果应当及时地加以总结、评价。

上述几位学者关于小组社会工作实施原则的看法在社会工作学界有着较大的影响，特别是克那普卡、崔克尔的归纳，经常被介绍或引用。笔者注意到，在港台乃至大陆都很有影响的李增禄主编的《社会工作概论》一书及徐震、林万亿合著的《当代社会工作》一书，都采纳了崔克尔的归纳作为小组社会工作的实施原则。[①②] 何洁云

---

① 李增禄．社会工作概论．3 版．台北：巨流图书公司，2002：153.

② 徐震，林万亿．当代社会工作．台北：五南图书出版公司，1986：191-195.

的《小组工作》则接受了克那普卡的归纳作为小组社会工作的实施原则。

根据对以上学者关于小组社会工作实施原则研究的比较分析，笔者认为，所有这些归纳都是非常精细的、有意义的，对实际开展小组社会工作具有重要的指导价值。这是应当加以充分肯定的。同时，笔者也发现，不同学者所归纳的小组社会工作实施原则，有些是和小组社会工作联系密切的；有些则是社会工作的一般性原则，是在其他社会工作方法中普遍适用的；有些则是小组社会工作实施中的技术技巧。这些学者之所以将它们放在一起讨论，恐怕与他们的著作专门讨论小组社会工作有关。为了给读者一个完整的印象，既讨论社会工作的一般原则（因为小组社会工作是社会工作的一种，这是当然的），同时又讨论小组社会工作的一些特殊原则。这种考虑在笔者所主编的这样一部概论性著作中，就没有太大的必要了。这里只讨论与小组社会工作最直接相关的一些原则，而一些技术技巧将在后面讨论。这样，可将小组社会工作实施的原则归纳为以下几项。

（1）目标明确化原则。社会工作者应在充分了解小组及机构等各方面条件的基础上，促使小组形成明确的目标。组成小组的个人都有各自的目标，个人目标和小组目标是有距离的，小组目标也并非个人目标的总和。社会工作者应当激发成员发展小组的共同目标。为使小组目标顺利正确达成，它必须和机构目标相一致。

（2）计划原则。小组在社会工作过程中不断地发展与变迁，并高度影响个人的行为，成为改变成员行为、促进个人成长的工具。社会工作者对小组的组成应当有意地加以设计，并根据小组形成与发展演变的一般规律，对小组社会工作进行科学的筹划，以使小组活动真正有助于实现社会工作预期的目标。

（3）接纳原则。社会工作者应当真诚地、完整地接纳每一个成员。尽管社会工作者可以有自己看待他人的价值观念和行为方式，但在开展工作时，绝不能掺杂个人的价值观念，不可以对成员的行为或品行评头论足。

（4）个别化原则。小组社会工作中的个别化原则包括对成员的个别化与对小组的个别化两个方面。社会工作者必须清楚地认识到组成小组的每个成员都是独特的、有差别的，他们有不同的需要和问题。对每个成员的不同需要应采用有针对性的介入方法，并制订切实可行的治疗计划和目标。同时，每个成员的差异使得组成的小组也会形成自己的特点，其成员关系及互动模式各不相同。社会工作者对不同的小组同样要采用不同的治疗目标和计划。

（5）建立专业关系原则。社会工作者应以专业角色的身份开展小组社会工作，以取得成员的信任。因此，他首先必须有目的地与小组成员建立起专业的助人关系，在工作中应保持专业权威及客观、公正、不偏不倚的态度，这样有利于促进成员发生改变。

（6）引导小组互动原则。小组中有持续的互动行为是小组社会工作区别于其他社会工作方式的最重要的特点之一，也是促进成员发生改变的最重要的手段之一。社会工作者应当采取切实有效的措施促进成员的互动，引导成员积极参与小组过程。鼓励成员根据各自的能力和特点参加有针对性的小组活动，参与实际解决问题的过程；鼓励成员尝试各种新机会和解决问题的新方式。对成员的偏离行为应当恰当地运用小组规范加以制约和修正。通过对小组互动过程的引导，使成员之间建立起有积极意义的关系模式，促使成员更快地改变。

（7）小组自决原则。成员及小组唯有对自己的行为负责，才能建立起社会责任感。影响小组决策的因素一般有三个，即机构政策、社会工作者的干预及小组自身。前两个因素固然重要，应当充分考虑，但影响小组成员成长与改变的决策最终还应当由小组成员在充分民主的基础上做出。在这个过程中，社会工作者的作用在于，首先应引导小组发展起一种自决的责任意识，并向成员解释机构的政策、功能和工作者的角色，然后在对群体的各方面条件和潜力有充分了解的基础上，协助小组做出最好的决策。

（8）循序渐进原则。小组活动的安排、小组社会工作计划的推进，应当根据成员的兴趣、需求、经验及能力的成长与变化，循序渐进、稳步发展。小组活动项目应从简单及易于进行的开始，其宗旨是激发兴趣，使成员产生信赖且易于达成目标。然后再逐渐引入复杂、有深度且广泛的活动项目。在这一过程中，社会工作者应不断地对小组活动进行评价、总结，使活动与计划逐步推进，以便最终达成目标。

二、小组社会工作实施的技巧

小组社会工作实施的技术技巧所涉及的方面很多，在此分一般技巧、组织小组的技巧、控制小组的技巧及主持小组讨论的技巧四个方面加以介绍、讨论。有的著作中还对小组治疗的专门技巧加以讨论，限于篇幅，这里从略，留待在有关专门著作中讨论。

（一）小组社会工作的一般技巧

作为一个实施小组社会工作的社会工作者，一般而言，应当具备以下基本技巧：

（1）建立关系的技巧。包括与成员建立良好关系以及协助成员之间建立良好关系的技巧两个方面。

（2）观察、诊断的技巧。能够通过对个人、小组及其社会环境的全面、系统的观察，对问题有比较准确的界定。

（3）组织的技巧。包括如何组成小组、维系小组及解散小组等方面的技巧。这方面的技巧在以后还要做专门讨论。

（4）干预的技巧。对小组运作过程中所出现的各种事件如冲突、依赖、沉默、解组等，特别是一些偶发事件、问题、危机，适时地加以干预的技巧。

（5）领导的技巧。社会工作者作为小组的实际领导者，适当地运用专业权威，主导或推进小组过程的技巧。

（6）参与的技巧。和成员一起设计活动项目、实际开展活动，作为其中一员而不被视为局外人的技巧。

（7）沟通的技巧。在小组运作过程中，往往会发生内部的和外部的各种联系：小组与机构、小组与社区、小组与社会、小组与社会工作者、小组成员之间、小组与小组之间等等会发生这样那样的关系，社会工作者要从中起到桥梁和纽带的作用，需要比较娴熟的沟通技巧。

（8）运用资源的技巧。为实现小组社会工作的预期目标，社会工作者应最大限度地调动和运用来自机构的、社区的、社会的各种资源。

（9）记录的技巧。对小组运作的整个过程加以完整记录并合理运用的技巧。

（10）评价的技巧。通过科学的指标体系对小组社会工作加以评价，以判断小组社会工作效果的技巧。

（二）社会工作者组织小组的技巧

小组作为社会工作者开展实际工作的工具，进行合理的组织，以便于工作的开展和预定目标的实现，就显得非常重要了。一般说来，社会工作者在组织小组的工作中，大体涉及以下几个方面，每个方面都有相应的技巧。

（1）前期准备。社会工作者应切实了解社区背景和机构状况。了解社区背景，可以帮助工作者掌握成员的需要及达成小组目标的方法；了解机构状况，可以使小组社会工作自如地利用机构所可能提供的各种机会和限制。

（2）确定目标。目标是开展工作的指针。小组目标的制定必须顾及机构、成员及工作者等各方面的目标，即小组目标应当是这些方面的目标的协调或整合。小组目标涉及多方面，可以是复原的、发展的、修正的、预防的、社会行动的、解决问题的、社会价值的、社会化的等，不同的小组有不同的目标。

（3）成员选择。小组成员的选择与小组目标密切相关。一般选择具有相同或相似的问题和需要的人组成一个小组。这是选择成员时应当优先考虑的。然后对成员的社会条件，如年龄、性别、地位与角色、民族、阶层、宗教信仰、经济条件、教育程度、职业、语言、居住地等也应适当考虑，尽量使成员在这些方面比较接近。

（4）小组规模。小组规模以多大为限，涉及多种因素的考量，其中包括小组目标、需要互动的程度、问题的性质、社会条件等。一般来说，治疗性小组的规模不宜太大，应控制在十人以下；而以社会行动、教育为目标的小组，其规模可以相对大一些。

（5）聚会地点。小组社会工作中经常要涉及成员聚会，为确保聚会的顺利进行，聚会地点的选择就很重要。聚会地点一般应比较固定，交通方便，温度、噪声、空气、光线、设施控制适当，且隐秘性较好，既不被人打扰，也不打扰别人。

（6）聚会频度。考虑到聚会的距离、成员职业、家庭负担、车费及聚会效果等多种因素，每次聚会时间可以确定为1～2小时，每周聚会一次。当然这是就社会性小组而言的。而就设在机构内的小组而言，他们聚会的频度可以高一些。

（7）持续期限。一个小组究竟应当持续多久，要视小组目标而定。具体来说，社会发展或社会行动性小组的持续时间相对较短，一两个月或三四个月即可。而治疗性小组的延续时间相对较长，一般要延续一至两年。至于教育性小组，其延续时间可长可短，这要视具体情况而定。

（8）效果评价。小组目标达成后，社会工作者要适时做好小组解散的工作。为总结经验教训，便于今后工作的开展，应当通过科学的指标体系对小组运作的整个过程做出完整、全面的评价。

(三) 社会工作者控制小组的技巧

为使小组运作朝着有利于实现小组目标的方向发展，作为小组的组织者和领导者，社会工作者应当通过适当的途径对小组的运作过程加以控制。对小组运作的控制手段很多，这里主要讨论以下几种方式。

(1) 通过小组规范控制小组的运作。要使一个小组正常运作，规范是必须加以使用的。它通过对成员符合小组目标的行为的肯定及偏离目标的行为的处罚，对成员构成制约，以保证小组的正常运转。小组规范一般经由两种基本途径发展起来：一种是在小组成员的经常、持续的互动中约定俗成地发展起来的。此类规范对成员是有效的，但不一定是合理的，有时甚至是负面的。社会工作者对合理的规范应当加以肯定，而对不合理的规范应当及时地加以限制乃至制止。另一种是由社会工作者根据需要引入的规范，对此类规范，应当对成员进行明确的陈述乃至示范，以为成员所接受。

(2) 通过角色、地位的合理分工控制小组的运作。地位是指成员在小组中的位置，角色则是人们对处在特定位置的成员的行为期待。为使小组正常运作，应当对小组成员的地位、角色进行恰当的分工，建立正式的控制体系。否则，群体就会成为“一盘散沙”，不可能达成预定的目标。随着小组的发展演变，小组成员的角色、地位分工也应发生相应的变化，以适应不同阶段的要求。此外，对小组成员的地位、角色加以适当划分和改变，可以帮助成员学会预期的行为，加速改变的进程。社会工作者应当使成员不断地尝试新角色，以使他们的行为向有利于小组目标的方面改变。

(3) 通过提升小组凝聚力控制小组的运作。小组凝聚力也称小组归属感，它通过成员希望留在小组中的程度体现出来。小组凝聚力强，就意味着该小组成员比较团结，关系亲密，聚在一起能产生一种安全感和满足感。这样的小组无疑会为实现共同的目标而拧成一股绳。提高小组凝聚力是社会工作者和成员共同的责任。通过限制小组规模、设计有吸引力的项目、选择具有相似背景的成员、根据成员共同需要建立和调整小组目标、发展成员之间的信任感及对小组的责任心等，可以增强小组的凝聚力。

(四) 社会工作者主持小组讨论的技巧

在开展小组社会工作的过程中，组织成员聚会和讨论是经常使用的工具或方法。群体讨论的功能有四个方面：其一，鼓励成员参与小组事务；其二，引起成员对小组活动的兴趣；其三，通过讨论达成共识，形成决策，以解决问题；其四，刺激成员思考能力的提高，以加快成员的改变及增强小组的功能。在小组聚会、讨论的整个过程中，作为主持人的社会工作者应当具备和运用各种必要的技巧。以下结合小组讨论的全过程加以讨论。

(1) 选择主题。讨论主题的选择应当配合小组的需要，应考虑小组发展的进程、小组的特点、小组目标及小组成员的能力等多种因素而加以确定。

(2) 开场介绍。讨论开始时，主持人应当介绍参与者，或使成员互相介绍、认识。当然，就小组社会工作实际而言，除最初的讨论外，其后的讨论的参与者大体为同一群体成员，介绍的工作就不必了。这时主持人的基本工作便是引出讨论主题，告知讨论规则，以使讨论顺利开始。

(3) 引领讨论。讨论开始后，为使讨论取得预期的效果以解决问题，主持人要注意时时把握讨论主题，提醒、帮助成员关注讨论主题，不能偏离主题。在讨论过程中，主持人推动讨论进程的技巧大致有：其一，了解的技巧。对性格内向的成员的意见应当给予支持、肯定与强调，以增强其信心。应创造一种轻松和谐的群体气氛，使每个成员都勇于表达自己的意见，即便不成熟也不致感到挫折。其二，中立的技巧。应避免陷入与成员的争论，对成员的争论不偏袒，仅提供问题而不给予答案等。其三，问话的技巧。在讨论中针对不同的问题应注意不同的问话方式，如澄清事实或判断性的问题宜用"是"或"不是"，创造发言机会宜用开放性方式。其四，打岔的技巧。当讨论中出现意见对立、争论很久、发言过长、言语障碍等情况时，主持人适时插话，会有利于讨论的进行。其五，暗示的技巧。对偏离主题的发言或发言过多的成员做适当的暗示，会使讨论围绕主题进行，且能使更多的人有发言机会。其六，沉默的技巧。适当地保持沉默，可以启发成员的思考。

(4) 归纳总结。在讨论结束时，要对本次讨论做出总结，阐明取得的成果或达成的结论、共识，指出存在的分歧，说明要进一步关注和讨论的问题。

案例介绍："怒亦有道"——施虐者治疗小组案例①

在香港，现行治疗男性施虐者的暴力行为大多以个人辅导及夫妻一起辅导的形式进行，一向忽略了小组治疗的方式。在笔者未开展施虐者治疗小组前，香港并没有这类治疗小组，一般惯用的个人辅导及夫妻辅导其实有相当的限制，如施虐者很容易视辅导员为审判者，双方的关系无形中变为一攻一守的对立姿态。另外，如果夫妻一同接受辅导，施虐者会把自己的责任或多或少归咎在妻子身上，而未能针对性地去全面处理暴力行为。再者，暴力行为也较容易被转化为夫妻沟通障碍。后果会增加和平相处的假象而令被虐者处于更危险的位置。

根据西方治疗施虐者的研究，小组治疗被视为最有效益的方式（Stordeur & Stille，1989）。在过去三年内，笔者曾在香港两度开办了专为治疗男性施虐者的小组，开宗明义，只招收在过去一年内有虐待妻子/女朋友行为的男士。通过本文，笔者会介绍"怒亦有道"小组（施虐者治疗小组）的设计、小组工作者的任务、危机事件、过程指标等与读者分享。

一、治疗施虐者小组的实务模式

（一）领悟模式（insight model）

传统式的领悟模式把虐妻行为归咎于男性内心问题上，例如冲动、缺乏自控力、

---

① 曾嘉仪，源而德．怒亦有道：施虐者治疗小组//杨家正，陈高凌，廖卢慧贞．小组工作实践：个案汇篇．香港：香港社会工作人员协会，1998：34－43（内部资料）．引用时对部分语词表达做了改动。

低容忍力等等。施虐者被视为受害者，所以并不着重于他们要为使用暴力负责，小组治疗着重协助施虐者省察自己如何被以往受伤的经历影响。此模式假设施虐者能让创伤痊愈，需要用暴力的倾向便会减低，又因为施虐者的自我被视为脆弱的，所以治疗模式以保护、没有威胁性的形式进行，着重沟通技巧。

（二）相互影响模式（interaction model）

此模式以一个系统（system perspective）去看施虐行为。在交互影响下，施虐者及环境因素促成了暴力的出现。所以治疗焦点在家庭每一个成员而不单在施虐者身上。辅导过程要夫妻各自找出引致施暴的原因，夫妻一起参加小组成为一个必然的方向，施虐者的暴力行为变成夫妻共负的责任。

（三）认知行为模式（cognitive behavioural intervention）

暴力被视为一个习得的行为。既然可以用暴力，亦可以学习不用暴力。治疗小组会针对技巧欠缺（skill deficit），帮助男性学习控制愤怒的情绪；学习对自己发怒前心理、生理的反应提高警觉；学习减轻压力的方法等。此模式本身的好处是针对男性暴力行为而施以治疗。

女性主义（feminist approach）视角说明虐妻是一个社会问题，认为暴力本身是一种控制，将两性关系解构成权力控制的关系。而各种社会制度如法律、政治制度、社会服务等也协助强化了男性的权力及地位。基于这一观点，暴力行为并不只是技巧欠缺或属于意外的发生，而是男性有意或潜意识地向女性施暴，所以治疗针对的是整个社会男性要控制女性的价值取向。这类小组会帮施虐者自我检视及省察男女平等的信念。

整体来说，领悟模式容易令施虐者偏向低估暴力的严重性及否认要负的责任。相互影响模式不但把暴力及非暴力行为分别淡化了，更意味着虐妻是一种虽然不幸但可以理解的行为，受虐者亦被要求负责任。相比前两个模式，认知行为模式较为专注于治疗施虐者的暴力行为，然而它所未能解释的是“处境问题”（situation specific）。也就是说，施虐者往往可以在工作环境或朋友、邻居等面前控制暴力，但在妻子面前却不能“控制”。根据罗塞尔（Russell）的理论，施虐者的虐妻习惯受社会及文化背景影响（Russell & Frohberg，1995）。施虐者以自我为中心（central），视自己比配偶的地位超然（superior）及应被照顾（deserving）。只有直接挑战这些虐妻信念，才能有效地治疗暴力行为。

二、“怒亦有道”的理论基础

第一次的“怒亦有道”是根据认知行为模式而设计的。针对施虐者的技巧欠缺帮助他们控制愤怒，继而改变负面思想所引致的愤怒想法。经过第一次的实践经验，笔者观察发现，有些施虐者的想法并不只是负面思想的问题，而是他们尊重女性的信念很淡薄。他们的观念大都是男性要有最终的决定权以及男性不可以相信女性等。例如他们会说：“女人不可以‘迁就’。”有了以上反思，我们第二次的小组理念基础便是引入信念系统（belief system theory），即通过改变虐妻信念和技巧训练去停止暴力行为。

（一）改变虐妻信念

强调不尊重女性的信念是引致虐妻行为的源头。在小组的过程里，工作者便致力于把这些深藏而重要的不尊重女性的信念发掘出来，使参加者醒悟，最后挑战他们现有的信念，最终由不尊重女性的信念转变为尊重女性的信念，使两性关系达到平等，建立互有不同但互相联系、互相扶持的关系。

（二）技巧训练

为协助组员掌握控制愤怒情绪的方法，小组采用了技巧训练的模式，加强他们对愤怒前的生理反应及思想信念（pre-violent cues）的敏感度，让他们选择在盛怒下可暂停。小组亦有松弛练习、引导意境练习（guided imagery）、愤怒记录等。

三、“怒亦有道”小组设计

为了充分地了解施虐者的需要及令组员更具体地了解小组的运作，工作者预先个别约见组员，探讨他们施虐的行为及后果，以及他们从什么角度解释自己的虐妻行为及处理方法。工作者亦在此时开门见山地说明，虽然虐妻涉及夫妇关系，但丈夫需要在控制暴力上负最终的责任，停止暴力或威胁行为是工作者和组员的共同目标。整个小组完结后，工作者亦有与个别组员的会谈，评估进度。小组工作共分八节，每节两小时。两位工作者为一男一女的搭配，亦有一位观察员负责观察小组工作过程，参与组后检讨。每个组员需要有社工跟进，以处理可能出现的危机事件。组员纯属自愿参加。他们有的来自社工转介，有的从报章宣传中获知此项服务而参加。

（一）小组工作内容

小组工作以半结构的形式（semi-structured）进行。即每节前半部分让组员分享过去一星期的感受和遭遇。笔者看重分享及支持该部分，若处理得好，则可营造安全的气氛，使组员愿意透露自己的问题、自我批评甚至接受其他组员挑战他的信念。每节后半部分则有专题式的探讨。工作者选取的内容及进度快慢是基于组员的反应及步伐，其中亦参考小组过程指标。每一节完结后，工作者会检讨组员反应，然后修改下一节的内容，务求使内容更切合组员的需要。小组工作的内容如下：

（1）互相认识，订立目标；

（2）互相透露自己的一件虐妻事件；

（3）从心理、生理和性三方面了解什么是虐妻行为；

（4）松弛练习；

（5）找出虐妻关系信念，如要配偶服从、照顾自己，自己的需要比对方重要等；

（6）引导式意境；

（7）暂停协议，怒愤记录；

（8）建立尊重关系的信念，如平等，互有不同但互相联系、合作。

（二）小组评估方法

小组评估的目的有两点：一方面，探讨组员施虐的行为，以便于更了解他们的问题和需要。另一方面，评估小组治疗对施虐者的行为及信念是否有改变。评估分别以个别面谈及问卷形式进行。个别面谈已在小组设计里介绍，不在此重复。问卷的详情及结果如下。

（1）“怒亦有道”问卷调查（Imago Scale）。该问卷是研究员按小组的内容设计的。这一问卷糅合了 Conflict Tactics Scale（Straus，1979）和 Psychological Maltreatment of Women Inventory 两份问卷，从中搜罗了27条问题，旨在量度生理、心理、性虐待和对虐待的信念。每位参加者在开组前及小组完结后填写这份问卷。

（2）一般生活满足问卷（Generalized Contentment Scale）。该问卷译自 Generalized Contentment Scale（Hudson，1982），问卷共25条问题，主要了解组员一般生活满足程度。

（3）目标问题评量表（Target Problem Rating Scale）。这份问卷主要让组员评量问题对自己的困扰程度，在组前的个别面谈中，组员选择不多于三个目前最困扰的问题，然后就每个问题评分，分数由“0”（没有困扰）至“6”（最困扰），小组完结后再就各问题评分。组员所选择的困扰问题分别如下。

第一，婚姻方面：因教导孩子而引致夫妻冲突，与妻子相处而产生压力、没有自由，不能接受离婚等。

第二，孩子方面：担心孩子日后面对单亲的影响。

第三，自己方面：后悔虐妻行为，因分居而情绪低落，可能失去与子女见面的机会。

第四，工作及金钱方面：失业、工作压力、金钱问题等。

（三）小组评估结果

1. 问卷

由于出席率偏低，“怒亦有道”问卷并未明显反映出组员的改变。一般生活满足问卷反映了组员的生活满足感偏低。经过小组介入后，组员面对问题的困扰程度减半，而三个填写检讨问卷的组员中，有两位表示在小组工作期间减少使用暴力或已停止暴力。

2. 面谈

在小组前及小组完结后的个别面谈中，工作者可更明显地看到组员在虐妻信念上的改变。在组前面谈里，大部分组员不会用虐妻的字眼来形容自己的暴力行为，只用“打”或“骂”来描述暴力过程。他们后悔虐妻所带来的负面后果，但大部分亦会用很多理由去推卸他们的责任，例如“我打她是想让她停止大哭大叫”。他们对妻子的态度是“如果老婆可以哀求我，我就不会发大脾气打她”“女性要照顾（管理）她们的情绪”等。有组员又会表示“我要教她做人处事”，他们觉得自己是对的，而女性要听自己的话。

八节小组工作完结后，组员的描述显示了他们的转变：

（1）确定自己有不尊重女性的想法；

（2）能够分辨出尊重与非尊重的想法；

（3）对自己的情绪及妻子的情绪需要更了解；

（4）在虐妻信念上有所转变。

（四）小组介入策略

在小组初期强调虐妻与互相尊重的信念架构之间的关系。工作者强调虐妻是基于对女性不尊重之信念，罗塞尔（1995）将这些信念分成三种：第一种是自己的意见永远是对的。他们很独裁，配偶必须服从，并且若有什么差错，必是配偶的问题。第二种是唯我独尊。他们贬低他人，认为配偶是仆人，而且也是次等的。而第三种信念是所有人都应服侍自己。他们只顾及自己的需要。工作者用三个容易记忆的人物代表这些信念。第一个是希特勒，第二个是皇帝，第三个是小孩。小组亦强调一些尊重女性的信念，并将这些概念配以一些容易理解的词语，例如，情理并重——明白尊重对方之感受，各有所长——承认配偶某方面之长处，互谅互让——需要互相关怀，半斤八两——大家有平等的决定权，承担责任——维持负责任的关系，以及“一国两制”——妻子可以有不同意见。

1. 配合组员（engagement）进程

在小组里，先建立互信才能进入工作阶段。故此，工作者必须配合小组的不同阶段，引导小组的讨论。例如在第一节中，有组员质疑社会是女权至上，过分保护女性而牺牲男性。由于工作者感到对质气氛较重，若能在建立互信后再讨论效果会更好。因此稍做讨论后，工作者便提出小组在这节有其他原定内容，并询问组员是想继续讨论这一话题，还是按原有安排的内容，而他们选择不再讨论这个话题。

2. 支持

工作者在第一节里，用了分享秘密这个环节，内容是请参加者不记名地写下一次虐妻事件，然后由其他组员读出这件事并分享其感受。这有助于组员建立支持和产生“同坐一条船”的感觉。在第一节开始时，有位组员坦白分享虐妻的经历，因而引发其他人坦诚分享。这位组员在入组时，工作者已知他较能控制怒气，并愿意打开心扉，故他在小组内亦有助手的意味。在很多情况下，他都能引发一些不同的角度去看事情。有很多文章都提到面对施虐者时，都须使他们明白自己的责任，对质似乎是不可少的一环。然而，有足够的支持是非常重要的，在小组里，支持不仅来自工作者，组员之间的支持也很重要，特别是在“怒亦有道”小组，组员支持尤为可贵。有不少组员表示，若有人能分担这个虐妻的责任，也许很多时候都能避免虐待，在暴怒的背后隐藏着伤痛，而小组里的接纳及谅解有很大的治疗作用。

3. 对质

工作者若感到小组有足够的支持，亦会选择以对质方式，挑战组员对女性的一些典型看法，因为这些看法包含了强加于女性的角色及责任。例如，有组员提出女性必须要“嗲”，而不可以发脾气；女性必须负责家务及满足丈夫的要求。女工作者立刻响应女性也有情绪及发怒的时候，而发怒时不会“嗲”，而男工作者亦询问其他组员的意见，希望能表现出一些不同的角度。此时，另一位组员提出不是每位女性都是千依百顺的，亦不能以此作为对妻子的要求，其他组员亦表示赞成。除工作者会运用对质外，组员之间的对质有时较工作者的对质要直接，易得到互相接纳。例如，在讨论什么是虐待时，最初只限于身体方面，但因为其中一位组员提出质疑，使讨论逐渐扩至精神虐待及强迫性行为。

4. 共同发掘（evocation）

工作者并不扮演专家角色，而是与组员共同合作，通过提问刺激组员自己提出一些新见解。例如在讨论什么是虐妻行为时，工作者只举出不同的情况及例子，由组员在讨论中产生一些定义及决定哪些情况他们认为是虐妻。在小组过程中注重共同探讨多于教导，这亦会减少工作者给人的高人一等（one-up）的感觉。

5. 从经历中学习

在小组练习中注重经历，让组员能从自己的亲身体会中学习。例如，在引导式意境（guided imagery）中，组员尝试重新投入自己愤怒时的情境，留意自己的反应。组员的发现，比工作者的教导更深刻及自然，他们更会觉得自己被尊重，工作者亦尽量以组员的事例为出发点，而不是用理论做主导。在第一节中，组员讲述令他愤怒的观点时，工作者便实时透过问题，尝试引导他从另一个较平静的角度来面对，而不是等到他们学习了理性思想的理论才与组员讨论。

6. 以不同角度看事情

小组的另一尝试便是引导组员从其他人的角度看施虐事件。在其他组员分享他们的事例时，组员能较冷静地分析，并体会妻子甚至儿女的感受。在小组过程中，用录像机录下组员的角色扮演，然后再播给组员看，组员能有新体会。例如在其中一个扮演虐妻的片段中，组员通过片段更能体会妻子惊怕的情绪。在引导式意念（guided imagery）中，组员亦会在引导下反省当施虐时妻子的表情和反应，从而体会对方的感受。

7. 强调责任

责任是很多施虐者小组都强调的，有些小组更以组员愿意负多少责任来决定其是否可以入组。在“怒亦有道”小组，亦从一开始便强调施虐者须为使用暴力负最终的责任。然而，有些组员会不赞同这种看法，它很容易成为争执的重点。在第一节时已有组员提出该问题，但工作者选择迟些时候再讨论；到第八节倾谈中，同一组员已承认自己应为使用暴力负最终责任。从小组的经验反省看，参加者在初入小组时，大多不会认为自己要负责任，反而觉得自己是一个维护女权社会的受害者。笔者认为，参加者最初可能有不同动机，如想挽回婚姻，甚至获法官轻判，这是可接受的。参加者愿意转变，有开放的态度，尝试从不同角度面对问题才是最重要的。工作者在小组讨论中，尝试使组员了解自己关于女性的价值观，而这些观念成为虐妻信念，严重影响他们与配偶的关系。在小组里，最有显著进步的组员，觉得社会的价值在转变，看重女权，而自己要学习如何适应，这是他初时参加的看法。此后，他在小组里才发现自己并没有尊重妻子，感受到妻子那份难受后，他承认自己做错了，并且相信若能早些参加小组，婚姻必不会沦落到如此地步。

8. 注重此时此地的情况

亚龙（1995）提出，小组的实时过程是小组的动力源头，故工作者需要对实时过程做出回应。当组员分享自己的困难或问题时，工作者会尽量鼓励其他组员表达当时的感受，而非解决问题的意见。因前者会建立组员间的互相支持，而后者则会给对方高人一等的感觉，其意见很多时候都是不适用的。在小组过程中，笔者发觉组员之间的沟通方式同与妻子的沟通方式相似，例如一方用命令或教导的口吻，使对方有烦躁及不受尊重的感觉。这是一个好时机，工作者可把握机会，实时邀请这两位组员表达当时的感受及过程，使组员在尊重妻子方面，有更多的反省。

9. 男女工作者的搭配

两位小组工作者一男一女搭配，可使组员体会男女之间的平等及互相尊重的关系，而且当工作者有不同意见时更可使组员看见如何解决。女工作者可带出一些女性的感受及看事物的角度，而男工作者亦可带出一些有不同看法却又能尊重女性的角度。

10. 过程指标（process marker）

在小组过程中，某些情况对工作者来说可以视为一些进步的指标，指引组员或小组的一些进展，帮助工作者调整介入的步伐。以下都是一些进步的过程指标，让工作者知道小组正渐渐进步。（1）组员愿意表露自己的弱点，这表示已有相当程度的信任。小组开始时，大家较抽象地谈及两性之关系，及至后来，组员能在小组表达自己的情绪。（2）组员开始表达他们的伤心及悲痛，甚至是悔意，而不是单单表达愤怒的情绪，这表示组员更能省察自己的情绪，而不是单单针对配偶。（3）组员对自己、配偶及互相关系的描述有所改变。例如一位组员一开始描述妻子看自己如一条狗，后来在小组中他逐渐改变了描述，觉得妻子需要他。（4）态度转变，由忍变作接纳。其中一位组员认为“忍”并不能解决问题，因仍觉对方是错的，但只有承认对方可有不同的意见、感受并尊重她，才能切实地改变关系。（5）组员从改变对方或改变这段关系，转变为集中改变自己。组员在后期坦言，起初参加小组是期望妻子能回来；但最重要的，原来是自己的改变。（6）组员感觉有更大的控制能力，能在暴力以外有其他选择。例如有组员分享，他虽然面对很多挑战，甚至妻子多方限制他与儿子见面，但他不会再让自己用暴力对待她，这并不是由于法律的规限，而是由于他心底的一份坚持——不可以再以暴力对待她。

（五）危机事件的处理

由于参加“怒亦有道”的组员处于危机中，工作者需要实时处理这些危机，有时甚至要改动小组程序，务求以组员的需要为主导，首先帮助他们渡过难关。故笔者列出以下事例，作为参考。

1. 事例一

其中一位组员的妻子因见到女观察员而嫉妒，妻子本想接丈夫回家，但在没有心理准备的情况下遇上小组女观察员。夫妻踏出小组的会址后立刻开始有言语上的冲突，工作者察觉，知道不妙，立刻追出门口，当即处理组员与妻子的情绪，避免冲突在回家后升级，引致虐妻后果。两个工作者在起初 20 分钟内一起见这对夫妻，之后分开处理他们当时的怒气，让他们平静下来，并认同因容易动怒而可能会做些自己后悔的事，答应会找辅导员再处理这些事，之后工作者亦取得夫妇同意，与负责的社工联络，跟进此事。

2. 事例二

在其中一节，一位组员因过去一星期有困扰，开组后情绪极激动且不稳定，出现大哭大叫的行为。工作者知道此时支持的重要性，于是在询问组员意见后，更改了这节的内容，用空椅（empty chair）的技巧，帮助他表达及处理愤怒和受伤的情绪。工作者明白小组成员多生活在危机中，故能助他们平复情绪是重要的。若不先照顾这位组员的情绪，他和其他组员都可能很难集中精力。情绪平静后，私人问题可留在小组完结后再寻求解决方案，以免影响小组进度。个人情绪处理过后，工作者立刻提问其他组员是否经历过类似的愤怒情绪，鼓励他们表达感受。这样可将个人事件带回组里，产生彼此支持。

3. 事例三

在国外文献中，施虐者小组人数下降率高的问题相当普遍。工作者在这方面要有适当的心理准备。“怒亦有道”亦同样面临这个问题，组员大多面对因虐妻而带来的种种困扰如分居、被控伤人、与子女分离、面对将来的工作和生活压力等。这些也会影响他们参加小组的持续性。工作者曾面对过只有两位组员出席的场面，虽然人少，但也继续开组，而活动内容则略为更改。随后，工作者以电话跟进个别组员，了解缺席的原因并鼓励其继续参与。

四、总结

从两次小组的经验，笔者体会到虐妻行为牵涉了男性对男女不平等的信念。所以只针对技巧欠缺或控制愤怒及适应技巧虽是重要的，但却不够。笔者认为可考虑将认知行为模式与信念模式一起运用，通过找出支持虐妻行为的信念而增加两性间互相尊重的信念，则更合适。笔者除了推广一个针对男女平等信念活动的小组外，也想提出一个重要的反省问题。尽管笔者认为，施虐者的治疗小组能有效改变施虐者，然而从所得经验看，施虐者主动参加小组的很少，而香港并没有现行法律规定施虐者接受治疗。他们的妻子因被虐而离婚后，又会有其他妇女与施虐者再婚或同居，容易成为施虐的新对象，这一社会问题是否能真正得到解决呢？笔者相信虐妻是严重的社会问题，社会重视男女平等信念是不可或缺的，而政府也需从立法上规定施虐者须接受治疗，否则，空有仔细设计的治疗模式，有认真及富有经验的工作者，但因接收参加者有困难，治疗小组的功能与作用也无从谈起。

本章要点

1. 小组社会工作是一种专门的社会工作方法，是社会工作的三大传统工作方法之一。它通过社会工作者的协助与小组成员的互动互助，使参加小组的个人获得行为的改变、社会功能的恢复与发展，并达到小组目标，促进社区与社会发展。

2. 小组社会工作起源于19世纪中叶的欧美，到20世纪三四十年代发展成为社会工作的专业方法之一。20世纪60年代以后，在小组社会工作的专业化不断取得新进展的同时，小组社会工作的实施领域也在不断扩大。在工业关系、学校教育和社区发展等方面，小组社会工作的方法都开始得到重视和应用。可以说，现代社会中凡是与调适社会关系及促进个人与社会关系发展相关的群体活动，都有意或无意地、直接或间接地采用小组社会工作的方法。

3. 小组社会工作者在总结实务工作经验的基础上，自20世纪60年代中期起，提出了若干小组社会工作的实务模式。这类模式很多，各有侧重，也有的是对前人模式的批评、发展或整合，其中社会目标模式、治疗模式及交互模式是经常被提到的三大模式。折中模式及整合模式则是在批评、借鉴、整合三大经典模式基础上出现的。

4. 认识群体运作的一般规律是进行小组社会工作的前提。尽管不同的群体其具体发展过程是千变万化的，但一般来说，都可以发现并被划分为大致相同的一些阶段。学者们根据自己的理解而对群体运作的过程作出阶段划分，因而出现了不同的群体发展模式或模型。其中较有影响的几种包括泰伦和迪克曼的四阶段模式，加兰德、琼斯和克洛德尼的五阶段模式，塞瑞和葛林斯基的七阶段模式等。

5. 基于群体运作的一般过程，小组社会工作从开始规划到评估结束有着一套严密、科学的程序。社会工作实际部门和学者关于小组社会工作阶段或程序的划分一直存在分歧。本书将小组社会工作划分为前期准备、小组形成、沟通协调、达成目标及结束工作五个阶段。

6. 社会工作的实施原则包括目标明确化原则、计划原则、接纳原则、个别化原则、建立专业关系原则、引导小组互动原则、小组自决原则、循序渐进原则等。小组社会工作实施的技术技巧所涉及的方面很多，本书将其分为一般技巧、组织小组的技巧、控制小组的技巧及主持小组讨论的技巧四个方面。

复习思考题

1. 什么是小组社会工作？试通过与个案社会工作的比较，简述小组社会工作的优缺点。
2. 试述亚龙关于群体环境对个人行为治疗价值的分析。
3. 试述小组社会工作的实施原则。
4. 试述勒温的场域理论。
5. 试比较小组社会工作的几大实务模式。
6. 试述加兰德等的群体发展阶段模式。
7. 试述社会工作者组织小组的技巧。

关键概念

小组社会工作、勒温的场域理论、小组社会工作类型、小组社会工作实务模式、群体过程模式、小组社会工作程序、小组社会工作计划书、小组社会工作实施原则、小组社会工作技巧

推荐阅读书目

1. 万江红．小组工作．北京：中国人民大学出版社，2016.
2. 赵芳．小组社会工作：理论与技术．上海：华东理工大学出版社，2015.
3. 许林高．社会团体工作：理论与实务．台北：五南图书出版公司，2014.
4. Toseland R W 等．团体工作实务．台北：双叶书廊有限公司，2014.
5. Northen H. Social work with groups. New York：Columbia University Press，1988.
6. Brown R. Group processes：Dynamics within and between Groups. Oxford：Blackwell，1988.

第九章 社区社会工作

作为现代社会工作的专业方法之一，社区社会工作在不同的著作中提法不尽一致，有的称为社区组织，有的称为社区发展，有的将二者合称社区社会工作，或称社区工作等。本书在此采用“社区社会工作”的提法。

第一节 什么是社区社会工作

一、社区的概念及其分类

(一) 社区概念的含义

社区是从英文的 community 一词直译而来的，是指一定地域内的社会生活共同体，也称为“地域群体”或“地方社会”。社区作为居民生活的社会共同体，通常包括四个基本要素，即地域、人口、组织机构和文化。其中，地域是社区的自然地理与人文地理的空间载体，人口（居民）是社区运作与变迁的主体，组织结构是社区活动得以展开的社会组织形式，而文化则是社区范围内具有特质的精神纽带。居住在社区里的居民总有某些共同的联系点，如相似的社会经济地位、经济利益以及相近的文化素质等。这些有着某些共同点的居民必然发生接触与互动，如行动上、语言上乃至思想上的沟通。由此导致了居民互动而形成的各种群体和社会组织，以及相似的文化习俗、价值判断、归属和认同感等社区文化。①

在众多的社区概念中，日本与中国台湾等东亚地区以“社群”“生命共同体”“社区感”等概念来理解社区，更加契合“乡土中国”的文化特色。社区一词，日文翻译为“生命共同体”，这就有“社群”的意涵。不论社群还是社区，一群人彼此间能形成生命共同体的关系，是其先决条件。所谓形成生命共同体的关系，基本

---

① 徐永祥．社区发展论．上海：华东理工大学出版社，2001：34.

包括两个层面：一是人与人之间形成社会的与心理的联系；二是人们与他们所生活的环境之间，形成社会的与心理的联系。这种社会的与心理的联系，我们称之为“社区感”。

(二) 社区和社会的区别与联系

社区与社会既有联系又有区别。从社区定义的外延看，社区可被视为地方社会，它一般是作为社会的一部分而存在的。但从社区概念的内涵看，它与社会有着明显的区别：其一，社会中的各种关系尽管纷繁复杂，但都不强调“共同”；社区则十分强调共同的亚文化和共同的社区意识等。其二，社会不注重地域的概念，所谓的社会空间，通常是指人们活动的内容范围以及活动于其中的社会组织；社区空间则是社会空间与地理空间的结合，对人群活动的地域比较注重。其三，一般来说，社区关系较社会关系更为紧密。与社会相比，社区内人们的交往频率比较高，人们之间的亲属关系、婚姻关系、朋友关系乃至分工关系由于建立在“共同生活”的基础上，所以一般比较紧密。其四，社区的功能比社会更加明确、具体、专门化。一般来说，城市社区以工、商职能为主，农村社区以农业职能为主。

(三) 社区的分类

社区可根据不同的标准进行分类。以空间特征划分，社区可分为有形社区和无形社区两大类（也称空间性的和非空间性的，笔者以为这一提法不很准确），有形社区具有明显的空间地域特征，具体说来，又可分为法定社区、自然社区及专能社区三种。法定社区即通常所讲的地方行政区，一般由法律确定其边界。自然社区是人们在长期的共同生产与生活中自然形成的聚落，如村落、集镇、城市等，它和法定社区有时重合，有时不重合。专能社区是人们从事一些专门活动而形成于一定地域空间的聚集区，如大学城、矿区、军营等。关于社区的横向分类可参见表 9－1。

表 9－1　　社区横向分类简表

空间特征	空间性的			非空间性的	
分类	法定社区	自然社区	专能社区	精神社区	虚拟社区
社区举例	行政村落、乡、区、县、市、省、自治区等	城市、乡村、自然村落、自然镇、聚居民族等	经济特区、工业社区、文化社区、生活社区等	职业社区、宗教社区、种族社区、散杂居民族等	网络社区

资料来源：郑杭生．社会学概论新修．3版．北京：中国人民大学出版社，2003：351．本书略作改动（加了“虚拟社区”）。

与有形社区相对应的是一些空间特征不是很明显的社区或是无形的社区，主要是指精神社区、虚拟社区等。精神社区是指建立在共同的价值、起源或信仰等精神纽带之上的社区；虚拟社区则是由于电子互联网的发展而出现的网络社区。在这类社区，人们虽没有明显的共居地域，但有着某种共同的归属感和成员感，有着某些共同的信仰和亚文化。

社区社会工作所涉及的社区，一般是指有形社区，是具体的乡村社区、集镇社区、城市社区等等。

二、社区组织、社区发展、社区社会工作

从内涵来看，社区组织、社区发展和社区社会工作三个概念比较接近。从历史起源看，先有社区组织，而后才有社区发展，以及结合前二者的社区社会工作。

（一）社区组织

对社区组织的界定较多。我国台湾学者魏文雄在总结各种有关社区组织的界说的基础上，认为："社区组织是一种社区社会工作方法与过程，它利用计划与组织工作协助社区居民认清社区整体需要与目标，通过社区方案与社区变迁机构来统合、协助与发展社区个体、群体与组织，并运用社区内外资源，来满足社区需要与达成社区目标，以适应社会变迁与生活环境。"①

（二）社区发展

关于社区发展，人们引用较多的是联合国的定义：社区发展，专指人民自己与政府机构协同改善社区的经济、社会及文化状况，把社区与整个国家的生活结为一体，使它们能够对国家的进步有充分贡献的一种程序。这种复杂的程序包含两种重要因素，一是人民本身本着自动、自发的精神参与改善自己的生活水准；二是鼓励自助、互助精神并使这种精神更能发挥效力。②

我国台湾学者李增禄教授将社区发展的特性概括为以下几点，能够使我们进一步加深对社区发展概念的理解：

（1）社区发展是一种策略，经由教育及组织的两个层面，使地方社区产生有计划的社会变迁。

（2）社区发展可以是一种方法或手段，以协助促成现代化，或应对现代化所带来的一些问题，或二者兼具。

（3）社区发展关心所有社区居民、整个社区的生活和全社区的需要，运用来自政府及志愿团体在资金和技术上的援助。

（4）社区发展方案的制定应基于居民的需要，它强调居民的自动自发、自助和互助的努力。

（5）社区发展具有双重目标，即任务目标（task goals）和过程目标（process goals）。前者是指物质目标或具体的成果，如劳动力的充分利用、健康中心的建立、妇女福利方案的建立等；后者如居民参与和增进共同合作来解决问题的能力等。

---

① 魏文雄．社区组织//李增禄．社会工作概论．3版．台北：巨流图书公司，2002：169.

② 周沛．社区社会工作．北京：社会科学文献出版社，2002：192.

(6) 社区发展是一种组织与教育的行动过程，亦可将社区发展界定为：社区发展是一种社区社会工作的方法与过程。在这一过程中，社区社会工作者协助居民组织起来，参与共同行动。通过研究社区的共同需要，调动社区各界力量，动员社区内外资源，采取自助行动计划等步骤，以达到解决社区共同问题、发展社区居民的合作精神、提高居民生活素质与促进国家整体建设的目标。

(三) 社区社会工作

社会工作学界对社区社会工作概念的界定，具有代表性的有以下几种。王思斌在《社会工作概论》中，将社区工作定义为："社区工作是专业社会工作的一种基本方法，它以社区和社区居民为案主，通过发动和组织社区居民参与集体行动，确定社区的问题与需求，动员社区资源，争取外力协助，有计划、有步骤地解决或预防社会问题，调整或改善社会关系，减少社会冲突，培养自助、互助和自决精神，加强社区的凝聚力，培养社区居民的民主参与意识和能力，发掘并培养社区的领导人才，以提高社区的社会福利水平，促进社区的进步。"①

宋林飞在其《社会工作概论》中认为，"社区工作是社会工作的基本方法之一，它是指以社区为案主的一种宏观社会工作，包括社区服务、社区发展、社区组织三种形式"②。

夏建中在其《社区工作》一书中认为，应该这样理解社区工作这个概念：社区工作是献身于增加非专业人士的知识、增强人们应对困难和窘迫环境的能力、使人们能够对自己周围的环境有更大的控制能力的一种专业；社区工作者激励和支持社区内的个人和群体努力改善自己社区生活的条件，鼓励居民互助、自主和自决，提升居民的各种能力；社区工作的主要目标是满足社区需要，解决社区问题，培养社区成员的归属感和认同感；更深层次的目的是增强居民信心、技术和社区自组织的权力，促进社区整合，改善社区环境，实现社会公正。③

综上所述，我们认为，社区社会工作是社会工作基本方法之一，它是一种以社区及社区居民为基础（案主）的社会工作，由专业社会工作者本着助人的价值观念和专业技艺发起，与其所服务的社区居民一起工作，旨在预防和解决社区问题，增强社区凝聚力和社区意识，推动和实施与居民福利有关的社会行动及社区发展方案的方法。

(四) 社区组织、社区发展与社区社会工作的比较

在社区社会工作的历史发展过程中，早期的人们往往使用社区组织的概念，将重点放在解决工业化都市中的社会问题，满足都市居民的需求上。第二次世界大战以后，人们开始使用社区发展的概念，其重点在于促进乡村社区经济和社会的进步，满

① 王思斌．社会工作概论．北京：高等教育出版社，1999：116.
② 宋林飞．社会工作概论．南京：南京大学出版社，1991：115.
③ 夏建中．社区工作．北京：中国人民大学出版社，2005：14.

足乡村人民发展经济、改善生活的需求。以上二者虽有差异，但并无实质不同。后来这两个概念逐步为社区社会工作所取代。

尽管社区组织、社区发展、社区社会工作有着许多共同之处，但是三者间实际存在着不同的重点，在工作方向及方法的运用上都有不同的内容。详细比较请参见表 9－2。

表 9－2　　社区组织、社区发展和社区社会工作的主要异同点

名称＼国家和地区	英国	美国	中国香港	中国台湾
社区组织	地区组织的统筹联系，合力为社区服务	等同于社区社会工作，是社会工作的方法之一	社区社会工作中的一个工作模式	等同于社区社会工作
社区发展	第三世界的发展工作及发展中国家的自助计划	社区组织的工作模式之一	等同于社区社会工作	
社区社会工作	社会工作的方法之一	极少采用这一名词	社会工作的方法之一	等同于社区组织

资料来源：周沛．社区社会工作．北京：社会科学文献出版社，2002：51.

从表 9－2 可见，在社区社会工作、社区发展和社区组织三个名称中，社区社会工作一词运用较为广泛，含义也更为丰富，是社会工作的一种方法。从广义上说，社区发展和社区组织则等同于社区社会工作，二者可被视为社区社会工作的一种模式。[①]

三、社区社会工作的历史发展

社区居民组织起来共同应对其所面临的问题，在世界各地都有着比较久远的历史。但通过专业社区社会工作者的介入及协助，以推动居民解决问题，则是在一个多世纪前才开始的。这里主要介绍和讨论专业意义上的，或者说是作为专业社区社会工作直接渊源的社区社会工作在国外的发展情况。

社区社会工作在社会工作的方法体系中发展较晚，但其渊源可上溯至 19 世纪英美的慈善组织会社时期，距今已有 100 多年的历史。社区社会工作的发展大体上分为以下几个阶段。

（一）19 世纪 70 年代至 20 世纪 10 年代，慈善组织会社时期

当时欧美建立了不少睦邻服务中心与慈善组织、会社，它们大多以都市里的邻里等区域单位为服务对象，用协调合作的方式将社区内各慈善团体与救济机构组织起来，共同行动以解决共同面临的问题，推动了社会福利工作的发展，为社区工作的最终形成奠定了基础。

---

① 周沛．社区社会工作．北京：社会科学文献出版社，2002：51－52. 由此笔者认为，社区社会工作可以被认为是社区组织和社区发展的综合。

(二) 20世纪10年代至20世纪30年代，美国社区基金会及联合会建立时期

第一次世界大战后，战时的“战事基金会”转变为各地的社区联合募捐组织“社区基金会”。它们联合社区内各团体、机构，定期举行有计划、有组织的募捐，并设计彼此相互配合的发展方案，通过方案的实施促进整个社区的福利。

(三) 20世纪30年代至20世纪50年代，政府介入时期

受1929年开始的世界经济危机的影响，美国政府开始积极介入社会福利领域，社会福利的基本责任主体亦由志愿团体转向政府。与此同时，政府在推进公共福利计划时也大量引用了社区组织的原则与方法。1939年，社区组织在美国正式被确定为社会工作的专业方法之一。

(四) 20世纪50年代至20世纪60年代，社区发展兴起时期

1951年，联合国推出“联合国技术援助推广方案”，1952年正式成立“社区组织与社区发展小组”，推动社区发展。此举目的在于带动社会变迁，改善居民生活条件，解决社会问题，增进社区福利。这种以教育过程为主的方法，联合国于20世纪60年代大力推行，成为当时发展中国家的主要发展战略，也受到了不少学者的推崇，甚至被引进到发达国家。20世纪60年代是美国推广社区发展的黄金时期，政府赞助有关反贫穷、开展市区重建、反青少年犯罪、反失业、推进市民参与及服务协调等计划，将社区社会工作的范围不断扩大。

(五) 20世纪70年代以后，社区社会工作重点转移时期

这一时期，政府对社区社会工作的热情有所减弱，资助亦有缩减。因此，与前一阶段几乎包罗万象的社区社会工作相比，这一时期的社区社会工作由专业机构和社会工作者推动，主要针对一些社会的弱势人群。在美国，自20世纪80年代开始，社区社会工作转向一些有特别需要的人士，如少数民族、妇女、精神病患者及老人等。同时，也出现了一些“社区发展公司”(community development corporation)，其目标在于改善贫民区的居住条件、服务素质和就业情况。在英国，当时的情况和美国也差不多，其时的社区社会工作受政府的资助减少，社区社会工作的重点不得不转向为一些脆弱人士提供服务等方面。

第二节
社区社会工作的实务模式

一、社区组织的实务模式

美国学者罗斯曼(J. Rothman)在总结美国社区社会工作经验的基础上，于1979

年提出了社区组织的三大实用（操作）模式，即地区发展模式、社会计划模式与社会行动模式。以下根据罗斯曼的说明及其他学者的阐释对这些模式作概括性的介绍与讨论。

（一）地区发展模式

根据罗斯曼所做的界定，地区发展模式（locality development）作为社区社会工作的介入模式之一，其目标在于发展社区自助能力和加强社区整合。社会工作者应着重于推动社区内不同团体及居民的广泛参与，界定社区及居民自身的需要，并采取自助及互助的行动去改善社区关系，解决社区问题，进而改变社区。

（1）介入目标。该模式的主要介入目标包括：具体社区问题的解决；社区生活的改善；居民通过主动参与过程学会自决、自助，掌握解决问题的能力；改善居民及团体之间的沟通与合作，增强居民对社区的认同和归属感。上述具体目标既包括任务目标（前二者），也包括过程目标（后二者）。托马斯（D. N. Thomas）将介入社区的过程目标更具体地划分为：重新建立各种社会网络；增加居民互动及交往；改善邻里关系；重建居民及团体间的紧密联系；居民觉悟到参与的重要，并愿意承担责任；居民对社区更加认同及投入。这一模式尤其强调过程目标的重要地位，将提升社区居民解决自身问题的能力，以实现自助，作为最重要的发展目标。

（2）介入策略。该模式在介入策略上强调推动居民参与及合作，通过改善社区的沟通和合作渠道，以充分利用地区资源，解决现存的社区问题。其一，注重与掌握资源的权力机构、社区领导者的合作，合作方式偏重和谐及互利。其二，重视居民及地区团体广泛的参与，界定问题与需要，然后设计及采取行动去改善问题。其中自决及参与是重要的介入原则，行动实施过程中强调协商及互谅。

（3）社会工作者的角色。该模式强调参与者的自决及成长，因而工作者一般处于从旁协助的地位。其所扮演的角色可以是“促进者”（enabler）——协助居民表达对社区问题的不满，鼓励及协助他们组织起来，帮助他们建立良好的沟通及人际关系，促成共同目标的产生；“导师”（teacher）——协助训练居民解决问题和组织的技巧，培养他们积极参与和自助互助的精神；“中介人”（mediator）——协助各团体及个人，促进他们之间的沟通与合作，以调动社区资源，解决社区问题。

（4）适用范围。该模式适用于那些比较简单的社区，这类社区居民背景比较相似，社区内不同群体之间虽存在分歧，但没有根本的利害冲突，且居民对政府比较信任。

（二）社会计划模式

社会计划模式（social planning）也称社区计划模式。该模式认为，每一社区都存在这样或那样的问题，其中有些问题非常复杂，需要通过制订科学、合理的行动计划方能解决。社区社会工作的任务就是针对社区所存在的主要问题，收集、分析有关资料，制定规划，并最终解决问题。

(1) 介入目标。与其他两种模式有所不同，社会计划模式所关注的是任务目标，以解决社区现存的各类主要问题为其工作重点。社区社会工作者应当根据社区的内外环境、问题的性质及自身的条件，设计工作计划，以解决社区所面临的问题，实现预定目标。

(2) 社会计划的内容和程序。社区作为社会的组成部分，各种社会问题在社区都有不同程度的反映和表现，换句话说，社区问题是多种多样的。但该模式作为社区社会工作的一种模式，其所涉及的问题应是那些和社会工作有密切联系的方面，如老年人问题、儿童问题、医疗问题、贫困问题、失业问题等。针对社会工作领域内的各种问题而制定规划，这便确定了社会计划的内容。至于社会计划的程序①，一般说来，依次为了解组织（社会工作、社会福利组织）的使命及目标、分析环境及形势、自我了解（自身机构的特点及能力等）、界定及分析问题、确定需要（工作对象或社区的需要）、建立目标并确定实现目标的标准、选择可行性方案、测试方案、执行方案、评估结果等。

(3) 社会工作者的角色。社会计划的制订与执行强调专家的作用，可以将这一模式视为一种自上而下的工作方法。它是通过专家的知识、科学决策能力及其权威，推动及策划改变。作为专家的社区社会工作者，其决策者的权威、合法地位及代表公众利益的可信程度，一般来自其工作机构、专业知识、训练、社会地位及其对工作对象利益的认同。社会工作者在该模式中是作为专家而存在并以专家的角色开展工作的。他通过资料和信息的收集、社区诊断、制定规划、组织运作和成效评估等，为社区民众解决问题。显然，该模式强调社会工作者的主导地位，在工作中需要社区民众的配合，但后者是作为辅助者而出现的。

(4) 适用范围。该模式适用于一些社会变迁急剧的社区，这类社区存在着比较复杂的问题，仅仅依靠一般民众或社区自身的力量往往难以应对。

(三) 社会行动模式

社会行动模式（social action）亦称为“社区行动/冲突模式”，在社会工作领域一般称为“社会行动”。社会行动模式作为社区社会工作的一种工作方法或介入模式，将社区问题出现的根源归结为社会上存在着不同的利益群体，由于不公平的资源及权力分配政策，边缘群体或弱势群体的利益受到忽视及受到剥削，因而不同利益群体之间存在着利益冲突。解决此类问题一般是通过组织居民（边缘、弱势社群）参与集体行动，合力解决社区问题，争取所需资源，改善社区环境及生活素质。社会行动的本质并不涉及推翻整个社会制度，或是改革整个政治、经济及社会结构，它只不过是在现存的制度下，改变不公平的政策，为社会底层群众争取更多的资源分配，使社会变得更加公平、公正。

(1) 介入目标。罗斯曼指出，社会行动的目的是实现制度（指具体制度）的改

---

① 甘炳光等．社区社会工作：理论与实践．香港：香港中文大学出版社，1998：178-179．

变，使权力、资源及决策权得到再分配，并影响基本政策的转变。具体来说，社会行动的目标应包括任务目标和过程目标。前者是要通过行动，争取本身利益，获取应得资源，改善生活环境，维护居民权益，并增强参与决策的权利及代表性。后者是要通过行动，提升参与者的社会意识，改变他们的无能及无助感，增强他们解决问题的能力。

（2）介入方法。社会行动的具体方法包括：其一，集体行动。即将居民组织起来，以集体的力量使当权者感受到问题的严重性。其二，通过居民的切身问题及具体事件介入。找出居民最关注、最迫切需要解决的事件，然后将居民组织起来，寻求解决的途径。其三，运用非制度化途径。通常包括游行、示威、请愿、静坐、诉诸媒体等等。其四，争取第三方支持。应尽可能争取社会大众、传媒及有影响力的人士对行动的同情与支持。

（3）介入策略及形式。关于社会行动的介入策略及形式，不同学者的归纳不尽一致。一般可包括合作式（交易式、协商式、对话式）、对抗式（对峙式、竞争式）等。前者是通过与当政者的协商或讨价还价，以争取问题的解决；后者是通过游行、示威、罢工等，向有关权力部门施加压力，以解决问题。

（4）具体步骤。社会行动的具体实施可分为四个阶段[①]，即：酝酿期——找出共同关注的问题，对问题及社区居民的意愿作初步评估；宣传组织期——对社区问题做广泛宣传，并将居民组织起来；行动期——展开合作式或对抗式行动；总结期——问题得到改善并对行动的经验教训做出总结。

（5）社会工作者角色。在社会行动模式中，社会工作者不仅仅局限于促进者的角色，而更多地表现为倡导者、并肩者和引导者等，以较为主导性的角色开展工作，甚至要站在最前线。他们常与居民一起面对问题，而不是完全由居民承担。但这并非是要工作者代替居民进行工作，行动的目标、方式、策略等一定要由居民参与，也要由居民共同决定。尽管社会工作者应以较主导的角色工作，但行动的决定权始终应归于居民，由居民作决定。

（6）适用范围。社会行动模式适用于那些各社会群体之间矛盾突出且各方利益难以调和而使边缘或弱势群体的利益受到损害的社区。在西方国家及我国的港台地区，该模式常被运用。但在我国大陆地区，由社会制度和基本国情所决定，该模式就不一定适合。对此，笔者特作说明，以示区别。

（四）社区组织三大实务模式的比较[②]

表 9－3 将对上述三大社区社会工作的实务模式从十个方面进行对比，以加深学习者对这些模式的认识。

---

① 甘炳光等．社区社会工作：理论与实践．香港：香港中文大学出版社，1998：153.

② 李增禄．社会工作概论．3 版．台北：巨流图书公司，2002：183－184. 文字稍作变动、调整。

表 9-3　社区社会工作三大模式比较表

比较项目	地区发展模式	社会计划模式	社会行动模式
社区行动的目标	强调过程目标，注重自动、自助能力与社区整合	注重任务目标，强调解决社区问题	注重任务或过程目标。强调权力关系与基本制度的改变
社区结构及问题的情形	社区衰败、社会失范、人际关系缺乏、民主解决问题的能力不够，属传统、静态社区	存在实际的社会问题，如老人、医疗、心理健康、住宅、休闲娱乐等问题	社区存在优势及劣势群体之分，出现社会不公平、剥夺与不平等
基本改变的策略	强调居民沟通、讨论，以解决自身的问题	针对问题收集资料，以科学理性的方式作决策	将争论具体化，并组织居民以实际行动对抗敌对的目标
改变策略与技术的特点	通过舆论产生共同意识，经由社区各团体的沟通以达成共识	一致、共识或冲突	竞争或冲突，以当面质问、直接行动、谈判来进行
社会工作者的角色	促进者、协调者或导师，使居民掌握解决问题的技巧	事实材料的收集与分析者、计划执行者	倡导者、活动者、策动者、中间人、谈判者、同道
改变的媒介	通过运作小型任务导向的团体实现改变	通过正式组织及对资料的操纵实现改变	运用政治过程与操纵群众组织实现改变
与权力结构的关系	权力机关的成员，是合作者	权力结构为雇主与赞助者	权力结构是案主行动的目标
社区案主或拥护者的构成	全体社区居民或团体	整个社区或社区某一部分特殊功能的团体	社区的某一部分需要社会行动者
社区内部的利益关系	利益一致或虽有差异，但可调和	利益可调和或有冲突	利益难以调和
案主或拥护者的角色	案主积极参与互动过程	案主为服务的接受者而非决策者	案主为决策者

二、社区发展的实务模式

关于社区发展的实务模式，在此介绍创新改革模式、改变习俗模式、行为改变模式、过程取向模式四种，以供参考。①

（一）创新改革模式

该模式强调社区变迁必须经历一个时间段方能完成。这种社区变迁的过程有“开始”及“结束”阶段。在开始的时候，由社区变迁的推动者或社区发展工作者，提出一个新的理想或计划给社区居民。在结束的时候，这个理想或计划已经整合到社区居民的文化或行为之中。在整个变迁过程中，有两股力量在理想或计划与整合间相互对立、相互作用。一股是改革者的新理想、新技术或革新行动，另一股是社区居民对改

① 李增禄．社会工作概论．3版．台北：巨流图书公司，2002：189-192.

革者的新理想、新技术或革新行动的响应行动。经过这两股力量的互动，理想或计划要么成功，要么失败。

创新改革模式强调的是社会工作者的理想或计划与社区居民之间的整合，即被后者所认同。

（二）改变习俗模式

关于社区发展的途径，有两种不同的看法：一种强调应集中改变社区居民的环境或物质条件；另一种强调改变社区居民的风俗习惯。由于社区居民风俗习惯的改变经常会带动物质环境的改变，因此有人将改变习俗视为社区发展的重中之重。改变习俗的目的在于使社区不受拘束地成长或发展，通过增进居民的新知识与新技术，或通过社会工作者的协助，以更有效的方法完成社区的各种决定。促进习俗改变的途径很多，如可经由工艺上、政治上、经济上、社会上、法律上、意识形态上以及宗教上的改变来达成等。改变物质环境，居民是否参与并非特别重要；但改变居民习俗非由居民的参与、合作不可。因此，不断努力以争取居民的合作，是变迁的推动者或社区社会工作者的基本任务。

该模式强调通过居民习俗的改变以实现社区发展。

（三）行为改变模式

该模式认为，社区发展的成败，可由社区居民行为改变的情形来判定。因为居民行为举动的改善本身就是社区发展的目标。由此，该模式对物质的改变或外在环境的改善不太注重。它将社区社会工作者视为社区变迁的推动者。由于改变行为的前提是改变居民的价值观念与态度，因此，社区社会工作者的主要任务是运用教育计划，改变社区居民的价值观念、态度及行为模式等。可见，行为改变模式强调的是通过改变居民行为以推动社区发展。

值得注意的是，在个案社会工作理论与方法中也有行为改变模式，但二者涉及的对象不同。个案社会工作是针对个别案主，社区社会工作则是针对全体社区居民。

（四）过程取向模式

该模式强调社区社会工作者同社区居民之间的沟通，通过教育及组织的过程，改变居民的态度及行为，使他们更积极地参与社区发展。社区发展的基本目标是过程目标，如增进居民参与、作决定及合作的能力；而不是任务目标，如物质的改进、设备及服务的提供等。在这一模式中，社区社会工作者是变迁的推动者、有能力的协调者及解决问题的指导者。该模式特别重视居民参与的功能并实际加以推动。居民参与既可作为社区发展的目标，也可作为方法。它既可实现更高程度的社区改善，亦可达到改善居民生活条件的目的。

三、整合的社区社会工作模式：社区营造

社区营造即社区的经营与改造，旨在通过推动社区居民达成社区共识，发展自主

能力，积极参与社区事务，共同经营社区发展活动，改善社区生活空间和生活品质，激发社区活力等。

(一) 日本的社区营造

日本的社区营造自20世纪60年代诞生以来，开展了诸如改善居住环境、保护自然环境、满足居民需求、增进社区活力等丰富多彩的活动，对社区发展发挥了积极作用。日本的社区营造从官方开展到官方同民间协同开展，充分发动市民积极参与，市民们通过参与社区营造非营利组织或社区志愿者团体，学会了互帮互助、相互尊重接纳，公民意识与自治意识有了显著提高，而这些又是形成居民自治、地区社会的要素。[①]

日本社区营造专家宫崎清将社区营造分为“人”“文”“地”“产”“景”五大方面（见图9-1）。

人—— 指认同感和社区意识的构建，社区共同体的形成；

文—— 指的是传统文化的延续，民间工艺及艺术活动的传承与经营；

地—— 指的是地方建筑的保护与再利用；

产—— 指的是特色产业的创新经营；

景—— 指的是公共空间的改善景观的特色经营等。

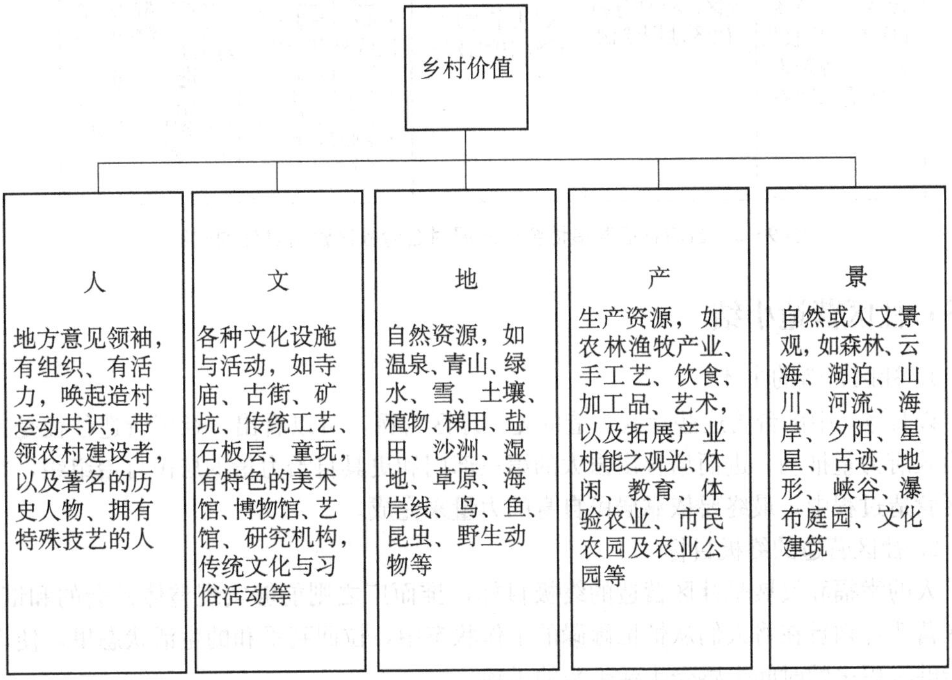

图9-1 “人”“文”“地”“产”“景”五类资源

资料来源：王国恩，杨康，毛志强．展现乡村价值的社区营造——日本魅力乡村建设的经验．城市发展研究，2016，23（1）．

---

① 余缅萍．海外社区营造的发展性视角对中国的启示．广东青年职业学院学报，2016（3）．

（二）台湾地区的社区营造

台湾的“社区总体营造计划”借鉴日本，始于20世纪90年代，经过了二十多年的努力，已成为营造“魅力台湾”的基础工程。社区总体营造从一开始的着重基础设施建设，从“点”做起，以单一的地理范围或团体组织为执行对象，树立成功运作的示范性社区，到借鉴欧美经验建立社区规划师制度，使社区与专业人员成为社区建设协作伙伴，以文化推动来凝聚社区意识，促进社区的发展。之后的“新故乡营造计划”，将产业发展、社福医疗、社区治安、人文教育、环境景观、环保生态作为社区营造的六大面向，统筹产业与社区，推动全面性改造，建立社区自主运作且永续经营的社区模式，社区营造开始突破“点”的界限，通过“线”的串联和网络的构建，达到地方生活圈“面”的目标（见图9-2）。①

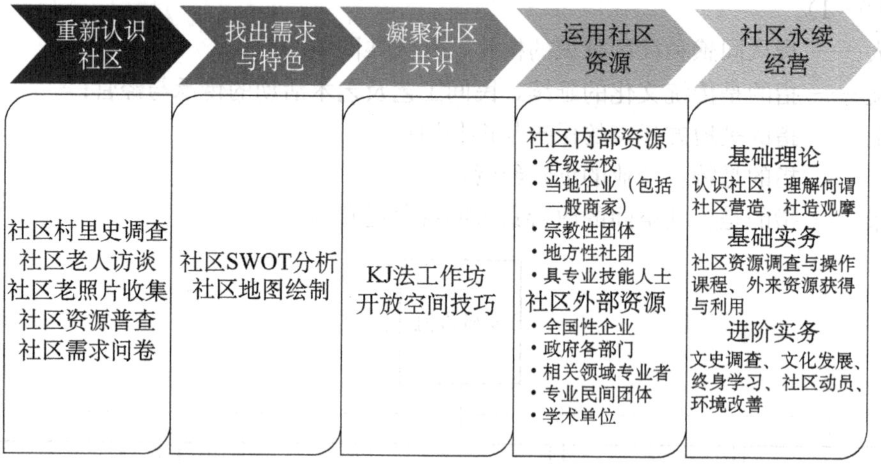

图9-2　台湾社区营造协会李永展对台湾社区营造过程的归纳

（三）社区营造小结

1. 社区营造的主体

以日本、中国台湾这些社区营造的先行地区为例，可以看出，社区营造往往是首先由政府力量推动，进而培育出强大的第三部门和更具自治力量的居民自治组织，在社区营造过程中，最终要依靠居民自身的力量来完成。

2. 社区营造的终极目标

人的幸福和发展是社区营造的终极目标，推而广之则能够实现整体社会的和谐。社区营造计划旨在将人们从忙忙碌碌的工作状态中，拉回到平和的生活状态里，使人们能够有更多的时间去感受生活带来的乐趣。

3. 社区营造的核心价值

社区营造的核心价值是创立社区共同体意识。

---

① 叶红．浅谈社区营造对苏南村镇新型城镇化的启示．江苏城市规划，2016（7）．

4. 社区营造的任务

主要涉及三大任务：(1) 营造睦邻自治的社区精神；(2) 营造优质有序的生活空间；(3) 营造公众积极参与的社区服务。

5. 社区营造的关键程序

(1) 以社区及居民需求（问题）为导向；(2) 以项目为载体；(3) 对项目运作的绩效及时评估反馈。

四、社会工作的其他方法在社区社会工作中的运用

个案工作、小组工作和社区工作作为社会工作的三大介入方法，它们之间的区别在于前二者是以个人及个人组成的群体为对象，而后者是以社区及居民群体为对象。在社会生活中，个人问题无法与社会问题彻底划清界限，个人面临的问题往往是社会问题在个人身上的表现。因此，随着社会工作的理论与方法的成熟，人们认识到，早期将这三种方法严格区分运用的做法，不利于问题的解决，也限制了社会工作解决问题能力的发挥。所以，自 20 世纪 70 年代起，形成了三大方法整合运用的趋势，其表现为在实践中从个人层面、小组层面和社区层面向案主提供支持与辅导，使他们的问题得到综合的解决。

在社区社会工作的过程中，运用社区组织和社区发展的方法解决社区问题，同样也需要个案工作和小组工作的支持。虽然社区社会工作是以社区、群体为对象的方法，但是它并不排斥在工作过程中个人因素对群体的影响，而且针对群体中的个人问题、社区中典型的或突出的问题，采取个别化的方案加以解决，对加强社区社会工作效果、帮助社区社会工作者在一些制约社区发展的关键问题上有所突破，是必不可少的。同样，利用小组的群体力量来解决个人问题，可以建立不同目标的小组来使社区社会工作的目标具体化，也可以利用不同的方法解决社区发展过程中的各种问题。①

个案工作、小组工作运用到社区问题的解决上，不仅加强了社区社会工作解决问题的能力，使社区社会工作能够提供更多的服务来满足社区在不同层面上的需要；而且也使个案工作和小组工作可以在更广阔的社会空间里发挥作用，扩大它们的实践领域。这对社区社会工作的推进将起到积极的作用。

第三节 社区社会工作实施的原则与程序

本节将对社区社会工作的一般原则和基本程序作概括性说明。这些内容对实际开展社区社会工作无疑是非常重要的，它们为实际工作指明了方向，并使实际工作有所依循。

---

① 钱宁．社区建设中的社会工作探索．昆明：云南民族出版社，2002：66.

一、社区社会工作的原则

关于开展社区社会工作的原则或社区社会工作的实施原则，一般有关社会工作、社区社会工作类著作都有所涉及，甚至联合国有关机构也在这方面提供了参考性意见，以指导各国的社区建设。

我国台湾学者徐震在其所著《社区与社区发展》一书中，提出了社区社会工作的八大原则。[①] 该书虽出版较早，但所列各项原则非常全面，内容具有一定的普遍意义。现列出如下。

（1）组织原则。社区社会工作本身就是一个组织居民的过程，社区居民组织起来，采取共同行动，以解决共同的问题，满足共同的需要。

（2）教育原则。社区社会工作也是一个教育的过程，通过教育社区居民，使其改变价值，改变态度，克服妨碍社会进步的风俗习惯等。

（3）利益兼顾原则。社区社会工作不以个别社区居民的利益而是以整个社区的利益和需求为依归，以实现社会公平。

（4）协调发展原则。社区社会工作认为，物质文明和精神文明、经济建设和社会发展、人类社会与自然环境同等重要，应使之在社区得到同等重视，保持协调发展。

（5）社区自助原则。“助人自助”是社会工作的基本原则之一，也是社区社会工作的基本原则。在工作中应协助居民全面动员和运用社区内部资源，实现社区自助，同时争取社区外来援助，但不依赖外来援助。

（6）工作生根原则。社区社会工作是社区居民的民主自治过程，它鼓励居民将“参与”视为权利和义务，充分发挥居民自动、自发、自助、自治的精神与能力。并积极发掘与培养当地的领导人才和社区精英，使社区社会工作能“向下扎根，向上结果”，确保工作的持续与成果的巩固。

（7）与整体配合原则。社区社会工作虽以社区为单位，但必须与国家整体发展计划、国家的区域性（地区性）计划相配合，使每一个社区的发展汇集成为国家的整体发展。

（8）注重预防性服务工作原则。社区社会工作不只是强调使居民学习并提高分析和解决社区问题的能力，并且在服务方案或计划的拟定上，必须兼顾目前与未来可能发生的问题的预防上。“预防重于治疗”这一医学观点，非常适用于社区社会工作。

笔者也注意到其他有关社区社会工作的著作对社区社会工作原则的概括。在1998年修订再版的甘炳光等编著的《社区社会工作：理论与实践》一书中，胡文龙和林香生将社区社会工作的实施原则概括为“注重以人为中心的发展目标”“因应社区的现存情况计划工作步伐”“尊重社区自决”“强调居民的自助参与”“广泛及包容性的社区参与”“民主及理性的社区行动形式”等六项。[②] 周沛在其所著《社区社会

① 徐震．社区与社区发展//王思斌．社会工作概论．北京：高等教育出版社，1999：121.

② 甘炳光等．社区社会工作：理论与实践．香港：香港中文大学出版社，1998：178－179.

工作》一书中，则将社区社会工作的原则概括为"以社区发展为目标的原则""以人为本的原则""社区居民自助参与原则""社区自决原则"等四项。[①] 上述概括都是很有价值的，为本书的编写提供了丰富的可资参考的资料。

笔者根据有关学者的论述和概括，结合自己的理解和体会，在此将社区社会工作的实施原则归纳为五项，即以人为本的原则、居民参与的原则、社区自决的原则、协调发展的原则和因地制宜的原则。

（一）以人为本的原则

以人为本是社区社会工作最基本的原则之一。本书前面一再提到，社区社会工作的实践包含任务目标和过程目标两种。前者是通过居民参与集体行动，影响政府的决策及社区资源的运用，改善社区设施及服务，解决社区问题。后者则注重人的发展，通过共同工作，增强居民间的相互关心和合作态度，培养居民解决社区问题的信心和能力。这两项目标都是社区社会工作所追求的，但最基本、最理想的还是后者，即培养居民的合作态度与能力。只有居民对社区事务有参与意识和责任感，愿意参与其中并与他人合作，才能凝聚成集体的力量去影响政府的决策，影响社会资源的分配，社区的改变和发展才能得以实现。因此，对社区社会工作者来说，一个又一个具体任务的解决固然重要，但他更应注重对社区居民的培训和教育工作，积极培养并提升居民的知识、能力与合作意识。

（二）居民参与的原则

社区居民的自助参与是社区发展的重要推动力量，是社区社会工作顺利进行并取得实效的基本保证。在社区社会工作者看来，只有居民自己才最清楚自己社区的问题和需要；外界人士对居民处境与困难的了解难以像居民自己了解的那样具体、切实和深入。再者，强调居民的自助参与也是对受助者人格尊严的尊重。只有社区居民参与界定自己的问题和需要，对社区的问题和事务以主人翁的姿态做出承担和负责，并发扬互助合作的精神，积极谋求对策，共同行动，社区问题才能得到解决，社区的实际改变与发展才是可能的。社区工作者的角色只是从旁协助、激发与引导等，使居民认识到自己的价值和能力，以建立自信，积极参与。

社会工作者在实际运用这一原则时，应注意确保使社区中不同阶层或群体的成员都有平等参与社区事务的机会。在不少情况下，社区的主要决策和改革措施都由少数领导制定，一般居民往往被隔离在外或疏于参与。这无疑是不利于社区社会工作的实际开展的。社会工作者应特别注重社区内疏于参与社区事务的一些群体如家庭妇女、外来人口群体等的参与。必要时，应给予这些人以特别的帮助和鼓励。

为实现居民自助参与的目标，实际社区社会工作过程中应注意发挥社区领袖和社区精英的作用。社区领袖和社区精英对社区居民的背景和需要有比较充分的了解，因

---

① 周沛．社区社会工作．北京：社会科学文献出版社，2002：218－220.

而能够比较方便地与居民产生互动和合作，推动居民参与。社会工作者通过介入和帮助，发现或培养社区精英或热心人士担当社区领袖，推动社区发展。

（三）社区自决的原则

社区自决就是让社区居民自己决定自己社区的事情，让他们选择和决定自己社区的改变方式及行动路径。社区社会工作者应充分尊重社区及其居民自决的权利，在工作中时时注意并提醒自己，不要将自己的意见、态度、价值观乃至偏见强加于工作对象；更不能居高临下，甚至命令或指示居民为自己预先设定的目标或计划而开展工作。

当然，贯彻社区自决的原则并非要社区社会工作者对居民问题采取一种袖手旁观的态度。实际上，要求社区居民作出合乎实际的决定，没有社区社会工作者的协助与引导是困难的。社区社会工作者应诚恳地与社区居民一起讨论问题并相互交换意见，使居民对社区面临的问题和要开展的行动有客观、全面的了解，在此基础上，他们才能作出合乎实际及愿望的决定。

（四）协调发展的原则

社区社会工作最直接的宗旨是通过扶贫帮困，实现“助人自助”。其工作对象一般是社会弱势群体。但其终极目标则是实现社区内部、社区与社会的协调发展。一部分人长期处于贫困或困难境地，无疑是不利于社区协调发展的；甚至在一定条件下，他们还有可能成为社区乃至社会的不稳定因素。因此，必须通过切实措施使他们摆脱困境，至少也能够维持基本生活。同时，更具根本和长远意义的举措应该是通过发动社区居民，争取一切可以争取的资源，改善社区环境，开展社区各项事业的建设，才能使一部分困难群体真正摆脱困境，从而实现社区的协调发展。

由于社区和社会联系紧密，社区自身协调发展的实现有赖于社会协调发展的实现，社区协调发展也有助于社会协调发展的推进。因此，必须使社区的发展计划和社会的整体发展计划、国家的区域性发展计划相结合、相协调，社区自身的协调发展才能确保实现。

（五）因地制宜的原则

因地制宜的原则是指应当根据不同社区的具体情况和实际特点，制定相应的工作计划和工作程序，以促进社区改变。一般说来，不同的社区有不同的问题和需要，不同社区的居民又有着不同的处事方法和能力。就我国实际而言，农村社区和城市社区及其居民就有着非常不同的特点。在国外的城市，存在着明显的贫富分化和住区隔离，贫民区和其他阶层的住区就有着非常不同的特点。因此，对社区社会工作者而言，在制定工作计划和工作进度时，首先就应当对所在社区的具体情况有充分的认识。只有这样，工作计划和进度才能符合社区的实际。认识和了解某一社区的特殊性，是开展社区社会工作的首要任务。

二、社区社会工作的一般程序

社区社会工作是一个连续不断的过程，包含一系列经过理论验证和实践证明的科学程序。这里根据各方面专家的意见，将社区社会工作的过程划分为以下五大基本步骤，即建立专业关系、收集社区资料、制订行动计划、开展社区行动、评估工作成效。

(一) 建立专业关系

社区社会工作者实际进入社区，和社区居民、社区机构和团体、社区各类领导人物及精英人士进行接触并建立初步关系，这是开展社区社会工作的第一步。社区社会工作者可以通过拜访社区的重要人物与社区机构入手，也可经由有利于社区居民的一系列活动的开展吸引居民接纳工作者。无疑，接触社区居民，使其了解和接纳社区社会工作者，将为建立一种信任、合作的工作关系以推动社区社会工作的开展打下基础。

(二) 收集社区资料

社区社会工作的目标是协助社区居民解决问题。其中的关键是如何界定社区问题，这便要求社区社会工作者能够全面地、多渠道地进行社区调查。通过社区调查掌握资料以探索社区需要，同时评估可运用的社区资源，以最终确认社区问题，这是制定社区行动方案、有效实现工作目标的前提。同时，收集社区资料的过程也是一种重要的组织策略和动员群众的方法。社区社会工作者通过与社区居民共同行动，鼓励居民表达对社区需要和问题的理解，并协助社区社会工作者尝试性地提出解决问题的办法，这样可以使居民受到鼓舞，更加积极地参与日后的行动。

社区社会工作者所收集的社区资料应包括多方面的内容。具体说来，可分为以下三类：(1) 社区的基本资料，其涉及人口及其构成、历史、社区服务、环境设施、社区经济、政治、交通、社区价值观念、社区资源等；(2) 社区居民及团体的关系，社区的权力分布等；(3) 社区问题、社区需要等。这三类资料都为社区社会工作所必需，其中发现社区需要、确认社区问题是最重要的，它能为社区社会工作者指明今后的行动方向。

需要和问题是紧密相连的。当一个社区里的部分居民的基本需要（生理的或心理的、物质的或精神的）得不到满足，影响到居民基本生活时，其便成为社区问题。社区问题往往是多种多样的，如老年人照顾问题、医疗问题、环境卫生问题、公共服务缺乏问题、居民缺乏社区归属感问题、邻里关系恶化问题、青少年犯罪问题等等，在社区内外资源有限的情况下，社区社会工作者应通过与社区各方人士的协商，确定问题的轻重缓急。

收集社区资料的方法和途径很多，如个别家访、漫步观察、拜访社区领袖、居民小组座谈、各项活动、社区调查、政府统计资料、各类文献等。其中为社区社会工作者最常采用的方法包括社区调查、个别家访及居民小组座谈等。

（三）制订行动计划

计划是在采取实际行动之前进行的设计和筹划，它将当时的情况与将来的理想联结起来。计划好比是一张蓝图，引导社区社会工作者和社区居民向着理想的方向前进。要解决社区问题，就必须在掌握社区资料的基础上，制订切实可行的社区行动计划。

社区行动计划可分为整体计划和具体计划。社区整体计划是针对社区方方面面工作所做出的全面规划，涉及社区建设与发展的全局。为便于实际操作，整体计划又可分为近期计划和长远计划。社区具体计划则是针对社区中亟待解决的问题制定的局部方案。其目标是解决一个一个的具体问题。这两类社区计划相互联系、相辅相成。社区整体计划的贯彻执行将从根本上规划社区问题的总体解决方案，以实现社区的协调发展；而社区具体计划是与社区整体计划相衔接、配合的，是整体计划的组成部分，社区的整体发展是通过一个一个具体问题的解决来实现的。社区社会工作既涉及具体计划，也涉及整体计划。但从社区社会工作的历史及性质来看，它更关注社区具体问题的解决，更关注具体计划的落实。

制订社区计划首先须根据社区的内外条件设定比较明确、总体的目标，然后再设计出具体的、逐步接近目标的步骤。为确保计划切实可行，社区社会工作者必须充分考虑各方面的利益，为此应广泛征求意见。

（四）开展社区行动

这里所讲的“社区行动”和前面“社会行动模式”所阐述的“社区行动”的区别是，社会行动模式所讲的“社区行动”是特定意义上的，而这里所涉及的社区行动是一般意义上的。它是社区社会工作者发起的、由社区居民积极参与的、将社区行动计划付诸实施的一个过程，以解决社区问题，促进社区发展。

开展社区行动，要求社区社会工作者从事的工作是多方面的，其中比较重要的包括宣传教育、设立机构、筹措经费以及沟通协调等。

（1）宣传教育。社区行动的对象一般为需要帮助的社区成员，但其工作涉及社区的方方面面，需要社区内各机构、团体及全体居民的通力合作。为此，社区社会工作者应通过召开不同层次、不同对象、不同场合的会议或活动，进行广泛的讨论、交流与协商工作，使亟待处理、解决的问题及行动计划为社区各界所认可、理解，并进而积极参与社区行动。

（2）设立机构。社区行动可依托社区有关职能机构如社区福利机构来实施，也可设立新的专门机构。由于社区问题涉及面广，设立或组建包括社区各部门、各方面领导、社区精英人士及专门人才的执行社区行动的机构（如理事会、委员会）是必要的。

（3）筹措经费。为保证社区行动计划的顺利实施，社区社会工作者应协助职能部门、专业机构多方筹措资金，合理使用资金，并对资金的实际使用情况定期开展审计，堵塞财务漏洞。

(4) 沟通协调。在执行社区行动计划的过程中，社区各机构、各方面的配合默契是非常重要的。但由于这样或那样的原因，工作中可能出现不必要的重复，难免造成浪费；工作人员之间也可能出现一些摩擦与误会，这些无疑都不利于工作的推进。为此，作为社区社会工作者，在社区行动过程中，应与各方进行充分、有效的沟通和协调工作，以使工作顺利进行。

(五) 评估工作成效

在社区行动计划被执行了一段时间后，或当计划执行完毕时，社区社会工作者应通过科学的方法和程序，对计划的执行情况进行总结与评估，以检查计划执行的实际效果。评估社区计划的执行情况，一是有利于发现原来的计划所存在的缺陷，或是在执行过程中出现的原来未曾料到的新情况、新问题等。二是根据评估结果对原来的计划做出实时调整，可以使社区行动计划更加符合解决实际问题的需要。三是对社区计划的落实情况进行评估，使社区成员能够及时看到工作的进展，能够更好地取得他们对工作的支持和参与，也使社区社会工作者持续不断地产生成就感。

第四节 中国的社区社会工作

一、新中国成立前的社区社会工作

社区社会工作在我国也有着比较悠久的历史。如传统的乡约制度，便是我国古代社区中组织工作的一项重要创举。在北宋，就有著名的"吕氏乡约"，是蓝田吕大钧及其兄弟、邻里亲友以书面形式约定而发起的，其内容分为德业相励、过失相规、礼俗相交、患难相恤四大项，后经朱熹推及全国。明代王阳明也曾订有"南赣乡约"，以移风易俗、嘉善惩恶而传世，其内容涉及古代社区内的组织、场地、人选、任务、程序等。从自动自发、组织教化及结合政经等角度来看，我国古时的乡约合乎现代社区发展的基本要求。[①][②]

我国现代意义上的或较具专业色彩的社区社会工作在 20 世纪上半期已经出现，其中最有代表性的应推 20 世纪二三十年代的"乡村建设运动"。[③] 先后参加这一运动的有 600 多个团体，其范围遍及全国。参加"乡村建设运动"的成员，既有社会学者、经济学者、农业专家，也有资产阶级、地主阶级中的改良派，还有部分国民党政

① 徐震，林万亿．当代社会工作．台北：五南图书出版公司，1986：69.

② 周沛．社区社会工作．北京：社会科学文献出版社，2002：122.

③ 郑杭生，李迎生．中国社会学史新编．北京：高等教育出版社，1999：101-133.

府中的各级官员。主办乡村建设的机构，有的是高等学校，有的是学术机关，也有的是民间团体，还有一些是政治机构。乡村建设的侧重点，有的是平民教育，有的是社会救济和社会服务，有的是农村经济，有的是乡村自治。在这场规模空前的乡村建设运动中，最有影响的是梁漱溟在山东邹平主持的乡村建设实验和晏阳初在河北定县主持的平民教育实验。

梁漱溟（1893—1988）从文化的角度分析了中国传统社会的组织结构，认为文化类型不同，社会构造也各不相同。他认为，中国传统的社会组织结构和西洋不同。中国传统上是一个“伦理本位”“职业分立”的社会，而近代以来的西洋则是“个人本位”“阶级对立”的社会。西洋文化进入中国以后，破坏了传统的社会结构，但并未进入“个人本位”“阶级对立”的社会。于是便出现了所谓“旧辙已破、新轨未立”的文化失调境地。他主张从乡村建设着手，构建调和了中国固有精神与西洋文化长处的新型社会组织构造，他将其概括为“团体组织、科学技术”八个字，以最终挽救中国。他于1931年去山东邹平创办“乡村建设研究院”，着手乡村建设各类人才的培养工作。然后以他们为骨干，分赴全县实际推进乡村建设实验。其具体做法是：组织乡学、村学，以取代原有的乡公所、村公所。学长由地方名流担任，学众为全体乡民，并由研究院毕业的学员担任教员。借助乡学、村学，梁漱溟希望训练乡民对团体生活和公共事务的注意力与活动力，培养乡民的新政治习惯，锻炼乡村自治组织的能力。在这方面，应该说梁漱溟取得了一定的成就。同时，这类新型组织也推行了一些社会改良工作，如禁烟、禁赌、兴办合作社、鼓励妇女放足等。此外，在推动先进的农业科技、设备、耕作方式的运用，农作物品种改良等方面，他们也做了不少工作，提高了当地农产品的产量，曾经在一定程度上改善了农民的生活。

晏阳初（1890—1990）主持的定县平民教育实验，其理论基础是他提出的“愚穷弱私论”。他认为，中国的社会问题主要是农村问题；而农村问题的根本，则是人（农民）的问题。中国人身上存在四大痼疾，即愚、穷、弱、私。所谓“愚”，是指中国大多数农民缺乏文化，目不识丁；所谓“穷”，是指中国大多数人民在生与死的夹缝中生存，根本谈不上什么生活程度；所谓“弱”，是指中国大多数人民体弱多病，欠缺最基本的医疗条件，生死存亡听天由命；所谓“私”，是指中国大多数人民不能团结，不知合作。而在这四大痼疾中，“愚”的问题是最基本的。由于这四大痼疾的存在，中国人缺乏生存和发展所必需的知识力、生产力、强健力和团结力，中国的一切建设也就无从谈起。他主张从推进平民教育入手以解决这四大病根：以文艺教育培养知识力，解决“愚”的问题；以生计教育培养生产力，解决“穷”的问题；以卫生教育培植强健力，解决“弱”的问题；以公民教育培植团结力，解决“私”的问题。他同时提出了学校式、家庭式与社会式三大教育方式，以推进“四大教育”，其中“学校式”是主体，通过普遍设立平民学校来进行。定县平民教育实验在晏阳初及“中华平民教育促进会”的领导下，自1926年开始在该县的翟城村先行试验，到1930年时向全县推广。整个实验工作可参见图9-3。①

① 郑杭生，李迎生．中国社会学史新编．北京：高等教育出版社，1999：109.

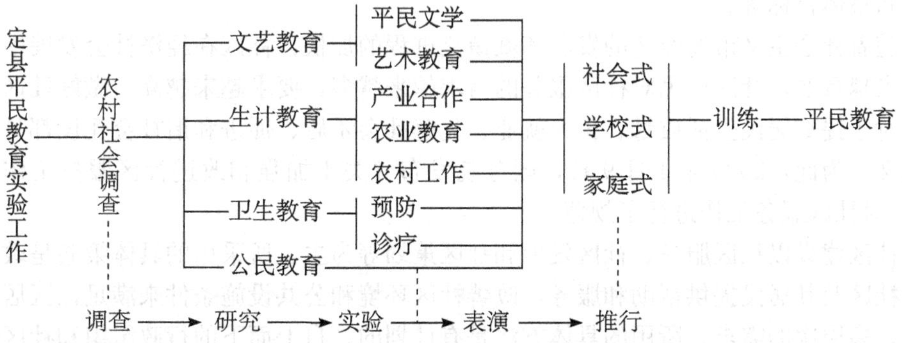

图 9-3　定县平民教育实验图示

梁漱溟、晏阳初的“乡村建设实验”其形式各不相同。从社区社会工作的内涵上讲，梁氏的实验从社会结构的角度注重社区组织，晏氏的实验则从人口素质的角度注重社区发展；但从内容上看，二者都强调教育，因而具有社区发展的意义。这些实验不仅影响了全国，导致了一场声势浩大的“乡村建设运动”，甚至其影响达到国外。晏阳初本人甚至在 20 世纪五六十年代先后受聘于菲律宾、泰国、危地马拉、哥伦比亚及加纳等世界发展中国家和地区，协助或指导这些国家和地区的乡村建设与改造工作。

二、新中国成立以来的社区社会工作

1949 年新中国成立后，专业意义上的社区社会工作随着社会学、社会工作等专业被取消而中断，时间长达 30 年之久。此外，一般意义上的社区社会工作也长期被忽视。这主要是由于在计划经济体制下，社会成员高度“单位化”，与人们的基本生活密切相关的社会福利、社会保险等也由单位提供，变成“企业保障”或“单位保障”，这样，社区的作用就变得微不足道了，社区社会工作自然得不到重视。

上述情况在改革开放以后，特别是确立建立社会主义市场经济体制的改革总目标后，发生了很大的变化。随着改革的不断深化，原先由企业或单位统管的社会福利、社会保障事业正陆续转移到社会，社区成为其基本的落脚点。“单位人”正不断变为“社区人”。与此相应，社区建设及社区社会工作日益得到政府乃至社会各界的重视，并通过各种措施加快其发展。

1986 年，为配合城市经济体制改革和社会保障制度建设，国家民政部提倡在城市基层开展以民政对象为服务主体的“社区服务”，首次将“社区”这一概念引入了城市管理领域；1989 年 12 月 26 日第七届全国人大常委会通过的《中华人民共和国城市居民委员会组织法》又明确规定，居民委员会应当开展便民利民的社区服务活动，第一次将“社区服务”引入法律条文；1991 年，在社区服务的基础上，民政部提出了城市社区建设的概念，之后，民政部一方面进行理论研讨，一方面进行试点探索。为进一步探索社区建设的不同经验，1999 年，民政部在全国确定了 26 个城市社区建设实验区。2000 年 11 月 3 日，中共中央办公厅和国务院办公厅正式转发了《民政部关于在全国推进城市社区建设的意见》，首次明确了社区建设的发展机制、策略方法和整体目标等。

随着社会主义市场经济的发展和城镇化进程的加快，社区在经济社会发展中的地位越来越重要，社区居民对社区服务的需求越来越多，要求越来越高。做好社区服务工作对于提高居民生活质量、扩大就业、化解社会矛盾、促进和谐社会建设都具有重要意义。为此，2006年4月9日，国务院发布《关于加强和改进社区服务工作的意见》，对社区服务工作进行了规范。

社区建设以社区服务、社区发展和社区策划等为主。所采用的具体策略是政府通过向社区及其居民提供帮助和服务，改善社区环境和公共设施条件来满足社区居民多方面、多层次的需求。所用的具体方法是有计划的、自上而下的行政组织和社区策划方法。但是，由于政府管理体制的转变和财政力量的限制，我国同时也采取了市场化、社会化的推进方法。

我国社区建设的目标可分为任务目标和过程目标两个部分。任务目标是指以社区服务为龙头的社区建设的内容，给居民建设一个服务完善、环境优美、治安良好、生活便利、人际关系和谐的社区环境。过程目标是培养公民的公共参与意识、互助意识、共建共享意识，培养居民的民主自治能力，进而增强居民对社区的认同感和归属感。[①] 从这个角度来看，中国的社区建设和专业社区社会工作所讲的社区发展的目标有较大一致性，两者都彰显了“以人为本”的理念，最终实现社区及其居民自决、自助和自治的目标。一些民间组织、高校乃至国际非政府组织也在各类社区开展了具有专业意涵的社区工作，如云南大学社会学与社会工作系开展的农村社区能力建设项目、世界自然基金会开展的滇西北社区能力建设项目等。

专栏：基于内源性发展的农村社区能力建设[②③④]

内源性发展的概念源自20世纪80年代初期联合国教科文组织所确定的一项研究计划。从“内源”这个词来看，最初它是指生物有机体发育的内部自组织过程。一个生命体可以根据它自身的结构完成发育成长的过程，外部的因素可以起推动作用，但不能决定生命有机体自身的发展。因此，发展必定是生长的人自己的一种行动（一种努力、一种创举等等）。

内源性发展，概括来说，就是要把当地社区居民看成发展的主体，鼓励他们根据自己的经济、文化及社会的特点，探索发展的道路，确定发展的目标，并且在这种探索中，使他们的认识和能力得到提升。其中，最重要的是发掘潜能，培养自主精神，发展自助能力。

一般说来，社区的能力存在于人们所掌握的知识、技术、物质财富、价值观和他们生活实践中所形成的生活信念与目的追求中，它表现为人们利用各种资源服务于个

---

① 郭伟和．中国城市社区建设发展历程之反思．中国民政，2002（9）．

② 钱宁．对新农村建设中少数民族社区发展的思考．河北学刊，2009（1）．

③ 钱宁．农村发展中的新贫困与社区能力建设：社会工作的视角．思想战线，2007（1）．

④ 钱宁．贫困文化与西部的贫困问题——论西部民族贫困地区发展中的文化困扰及社会学的西部使命．北京青年政治学院学报，1999（2）．

体目的的能力。广义的社区能力包括物质经济的能力和文化能力，前者为人们的创造活动提供物质基础，后者则是作为观念性的东西存在于人们的意识和目的性活动中。对于农村社区的能力建设而言，通过发展经济提高人们的物质财富水平是必要的，但更重要的是如何提升他们有效地运用各种资源创造财富的能力，只有后者才能赋予一个社区、一个农民以创造性，实现自主发展。在社会主义新农村建设中，通过社区能力建设促进社区发展，为社区发展培育内原动力，是实现农村社区的可持续发展，特别是处于较贫困状态的落后农村社区可持续发展的重要基础。

内源性发展的观点把社区能力的发展看作基于社区特殊性的发展，是一个全面的能力提升和创造性的培养的过程。也就是说，能力建设不是简单地培养和发展某种适应现代社会需要的技能的问题，它也是一种态度、一种价值观和一种理解力及批判精神的培育与发展的过程。内源性的能力需要在与社区传统相结合的过程中得以发展，它必然是独特的，具有文化个性的，它所表现的精神特质是不能用其他的技术或文化取代的，它是一种深深植根于地方性知识的能力。

但是，内源性发展并不是搞发展上的“孤立主义”，更不是主张政府不要承担责任。在现代社会和市场竞争的条件下，亟待发展的农村社区及其居民作为弱势群体，其自我发展的能力相当弱。没有外部的支持和扶助，内源性发展是不可能实现的。外部的援助和政府的扶助，可以增加人们的信心，支持他们的自我发展。

案例介绍：世界自然基金会滇西北社区能力建设项目①

该项目旨在通过社区教育和能力建设，帮助当地社区采取行动，共同保护滇西北的生物多样性和文化多样性。由世界自然基金会英国分会资助的这一社区教育示范项目，首先在哈木谷和曲尼开展，这两个自然村位于香格里拉县旁边的国际重要湿地纳帕海的周边。该项目主要关注两个方面：一是社区个人和集体在项目过程中的变化，包括个人知识、技能的提高和集体力量的增强；二是这种变化对社区群众个人和集体参与当地自然保护和可持续发展所产生的影响。

到目前为止，哈木谷和曲尼两个社区已开展的活动集中在保护自然资源，保护和恢复传统文化，改善村民生活条件，提供鸟类知识、藏文化、生态旅游、蔬菜栽培等各种培训以及沼气和太阳能的利用示范等。项目强调村民在参与这些活动的过程中提高自身知识和技能及增强社区整体力量；建立社区学习中心及民间自然保护区等社区组织，以提供和提高社区群众及村民集体参与决策的机会和能力。

这一项目已由哈木谷村和曲尼村扩展到纳帕海周边的其他社区。2005 年 12 月底，世纪自然基金会与纳帕海自然保护区合作，组织了一次湿地保护研讨班。研讨班期间，来自纳帕海湿地自然保护区的 17 个自然村，自发地走到一起，创立了“纳帕海湿地社区保护协会”，并发表了如下倡议。

> 几千年来，我们的生活依靠纳帕海供养，我们的文化仰仗纳帕海延续，我们的生命就是纳帕海的生命，纳帕海美妙的景色随时哺育着我们的心灵。

---

① http：//www.wwfchina.org/aboutwwf/whatwedo/ecb/yun.shtm.

近几十年来，纳帕海湿地遭遇了来自多种原因、多方面行为的伤害，自然界的伤害也损害着我们的心灵。我们为此感到心痛，持续的疼痛让我们觉醒。我们认为，是到了发挥社区力量对纳帕海实施保护的时候了，我们愿意为此付出全部的精力、财力和智力……

人是自然的伤害者，也是自然的保护者。纳帕海社区所有人，首先要成为湿地保护的自觉力量。我们愿意在经济活动和其他活动中，节制自己的行为，尽量减少对自然界的伤害。

地球本身也是一个社区，这个地方的人与那个地方的人，这个民族与那个民族；人与自然，自然与自然，政府与民间，民间与民间，都是这个社区的一个元素。我们愿意与所有力量联合起来，共同保护我们的家园，让她越来越美好。

三、新时代的社区社会工作

举世瞩目的中共十九大指出：经过长期努力，中国特色社会主义进入了新时代，这是我国发展新的历史方位。在新时代，社区建设、社区服务等面临着新的矛盾、新的问题、新的使命、新的任务，归结到一点，就是要加强和创新社区治理。

社区治理是社会治理的基础环节和重要组成部分。总体而言，我国城乡社区治理目前仍然存在社区自治和服务功能不强，基层群众自治活动的内容和载体相对单一，社区治理参与机制还不健全，政府部门包办过多，社会力量、市场主体的参与缺乏长效机制，社区居民的参与缺乏组织化渠道等瓶颈问题。为解决这些问题，在深入调研、广泛征求意见的基础上，2017 年 6 月 12 日，新华社发布《中共中央、国务院关于加强和完善城乡社区治理的意见》。意见提出了城乡社区治理的基本目标是：努力把城乡社区建设成为和谐有序、绿色文明、创新包容、共建共享的幸福家园。为实现这一基本目标，意见对当前和今后一个时期的城乡社区治理工作提出了“两步走”的总体目标。第一步，到 2020 年，基本形成基层党组织领导、基层政府主导、多方参与、共同治理的城乡社区治理体系，城乡社区治理体制更加完善，城乡社区治理能力显著提升，城乡社区公共服务、公共管理、公共安全得到有效保障。第二步，再过 5 到 10 年，城乡社区治理体制更加成熟定型，城乡社区治理能力更为精准全面，为夯实党的执政根基、巩固基层政权提供有力支撑，为推进国家治理体系和治理能力现代化奠定坚实基础。

“三社联动”是民政部推进新时代社区治理创新的有益探索。《中共中央、国务院关于加强和完善城乡社区治理的意见》明确强调要“推进社区、社会组织、社会工作‘三社联动’，完善社区组织发现居民需求、统筹设计服务项目、支持社会组织承接、引导专业社会工作团队参与的工作体系”。2017 年 6 月 13 日，民政部举行贯彻《中共中央、国务院关于加强和完善城乡社区治理的意见》专题新闻发布会，民政部基层政权和社区建设司司长陈越良指出，“三社联动”是来自地方的工作实践，是引导社会力量参与社区治理的有益探索。“三社联动”强调充分发挥社区的基础平台作用、社会组织的服务载体作用、社会工作的专业支撑作用，重在完善社区组织发现居民需求、统筹设计服务项目、支持社会组织承接、引导专业社会工作团队参与的工作体系。“三社联动”机制广泛汇集了政府、社会、居民各方资源，通过社区组织、社会组织、社会工作者提供专业化服务，更好回应了社区居民的多样化、个性化服务需求。

案例介绍：宁波：以社区公益项目推进“三社联动”①

随着社会治理创新的进一步深入，社区、社会组织、社会工作已经成为社会治理中最基础的元素，一个和谐的社会，必定是这三者资源共享、优势互补、协同促进的社会。问题的关键是，在通常的语境下，这三者不是一个层面的概念。社区是一个行政地域的概念，社会组织是一个组织和团队的概念，社会工作是一个职业和人才的概念。而且，在现有的政府管理架构中，“三社”分属于民政部门的基层政权和社区建设司、社会工作司等不同的部门，如果它们之间对“三社联动”的认识不同，沟通协调不畅，那么要真正实施“三社联动”，使其既能“联”又能“动”，就变成了一个颇具挑战性的问题。迫切需要有一个平台和载体，把这三个元素整合在一起。

为推进“三社联动”，民政部建议各地：“要依托项目实现联动，加快健全政府购买社会服务制度，完善政府购买社会服务目录，通过政府购买方式建立社会组织承接项目、社工团队执行项目、面向社区实施项目的机制，积极探索以购买服务为保障、项目化运作为纽带的‘三社联动’新途径。”

按照民政部建议，浙江省宁波市已开始对此进行探索性的实践。具体来说，社区提供工作场所、社会组织提供组织运行载体、社会工作者提供专业人才和技术的支撑。社区、社会组织和社会工作者发挥各自的优势，相互支持、渗透融合，最终形成合力。在当前社会治理创新形势下，依托社工项目来推动“三社联动”，具有极大的理论意义和现实意义。其具体的运作模式以及社区、社会组织、社会工作三者之间的互动关系，在“三社联动”关系图中有形象的展示（见图 9-4）。

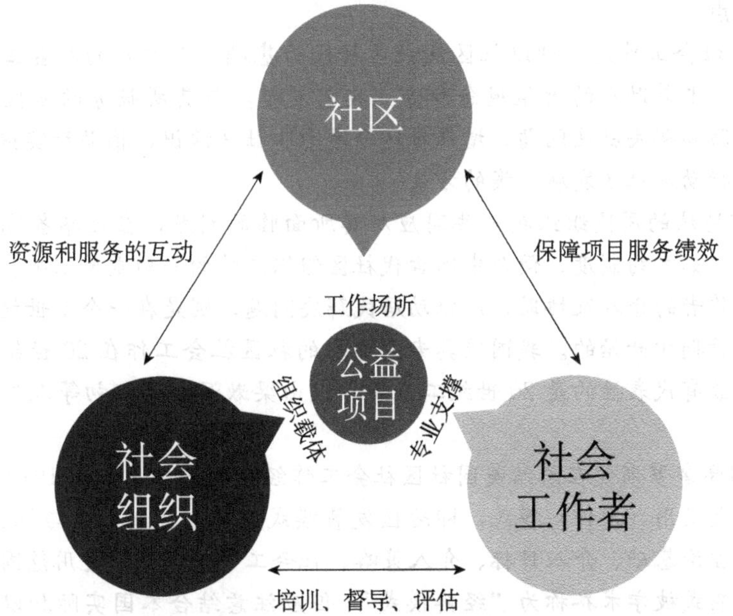

图 9-4 “三社联动”关系图

① 马洪波．宁波：以社区公益项目推进“三社联动”．中国社会组织，2016（3）．

为了进一步发挥公益组织的聚集效应，宁波市海曙区计划在周江岸路建立一家200平方米的公益超市。为了保证项目的运作效果，项目团队特地邀请了社工作为项目的督导员。

督导员首先对项目的需求进行评估，发现了两个问题：一是社会组织的能力问题，公益超市的产品都是公益组织提供的，产品的市场竞争力不强；二是公益超市在一个老小区的街边，客流量不大，而房屋租金等成本较高，经营压力大，项目团队感到难以操作，流露出畏难情绪。

督导员就此展开有针对性的工作，一方面激发项目团队的信心、勇气和专业认同感，另一方面协助项目团队提升项目设计管理、系统思维分析、工作节奏把握、社会关系处理和社会资源动员等方面的实务能力。同时，项目所在的社区也给予了大力支持。最后，公益超市顺利建成并如期投入试运行。由于营造了体验式环境，聚集了公益新产品，展示了公益新创意，项目效果逐渐凸显，初步实现了使其成为公益产品聚集地、公益体验新天地、公益创意策源地的目标。

在这个过程中，运作此项目的社会组织的能力有了质的飞跃；社区获得了一个亮丽的公益品牌；社工通过对此项目的督导，在其职业生涯的成果中写下了浓墨重彩的一笔。“三社联动”最终获得了“三赢”的效果。

可以肯定，在新世纪、中国改革开放的新阶段、中国特色社会主义的新时代，社区社会工作在中国必定大有可为。但问题在于，应当适应这一形势，大力推进社区社会工作的专业化发展，不断提高社区社会工作的规范化和实际效果。

本章要点

1. 社区社会工作是一种以社区及社区居民为基础（案主）的社会工作，由专业社会工作者，本着助人的价值观念和专业技艺发起，与其所服务的社区居民一起工作，旨在预防和解决社区问题，增强社区凝聚力和社区意识，推动和实施与居民福利有关的社会行动及社区发展方案的方法。

2. 一定地域的居民组织起来共同应对其所面临的问题，在世界各地都有着比较久远的历史。如乡约制度，便是中国古代社区组织工作的一项重要创举。但通过专业社区社会工作者的介入及协助，以推动居民解决问题，则是在一个多世纪前的英美慈善组织会社时期才开始的。我国较具专业色彩的社区社会工作在20世纪上半期已经出现，其中最有代表性的是20世纪二三十年代由梁漱溟和晏阳初等人领导的“乡村建设运动”。

3. 美国学者罗斯曼在总结美国社区社会工作经验的基础上，于1979年提出了社区组织的三大实用（操作）模式，即地区发展模式、社会计划模式与社会行动模式。三大模式在理论基础、介入目标、介入策略、社会工作者角色、适用范围等方面都有不同。这些模式被学术界称为“经典模式”，但应注意结合本国实际加以运用。我国台湾学者李宗派则总结出关于社区发展的四大模式，即创新改革模式、改变习俗模式、行为改变模式、过程取向模式等。随着社会工作专业走向成熟，将个案工作、小组工作融合到社区社会工作过程中的做法，在国际上越来越成为一种趋势。

4. 关于开展社区社会工作的原则，或社区社会工作的实施原则，一般有关社会工作、社区社会工作类著作都涉及并讨论过，甚至联合国有关机构也在这方面提供了参考性意见，以指导各国的社区建设。根据有关学者的论述和概括，结合笔者的理解和体会，社区社会工作的实施原则主要包括五项，即以人为本的原则、居民参与的原则、社区自决的原则、协调发展的原则、因地制宜的原则。

5. 社区社会工作的开展是一个连续不断的过程，包括一系列经过理论验证和实践证明的科学程序。综合各方面专家的意见，社区社会工作的过程可划分为以下五大基本步骤，即建立专业关系、收集社区资料、制订行动计划、开展社区行动、评估工作成效。

6. 中国的社区社会工作有比较悠久的历史。现代意义的社区社会工作在20世纪上半叶有了初步的发展，其中“乡村建设运动”初步形成了一个本土化的社区社会工作模式并产生了国际影响。改革开放以来，社区社会工作在社区建设、社区服务的框架下受到重视，近年来，随着国家加强和创新社会治理，社区治理受到重视，社会工作的空间大大拓展。

复习思考题

1. 试比较社区组织、社区发展、社区社会工作三者的异同。
2. 试述西方社区社会工作发展的沿革。
3. 试比较罗斯曼社区组织的三大模式。
4. 简述“社区营造”模式。
5. 试述社区社会工作实施的原则。
6. 试述社区社会工作实施的程序。
7. 试述我国社区社会工作的发展演变。
8. 试分析以下案例。

案例一：依靠社区力量走出困境的贝克卢拉社区

贝克卢拉（Backlura）位于瑞典首都斯德哥尔摩南部，拥有约2.3万人口，是个历史悠久的古镇。由于面向大海的地理优势，20世纪初，贝克卢拉已经由一个小渔村发展成瑞典的经济中心，20世纪中叶以后，贝克卢拉进入一个突飞猛进的发展阶段。20世纪六七十年代，瑞典实施了一个“百万住宅方案”。这一方案促进了贝克卢拉的繁荣，但是也带来了一些弊病。从1970年至1990年，贝克卢拉大兴土木，各种建筑工程纷纷上马，高层建筑、低层楼房和一排排的别墅如雨后春笋般冒了出来。建筑热潮使贝克卢拉显出一派欣欣向荣的景象。然而盲目地追求高速发展，失去计划性和整体规划性，繁荣必然是短暂的，是一种泡沫式的假象。

1993年，贝克卢拉盖起了一座难民收容所，这个工程计划显然是十分不明智的，它没有考虑到贝克卢拉的整体定位，忽略了社区的统一性和协调性，使本来就有些无序发展的社区建设又添了一大败笔。居住在这一社区的老居民开始纷纷外迁，人口数目有所下降。贝克卢拉一时繁荣过后显示出衰落的征兆。

贝克卢拉的社区政府和社区组织认真分析了当地发展衰退的原因，认为症结在于社区发展缺乏协调性；不同阶层、背景的社区居民之间缺乏沟通和了解；社区在整体上缺乏吸引居民的魅力。针对这些问题，它们采取了一系列行之有效的措施。

第一，在社区内建起了一个广泛的协调工作网。由社区政府各部门、警方、就业中心、体育俱乐部、园林局和教会共同结成伙伴关系，其中又以社会关怀、儿童与教育和市政住宅部门起主导作用。协调工作网中的伙伴部门既有携手发展社区的共同目标，又有明确的分工和权限范围，各司其职、各负其责，协商解决问题，使当地的社区社会工作井然有序，成为一盘下活了的棋。

第二，把改变社区环境、建设绿色家园作为头等大事来抓。它们成立了一个美化环境工作组，吸收不同经济背景和文化水平的居民一起参加，植树种草，把荒芜的土地建成漂亮的街心花园。它们还与就业中心合作抓这个项目，把绿化环境与就业问题挂钩，为无业人员提供参加绿化和环保劳动的机会，解决了一些长期失业者的就业问题。

第三，社区建设特别注重发挥青少年的参与作用。贝克卢拉社区配合学校的素质教育，在假期里组织中小学生积极参与社区活动，安排他们修建草坪、种树、走访孤寡老人、照顾病人，使贝克卢拉形成一种人人关心社区建设、人人互相关爱的氛围，同时也为青少年培养自身能力、走向社会打下了良好的基础。

社区开展多种多样的社区活动，全方位地改善社区形象，提高社区吸引力。当地经常开展的活动是组织不同国籍、不同社会阶层的居民参加共同劳动、培训、娱乐和聚会，比如教授瑞典语、开办烹调班、举办民族风味美食节等等。贝克卢拉社区举办的这些社区活动都具有很强的针对性，目的还是加强社区的团结和凝聚力，增强社区吸引力，收到了很好的效果。

从 20 世纪 90 年代初贝克卢拉出现衰败迹象到现在，正好 10 年过去了，当地没有被问题牵着鼻子走，而是依靠社区的力量，变不利因素为有利因素，使贝克卢拉成了一个多民族、多背景居民和睦相处而且极富吸引力的社区。

案例分析题：

（1）试说明走出困境前贝克卢拉社区的主要问题。

（2）试述贝克卢拉社区复兴计划的具体措施。

（3）试析社区居民参与对社区凝聚力形成的作用。

（4）试述贝克卢拉社区社会工作的特点。

资料来源：杨叙．北欧社区．北京：中国社会出版社，2003：300－303.

案例二：广州文昌地区慈善会

广州逢源街道位于广州市荔湾区中部，是广州市的老城区，人口居住密度高，而且中低收入者居多。60 岁以上的老人占总人口的比例为 17%左右，孤老、残疾、特困等人群的比例也较高。保障社区弱势群体的生活成了社区的迫切需求，参考国际经验，街道办事处决定成立慈善会。经过一年多的筹划，1996 年 7 月，文昌地区慈善会正式成立。

这个慈善会虽然是政府组织、干部倡导并发起的，但并不是政府的附属机构。它是社团登记的社会独立法人，其宗旨是募集社会资金，组织社区互助，为辖区内的贫困人口和全体居民的需要服务。它的资金是自主筹集，主要源于社会捐助；它的组织决策是独立自主的，通过街道干部（11 人）、社会人士和居民（28 人）组成理事会来掌握组织决策权；它的运作机制是独立的，建立了民主管理制度、管理条例、财务管理制度等组织及管理制度；每年年度工作计划由总干事提出、理事会决定；慈善会设立专项账号、账目和财经监督小组，定期向理事会报告经费收支情况；社会各界捐款捐物的名单、数目定期张榜公布。

文昌地区慈善会的主要工作是：(1) 募集所需资金。(2) 明确社区需求，提供社区福利服务和公共服务，包括为全社区 1 300 多名孤老、残疾、特困、孤儿提供援助和服务；开展为社区老人、儿童、残疾人服务活动；开展社区文化娱乐、教育科普、体育健身、法律、卫生保健、居民再就业、计划生育、社区环境卫生等各项服务。(3) 修建社区公共设施。(4) 组织邻里互助，弘扬慈善意识。此外，在建立慈善会的同时，发动社区居民以自发组织为原则，自行组建了十几个社区小社团。

该社区通过慈善会争取了社会（外部）资源，并通过慈善会将这些资源用于社区。慈善会通过街道办事处和社区服务中心开展助老、养老等慈善事业，实现自己的组织目标。组织体系和资源配置方式的变革带动了社区功能的整合，社区形成了新的分工模式：街道办事处主管公共事务，慈善会主要提供社区公共服务。社区组织、资源功能的全方位整合，真正促进了社区的协调发展，使得逢源街道成为当地居民具有共同追求、互敬互助、关系密切的社会生活共同体。

案例分析题：

(1) 文昌社区的主要需求是什么？

(2) 试述文昌社区慈善会的性质及其工作内容。

(3) 试述社区社会工作中社区组织的作用。

资料来源：杨团．推动社区公共服务的经验研究：导入新制度因素的两种方式．新华文摘，2001 (12)．

关键概念

社区、社区社会工作、社区组织、社区发展、社区营造、社区社会工作实施原则、社区社会工作程序、乡村建设实验、三社联动

推荐阅读书目

1. 甘炳光等．社区社会工作：理论与实践．香港：香港中文大学出版社，1998.
2. 周沛．社区社会工作．北京：社会科学文献出版社，2002.
3. 苏景辉．社区工作：理论与实务．台北：巨流图书公司，2000.
4. 徐永祥．社区发展论．上海：华东理工大学出版社，2001.
5. 莫筱筱．明亮台湾社区营造的经验及启示．城市发展研究，2016 (1)．
6. Lyon L，徐琦等．社区社会学．北京：中国社会出版社，2003.
7. 特维尔威特里．社区工作．北京：中国社会出版社，2001.

第十章
社会工作行政

社会行政，英语对应词为 social administration 或 social welfare administration，也称“社会工作行政”或“社会福利行政”，本书称为社会工作行政或社会行政。与个案社会工作、小组社会工作以及社区社会工作等方法不同，社会行政不直接面对工作对象，而是一种间接的社会工作专业方法。此外，在社会工作专业方法体系中，社会行政、社会政策和社区工作属于宏观层次的方法，而个案工作、小组工作则是一些微观层次的方法。本章首先对社会行政的基本概念、要素、层次、演变、功能、基本过程等一般原理加以介绍；然后对社会服务的督导、咨询等予以介绍和分析。

第一节 社会行政概述

一、社会行政概念的含义

（一）什么是社会行政

“行政”一词译自英文的 administration，是指政府机关或公共团体为达成特定目的或完成特定使命，通过使用有效的方法和合理的机构，对所需的人、财、物加以充分运用的过程或程序。行政与管理（management）二者既有联系，又有区别。管理往往与营利相连，如企业管理；行政往往具有公共的、非营利的性质，这是二者的区别。二者接近的一面在于，无论是行政还是管理均涉及权威的运用，涉及指挥和控制等方面的问题。在当代，二者实际上正在变为类似词。

社会行政是现代国家公共行政的一个部门，也是现代社会工作的专业方法之一。社会行政出现的时间尚不长，关于社会行政的内涵究竟是什么，在学术界尚不统一。

基德内（John C. Kidneign）认为，社会行政可以说是把社会政策转化为社会服务的过程。这一定义包括如下的含义：把社会政策转化为社会服务过程中所获得的经验，作为对社会政策修改的建议。因此，这是一种双向的过程：（1）把社会政策转化为社会服务的过程；（2）利用这一过程所得到的经验对社会政策的修正提出建议。[①]

白秀雄认为，社会行政一方面是政府公共行政的一个部门，另一方面是社会工作的一种间接方法。就前者而言，它是指一个政府根据其立国主义和社会政策，顺应社会福利的世界潮流，并参照其当前社会需要与状况，所从事的有关社会福利的措施及活动，其目的在于发挥政府福利工作的功能，完成国家福利工作的责任，以保障人民的生存权、工作权及财产权。就后者而言，社会行政作为社会工作的专业方法之一，它是透过行政程序以确保服务的功效，实现社会福利的目标。[②]

崔克尔认为，社会行政是与他人共事的过程。在这一过程中，人们之间相互依赖，相互扶持，力求运用各种资源，以提供社区所需要的服务与计划。崔克尔还在总结各家关于社会行政定义的基本特点的基础上，将社会行政的共同内容界定为以下五个方面：（1）社会行政是一种持续不断的动态过程；（2）社会行政的目的是实现特定的服务目标；（3）在行政过程中应充分发掘各种人力、物力资源；（4）合理运用各种资源以实现社会行政目标；（5）在这一过程中，设计、组织及领导是必要的。[③]

总结以上各家的定义，本书倾向于给社会行政下一个综合性的定义：社会行政是依照行政程序，通过协调运用各种资源，将社会福利政策转变为具体的社会服务，以实现政府或机构特定社会福利目标的过程。

社会行政有广义、狭义之分。广义的社会行政涉及政府福利行政与社会服务组织的日常管理工作。狭义的社会行政主要是指社会服务组织的日常管理工作。

在此我们也给狭义的社会行政下一个定义。社会行政是指社会服务机构的工作人员根据国家社会政策，综合运用行政学、管理学、社会学、社会工作等多学科知识，确立社会服务机构的目标，获取并妥善利用资源，通过计划、组织、领导和控制等环节来协调人力、物力和财力资源，以保证服务机构的效率和效果的活动和过程。[④]

（二）社会行政、社会福利行政、社会工作行政概念辨析

社会行政的具体提法有二：社会工作行政与社会福利行政。其实二者是有区别的。

社会工作行政是计划、组织、协调具体的社会服务的行政活动，比较靠近具体的社会工作，常常反映在某一社会服务机构、某一社会服务活动的整体设计与推动之中。

社会福利行政面对所有社会福利活动，包括政府社会福利政策的执行、监督、评估，这些活动不是仅仅针对具体的服务活动，而是着眼于整个社会福利政策的运行。这样，社会福利行政不但涉及具体的社会工作的组织、协调，而且与政府在宏观层面的社会福利政策的实施有关。

---

① Trecker H B. Social work administration: Principles and practice. New York: Association Press, 1971: 23-24.

② 白秀雄．社会福利行政．台北：三民书局，1981：22-23.

③ 同①24-25.

④ 陈为雷．社会工作行政．北京：中国社会出版社，2010：9.

社会行政一般是社会工作行政或社会福利行政的简称，在本书中，主要是社会工作行政的简称。

（三）社会行政与公共行政概念辨析

公共行政是与公共事务相关的行政活动，是政府的本质性的职能活动，它通过把公共政策转变为具体的实践来增进社会的公共利益。

从广义上理解社会行政，社会行政与公共行政二者的联系在于：社会行政部分属于公共行政，公共行政在一定程度上包括了社会行政。即社会行政与公共行政存在交叉。

社会行政与公共行政二者的区别在于：（1）公共行政是面对一般公民、维护其利益的行政活动，社会行政则主要面向社会上的弱势群体。（2）与公共行政相比，由于社会行政所要解决的主要是弱势群体的问题，它是价值相关的，在政策实施中更多体现对政策对象的关怀。（3）社会行政的主体呈现多元化趋势（国家、企业、社会组织），公共行政的主体是政府。

二、社会行政的构成要素

（一）社会政策

社会政策是社会行政和其他社会服务活动的基础。

从宏观角度看，即从国家、政府层面看，社会行政就是实施社会政策的过程——没有社会政策就不会有落实政策的组织和机构，就没有合法地动员起来的资源，也没有针对它的实施行动即社会行政。

从微观或具体活动的角度看，没有社会政策，也就没有社会福利服务的传输系统，就没有强有力的制度去保证服务的有效提供。

（二）福利资源

社会福利资源是可以用来改善或增进人们的社会福利的资源。

社会福利资源包括物质性资源和服务性资源，前者是以物质或资金的形式存在的，服务性资源是人们所需要的、可以解决自己困难的服务活动。

社会福利资源的存在形式、数量和类型，对社会行政发生着直接影响。

（三）服务机构

社会服务机构是直接从事社会服务的组织，是社会福利传输的主体。无论是政府的福利活动，还是民间的福利行为，都是借助一定的组织、机构的参与而推进的。

在市场经济比较发达的社会，实施社会福利的组织系统有三个，即非正式社会福利系统（由家庭、家族、邻里、朋友等初级关系组成，基于感情连带关系）、正式社会福利系统（由政府部门及其兴办的机构组成）及社会性社会福利系统（由非营利组织承担）。

政府部门之间、政府部门与服务机构之间、各社会服务机构之间以及组织和机构内部的合作协调，就是社会行政。

(四) 行政人员

社会行政人员是在社会政策执行系统和社会服务机构中从事政策实施设计和对服务活动进行协调、督促的人员，他们对有效地实施社会政策、实现政策目标负有直接责任。

社会行政人员由两部分组成：一是政府系统实施社会政策的推动者和政策实施框架的设计者（公共行政体系中负责推动和落实社会福利政策的官员和一般工作人员）；二是与具体服务相连的行政人员，具体负责组织、协调服务活动，促进服务的落实（社会服务机构中的行政人员）。

(五) 服务人员

社会服务人员是直接将社会福利资源传送到政策对象手中的工作人员，他们与服务对象之间的互动直接决定了社会服务的效果。

社会服务人员的承担者可能是专业社会工作者，也可能并不具有专业资格。对于后者，社会服务机构一般应对他们进行专业价值与专业方法的培训，以提高服务的效率与效果。

社会服务人员直接同服务对象打交道，会及时发现服务中的问题、矛盾、障碍，对社会行政过程以及社会政策的修正和完善发生重要影响。

三、社会行政的范围

(一) 三层次说

按照帕森斯（T. Parsons）的意见，可将社会行政划分为制度、管理和技术三个层次。

（1）制度层次：属于宏观控制，包括制定社会工作整体规划，制定社会政策、法规，决定各级行政组织的职责范围等。

（2）管理层次：包括筹措与安排各种资源的运用；设计组织结构，协调各组织间的关系；指导机构成员充分发挥作用，以人尽其才；招聘、培训职员；等等。

（3）技术层次：包括向受助者提供咨询服务，个案转介，案主辅导，社会资源的提供，制定工作目标、选择工作方案，人员的具体配置，执行、评估，资金预算等。[①]

(二) 二层次说[②]

二层次说将社会行政划分为宏观、微观两大层次。宏观社会行政是指在政府的社

---

① Sarri R C. Administration in social welfare//Encyclopedia of social work：Vol 1. Washington，D. C.：NASW，1977：47-48.

② 社会工作学界多数学者持此说。系作者根据多种资料来源（尤其见：李增禄．社会工作概论．3版．台北：巨流图书公司，2002：209.）综合而成。

会行政系统中和在大型社会福利组织（非营利组织）中，从事社会政策的执行设计、为其建立条件及规则并全面地推动政策实施的活动。

宏观社会行政的主要任务是：制定社会政策的实施细则，进一步阐明政策的目标及意义，明确政策对象的范围，指出政策的责任部门，明确资源的来源及筹集方法，指明各相关部门之间的关系及推动政策实施的方法，说明政策实施效果的评估及责任承担等。

宏观社会行政的特点是：其一，体现国家政治目标（社会发展、社会建设目标），通过社会行政落实国家的政治目标；其二，广泛协调，同占有资源、权力的各有关部门进行广泛的协调（如国务院为落实残疾人、老人、儿童、扶贫等社会政策成立了各种协调机构）；其三，对政策实施负领导或指导责任（主要责任）；其四，与服务对象关系的间接性。

微观社会行政指的是在政府部门或社会福利机构中最接近具体服务的基层机构从事的社会行政活动。微观社会行政一般出现在行政系统或大型社会福利系统的末端，与宏观社会行政的划分是相对的。在民间、专业性福利机构比较发达的西方国家，微观社会行政往往表现为社会福利机构的行政活动。

非政府的社会福利系统及政府社会行政系统都存在微观社会行政（如城市街道办事处的社会保障所或低保所，最接近服务对象）。

微观社会行政的特点是：其一，实务性（服务目标的具体性）。以具体促进某项服务任务的完成为目标。其二，局部的协调。以服务地域或范围而言，在有限的地域或范围内其协调也是广泛的。其三，部分责任。也是相对于服务地域或范围而言，在有限的地域或范围内，对落实具体社会政策同样负主要责任。其四，和服务对象关系的直接性。

宏观社会行政与微观社会行政的区别在于：(1) 宏观社会行政一般是在更大范围内面对复杂情况对实施政策进行的设计、计划和组织，微观社会行政则主要是面对局部地区进行具体筹划（结构意义）。(2) 宏观社会行政落实国家的政治目标（资源分配的总体原则），微观社会行政落实社会服务的具体目标（功能意义）。

宏观社会行政与微观社会行政的联系是：二者在结构上相互联结，在功能上相互依存。宏观社会行政与微观社会行政的划分具有相对性。

（三）就实施的项目而言

社会行政有广义及狭义之分。广义的社会行政是将政府处理有关人员一般福利的职权范围皆包括于其中，如教育、卫生、住宅、公共救助、就业辅导、伤残康复、社会保障以及各种福利措施。联合国在 1959 年出版的《社会发展计划的国际调查》一书中，将社会行政的范围分为以下 10 个方面，这便是对社会行政范围的一种广义的理解。这 10 个方面分别是：

(1) 国民健康计划；

(2) 营养及家政计划；

(3) 国民住宅计划；

(4) 劳工福利计划；

(5) 教育计划；

(6) 社会保障及收入维持计划；

(7) 社会发展特殊计划（包括保护及重建计划）；

(8) 乡村发展计划；

(9) 乡村社区发展计划；

(10) 都市发展计划。

狭义的社会行政一般只包括社会保障、社会救助、福利服务等内容。

四、社会行政体制

通过对一些有代表性的国家社会福利行政体制的全面考察和比较分析，大致可划分为以下五种类型。

(1) 独立的社会福利行政体制：如澳大利亚和新西兰政府的社会保障部，菲律宾的社会服务和发展部，新加坡、瑞典和挪威的社会事务部等。

(2) 社会福利行政与公共卫生行政合一的体制：如英国的卫生与社会保障部、法国的社会事务部、改革前的日本厚生省等。

(3) 社会福利与劳工行政合一的体制：如德国的劳工与社会事务部、一些国家的劳工与社会保障部等。

(4) 社会福利与劳工及其他公共行政合一的体制：如泰国的内政部、改革后的日本厚生劳动省等。

(5) 分立的社会福利行政体制：如中国的社会福利行政体制。1998 年改革前，我国的社会福利事业由劳动部、人事部、卫生部、民政部等机构分别管理；改革之后，社会保险统一由劳动与社会保障部管理，社会救助、国民福利、最低保障等由民政部管理；2008 年，社会保险划入新组建的人力资源和社会保障部的职责范围，民政部仍然负责社会救助、国民福利、最低保障等事业的执行与管理。

第二节 社会行政的发展演变

一、西方社会行政的发展演变

西方古代的救济事业多由教会主办，政府和民间也有一些救济工作。在资本主义出现以前，未形成明确的、固定的制度，也没有制度化的社会行政。

在资本主义前期，受亚当·斯密等鼓吹的“自由放任”思想的影响，社会工作、社会福利等被视为不必要，社会行政自然不受重视。但当时英、德等国的民间救济、慈善事业比较发达；英国政府的济贫事业有相当发展，但和现代社会福利制度相比，差别很大。当时的私利救助机构之间缺乏协调，容易导致救济资源的浪费，存在一些应该被救济的人享受不到救济，而另一些人重复享受救济的问题。

当资本主义发展到了“福利国家”时代，随着社会的进步，社会上也出现了各种问题，有赖于政府通盘解决；长期实行自由放任的结果，使社会问题变得复杂，唯有政府着手进行有计划的处理，方有逐步解决的可能。因此到了这个时代，社会行政事业受到重视，开始朝着社会化、科学化、专业化发展，而且行政已不再是简单、零星的工作，而是有系统、相互配合的整体行政。社会福利工作到了这一阶段，不但被确定为国家的责任，同时亦奠定了专业化的地位，成为国家施政的重要内容。随着社会行政实践的发展，对社会工作专业学生进行这方面知识和技术的系统训练以适应实际工作的需要便被提上了议事日程。在这种情形下，经过社会工作学者的努力，1914年，社会行政在美国首度被纳入社会工作学院学生的训练课程之一。1944年，美国社会工作学院课程委员会将社会福利行政作为训练学生的八门基本课程之一。1978年，美国社会工作教育协会提出将社会行政置于优先发展的地位，从而使社会行政方法受到前所未有的重视。

然而，西方福利国家社会行政的发展过程也不是一帆风顺的。20世纪70年代，全方位、高保障的社会福利模式为西方各国政府带来了巨大的经济压力。为了减轻政府包袱，各国政府纷纷转变社会行政模式，收缩政府职能，推动社会服务的市场化，精简行政人员队伍，将部分社会行政职能移交地方政府或第三部门。英国的撒切尔夫人主张实行社会福利政策改革，将社会福利政策纳入经济政策，以社会安全制度补充劳动力市场的缺失，通过低工资政策减少政府开支，鼓励勤奋工作，强调个人、家庭、慈善团体、志愿服务、企业等服务主体的社会福利职能。而美国的里根政府则主要通过压缩福利项目、降低补助标准和提高补助资格限制、将部分社会行政权力转移给地方政府等措施来缓解危机。

二、我国社会行政的发展演变

（一）我国社会行政的发展

新中国成立之初，我国实行高度集权的政治体制，无论是政治、经济层面的问题，还是社会层面的问题全都通过行政手段予以解决。政府作为社会行政职能的全权承担者，将社会福利政策的落实分别交予相关政府部门承担，具体如救济、救灾、农村社会福利等工作由民政部承担，城市职工的社会福利则由劳动部门负责，城市职工的医疗保障由卫生部承担，其他部门如工会、妇联、残联则分别负担了职工的部分福利和妇女、儿童、残疾人的福利事业。城乡分割是这一时期社会行政的重要特点。城市形成了以政府和单位为主体的社会行政模式，政府通过职工所在单位为他们提供了较为全面的生活保障，如养老、医疗、住房等等。而广大农民的社会保障则只有通过人民公社范围内的互济实现，保障水平非常低。

改革开放以来，我国开始了全面的社会改革，在政治、经济、文化等领域发生了翻天覆地的变化，原来手段单一、条块分割的社会行政体系难以适应市场经济转型所带来的复杂情况，与市场经济相适应的社会行政改革成为必然。这一时期社会行政的特征可以归纳为以下几点。

(1) 社会行政理念发生改变。这一阶段，我国的公共行政理念从管制型向服务型转变、从政府办社会向有限行政转变，社会行政体系改革也顺应了这一历史趋势。一方面，改革开放之后，充满竞争的市场经济体制逐步取代了僵化的计划经济体制，不少人手中捧着的“铁饭碗”也被打破了，原有的以单位为基础的国家职工社会福利必然要退出历史舞台。取而代之的是服务全体劳工者的社会保障体系与社会行政制度，这种新的社会行政制度不仅要有利于逐步缩小城乡福利待遇差异，还应促进社会福利政策的可行性与公平性。另一方面，中央政府逐步放权，缩小直接行政的范围，并采用间接管理的手段，将部分职能下放给地方政府或第三部门，强调个人、家庭、企业、集体、各级政府在社会保障中的责任与作用。

(2) 我国的社会行政在很大程度上仍然依赖于民政工作的开展。狭义的民政可以理解为中华人民共和国民政部负责的社会救助、国民福利、最低保障等事业的执行与管理，广义的民政则可以指一种社会行政的方式。中国社会工作行政组织的主管部门是民政部，其功能主要有两个：一是参与政权建设，维护社会稳定；二是帮助社会弱势群体解决生活困难。虽然社会行政的主体日趋多元化，但是受我国传统社会行政体制的影响，民政部门仍然承担着社会行政工作中非常重要的一部分。民政工作的方式、方法也是我国社会行政体系中较为独特的组成部分。

(3) 第三部门在社会行政中的作用逐渐显现。第三部门作为政府与企业之外的第三种社会力量，逐渐承担起越来越多的社会福利资源再分配任务，除了提供直接的社会服务之外，还能加强群众与政府之间的沟通，监督政府的社会行政。一些协会、联合会等非政府组织，还能协助政府或独立开展社会行政，发挥执行与管理的功能。

(4) 社会行政立法工作得到加强。改革开放之前，我国社会行政的主要依据是社会政策或行政指令，社会福利政策的执行缺乏法律保障。改革开放之后，我国注重通过立法程序将公民应该享受的社会保障固定下来，依法行政。此外，由于社会行政主体日趋多元化，各个行政主体之间的关系难以理清，只有不断完善相关法律，加强社会行政监督，才能保证社会行政的高效率。

以上几点是我国社会行政改革过程中表现出来的一些特征，或说是改革的方向。需要澄清的是，社会行政在这几方面的发展仍然不够充分，改革工作还有更长的路、更高的目标等待着人们去探索。

(二) 我国社会行政改革面临的主要问题

第一，社会行政部门职能条块分割，影响社会行政整体水平的提高。我国社会行政管理机构众多，机构之间职权设置条块分割。虽然民政部门可以被看作社会行政的主要部门，但是人力资源和社会保障部、国家卫生健康委员会、残联、妇联等机构也承担着相当一部分社会行政工作，导致我国社会行政总体上缺乏协调性与全局性，不可避免地造成效率低下，资源浪费。

第二，我国社会行政法律体系仍不健全。虽然我国社会行政的立法工作在不断推进，但仍缺少系统的法律体系。

第三，社会行政主体单一。虽然自改革开放以来，第三部门取得了较大发展，但是其份额仍然偏小。由于我国民间福利机构缺乏有力的政策支持，缺少广泛的资金来源，他们好似在夹缝中生存，还没等壮大就已经夭折了，这种脆弱的生存状况直接影响其参与社会行政的能力。还有一些主要依靠政府资助的第三部门，习惯于行政命令式的福利执行体制，与政府部门没有太大差异。这导致了我国社会行政缺乏活力，缺乏民间回应意识。

第四，中央政府过于大包大揽，地方政府普遍缺乏主动性。我国目前仍然是高度一元化的社会行政模式，地方政府积极性不高，能够自我创新的空间不大。

第五，社会行政人员整体素质仍然偏低，专业化水平不高。目前从事社会行政的公务员或工作人员，大多没有接受过社会工作、社会保障、社会行政等相关知识的专业学习，理论水平不高，专业素养不够。虽然近几年有不少社会工作专业毕业生进入社会福利机构工作，但由于岗位设置、薪资待遇等问题，人才流失比较严重。

第三节 社会行政的功能

从社会行政的定义可以看出，社会行政是连接社会政策与社会服务的中间层次，因而牵涉到社会福利理论的实际应用、社会政策的具体执行、社会服务的规范与优化等多个层面的问题。美国学者塞瑞（Sarri）在其出版的《社会福利行政》一书中，从制度层面、管理层面、技术层面三个层次对社会行政的功能进行了阐述，运用的是一种功能主义的视角。国内学者大部分也接受了这种观点。塞瑞认为，在制度层面，社会行政将社会目标转化为社会服务行动或社会方案，把社会方案转化成社会政策或设置特定的机构以处理特定的问题等；在管理层面，社会行政作为一种实务的方法，它更加宏观和间接，通过行政管理的方法，如资源的配置、效率的提高、工作过程的监督和评估以及人员的培训等，来实现社会目标；在技术层面，社会行政能够提供优质的专业服务，其中包括确定机构的服务方案、提供与执行具体的服务项目，如对受助者的咨询、转介、辅导或经济上的资助，对服务的效果进行持续的评估等。[①] 在对国内各位学者的研究成果进行分析与综合的基础上，本书认为应从以下几点来理解社会行政的职能。

① 徐柳凡，阳光宁，赵怀娟．社会工作行政．合肥：合肥工业大学出版社，2005：6.

一、理论层次

社会政策是社会福利理论具体化的层次，社会政策的执行则是社会福利理论在社会实践中得到检验进而证实或证伪的过程。比如行政本身有其管理理论的本源，而社会工作行政的起源与发展也与社会工作理论的发展有着必然的联系。不断克服社会行政中面临的问题和优化社会服务的效果并最终实现社会目标，是社会福利理论发展的现实动力。

二、制度层次

社会行政是将社会政策转变为社会服务的过程。社会政策是解决社会问题、增进民众福利的一系列原则和措施，这些原则和措施的落实必须依赖于社会工作行政，其中包括解释社会政策、策划社会政策落实的具体方案、推动方案的实施等。[①]

社会行政还包括制定和调整社会政策的内容。社会政策的调整，如修改、补充、分解或终止等，是根据社会政策执行过程中所实现服务的效果来进行的。总结社会政策执行的经验，可以为合理修订社会政策提供宝贵的意见。

三、实践层次

这一层次包含了塞瑞关于管理和技术两个层面的功能。社会行政有助于提高社会工作管理的效率及提高社会服务的质量。社会工作行政通过统筹、组织、协调、监督、咨询等活动，有效地调动社会物质资源，配置人力资源，利用财力物力，进而在推动社会政策执行的同时，不断完善自身的管理机制和服务方式，实现社会工作机构的自我完善与更优质的社会服务。

四、现实意义

社会福利政策的执行有助于保障和维护社会弱势群体的基本权益，促进全体公民的社会保障水平的提高，进而调节社会矛盾，化解社会风险，实现社会公正，维护社会的和谐、稳定与持续繁荣。

专栏：对社会工作行政职能的再思考[②]

社会工作行政是社会服务机构将宏观的社会政策转化为具体的社会服务的动态过

① 张曙．社会工作行政．北京：社会科学文献出版社，2002：11.

② 时立荣．社会管理背景下的机构社会工作行政探析．东岳论丛，2012（1）．

程。社会工作行政的职能是保证这一过程的有效运行，以促进社会服务机构的使命达成。

1. 执行具体社会政策以传递福利服务

这是社会工作行政的基础性职能。社会福利政策是国家或社会机构满足民生需求、解决社会问题、增进民众福利的一系列原则和措施，是开展社会工作行政的指导方针。社会福利政策的原则和措施要转变为实际的社会福利活动并真正地惠及有需要的社会成员，需要一种转换机制，这就是机构的社会工作行政。社会工作行政就是要通过社会服务机构的具体行政管理过程，落实社会福利政策，从而将社会政策目标转化为具体的福利活动或活动方案。从政策层面来看，社会工作行政是将社会政策操作化和行动化，是政策的具体延伸过程。

在将社会政策转变为具体的福利活动的过程中，社会工作行政发挥着十分重要的规划和执行作用，可简单概括为：计划、组织、领导、协调、控制和诸项管理。同时，社会工作行政也根据实际情况，总结经验，不断修订和完善社会福利政策。

2. 运用科学工作方法以提高机构效率

社会工作行政是社会服务机构有效实现政策目标的过程，在这个过程中需要社会工作行政的有效执行。因此，强调工作方法的运用，主要表现为执行过程的高度组织性和资源的合理有效配置。

（1）执行过程的组织化方式。

社会工作行政必须通过社会服务机构这个组织，将社会政策转化为具体的社会服务。因此，社会工作必须通过行政的过程就是社会服务机构组织化运行的过程。要有效地达到政策目标，需要在机构内部进行组织和协调。社会工作行政通过服务的组织机构设计对参与服务的人员进行分工和组织，明确责任权利体系，以保证服务活动的高效率开展。同时，社会工作行政强调专业方法的运用，其中包括具体服务计划的制订、工作人员的专业培训、服务效果的专业评估等。作为社会工作行政主体的机构全体管理人员运用专业工作方法协调组织的能力对机构的效率运行具有重要意义。

（2）资源的合理有效配置。

将政策转化为具体的服务，实际上是社会福利资源的传输。在传输的过程中会产生资源的消耗，为了最大化地利用社会资源，需要社会工作行政对资源的有效合理配置。社会工作行政面对的社会资源包括人力、物力和财力资源，这些社会资源是有限的，需要进行有效整合，提高利用率，避免资源浪费。社会工作行政正是通过对各种资源的有效配置才能形成社会服务能力，满足服务对象的需要。

3. 执行工作流程以确保机构事务顺利进行

社会工作行政要将社会政策转变为具体的服务，需要制定具体的工作流程：

（1）将宏观政策具体化，即解释社会政策，根据社会政策确定机构总体战略目标，对目标进行管理和控制，维系机构内部环境和外部环境的平衡。

（2）根据社会需要确定短期和长期服务计划，并适时做出调整和完善，建立、健全社会服务的组织管理系统和结构体系，明确机构各类职责和规章制度。

（3）招募、培训、任用、组织服务机构相关工作人员，建立专业的工作方法体系和督导制度，根据机构目标评价工作人员的工作效率和服务水平。

(4) 策划社会政策的具体运行方案，提供专业的服务指导，确保运行方案的有效执行，确定政策落实的时限和评估标准等。

(5) 做好社会服务机构的资源筹措与安置工作，如资金的筹集与预算、志愿者资源的安排、同其他社会服务机构资源的优化配置，建立良好清晰的社会公共形象，做好公共关系网络的拓建，如和政府、媒体、其他服务机构间的关系。

(6) 建立明确的服务评估体系，及时进行对服务工作的总结和反馈。同时，社会工作行政在执行社会政策的过程中，需要根据实际情况，总结经验，不断修订和完善社会政策，这也是社会工作行政内涵的体现。

4. 监督控制效率和效果的一致性

为了妥善地运用与管理有限的社会资源，避免资源的浪费，需要社会服务机构通过科学有效的管理、提高效率来实现资源的最大化利用，保证机构服务资源投入产出的有效运转。对效果的要求则是保证机构服务的性质和质量品质，这是服务机构的使命和价值追求的最终目标。社会工作行政作为一种管理活动，其目的是实现组织目标，即满足服务对象的需求。注重社会工作行政的效率是为了更好地实现社会服务机构的效果，即满足服务对象的需求和达成机构使命。因此，社会工作行政需要监控效率和效果的一致性，这种一致性主要表现在两个方面。

(1) 在社会服务机构服务运行过程中的一致性。

在社会服务机构日常工作运转、提供社会服务的过程中，决策的重要依据即是否有利于满足服务对象的需求，并在此基础上提高效率，保证资源的充分利用。效率的提升是为了资源的有效利用，保证机构事务的有效运行，但是必须以达到社会效果作为事务开展的前提，不能偏离最终的服务目标和服务对象的需求，不能为了追求服务项目表面效果的达成，而破坏服务机构的价值理念和使命的追求。

(2) 在社会服务机构服务效果评估中的一致性。

评估包括效率的评估和效果的评估。效率的评估主要考虑达成方案目标的投入成本、是否完成方案的投入产出比，是一种效益的数字化表现。效果的评估主要是对服务绩效的评估，评估是否符合机构的使命目标、是否满足社会对机构的期待、是否为服务对象提供了符合质量标准的服务，以及这些服务是否对服务对象产生了效果、恢复和提升了服务对象的社会功能、改善了服务对象的生活质量。效率评估和效果评估的结果的契合度对于服务机构进一步开展服务活动具有重要的借鉴和指导作用。

第四节
社会行政的基本过程

关于社会行政过程所涉及的基本程序或环节、项目，学者们作出的划分不尽相同。如徐震、林万亿在《当代社会工作》一书中将社会行政过程的要项划分为组织、计划、管理、评估四项。王思斌在《社会工作概论》一书中将其划分为计划、组织、督导与激励、协调与控制、评估与报告五个基本环节。李增禄的《社会工作概论》一书将其划分为计划、组织、人员部署、领导、沟通与协调、决策、公共关系与报告、预算、评估九个环节。张曙在《社会工作行政》一书中将社会工作行政划分为实施前的准备阶段和实质性工作阶段，准备阶段包括法律准备、组织准备、物质准备、思想准备和技术准备，实质性工作阶段包括指挥、沟通、协调与控制等。徐柳凡等在《社会工作行政》一书中认为，社会工作行政按其运作程序主要包括组织、计划、执行与管理、评估四个阶段，其中执行与管理阶段又分为领导、沟通、协调、咨询、预算、咨询管理六个方面。李晓凤在《社会工作——原理·方法·实务》一书中将社会工作行政实施的程序分为以下九点：战略管理、计划、机构组织、人力资源管理、领导、协调、公共关系与公信力、预算、评估（见表10-1）。

表10-1　社会行政实施程序

战略管理	根据一个战略形成的管理组织和体系。
	(1) 识别组织现在的使命、目标和战略；(2) 分析组织外部的环境；(3) 分析组织的资源；(4) 重新评估组织的使命和目标；(5) 确立战略；(6) 实施战略；(7) 评估结果。
计划	是一个预先制定目标或任务，然后确定一个方案去实现它的过程。
	调查研究；构建目标；战略规划；运行计划。
机构组织	静态的组织内容和动态的组织过程。
	组织原则：(1) 适当的工作单位；(2) 工作分配明确；(3) 责任职权明确；(4) 有效沟通；(5) 责任分配；(6) 工作单位和工作人员的协调；(7) 控制幅度；(8) 标准化实务；(9) 容许例外规定；(10) 正确的记录。
人力资源管理	是管理者对于与一定的物力相适应的人力所执行的招募、培训、挑选、任命、适应性训练、评估、报酬、解雇以及协调各种关系的职能或管理行为。
	职能内容：规划与分析；招募与任命；适应性训练与培训；评估、提升与解雇。
领导	指机构行政首长的职责，其中包括落实社会福利政策、决策与规划、沟通、组织建设、选用人才、协调与解决冲突、控制与监督以及保持机构对环境的适应等内容。
协调	使机构的各单位之间、工作人员之间能分工合作，协同一致地达成机构的目标与任务。
公共关系与公信力	公共关系：将社会工作机构所从事的工作向董事会、会员、工作人员、政府相关部门以及一般大众予以说明的一种行政功能。 公信力：获得政府、社会和公众信任的能力。
预算	良好的会计制度、年度账目和稽核手续，以及担保经费的用途符合机构目标和政策。 对机构各个分支部门经费做合理分配，使各个单位能有效拓展业务。
评估	了解和测量实际发生了什么，从而提高机构的服务水平，更好地帮助弱势群体。

资料来源：李晓凤．社会工作——原理·方法·实务．武汉：武汉大学出版社，2008.

在国际上，20世纪60年代以来西方发达国家出现基于政治（决策）与行政（执行）的统一性，将社会政策与社会行政结合起来的倾向，甚至有的就干脆用社会政策涵盖社会行政，从而把社会行政视为社会政策过程的一个阶段即社会政策的实施阶段，把制定政策方案实施细则、项目资金的分配与服务的传递、政策的宣传等作为社会行政的基本环节。

不过，更多的学者坚持按行政的八要素（POSDCRBE）来划分社会行政的程序或运作。[①] 这八个要素分别是计划（planning）、组织（organizing）、人员配置（staffing）、领导（directing）、协调（coordinating）、报告（reporting）、预算（budgeting）、评估（evaluating）。以下，我们将依据这一划分分别加以介绍。

（一）计划

计划即指社会行政计划，是一个社会行政机构事先决定应做什么和怎样去做，是对机构将来的组织与业务加以通盘考虑的过程。一个好的行政计划应当具有以下特性。

（1）实际性：应本着实事求是的精神，通过实地调查，在全面汇集资料的基础上做出，不能“闭门造车”。

（2）可行性：计划须针对环境需要，是可以负担的，不好高骛远。

（3）具体性：计划内容应具体明确，不可含混不清、不着边际。

（4）清晰性：计划的文字要明白、清晰，体系应完整。

（5）灵活性：计划应有一定的弹性，以适应难以事先预测的变化。

（6）一贯性：计划须前后连贯，不可支离破碎或冲突、矛盾。

（二）组织

社会工作不仅是一种有计划的服务，也是一种有组织的服务。为了有效地实施社会工作计划，推进社会福利服务，应当根据实际需要设置正式的组织，建立科层体系，安排适当的人员，以便分工合作，分层负责。例如，为实际推进社会福利计划，国家和地方政府一般设置相应的社会行政机构。我国国务院设有民政部及人力资源和社会保障部，是国家一级的社会行政机构。地方及基层一般设立对应机构。这类综合性的行政机构一般划分为若干部门分管具体的社会福利事务或项目。为推进某种具体的福利措施或计划而建立的任务编组，也是社会行政组织的具体形式之一。

（三）人员配置

人员配置即对组织中的人与事做出合理、适当的安排。行政工作千头万绪，其中最具关键性的工作便是人事的安排或配置。社会福利机构通过有关人员的招聘、训练、考核及调迁等人事政策，以实现“人尽其才”“事尽其功”。具体而言，人事行政包括三个方面的工作。[②]

（1）人员的聘用及解雇：就行政主管而言，私立或民间机构一般由董事会聘用或解聘；公共机构的行政主管一般由各级政府的主要领导聘用或解聘。行政助理及一般

---

① 1937年，古利克（L. Gulick）等人在《行政管理科学论文集》一书中提出了著名的行政管理过程模式即POSDCRBE模式，将八大要素英文单词的首字母加一起，即为POSDCRBE。

② 林显宗，陈明南．社会福利与行政．台北：五南图书出版公司，2002：90-21.

职员则由行政主管决定聘用或解聘。

（2）职员的训练：人员聘用后，机构应负责对职员的训练或进修，以提高工作效率。这类工作一般由机构的人事部门或人事主管来完成。

（3）维持有利的工作环境：为保持任务传达渠道的畅通，机构人员之间的沟通渠道应畅行无阻。这被视为维持有利的工作环境的最好方法。

（四）领导

领导也被称为指挥。为了机构的有效运转与实现社会行政的目标，领导和指挥是非常重要的。一个成功的领导，应具备全面、优越的知识与技能，以及创造性的领袖才能，使工作人员对他有信心并乐意与他合作。他亦须经常与工作人员保持沟通，并通过公平的考核与待遇，以获得工作人员对他的信赖。社会行政机构的领导应注意采取民主的领导方式，激励工作人员积极性、主动性与创造性的发挥。

（五）协调

沟通和协调是机构主管及相关部门的重要职责。沟通的目的是为了使机构内不同的部门及人员在思想上及对事情的理解上联系起来，使其对工作的本质及职权的分配都有一定的认识。协调则是使各单位间、各工作人员间能分工协作，以实现机构的目标及任务。沟通是协调的前奏，协调则是沟通的结果。沟通在于思想上、意见上的共通，协调则力求行动上的一致。沟通和协调工作做好了，就能不断地消除误解，克服障碍，提高工作效率。

（六）报告

报告是为了总结和展现工作的成果。社会工作作为一种负责任的工作，不仅在个案工作、小组工作、社区工作中必须有记录和报告的程序，社会行政的实施过程或执行结果也需要提出报告，以示负责。社会行政工作报告不仅可作为工作的总结、记录，以备日后查考；还可用来向有关机构、人员乃至社会做宣传，以争取了解、支持、参与或赞助，使得社会工作得以继续推进。

（七）预算

预算是指一个社会福利行政机构在一定时期内（一般为一年）资金的收支平衡计划。这是社会行政计划中的重要项目。因为即便建立了比较合理的行政组织和配置了合适的人员，如果没有经费来源或经费支出无计划，社会行政工作也不可能顺利进行或取得预期的效果。社会行政机构应根据实际的需要及现有的资金状况和来源，编制合理的预算计划。为确保既使业务得到顺利推展又能做到收支平衡，应建立一套良好的会计及稽查制度，以担保经费的用途不背离机构的目标和政策。

（八）评估

评估包括对机构的评估及对方案的评估两种。对机构的评估项目包括机构的目标、经费来源、行政结构、人员资格条件、服务对象、工作的适当性、有关人员的参与程度等。对服务方案的分析可采用输入分析、过程评估、结果分析等方法。为保证评估工作的有效推行，实施评估应具备客观性、公开性及切实性等条件，外加科学的评估方法与技术。评估的目的是通过对福利机构的行政措施及各方案的作业的评审，检讨过去服务的实际效果与原有计划的目标以及机构的政策的实现程度，发现其实现过程中的困难所在，以探求下个阶段努力改善的方向。

专栏：社会工作行政的基本原则①

1. 社会工作价值原则：专业的价值是促进服务和满足需求者需要的基础。

2. 社区和案主需求原则：社区和社区内个人的需求，往往是社会机构和方案提供存在的基础。

3. 机构目的的原则：机构的社会目的必须能被清楚地构建、说明、理解和运用。

4. 文化情境原则：社区的文化必须尽可能地被理解，因为它影响需求表达的方式及需求者对服务的认定、支持和使用方式。

5. 目的关系原则：行政者、委员会、职员和顾客之间必须建立起有效的、有目的的关系。

6. 机构整体原则：机构的完整性和总体性必须能够被了解，它必须被视为一个内部相互联系的有机组合。

7. 专业责任原则：行政者必须在专业实践标准的基础上提供高品质的专业服务。

8. 参与原则：通过持续的动态参与过程，恰当地追求和利用委员会、职员和顾客的贡献。

9. 沟通原则：为让人们的功能能够充分发挥，沟通渠道的开放是必要的。

10. 领导原则：就目标的实现和专业服务的提供而言，行政者必须能负起领导机构的主要责任。

11. 计划原则：持续计划的过程是有意义的服务发展过程的基础。

12. 组织原则：许多人的工作必须要以有组织的方式安排和构建，从而能清楚地界定责任与关系。

13. 授权原则：授予其他专业人员权责是至关重要的。

14. 协调原则：授予众人的工作必须要能妥善地协调，以便机构的主要任务都能够被细化到每个人身上，使他们能够将全部精力恰当地集中于使命的实现上。

15. 资源利用原则：必须小心保护和使用金钱、设备和人力资源，以维持社会对机构的捐赠信赖。

16. 改变原则：社区和机构内部的改变是持续不断的。

17. 评估原则：对过程和方案进行持续的评估，这对机构目标的实现是必要的。

18. 成长原则：管理者应提供挑战性的工作分配、具有思考性的督导和个人与团体的学习机会，以促进所有参与者的成长和发展。

---

① Trecker H B. Social work administration：Principle and practice. New York：Association Press，1971：186-194//斯基德莫尔．社会工作行政——动态管理与人际关系．北京：中国人民大学出版社，2005.

第五节 社会工作督导

社会工作督导是社会工作行政的重要组成部分，其在专业社会工作出现以前的早期社会工作实践中便已存在。在慈善组织会社时期，就已出现社会工作督导的萌芽。只不过当时的督导是师徒传授式的，一般由师傅将助人的经验和技术传授给学徒。到20世纪初社会工作成为一门专业后，社会工作督导也逐步规范化、制度化。这时的督导一般是由受过专业教育并有丰富实践经验的资深人员，给予刚刚开始从事社会工作人员或已接受一定专业教育但没有实际经验的社会工作学生以督促、指导。这一工作是定期地、持续地开展的，以确保社会工作科学原则的有效运用及社会工作专业伦理意识的确立。本节将就社会工作督导的含义、功能及主要督导方式等方面的内容作概括介绍。

一、社会工作督导的概念

社会工作督导一词系从英文 supervision in social work 直译而来。关于这一概念的含义，在此先介绍几种。美国社会工作者协会在1965年出版的《社会工作百科全书》中对社会工作督导的定义是："督导是社会工作的传统方法，通过这种方法将社会工作知识和技术从训练有素的工作者传授给新进者或学生。"① 威廉逊（Margaret Williamson）认为，督导是一种程序，是指由社会福利机构指定的专业工作者协助社会工作计划的执行人员运用其知识和技术，发挥其专业技能，以更有效地开展工作，使自己及机构均感满意。② 廖荣利则指出，督导是专业训练的一种方法，它是由一个机构内资深的工作者，对同机构内的新进工作者或实习学生，通过一种定期和持续的督导训练方式，传授专业服务的方法和技术，以增进工作人员的专业技巧，并确保对案主提供专业服务的素质。③④ 白秀雄认为，社会工作督导是对实习学生或在职工作人员实施的定期、有计划、有系统和深入的指导工作，通过这一过程，以达到提高服务质量、确保服务效果、增强专业技能的目的。⑤ 王思斌等人在其《社会工作概论》一书中主要讨论了"社会工作实习督导"，对其所作的界定是：社会工作实习督导是使学生有效学习并保证社会工作服务质量的一个手段。其目的是使被督导者学习社会工作的理论知识、价值与技巧以及专业工作者的行为角色，学习按照专业社会工作者

---

① National Association of Social Workers. Encyclopedia of social work. Washington，D. C.：NASW，1965：785.

② Leny C S. The ethics of supervision. Social work，1973，18（2）：14－15.

③ 廖荣利．助人专业的专业精神．台北：青少年辅导中心，1975：37.

④ 廖荣利．督导技术．台北：台湾社区发展研究训练中心，1980：7（内部资料）．

⑤ 白秀雄．社会工作．台北：三民书局，1982：429－432.

的职责有效率地完成工作，提供有质量的社会工作服务。它一般通过定期的督导会谈来进行。①

从以上提供的有关社会工作督导的各种界说可见，社会工作督导是一种专门的社会工作方法或程序。它是通过督导者对被督导者的指导、督促，使被督导者能够更有效地运用专业知识和技能并按照专业伦理开展工作，以提高服务质量，保证服务取得预期的效果。

定义中所涉及的“督导者”，是社会福利机构中实际从事督导工作的人员。他必须受过充分的社会工作专业教育，同时必须具备丰富的实际工作经验，还必须掌握深入的督导知识与方法。具体说来，一个督导工作者应该是合格的专业社会工作者，机构措施和政策的忠实支持者，启发他人学习与改变的引导者，具有强烈社会责任感和事业心的职业工作者。

“被督导者”是指机构中接受督导训练的人员。一般包括以下四类：(1) 已经受过一定的社会工作专业教育的新社会工作者；(2) 正在接受社会工作专业教育的实习学生；(3) 未受过专业教育的社会工作从业人员；(4) 非专业的志愿服务人员即俗称的“义工”。从社会工作督导的传统来说，对第一类人员的督导是工作的重点，其次是第二类人员。但后来随着形势的发展，大量非专业人员加入社会工作者队伍，这样一来，对第三、第四类人员的督导日益受到重视。就我国实际而言，目前第一、第二类人员规模虽然在不断壮大，但为数仍然偏少，大量从事社会工作实际服务的人员是非专业人员，加强对他们的指导、督促工作，对提高社会工作质量，增强服务效果，显然非常必要。

二、社会工作督导的功能和目标

在现代社会，按照现代社会福利观点和理念，要求得到正确有效的服务内容与服务效果，是社会工作对象即受助者或案主的正当权利。作为社会福利或社会工作机构，都应针对服务对象不断充实服务内容，提高服务质量，以取得令案主满意的效果。而要做到这一点，社会工作机构就必须选派合适的人员对实际工作者实施定期的、持续的督导。

社会工作督导的功能主要体现为教育功能和行政功能两个方面。不同学者的概括虽有一定出入，但在对督导的教育功能与行政功能的认识上是共同的。

社会工作督导的教育功能体现为，通过督导过程，使社会工作实际从业人员在执行职责时，学习和了解更多的知识和实务，以改进对案主的服务质量。不同的实务领域应具备的知识、技术虽有所不同，但一般说来，督导者应使被督导者了解、掌握以下几个方面的内容：(1) 社会工作哲理、价值，社会工作的历史、现状，以及社会福利机构的计划、政策；(2) 社会工作专门知识、方法、技术、技巧；(3) 社会工作者对自己的认识和了解；(4) 机构和社区中可利用的各种资源；(5) 个案服务的工作量

---

① 王思斌．社会工作概论．北京：高等教育出版社，1999：332.

安排与时间分配。

社会工作督导的行政功能体现为，通过督导过程促进社会福利机构行政职能、责任的实现。具体来说，可分为以下几点：(1) 沟通与协调工作中涉及的各种关系，使之趋向统一的目标；(2) 对工作的实施负责任；(3) 对工作的结果进行评价；(4) 个案的分派与工作的分配；(5) 对工作者的情绪支持；(6) 总结社会工作者的实际经验，在机构内加以推广。

社会工作督导的基本目标是塑造适应专业要求的社会工作者。在督导训练中，应不断启发、鼓励、引导、督促学习者，使他们经过一定时期的训练后，成为有充分的专业知识、丰富的工作经验和强烈的社会责任感，并且能够遵守专业伦理的合格的社会工作者。社会工作督导的重要性，就在于社会工作是一种实践性很强的专业，仅仅通过学校精心设计的课程学习是不够的，更应当从实习与工作实践中取得实际经验，使专业知识得到灵活运用，专业方法得到熟练掌握。督导从中起到充分、有力的促进作用。

三、社会工作督导的方式

要达到上述社会工作督导的功能与目标，有待于社会工作督导体制的建立和督导训练的实施。其中，不同的督导训练方式的灵活运用对于督导功能与目标的实现具有重要的意义。社会工作督导起初只是专门针对社会工作机构中的在职人员，后来由于社会工作专业学生的实习成为社会工作专业教育的重要一环，对后者的实习指导也成了社会工作机构的重要职责。但由于对象不同，针对二者的督导训练方式及内容有所不同。这里就督导训练的一般方式加以介绍，对专业学生的实习指导在下一个部分再做介绍。

社会工作督导的方式主要有个别督导、团体督导以及同事、同仁或同辈督导等几种，也有将最后一种合并入团体督导之中一同介绍。本书在此采用前一种方式。

(一) 个别督导

个别督导（individual supervision）是社会工作督导训练中较常用的一种方式，也是最早使用的一种督导训练方式。该方式一般通过督导者与被督导者一对一、面对面地定期举行讨论会的方式进行。讨论的内容主要涉及工作者实际对案主提供服务时的各种专业程序和技术上的课题，也包括业务学习、行政及社会政策方面的难题。过去，这类督导讨论通常是督导者在被督导者处理案主的问题之后与之讨论。后来，单面镜等视听设备的运用，使这种督导活动可以现场进行。不过，受各种限制，现场进行的督导毕竟只能在少数机构进行。督导者与被督导者之间的讨论一般是双向交流式的，从而保证讨论能取得更好的效果。这种讨论会一般每周举行一次，每次一小时左右，持续一至二年，直至使接受督导者成为一个能够独立思考、综合判断、熟练掌握和运用专业知识与技巧的社会工作者为止。

采用个别督导方式的程序一般是，被督导者先以口头或书面形式向督导者提供一周以来的工作记录或工作中碰到的主要问题，然后督导者据此启发被督导者思考，引导他寻找答案，讨论不同的解决途径，并促使他选择或决定比较适宜的解决办法。

对督导者而言，每次会谈一般涉及以下程序：(1) 聆听。仔细聆听被督导者的全部陈述。(2) 补充。对被督导者遗漏的内容或重点加以提示、补充。(3) 质疑。向被督导者提问以开阔其思路，激发其走向新境界。(4) 评价。对被督导者的工作做出评价。(5) 建议。对案主问题的处理计划、行动提出具体建议，引导被督导者选择、决定。

(二) 团体督导

团体督导（group supervision）也可称为群体督导、集体督导，是社会工作督导方式中较晚出现但普遍使用的一种，主要用于对在职社会工作者的督导。它一般由一位督导者与一些被督导者组成一个小组，通过定期、持续地举行小组讨论会的形式进行。这种小组讨论会通常一周、两周或一个月举行一次，持续时间为一至两年。为便于控制以取得实际的效果，小组规模不宜过大，三五人或七八人比较适宜，一般不要超过十人。小组讨论的内容主要涉及工作者在开展专业服务过程中遇到的各种问题或难点，每次由小组中的一人或两人以书面或口头的形式提供工作记录和主要问题，让督导者及小组其他成员事先阅读、了解，然后由督导者主持小组讨论，以深入了解有关情况，寻找解决问题的各种有效途径。小组成员可根据自己的实际情况和工作需要自行选择、决定使用的方法和技术。

在使用团体督导方式时，督导者仍然起主导作用。督导者主持小组讨论的技巧如何，对督导效果的影响极大。督导者必须能够有效地引导小组成员自动、自由地提出问题、观点及建议，并能将各种不同的观点集中起来加以比较、分析和综合，而达到共同的认识和结论，以便于被督导者领悟和实施。

团体督导主要用于工作人员很多而督导人员不足的情况下。就我国具体实际而言，使用团体督导的方式比较合适。

(三) 同事督导

按照社会工作督导的定义，同事督导（peer supervision）不是一种严格意义的社会工作督导方式。因为这种督导方式没有指定的督导者，团体成员都以同等地位参与，督导人员比较而言没有权威性。它所采用的基本方式是同事之间的互相指导、互相学习。与团体督导相似，同事督导也是通过定期、持续地举行小组讨论来进行。所不同的是，同事督导小组的成员应当是更成熟的、更有实际工作经验的，能够对所讨论的内容做出重要贡献。同事督导虽然没有指定的督导者，但也有一人主持会议的进程。这位主持人可以是团体中的一位成员，也可以是一位行政人员。讨论的内容要经过小组成员共同认定。每个成员利用团体讨论获得对个案深入、全面的了解。对工作者工作能力和职责履行结果的评价不是此类团体的职责，而是要由社会工作机构的行政人员来做出。

四、社会工作实习指导

社会工作实习指导（field instruction in social work）也称社会工作实习督导，是指对高等学校社会工作专业学生在社会工作机构实习时进行的一种系统、持续的指导工作。担任社会工作实习指导的人员，一般为社会工作机构中的资深人员或其他相当人员，他们被称为督导者或实习指导者。在西方国家，社会工作实习指导通常被纳入社会工作机构的督导工作范围内。对社会工作专业学生督导的方式也与上述社会工作督导的一般方式大体相同。不过，由于从事社会工作的学生不是机构的实际工作人员，即便在实习期间，他们也主要是学生的角色。而且除了接受机构资深人员的督导之外，实习学生还受学校指派教师的指导。

根据实习时间安排的不同，一般可将实习分为集中式、分散式及混合式几种。集中式实习是指学生在一定期限内全日制、持续地从事社会工作实习。这种方式国内外都经常采用。其优点是学生可不必顾及课业负担而全身心投入实习，便于获得完整、全面、具体、实际的工作经验，也便于机构的工作安排。分散式实习是指学生于每周安排一定时间（如一至两天）到机构实习，其余时间在学校上课。这种方式的优点是便于理论与实际的结合、学以致用，缺点是不利于机构的工作安排。混合式实习则是以上两者的结合使用。这种方式既便于学生获得完整的工作经验，又便于理论与实际的密切结合。虽在一定意义上对机构的工作安排造成不便，但也并非是不可克服的。

国外及我国港台地区的社会工作实习多采用混合式，我国大陆的社会工作实习目前主要还是采用集中式。鉴于社会工作专业注重实际的特殊性，我国也应逐步采用混合式的实习方式。

第六节 社会工作咨询

咨询是社会工作行政的另一个重要组成部分。在实际开展社会工作过程中，需要涉及方方面面的知识，社会工作者往往会因为缺乏某一特殊方面的知识，而需要向有关方面的专家请教。同时，社会工作者也会作为本行业的专家，向其他专业的从业人员或社会公众提供社会工作知识的咨询服务。因此，咨询是一种重要的社会工作服务方法。

一、社会工作咨询的概念

在提出关于社会工作咨询的定义之前，先介绍几种有代表性的看法。

拉普伯特（Rapoport）认为，咨询是一种解决问题的社会工作专业方法，包含时间短、有目的和咨询者与受咨询者之间的契约关系等要素。咨询的目的是为加强受咨询者在其专业角色上的能力，增强其技术和知识，修正其在解决工作上的问题时的态度与行为。①

吴桢认为，社会工作咨询是一种以知识和经验进行专业指导的社会服务，包括对服务对象的咨询和对社会工作者的咨询两个方面，其目的在于加强受咨询者的专业角色的能力，改进在解决工作问题中的态度与行为。②

廖荣利认为，咨询在社会工作专业活动中是一种问题发现的程序，它是由一位或数位专业知识和经验深厚的咨询者或专家，向一位或数位新进的或基层的工作者提供所需资料，以增强受咨询者的专业职责。③

王刚义认为，社会工作咨询是由具有比较丰富的专业知识和经验的咨询者，向在专业服务或工作过程中遇到问题而需要帮助的受咨询者，提供有关社会工作专业的知识和技术，以提高受咨询者的专业素质，使其能够有效地处理所遇到的工作难题。④

综合以上各家的定义可见，社会工作咨询是一种社会工作的方法或程序，它是由资深的咨询者向受咨询者提供所需要的社会工作知识、技术的指导，以帮助受咨询者解决工作中的问题，提高服务的质量。

定义中的“咨询者”，既可以是其他专业的资深人员或专家，也可以是社会工作者；既可以是同一部门工作的其他专业的同事，也可以是非同一部门工作的人员。定义中的“受咨询者”，既可以是社会工作者，也可以是其他专业人员或公众。有的定义将社会工作的服务对象即案主也包括在“受咨询者”之中，这其实是一种广义的理解。绝大多数定义中未将“案主”包含在“受咨询者”的范围内。

二、社会工作咨询与社会工作督导的比较

社会工作咨询与上一节所讨论的社会工作督导有一定的联系，同时又有着重要的区别，是两种不同的社会工作方法。

就二者的相似之处而言，可以列举出以下几点。

(1) 主体与客体存在一定程度的相似。社会工作咨询所涉及的咨询者也有一部分是社会工作专业的资深人员，受咨询者也有一些为新进社会工作者。

(2) 服务方式存在一定的相似。社会工作咨询一般也可以通过个别或团体咨询的方式来进行。

(3) 服务内容存在一定的相似。社会工作咨询所涉及的社会工作专业知识、技术方面的内容，与社会工作督导相似。

---

① Rapoport L. Consultation in social work//Encyclopedia of social work. Washington, D.C.: NASW, 1977: 193.

② 中国大百科全书·社会学．北京：中国大百科全书出版社，1991：299－300.

③ 廖荣利．带领员工的技术——领导、督导、会谈．台北：台湾社区发展研究训练中心，1980：127（内部资料）.

④ 王刚义．社会工作学．长春：吉林大学出版社，1990：175.

（4）最终目标一致。社会工作咨询和社会工作督导的最终目标都在于维护案主的福利，提高服务的质量和效益。二者的直接目标都在于促进工作人员的发展与改变。

就二者的不同之处而言，可以列举出以下几点。

（1）主体与客体所涉及的范围不同。社会工作咨询的咨询者可以是社会工作专业人员，也可以是相关的其他专业人员；社会工作督导的督导者一般是本专业的资深人员。社会工作咨询的对象还包括其他专业人员或公众；社会工作督导的对象则仅限于本专业人员。

（2）主体与客体在工作中的关系不同。咨询者与受咨询者之间的关系是平等的、自愿的，前者对后者一般不存在约束力。受咨询者是否接受咨询、是否采纳咨询者的建议，完全取决于他本人。而督导者与被督导者之间的关系则是一种上下级或类似的关系，前者对后者有制约性，后者对前者有服从的义务。

（3）主体与客体工作的部门有所区别。咨询者和受咨询者不一定在同一机构工作；而督导者与被督导者一般属于同一机构。

（4）服务内容存在一定的区别。社会工作咨询涉及其他专业的与案主相关的知识；社会工作督导所涉及的主要是社会工作本专业的知识、技术。

三、社会工作咨询的目标与原则

社会工作咨询的目标应当是通过咨询者的指导，使受咨询者充实其应当具备的知识和技术，增进其工作能力，能对案主的处境和问题作出适宜的反应并加以妥善处理，能以比较弹性、明智、灵活的方法去适应可能碰到的各种新问题、新情境，能对复杂、疑难的问题作出正确判断并能创造性地加以解决，并能在开展服务的过程中与同事密切配合、充分协调，从而达到提高服务素质、增进案主福利的最终目标。

为了实现社会工作咨询的目标，在开展社会工作咨询时，必须遵循一些基本的原则。由于一个咨询者对受咨询者并不具有强制性与约束力，为了使咨询能取得实效，社会工作机构或有关部门应当创造一种舒适、轻松、热情的环境或条件，使受咨询者愿意接受咨询，主动学习，自觉改变。同时，由于受咨询者都是成人，成人学习的主动性和选择性均较强，因此咨询者在开展工作时，应当运用科学的教学原则，以启发、引导为主，促使受咨询者产生改变的意愿和专业职责感，并不断地付诸行动之中。

四、社会工作咨询的种类

对于社会工作咨询的种类划分，学术界的研究不多。在此根据能够找到的比较少的资料，介绍与讨论以下两种划分。第一种可视为以服务对象为标准的划分，第二种可视为按一种综合性标准所作的划分。

（一）以服务对象（受咨询者）为标准的划分

以服务对象即受咨询者为标准，可将社会工作咨询划分为两类（或三种）。

1. 以社会工作者为对象的咨询

在实际开展社会工作的过程中，要涉及多种多样的知识、技术，一个社会工作者不可能事前完全掌握，需要向有关方面的专家咨询。充当社会工作者咨询者的人员可以是心理学家、社会学家、精神医学家、律师、教育专家等。在不同机构工作的社会工作者也常常向所属机构的其他专业人员咨询，如教师和校长往往成为在学校工作的社会工作者的咨询者，医生和护士往往成为在医疗机构工作的社会工作者的咨询者，便属于这种情况。

2. 以其他专业人员或公众为对象的咨询

在此种情况之下，社会工作者充当咨询者的角色。随着社会工作专业化的不断发展和社会工作者地位的不断提高，各行各业对社会工作专业知识和技术的需求不断增加，需要向社会工作专业人员请教以解决各自面临的问题。在现代社会，社会工作者针对家庭、学校、社会团体、工厂企业、托幼机构、医疗机构、司法部门、劳动保障机构等各种机构充当咨询者角色的机会日益增多。

3. 以社会工作案主为对象的咨询

在这种情形中，社会工作者也是充当咨询者的角色，受咨询者则是社会工作服务的对象，即案主。社会工作者往往向鳏寡孤独、穷困、失业、伤残、疾病等类人员及其家属提供咨询，帮助他们解决有关申请和接受服务的问题，了解福利机构的性质、作用、服务项目及数量，对申请者是否具备接受服务的条件、需要何种服务、可能得到救助的数量等给予分析指导。

关于第三种咨询，实际上是社会工作服务的组成部分，社会工作教科书一般不将其纳入社会工作咨询的种类之中。本书在此将其作为咨询的一种类型，实际上是对咨询的一种广义的理解。

（二）综合性划分

综合性划分即将咨询对象（受咨询者）、服务对象（案主）、咨询内容、咨询方式等等加以综合而对社会工作咨询的种类作出划分。以此为根据，可将社会工作咨询的种类划分为以下几种。

1. 以案主为中心的咨询

这是一种主要针对服务案主的社会工作咨询，其内容与一个特殊案主或一群案主的困难有关。这种咨询的首要目的是为了使受咨询者获得足够的能力，以便为案主提供合格的服务，以解决案主的实际困难。咨询工作要改变的对象是案主的态度与行为。

2. 以受咨询者为中心的咨询

这类咨询的首要目标是了解受咨询者工作困难的性质，并协助他加以克服。受咨询者是要改变或修正的对象，以便其更有效地服务案主。咨询的内容同样与一个或一群案主的问题有关。通过对案主问题的讨论，减轻受咨询者所遭遇的困扰，增进其自我认识和自我了解。

3. 以方案（计划）为中心的咨询

这种咨询的目的在于探讨如何发展一个新的工作方案，或改进一个既定的方案。其目标是推进机构改革、增强机构功能、完善工作方案、提高行政效率等。总之，以方案为中心的咨询所关注的是体制的改革与完善。

4. 以支持为中心的咨询

这类咨询所涉及的是对受咨询者工作情绪与信心的支持。在某种意义上，工作者的情绪与信心状况对工作效率有重要影响。

5. 以研究为中心的咨询

这类咨询涉及对受咨询者工作的研究与评价，其所形成的结论性意见为受咨询者提供了重要的参考。

本章要点

1. 社会行政是一种间接的社会工作专业方法，它是依照行政程序，通过协调运用各种资源，将社会福利政策转变为具体的社会服务，以实现政府或机构特定社会福利目标的过程。社会行政有广义、狭义之分。本书主要从狭义上界定社会行政，也可称社会工作行政。对于社会行政的范围，学术界比较一致的看法是将其划分为宏观与微观两个层次。

2. 西方在资本主义出现以前，未形成明确的、固定的社会福利制度，也没有制度化的社会行政。在自由资本主义时代，社会行政在西方有了一定的发展，但未受到应有的重视。直到进入"福利国家"时代，社会行政在西方才得到空前的重视和发展。我国改革前的社会行政主要由政府包办，改革以来，第三部门才有了一定的发展。此外，改革以来，社会行政在理念、立法、专业化等诸多方面也发生了变化。近年来由于政府重视民生和社会建设，社会行政的地位和功能得到了进一步强化。

3. 对于社会行政过程所涉及的基本程序或环节、要素，学者们作出的划分不尽相同。更多的学者主张按行政的八要素（POSDCRBE）来划分社会行政的程序或运作，它们分别是计划（planning）、组织（organizing）、人员配置（staffing）、领导（directing）、协调（coordinating）、报告（reporting）、预算（budgeting）及评估（evaluating）。

4. 社会工作督导是微观社会行政的重要组成部分。它是通过督导者对被督导者的指导、督促，使被督导者能够更有效地运用专业知识和技能并按照专业伦理开展工作，以提高服务质量，保证服务取得预期的效果。社会工作督导的方式主要有个别督导，团体督导，同事、同人或同辈督导等。

5. 社会工作咨询是指由资深的社会工作者向受咨询者提供所需要的社会工作知识、技术的指导，以帮助受咨询者解决工作中的问题，提高服务的质量。社会工作咨询与社会工作督导有一定的联系，同时又有着重要的区别，是两种不同的社会工作方法。

复习思考题

1. 什么是社会行政？其范围应当如何理解或划分？
2. 社会行政包含哪些基本环节（程序）？
3. 什么是社会工作督导？它的基本功能与目标是什么？
4. 试述社会工作督导的几种主要方式。
5. 试述社会工作咨询与社会工作督导的联系及区别。
6. 试述改革以来我国社会行政事业发生的变化及存在的问题。

关键概念

行政、公共行政、社会工作行政、社会行政要素、社会行政范围、社会行政体制、社会行政职能、社会行政过程、社会工作督导、社会工作咨询

推荐阅读书目

1. 白秀雄．社会福利行政．台北：三民书局，1981.
2. 黄源协．社会工作管理．台北：扬智文化事业股份有限公司，2001.
3. 江亮演．社会福利与行政．台北：五南图书出版公司，2000.
4. 斯基德莫尔．社会工作行政——动态管理与人际关系．北京：中国人民大学出版社，2005.
5. 王思斌．社会行政．2版．北京：高等教育出版社，2013.
6. 时立荣．社会工作行政．北京：中国人民大学出版社，2015.

第十一章 社会福利政策

社会福利政策属于社会政策的范畴。在不少社会福利学者看来，社会福利政策即社会政策。社会政策作为国家和社会支持弱势群体、解决社会问题、促进社会公正的原则和方针，从宏观层面指导具体的社会工作实务，它规定了社会工作开展的重点领域、资源供给、实施方式和运行机制等。因此，学习和探讨社会政策的有关知识，对学习和开展社会工作具有极大的帮助。本章首先重点对社会政策的基本理论及发展演变等加以介绍；然后将结合实际，对改革以来我国社会政策的变化及其现状加以描述和分析。

第一节 社会政策的含义与类型

一、社会政策的含义

社会政策，英语译为 social policy。社会政策这一概念最早出现于德国。1873年，德国“新历史学派”[①] 的经济学教授们为解决德国当时最迫切的社会问题——劳资冲突，组织了“德国社会政策学会”。社会政策一词即发端于此。我国所使用的社会政策一词，最初是由日文转译来的，自 20 世纪 40 年代初开始使用。但新中国成立后很长一段时间这个词很少出现，直到 20 世纪 90 年代，关于社会政策的讨论渐渐多了起来，时至今日成为学术研究的一个热点。

关于社会政策涉及的范围，由于学者的关注点不同，以及不同时期社会需求的不同，对其所作的界定也就不同。在德国社会政策学会成立以后的较长一个时期，社会

① 也称为“讲坛社会主义学派”。其代表人物有休谟纳（Gustaw Schmoller）、瓦格纳（Adolph Wagner）等人，都是一些在德国各高校讲授社会主义学说的教授、学者。该派一方面反对自由放任的资本主义举措，另一方面又不主张根本改变资本主义制度，并极力维护刚获得统一的德意志帝国。他们所主张的是通过社会政策对现存制度加以改良。

政策所关注的重点是劳工福利方面的问题，目的在于化解当时比较尖锐的劳资冲突。这种情况后来发生了一些变化。特别是第二次世界大战以后，社会政策研究在欧美各国普遍受到重视，于是关于社会政策的界定就更多。当时的社会政策不再仅仅针对劳工阶级，也不再局限于劳动领域。其中，社会政策研究领域最著名的代表人物之一马歇尔（T. H. Marshall）在 1965 年出版的《社会政策》一书中认为："社会政策不是一个有确定含义的专门术语。它指的是与政府有关的政策，这些政策涉及向公民提供服务或收入的行动，通过这些行动对公民的福利有直接的结果。因此，其核心由社会保险、公共救助、健康和福利服务、住房政策等组成。"简言之，社会政策即通过政府供给对公民福利有直接结果的政策。

社会政策研究领域另一著名代表人物蒂特马斯认为，社会政策所关注的是某种共同的人类需求和问题。他在 1976 年出版的《福利的承诺》一书中进一步指出："我们所关注的是对一系列社会需求，以及在稀缺的条件下人类组织满足这些需求的功能的研究。人类组织的这种功能传统上被称为社会服务或社会福利制度。社会生活这个复杂的领域处于所谓的自由市场、价格机制、利益标准之外。"亦即社会政策涉及的范围与社会服务、社会福利的范围基本相同，主要关注在资源稀缺条件下，在市场机制之外通过人类组织来满足的一些人类需求，这种需求被蒂特马斯称为社会需求。而社会服务是包括社会福利、财政福利、职业福利的广泛领域。就此说来，社会政策不仅是指政府供给，也包括广泛的社会供给。

比较两位大师的社会政策定义可见，二者的差别在于，蒂特马斯所界定的社会政策研究范围要比马氏广泛。再就是蒂特马斯指出社会政策必然涉及价值选择。不同的政党、政府会有不同的社会政策。

一些国际组织、机构也给社会政策作过界定。1971 年在荷兰海牙召开的国际社会福利协会第 16 届大会印发的一份公报中，有一段话涉及社会政策的定义："按照传统定义，社会政策是一个国家所采取的旨在减少被剥削阶级的社会问题的政策；而现代的观念则认为，社会政策乃是改善社会环境、探求全体人民的社会安全与平等的政策。"① 1995 年联合国在丹麦哥本哈根召开的"社会发展及进一步行动世界峰会"虽未直接对社会政策作出界定，但对社会政策的目标做了重新定位，将反对社会排斥、促进社会整合确定为社会政策所追求的目标。

我国学者言心哲认为，社会政策是国家推行社会事业时所采取的一种方针。我国台湾学者陈国钧认为，社会政策是解决社会问题，或是从事社会改进所采行的基本原则或方针。王思斌等在 1999 年出版的《社会工作概论》一书中对社会政策的界定是："按照一般理解，社会政策是国家或机构为解决社会问题，增进成员福利，实现社会进步所采取的基本原则或方针。"②

综合以上各家观点，可以认为，对社会政策概念的界定，既不能过宽，使之包罗万象；也不能过窄，仅限于劳动或社会福利一类的政策。可将社会政策界定为国家或

---

① 陈国钧．社会政策与社会立法．台北：三民书局，1980：3.

② 王思斌．社会工作概论．北京：高等教育出版社，1999：133.

政府为解决社会问题、改善社会环境、促进社会公正和实现社会发展而制定和采取的各种原则、方针。

二、社会政策与公共政策

公共政策同人类社会的生存与发展息息相关。在一个国家的管理活动中，始终贯穿着公共政策的制定和执行，它是国家管理的一种重要手段。关于公共政策，政治学家戴伊认为，公共政策是政府选择的一切作为或不作为。这一界定比较简明，但太抽象。迈克尔·希尔认为，公共政策是一种“政府和官员的权威性行动，它不是建议或者讨论，而是用来满足被感知的国家需求的，包括法律、司法布告、执行命令和行政决定”[①]。这一定义将政策主体仅限于政府和官员，而未将执政党包括在内。实际上，公共政策是国家机关或执政党制定的旨在解决某一问题的具有权威性的行动准则。公共政策的表现形式有法律、规章、行政命令、政府首脑声明和指示、行动计划与策略等。公共政策涉及的领域非常广泛，为研究方便，一般将公共政策划分为四大类，即政治政策（外交、国防、人权等）、经济政策（财政、税收、金融、工业、贸易等）、社会政策（劳动、分配、福利、人口、教育等）和科教文卫政策（科技、教育、文化、体育、卫生）等，但按照上述社会政策的定义，第四类基本上可划归社会政策的范围。

关于社会政策与公共政策的关系，社会政策研究大师蒂特马斯从社会服务与公共服务的联系与区别的角度做了分析。他认为从理论上可将有关的服务分成四类。

（1）只为个人利益而设的服务。供给与否与个人生活方式无关；也不论服务是否会给社会带来好处。提供服务主要是基于需要。

（2）既为个人利益也为社会利益而设的服务。例如对某些传染病的防治，就是既有利于患者个人，也有利于公众的服务。

（3）着重社会利益多于个人利益的服务。例如感化服务，既是个案服务，又有助于社会控制、社会利益。

（4）对社会有益但其益处不能归个人独享的服务。例如城市规划、公园建设、交通管理、法律秩序、公共卫生、消防等。这类服务的待遇没有差别，不能用成本与利益、使用者与非使用者等标准来作区分。

蒂特马斯认为对服务所作的上述四种划分，有助于区分“社会服务”与“公共服务”。区分二者最重要的标准是有差别、个人化的功能与无差别、非个人化的功能。不过，他也指出，在复杂的现代社会，经济的、科技的、社会的各种力量都在同时运作，从而使有差别、个人化的服务与无差别、非个人化的服务之间的界限越来越模糊不清。

从公共政策的发展历史及相关研究的产生历史来看，社会政策与其他的国家干预

---

① 罗斯金．政治科学．北京：华夏出版社，2001：45.

项目都是在市场经济的发展过程中逐步产生的，自20世纪中期开始形成。公共政策专门研究的形成，既与政府干预社会经济的范围扩大有关，又与各种科学的研究方法和手段（三论及博弈论、数理统计、电脑技术、行为科学、管理科学等）的发展有关。社会政策主要涉及社会福利方面的政策，包括社会保险、社会救助、医疗卫生服务、房屋政策等，从政府活动的内容和策略的角度，上述政策包括于公共政策之内。二者的区别在于，社会政策主要关注的是以社会供给的方式来满足一些特别的和个人的生活需求、社会需求，这个领域不仅仅与运用科学的知识和手段进行研究有关，还与伦理道德、价值观念有着密切的关系，因此也就成了一个不同于公共政策的研究领域。也正是由于后者的缘故，近年来越来越多的学者指出，社会政策是社会新创造的一种公共物品，社会政策是可与公共政策并列的两个领域，可分为两个学科加以研究。①②

三、社会政策的类型

当今学界对社会政策的分类研究争议较大。我们认为，不同的划分标准可以区分出不同类型的社会政策，都有一定的参考价值。概括起来，社会政策大致有以下几种分类方法。

（1）按照社会政策实施领域来分，可以大致分为社会保障政策、公共医疗卫生政策、公共住房政策、公共教育政策、劳动就业政策、社会福利服务政策、针对特殊人群的社会政策和其他领域的社会政策体系等。

其中，每一类社会政策还可以进一步进行分类，如社会保障政策就可进一步划分为社会救助政策、社会保险政策、社会优抚政策等。而这些具体的政策还可再进一步进行划分，如社会保险政策就可以进一步细分为养老保险政策、失业保险政策、医疗保险政策和工伤保险政策等。

（2）依据社会政策制定和实施的目标来分，可以分为剩余型社会政策、制度型社会政策和发展型社会政策。

剩余型社会政策是指只针对那些真正困难的群体而制定的社会政策。制度型社会政策是国家或政府通过积极解决社会问题，满足公民的需要，保障公民的基本生存和促进社会发展，且政府以法律文件的形式予以规范化和制度化的社会政策。发展型社会政策强调在应对社会问题和满足公民需要时实施对象的主体性，是强调个人、家庭、社会和政府多种力量共同合作，同时也强调将社会政策、经济政策和社会发展相融合，使三者相互促进、相互支持的社会政策。

（3）根据社会政策主体的不同来分，可以分为单一型社会政策和多元型社会政策。

社会政策的主体包括社会政策的制定者和责任者、政策资源的提供者、服务行动

---

① 杨团．社会政策研究范式的演化及其启示．中国社会科学，2002（4）．

② 杨伟民．社会政策与公民权利．江苏社会科学，2002（3）．

的组织者和直接供给者等。单一型社会政策是指，主要将政府看作以上所有角色的集合，承担福利事业的所有职责，这必然增加政府的负担，导致行政效能降低和个人对政府的依赖等弊端。与此相对，多元型社会政策在强调政府主导地位的前提下，充分发动个人、家庭、社区、社会机构、企业等社会力量共同参与社会政策行动，而政府只是作为社会政策的制定者、监督者和资金支持者。这一方面提高了个人的责任意识，另一方面也弥补了政府力量的不足、减轻了政府的负担。

（4）按照社会政策实施的目标群体来分，可以分为普遍型社会政策和选择型社会政策。普遍型社会政策是指社会政策行动倾向于不加区分地给全社会或某些群体中的所有社会成员都提供相同的福利待遇，而不论他们是否都有相应的需要。而选择型社会政策是指社会政策行动更倾向于先界定社会中或一个群体中哪些人真正具有特殊困难，并在此基础上将政策项目集中提供给那些最困难的个人或家庭，即不同需求产生不同的政策和行动。

（5）从社会政策的资金来源和运行过程来看，可以将社会政策大致分为纯福利型社会政策和准市场型社会政策。①

纯福利型社会政策是指，社会政策的运行和服务的提供主要是由政府或“准政府机构”发起，社会广泛实施再分配和收入转移，社会政策的目标群体可以无偿获得政府资助的公共服务而无须直接付费，这类社会政策注重公民的权利，体现了社会公正。而准市场型社会政策是指，社会政策的运行可以引入一定的市场机制，主要在改变政府的拨款方式、扩大受益者的选择范围、强化政策目标群体的责任和提高对政策实施机构的要求等方面，促使社会政策体系具有更高的效率和活力。

（6）从社会政策内容之间的包含与被包含的关系来分，可以将社会政策划分为总社会政策、基本社会政策和具体社会政策。②

总社会政策是一个国家或地区社会政策体系中带有全局性、原则性，决定社会发展基本方向的社会政策。它对其他各项社会政策起着指导和规范的作用，是其他各项社会政策的出发点和基本依据。基本社会政策是用以指导某一领域、某一方面或某一部门的指导性政策，它是连接总社会政策与各项具体社会政策的中间环节。具体社会政策是基本社会政策的具体化，是为了贯彻、实施基本社会政策而制定的具体行为规则，体现并服从于总社会政策和基本社会政策的目标，是实现总社会政策和基本社会政策的手段和方法。

此外，安德森依据社会政策背后所涉及的理念来分，将社会政策划分为保守主义社会政策、自由主义社会政策和社会主义社会政策，这也是一种社会政策的分类方法。③

---

① 杨团，关信平．当代社会政策研究．天津：天津人民出版社，2006：31.

② 丁建定．社会政策概论．武汉：华中科技大学出版社，2006：16.

③ 艾斯平-安德森．福利资本主义的三个世界．北京：法律出版社，2003：62－79.

四、社会政策的理念基础

在上述关于社会政策的界定中，我们曾提到，社会政策的目标是解决社会问题与实现社会公正。其实，社会公正不仅是社会政策的目标，也应当是社会政策的理念基础。为充分论证“社会公正应当成为社会政策的理念基础”这一点，可将公正、平等、公平等几种看似相似而实质不同的价值理念做一比较分析。①②

无论是“公正”“平等”还是“公平”的理念，都涉及对“差异”或“差别”的认识、判断和评价。差异是一种普遍、客观的存在。无论自然现象还是社会现象，都是千差万别的，由此构成了自然界和社会的丰富多彩。作为自然进化的极致的人，其差别不仅涉及自然差别，还涉及社会差别，且后者从某种意义上讲对人的影响更大。

显然，差别或差异作为一种普遍、客观的存在，是不以人们的主观意志为转移的。而“平等”作为人类的一种价值理念或理想追求，其实质就是要去人为地抹平这种差别或差异，实现“大家都一样”。如果从起点和过程（竞争规则）的意义上来理解“平等”，应该说是合理的；而结果意义上的“平等”则往往是不合理的。中国社会就有着“不患寡而患不均”“等贵贱均贫富”的传统，很容易把对平等的追求等同于结果的均等，甚至等同于平均主义，这是非常有害的。改革开放前平均主义、“大锅饭”盛行，结果使社会生产力的发展受到严重影响，人民生活陷入普遍贫穷，其教训非常深刻。

公平从字面上看则含有“公正”“平均”两方面的意义。一方面，国人在使用“公平”或“不公平”这个概念时，确实是想表达一种价值判断，即“是否合理”，如改革开放以来我们长期坚持的“效率优先、兼顾公平”的原则或理念，其中的“公平”就是表达一种价值取向——承认差异，但应在合理范围内。另一方面，由于字面上的原因，“公平”的含义又可能被误用为“平均”，用来描述“均等”或“不均等”的现象，亦即客观的数量上的一致或不一致现象。因此，使用“公平”的概念可能引起理解上的混乱。

而“公正”的概念则与“平等”“公平”等概念存在明显不同。它不会与“均等”“平均”的客观差异描述相混淆，所表达的是一种比较明确、鲜明的价值判断。“社会公正不公正”往往和“合理不合理”“正当不正当”“正义非正义”相类似，都是在表达一种鲜明的立场或追求。另外，公正与社会政策是密切相关的。从历史上看，社会政策同公正相随而行，公正的基本规则直接规定着社会政策的基本内容，而对于公正问题理解的偏差，将直接导致对于社会政策理解的片面性，并将进一步造成现实社会政策的失误。③

所以，“平等”“公平”的理念（概念）不适合作为社会政策的理念基础，只有

---

① 李迎生．转型时期的社会政策：问题与选择．北京：中国人民大学出版社，2007.

② 李强．公平与公正概念辨析．探索与争鸣，2006（4）.

③ 吴忠民．公正与社会政策．理论前沿，2002（7）.

"公正"的理念比较适合作为社会政策的理念基础。

第二节 社会政策理论的发展

一、社会政策理论的发展演变

工业革命以来，为适应人类社会变迁和人们生活方式的变化，世界各国纷纷出台现代社会政策，帮助人们应对工业化、城市化带来的各种风险。而在社会政策体系的构建过程中，其理论形态也发生着深刻的变化。

（一）工业革命时期的社会政策理论

18世纪至19世纪，伴随着工业化和城市化的发展，西方社会发生了很大的变化。一方面，城市化进程中，大批破产农民涌入城市成为无产者，他们在城市社会生活中面临着失业、贫困、疾病等各种风险。另一方面，快速的工业化使得劳工阶级和资本家之间的矛盾成为社会主要矛盾。资产阶级为了追求利润最大化，残酷地剥削着无产阶级，而后者为了自己的生存和利益开始与资产阶级做斗争。

作为工业革命带来的一系列社会问题在思想观念上的反映，这一时期社会政策理论的典型代表是古典自由主义和马克思主义。

古典自由主义提出"经济人"假设，说明人都是受经济理性支配的动物，必然地关心自己的利益；每个人追求物质财富的活动虽然利己，但他们合在一起就会促进人类的幸福。古典自由主义的代表人物亚当·斯密，把自由竞争当作实现社会公益的最有效方法，反对国家和政府干预市场。在他看来，国家和政府只能充当"守夜人"角色；同时，他也认为应该关心劳动者的福利，要改善他们的生活状况，制定最低工资率，保证工人自己及其家庭的基本生活需要。古典自由主义从自由竞争的原则出发，系统阐述了个人、市场、国家和社会的关系，围绕着如何使价值规律这一"看不见的手"充分发挥调节作用，来满足个人和社会的幸福。

马克思主义理论认为，工人阶级的一切苦难来自资本家的剥削，因而将资本主义私有制视为革命的对象，认为解决社会问题的唯一途径就是彻底推翻资产阶级统治，建立生产资料公有制，实现人人平等、按劳分配的社会主义。

然而，这一时期的西方社会政策理论，主要仍是以古典自由主义为代表，基于人道主义"仁爱""人性"和自然权利观念。人道主义宣扬人类的"自由、平等、博爱"，强调人是平等、自主的，人有权利得到社会平等的关心和尊重。这一时期西方社会政策把改善劳工阶级的生活状况，对穷人实施某些有限的救助当作主要目标来推行。这样，以人道主义的道德动机为出发点，而以维护人的平等和尊严为目的的自然权利理论，就成为19世纪以前社会政策的主要思想观念基础。

（二）19世纪末20世纪初的社会政策理论

19世纪末20世纪初，西方发达资本主义国家纷纷向垄断阶段过渡，社会矛盾也日益加剧，各国的职责范围开始发生明显变化，一些国家的政府开始以社会保险、社会救助的方式承担起维持、保障其公民福利的责任。

这一阶段，社会政策理论也发生了深刻的变化，自由主义、社会主义思想流派都产生了一定程度的变异，形成了一些新的派别，其中以社会民主主义为主要代表。社会民主主义来源于社会主义。由于马克思主义关于未来社会主义社会的构想主要是一些基本原则，并没有具体的行动纲领，而且马克思主义的革命路线对于当时许多主张改良的学者来说是不能容忍的，加上当时各国的统治阶级也陆续进行了一些政治经济方面的改革，因此以伯恩施坦为代表的一些学者认为，可以以改良的方式实现社会主义，由此产生了社会民主主义。

社会民主主义者不再把推翻资本主义社会作为行动目标，而是把对资本主义社会进行社会主义改造作为自己的任务，也作为自己争取工人群众和更广大的新中产阶级成员支持的手段。社会民主主义学派仍然强调人道主义精神；致力于政治民主化的追求，为工人阶级合法地争取权利；继承马克思主义社会平等的思想，倡导全民福利的思想。同时，社会民主主义还认为，必须推动和强化国家、政府来承担责任，发挥作用，以此改善社会经济状况，提升劳工阶级的福利水平；并且，社会民主主义者在推动各种改良性质的社会政策方面也产生了积极效果，如最低工资、义务教育、社会保险、累进税等等。可以看出，社会民主主义虽然背离了传统的马克思主义，但是它最突出的特点在于，对包括经济平等在内的更大程度的平等的重视，以及把社会政策视为实现社会主义的手段的思想。

第一次世界大战使西欧各国经济遭受重创，加上1929—1933年的经济危机，更是让各国产生了严重的社会问题，失业人口剧增，犯罪率上升，普通民众的生活尤其艰辛。在这一特殊背景下，社会政策理论也发生了一些新的变化。其中，以凯恩斯主义为代表的理论打破传统的古典自由主义一味强调自由竞争、政府不干预经济的政策，主张政府干预经济和社会问题，认为政府应该施行一系列以工代赈的经济刺激方案，同时还需通过兴办大型公共工程，为失业者创造就业机会；另外，政府必须制定一系列社会政策和立法来保障民众的基本生活。凯恩斯主义是对古典自由主义经济放任自由观点的一种挑战，它强调政府在保障民众生活方面的职责，美国的“罗斯福新政”是其在现实中的实践。

（三）福利国家时期的社会政策理论

以凯恩斯主义为代表的国家干预主义在欧洲以“福利国家”的面貌出现。第二次世界大战后，当时参战的各资本主义国家都不同程度地遭受了打击，由于纳粹德国的长期轰炸，英国受到的损害尤为严重。英国政府为坚定国民信心，也为战后重建和社会政策发展作出规划，1942年12月，贝弗里奇发表了《社会保障及相关服务》的报告，即著名的《贝弗里奇报告》。他认为，英国战后重建最主要的任务是革除“五毒”，即贫困、疾病、愚昧、污秽和懒惰，而要完成这个任务，就必须通过对现有社会进行改革来实现。贝弗里奇在报告中提出，每个处于工作年龄的人都必须每周缴纳保险费，当人们生病、失业、退休或遇到其他困难时则会得到相应的赔付；他认为政府有责任纠正社会的混乱秩序、减少人民的不满、增进个人福利，更有效地帮助人们成为自由社会的成员。

《贝弗里奇报告》为主要资本主义国家战后的社会政策勾画了美好蓝图。特别是战后的英国，短短几年时间里通过多部社会保障法案和政策，初步建立起覆盖全民的社会保障体系。随后，法国、联邦德国、意大利等西欧国家也纷纷对其社会政策进行改革，从而掀起了一个建设“福利国家”的浪潮。

这一时期的社会政策理论是以公民权利观念为基础的。公民权利包括法律权利、政治权利、社会权利和参与权利。马歇尔是第一个系统阐述公民权利理论的社会思想家，他从英国现代政治发展的情况出发，按照发展的先后顺序，认为公民权利分别以法律权利、政治权利和社会权利为特征逐渐显现出来。在他看来，以个人权利扩大为基础的公民权利是在西方社会发展的历史中逐步实现的。公民权利是一个逐渐演变的过程，它主要经历了这样三个阶段：“宗教改革之后出现的个人自由信仰宗教的权利，在资产阶级取代封建阶级以后人们取得的政治权利，以及在社会福利制度化之后人们获得的社会权利。”①

20 世纪 70 年代以后，西方石油危机所引发的经济问题使得福利国家面临诸多困境，诸如福利机构的行政化和低效率、个人对福利的依赖性、政府财政负担过重以及社会缺乏活力等问题，日益考问着“福利国家”。其中，新自由主义对“福利国家”的攻击最为猛烈。

新自由主义自诩为“古典自由主义的复兴”，以弗里德里希·冯·哈耶克（Hayek）为代表，主张个人自由和市场竞争而舍弃“福利国家”。哈耶克认为，“福利国家”对公民的全面保障是错误的，而且后果极为严重，只有采取“有限度地保障”、限制政府在社会政策领域的作用方式，“福利国家”的弊病才能避免。在他看来，真正的生活保障应该是由个人在市场竞争的环境里，通过他自己的努力而获得的酬劳，而不是靠人为的干预将一部分人的收入用再分配或社会平等的名义拿来分配给另一些人；同时，新自由主义的社会政策不是绝对地排斥社会政策存在的必要性，相反，它承认必要的社会政策是对人的自由的保障，但这必须以人的自由作为一切幸福的首要条件。

总的来看，新自由主义主张在尊重人的自由、不破坏市场原则的基础上，以适当的方式实施福利保障，这就是尽可能地在社会政策领域里也贯彻竞争的原则，而不是用保护去代替竞争。这一主张过分强调了市场的自由竞争原则，将个人自由绝对化，忽视了个人规避和应对风险的能力存在高低之分，这对那些能力较弱的人群来说是不公平的。

---

① 钱宁．现代社会福利思想．北京：高等教育出版社，2006：22.

（四）社会政策理论的多元化时期

福利国家各方面的不足和新自由主义的攻击，促成了20世纪80年代以来福利国家改革的浪潮以及全球性的社会政策理念的转向。随着福利国家的改革，社会政策理论也发生了重要的变化，单纯强调公民权利的思想逐渐被各种社会福利主张和社会政策理论所替代，社会政策理论走向多元化时期。

社会政策理论的多元化，使得持各种福利价值观的理论互相展开了激烈的竞争。这一时期，社会政策理论的典型代表有，其一，否定公民权利理念和福利国家制度，鼓吹市场自由竞争原则的新自由主义。其二，试图调和自由主义和社会民主主义的对立、主张混合社会政策的所谓“第三条道路”的新社会民主主义。

“第三条道路”是吉登斯等人提出的，旨在克服老派社会民主主义和新自由主义之间的争论和对立。该学派看待社会政策问题的主要观点有：全球化时代的人类社会面临许多共同的风险和问题，比如生态危机问题；人们应该“超越左与右”之分，全面综合地分析社会风险，共同采取行动；在坚持政府社会政策主体地位的基础上，应该适度地强调个人对其自身的保障作用；主张“建立投资型社会”，通过政府和社会的大量投入，用再分配的手段将政府的财政支出更多地用于发展教育、服务就业等促进社会发展的公共服务事业中；致力于促进社会融合，反对将社会弱者作为边缘性群体排斥出主流社会之外；倡导和鼓励社会各方力量，特别是政府之外的社会组织、社区、家庭参与到社会服务事业中，保障人们的生活，促进社会的发展；等等。

20世纪80年代以来，除了上述二者之外，社会政策理论流派中还存在主张应该更多地发挥家庭和社区的福利功能、恢复传统的价值观和个人的责任意识的新保守主义，坚持社会政策的集体主义价值观、反对靠市场调节来满足人们的福利需求的传统社会民主主义，强调非正式群体和制度的保障功能、从地方社区挖掘人类社会互助精神的社群主义等等。这些理论按照自己所信奉的意识形态和价值观念来诠释社会政策问题，并依据其所主张的社会政策理念来构建各自的社会政策体系，对社会政策问题展开了更深入的讨论，对推动社会政策理论的发展和社会政策的改革起到了重大作用。

总之，多元化是国际上社会政策理论发展的新趋势，了解和掌握社会政策理论各个流派和价值观上的对立，会使人们认识当代社会政策问题有一个更开阔的视野。

二、社会政策理论争论的焦点

社会政策理论的发展是围绕着人类有着什么样的基本需要及如何满足人们的合理需求等问题的争论而展开的。对这些问题的不同回答，产生了各种各样的社会政策理论。但是，如果将各种不同的思想理论进行更为细致的剖析后，就会发现，尽管存在着众多社会政策理论流派和政策观点，但是这些理论观点之间的争论始终是围绕着某些基本的社会政策要素和基本价值观而展开的。认清各种社会政策理论的内涵和基本价值观，把握住社会政策的理论特点，对理解社会政策的本质是十分重要的。根据这种认识，可以对各派社会政策理论争论的焦点或核心问题作如下概括。

（一）政府和市场的关系

社会政策是国家或政府为解决社会问题、改善社会环境、促进社会公正和实现社会发展而制定和采取的各种原则或方针。根据这一界定，国家或政府理应成为社会政策的主体，是社会政策的制定者和实施者。有些学者据此认为，社会政策是国家或政府解决社会问题、达成社会目标的一种有效途径，国家和政府理应是社会政策的唯一主体，这种主体角色不仅仅局限在政策的制定者和实施者上，甚至还应当包括政策资源的支持者、政策实施的监督者等，因为市场配置资源有着其自身无法克服的弊端。持这种观点的以社会民主主义流派为代表。

但是，有些社会政策的理论流派认为，政府应该尽量缩小其对社会生活领域，特别是经济领域的干预，理想的模式是政府只应充当“守夜人”角色，因为政府的干预会破坏公民社会的自治和经济体系的自由运转，而市场的自由竞争可以实现资源配置的最优化。持这一主张的典型代表是自由主义，该学派学者在社会政策领域更倾向于“强市场、弱政府”的社会政策取向。

可以看出，在社会政策范围内，政府和市场孰优孰劣、应当选择哪种运作方式，社会政策的各种理论流派的看法存在着本质的不同，对政府和市场二者所作出的选择也是各种理论流派基本价值观的体现。

（二）权利与义务的关系

围绕着权利与义务的关系对社会政策的政治和道德属性展开讨论，是社会政策基本理论的核心内容之一。

一些社会政策理论家认为，以公民权利的政治理念为核心，把社会政策当作实现人的权利的重要手段，希望通过社会政策的实施来缩小贫富差别，维护社会成员的基本权利和促进社会公正，这是社会政策的本质属性和根本目标。因此，国家和政府制定和实施社会政策必须基于对公民权利的认可，那公民的基本权利是其作为社会成员必然拥有的，政府应该予以保护和满足，而不能加以抑制和简单剥夺。

然而，另一派的理论家则认为，强调公民权利本身并没有什么不妥，只是对公民权利的过度强调和一味满足公民的需求，会产生个人欲望无休止膨胀的后果，而这种后果会使个人产生对国家或政府提供的福利和保障的过度依赖，从而导致个体丧失对社会、对自身的责任感，工作动机不强，社会因而缺乏活力。因此，该派认为，必须注重强调公民个人满足其自身需求的责任与义务，建立义务感不仅可使个人能够保障自身，也会激发社会活力，促进社会的发展与进步。

权利和义务之间的关系问题一直是社会政策基本理论争论的焦点之一，它是社会政策基本理论的内涵之一，而且对这一问题的不同解答必然反映不同理论流派看待社会政策的基本价值观。

（三）公平与效率的关系

按照一些理论家的观点，公平是一个社会的目标理想，如果实现公平，就可以充分彰显公民权利。因为公民权利的观念中就包含着人作为社会成员应该享有平等的权利思想。一个国家或社会仅仅在获取社会资源和利益的机会方面保持公民权利上的平等是不够的，国家和政府还必须通过社会资源和财富的再分配，实现所有社会成员在结果上的平等，这才是真正公平的社会，国家和政府在实现公平方面承担主要责任。

但是与此相反的观点是，实现公平必然要以损害效率为代价。原因有两个方面：一方面，从理论角度来看，公平可能会被人们片面地理解为平等，而实现平等又往往导致社会追求绝对的平均，造成平均主义的错误；另一方面，从实践角度来看，人们由于自身能力和社会各方面的原因，无法在一次分配中实现绝对公平，因而必须涉及税收等二次分配手段，而税负过重必然使得社会财富创造者的积极性受挫，社会由此陷入停滞不前的境地。因此，应该引入效率优先的观念，让社会资源的配置实现效益最大化目标。摒弃社会政策及其对公平的追求，不仅可以提升公民的福利水平，还可以实现社会的财富增长和长远发展。

因此，围绕公平与效率谁更优先的问题，探讨社会政策的必要性与可能性，以及社会政策应该在多大程度上起到维护社会公正的作用，是社会政策基本理论的内涵之一。

(四) 消除贫困还是促进社会融合

社会政策理论界围绕社会政策的基本目标是消除贫困还是促进社会融合，一直存在较大争论。①

有些理论学派认为，工业化和城市化进程导致了严重的贫困问题，社会政策早在其诞生之日起，就担负起消除贫困的重任。持此种观点的理论家们将人们的贫困看作是由其自身的某些缺陷造成的，只要对贫困人口施加某种惩罚就能消除贫困，通过给贫困人口贴上“无能者”的标签，以此作为惩罚，督促他们就业，进而消除社会贫困。

然而，随着现代化进程的推进，有些学者逐渐认识到，现代社会的贫困不是由个人原因造成的，它有着深刻的社会结构原因，而且早期对贫困人口“贴标签”的方式有可能产生严重的社会排斥。因此，社会政策的基本目标理应适应社会发展的要求，更多地关注促进社会融合、反对社会排斥。② 所谓社会排斥，意指主导群体在社会意识和政策法规等不同层面上对边缘化的贫弱群体的拒斥。社会排斥不但损害贫困者个人的尊严与人格，同时阻碍社会凝聚力的生成，有可能造成社会断裂或解组。而社会政策不应仅仅关注贫困问题，更应该从根本上消除社会排斥，促进社会融合，为社会发展提供一定的动力。

笔者认为，无论是消除贫困还是促进社会融合，都是社会政策致力于解决的关键性问题。但是，还要认识到，消除贫困和促进社会融合在层次上是不同的，二者中何者为基础、何者层次更高，不同学者、不同理论流派对其有着不同的理解。

---

① 唐钧．社会政策的基本目标：从克服贫困到消除社会排斥．江苏社会科学，2002（3）．

② 同①．

（五）解决矛盾还是促进发展

社会政策是作为促进人的发展与自由的措施加以实施，还是仅仅作为解决社会矛盾的工具和实施社会改良的手段，这是社会政策基本理论的内涵之一。

主张社会政策的功能就是解决社会问题、进行社会改良的观点认为，从历史起源来看，社会政策在19世纪的西欧诞生之时，德国“新历史学派”不希望通过马克思主义所设想的革命途径来解决当时的主要社会问题——劳资冲突，所以制定社会政策，希望其发挥缓解劳资冲突、实施社会改良的作用。之后，社会政策由于在解决由工业化和城市化所带来的一系列社会问题方面具有良好效果和明显优势，所以得到不断发展。而且，社会政策在当代世界各国也主要是发挥解决社会问题、缓解社会矛盾的作用。

然而，与此相对应的是，有些理论家认为，社会政策是国家或政府为社会成员提供福利和保障的措施与制度，理应满足社会成员不同层次的福利需求。人的需求包括生存和发展两大层次，从保障人们的生存层次来看，社会政策的确应该发挥其解决社会问题、缓解社会矛盾的作用；但这是不够的，人还具有发展自我、发展社会的需求，人的这种对于发展的需求，也必须通过制定和实施社会政策才能予以满足，社会政策理论必须强调人与社会的发展。

概括而言，以上五个方面的问题是社会政策理论研究的核心问题，成为理解各派社会政策理论、掌握其特点的关键线索。

第三节 社会政策的一般过程

社会政策的一般过程包括制定、执行、评估和调整四个阶段。本节就上述社会政策过程的基本原理与方法加以介绍与讨论。

一、社会政策的制定

社会政策的制定涉及从发现问题到政策方案的出台的一系列过程，包括确认政策问题、建立政策议程、制定政策方案、政策方案选优、政策方案合法化等各个环节。

（一）确认政策问题

确认政策问题是政策制定过程的第一个环节。问题系指事物的实际状态与期望状态之间的差距。问题的概念极为宽泛，有的属于个人问题，有的属于社会问题。社会问题是由于社会关系或环境失调，导致社会全体或部分成员的正常生活乃至社会进步发生障碍，从而引起了人们的关注，并需要运用社会的力量加以解决的问题。社会政策所关注并加以解决的问题便是社会问题。

社会问题包罗万象。因此，并非所有的社会问题都能成为政策问题。能够成为政策问题的只是社会问题中很少的一部分。某一问题能否变成政策问题，既取决于客观情势的性质或严重程度，也取决于社会权力机关确认政策问题的标准和程序。以下几点是确认政策问题的必要条件。

1. 存在一种可以确认的客观情势

某一问题不但业已客观存在，且公众与政府对该问题的存在及其严重程度达成了某种共识。如失业率超过5%的警戒线，社会对此已难以承受，公众及政府对此已形成共识。

2. 出现了强烈的公众诉求

当某一问题日趋严重，导致部分乃至全体社会成员的正常生活发生障碍，社会公众的政策诉求便会出现并日趋强烈。如失业率上升不仅直接影响到失业者及其家庭的生活，而且会给社会稳定造成潜在威胁，从而导致公众强烈要求政府出面扩大就业，或健全失业保障制度。

3. 形成了明显的政策需要

就大多数社会政策而言，都是对现实存在的社会问题的直接反映。当问题严重到非解决不可的地步，即如再不采取行动，政府履行政治责任、行政责任的能力与公信力将受到挑战时，从政府的角度看，便形成了明显的政策需要。但也不排除这样的情况，即某一问题的严重性尚未显现，但基于以往的教训，尽早采取措施就可能将问题消灭于萌芽状态，这也可理解为提出了一种政策需要，只是相对于前者不具明显性而已。

(二) 建立政策议程

政策议程是将政策问题纳入政治机构的行动计划的过程。将一个问题提到政府机构的议事日程之上是解决问题的关键一步。一个社会问题只有以一定的形式、经过一定的渠道被纳入政策议程，成为决策者和政策咨询人员的研究对象，才有可能通过政策途径得到解决或处理。

不少研究者将政策议程划分为公共议程（或公众议程）和政府议程（或正式议程）两种类型。前者是指社会大众共同议论某一问题，并认为有必要提交政府采取措施加以解决的活动；后者是指政府觉察到某一问题引起了社会的广泛注意和讨论，该问题也确有解决的必要与可能，从而将其纳入政府议事日程加以研究和处理的过程。公共议程和政府议程大体可视为政策议程的两个阶段。在前一阶段，人们对问题的界定比较模糊，一般也不提出可行性方案或解决办法。而到了政府议程阶段，对问题已有了明确的界定与陈述。当然对这两个阶段的划分不能绝对地理解。

现实生活中存在着大量的社会问题，公众关注的问题也多种多样，但在特定时期政府所能解决的问题是有限的。因此，有些问题能够引起政府注意，并为之建立政策议程；有些则不能；有些暂时不被列入政策议程，待时机成熟再加以考虑。

（三）制定政策方案

制定政策方案也称政策方案的设计，是一种决策过程，是对解决问题的各种可能性途径和方法的选择活动，其目的在于提供各种有利于实现政策目标的备选方案。方案是否可行、科学，对政策的实施及其效果关系极大。

确定政策目标是设计政策方案的第一步。政策目标是政策制定者希望通过政策实施所达到的效果，是政策方案设计与择优的基础，也为政策效果的评估提供标准。在制定政策目标时，以下几点应加以注意。

（1）目标必须具体、明确，应尽可能量化并有特定时限。如《国家八七扶贫攻坚计划（1994—2000年）》规定到2000年基本消灭绝对贫困；“十五”计划规定将我国的失业率控制在3%左右。

（2）目标必须切实可行。目标应建立在现实条件之上，通过努力可以实现。

（3）不同层次的目标应当协调一致，具体目标不能和总目标相冲突。

（4）目标必须体现国家和社会利益，符合国家法律和社会公德。

政策方案的设计包含一系列具体步骤，大致可分为轮廓勾画和细节设计两个步骤。轮廓勾画包括两方面的内容：一是为实现特定目标，尽可能多地提出相应方案；二是将各种方案的轮廓勾画出来。在进行轮廓勾画时，应当注意：

（1）要保证方案的多样性，以备选优。

（2）要保证方案整体轮廓上的完备性，每一方案都应包含行动原则、指导方针、基本措施、发展阶段等内容。

（3）各方案之间应具有互斥性，不能相互重复、包含。

细节设计是按照所勾画的各种政策方案轮廓，确定实现政策目标的具体途径、措施和手段，包括政策界限的规定和相关的机构设置、人员配备、资金预算、物质保障等。与轮廓勾画阶段需要丰富的想象力与勇于创新的精神不同，细节设计需要冷静的思考和脚踏实地的精神，就方案的各个细节进行严格的论证、反复的计算和细致的推敲。

（四）政策方案选优

政策方案的选优是指对已设计出来的各种政策方案进行评选，从中找出一个最佳方案的过程。

在政策设计阶段提出的各种政策方案并不一定都能实现预期的政策目标；况且在解决某一政策问题时也不可能同时采用几种方案。因此，对各种不同的政策方案加以评估，对其作出优化选择，便十分重要。在进行政策方案的评估时，应当坚持以下标准：

（1）应能最大限度地实现政策目标。

（2）消耗的资源应尽可能地少。

（3）实现政策目标的风险应尽可能地小。

（4）实施中产生的副作用应尽可能地小。

一般而言，既能以最小的投入最大限度地实现政策目标，同时又不至于产生什么风险或负面影响的方案便是最好的政策方案。但对此只能从相对意义上来理解，就现实而言，这样的方案是不存在的。

选出最优方案后，还应对其进行可行性论证以确保政策的顺利实施。政策方案的可行性包括政治可行性、经济可行性及技术可行性等内容。政治可行性指该政策获得政治资源支持的程度、现有行政资源执行政策的行动力度和效能高低等；经济可行性指执行政策方案所需各种人、财、物及信息资源的获取程度；技术可行性指在现有的技术水平上能够实现目标的程度。三者之间相互联系、相互制约，影响政策执行的效果。

(五) 政策方案合法化

政策方案要得到社会的认同和遵循，还需经过一定的程序获得合法性。政策方案通过一定程序获得合法地位的过程称为政策方案合法化。

不同的政策主体制定的政策，其合法化程序往往有所不同。一般而言，社会政策的主体是政府及立法机关等。在我国，除此而外，还包括中国共产党的领导机构及一些带官方性质的社会团体（如共青团、妇联、总工会等)。它们制定的政策方案都有一个合法化的过程。其中立法机关作为最高权力机关是执行政策合法化的主要部门，但一般仅限于对一些比较重大（基本）的、带全局性的、相对成熟并需在较长时期内保持相对稳定的社会政策加以合法化，这样的政策包括人口政策、环境保护政策、社会保障政策、分配政策、教育政策等等。

相对较低层次的、不太成熟、也不具长期性的政策，一般由各级行政机关实施合法化过程即可。如我国政府以实施细则、条例、命令、通知、暂行规定、试行方案等形成发布的政策，也具备合法性。

中国共产党作为执政党，它的领导机构在政策合法化过程中也起着重要的作用，在改革以前尤其如此。目前，中国共产党致力于“法治国家”建设，一般不直接介入政策合法化过程，而是提出政策创议或政策方案，通过适当程序由立法机关或行政机关加以合法化。

我国的一些带官方性质的社会团体也制定一些社会政策，如共青团中央首倡的“希望工程”即救助贫困失学儿童计划，一般由其领导机构加以合法化。

二、社会政策的执行

(一) 社会政策执行的意义及其特点

社会政策的执行是指将正式公布的政策方案加以贯彻、实施，以达到预期的政策目标的各种活动与整个过程。一项最优政策方案，如不加以实际推行，就无法体现政策效果，政策目标就不可能达成，社会问题也就不可能解决。所以，社会政策执行的重要性是不言而喻的。具体说来，社会政策执行的意义体现在以下三个方面：社会政策执行是解决社会问题的根本性环节；社会政策执行将决定政策方案能否实现及实现的程度与范围；社会政策执行活动及其所产生的结果是制定后续政策的重要依据。

社会政策的执行过程具有以下特点。

（1）连续性。社会政策的执行过程在时间上是连续的，虽然根据活动重点的变化对整个执行过程可作相对的阶段划分。为实现政策目标，各阶段之间应环环相扣，前后相继。

（2）整合性。社会政策的执行是一个非常复杂的过程，要采取各种措施与行动，调动人、财、物、信息等多种因素。政策的执行过程就是将各种活动与要素加以整合，以期获得最优整体效应的过程。执行机构应通过一定机制使上述动态与静态要素实现有序与协调。

（3）灵活性。在政策执行的整个过程中，由于内部、外部环境的变化，往往会出现各种新情况、新问题。作为执行者与执行机构，应根据新变化对既定的程序、策略作适时调整。

（二）有关社会政策执行过程的理论模型

针对政策执行过程，社会政策学者提出了各种理论模型，从不同的视角研究政策的实施过程。这里主要介绍以下几种。

1. 四因素论[①]

四因素论是美国学者史密斯于 1973 年提出的一种有关政策执行过程的理论，如图 11-1 所示。史密斯认为，在政策执行过程中，影响重大的因素有四点：（1）理想化政策；（2）目标群体；（3）执行机构；（4）环境因素，包括影响政策执行与受政策执行影响的各种政治、经济、社会及文化因素。史密斯认为，政策执行作为一种有目的的政府行为，必然意味着要改变原有的处理问题的方式或建立新的处理方式，这就使受政策执行影响的个体或群体原有的较平衡的关系被冲击，彼此之间可能产生紧张、争议、冲突。政策执行需要不断考虑政策面临的限制、压力及紧张，并加以回应。

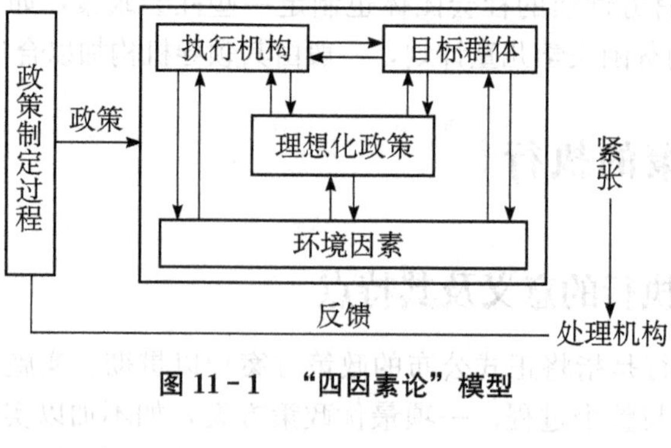

图 11-1 “四因素论”模型

① 曾纪茂，周晶．公共政策导论．成都：四川人民出版社，2001：157-158.

2. 六因素论①

六因素论也称“互动模式”，由密特与霍恩提出。在这一模式中，他们用六个变项研究政策与执行之间的关系。最先加以确认的两个变项是政策的标准与目标及政策的资源。确认政策标准与目标是为了使决策变得有所依循。政策资源也非常重要。要使政策得到有效实施，需要充分的资金及其他激励因素。其他四个变项分别是：组织间的沟通与有效执行，执行机构的特质，经济、社会与政治条件，以及执行的意向。这六个变项之间的动态运作关系，如图 11-2 所示。

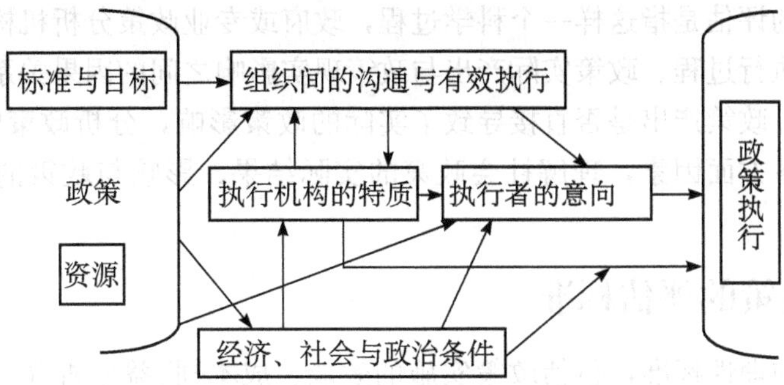

图 11-2 “六因素论”模型

3. 循环理论②

该模式系美国政策学者马丁·雷恩和弗朗希·F. 拉宾诺维茨于 1978 年提出。他们将政策执行过程分为三个不同阶段：(1) 纲领发展阶段。政策制定机构将政策纲领通过各种途径告知大众，并根据他们反馈的意见加以修正以获得广泛的支持。(2) 资源分配阶段。将政策执行所需资源公平地分配给执行者，赋予执行者充分的同时又不至于引起争议的权力去推行政策。(3) 监督阶段。通过预算、审计、评估等手段对政策执行过程与成果进行审视与评估，确认执行者的责任以提高执行的成效。他们认为，这三个阶段并非直线单向地运行的，而是相互循环的。同时，政策执行过程亦受到环境条件的影响。

4. 中国模式

这是中国一些政策学者对我国独具特色的社会政策执行模式进行研究而形成的一种理论，尚不成熟，在此作简要概括。叶海平、李冬妮在《社会政策与法规》(华东理工大学出版社，2000) 一书中，将社会政策的执行细分为准备与实施两个阶段，其中准备阶段又包括制订计划、组织落实、政策宣传、物质准备、典型试验等内容；实施阶段包括指挥、协调、监督、控制等方面的工作。两个阶段都体现出中国执行社会政策的特点，特别是准备阶段的政策宣传与典型试验等内容。陈振明在其主编的《政策科学》(中国人民大学出版社，2001) 一书中更明确地将注重政策宣传、重视政策试验、强调以点带面等视为政策执行过程的中国特色。

---

① 曾纪茂，周晶．公共政策导论．成都：四川人民出版社，2001：154-155.

② 同①158-159.

以上理论对政策执行过程分别做出了不同的分析。① 由于多种因素的影响，在不同的国家、社会，以及在不同的时期，社会政策的执行过程会发生这样、那样的变化，是可以理解的。只要执行过程的设计有利于取得预期的政策效果，那么，它便是科学、合理的。

三、社会政策的评估

社会政策的评估是指这样一个科学过程，政府或专业政策分析机构根据社会政策的投入、政策执行过程、政策实际产出与政策现实影响之间的因果关系，判断政策投入、政策过程、政策产出是否直接导致了实际的政策影响，分析政策的投入、过程、产出、影响等各方面因素，理解社会政策的实际结果、影响与政策的预期目标是否一致。

（一）社会政策的评估标准

（1）传统的理性标准，包括政策实施的效能、成本-收益分析等，重点在于理性计算某一社会政策取得的实际效果。

（2）公众的评估标准，包括政策实施对象的满意度、政策绩效等。

（3）政治角度的评估标准，如政策实施的代表性、回应性和政策的责任范围等。

（4）法律角度的评估标准，包括某一社会政策实施和执行方式的合法性、政策的法律层次性和政策制定程序中的代表性等。

当然，在实际政策评估过程中，由于通常会多种标准并用，因此往往会涉及评估标准的选择、排序和组合等问题。选择不同的评估标准和标准的不同排序、使用，将直接影响到政策评估的结果。②

（二）社会政策的评估程序

（1）准备阶段。其主要工作是：确定评估的对象；制定评估方案，包括阐明评估的对象和范围，明确评估的目的和要求，确定对政策事实和政策价值进行评估的方法、标准和指标，规定评估的场所、时间、程序和评估主体等。

（2）实施阶段。其主要工作是：全面收集政策制定、实施、产出、影响等方面的各种信息，整理、归类、统计和分析这些信息，运用适当的评估方法和技术，测算和分析社会政策实施的效果，得出社会政策评估的价值判断和技术分析结论，提出相关的社会政策建议，写出评估报告。评估报告的内容应该包括对社会政策影响和绩效进行陈述并提出社会政策建议，对评估过程、评估程序和方法、评估标准、评估结论等重要问题进行必要的说明。

（3）总结和反馈阶段。在提交评估报告、结束评估工作之前，要对评估过程进行

---

① 郑杭生．社会学概论新修．3版．北京：中国人民大学出版社，2003：488.

② 李由．中国转型期公共政策过程研究．北京：北京师范大学出版社，2008：547.

再检查，对评估结果的可信性和有效性进行分析；要与社会政策设计、制定、执行、监督机构和人员及社会政策的目标群体进行必要的沟通和讨论，以便提高社会政策评估的效果。①

（三）社会政策的评估方法

（1）社会政策目标达成评估。它是社会政策评估的传统方法，主要从两个方面进行评估：社会政策目标是否顺利实现，实现程度如何，社会政策结果与目标是否一致；社会政策影响评估，关心的是社会政策结果是否由社会政策目标造成，分析社会政策实施过程对实现社会政策目标的促进和妨碍作用。

（2）公众导向评估。它是指将社会政策所作用的目标群体即公众的目标、需要、价值等作为评估的组织原则和价值标准，评估社会政策对公众的需要、价值、机会的满足程度。因此，不仅应当将社会政策问题的解决方式交由公众选择，而且可以将社会政策评估的权利交给公众。

（3）社会实验评估。它运用类似自然科学中的实验室分析方法，对社会政策实施效果进行检测评估。理想的实验方法是在对社会政策输入变量和过程变量直接控制的条件下，只将该政策用于某一个群体（试验组），而不用于类似情况的其他群体（控制组），并对社会政策执行的实验结果进行监测和对比分析。一项社会政策在全面推行之前，如果事先进行科学的实验分析，就可能比较各种社会政策的利弊。②

在社会政策评估过程中，公民、组织和企业等社会主体了解和监督政府及其社会政策过程，有关机构和人员发现和确认社会政策制定和实施中的问题，可以不断提高社会政策制定和实施的质量，保证社会政策的合法有效性。

四、社会政策的调整

（一）实施社会政策对社会问题的影响

实施社会政策评估的直接目标是考察社会政策的实施对社会问题所产生的影响，最终目标是为确定政策调整方式提供基本依据。一项社会政策对其所对应的社会问题所可能造成的影响，大体上可分为以下五个方面。

（1）社会政策可以完全（基本）解决社会问题。社会政策可使原有的问题消弭于无形，这当然是最大限度地实现了政策目标，虽属理想状态，但亦并非没有可能。如新中国成立后实施禁娼、禁赌等政策，此类现象在相当长的时期内基本消失。美国自林肯总统下令实行解放黑奴政策后，该问题亦告不复存在。

（2）社会政策可以减轻社会问题的严重性。这种情况比较多。如 20 世纪 90 年代初我国政府开始实施《国家八七扶贫攻坚计划（1994—2000 年）》，即自 1993 年起，

① 李由．中国转型期公共政策过程研究．北京：北京师范大学出版社，2008：547.
② 同①548－549.

用七年时间，解决八千万人口的贫困问题。这一政策目标虽未完全实现，但使贫困问题的严重性大为缓解。

(3) 社会政策对社会问题并未产生实际效果，或只不过使问题改变了存在的方式。如许多西方国家包括日本面对严重的劳动力短缺问题，实施鼓励生育政策，但效果并不明显。中国自改革开放以来，仍实行禁娼、禁赌政策，但由于社会环境的变化和社会控制方式的改变，此类现象仍不同程度地存在，只是一般采取非公开的活动方式而已。

(4) 社会政策实施后，反而使社会问题的严重性加剧，或引起了新的社会问题。例如，我国在20世纪50年代初及80年代初分别颁布了一个“新婚姻法”，每次都导致了离婚现象的急剧上升。当然，这只是从表面上看。实际上，“新婚姻法”只不过是使原先大量存在的“实质死亡”婚姻的解除变得容易，体现了对人的自由的尊重。不过，离婚率的上升毕竟给社会控制带来了新的难题。再如，原先的南非实施种族隔离政策，非但未解决种族之间的摩擦，反而使种族矛盾激化。这实质上加剧了社会问题。

(5) 社会政策预防了社会问题的发生。如近代德国由于实施社会保险政策，对劳工问题的产生就起到了预防的作用。现代西方各国普遍推行“福利国家”政策，在相当长的时期内保持了社会的稳定。

(二) 社会政策的调整

社会政策的调整是根据政策评估结果，对现行社会政策进行修改、补充、分解或终止的过程。有些政策推行后，预期目标已经实现，问题已解决，因而其继续存在已无必要；有些政策经执行，虽取得了一些积极的结果，但尚未实现预定目标，在负面影响可以控制的前提下，这类政策可以继续实行，但也应进行适当调整；还有一些政策，根本不能解决特定的社会问题，其实施过程已证明了其无效或失败，这就需要由新的政策来替代。

1. 政策调整的内容

一般说来，政策调整的内容有以下几个方面。

(1) 功能的调整。功能是政策执行者为了满足目标群体的需要而提供的各种服务，政策的效果就是通过具体的功能来体现的。功能调整即意味着某种服务的改变或终止，这就会给政策对象的利益带来影响，因而往往会受到抵制。此外，由于某种功能常常是由不同的政策和机构共同承担，或不同的政策和机构提供的服务存在前后相继的关系（如社会救助和社会保险的关系），要对其进行调整需进行必要的组织协调工作。

(2) 机构的调整。分为两种情况：一种情况是有的机构专为实施某一政策而设，政策一旦终结，机构亦随之撤销；另一种情况是有的机构同时承担几种政策的推行工作，某项政策的终止会导致该机构规模、经费等的缩减。机构撤销或缩减因涉及相关人员的去留，往往并非一帆风顺。

(3) 政策的调整。政策调整即改变或停止实施某一政策。在通常情况下，特别是相对于功能调整及机构调整而言，政策本身的调整所遇到的阻力要小。

2. 政策调整的方式

政策调整的方式很多，包括替代、合并、分解、缩减等等。

(1) 政策替代。政策替代即用新政策取代旧政策，但政策所针对的问题不变。如针对城镇职工养老问题，我国原先实行的是实质意义上的“企业保险”，改革后，已不能满足职工养老的实际需求。于是，先后有养老金社会统筹及社会统筹和个人账户相结合等政策来替代原先的政策。新政策在内容上有所变化，但更多的只是方法上的变化，或只是操作程序上的改变，目的在于更好地解决旧政策所不能解决的问题。

(2) 政策合并。政策合并是指旧的政策作为整体虽被终止，但其部分内容仍然适用，因而被合并到其他政策中。仍以我国城镇职工养老保险改革为例，1995 年推行的方案是双方案并行。经过一段时间的运作，1997 年国务院公布的方案实际上是原先双方案的整合。目前大多数高等院校实行的统一缴费入学政策，便是原先的公费与自费并存政策的合并。

(3) 政策分解。这是指将原政策的内容按一定的标准分解成几部分，每一部分各自成为一项新的政策。这种情况一般发生于原政策内容庞杂、目标众多而影响政策效果时，对其加以适当分解，以利于问题的解决。现代社会变迁迅速，社会结构越来越复杂，人们的需求也越来越具体，社会政策的分解是经常发生的。如我国城镇职工的社会保险政策，1951 年颁布的《中华人民共和国劳动保险条例》涉及除失业项目以外的多项内容，可以说无所不包，非常繁杂。改革至今，这种情况已发生很大改变，养老、医疗等都已分别独立出来，且有了具体的目标和方案，另外新补充了失业项目。

(4) 政策缩减。政策缩减是采用渐进方式对某一政策加以终结，这样可避免仓促终结所可能产生的剧烈反应。一般而言，对已实际完成预定目标的政策，可通过逐渐减少政策投入、缩小政策实施范围、放宽对政策执行的控制等措施，以最终完成政策终结的目的。如我国的扶贫政策，通过 20 世纪 90 年代中后期的努力，目前正趋向最终解决，相应地，扶贫资金的投入、人员的配备、机构的设置等，也在不断缩减的过程中。

第四节
中国社会政策的演进[①]

虽然制度化、体系化的社会政策起源于西方国家，但在中国，零星的社会政策思想与实践自古有之。例如，早在西周时期，执政者就曾提出“保息六政”。战国时期，

① 李迎生．转型时期的社会政策：问题与选择．北京：中国人民大学出版社，2007：13－22．部分内容根据现实发展做了必要补充。

管子提出执政者居上为政，应广施仁政，行“九惠之教”。中国古代的社会救济也有一定的发展。民国时期，西方的社会政策思想和实践开始被引进中国。19 世纪 40 年代，曾有学者提出社会政策基本纲领，但因当时处在战乱时期，这一纲领实际未能实施。

新中国成立后直到实行改革开放前，在计划经济体制下，实施了一些属于社会政策范畴的社会保障与社会福利措施，概括起来，主要有社会保险制度（当时称为“劳动保险”）、五保制度和合作医疗制度、社会福利制度、社会救济制度等。计划经济下推行的社会保障与社会福利举措对于维护社会稳定，促进经济发展，保障人民生活，其积极意义是明显的。但也必须看到，这些措施主要由国家或企事业单位出资，个人一般不承担任何费用，不仅会造成国家和单位不堪重负，还会使职工个人产生依赖思想，从长远看，其缺陷是严重的。除此之外，计划经济时期的社会保障和社会福利制度还存在其他一些不足，这里就不一一述及了。需要特别指出的是，在计划经济体制下，社会政策是缺乏独立地位的。上述社会保障和社会福利举措实际上是作为经济体制的一个组成部分而存在的。这种状况不利于社会政策体系的建立、完善及其独特功能的发挥。

改革开放以来，随着市场化导向的改革的深入，社会政策的重要性变得越来越明显。第一，经济体制转轨使社会福利的供给模式发生了变化。在计划经济时期，国家对社会保险、社会福利、社会救助等等实行统一包揽的政策。在城市，主要通过企业（单位）来实施；在农村，则主要通过集体来实施。在这种体制下，社会政策和经济政策的界限不清，或者说混合在一起。而在市场经济条件下，国家（通过企业、集体）不再也无力对社会福利统包统揽。城市企业要实行现代企业制度，改变过去那种企业办社会的现象，实行“社会福利社会化”；农村集体在大多数地区已不复存在，社会福利的主体将走向多元化。在这种情况下，国家通过统一的社会政策协调社会各方面的力量对弱势群体实施帮助就变得非常重要。第二，在市场经济条件下，公平和公正问题变得突出。“效率优先，兼顾公平”的原则在长时期内不会有特别的改变；但随着市场经济的深入发展，对公平的关注和诉求将会越来越强烈。实现社会公平离不开社会政策——在市场经济条件下，初次分配强调效率，市场机制起主导作用；二次分配应当强调公平与公正，这主要通过社会政策来实现。

基于上述背景，改革以来，我国社会政策的地位、内容及主体都发生了重要的变化。从地位而言，随着经济体制改革的深化，社会政策已日益从经济体制中剥离出来，成为一个相对独立的领域，并开始受到关注和重视。从内容而言，社会政策的内容体系趋向完善，原先缺乏的失业保险项目得到了补充，各个项目（养老、医疗、失业、工伤、社会救助、教育、扶贫、福利等）的制度化、规范化建设都取得了重要的进展。从主体而言，社会政策的实施主体虽然仍主要是政府，但开始强调社区、非政府组织、民间团体、家庭、个人的责任。

应该说，改革以来我国的社会政策建设取得了一定的进展，对保护弱势人群、维持社会稳定与促进社会公正发挥了积极的作用。但由于各种原因，我国社会政策建设取得的进展还是初步的，其功能未能得到应有的体现，离构建和谐社会的要求尚存在着不小的差距。笔者所总结的我国社会政策现状的以下几个特点，实际上也可看作我国社会政策存在的几大缺陷。

一、从属性

虽然目前在我国，社会政策已开始受到更多的关注和重视，成为一个相对独立的领域，但相对于经济政策而言，社会政策依然处于从属或依附的地位。在计划经济时期，中国政府对社会生活的干预是全方位的，涉及每个人衣食住行、生老病死的各个方面，特别是针对城市职工实行的福利制度虽然内容几乎无所不包，但在“先发展、后福利”“先生产、后生活”的意识支配下，总体而言，给予每个人的福利待遇基本保持在较低水平上。市场转型以来，特别是伴随建立现代企业制度的改革，社会政策开始从经济体制中剥离出来，但由于对“效率优先，兼顾公平”原则的片面理解，社会政策始终处于从属的地位。这在城市社会保障制度的改革中就表现得十分明显。中国社会保障制度的改革始终是作为经济体制改革的配套措施而实施的。由于对社会政策未能给予应有的重视，我国目前社会公平问题变得比较突出。据研究，改革以来我国居民的收入分配差距出现了不断扩大的趋势。中国国家统计局局长宁吉喆 2017 年 1 月 20 日在北京回答中新社记者提问时透露，2016 年中国基尼系数为 0.465，比 2015 年提高了 0.003①，已经超过国际公认的 0.4 的警戒线，这一状况自进入 21 世纪以来并未发生改变。

二、不完整性

从保护社会弱者基本的生存权和发展权的需要出发，我国针对弱势群体的社会政策应当包括补偿性社会政策和发展性社会政策。前者主要是针对弱势群体的社会保障政策、社会救助政策、住房补贴政策及其他各种基本权利的保护政策，这类社会政策旨在维护社会弱势群体成员的基本生存的权利。后者主要是指有关促进弱势群体的社会参与机会和能力，以消除社会排斥、实现社会整合的政策，如针对弱势群体的就业政策、教育政策、扶贫政策，这类政策旨在维护社会弱势群体成员平等参与社会发展的权利、机会和必要的素质。与补偿性社会政策相比，发展性社会政策对弱势群体问题的解决更具有根本性的意义，但在现实中，补偿性社会政策往往更受到重视，而发展性社会政策，如教育公平政策，往往由于这样那样的原因或困难被弃置一旁，或根本就未加考虑。在上述两类社会政策内部，也都存在着各种缺陷，需要加以补充、充实、改革和完善，例如，就补偿性社会政策而言，已经出台的政策本身并不完善，我国目前的农村社会救助政策就有严重缺陷，多数地区的教育救助、医疗救助、住房救助等内容严重不足。

三、不平衡性

由于受城乡分割的二元社会格局的影响，我国目前的社会政策仍然存在着严重的

---

① 中国基尼系数结束“七连降”官方称下降趋势不变．(2017－01－20) [2018－03－04]．http: //finance.huanqiu.com/rdl/2017－01/9991789.

城乡区别对待的问题，无论是养老、医疗、失业、工伤、生育等社会保险政策，还是社会救助、社会福利、住房、教育、就业、公共卫生政策，对农村户口的居民仍实行和城市居民大相径庭的处理方式。20 世纪 60 年代，社会学家威伦斯基和莱博克斯根据国家在社会福利供给中的职能，将社会福利制度区分为“补缺型”（residual，也有的译为“剩余型”或“残余型”）和“制度型”（也称“普遍型”）两种类型。第一种是指国家的社会福利机构只有在其他通常的渠道如家庭和市场不能维持时，才应为遇到困难的人提供帮助。它实际是主张一种针对弱势群体的有限的、基于家计调查的服务。第二种则将社会福利服务当作工业社会一种正常的功能，它以提供制度化的、针对全体人民的普遍福利为职志。上述学者提出这一划分，旨在说明西方社会福利制度是由“补缺型”向“制度型”演变的。这样的过程在我国迄今才刚刚开始（2003 年开始了“新型农村合作医疗”，简称“新农合”试点；2007 年实现了农村低保全覆盖；2009 年开始了“新型农村养老保险”，简称“新农保”试点）。就我国城乡福利制度的类型看，实际上是制度型（针对城市居民）与剩余型（针对农村居民）并存。

四、不稳定性

我国目前的社会政策尚存在法制化程度低、制度化程度低、不稳定的问题。这个问题在计划经济时期就存在，但在当时，由于政府强有力的干预，且由于当时属于社会政策的内容实际上是和经济体制搅在一起的，其推行的阻力并不大。不过由于法制化程度低，受政治运动的影响，也存在着朝令夕改的问题，难以保持政策的连续性。在市场经济条件下，政策不能通过立法的途径加以明确，由于政府权力的弱化，其推行的阻力大大增加了。阻力一大，就出台变通的政策加以取代；变通的政策遇到阻力，就再做变通，其结果是政策难以保持相对的稳定性。客观来说，我国处在社会快速转型时期，旧体制迅速瓦解了，新问题层出不穷，又受到人口城市化、经济全球化的挑战，这些都对社会政策的决策者形成巨大的压力。为应对上述挑战，出台的一些社会政策就具有明显的应急性特点。这些应急性政策往往由于和其他政策不配套，因而难以保持稳定性。

五、低效性

我国目前的社会政策在执行过程中其针对性不强。该受政策支持的人不能得到实际的支持；不该接受支持的人却获得了支持，如低保对象的选择，就使一些本不该享受低保的人钻了空子。这既表明相关政策的目标团体或受益群体不明确，也表明政策执行手段的欠合理。再就是，我国目前的社会政策分属于不同的政府部门或准政府部门、社会团体进行管理和执行，缺乏统一的协调机构，使政策在执行过程中就可能出现有的目标人群成员获得了重复支持，有的却得不到应有的支持的状况。这些都会导致政策的执行难以取得应有的效果。我国目前针对弱势群体的社会政策种类并不算少，但问题在于如何将这些政策有针对性地、配套地、有重点地运用于特定的弱势人群，使之发挥应有的作用。具体的弱势人群如果不能通过相关的社会支持政策维护自己的生存权和发展权，社会政策的目标也就不可能实现。

本章要点

1. 社会政策是指国家或政府为解决社会问题、改善社会环境、促进社会公正和实现社会发展而制定和采取的各种原则或方针。划分社会政策类型的依据多种多样，依据不同的划分标准可以划分出不同类型的社会政策。

2. 社会政策理论经历了一个发展演变的过程。从工业革命时期基于人道主义精神和自然权利观念而产生的早期理论，发展到19世纪末20世纪初的公民权利观念，经过20世纪中叶的“福利国家”时期，到20世纪80年代以来社会政策的理论呈现多元化趋势。无论何种社会政策的理论流派，它们的争论都是围绕着社会政策的一些核心问题展开的。

3. 制定、执行、评价和调整社会政策是确保社会政策取得实际效果、实现预定目标的前提和基础，是社会政策过程的重要组成部分。

4. 虽然作为一种制度化、体系化的社会政策起源于西方国家，但在中国，零星的社会政策思想与实践自古有之。改革以来，随着经济体制转轨和社会结构转型，我国的社会政策也发生了重要的变化。由于各种原因，目前我国社会政策尚存在着从属性、不完整性、差别对待、不稳定性、低效性等缺陷。

复习思考题

1. 什么是社会政策？它有哪些特点？
2. 试述西方社会政策理论的发展演变过程。
3. 社会政策的一般过程包含哪些基本环节（程序)?
4. 试述社会政策制定的一般程序。
5. 社会政策调整的方法有哪些？
6. 简述我国社会政策现状的特点及其原因。

关键概念

社会政策、公共政策、马歇尔、蒂特马斯、社会政策类型、社会政策理念基础、社会政策过程、中国社会政策现状的特点

推荐阅读书目

1. 林显宗，陈明南．社会福利与行政．台北：五南图书出版公司，2002.
2. 艾斯平-安德森．福利资本主义的三个世界．北京：法律出版社，2003.
3. Gilbert N，Terrell P. 社会福利政策导论．上海：华东理工大学出版社，2003.
4. 曾纪茂，周晶．公共政策导论．成都：四川人民出版社，2001.
5. 李迎生．当代中国社会政策．上海：复旦大学出版社，2010.
6. 李迎生．中国社会政策的改革与创新．北京：中国人民大学出版社，2015.

第十二章
社会工作研究

社会工作研究是社会工作方法的一个重要组成部分。它是运用一般社会研究的方法与技术，从事有关社会工作问题的科学研究。科学的研究是社会工作发展的前提条件，同时也为社会工作者的专业服务提供了效率保障。在社会工作方法体系中，社会工作研究属于间接方法之一，但其研究成果对于社会政策的制定、修改与完善，对于社会工作的实务开展与效率提升，以及对于社会工作学科的发展等都具有重要的意义。本章就社会工作研究的意义、研究的基本程序及主要研究方法等加以介绍与讨论。

第一节 社会工作研究概述

一、社会工作研究的定义与意义

（一）社会工作研究的定义及其研究类型

社会工作研究是社会研究的一种。在界定社会工作研究之前，有必要了解什么是社会研究。社会研究（social research）是一个比较宽泛的概念，既包括社会科学各学科的研究，也包括各个社会生活领域的研究。美国和苏联学者一般认为，任何有关一定社会生活现象的研究都可称为具体的社会研究。①② 这实际上代表了绝大多数学者的共同看法。由于社会研究的概念比较宽泛，学者一般不笼统地使用社会研究一词，而直接在各学科的意义上加以使用，如使用社会学研究、经济学研究、政治学研究等。

社会工作研究即在社会工作学科意义上进行的一种社会研究。它实际上是通过运

① 社会学研究所．社会学手册．杭州：浙江人民出版社，1983：16.

② 贝利．现代社会研究方法．上海：上海人民出版社，1986：3.

用社会研究的一般方法于社会工作领域而进行的。芬克（Arthur Fink）认为，将有系统地寻求未知答案或验证某些假设的过程运用于社会工作领域，即社会工作研究。诺曼（Polansky A. Norman）的解释较详细一些。他指出，所谓社会工作研究，是将社会福利工作计划、组织或机构的功能与方法的效力，加以精密的探索与科学的检定，寻求一般原理与法则以发展社会工作的学理、技能、观念与理论的活动或过程。作为一种实用技术，它能使针对社会问题的社会工作的知识、技术更为有效与科学化。

可以认为，社会工作研究是运用社会研究的一般方法研究社会工作对象需求的种类与满足的途径，它涵盖了社会福利、社会政策、社会服务方案的制定与实施、社会工作的效果与发展等各种社会工作课题的活动或过程。

毫无疑问，就研究类型而言，社会工作的学科性质决定了社会工作研究属于应用研究，但不能将其片面理解为或将其仅仅局限于应用对策的研究。以为社会工作不需要理论或不需要进行理论研究的观点，显然是不正确的。社会工作的对策研究与实际推展需要一定的理论指导，而这就必须进行理论研究。不过，社会工作的理论研究是一种应用性理论研究，不是那种纯理论研究。这种应用性理论研究既包括社会福利思想、社会政策、社会工作制度的结构与功能、社会工作的国际规则与本土化等的研究，也包括社会工作的理论基础、介入模式、工作过程与方法、实务理论的研究。这些研究都是非常必要的。当然，社会工作研究中的大部分内容表现为针对现实需要的对策研究，如为在某一城市推进社区服务计划而进行的研究，为在贫困农村推进社会救助政策而进行的研究等，这类研究一般不需要进行理论概括与提升，只要提出具体实施方案或操作建议即可。

（二）社会工作研究的必要性和重要性

开展社会工作研究无论对于了解服务对象的需求、选择服务项目、制订服务计划、确定服务的方法与技术、提高社会工作的质量和效果以及修订与完善相关社会政策，还是对于检验和发展社会工作理论等都是非常必要的。社会工作研究的最终目标是发展出一套科学而有效的助人服务理论，以实现“助人自助”，关注社会问题和弱势群体，为弱小的声音发出呐喊，实现其所秉持的平等、公正、正义的社会理念。

关于社会工作研究的必要性和重要性，具体可从以下几个方面来理解。

1. 开展社会工作研究是及时了解和掌握服务对象需求以提供适宜的服务的需要

社会工作服务项目不是盲目地提出与提供的，而是根据服务对象的需求经过科学设计的。了解服务对象的需求便成为设计与提供一定的服务项目的前提，而这就必须进行社会工作研究，掌握案主真实的服务需求，以设计与提供最合适的服务。因受多种因素的交织影响，掌握案主的真实需求并不是一件轻而易举的事情。

2. 开展社会工作研究是科学地探寻社会问题成因并加以合理解决的需要

社会工作是为解决社会问题，特别是与社会弱势群体有关的社会问题而存在的。当今各国此类问题都比较突出。在我国社会快速转型时期，失业、下岗、贫困、老年等社会问题日益严重。科学地描述社会问题的状况，分析社会问题产生的各种原因，以对症下药、解决问题，就必须通过科学的社会研究方法对相关社会问题加以研究，以探寻解决问题的合理途径，并从中选择最佳的解决途径。

3. 开展社会工作研究是不断改进社会工作服务质量、提高服务效益的需要

社会工作对象的需求是不断变化的，社会环境也是不断变化的。为了使社会服务取得最佳的效果与效益，就必须通过调查研究、评估研究等科学方法，了解服务对象、社会环境等方面的变化，以不断改进工作的模式、方法与技术，从而达到增进案主福利、提高服务质量与效益的目的。

4. 开展社会工作研究是不断完善社会政策、推动社会发展的需要

社会福利项目的设计和社会服务的具体实施，都是在一定的社会政策的指导下进行的。社会政策是在较大范围内、通常是在整个国家范围内起作用的，其目标是解决社会问题，推动社会发展。要使社会政策的目标得以实现，就必须通过对各种情况下社会工作开展的实际情形的研究，掌握社会政策的实际效果，及时发现社会政策执行中出现的问题和偏差，及时修正相关政策，通过如此反复的过程，使之日臻完善，从而发挥社会政策应有的指导作用。

5. 开展社会工作研究是验证和发展社会工作理论的需要

社会工作原有的理论、模型、方法与技术是否具有科学性、普适性，必须经过实际的运用加以验证；同时，在社会工作具体实践中，社会工作者在不断地创造新经验、新方法、新技巧，这些都需要加以理论提炼，使之补充原有的理论或形成新的理论。所有这些方面都必须通过社会工作研究来实现。

6. 开展社会工作研究是专业发展与地位提升的内在需要

任何一项专业的立身之本都离不开系统的、专业化的研究体系。社会工作的发展脱胎于具体的助人实践活动，在很长一段时间内它被冠以非专业或专业性不足的“帽子”。然而，经过百余年几代社会工作者的共同努力，社会工作已逐渐成长为一门集实务和研究于一体的专业体系与职业体系。要保持这种专业特质和职业地位，势必需要更多的社会工作者在专业的助人服务中深入思考其价值与意义，并通过各种研究来进一步提升专业的品质与地位。

二、社会工作研究的方法论

方法论是根据本体论和认识论而采用的科学研究方法，它是思维层次上的“基本假设、逻辑、原则、规则、程序等问题，它是指导研究的一般思想方法或哲学”①。作为社会研究中的一种，社会工作研究的背后隐含着某种科学精神、方法和价值导向的预设。只有懂得了其中的意义，才能使研究不流于机械化的过程，真正提高研究的效率，进一步改进社会项目的效果。自芮奇蒙德发表《社会诊断》以来，社会工作研究就一直追随着实证社会科学的研究范式。社会工作之所以被接受为一门科学，原因在于它采用了被大家所普遍认同的实证社会研究方法，而《社会诊断》的问世则向那

---

① 袁方．社会研究方法教程．北京：北京大学出版社，1997：24.

些拒绝承认社会工作为科学的人提出了最有力的驳斥论据。因此，在社会工作研究的传统中，实证社会研究的方法无疑被认为是建构社会工作专业知识和评估社会工作实践有效性的“科学”方法。然而，随着社会的发展，这一方法论受到越来越多的社会工作者与研究者的批判。

(一) 实证主义方法论

实证主义方法论肯定社会现象的客观性，重视经验在认识中的作用，并致力于搜集资料和分析资料的科学性。实证主义方法论者认为，社会是自然的一部分，且同自然现象没有本质的区别；可经由量化的手段或方法达至对社会事实的了解。显然，这种方法论的指向忽视了社会主体及其在社会活动中的主观意识和价值取向；且其过于强调经验的取向而导致了对理论研究的忽视，故难以正确而全面地了解社会。这一方法论对社会行动理论、结构功能主义理论、冲突理论、交换理论和社会结构理论等都产生了重要而持续的影响，但其不足之处也受到了非实证主义的诟病。

在实证主义方法论的导引下，社会工作研究应通过广泛而深入的资料收集与问题分析来探讨专业服务与社会项目的绩效，并从中探寻规律性的内容，以更好地推动相关服务与项目的完善。

(二) 反实证主义方法论

反实证主义是在与实证主义的挑战与争论中形成的。与实证主义方法论相对的是，反实证主义方法论者认为，人类社会有着不同于自然界的特殊性，即人有意识且人有差异性。其所主张的观点可概括为三点：第一，强调在自然现象和社会现象之间作出区分，突出社会现象的特殊性、不可重复性，要求研究者使用与研究对象的特点相契合的方法，反对把自然科学方法绝对化；第二，突出社会行动者的主体性、意识性和创造性，反对把人“物化”的现象；第三，主张借助“价值关联”，理解人的主观意识在社会认识中的重要作用，并要求对社会事实的价值判断、理论和实践三者做出分别处理。

在反实证主义方法论的倡议下，除了对相关的研究内容进行客观的实施分析外，社会工作研究还应注重对服务对象主体性的把握和关注，即对其主观经验、认识及体验的聚焦，在研究中形成“当事人/案主-社会工作者”的伙伴关系，从而推动相关服务项目的发展、完善及推广。

(三) 批判主义方法论[①]

批判主义方法论提供了实证主义方法论和解释主义方法论之外的第三条道路。一般它又被称为马克思主义方法论、阶级分析和结构主义。它借鉴吸收了两大方法论的主要特征，并形成了独特的方法论观点。从源头上看，它可以追溯至马克思、恩格斯。最早是由德国法兰克福学派在 20 世纪 30 年代发展出来的，哈贝马斯 (Jurgen

① 纽曼等．社会工作研究方法：质性和定量方法的应用．北京：中国人民大学出版社，2008.

Habermas）、布迪厄（Pierre Bourdieu）等伟大学者都属于这一学派。

在批判主义方法论者看来，社会科学是“一个为了帮助人们改变处境、建构一个更美好的世界，而超越表面的虚幻、解释物质世界的真实结构的批评性调查过程”。由此可以看出，在批判主义方法论的导引下，社会科学研究的目的是为了批判和改变原有不合理的社会关系。

而就社会工作研究而言，它的目的是为了揭示隐藏在表象背后的真相，帮助人们改变这个世界。因此，批判性社会工作研究是行动导向的，他们不满现状，积极动员草根力量寻求改变；它既倡导社会工作者注重对当事人/案主的现状剖析与问题解决，也强调对更宏观的社会制度的变革。

事实上，三大方法论并不是决然分割或对立的，它们之间也存在相互借鉴的合理之处。在具体研究中，社会工作者应借鉴吸收诸方法论的优势，根据研究对象的特性灵活应用，积极采纳有利于提升服务项目效率与效果的研究方法，以更好地推动社会工作“利他主义”理念的实现。

三、社会工作研究中的价值与伦理

在社会科学研究中，每一位研究者都力求研究的科学性、客观性及应用性的最大化。显然，前两者是应用性的根基所在。但是，正如反实证主义者所指出的，社会现象与自然现象的不同之处在于人类具有主观能动性，故社会科学研究不可避免地掺入了研究者自身的价值体系。对此，韦伯（Max Webber）特别指出，在社会科学研究中研究者应遵守价值无涉或价值中立的客观性原则。在他看来，一方面，社会科学需要研究者深入理解行动者赋予行动的含义，以理解的方法走入研究对象的主体世界，必然涉及研究者既有价值的植入；另一方面，研究者又需在研究过程中秉持价值中立的原则，遵循研究方法的一贯性与连续性，保持客观态度，用科学的方法收集资料、说明问题。

众所周知，社会工作是一门以利他主义为导向的助人专业；同时，它也是一项富含伦理体系的专业实践，譬如尊重、案主自觉、同理心等等。因此，建立其上的专业服务关系既具有权威性又具有平等性的特点，由此衍生出当事人与社会工作者所缔结的双向互动关系。此外，由于社会工作者所关注的对象大多为弱势群体，所聚焦的问题也多为社会问题，这就进一步加重了研究者可能遭遇的价值冲突。因此，在专业关系与研究关系的双重网络中，社会工作者需审慎把握两种关系的界限，在研究中尽量保持科学的价值自觉，有效处理不同环节中可能出现的价值偏误。

在具体的社会工作研究中，社会工作者还应遵守一定的伦理规范，科学而规范地进行相关研究。这主要包括两个方面的内容：一是社会工作者要遵循普适性的学术道德与规范；二是社会工作者应在社会工作语境下遵循其特有的伦理规范。相对而言，后者是从社会工作的价值及其既有的伦理守则派生出来的，因而显得相对复杂。它一般包括研究参与者的知情权与自愿权，以及研究对参与者的无伤害性与保密性原则。

就知情权与自愿权而言，它是指社会工作者应确保当事人对所要进行的研究的知情权，并在获得当事人同意的前提下，研究者才可以对关涉当事人的相关内容进行探索和研究，否则将被视为破坏了应有的伦理守则。由于社会工作者所服务的人群或对象多为资源相对匮乏的人群、个体或机构，若没有社会工作者的知情告知，许多当事人也未必会发现他们正身处于某项研究中。正是在这种情况下，社会工作者更需恪守专业研究伦理，避免在未经当事人同意的情况下自行研究的不道德行为。

就无伤害原则而言，它既是一般社会科学研究都要遵循的原则，又是社会工作专业所具有的独特性质。一般来说，每一项社会科学研究都需贯彻无伤害原则。在社会工作的语境中，由于社会工作者所面向的对象多为弱势者，因此在研究过程中容易对参与者造成“二次伤害”。也就是说，社会工作者在服务与研究的交织过程中，研究者对当事人的过度“追问”容易形成伤害的叠加，甚至新的伤害。这就需要社会工作者在研究的开端、设计、调查、实施、总结的不同阶段中以当事人的利益为核心原则，切实保障当事人的合法权益。在有必要的情况下，社会工作者应根据当事人的某些状况对其进行相应的服务、引导与支持，以使生成的损害降到最低。

就保密原则而言，这是任何社会科学研究都应当遵守的。在社会工作的语境下，其内涵包括：不在公共场合公开当事人、群体或机构的基本信息；不向无关人员透露研究对象的有关内容。当需要将相关研究成果公布于众时，研究者应采取诸如匿名化、屏蔽个人信息等方法对相关信息进行模糊处理，避免对当事人造成名誉或人身伤害。

专栏：社会工作与社会服务研究的伦理守则①

在社会工作与社会服务的研究中，研究伦理的重要性不亚于任何其他社会科学。由于社会工作者面向的服务对象多是弱势群体，为避免对研究参与者造成二次伤害，研究者需更加注重对其伦理守则的遵守。以下是英国学者布特勒（Ian Butler）所列举的15条社会工作与社会服务研究中的伦理守则。

1. 无论是接受委托、资源搜寻、评估设计阶段还是调查与传播阶段，研究者在每一时段都应遵循社会研究的伦理规范。

2. 社会工作与社会服务研究的过程（包括方法论的选择）和研究结果的应用都应与社会工作实务的目标与价值相一致。研究者应致力于赋权予服务使用者，积极提升他们的福利水平，改善他们的经济状况与社会资本，以使他们享受到与其他社会成员相一致的公民待遇。

3. 社会工作与社会服务研究者应协同处于劣势的群体、个体与社区，共同提升这些人群的福利水平，致力于社会正义的实现。

4. 针对研究参与者，尤其是那些老弱病残者，社会工作与社会服务研究者必须关注其福利水平，使其在日常生活中免受身体与精神上的损伤、不便、危险与干扰，避免在未经同意的情况下涉及其隐私。

5. 社会工作者与社会服务研究者必须接纳各种差异，如年龄、性别、阶级、民族、国籍、宗教、性取向、残疾、健康、婚姻状况、家庭状况、父母状况等，他们应

① Butler I. A code of ethics for social work and social care research. British journal of social work，2002：239-248.

确保工作过程中的无偏见行为。在适当的时候，社会工作与社会服务者应基于研究参与者的视野和现场感受，指出研究将要开展的内容。

6. 在确立研究的任务和目标时，社会工作与社会服务研究者应考量他们的行动对服务使用者可能造成的确切影响（包括特殊影响和整体影响），以确保服务使用者的正当权益未受不正当调查进而遭受侵害或歧视。

7. 在评估研究的方法选择和各个阶段的研究设计中，社会工作与社会研究者应确信自己能在资料搜集中达到目前社会科学研究公认的标准，并明确相应能力的不足。

8. 社会工作与社会服务研究者都应公开、公正地处理同每一位研究参与者的关系，包括服务使用者、同事、出资方和工作人员。尤其重要的是，社会工作者应将研究特点明确地告知参与者，而这恰有可能影响参与者的参与意愿。

9. 一般情况下，社会工作与社会服务研究者不能采取欺骗或隐瞒的手段，除非这种做法对研究参与者完全没有损害，且其益处是不证自明的。

10. 社会工作与社会服务研究者在任何时候都应尊重研究参与者减少参与时间或退出研究计划的绝对权利，尤其是当研究者以权威来要求参与者时。

11. 在社会工作与社会服务的研究活动中，研究者应首先保障参与者的自愿权、知情权和同意权。针对某些患有残障的研究对象，他们对将要开展的工作可能不理解或沟通能力较弱。此时，社会工作者应向其提供特殊服务；当他们不能直接给出答复而只能依赖于某种法定授权或其他合适的人时，社会工作者应征得第三方的同意。

12. 知情权及研究目的和研究程序应以研究参与者能完全理解的语言进行表达，并尽量表述准确而充分。

13. 所有社会工作与社会服务研究过程中形成的数据或其他信息都应遵循保密原则，除非事先征得了研究参与者的同意，或受法律条文约定。

14. 社会工作与社会服务研究的结果与发现必须准确而完整，以如实反映所收集的资料与信息，禁止对信息进行扭曲解释和不当注释。同时，当社会工作与社会服务研究者在通过大众媒介向公众展示其研究成果时，应尽力确保避免对服务对象刻板印象的描述或毁损其形象。

15. 当社会工作研究结果发表时，研究者应向对该研究做出贡献的人谨以致谢，并坦诚公布研究过程中所有参与者承担的工作和角色。

第二节
社会工作研究的基本程序

社会工作研究与一般社会科学研究大同小异，均是通过一定的程序或步骤来进行的。关于社会工作研究的程序，学术界有各种不同的划分，有的划分比较粗疏，有的则比较精细。在此将社会工作研究的过程划分为五个基本步骤，即问题建构、研究设计、搜集资料、分析资料以及撰写报告。以下分别加以概括介绍。

一、建构研究问题

规划、确定研究问题是社会工作研究的起点，它决定着整个研究活动的目标和方向、研究设计、抽样策略、分析架构以及研究报告的撰写风格，因此必须谨慎地确定研究问题。这一阶段有三个主要议题和任务：一是从诸多社会现象、社会问题中选择一个恰当的、有价值的研究主题；二是对研究主题加以细化，将其具体化为研究问题；三是对选择的研究问题进行重要性、可行性、创新性的论证，以保障问题选择的质量。社会工作研究的题目一般来说主要包括两类：一类是社会工作实践中需要解决的问题或难题，如针对我国目前下岗、失业及贫困问题严重的现实，应当制定哪些社会政策或对既定的社会政策作出哪些修正加以解决，就属于此类研究问题；还有一些是针对具体个案（一个或一些）的社会工作模式、方法、技术的运用及其限制的问题，也属于此类。另一类是涉及社会工作理论研究的问题，如为建立某种理论模式或验证某种理论模式所进行的研究即属此类。社会工作理论研究的题目还包括对原有理论、模型、方法、技术的修正、补充与发展等方面的内容。

在建构研究问题这一阶段，通常需要进行文献收集及探讨，以掌握同一领域已有的研究成果及相关资料，明确他人研究的贡献、不足及需要进一步研究的问题，以避免重复，也使自己的研究更有针对性。除此之外，定量研究还会在这一阶段初步确定研究假设和变量。

拟定研究题目要受到多种因素的影响和制约。社会工作实践的需要、个人的知识积累、研究兴趣、研究能力、专家意见等等，都对研究选题起不同程度的作用。除此之外，拟定研究题目还要对完成研究所必须具备的人力、时间、经费、社会政治环境、研究对象的配合程度等方面的因素加以考虑。

二、研究设计

确定了研究问题后，要根据研究问题的性质、所需资料、经费预算等，对研究方法、研究内容、研究假设、研究进度、人员分工、经费预算、资料整理分析方法等做出科学的设计和具体安排，即进行研究设计。研究设计是否科学、完备、细致，对整个研究的进展和质量有至关重要的影响。

三、搜集资料

搜集资料是按照研究设计中所确定的方法，深入调查对象，进行访谈、观察、发放和回收问卷或实验的过程。这是社会工作研究过程中最为关键的一个步骤。因为任何社会工作研究的分析对象都是能真实反映和说明有关问题的资料，不能得到这样的资料，研究工作将无法进行。

为保证搜集资料的工作顺利进行，社会工作研究者应首先取得要调查地区或部门领导特别是直接领导的支持，同时要与调查对象密切联系，建立融洽的关系，以取得他们的充分合作。在有些情况下，如能得到调查对象上级主管部门或领导的授权或介绍是必要的。

搜集资料的方法很多，就社会工作研究而言，研究者所经常采用的方法主要有社会调查法、实地研究法、个案研究法、文献研究法、行动研究法等等。

四、资料处理与分析

分析资料是指在将各种资料收集起来以后，对资料进行的必要的整理和研究工作。收集起来的资料一般有文字资料、声像资料（可还原为文字资料）和数字资料等，对文字资料要辨别其真实性并按研究目的加以整理、摘要、归类，对数字资料进行核实、整理后一般要录入电脑以便进一步分析使用。

对文字资料的分析所采用的方法主要有比较、归纳、推理、语义分析等，以揭示资料对研究问题的意义和价值。对数字资料一般采用统计分析方法，揭示各变量之间的内在联系。统计分析方法很多，一般可划分为描述性统计和分析性统计。前者一般涉及次数分配、百分比、平均数、中位数、众数等的计算，后者涉及相关分析、回归分析、因素分析、路径分析等。

在实际分析资料时，应注意将两方面资料结合使用，以便真实、准确地说明要研究的问题，确定研究资料在多大程度上证明（支持）或证伪（否定）了研究假设。

五、撰写研究报告

研究报告是反映社会工作研究结果的一种书面报告，是以文字、图表等形式将研究的过程、方法和结果表现出来，从而告诉有关读者，对于所研究的问题是如何进行研究的、取得了哪些结果，以及这些结果对于认识和解决这一问题有哪些理论意义和实际意义。撰写研究报告是社会工作研究的最后一个步骤，报告的质量直接关系到研究质量的高低以及社会作用的大小。

研究报告或论文的内容一般涉及以下项目，即报告或论文的题目、作者，论文摘要，导言（序言、绪言、绪论、前言），文献回顾，研究方法、过程、假设，研究结果及阐释（这是研究报告的主体部分），结论及建议，注释、参考文献及附录。

第三节 社会工作研究的主要方法

社会研究方法很多，对社会工作研究都有一定程度的适用性，在此讨论几种社会工作研究中较常使用的方法，包括定量研究与质性研究、社会调查法、个案研究法、实验研究法、行动研究法、循证研究法及评估研究法七种。本节主要介绍前六种方法，评估研究法将在第四节专门讨论。

一、定量研究与质性研究

在社会科学研究中，有定量研究和质性研究两类基本方法。基于不同的方法论与认识论，两者形成了迥异的研究路径与研究特点。在定量研究（quantitative research）和质性研究（qualitative research）的对立中，两者针锋相对、各抒己见，都强调各自的合理性和科学性。事实上，两者的不同特性给社会研究中不同的社会现象与社会问题带来了更多范式选择的可能。

定量研究范式认为，在人们的主观世界之外，存在一个客观且唯一的真相，研究者必须采用精确而严格的实验程序控制经验事实的情景，从而获得对事物因果关系的了解。因此，定量研究强调在研究设计、数据收集、结果的处理与解释上必须具备严格的形式，具体表现在：（1）强调对事物进行量化的测量与分析；（2）强调对研究对象进行人为干预，创设实验条件；（3）主要采取假设验证的研究方式。

然而，人类有限理性的制约使得以有限的样本、通过某些预设变量的测量来掌握现象的整体的企图破灭了。虽然定量研究可以通过程序化、标准化的测量方法获得大样本的统计数据，但是这些数据往往流于表面，只能从某种程度上反映出研究对象的外显特征，当面对某些复杂的、多因素共同作用的社会现象时，定量研究往往难以胜任。因为这种简单的信息获取模式是在“背景剥离”的情境下获得的，它往往抹杀了社会工作者所面对的工作对象在情境化背景中极具个人化色彩的属性。在社会工作研究中，研究者和实务工作者都不可能做到绝对的价值中立。而服务对象的看法及感觉对于理解认识问题本身及整个介入过程是举足轻重的。因此，只有进入到他们的意义世界中，在建构出他们的意义框架的基础之上，才可能更有效地拟定出社会工作者的介入方案。

20世纪80年代以来，批判理论及建构主义等其他认识论的范式在美国社会工作研究界逐渐被接受，它们所指出的研究者不可能完全客观和价值无涉，得到了人们的广泛认可。作为解释主义方法论的产物，质性研究①是研究者将本人作为研究工具，在自然情境下采用多种资料收集方法对社会现象进行整体性探究，使用归纳法分析资料并形成理论，通过与研究对象的互动对其行为和意义建构获得解释性理解的一种活动。② 质性研究反对将科学凌驾于所有知识之上，指出研究应当是开放和多元的，因此其方法体系也更为多元化，包括参与/非参与观察、无结构/半结构访谈、案例分析、行动研究、历史研究、人种志研究法等多种形式。质性研究更重视对事实的解释

---

① 我国学术界还较常见的叫法是“定性研究”。从外延上看，定性研究的范围更广，它既可能是遵循反实证主义方法论的，也可能是遵循实证主义方法论的。这意味着质的研究与质性研究均内含在其中。目前也有学者将“质性研究”称为“质的研究”，前者多为我国台湾学者所接受。

② 陈向明．质的研究方法与社会科学研究．北京：教育科学出版社，2004：11.

性理解，强调研究情景的自然性，强调“事实”本身必须通过研究者主观的诠释才可能揭示其意义，强调研究的复杂性与不确定性，以寻求新的意义。

定量研究与质性研究的区别见表 12-1。

表 12-1　　定量研究与质性研究的区别

维度	定量研究	质性研究
方法论	实证主义方法论的具体产物	解释主义方法论的具体产物
研究目的	把握事物量的规定性	把握事物质的规定性
价值关涉的程度	价值中立	价值关联
研究者角色	研究者	学习者
研究者与参与者的关系	主客关系	平等关系
与社会情境的关系	情境剥离	嵌入情境
研究过程	自上而下的演绎过程	自下而上的归纳过程
资料收集方式	资料先收集后处理	资料边收集边处理

二、社会调查法

社会调查法也称调查研究法，是指以客观的态度、科学的方法、合作的步骤，在确定的时空范围内，对某种社会情况或问题进行系统的实地考察与资料收集，并做出分析研究，以了解、掌握及改进该情况或问题。社会调查法是社会工作研究中搜集资料的主要方法之一。

社会调查法在实际运用过程中主要采用两种方法收集资料，即问卷法和访问法。问卷法也称问卷调查，是通过采用一种预先设计好的结构化、标准化的问卷来收集资料。设计问卷、发放问卷、填答问卷（此项由调查对象完成）和回收问卷，是使用该种方法收集所需资料所必须进行的基本程序。按分发问卷方式的不同，问卷法又可分为当面分发法与邮寄问卷法两种。当面分发法是研究者当面将问卷分给调查对象，由后者当场作答，答毕即收回。这种方式可现场解答调查对象的问题，减少误差，回收率高；但由于涉及调查员较多，不宜大范围开展。邮寄问卷法是调查员将问卷邮寄给调查对象或样本户，再由后者将填答完毕的问卷寄回。这种方法节约人力、经费、时间；但所涉及问题一般比较简单，资料可靠性受限，问卷回收率不能得到保证。

访问法也称访谈法或访问调查法，是通过研究者与研究对象之间的有目的的谈话以收集研究所需资料的一种研究方法。按访谈设计的规范化或标准化程度的不同，该方法又可分为结构性访谈和非结构性访谈两种。前者是按事先周密设计的详细的调查提纲或调查表进行访谈。这种访谈所获得的资料便于整理、分析。后者事先只有一个粗略的提纲或大致的框架，调查中只就一些与研究问题有关的关键性问题询问调查对象。这种方式比较灵活、有弹性，能深入了解有关问题，如对调查对象态度、情感的了解等。但这类调查费时、费力、费钱，对研究者要求高，不宜大范围展开，所得资料也不易量化。

三、个案研究法

个案研究（case study）是针对某一个单独个体、团体或社会，进行表意式（idiographic）解释，即解释该案例具有某些独特、隔离、特殊的或明确的因素。个案研究的对象主要涉及个人、家庭、群体、机构、社区等。

在个案研究设计中，研究者试图把个案理解为一个整体，试图由其所属的整体的情境提供的信息达到对它的了解。因而，个案研究法是通过收集与研究对象（个案）有关的各种资料并加以科学分析，以对特定对象或问题的背景、发展过程与状况等做全面、详尽、深入研究的一种科学方法，主要是一种定性研究法或质的研究法。

个案研究法为研究者提供了一个灵活可行的手段，借助它可以获得极其多样的各种设计；它充分利用多种多样的资料收集方法，尤其适合于采用多层次的分析单位；特别适用于那些数量有限但变量众多的个案。当在整体的情境中有必要了解个案的部分时，个案研究设计就是一个合适的选择。

总的来说，个案研究法的特点主要是，它以定性研究或质性研究为主，对涉及情感、态度、观念、心理感受等问题进行研究时，采用这一方法比较合适；收集资料详尽、深入，不仅能够了解个案的历史资料，而且能对其现实状况及其环境有全面的掌握；运用自由，对研究对象的了解可以随时随地进行且方式灵活多样。个案研究一般通过参与观察法和深度访谈法进行。前者是指研究者与研究对象一起生活并从中观察、收集资料的方法。后者是通过深入访问研究对象及与之相关的人士，以了解研究对象的生活经历、自我感受、期望、态度及生活状况等的方法。

个案研究的循环历程见图 12－1。

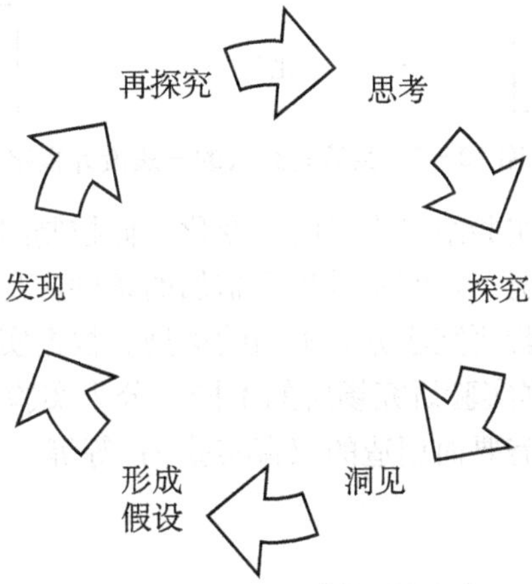

图 12－1　个案研究的循环历程

在社会工作领域运用个案研究法时，除体现上述共同特点之外，还有自己的侧重点：它在研究中虽然要收集与案主相关的各种资料，但更重视对案主本身感受的资料收集；它强调研究与实用的结合，研究的主要目的在于提出有效的干预、治疗方案；它注重有关改变行为的模式的总结、推广，通过个案研究来探讨行为改变过程中一些带规律性的东西。

四、实验研究法

实验研究法也称实验设计法，它是按照一定的程序，通过人为控制和改变某种（某些）条件，对研究对象的状况进行观察、记录，发现其变化并分析变化发生原因的一种研究方法。其目的包含了两个部分的内容：其一是把客观世界的逻辑复制到特定的实验场景中来；其二是把实验结果推及客观世界。

最古老的实验，就是古希腊阿基米德的“揭开王冠之谜”的实验。实验研究的具体做法是：（1）根据随机原则，将研究对象分为实验组和控制组（随机原则的运用在于保证两组成员的相似性）；（2）分别测量、记录两组成员在所要研究问题方面（如研究对象的特定行为）的状况；（3）对实验组施加一定的条件，对控制组则不施加任何影响；（4）再次测量、记录两组成员在所要了解问题方面的状况；（5）比较两组在所要研究问题上的差异。

实验研究法的一般设计程序见图 12－2。

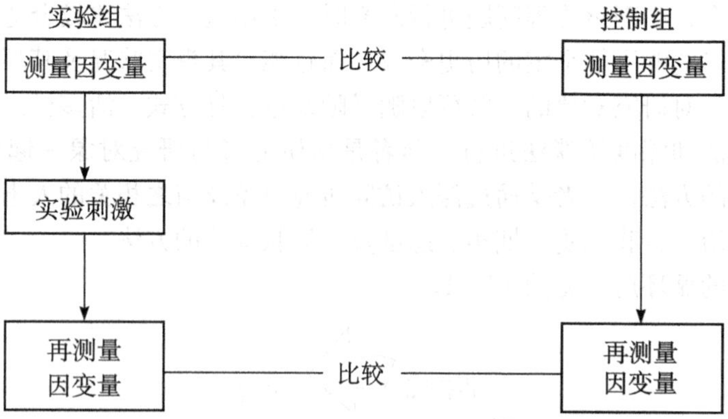

图 12－2 实验研究法的一般设计程序

通过上述过程，如果实验组发生了明显变化，而控制组未发生任何变化，在排除了其他因素可能影响的情况下，实验过程中施加的条件应是引起变化的原因。

根据标准的不同，实验研究法分为不同的类型。根据实验设计的不同，分为标准实验和非标准实验[①]；根据实验研究场所的不同，分为实验室实验和实地实验，以及根据社会科学的特殊研究需要而创造的双盲实验[②]；等等。

---

① 在社会科学实验设计中，常用的单次研究设计（one-shot case study）、单组前后测设计（one-group pretest-posttest design）、静态组间比较设计（static-group comparison）、等组后测设计、所罗门四个等组设计（Solomon four-group design）等实验方法都属于非标准实验，这些实验方法对于不同性质的实验能够发挥各自不同的作用。具体可参看相关实验研究法的教材。

② 所谓双盲实验（double-blind experiments），是指在一项实验中，实验刺激对于实验对象和参与实验的观察人员来说都是未知的。即究竟是实验组还是控制组被给予了实验刺激，参与实验的双方都不知道，实验刺激是由实验人员和实验对象以外的第三者任意分派和给定的。

在社会工作过程中，为检验某种干预方法对案主是否产生明显影响，可先行实验，一旦这种干预方法的实际效果得到验证，便可针对同类案主的问题在更大范围内实施。当然，由于对社会工作的研究对象实际上很难加以人为的、有效的控制，因此在判断某种方法、技术对研究对象的实际影响时，应当非常谨慎。

五、行动研究法

学界一般公认，行动研究最早起源于勒温。其主要贡献在于首先提出了“行动研究”（action research）的概念以及方法与循环模式概念的建立。他认为，社会科学的研究不只是要获得理论知识，同时还应该通过行动研究形成社会情境中有效的管理或行动策略，以达成预先设定的变革目标。而行动研究在教育界的蓬勃发展起始于20世纪50年代晚期，由当时哥伦比亚大学的柯瑞（Stephen Corey）教授领衔。

严格来说，行动研究法（action research）是自20世纪70年代以来发展起来的一种研究方法，受舒茨的现象学、伽达默尔的诠释学和哈贝马斯的沟通行动理论的影响较大，具有鲜明的人文主义色彩。

行动研究强调研究者与被研究者共同参与实际的社会行动或实践活动，通过对行动的评价和反省，以发现达成预期的社会变迁或改革的有效手段、方法与途径。行动研究反对那种将研究者与研究对象严格区分的传统做法，强调研究者是研究对象的一部分，在与研究对象的共同行动中从事研究。

行动研究通常是由计划、行动、观察、反省等环节组成的一个连续的过程。（1）计划：行动者一起发现共同活动中存在的问题，分析其成因，设计解决的策略或计划。（2）行动：实施上述策略或计划。（3）观察：详细观察、评估实施行动的细节和效果。（4）反省：对评估结果、行动过程进行反思，得出改变策略正确与否的结论。如果还有问题，这一过程将进一步展开，直至达到满意的改变结果为止。

具体而言，行动研究具有以下特点：（1）以解决问题、改进实践为目的。从行动研究的过程中可见：预诊在于发现实践中的问题；行动阶段在于解决问题、改进实践。（2）研究与行动相结合。行动研究的过程是研究进行的过程同时也是解决问题的行动过程。（3）以“共同合作”的方式进行。行动研究要求研究者运用理论，在实践中发现问题，系统反思自己的实践；同时要求参与者直接进入从计划至评价实际工作的过程，与研究者一起共同研究他们面临的问题。（4）行动研究具有一个不断展开的螺旋过程。从行动研究的框架中可见，第一个循环完了之后，进入第二个循环，从而使行动研究的整个过程构成一个不断上升的螺旋过程。行动研究的简易循环过程，如图12-3所示。

行动研究也可视为一种特殊的个案研究，其研究对象不具备统计上的代表性，因而其结果一般不宜推论总体。行动研究作为定性研究方法的一种，需要与其他方法配合使用才能取得最好的效果。此外，行动研究需要对行动过程不断地进行批判与反

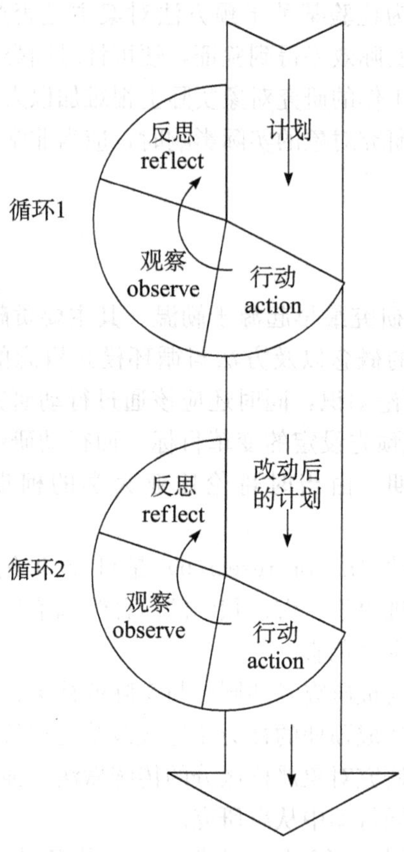

图 12-3　行动研究的简易循环图

资料来源：MacIsaac D. An introduction to action research.（2009-12-15）[2018-03-04]. http://physicsed.buffalostate.edu/danowner/actionrsch.html.

思，对研究者的素质要求较高。

在社会工作活动中，行动研究法具有十分广泛的用途。一般而言，社会工作者往往和工作对象一起，通过将一种社会工作的方法或模式付诸实施，以促使某种现象发生改变，或有助于某一问题的解决，从而增进社会福利，促进社会进步。

六、循证研究法

如何证明以及保障社会工作实践的专业性与有效性？受实证主义研究范式以及医学领域“循证实践”（evidence-based practice，EBP）或曰“证据为本的实践”的影响，从20世纪90年代末起，循证社会工作（evidence-based practice in social work，EBPSW）逐渐成为社会工作的一个重要流派。

传统的社会工作实践“基于实践者所接受的陈旧知识、流行观念、个人经验或专家建议”的“权威实践”，既无法为科学研究所证实或证伪，也难以提供操作化的服务方案，导致社会工作的专业属性一直处于怀疑与半怀疑状态之中。[①] 而循证社会工作将实践严格地建立在科学研究证据的基础上，它“是在管理者的规划与协调下，参考相关的实践指南、标准或手册，在考虑实践对象具体特征基础上进行的实践”[②]，“是一个将研究者的研究证据、社会工作者的专业技能、案主的独特性三者有效整合起来的一种实践模式”[③]（见图12－4）。“三个要素中，没有一个是可以独立存在的；它们合力运用实务工作者的技巧，利用过去曾经有效的介入方法，发展出一个具有案主敏感度的个案计划。若缺少相关证据，则其他两个要素的比重就会增加，反之，如有压倒性的证据出现，则最佳研究证据的比重会增加。”[④]

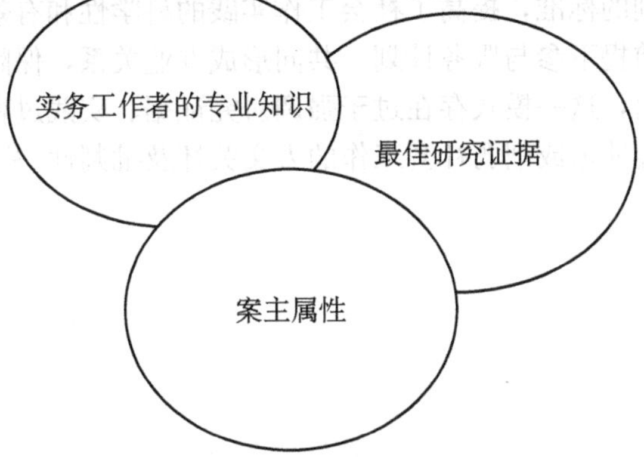

图12－4　循证社会工作的结构

循证社会工作的实践流程可以分为5个步骤。[⑤⑥⑦]（1）将与实践决策相关的信息需求，建构成可回答的问题。在建构使用定量研究方法回答的问题时，可采用国际上通用的PICO模型：P（population/problem）指特定的人群/问题；I（intervention/exposure）指干预措施或者是暴露的危险因素；C（comparison/control）指对照组或是另一种可用于比较的干预措施；O（outcom）为结果。对于使用质性研究方法回答的问题，可采用SPIDER模型：S（sample）指研究对象；PI（phenomenon of interest）指具备的特征；D（design）指具体的研究设计；E（evaluation）指评价；R（research type）指纳入的研究类型。（2）以高效的方式寻找最佳证据，以回答研究问题。这是整个循证社会工作实践过程中重要的一步，其收集证据（文献）质量的好

① 张昱，彭少峰．走向适度循证的中国社会工作——社会工作本土实践探索及启示．学习与实践，2015（2）．

② 同①．

③ 杨文登．社会工作的循证实践：西方社会工作发展的新方向．广州大学学报（社会科学版），2014（2）．

④ Babbie E. 社会工作研究方法．台北：心理出版社，2013（7）：32.

⑤ 何雪松．证据为本的实践的兴起及其对中国社会工作发展的启示．华东理工大学学报（社会科学版），2003（3）．

⑥ 拜争刚等．系统评价：证据为本社会工作的方法基础．华东理工大学学报（社会科学版），2017（4）．

⑦ 同①．

坏，对之后的证据评价、介入方案的制定等有决定性影响。另外，完成检索后，应由2名以上研究人员独立进行文献筛选，根据研究课题和检索目的精确提取符合纳入标准的文献。(3) 对研究证据的质量、有效性和适用性进行批判性评估，最终形成关于研究问题的系统评价。(4) 结合案主价值和偏好，将评估结果应用于实践和方案制定。这一步骤强调社工要引导案主理解自身所处情境，并自主选择干预方案。(5) 运用以证据为基础的介入方式，并评估干预的效率和绩效。在这个阶段，不仅要评估干预结果，还要对干预过程进行评估，借此让实践者能够了解证据的运用情况以及干预活动在何种程度上回应了研究问题。

循证社会工作主张社会工作实践应该在充分的证据参照下设计介入方案，并提出了判定研究证据级别的标准，提高了社会工作实践的科学性和有效性；强调让服务对象在知情与自决的前提下参与服务计划、共同形成专业关系，保障了案主的利益。但是，也有研究者提出，这一模式存在过于强调研究证据、实践过程技术化以及可能伤害案主等问题，还会冲击或削弱社会工作的人文关怀及批判性。①②

第四节 评估研究法

一、评估研究的定义与作用

评估也称方案评估，是目前社会工作研究中最常用的方法之一。所谓评估研究或方案评估，是指通过对某一社会方案或行动计划的实际效果加以分析、比较、反思、评价，以了解其是否达到了预期的目标的活动或过程。评估的目的就是使政策决策、资源利用、项目设计、项目实施和延续以及项目对象的维护变得更加有利于人的发展。

在社会工作领域，通过评估研究，可以使社会工作机构了解社会工作有关方案，计划投入的人力、物力、资金、时间与实际取得的效果之比，从而确定该方案、计划的社会效益。社会工作者通过描述、分析和判断其工作过程与成果，也可以对所提供的方案、服务更负责任。此外，社会工作主管部门要掌握有限的社会工作资源是否得到了合理使用，社会工作的投入和花费是否取得了最大产出，也要通过对基层实际社会工作的评估来实现。因此，无论对社会工作的实际推展，还是对社会工作的管理，评估研究都有着非常重要的意义。

---

① 张昱，彭少峰．走向适度循证的中国社会工作——社会工作本土实践探索及启示．学习与实践，2015 (2)．

② 郭伟和，徐明心，陈涛．社会工作实践模式：从“证据为本”到反思性对话实践．思想战线，2012 (3)．

二、评估研究简史[①]

评估研究是社会研究一般应用的一个方面，其目的在于理解、剖析和解决社会问题，改进相关的社会服务项目。早在17世纪，霍布斯（Thomas Hobbes）就曾以数量方法评估社会环境来探寻死亡率、发病率和社会解体的原因。但是，系统化的评估研究则是20世纪的事情。伴随经济、政治、社会及文化等要素的发展，评估研究逐步发展为立足于科学研究方法之上的一个重要学术领域。

结合社会背景与评估研究的特点，可将评估研究的发展历程简单划分如下。

（一）起步阶段（1792—1900年）

评估研究的发展起源于18世纪末至20世纪初期教育、社会服务及机构的改革。伴随第一次工业革命引致的经济和科技变革，社会领域也发生了剧烈改变。为适应社会需求，英美等国的有识之士不遗余力地致力于各类社会方案的改革，尤其是教育、社会救助、公共健康项目等内容。在这一阶段，评估研究已开始使用标准化的评估工具，并出现了正式的评估机构。

（二）效率及测验时期（1900—1930年）

在20世纪初期，泰勒开启了以“系统化、标准化、效率化”为主要诉求的科学管理运动。这一运动积极推动了评估研究的发展与推广，并使评估研究表现出对效率的尊崇和膜拜，具体表现为各类测验结果成为评定方案成效的主要依据，且主要局限于教育方案。此外，一些大学纷纷成立评估中心，专事各类服务方案的检验与评估。

（三）泰勒时期（1930—1945年）

泰勒（Ralph W. Tyler）既是“科学管理之父”，也是“教育评估之父”。他最先提出了“教育评估”一词，并将评估定义为重要目标达成的程度。在这一时期，受经济大萧条的影响，学校深受资源匮乏的制约，开始了以杜威的实用主义哲学为导向的“进步教育运动”。作为这一运动的直接参与者，泰勒通过系统研究赋予了教育评估更广阔的视野，将原有复杂的评估聚焦于对目标结果的内部比较，从而明确了评估的目标，节省了高昂的评估研究费用，进一步推动了评估研究的影响与应用。

（四）纯真时期（1946—1957年）

该阶段的评估研究既被称为“纯真时期”，也被称为“被忽略的时期”。与泰勒时期形成鲜明对比的是，此阶段的评估研究是社会目标缺失的时期。在贫穷、绝望和希望并存的年代，尽管评估研究依然如常地被人们使用，也得到了大幅发展，但它并没

---

① 罗希等．评估研究：技术与方法．北京：华夏出版社，2002：5－11．此部分的阶段划分主要依据的是美国的相关信息。

有朝着以受益人需求为导向的目标迈进，也忽略了社会对此类需求的响应。相应地，评估研究的资源支持仍主要来自各个地方机构，如地方资金、基金会及社区的志愿者协会或专业组织，少有联邦及州政府的介入。

（五）发展时期（1958—1972年）

第二次世界大战后，为了满足经济、城市、文化、公共福利等方面的发展，各个工业化国家出现了名目繁多的社会服务项目。在美国，约翰逊（Lyndon Johnson）总统发起的有关贫困的争论激起了人们对评估研究的极大兴趣，而到20世纪60年代评估研究已发展为一个成长的产业。可以说，这一时期的评估研究能得到如此迅速的发展，主要得益于第二次世界大战后社会需求的推动以及社会问题、社会过程与人际关系研究领域中研究方法和统计应用的发展。因此，在20世纪60年代末到20世纪70年代初，关于评估是什么的描述、讨论及辩论充斥着整个学术界与实务界；评估研究的主体也从社会研究者扩散至决策者、项目计划者和行政管理人员中；评估研究的消费者和资助者的重要角色也逐步凸显出来。由此，评估研究实现了由一门行业至一门专业的转变，并显现出其鲜明的社会目标。

（六）专业化时期（1973—1983年）

与发展时期形成鲜明对比的是，该时期许多政府项目因效率低下经受了各方力量的抵制，最突出的即是保守主义的崛起使政府对新兴社会项目的支持急遽下降，从而促使评估研究的焦点更多地转向了社会项目的成本，而非收益、财政能力和有效的管理。然而，也正是在这一时期，评估研究逐步确立了自身的专业地位，廓清了研究者的专业认同。此外，专业期刊的发行、专业组织的成立以及专业教育的推广都为评估研究的持续发展提供了源源不断的动力。

（七）扩张与整合时期（1983年至今）

到了20世纪80年代，为控制通货膨胀和降低政府赤字，欧美等国均采用了大量缩减社会项目开支的手段，这一趋势在20世纪90年代得到了延续。一方面，有限资源的约束使得项目出资方、执行方越来越重视社会项目的成本-收益的平衡。另一方面，20多个国家评估专业群的发展以及不同学科评估者间的交流、分享与探讨进一步促成了评估研究的资源整合，推动了评估研究的专业化历程，并使其走上了国际化的发展道路。

可见，评估研究是在经济、政治、文化与社会的综合影响下逐步发展成型的。尽管人们对评估研究的效率与效果仍存有争议，但评估研究的必要性是不容小觑的。20世纪60年代，评估研究鼻祖——坎贝尔（Donald Campell）就曾指出："美国和其他现代国家应采用实验取向的方式来进行社会改革，即尝试用新的社会项目来解决社会问题，根据多种标准来判断各种项目的绩效并了解项目的实际效果，以此来决定保留、模仿、修订或放弃它。"① 可以说，特定的社会背景赋予评估研究不同的使命，

---

① Campbell D T. Reforms as experiments. American Psychologist，1969（24）：409－429.

也使其面临着更多未知的挑战。

三、评估研究的一般过程[①②]

作为社会研究的一种，评估研究遵循社会研究的一般过程和基本步骤。一般而言，评估研究可划分为以下三大阶段。

(一) 准备阶段

在评估研究的准备阶段，评估者需明确评估主体、评估委托方、评估目的、评估内容与问题以及评估方法等一系列问题。只有较好地回答了上述问题，评估者才能在评估过程中高屋建瓴，游刃有余。

一般而言，评估主体多为研究机构或专业的评估组织，大致可分为两类：一类是由机构内工作人员或以机构名义担任的个体或集体评估者；另一类是机构外的评估者，大多指某些独立的研究中心/机构或大学里的研究机构。

评估委托方包括社会服务项目或方案的出资者、购买者、监管者和执行者等多类主体。委托方的不同决定了评估研究的不同焦点和差异化任务，由此而缔结的委托方-评估者关系[③]更是影响评估过程的重要因素之一。

评估目的是评估研究的落脚点。罗西等人认为，评估研究的目的大致分为改进服务或项目的质量、总结判断服务或项目的执行状况、理论检验和知识发展三类。评估内容是评估目的的具体化产物。一般而言，评估内容是在评估目的的框架下衍生出来的，大致包含社会项目或方案的项目理论、执行过程、实施效果、影响因素、成本-效益分析、方案开发等。有时候，评估内容不单单指某一项内容，它还可能是多项内容的综合。在此基础上，评估者需进一步明确评估的焦点和问题，并以清晰的方式呈现出来（见表 12 - 2）。

表 12 - 2　项目发展的不同阶段和相关评估的功用

项目发展阶段	问题	评估的功用
1. 社会问题和需求评估	在多大程度上满足社区需求和标准	需求评估，问题描述
2. 确定目标	怎样才能满足那些需求和标准	需求评估，服务需求
3. 项目备选方案	用什么样的服务来产生预期的变化	项目逻辑或理论
4. 方案选择	什么样的方案可能是最好的方案	可行性研究，形成性评估
5. 项目实施	如何实施项目	实施评估

① 罗希，李普希，弗里曼．评估研究：技术与方法．北京：华夏出版社，2002.

② 曾群．社会工作评估的一般过程//顾东辉．社会工作评估．北京：高等教育出版社，2009.

③ 根据评估者与评估委托方的不同关系，罗西等人认为，评估研究可分为独立评估、参与评估、赋权评估三类。顾名思义，独立评估是指评估者全权负责制定评估方案、实施评估以及发布评估结果；而委托方则仅规定评估的目标和内容，并对评估过程不施加任何影响。参与评估是指评估者和项目群体的任何一方或多方共同组成评估小组，共同合作完成评估计划、评估实施和评估过程，其中评估者的作用弹性较大。赋权评估则从评估者-项目方的互动论视角出发，强调项目方的主动与自决，其中评估者-评估方的关系是参与性或合作性的，同时，评估者还肩负挖掘项目各方的潜能、推动各方的能力发展的任务。

续前表

项目发展阶段	问题	评估的功用
6. 项目运作	项目是否按计划在运作	过程评估，项目监理
7. 项目结果	项目是否获得了预期的结果	结果分析
8. 项目效率	项目的结果与成本比较是否合理	成本收益分析，成本绩效分析

资料来源：罗希，李普希，弗里曼．评估研究：技术与方法．北京：华夏出版社，2002.

评估方法是评估研究的实现途径。在确定了评估主体、评估委托方、评估目的及评估内容后，评估者需围绕评估目的和评估内容选择相契合的评估方法。目前，不同范式下的评估方法都有相应的应用空间，并出现了不同范式间的整合，如定量研究与质性研究的联合。

最后是评估研究的计划制订。工欲善其事，必先利其器。在系统地回答了上述问题后，评估者应根据社会现实条件和可获得的资源提出具体的研究策略，并制定周详的评估研究时间表。这需要评估者通盘考虑，既需确定每一阶段要完成的任务，还应对需克服的问题做到心中有数，并设计可能的问题解决方案。同时，研究者还需对预算做好充分的考虑和制定。在出资方看来，一个好的预算在很大程度上决定了一个评估研究的成败和绩效，预算的过高或过低都会直接影响到评估研究的可信度和质量。

与其他研究一致的是，评估者还需和委托方签订正式的评估协议，以规约双方行为，保障评估研究的顺利进行。

（二）实施阶段

在制定了明确的评估研究规划后，接下来的步骤即是具体的实施阶段。相较于准备阶段中的书斋式学问而言，这一阶段需要评估者进入现场“真刀真枪”地来实践评估规划。在这个过程中，评估者需和评估委托方及参与者建立良好的互信关系，并保持合理的社会距离，以促进评估过程的顺畅进行。同时，评估者应合理利用可资利用的资源和关键人物，尽最大可能获取相关主体的支持和配合。此外，评估者应始终明确自身的角色和责任，避免卷入项目委托方、项目执行方的内部纷争。

应当指出的是，在具体的实施阶段，评估者应重估原有的评估规划，适时做出调整。尤为重要的是，评估者应继续原有的文献研究，在既有文献和资料收集的双向过程中加深对焦点问题的理解和剖析，搜寻更适用的测评工具。

在成功进入现场后，评估者的重要任务就是参照评估设计着手相关资料的搜集与分析。一般情况下，此环节与一般的社会研究大同小异，所不同的是评估者所面向的资料搜集对象可能更多元化。

（三）总结和应用阶段

当完成前述两个阶段的任务后，评估者就进入了评估研究的总结和应用阶段。在资料分析的基础上，评估者需对整个评估过程进行系统的梳理，并整合出结构化的评估报告。一般而言，评估报告的结构大致包含了标题、摘要、目录、导言、项目执行总结、评估方法、评估过程、评估发现、结论与对策建议、参考文献、附录等要素。

当将评估报告送达评估委托方时，评估委托方会根据一定的标准自行对报告进行评估，或成立由评估专家和政策分析人员组成的顾问委员会来检测评估行为，以为评估者和评估委托方提供专业意见，即委托第三方进行更严密的评审。

评估者要处理的最后一个环节就是评估研究的应用问题。20 世纪 80 年代，美国学者乐维特和赫胥（Leviton and Hughes）在对由美国教育部所发起的评估进行研究后发现，大量的评估研究对重要项目的改进、相关政策的决策产生了重要影响。他们通过聚类分析方法发现，研究与用户需求的相关度、用户与评估者的沟通、评估报告在政策与项目中的转化、评估研究的可信度以及用户的参与和支持是影响评估研究应用性的五大关键变量。① 因此，要使评估研究的效用最大化，评估者就须遵循既定的研究原则和基本程序，处理好每一阶段的核心任务。

一般项目评估的十步法则见表 12－3。

表 12－3　　项目评估的十步法则

该法则是由澳大利亚新南威尔士州教育部研究和评估服务机构提出的，主要用于制定一套系统的评估规划，以对项目进行规范的评估。它主要围绕以下十个方面展开：
1. 被评估的项目是什么，通常，项目是一些“被设计出来产生一定的预期效果或产品的一系列操作、行为和活动”；
2. 为什么要对这个项目进行评估，应该做什么、能够做什么、正在做什么，或者已经做了什么等；
3. 人们是怎样对待评估的，应该指出谁最能感受到评估的威胁，哪些人对评估的认可是关键的，为了获得认可应该做些什么；
4. 评估将要解决的主要课题/问题是什么，根据研究目的制定一系列定义评估焦点的主要课题或问题；
5. 谁将做什么，在项目启动前，评估参与者的反馈应该被理解和采纳；
6. 为评估提供的资源有哪些，除了工作人员之外，评估可能还需要其他资源，如资金、材料、设备、运输工具等；
7. 需要收集的资料是什么，资料的收集应事先计划好，明确资料收集的方法、渠道和可资利用的资源；
8. 怎样分析资料，在资料收集之前，就应该考虑怎样处理它们，这种处理既会影响收集信息的决定，也会影响对收集信息方式的决定；
9. 报告程序是什么，将向谁提供报告和报告的适当方法，尤其是要考虑应该由谁来回应报告；
10. 怎样实施报告，明确将由谁提出建议，如何送达决策者，以进行改进。

资料来源：Lee L J，Sampson J F. A practical approach to program evaluation. Evaluation and program planning，1990，13（2）：157－164//罗希，李普希，弗里曼．评估研究：技术与方法．北京：华夏出版社，2002.

案例介绍：“乡村园丁关爱工程”项目评估②

一、项目背景

“乡村园丁关爱工程”项目是G省扶贫基金会筹措社会资金，在省教育厅的支持配合下组织实施的，面向本省贫困地区贫困教师的教育公益扶贫救助项目。该项

① Leviton L C，Hughes E F X. Research on the utilization of evaluations：A review and synthesis. Evaluation review，1981，5（4）：525－548.

② 吴曼倩．教育公益项目评估研究——以“乡村园丁关爱工程”为例．广州：华南理工大学，2016.

目计划自2013年起，连续五年由省扶贫基金会负责每年筹措1 000万元作为慈善基金。项目每年分两期进行申报，每期救助100名省内21个扶贫开发重点县内因遭受自然灾害、遭遇突发事故或突患重大疾病等而造成家庭经济特别困难的乡村教师，每人最多可获得5万元的救助金，以解决或缓解乡村教师经济困难的问题，稳定乡村教师队伍。

二、评估方案设计

根据“乡村园丁关爱工程”项目本身的特点、实际情况、项目评估的目的和需要，从项目运行的完整过程即项目目的与设计、项目管理与运行以及项目结果与责任三个阶段出发，以效率、效益和公平为评估的价值维度，同时融入正当性、科学性、透明性等因素，设计了“乡村园丁关爱工程”项目评估指标体系（见表12-4）。

表12-4 项目评估表

	项目	价值维度	评估指标
“乡村园丁关爱工程”项目评估	项目目的与设计	正当性	1. 项目与组织使命的一致性
			2. 项目与目标群体需求的一致性
			3. 项目的独特性
		科学性	4. 项目申请条件是否清楚
			5. 项目绩效目标是否清楚
	项目管理与运行	透明性	6. 项目是否公开、公正和透明
		效率	7. 项目运行效率
			8. 项目沟通协作状况
			9. 项目绩效目标的实现程度
	项目结果与责任	效益	10. 项目对受助者的影响
			11. 受助者对项目的满意度
			12. 项目对社会公众的影响
		公平与责任	13. 项目的公平性
			14. 合作者是否对项目程序和结果负责

三、实施阶段

项目组运用个别访谈、座谈会以及问卷调查法对“乡村园丁关爱工程”项目所覆盖的21个扶贫开发重点县进行抽样调查，同时也积极收集来自相关部门的各类数据资料。在调查研究中，共设计两份调查问卷。其中调查问卷（一）主要以受助者为调查对象，调查的问题包括受助者的个人基本信息、家庭贫困情况、“乡村园丁关爱工程”项目与受助者的相关情况等三个方面。调查问卷（二）主要以受助者的同事、受助者所在学校学生、受助者所在社区邻居以及申请但未受救助者为调查对象，调查的问题主要包括被调查者的基本信息、被调查者对“乡村园丁关爱工程”项目的了解情况，以及被调查者对“乡村园丁关爱工程”项目的评价。两份调查问卷共发放659份，有效问卷587份，回收率为89%。另外，项目组还对G省扶贫基金会、G省教育厅及12个县教育局的相关负责人，项目受助者及其所在学校的校长，申请但未受救助者，进行了个人访谈。同时还选择在抽样的县中受助者最多的镇的中心学校召开座谈会，参会者包括中心学校相关负责人、受助者及其同事等。

四、评估结果

（一）项目目的与设计评估

1. 项目的正当性评估

“乡村园丁关爱工程”项目实施过程中实际遴选出的救助对象确实为贫困地区的贫困教师，与项目设计的目标对象群体是一致的。已获资金救助的这部分乡村教师不仅处于贫困状况，而且家庭人口多、贫困时间持续长，他们对资金的需求最为迫切。另外，调查发现，受资助的乡村教师群体贫困特征显著，贫困已经成为其正常工作生活中的重要障碍：96.6%的受助者认同“家庭贫困曾严重影响其正常家庭生活”。这不仅证明了该项目的独特性，也进一步验证了该项目在贫困对象选择上的精准性。

2. 项目的科学性评估

（1）项目救助条件清楚。本项目设立之初便明确设立了项目申请的基本条件，其申请的对象具有明确的范围和标准。

（2）项目绩效目标可测量。项目确立了清楚的年度绩效目标，即自2013年起，连续五年由省扶贫基金会负责每年筹措1 000万元作为慈善基金；每年分两期进行申请，每期救助100名省内21个扶贫开发重点县因遭受自然灾害、遭遇突发事故或突患重大疾病等而造成家庭经济特别困难的乡村教师。因此，本项目的申请者具有非常明确的准入门槛标准，较为容易做合规性审查。

（二）项目管理与运行评估

1. 项目的透明性评估

该项目每年分两期进行，申报流程具体明确；省扶贫基金会和省教育厅都在第一时间将符合条件的受助人选在官方网站公示，接受社会监督。调查显示，96.6%的人认为“乡村园丁关爱工程”项目的申报、审批是公开、公正和透明的。

2. 项目运行效率评估

“乡村园丁关爱工程”的救助对象广泛分布于位置偏僻、交通不便、信息闭塞、网络不发达的山区和农村中小学校。为了提升效率，省扶贫基金会与省教育厅达成合作协议：省扶贫基金会负责项目设计、资金筹集和救助人选的筛选，省教育厅负责项目的宣传、发动和组织实施。

3. 项目沟通协作状况评估

项目实施过程中，县教育局、学校等部门能够通力合作，及时解决申报人遇到的问题，项目沟通协作状况良好。

4. 项目绩效目标实现程度评估

截至2014年年底，本项目已基本完成四期救助申报审核。共收到教师救助申请380份，救助教师共213位，救助金额总数达到807万元。考虑到项目2013年10月刚刚启动，如果按照一个完整年度来看，每年救助200名乡村教师、救助金额1 000万元的目标基本实现。但按照每年分两期进行申报、每期救助100名乡村教师的绩效目标来看，项目推进速度明显缓慢，与预期的年度绩效目标之间尚有一定距离。

（三）项目结果与责任评估

1. 项目对受助者的影响评估

通过调研问卷，99%的受助者表示“自身对教育工作更加坚持”“家庭对自身从事教育事业更加支持”；89.5%的受助者表示“周围人对教育事业更加支持”。但仅有65.2%的受助者表示“家庭生活条件恢复到正常水平”，比例明显偏低。该项目给予的救助虽然在一定程度上缓解了乡村教师家庭贫困状况，但仍不能使其彻底摆脱贫困，家庭生活条件短时间内很难回归到正常水平。

2. 受助者对项目的满意度评估

问卷调查结果显示，“乡村园丁关爱工程”受助者对项目的满意度较高，其中“非常满意”占了84.1%，“比较满意”占了15.9%，两者合计占100%。

3. 项目对社会公众的影响评估

问卷调查显示，“乡村园丁关爱工程”项目对社会公众（受助者的同事、学生和邻居）产生了积极的社会影响：有96.8%的人认同项目“有助于鼓励受助者坚守教育事业”，95.7%的人认同项目“有助于受助者家人支持教育事业”。

五、项目存在的问题及建议

（一）项目存在的主要问题

（1）申报标准设定的问题。项目的救助范围和救助条件基本是明确的，但是相应的标准存在着与实际状况脱节的问题。

（2）项目公平性的问题。“乡村园丁关爱工程”已经进行了三期申报，第四期已经启动申报，而救助范围一直是省21个扶贫开发重点县的乡镇（不含县城所在镇）及以下的中小学校在职在岗教师。县城所在镇的中小学教师被排除在项目救助范围之外。在实地调查中，市、县教育局反映比较集中的一个问题是，县城所在镇中小学教师被排除在救助范围之外有失公平。

（3）资助程度和资助覆盖范围的问题。主要是资助程度较低，尚不足以满足因重大疾病致贫人群的需求。

（4）受助者对项目的知晓度不高。

（二）发展建议

（1）明晰项目目标定位，优化资助范围及对象。

（2）完善申报条件和程序，提高项目运行效率。

（3）采取多种途径宣传，提升项目运行的社会影响。

四、评估研究的分类

简单而言，根据其所关注的内容，评估研究一般可划分为以下几个项目：（1）投入。即对所投入的人力、物力、资金、时间、精力等等进行评估。（2）影响。即对方案或计划的实施所带来的社会影响的程度进行评估。（3）产出。即对方案的产出或效果进行评估，判断所有投入是否实现了预期目标。（4）效率。即通过对投入与产出的比较，以判断有限的投入是否取得了最佳效果。（5）素质。即对社会工作专业能力及其发挥程度、方案或服务的质量、受助者对方案或服务接受的程度等进行评估。(6)目标。即判断有无明确目标及其正确与否、实现目标的途径有效与否、目标实现的程度如何。(7)过程。即对方案实施的整个过程的评估，探讨方案是如何逐步实现预期目标的或为何未实现预期目标等。

若按时间顺序分，评估研究则可分为方案实施前的评估、方案实施中的评估、方案实施后的评估三种；按评估者身份分，可将评估分为内部评估和外来评估；按方案流程分，可分为投入评估、过程评估和产出评估；按目标层次分，可分为最终评估、中期评估和短期评估等等。① 事实上，按评估者与评估委托方的关系分，又可将其分为独立评估、合作（参与）评估和赋权评估三种。②

因篇幅所限，下面将根据社会工作研究中经常使用到的评估研究，择要介绍以下几种评估类型。③

（一）需求评估

一般说来，社会项目的主要任务即推动社会的改变。要实现社会项目的这一使命，其前提条件便是准确而合理地界定相关群体或机构的需求。

需求评估的逻辑结构是，用系统的方法来识别社会问题，确定社会问题的程度，并准确地限定所服务的目标对象及其需求的性质。项目对象可以是个体，也可以是群体、地理区域或物理单位。从本质上看，需求评估是一种了解目标对象需求的手段。

首先要明确影响需求的两个核心因素：一是一系列对社会项目和政策负有责任的社会机构；二是一系列利益诉求者及其支持者。两者的相互调和共同建构了需求的存在和表现。在此基础上，评估者需对“需求”进行识别，厘定其性质、深度、程度、可及性、显著性、重要性等内容，并在进行比较和筛选的基础上确定需求的优选过程。在这个过程中，评估者扮演了多个角色：将其研究技术应用于系统地描述社会问题的性质，或向决策者和项目管理者提供有关政策和项目中问题定义的诊断；通过评估计划干预或已经干预的项目的适当性以及评价项目对社会状况改善的有效性。

在问题界定和需求确立的环节中，评估者应遵循当时当地的原则将问题和需求本地化，并结合可资利用的资源采纳适当的社会研究方法进行科学界定，以回答项目运行所需满足的社会条件及项目的需求程度等问题。

案例介绍：北京市0～7岁残疾儿童家庭需求评估④

为了更有效地为残疾儿童及其家庭提供服务和帮助，北京市残疾人康复服务指导中心使用问卷调查法，于2010年1—6月对北京市134名0～7岁残疾儿童的家长的家庭需求进行了评估。本次评估采用的研究工具分两部分，第一部分是项目组自编的“家庭背景资料调查表”，旨在了解儿童和家庭的基本数据；第二部分为“残疾儿童家

---

① 李增禄．社会工作概论．3版．台北：巨流图书公司，2002：270-273.

② 罗希，李普希，弗里曼．评估研究：技术与方法．北京：华夏出版社，2002.

③ 同②.

④ 谷长芬，陈耀红，王蕊等．北京市0～7岁残疾儿童家庭需求调查研究．中国特殊教育，2010（10）.

庭需求问卷”，采用台湾师范大学王天苗教授编修的“家庭需求调查表”。评估问卷直接发给残疾儿童家长，每户一份，独立完成，由调查员现场解决问卷填答过程中家长的疑惑。

评估结果显示，0～7岁残疾儿童的家长对资讯支持、经济支持和专业支持需求强烈，样本标准差小，有较强的需求一致性。而服务支持和精神支持有较强需求，但得分波动较大，个体需求存在不同。具体分析每个问题的得分，资讯支持中，家长最需要有关孩子儿童期的成长和发展方面的信息；经济支持中，家长最希望得到医疗和教育补助；专业支持中，家长最想知道在哪里可以找专业人员帮助他们；精神支持中，家长最需要家人能和他谈论残疾孩子的问题。另外，方差分析表明，重度残疾家庭的精神支持需求大于其他残疾程度的家庭，家长的精神支持需求更为强烈；母亲对资讯支持的需求大于父亲；年龄在40岁以上的家长的精神支持需求大于40岁以下的家长。

（二）理论评估

任何社会项目的实施都是基于一定的理论假设发展成型的。具体而言，项目理论是指用于描述项目产生预期社会收益以及为完成项目目标所采取的策略和行动之间关系的一系列假设。其重要性在于，它解释了项目为什么采取特定的行动，以及提供了行动的合理性基础。从构成看，它分为影响理论和过程理论，前者用以描述项目行动给社会环境带来的变化，后者旨在揭示项目的组织计划和服务使用计划。

可见，通过理论评估可以清楚地呈现社会项目的行动逻辑和理论架构，有利于评断项目设计的合理性与科学性。从本质上看，理论评估是评价项目构思质量（包括概念、设计和方法）的手段。

在对具体的社会项目进行理论评估时，评估者可通过整理项目文件、访谈项目人员和项目方、观察项目行动来描述项目理论，对项目目标以及项目活动如何带来预期效果做出具体的陈述，并描述项目理论所假设的项目功能、项目要素和项目活动之间的关系。其中，最为关键的一环是评估者对项目提出的具体干预和项目预期满足的社会需求进行比较，由此来评估项目是否提供了一个改善目标问题的合理计划。

可以发现，理论评估既可以验证社会项目的契合度与应用性，也可以使理论明晰化，以便修正或改进项目设计。它一般应用于社会项目的试验阶段，以此来总结和发现相关项目的应用性和可行性。

案例介绍：增能视角下的流动人口能力建设社会工作服务项目的理论评估①

增能理论是社会工作理论体系中非常重要和有意义的理论。它认为人之所以无法

① 高万红．增能视角下的流动人口社会工作实践探索——以昆明Y社区流动人口社区综合服务实践为例．华东理工大学学报（社会科学版），2011（1）．

实现自己的能力和价值，主要是由于环境对于个人的压迫和限制，社会工作服务要着眼于增加人的能力，以摆脱环境对人的束缚。我国农民工群体处于失权状态，在增能理论的指导下，某项目组以云南省昆明市城乡接合部的Y社区为试点，开展了流动人口能力建设社会工作服务项目。依据增能理论，该项目把流动人口能力建设分为个人和社会两个层面，个人层面的目标是适应城市生活的能力建设，社会层面的目标是进行自助和互助组织建设。

评估方运用个别访谈、座谈会的方法对项目负责人、参加项目的60名农民工进行了调查，以了解他们对项目的评价、项目的实施效果；同时也收集了项目实施过程中每次活动开展的活动记录、评估报告、服务对象反馈等资料。

评估结果：

1. 对项目目标与理论基础关系的评估

该项目通过开办家长学校，让流动人口学习了亲子沟通技巧、正确的教育观念，提高了流动人口家庭教育水平；开展生殖健康服务，让流动人口在学会自我保健技能的同时，了解和掌握了城市求医过程中患者的基本权益和维权途径及方法，提升了健康意识和就医过程中的维权意识；组织流动人口分享他们在城市生活中维权的经验，在宣泄负面情绪的同时，也得到了社会工作者和其他小组成员的慰藉和支持。这些服务让流动人口逐步适应、熟悉了城市生活的规则，实现了本项目个人层面的目标。该项目协助流动人口建立了自助组织——流动人口计划生育协会，并对其骨干进行培训，培训结束后，组织流动人口和当地居民一起，用自己喜欢的方式在社区开展了促进生殖健康的社区教育；此外，还带领他们采用讲故事、演小品、唱花灯等有趣的方式开展生殖健康和预防艾滋病的社区同伴教育，他们的行动得到了社区居民的充分肯定和认可。在这个过程中，流动人口的自信心和自尊心以及人际交往的能力都得到了很大的提升，实现了社会层面自主互助的目标。

2. 对理论模式的评估

通过本项目的实践，项目组发现，增能理论在一定程度上带有理想主义的色彩，其成功与否很难评估。因为它既被看作一个目的，更被看作一个过程。尽管从表面上看，通过社会服务，流动人口在短期内发生了一系列的改变，如自我效能感、自尊和自信得以提升，解决问题的能力得以提升，人际交往面扩大，自助组织也建立起来了，但长期效果如何、这些变化能持续多久，则很难评估。另外，社会政策层面的增能难以实施。流动人口问题形成的主要原因是制度性缺陷，面对强大的制度性限制，无论是社会工作者还是流动人口都显得无能为力，即使流动人口的能力和权利得以提升，要把改变不合理的制度性安排的任务置于流动人口身上，也是不太现实的。

（三）过程评估

所谓过程评估是指对实施方法的定义和操作化，以便社会项目按照预期标准来实施的过程。按照评估焦点标准来分，过程评估又可分为服务对象改变的过程评估和服务计划执行的过程评估。前者的目的相对单一，主要聚焦于服务对象在接受相关项目服务后的改变情况；后者的外延更广一些，需要关注服务计划执行中的各类问题。

在某种程度上，过程评估也可被视为项目监测或执行监测，其所提供的反馈有助于及时发现项目运行中的可能问题，从而使项目管理达到更高水平。它既可以用作独立的评估方法，也可以与影响评估共同用于比较复杂的综合评估中。

在项目执行中，常常发生因适当的干预没有送达或没有把干预送达目标群体或二者同时存在的情况，致使项目运行出现影响骤减甚至为零的状况。因此，过程评估就是要把握项目运行状况、服务利用状况与组织的功能情况，以澄清和纠正项目覆盖面偏差的情况，提高项目的传递系统效率。

过程评估的应用空间很大，它不单单应用于社会机构的服务项目中，目前它也是政府和市场部门评估计划执行的有效工具。

（四）影响评估

影响评估也称结果评估，是指在一定的社会环境中，评价项目产生了哪些预先设想的改进影响，项目对社会环境的干预所发生的预期-实际落差。简言之，就是将项目的净效果从观测到的总结果中分离出来。

由于社会环境的复杂性，要真正实现净效果的抽离并不是容易的事。在进行影响评估前，首先必须明确两个前提条件：其一，项目的目标必须充分明确，以便能确定预期结果的可靠测量值，或者评估者必须能确立一套可测量的结果；其二，项目干预应得到充分的实施，以使关键要素的影响完整地传递给目标对象。

其次，评估者应清楚地区分出总结果和净结果。顾名思义，总结果是指在评估时由观测到的所有结果构成的状态值，一般由项目前后的观测值的差值组成。相对而言，净结果是指排除了可能影响结果的任何其他因素外，由干预引起的结果的观测值。除此之外，对项目结果的测量还包括了其他无关因素所引起的效果以及由研究过程本身所产生的影响。因此，一般项目执行后的结果可表述为：

总结果＝干预效果（净效果）＋ 其他过程的效果（无关的干扰因素）＋设计效果

在此基础上，评估者需根据项目理论选择具体的结果测量方法。有时候，因人力、财力、时间等因素的制约，最有效的测量方法往往不能付诸实施，而需通过间接的途径，这时就需要选择合适的替代性测量方法。罗西等人于2002年指出，替代性测量方法的选择直接关系着数据的契合度和有效性，一般应遵循以下三个原则：其一，通过对以往研究的回顾来发现可靠的替代性测量方法；其二，应选择可反映长远目标的中间步骤来确定可靠的替代性测量方法；其三，当可供选择的替代性测量方法的有效性并不明确时，应尽量采用几种测量方法交互检验的策略。

（五）方案开发

方案开发是项目评估中的重要组成部分。在方案开发的初始阶段就融入评估的逻辑和理念，可以使方案形成明确的服务目标、具体路径和执行策略，从而有效提高项目的执行效果。

由于方案开发是一个从理念到具体实施的完整过程，因此它需要评估者具备综合各大评估研究的能力，以系统地设计出一项切实可行的服务方案。一般地，在方案开发时，有边学边做、逐步开发、商业规划、逻辑规划四种模式供选择。根据不同的社会情境和资源条件，评估者可综合考量以选择最有效的开发模式。

在方案开发中，评估主体可能是机构内的人员，也可能是机构外的人员。因机构人员对本机构的情况相对了解，他能更快地抓住方案的目标及现实条件，从而设计出切实可行的方案。相对而言，机构外的人员则可能需要一段时间才能真正深入了解委托方和用户的需求和意图；但从反面看，机构外人员可以合理利用这一“社会距离”，同项目出资方、委托方、项目执行方等建立良好的互动关系，实现更专业的评估研究，避免不必要的资源消耗。

在程序上，方案开发包括以下几个要素：其一，评估者需确立具体的目标对象，剖析问题所在，分析其需求的性质和状态以及现有方案的不足。其二，开发搜寻可资利用的资源，包括资金、人力、材料和相关设备等，形成方案的初步支持系统。其三，将需求纳入现实的资源框架中，形成初步的服务备选方案。其四，拟定服务的实施策略和实施计划，并给出具体的比较标准和详细的计划和说明。由于社会服务项目大多是由政府购买或其他第三方（如基金会）资助的形式展开，许多方案在设计出来后还会经历方案投标的环节。

案例介绍：台湾“减少垃圾”项目的过程评估与影响评估①

台湾是一个人口密度很高的小岛。在过去的 30 多年里，伴随经济发展的高速增长，岛内的垃圾也呈指数级增长。“减少垃圾”项目立足于理论导向的评估视角，试图发现项目的执行与效率。对此，台北某郊区实施了一个示范性的垃圾减少项目（Garbage Reduction Program，GRP），并评估了该项目对控制垃圾数量的结果。

在台湾，垃圾每天都要收集。GRP 计划通过暂停每星期二的收集工作，以破坏原有的垃圾收集惯例。其原理是，让居民每星期在自己家里储存一次垃圾，以此产生垃圾生产对生活造成的不便，因为一般家庭鲜有垃圾存储的功能。故此项目旨在通过对居民生活产生的不便来促使居民减少每天的垃圾数量。

台北某郊区示范性垃圾减少项目原理示意图见图 12－5。

通过项目实施前四个月和项目实施期间四个月的长期观察，收集了该郊区和另一毗邻郊区的每日垃圾量记录，实施影响评估。两个月以后，评估者进行了一个简短的半结构式访谈，以此来发现居民的体验与反映。研究发现，高达 93％的受访者并不认为在每周三将垃圾存放于家中不方便，更有 97％的居民表示他们并未闻到因垃圾储存而产生的不舒服气味。随后，评估者又根据多元时间序列设计进行了结果评估，其主要做法是从既定的项目实施区收集数据，又从另一个类似的毗邻区收集相关数据，并将两者进行对照比较。

过程评估的分析结果表明，项目是按照计划执行的；而影响评估的分析结果表

① Chen H，Wang J C S，et al. Evaluating the process and outcome of a garbage reduction program in Taiwan. Evaluation review，1997（21）：27－42. 部分参考了邱泽奇所译的《项目评估：方法与技术》一书。

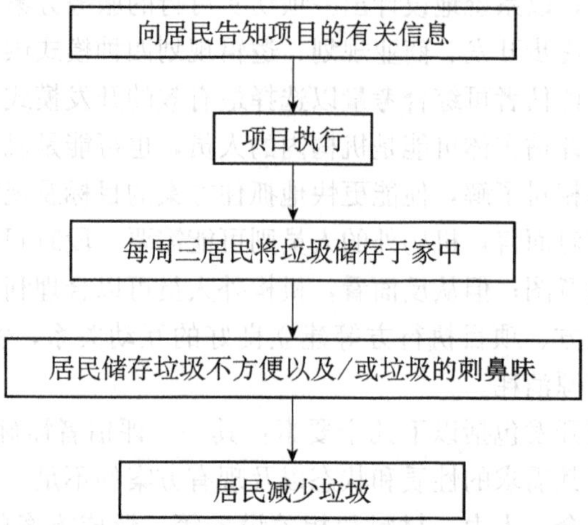

图 12-5　台北某郊区示范性垃圾减少项目原理示意图

明，项目并没有实现预期目标，即项目实施区的垃圾并没有减少，对照社区也是如此。由此结果表明，这一项目对减少居民的垃圾总量不产生影响，项目理论是不正确的——居民并没有像预期那样对垃圾存放在家中产生不方便的感觉。

本章要点

1. 社会工作研究是社会工作方法的一个重要组成部分。它是运用一般社会研究方法与技术，从事有关社会工作问题的科学研究。在社会工作方法体系中，社会工作研究属于间接方法之一，但其研究成果对于社会政策的制定与修改、完善，对于社会工作实务的开展，以及对于社会工作学科的发展等具有重要的意义。

2. 社会工作研究中的伦理是指导社会工作与社会服务者实践相关研究的行动指南。在具体的社工研究中，研究者应确保每一位研究参与者的知情权和自愿权，并保障每一位参与者的人身安全和信息保密权。

3. 社会工作研究的程序可划分为七个基本步骤，即拟定题目、文献探讨、提出假设、研究设计、搜集资料、分析资料以及撰写报告。社会工作研究中所使用的方法有很多种，其中较常使用的方法包括社会调查法、个案研究法、实验研究法、行动研究法及评估研究法等。

4. 作为应用性研究的一种，评估研究的一般过程大致包括准备阶段、实施阶段、总结和应用阶段。在每一个阶段中，评估者都应恰当地处理好与项目委托方、项目执行方、项目监测方的关系，尽力得到相关主体的支持与配合。评估研究大致可分为需求评估、理论评估、过程评估、影响评估和方案开发等。在研究过程中，每一种评估研究都可以相互借鉴，从而形成综合的评估研究。

复习思考题

1. 社会工作研究的必要性与重要性是什么？
2. 简述社会工作伦理如何影响社会工作研究。

3. 请在图书馆查阅或上网检索一篇有关社会工作研究的论文，根据作者的研究来讨论其方法是否严格遵循了相关的伦理指南，并试图回答以下问题：(1) 在研究过程中，如何尽可能降低对参与者在身体和精神上的损伤？(2) 如何保障参与者的知情权与自愿权？(3) 什么样的方法/机制保障了参与者的全程参与？(4) 该研究的保密性是如何做到的？(5) 该研究在伦理上还存在哪些优点与不足？

4. 试述社会工作研究的主要方法。

5. 简述评估研究的一般过程。

6. 试述评估研究的几大类型及其主要特点。

关键概念

社会工作研究、社会工作研究方法论、社会工作研究程序、定量研究、质性研究、社会调查法、个案研究法、实验研究法、行动研究法、循证研究法、评估研究法

推荐阅读书目

1. 袁方 . 社会研究方法教程 . 北京：北京大学出版社，2002.

2. Rossi P H，Freeman H E，Lipsey M W. 项目评估：方法与技术 . 北京：华夏出版社，2002.

3. Stufflebeam D L，Madaus G F，Kellaghan T. 评估模型 . 北京：北京大学出版社，2007.

4. Rubin A，Babbie E. 社会工作研究方法 . 北京：北京大学出版社，2008.

5. Reamer F G. Social work research and evaluation skills. New York：Columbia University Press，1998.

6. 纽曼等 . 社会工作研究方法：质性和定量方法的应用 . 北京：中国人民大学出版社，2008.

下篇

社会工作实务

第十三章 老年社会工作

老龄化问题作为当今的全球性问题，引起了各国的广泛关注和重视。中国作为世界上人口最多的国家，老年人口的绝对数量在世界上也是居第一位的。新中国成立以来，随着人口死亡率的不断下降，中国人口的平均预期寿命迅速提高。到 2001 年，我国已经进入老龄化社会，“未富先老”带来了比发达国家更为突出、更为严重的社会问题。社会工作作为一种助人自助的专业，具有解决社会问题的功能。开展老年社会工作，对缓解与解决目前正趋向严重的老年问题，显然是非常必要的。

第一节 老年问题与老年社会工作的发展

一、正确界定老年人群体

对老年人的界定，一般是以生理年龄为依据的。一个人算不算是老年人，首先看的是他的年龄。国际上对老年人的界定有两种年龄标准，分别是 60 岁和 65 岁。西方发达国家普遍采用 65 岁作为老年人口的年龄界限，而发展中国家多采用 60 岁作为老年人口的年龄起点。我国作为发展中国家，社会经济发展水平还比较低，我国平均期望寿命仍比发达国家一般水平低 5 岁左右，而且《中华人民共和国老年人权益保障法》中所称老年人便是指 60 周岁以上公民，因而以 60 岁作为我国老年人口的年龄起点是合适的。

“老年不是一种疾病，而是人生必经的正常阶段。”[①] 但是就某些标准而言，老年人容易被视为弱势群体。因为比起其他年龄群体，老年人在经济上较为贫穷、有较多健康上（包括生理上及心理上）的问题、失去较多的人际关系，甚至可以说在某种程度上丧失了社会地位和角色。其中，老年人身体健康方面的劣势是最为突出的，因为随着年龄的增长，“老化”程度的加速是每个老年人都不可能避免的。

---

① Skidmore，Thackeray. 社会工作概论. 台北：五南图书出版公司，1986：341.

“老化”是一种个别化的过程，每个人因社会心理因素的不同，老化的速度也不一样。老化的外表特征包括：出现皱纹、头发变白、背部佝偻及出现老人斑等等。人一旦老化，血管、肌肉、皮肤等都会失去弹性。而且血管与关节的逐渐硬化将导致骨质疏松，荷尔蒙活动与反射都变得缓慢。老人的许多健康问题大都来自循环系统功能的变弱，血液供给减少则影响心理的反应和平衡能力、降低了肌肉与身体器官的功能。中风与心脏病发作的概率也增加。随着老化的持续进行，听力与视力也下降了，同时味觉也变了，触觉敏锐程度下降，健忘也随之出现。老化并不是在老年期才出现的，老化是生命中缓慢的过程，老化的速度会受到许多因素的影响。一般人认为老人的体力与心智都已衰减，然而事实上，身体功能的丧失程度与一个人的生活形态有关，如在年轻的时候积极从事心智与体力的活动，则在老年时仍会有较多的活力。很多老人很有活力且心智仍相当敏锐。

随着人类寿命的不断延长，很多老人可以活到 80 岁、90 岁以上，甚至 100 岁。这样，老年人口实际上可以再进一步划分为两类人群。一类是 60～80 岁之间的老人，这部分老年人大多有一定的自我照顾能力；另一类是 80 岁以上的老人，这部分人是一群高龄的老年人，多数患有不同的慢性病，如关节炎、心脏病、高血压、骨质疏松症、老年痴呆症、大小便失禁以及听力与视力的障碍等。除高龄老人外，研究表明，女性老人、患病老人、残障老人、住养老机构老人、少数民族老人、贫困老人、临终前老人等都是老年群体中的弱势群体，这些老人相对来说更需要有他人的照顾和帮助。

二、现代社会中的老年问题

（一）老年问题的含义

老年问题也称老年人问题、老龄问题等等，是指老年人由于自身老化和外界环境的影响所产生的个人问题、家庭问题和社会问题，包括老年人个人方面出现的需求问题和人口老龄化所带来的社会问题。简单地说，就是老年人需求问题和人口老龄化问题。老年问题的本质是老年人的需求问题。老年人由于年老体衰，难以保证通过自己的努力获得生活所需，且由于各种原因又缺乏外界的有力援助，因此往往存在着老年人的需求不能得到满足的问题。随着现代社会人口老龄化的不断加剧，老年问题的严重性日渐凸显，其对社会协调有序的运行不利，已成为普遍的社会问题，因而成为社会工作所重点关注、解决的对象之一。

（二）老年问题的成因

现代社会老年问题越来越严重，这是多种因素相互作用的结果。其中有两大因素最为重要：一是人口老龄化，二是现代社会变迁。

人口老龄化是针对某一社会中总体人口年龄结构的变动而言的，指“在人口总体中老年人口比重逐渐增加的过程，特别是指在年龄结构类型已属年老型的人口中，老年人口比重继续上升的过程"[①]。人口年龄结构是一种动态的结构，会随着经济进步和社会发展，人口出生率、死亡率下降，人类预期寿命延长等因素逐渐趋向老龄化。由于人口老龄化发展迅速，而社会的其他方面并没有相应发展或者发展相对滞后，给老年人的生活带来困难，这就形成了一定的社会问题，可以称之为老年问题。

现代社会变迁是使得老年问题成为社会普遍关注的社会问题的第二个重要影响因素。"老年问题之所以成为社会问题，溯其根源，是由于现代社会的科技革新和社会革新。"[②] 社会的加速变迁开始于西方的工业革命时期，机器大工业的发展使得传统社会中老年人因为年龄的优势而具有的丰富生产经验不再重要，从而也剥夺了老年人的老龄权威。在现代社会中，随着革新的加快，社会中往往需要的是具备新知识和新技术的人，而与老年人相比，在对新知识和新技术的接受和掌握方面以及对新的社会环境的适应性上，年轻人拥有更大的优势。而且，随着工业化的发展，工作退休制度的出现对老年人也有巨大的影响。老年人从工作中退休后就离开了自己为之付出一生中最宝贵时光的工作岗位，也就失去了往常的工作角色，而且不再进入下一个工作角色，而是进入一种"无角色"的状态，即"角色退出"。[③] 角色退出还有一种表现形式，即老年人在晚年所遇到的丧偶问题。在社会变迁中，由于工业化的发展以及职业的变迁，家庭的规模和结构也产生了不同于以往的特征，年轻人往往通过入伍当兵、外地求学或在大城市就业而更早地离开了家庭。年轻人离开家庭以后，家中就只剩下了老夫妻，这在老年人身体健康时，影响不大，但随着年龄的增长，老年人更加需要子女在生活上和精神上的照顾，特别是夫妻一方的去世，使得另一方在生活和精神上就会陷入一定的困境。

可见，老年问题恶化并成为全社会普遍关注的社会问题，有其深刻的社会经济背景。从更直接的意义上来说，老年问题之所以成为一个社会问题，是由于社会缺乏完善的退休保障制度，缺乏充足的医疗服务，再加上渐趋衰弱的家庭照顾制度，才使得老人成为社会问题。[④]

（三）老年问题的表现

老年问题的根本是需求问题，即需求不能得到满足的问题。老年人的需求结构可以分为五个层面：第一层面，老有所养、老有所助、老有所医的需求，即要满足老年人在衣食住行以及健康、卫生和安全等方面的最基本的生存需求；第二层面，老有所爱、老有所伴的需求，即要满足老年人在亲情伦理和情感生活方面的感情需求；第三层面，老有所乐、老有所亲、老有所学和老有所美的需求，即要满足老年人在娱乐、交友、求知、爱美等方面的充实自我、张扬自我和肯定自我的发展需求；第四层面，老有所为、老有所用、老有所成的需求，即要满足老年人在自我实现方面的价值需

---

① 佟新．人口社会学．北京：北京大学出版社，2000：225.

② Blau Z S. 变迁社会与老年．台北：巨流图书公司，1988：14.

③ 同②30.

④ 周永新．社会工作学新论．香港：商务印书馆（香港）有限公司，1994：292.

求；第五层面，老有善终的需求，即要满足老年人在人生最后阶段的归宿需求。① 了解老年人的需求结构有助于了解老年问题的具体表现。社会上经常出现的老年问题种类多样，如老年人健康问题、老年人再婚问题、老年人出行问题、老年人心理失调问题、老年人受歧视问题等等。可以将老年问题概括为三个主要问题，即生存问题、心理问题和经济问题。生存问题包括老年人的生活照顾问题、出行问题、饮食问题、居住问题等；心理问题包括老年人的人际关系问题、社会参与问题、与人交流问题、精神问题等；经济问题包括老年人的医疗问题、再教育问题、再就业问题、照料问题等。

三、老年社会工作的发展

在现代社会中，老年问题已成为广受关注的社会问题。有什么样的社会问题就会有什么样的社会工作。发展老年社会工作对解决老年问题有着重要的现实意义。实际上，老年人一直都是社会工作的重要对象之一，老年社会工作在社会工作中居于重要地位。

（一）老年社会工作的含义

老年社会工作可以从狭义和广义两个方面来界定。狭义的老年社会工作，或称专业老年社会工作，是指社会工作者运用社会工作专业服务方法，充分协助老年人解决生活过程中所遇到的困难，使老年人度过一个安乐祥和的晚年。专业老年社会工作是严格意义上的社会工作。而广义的老年社会工作也可称为老年人服务或老年人福利，泛指社会上一切有利于增进老年人适宜生活的社会服务活动。

专业老年社会工作与广义的老年社会工作是有机结合的。一些专业的老年社会工作方法可以在日常生活中指导人们更加科学有效地帮助老人，服务老人；同时社会上普遍存在的非专业的老年社会工作也是对专业老年社会工作的有益补充，并且有利于促进专业老年社会工作的进一步发展，为老年社会工作提供更多更新的工作方法和工作模式。

目前各国所实际存在的老年社会工作并无严格意义的广义和狭义之分，而是根据社会上老年人的实际需要来决定服务优先顺序，同时去实施广义狭义兼顾的老年社会工作。由于本书旨在推动专业老年社会工作的发展，因此在对老年社会工作的论述中侧重于专业老年社会工作，即狭义的老年社会工作。

（二）老年社会工作的起源与发展

老年人福利思想与福利措施在我国起源很早。舜以“孝”治天下；周公制六礼，提倡尊敬老人；孔子提倡“老者安之”“老有所终”；孟子主张“老吾老以及人之老”等：无不体现了我国悠久的尊老敬老传统。

---

① 穆光宗．中国老龄政策思考．人口研究，2002（1）．

西方国家的慈幼、养老、赈穷等综合性福利思想，也可追溯到古希腊的“幸福主义”（eudemonism）、古罗马的“责任观”（responsibility）和希伯来人的“正义论”（justice）等观念的启发。①

工业革命以前，北欧及美国等先进国家皆因社会现实的需要，而制定各种济贫法案以协助贫民，其中受助者大部分为老人。工业革命之后，贫富差距日渐悬殊，贫穷人口比例逐年提高，加上医疗科技发达、人类平均寿命延长、人口结构老化等因素，使得老年问题突出，老人福利愈益重要，普遍受到各先进国家的重视。这些国家纷纷提出各种相关问题的解决方法，并通过从事各种学术性研究，以求专业服务的发展。1886 年英国的布斯·查尔斯（Booth Charles）在伦敦进行调查时发现，大部分的老人都在贫穷线上挣扎，于是随即提出老人须由社会来照顾的观念。同时期在英格兰的朗特里（Seebolrm Rowntree）也在研究中发现，贫穷与人口结构的改变、老年、失业等因素有因果关系。因此，英国在 20 世纪初便积极推行老年和贫民生活保障等方面的政策，并于 1908—1911 年通过了《养老金法》，以保障老年人的基本生活需要。而美国在 1935 年制定的有重要影响的《社会保障法案》，也规定了老年社会保障制度以及对于老年人的救助方案。

在第二次世界大战以后，从英国开始，西方国家纷纷宣布建立了福利国家。西方发达国家的老年社会工作和老年人福利在这一时期也有了进一步的发展，并实现了理论与实务相结合。例如，美国实现了对于老年人保障的单独立法。1965 年，美国国会通过的社会立法被称为“美国老人法”，这项法案授权联邦政府设立“老人局”来整合全国有关老年人医疗福利、日常生活、保健与休息等事务。此法案及后来的修正案，制定了新的或改进的项目以协助老人。

20 世纪末，为适应经济社会环境和社会政策的变化，欧美等西方发达国家政府直接承担的老年人福利工作有所减少，从而鼓励多种形式的民间承办的老年社会工作，非政府组织、私人机构也积极参与老年社会工作，老年社会工作的社会化和专业化都获得了较大的发展。同时，非西方发达国家中的老年社会工作也取得了一定的发展，并结合各国国情逐步实现老年社会工作的本土化发展。

第二节
老年社会工作的理论基础

社会学、心理学、医学以及老年学都从各自的学科领域对老年问题做了一定的理论阐述，为老年社会工作提供了一定的理论指导。老年社会工作的理论可以分为微观和宏观两个层次，以下分别展开论述。

---

① 李增禄．社会工作概论．3 版．台北：巨流图书公司，2002：345.

一、微观层次的理论

（一）角色理论

角色理论主要是从老年期社会角色变迁的角度来探讨的。这一理论有助于人们理解老年人为什么难以适应衰老。首先，老年人面临着许多角色困境，随着年龄的增长，他们更多的是失去原先扮演的角色而非得到新的角色。一个人进入老年期一般就意味着基本失去了中年期的社会角色以及社会关系，例如，老年人会因退休而丧失劳动者角色或因丧偶而丧失配偶角色。吉伯斯认为，老年人退休后陷入的是一种“无角色”的状态，不同于其他年龄段的学生角色、职工角色等。也就是说，老年人不能一贯地用社会规则指导自己的行为，他们被排除在社会的有意义的活动之外。其次，老年人的角色丧失大多是不可逆转的，尽管有些老年人再婚或有些退休者重新走上工作岗位，但多数老人没有新的角色来代替他们所失去的角色。此外，老年人所经历的角色过渡阶段是不具有连贯性的，也就是说，在一个年龄层次上所学的东西，在下一个年龄层次上可能是无用的或者是相互抵触的。比如对于退休老人来说，他们在工作岗位上所学会的努力生产可能使他们很难适应退休后的闲暇。可以说，老年生活成功与否很大程度上取决于个人能否适应改变了的角色与任务。那么，如何来应对角色退出对老年人带来的不利影响呢？帕森斯（Talcott Parsons）认为，有三种不同的社会复位（social restitution）方式——文化所规定的角色继续、角色重演和易位投入，以终止丧失过程，恢复或支持重要角色退出后的身份继续。[①] 而各种复位方式的有效性是与发生角色退出的生命阶段紧密相关的。

（二）脱离理论

脱离理论又称撤退理论或休闲理论，是由美国社会学家卡明（Cumming）和亨利（Henry）在20世纪60年代提出的。脱离理论是从代际循环的角度展开的，老年人因为从原有的社会角色尤其是职业角色中退出以及活动力下降，而不能达到原来的社会期望，同时老年人也希望摆脱这种难以达到的社会期望，从原有的社会中“脱离”出来。因此对老年人来说，脱离被看作一种适应的行为，可以使老年人保持一种有价值和平静的感觉，同时扮演比较次要的社会角色。比如，老年人可以通过摆脱原有职业角色的种种要求，全身心地转向家庭生活，从而获得令人满意的家庭关系。

脱离的过程既可能是由老年人也可能是由社会启动的。如老年人主动退却，减少活动和社会联系，就是由老年人启动的脱离过程。如果是社会对老年人实施排挤、歧视，或者是强制性的退休制度，那就是由社会启动的脱离过程。不管脱离社会的过程如何开始，都可以假定是相互起作用的，对社会和个人都会产生积极的影响。老年人主动地脱离社会，能使社会权力井然有序地实现交接，社会也不会因老年人的死亡而功能受损。

---

① Blau Z S. 变迁社会与老年．台北：巨流图书公司，1988：221.

脱离理论从理论高度总结了老年人与社会互动关系的特征，有合理的成分。但这一理论的局限性也是突出的，主要体现在：第一，脱离理论不能解释一些属于“不成功脱离者”或者“未按日程脱离”的老年人，而且还存在着脱离以后又重新投入社会生活的老年人。第二，脱离理论忽视了脱离所造成的弊端。脱离社会对老年人和社会既有有利的一面，也有不利的一面，老年人完全脱离社会也将意味着社会不得不面对巨大而沉重的负担。第三，这一理论还忽视了老年人与旁观者观点的区别。在旁观者看来是脱离的行为，对老人而言则未必是这样。老年人在老年亚文化群体中，是这个群体的主要角色，与社会有着一定的联系，并非完全被排挤于社会之外。另外，脱离也是具有不同形式的，既有社会的脱离也有心理的脱离，对老年人脱离现象的描述不能搞一刀切。

（三）活动理论

活动理论是罗伯特·哈维格斯特提出的一种理论。他对美国堪萨斯市的 300 个人——主要是中产阶级的白人，健康，年龄在 50 岁到 90 岁之间——做了六年的定期谈话，根据调查分析发展了这一理论。这种理论认为，有活动力的老年人比没有活动力的老年人更容易感到满意，并且也更能适应社会。因此老年人应该积极参与社会，在社会参与中肯定自我，保持生命的活力。活动理论的观点有四个重要的假设：第一，角色丧失越多，参与的活动越少。第二，保持高水平的活动，会使老年人所要求的角色认同在角色支持方面有更多的资源。第三，稳定的角色支持，可以保证稳定的自我认识。第四，自我认识越明确，生活满意度也就越高。这四个假设是按照一种清晰的逻辑关系展开的，说明了老年人参与社会的程度对老年人的生活满意度的促进关系。

就活动理论的假设来说，首先，忽视了个性在老年人参与社会中所起的作用，因而难以解释所有老年人的晚年生活，如有些老年人往往不喜欢积极地参与社会，而是希望待在家中安度晚年，这些老年人对自己的生活也是挺满意的。其次，活动理论倾向于忽视个体的生命历程，因而难以有效地解释个人的经历与老年期个人参与社会的程度的关系。活动理论的支持者认为，对于一小部分老年人，通常是年事已高的老年人来说，脱离理论可能适用，但就大多数老年人而言，继续保持适度而积极的生活方式可以显著地维护他们的幸福观念。但是，脱离理论的批评者仍然指出，一些可变因素如社会经济、生活方式、代际关系等可能比老年人的活动性与生活满意程度、健康、幸福等更为重要。

活动理论对于老年社会工作有重要的指导意义，尤其是在我国。活动理论强调的是老年人的社会参与、活动与社会认同，而这正是我国老年人所缺少的，近几年经常强调的“老有所为”也正表达了这种思想。因此，老年社会工作在实施中就应该重视调动老年人的活动积极性，以提高老年人的生活满意度。

（四）连续性理论

脱离理论和活动理论都存在着一种共同的局限性——忽视了老年人的个性在老年期生活中的作用，而连续性理论的出现正是以个性的研究为基础的，解释了老年人晚年生活的差异性。连续性理论认为，个性在适应衰老时起着重要的作用，不同个性的人往往具有不同的生活方式。老年人的生活方式与其个性也是紧密相关的，不同的老年人有着不同的生活方式。因此，那些总是消极或退缩的人不可能在退休后成为积极分子；同样，那些一贯活跃、自信和经常参与社会的人在年老时也不可能安静地待在家里。也就是说，老年期的生活方式存在着连续性，一个人进入老年期之前的生活方式会延续到老年期。

美国学者赖卡德（Reichard）、利夫森（Livson）和彼德森（Peterson）曾对87位年龄在55岁至84岁之间的老年人的调适情况进行分析，列出了五种主要的性格结构。[①] 调适正常的人可以划分为成熟型、摇椅型、装甲型；而调适不顺利的老年人则可以分为愤怒型和自我怨恨型。属成熟型的老年人能正确地认识自己和社会，既看到年老的强处和弱处，又看到退休的不可避免性，坦然面对各种问题。属摇椅型的老年人消极依赖，满足于既成现实，不为工作烦恼，也不为退休烦恼，对于社会活动漠然处之。属装甲型的老年人性格刚毅，有独立见解，一般依赖于活动以显示自己仍具有的独立性。属愤怒型的老年人时常感到年龄的极度威胁，始终处于一种不稳定的状态，对人对己对社会都是满腹怨言。属自我怨恨型的老年人认为自己是个凄然的失败者，生活于一种自我怨恨、压抑不舒展的心境中。

连续性理论的局限性主要表现为对于个性变化和社会环境变化的忽视。首先，个性与生活方式并不是一直都保持一致的，生活方式还受健康状况或经济能力的影响。其次，个性与社会环境有着密切关系，社会环境的优劣影响着个人个性的塑造。连续性理论则忽视了外部因素在衰老过程中所起的作用。连续性理论对于老年社会工作的指导意义主要表现在，在社会工作中对于老年人个性及生活方式的差异性加以关注，可以更加有效地针对不同特征的老年人提供具体的帮助。

（五）符号互动理论与标签理论

符号互动理论又称相互作用理论，主要探讨环境、个体及其相互作用对个人老化的影响。这种理论的观点强调晚年生活中老年人的主观过程和主观变化。

符号互动理论认为，人们会通过社会互动形成对情境或事件的知觉和意义，而在与他人交往的过程中，个人会依其知觉对现实环境设定计划目的和采取行动。因此在老年人的生活中，周围环境、老年人自身以及老年人与环境的互动等状况对老年人晚年的生活质量有着重要的意义。在尊老爱老的社会中，周围环境对老年人的评价都是积极的，老年人自身也会产生积极的自我认知，对于生活的满意度当然也是高的；反之，如果整个社会对老年人采取歧视的态度，老年人每天听到的广播、看到的电视、外出购物所目睹到的一切，都把老年人描绘成昏庸、老朽、无用的，那么这些信息的积累自然会对老人的自我观念产生否定性的认识，让他们感到自己不再有能力，对家人和社会都是负担，从而使他们与社会产生隔离感。

可见，老年人在应付角色丧失、身体疾病和其他与年老有关的变化时，周围环境

---

① 邬沧萍．社会老年学．北京：中国人民大学出版社，1999：275.

对老年人的态度的变化会深刻地影响老年人的自我认同，老年人需要周围环境对其形成积极正面的评价，这样会有利于老年人对老年生活的调适。

标签理论是由符号互动理论演化而来的，社会对老年人贴上怎样的标签会深刻地影响到老年人问题的解决。因此在老年社会工作中，社会工作者应对老年人抱有积极的态度，肯定老年人是有能力的，肯定老年人是能够自己做出决定的，而且社会工作者还要做出努力，为老年人塑造良好的周围环境，这样会为老年人问题的解决提供有力的支持。

二、宏观层次的理论

(一) 老年亚文化群理论

老年亚文化群理论最初是由美国学者罗斯（Rose）提出的。该理论旨在揭示老年群体的共同特征，并认为老年亚文化群是老年人重新融入社会的最好方式。

这种理论认为，老年亚文化群的形成有一定的可能性和必然性。法定退休制度的相关规定形成了老年期开始的明显标志。老年人在现代社会聚集于老年活动中心以及其他老年公共活动场所，而且老年公寓、养老院等住所的兴建也为老年人提供了频繁接触的机会。通过相互间的交往，老年人会形成一种群体意识，考虑自身的群体利益问题。老年人在相互交往中，对所处情景的共识和共同的需求也有助于老年人发展群体联系。这就使得老年亚文化群的形成成为可能，并得到社会一定程度的认同。另外，社会中老年人数量的迅速增加，以及社会在众多的公共领域对老年人有意或无意的特殊对待，也是社会将老年人作为一个亚文化群体认识的重要原因。

当老年群体与其他年龄群体交往时，他们会显示出亚文化状态。老年亚文化既有积极作用，也有消极作用。积极作用表现在老年人形成群体身份与意识，具有采取社会行动的潜能，以捍卫老年人权利及争取老年人福利与社会资源。消极作用是有可能造成年龄歧视，不利于不同年龄层的整合。

老年亚文化群理论忽略了老年群体成员来自不同社会阶层和不同地域，具有不同的知识结构。他们的兴趣、利益、政治观点存在差异，对一些社会事件未必有一致的观点和认同。而且也有不少老年人缺少与外界接触的机会，如那些生活在四世同堂的家庭中的老人就不可能形成老年亚文化的群体意识。

(二) 年龄分层理论

年龄分层理论是由美国学者赖利（M. W. Riley）和福纳（A. Foner）提出的。这一理论的基本假设是，年龄是一个带有普遍性的标准，当人们的年龄从一个层次向另一个层次转移时，他们的权利、角色和特权是根据这个标准分配的。

年龄分层理论将人们的老化与社会进程联系起来。随着年龄的增长，个人不仅会经历身体变化，同时也会经历社会角色和地位的改变，这种社会角色和地位的变化是与人的年龄相关的，因此社会中也就明显存在着年龄层次的区分，比如“儿童”“青年”“中年”“老年”。年龄层次的差别，在这里主要是指不同年龄层次扮演着不同的社会角色。在某种程度上，这种差别是由分配和社会化过程所造成的，分配是指社会指定不同年龄的人扮演适当角色的过程。例如，年龄作为退休的标准与社会的整个就业模式有关。社会正是另一种干预过程，它有助于使人们顺利地从一种年龄状态过渡到另一种年龄状态。

从动态过程来看，同一年龄层次的成员在社会环境和生活经历上的相似性，以及与其他年龄层次的相异性，使其在向下一年龄层次的过渡中也呈现出了新的价值观念。也就是说，现在退休的老年人与 20 年前退休的老年人在对老年生活的认识上是有很大不同的，可能会更加倾向于积极调适，主动维护自己的权利。但是，年龄分层理论也存在着缺陷，它将分析的重点聚焦于年龄结构和历史的发展上，倾向于忽视个体因素在老龄化过程中所起的作用。

(三) 现代化理论

现代化理论是由美国学者考吉尔（D. Cowgill）和赫尔姆斯（L. Holmes）提出的。该理论认为，社会现代化与老年人的关系具有两重性：一方面推进了人口老龄化和老年人数的增加，另一方面又削弱了老年人的社会地位。影响社会现代化和老年人地位的四个相关因素包括医疗技术、经济技术、都市化和教育。

医疗技术的发展延长了老年人的寿命，老年人口也因此增加。在注重年轻人和新兴行业的工业化社会，老年人被迫退休，他们的社会地位也因此下降。经济和工业技术为年轻人带来新的工作岗位的同时，由于老年人缺乏再培训机会，可能会被迫提前退休。在农业社会，人的年龄与知识是成正比的，老年人往往掌握更多的生产技术和经验知识，因此拥有较高的社会地位。而在工业社会，在对新知识和新技能的接受和掌握方面，以及对新的社会环境的适应方面，年轻人比老年人更有优势。另外，现代社会中教育的普及也使得年轻人接受高等教育的人数比例比老年人高。社会资源注入年轻人的发展而非老年人的福利，则进一步加剧了老年人地位的下降。

那么，老年人在现代社会中如何适应现代化所带来的不利影响呢？老年社会工作者可以通过举办培训课程来帮助老年人适应现代生活的变化，如掌握新型通信工具和电器的使用等。另外还应大力发展老年人教育，鼓励老年人继续学习新知识和新技术，在丰富老年生活的同时也可以使老年人不落后于社会发展的步伐。

第三节 老年社会工作的目标和原则

一、老年社会工作的目标

简单地说，老年社会工作的目标就是帮助老年人解决生活中所遇到的困难和问题。而老年人在生活中常遇到的问题可以分为生存问题、心理问题、经济问题和社会参与问题，老年社会工作就是要尽力协助老年人解决这四种问题。其中老年人的生存问题是首要问题，也就是说要首先保证老年人的身体健康，即老年人的吃穿住行问题。当然，老年人的心理问题也是值得社会关注的问题，尤其是在现代社会中，老年人容易成为心理上受冷落的群体，如果其情感需要难以满足，其心理也就难以平衡，容易产生心理疾病；并且老年人心理问题难以得到解决也会影响到其身体的健康。老年人的生存问题和心理问题多是与老年人的经济问题相联系的，经济问题的解决也有助于其他问题的解决。此外，老年人通过社会参与问题也非常值得重视。老年人通过社会参与可以增进其自尊和自我价值的实现。社会参与问题与前三种问题也是密切相关的，一方面，生存问题、经济问题的解决可以促进老年人的社会参与；另一方面，社会参与也有利于心理问题的解决。应当指出的是，老年人所遇到的所有困难和问题都由老年社会工作来解决是不现实的，也是老年社会工作力所不能及的。很多问题需要整个社会的努力和通力合作才能够得到解决，并且有些问题如一些老年期的疾病等，在现在的社会中是难以得到有效解决的。

1965 年，美国老人法案对老年人服务做出了明确的规定。这一法案及其修订案是联邦政府给予老年人经济救助的基础和法律依据，它保证了以下十项目标的实现：

（1）拥有适当的收入。

（2）尽可能拥有最佳的生理与心理状况。

（3）拥有舒适的住宅。

（4）为那些需要机构照顾者提供服务。

（5）拥有工作的机会。

（6）拥有健康与受尊敬的退休生活。

（7）追求有意义的活动。

（8）拥有有效的社区服务。

（9）运用研究的知识去维持或增进老年人的健康与幸福，并使之获得立即可得的福利。

（10）使老年人能自由、自主地规划与安排自己的生活。

上述这十项目标可以保证老年人享有舒适的晚年生活，但尚未完全落实。①

具体来讲，老年社会工作的目标可以概括为以下几项。

第一，帮助老年人获得所需资源，争取老年人所应得的权益。老年人由于身体状况或者知识的限制等原因，有时候并不能通过自己的力量获得所需要的资源，因此社会工作者就应当帮助这些老年人通过一定的程序获得所需资源。老年人大多身患多种慢性疾病，因此医疗对于他们来说是一项重要的需求，在难以得到满足时，需要社会工作者通过多种途径协助老年人获得医疗救助。同时，在老年人本身所应有的权益不能得到实现时，也需要老年社会工作的协助，以争取老年人的权益得到保障。

第二，帮助老年人增强其能力，以克服生活中的困难，解决所面临的问题。老年

① Zastrow C. 社会福利与社会工作．台北：洪叶文化事业有限公司，1998：398.

社会工作的实施必须以正向积极的态度来对待老年人内在的价值和意义，社会工作者应了解老化的意义，避免对老年人的刻板印象，正确地看待老年人的自身价值。老年社会工作应该区分不同类型的老年人，以明确其各自的需求，从而有效地协助老年人克服困难。

第三，协助老年人积极参与社区活动，促进老年人与他人互动，使老年人晚年生活更为充实。人到了老年阶段，往往面临着退休和丧偶的双重困境，老年人会失去一直陪伴自己的老伴以及以往常见面的老朋友，而子孙又不能时时在身边，这就使得老年人常感到孤寂无助，从而需要社会服务或再社会化。而促使不同年龄的老年人进行一些社会互动和交流，不仅有助于老年人的身体健康，而且也给予老年人再社会化的机会，使其对一种新的生活方式和环境有更好的适应。如打太极拳、办老年舞会以及老年棋类竞赛等活动，不仅能使老年人在这些活动中锻炼身体，而且能增进老年人之间的交流，有效地消除老年人日常的寂寞，更有助于满足老年人精神上的需求。

第四，为老年人及其家属提供咨询，帮助老年人了解和接受老年期的生活。有时候，老年人自身会对老年期的一些问题产生困惑，以致产生情绪低落以及对死亡的恐惧等心理。社会工作者可以通过专业知识帮助老年人解除困惑，消除不良心理的影响。而且，老年人问题的产生多与家庭的照顾能力、责任承担及沟通等因素有很密切的关系。社会工作者可以通过向老年人家属提供咨询，以帮助老年人家庭成员增强照顾老年人的能力及了解老年人的真正需求，有助于老年人与其家庭的融洽共处。

第五，影响有关老年人的社会政策，改善老年人的生活环境。社会工作者应注意社会中老年人机构的各项服务是否办得妥当，对老年人的服务不仅应注重数量，更要注重质量。老年社会工作可以从实务性的工作中获得一些有意义的结论，并在老年人社会政策中反映出来，同时为相关的老年人社会政策的制定提供具有建设性的意见，从而促进老年人生活质量的提高。

二、老年社会工作的原则

（一）相信老年人能够改变

老年人并不是顽固不化的，只要社会工作者理解他们的需要，老年人就会愿意接受社会工作者的辅导。社会工作者应对老年人的老化过程有科学正确的了解，这样可以协助老年人改变不良的习惯或问题。在对老年人进行协助时，应体谅到他们的需要、处境和感受，而不是进行说教式的指导。

（二）尊重不同老年人的需求

“个性化”是社会工作的一条基本原则，它指导社会工作者把案主作为一个“个人”和“系统”来看，而不是简单地把案主作为某一类性格的人来看。作为案主的老年人，由于其个性、生活水平、身体状况、兴趣爱好、经历、所处的家庭、所面临的压力以及行为方式各有差异，社会工作者在对老年人进行协助时也要具体问题具体对待。当然，老年人在身份地位以及知识修养上也是有差别的，社会工作者不能因此对一些老年人产生歧视，而应同等地尊重每一个老年案主。

（三）耐心主动地与老年人进行有效的沟通

对老年人，尤其是情绪低落的老年案主，社会工作者应耐心主动地与他们进行沟通。老年群体具有多种性格类型，如有些老年人性格内向，寡言少语，在情绪低落时更不愿回答社会工作者的提问；有些老年人对不熟悉的人会有较强的防备心理，不愿向自己不信任的人倾诉苦恼。社会工作者若明白了这一点，就会在与老年案主接触的初期，耐心并主动地对老年人表示关心，通过与老年人聊一些日常生活中的小事，让老年案主领会到社会工作者对他的关心。其实老年案主都是希望向帮助自己的社会工作者倾诉自己的苦恼的，关键是社会工作者要有耐心，从关心老年案主的健康开始，积极地同他们沟通，使老年人体会到社会工作者的真诚。

（四）建立相互信任的工作关系

社会工作者可以从老年案主最为关心的需要和问题入手，包括健康、住房及经济方面，首先解决较容易处理及可以改变的问题。在老年社会工作中，社会工作者对老年人最好采用同理的关心，而不是同情的怜惜，这样老年案主才会把社会工作者看作知己，融洽、相互信任的工作关系也就自然而然形成了。能否与老年案主建立起相互信任的关系，是老年社会工作能否得以进行下去的关键。社会工作者在协助老年案主时应不带有任何偏见，而应真心地去关心案主，了解他们的真实感受，并对他们的感受做出积极的回应，这样老年案主就不会感到孤单，并从中得到安慰，社会工作者也能够与老年人建立相互信任的工作关系，营造良好的工作氛围。

（五）尊重老年人的自决权利，多肯定老年人

虽然老年人在接受社会工作者的协助中，往往希望社会工作者能帮助他们拿一个主意，但老年人对于自己能够做出决定还是十分高兴的，这会使他们感到自信。而且，老年人是解决自身问题的主要角色，社会工作者只是起到协助的作用，问题的真正解决还是有赖于老年人自己，有时候老年人自己的某些想法是非常合适的。在老年社会工作中，社会工作者对于老年人的一些好的想法和做法要多加肯定，多加鼓励。

（六）为老年人保守秘密

保守秘密常常是社会工作者与老年案主在协助过程中所形成的心照不宣的相互信任的关系。在这种关系中，老年案主才可以放心地向社会工作者讲述自己真实的苦闷，会向社会工作者讲述自己的一些真实的想法和感受，这些想法和感受有时候是直接关系到其他人的，是老年人埋在心里的话。老年人的一些话是因为对社会工作者的信任而讲的，有时候并不希望其他人知晓，那么社会工作者就要为老年人严守秘密。保守秘密对老年社会工作的顺利进行是非常重要的，因为老年人一旦觉察到社会工作者没有为自己保守秘密，就难免失望，会认为社会工作者的工作是随意的、不负责任

的。这就会影响到老年社会工作的顺利进行。

当然，绝对保密也是很难做到的，大多数社会工作者并不是独自工作，而是在机构中与同事一起工作。他们在工作过程中，也需要与其他同事就工作内容做一些必要的交流，而且许多工作内容需要写成书面报告。因此，在老年社会工作中，社会工作者的绝对保密是难以做到的，为老年人保守秘密经常是指尽力做到相对保密。

第四节 老年社会工作的内容和方法

一、老年社会工作的内容

（一）老年人照顾

老年人照顾是指对因年事已高而在生活中存在困难的老年人所进行的照顾，主要包括生活上的照顾，如衣食住行等的照顾，以及医疗保健方面的照顾。老年人照顾可以分为三种形式：家庭照顾、机构照顾和社区照顾。

1. 家庭照顾

家庭照顾是指让需要照顾的老年人留在家中或待在自己熟悉的环境中得到生活上的照顾，主要有以下几种形式。

（1）家庭辅助及公共救济金。是指对于老年低收入户，政府每月发给家庭补助或副食费及燃料费。例如，美国对那些其收入不足以维持最低生活水平的老年人给予随生活指数调整的补助金；英国也有补充年金和补充津贴，只要老年人的收入未达到保障标准，即可获得救助；在日本老年人所得（收入）维持方案中，公共救助占有重要地位；在我国，困难老人可通过最低生活保障制度获得救助，以保障基本生活。

（2）家庭寄养。为了使一些孤单老人可以享受家庭生活而不必被送到养老院，社会服务机构会征募一些愿意收养老年人的家庭。英国对这些老年人寄养家庭每个星期都发给照顾老年人所需费用、津贴。

（3）家庭助理服务。在许多国家如丹麦，依据其社会救助法案，由地方各级政府负责对老年人家庭提供家政服务，对于低收入户更是免费服务。在美国，也有针对那些需要照顾的老年人家庭所提供的家庭健康服务、饮食服务计划以及家事管理员服务等措施。①

① Skidmore，Thackeray. 社会工作概论. 台北：五南图书出版公司，1986：354.

2. 机构照顾

有些老年人因为没有自己的住处，或是因长期性疾病身体行动不便，从而需要他人或者医务人员的照顾。而机构照顾就是在一定的专门机构内为老年人提供护理、食宿、生活服务的照顾。进行老年人照顾的机构可以根据其收住对象和所提供服务的不同分为以下几种。

(1) 安老院 (residential homes)。主要针对那些没有亲属并且也没有了工作能力的老年人，所提供的服务主要是住宿与饮食，以及一些如协助穿衣等非医疗性的服务。

(2) 疗养院 (nursing homes) 或称护理中心 (nursing care centers)。提供全天候的专业护理以及医疗服务。住在疗养院的费用会随着所提供医疗服务的专业性和密集性的不同而有所不同。欧美国家老人疗养院的设备都很完善，几乎每位老人都有其私人房间。

(3) 日间照顾中心 (day care centers)。有些老年人虽然住在家中，但其家人忙于工作，难以对老年人照顾周全，因此也需要通过一些机构获得服务。日间照顾中心就是针对这类老年人，在白天为老年人提供舒适、安定的环境以及情绪上的支持。老年人在这里可以享受到生活上、医疗上的帮助以及精神上的支持。

(4) 身心障碍中心。这类机构主要针对具有身心障碍的老人，除了具有特别的医疗照顾外，还拥有一些医疗设备。在丹麦，每一个城市都设有残障中心，来帮助有此需要的老年人。服务的项目包括提供外科整形、假肢、绷带、特殊椅子、床垫、浴室设备、助听器和室内外的轮椅等。机构也可以帮助老年人申请用于购买和修复假肢的专项费用。

3. 社区照顾

社区照顾是按照“属地养老”的原则，在充分利用社区自身所拥有的资源和条件的前提下，使需要得到照顾的老年人尽可能在社区内接受照顾。社区照顾建立在老年人自立、与社会保持接触和维持常态生活的基础上，其目的是帮助老年人体现出作为社区成员的角色，尽可能地让他们生活在一个“常态”的社会环境中。社区照顾就是要动员全社区的人力物力来帮助那些需要照顾的老年人，使其在社区中能够幸福地生活。

社区照顾的服务项目包括：

(1) 解决老年人的住房安置问题。

(2) 提供家庭之外的医疗卫生服务，从基本护理到技术性较强的专业护理。这些服务由不同行政机构的组织者提供。

(3) 为促进老年人的全面健康而提供专业咨询和情感援助，具体包括社区日间活动中心、俱乐部、休闲及健身场所、继续教育、假日活动以及志愿者活动等等。

(二) 老年人心理和社会服务

1. 对个人的协助

减轻老年人生活压力、改善老年人家庭关系或社会关系、提供老年人福利咨询、解决老年人的各种困难等。

2. 团体活动

促进老年人团体成员之间相互认识了解、改进老年人的不正确观念或态度、增加老年人生活知识等。

3. 社区交流

促进老年人与社区居民交流、参与社区中的各种活动，促使老年人形成积极的价值观与建立生存目标等。

4. 促进老年人人际关系

了解阻碍老年人人际关系的各种因素，如过敏或迟钝的性格、不卫生、不良习惯、好斗、喜欢争吵、不顾他人立场、不愿与他人互动，以及不主动与他人来往的消极思想和态度等。通过正式或非正式团体，推动老年人积极参与社会活动，改变不良习惯和原有的消极态度，做好老年生活安排，充实老年生活。

5. 老年人活动中心

为老年人提供福利服务，并充实老年人生活，增进老年人之间的交流。

（三）老年人教育服务

1. 老年大学

老年大学是指为全社会老年人设立的传授知识和技术的培训学校。老年大学的教学活动不但能为老年人的晚年生活增加丰富的活动内容和生活情趣，更能使老年人获得许多保健的知识。中国已拥有 1.7 万多所老年大学和老年学校，初步形成了从城市到乡村、从课堂教学到远程教育的全国老年教育网络。① 在其他国家和地区也都有一些老年人再教育的推广形式，激发了老年人的求知兴趣，并普及了老年人的教育。

2. 图书馆、博物馆及艺术馆等

老年人退休后有较多的空闲，但有时因行动不便，无法自行充分利用许多公共设施。瑞典的图书馆就设置了专门职员来为老年人服务，调查其阅读的兴趣；老年人可以通过电话借书，在家中阅读。至于博物馆和艺术馆等社教机构，除了对老年人予以优惠或免费外，还设立了供老年人休息的座椅。

此外，还有老年进修学院、针对老年人的专题讲座、老年人学习性俱乐部、关于退休前的教育等方面的服务。

（四）老年人就业服务

退休后，许多老年人都有再就业的想法。虽然社会普遍重视的是年轻人的就业问题，但我们也不应忽视老年人就业的问题。老年人就业也是“老有所为”的体现，而且一些高学历、年龄相对较低、身体健康的老年人，尤其是老年科技人才具有丰富的实践经验，他们继续在各行业中发挥作用，对社会经济发展是十分有利的。因此老年就业服务是一项不可或缺的老年社会工作。在进行老年就业服务时，除了要考虑老年

---

① http://cnolder.com/shenghuo/pxjz.htm.

人的实际需要外，还需要兼顾老年人的特质，使老年人在新的工作中充分发挥自己的作用。

老年人退休服务包括退休者再雇用训练与辅导、退休制度的改进研究、老年人创业或老年人就业专案计划等。①

(五) 老年社会工作的研究与教育

这是对老年人的间接服务，对老年社会工作理论和实践的研究可以促进老年服务更加科学地进行，并培养专业的社会工作者和发动更多的志愿者参与老年社会工作。这种间接服务的方式包括，高校中的相关教育和研究、其他部门的相关研究工作、关于老年服务的广播电视节目、报纸刊物以及网络等。

二、老年社会工作方法与技巧

(一) 老年个案工作

老年个案工作是指以老年人为工作对象，通过一对一的方式解决老年案主所遇到的问题。在老年社会工作中，通过与老年案主一对一的接触，社会工作者可以充分地了解老年案主所面临的问题，以及老年人的性格特点、生活态度、经济状况等。老年个案工作可以帮助老年案主调整心态，转变其生活态度，进而适应老年期的生活。

个案工作方法在老年社会工作中有着重要的地位，突出表现在：第一，老年人有时候并不愿意在众人面前吐露自己的困难，而在独自面对社会工作者时，老年人则会放心地说出自己的心里话。第二，社会工作者在个案工作中可以充分利用双方互动的交流形式，以更有效地了解那些在众人面前不善言辞的老年人的想法。第三，个案工作有助于加强工作者和老年案主双方的信任关系，为老年人问题的解决营造良好的氛围。第四，在老年社会工作中，通过个案工作的方法，社会工作者可以有效地了解不同老年人所面临的困难和他们的想法，从而为解决老年人问题做好充分的准备。

热情、理解和真诚是个案工作中建立良好专业关系的三大关键要素。② 在老年社会工作中，这三大要素同样重要，是老年个案工作顺利进行所必需的。

关于老年个案工作的辅导技巧，较为常用而又有效的两种方法是“怀旧”和“生命回顾”。③ 怀旧是让老年人尽量回忆起以前的经历，尤其是他们认为重要的难忘的时刻。生命回顾可以说是怀旧的进一步深化，比怀旧更为全面和整体，是指在社会工作者的协助下，老年人详细及有系统地将其一生的经历倾诉出来，其中既包括成功

---

① 李增禄．社会工作概论．3版．台北：巨流图书公司，2002：368.

② 库少雄．社会工作实务．北京：社会科学文献出版社，2002：125.

③ 周永新．社会工作学新论．香港：商务印书馆（香港）有限公司，1994：287－288.

也包括失败的经历，以及老年人对自己一生的看法。西方学者通过研究认为，老年人通过怀旧，回忆起过去称心如意或值得骄傲的经历时，可以维持自尊，强化自我的存在价值，加快对老年的适应并发展能力。而生命回顾则通过老年人对自己一生所做出的贡献进行整合和总结，使老年人体会到自己生命的价值及意义，因此有助于他们接纳老年的来临。进行怀旧和生命回顾的技巧可以归纳如下。

(1) 要与老年案主建立彼此信任的工作关系，因为只有这样，老年人才肯将自己的一些经历讲述出来。

(2) 在鼓励老年案主讲述往年经历时，开始先集中于老年人较为开心的人生经历，然后再到较为消沉的往事。

(3) 在倾听老年人诉说往年经历时，要专心致志并注意老年人情绪的变化，对那些被压抑的感受，如内疚和自责等，则应协助他们抒发出来。

(4) 对于那些有子女的老年案主，他们作为父母的经历及感受是需要表达出来的，这样才能协助个案的诊断和治疗。例如："现在我（工作者）才明白，你如此闷闷不乐，是因为你觉得以前没有能力供子女读中学，而现在你又要靠他们养你，你是否觉得自己不是一位好父亲呢？"

(5) 对于因丧偶之痛，加上因病或意外而导致身体伤残的老年案主，社会工作者应协助他们将痛苦的感受抒发出来，尤其是配偶对案主生命的意义。老年案主知道有人肯接受和了解他们的哀伤时，便会慢慢接受现实。

(6) 在老年案主诉说完往年的经历后，社会工作者要抓住时机协助老年人回到现实中，为老年人现实生活中的困难寻找解决方法。例如："虽然你觉得自己为这个家庭已尽了很大的努力，但你的情绪总是如此低落，不肯与人沟通，难怪家人会为你担忧！刚才你又说自己年事已高，是不是你还有什么感兴趣或者仍想去做的事？说出来看看我能否帮你。"

(7) 生命回顾是协助老年案主中肯地评价自己一生的经历，而不是让他过分自责。社会工作者应帮助老年人分析自己失败的外在因素，如社会动荡、经济不景气等，以避免老年人将所有责任都放在自己身上。

(二) 老年小组工作

老年小组工作是指社会工作者将老人组织到某种活动小组中，通过成员间的交流互动以及社会工作者的协助和指导，帮助老年人在小组中学习他人的经验、改变自身的行为，使老年人摆脱孤独，克服困境，获得愉悦的心情和充实的晚年生活。老年小组并不限于一种形式，根据小组工作的功能或目的的不同，可以将老年小组分成五种形式：互助群体、治疗群体、社交群体、服务群体以及照顾者群体。而每一类群体在目的、社工角色、工作重点、维系方式、组合形式、沟通模式、自我披露程度、运作方式方面又各有特点。[①] 老年群体的特性比较，见表 13-1。

---

① 关锐煊．老人社会工作实务．台北：桂冠图书股份有限公司，1996：143.

表 13-1　　老年群体特性比较

群体特性	老年群体类别				
	互助群体	治疗群体	社交群体	服务群体	照顾者群体
目的	帮助成员应付日常生活压力	帮助成员改变行为及实现康复	帮助成员积极参与身心的健康活动	帮助成员共同合作为他人提供服务	帮助家庭成员发挥照顾老人的功能
社工角色	促进相互间的支持与帮助	专家、权威人物、改变者、促进者	安排活动程序，促进相互交流	协调者、组员，帮助组织行动计划	教育者、支持者、鼓励者、倡导者
工作重点	成员之间分享和共同关注	成员的问题、关注及目标	群体程序作为参与活动、交流学习的媒介	完成任务	照顾者的需要及老人的需要
维系方式	共同的困难，相同经历	成员间的相互关系	对活动、学习和技巧发展的共同兴趣	相同的目的及关注	照顾者角色
组合形式	曾经历相同困难的成员	可以由不同背景或拥有共同关注的人员组成	不同人士，有类似的技巧水平，有能力参与活动者	人数多，背景不一，鼓励分工	不同人士，但都是照顾者，正承受照顾老人的压力
沟通模式	高度互动，公开	领袖对成员，或相反	在活动上通过语言及非语言相互沟通	因任务及角色而不同	成员间及与社工或领袖的沟通
自我披露程度	中度及高度，主要分享适应技巧	高度	低度	低度	中度及高度，主要分享适应技巧
运作方式	非正式、平等参与、共同讨论	组员间互助，解决问题	取决于活动程序、性质、团队精神	形式化的程序	一般为非正式及平等参与，也包括正式的演讲

在老年小组工作中要注意的是，老年人并不像青少年或者教育程度高的那些群体一样，会积极主动地参与群体的工作。在过于被动或缺乏详细安排的工作程序中，老年人往往会说："你（社会工作者）安排好了，我们都是没有多大意见的！"这就要在老年小组工作中采取进取的工作手法，也就是在开组前与老年人个别接触，通过与他们的沟通来了解老年人心里的想法、对参加群体的期望，并从中找到他们的兴趣和所关心的事情。

"直接式小组方法"是一种适用的老年小组工作方法。它强调的是在小组工作程序中，社会工作者要先通过预先的活动将群体气氛调动起来，等到小组成员彼此较为熟悉了，再进一步探讨对小组程序及日后工作的安排。也就是说，在小组工作开始时，尤其是第一次成员相聚时，社会工作者应先与成员玩一两个热身游戏，促进成员之间的了解，并带给大家轻松欢乐的气氛。游戏的选择以简单、易玩、轻松为主，但不可太幼稚和捉弄人。此外，社会工作者采用"直接式小组方法"时还要注意以下工作技巧。

(1) 主动性：在小组工作中，社会工作者要积极主动，预先准备好游戏程序，具体简单地教成员参与。

(2) 简单易懂：切记不要选用太抽象或太难的游戏，尤其是那些考验体力及眼力的游戏，否则会挫伤老年人的积极性，适得其反。

(3) 善于鼓励：工作者要多把握机会赞赏组员的能力，当他们成功地完成一个游戏或讨论时，便应立刻真诚地说出他们与众不同的地方。

(4) 赏罚有度：对于老年人在游戏中的表现，工作者可以通过适当的奖励措施或惩罚措施来调动老年人的积极性。在惩罚时，不要责之过重，否则会使老年人感到“无颜面”。

(5) 注重总结：工作者要在恰当的时机对小组工作进行评价总结，并为下一步进程做好打算。而且对于小组工作最后要面临的结束，工作者也要预先做好铺垫，以免唐突。

(三) 老年社区工作

老年社区工作是指社会工作者运用专业的工作方法，通过改善老年人与社区的关系、提升老年人的社区参与等方式，帮助老年人解决问题，提高老年人自助、互助的能力，争取他们应有的权利，改善他们的生活质量。老年社区工作与老年个案工作和老年小组工作是紧密相连的，老年个案工作和老年小组工作是老年社区工作的基础，是微观的工作方法，而老年社区工作则是宏观的工作方法，是通过综合的途径来解决社区中老年人的实际问题。要解决老年人面对的问题，社会工作者不能只停留在老年人的个人及家庭层面，而需要扩展到老年人所居住的社区及社会的环境。而老年人的社区工作可以归纳为以下几个重点。

1. 老年人问题社区化

让老年案主明白他们所遇到的问题并不是他所独有的，而是同社区中多数老年人都会面对的问题，这样老年人就不会感到孤立无援，也有利于老年人共同商讨解决问题的办法。

2. 老年人问题权益化

有时候老年人会对所遇到的问题能忍则忍，这就需要社会工作者在老年社区工作中使老年人明白，他们所遇到的问题与不完善的政策有关，或者是因为原有的政策没有得到有效的实行，因此社会工作者应积极协助老年人争取自身的权益。“增权”(empowerment) 作为社会工作的重要理念，在老年社区工作中可以得到体现。要通过增权来激发老年人的潜能，使老年人减少无助的感觉，增加自信心和力量去争取自身的权益，从而获得充实的老年生活。

3. 老年人问题群众化

老年人问题可以说是与社区中各个家庭都有直接或间接关系的，老年人问题就是社区中群众的问题，因此老年人问题的解决需要整个社区群众的支持。通过群众的支持，老年人问题容易引起多方面的重视，有利于老年人问题的最终解决。

老年社会工作的三个层次如图 13－1 所示。

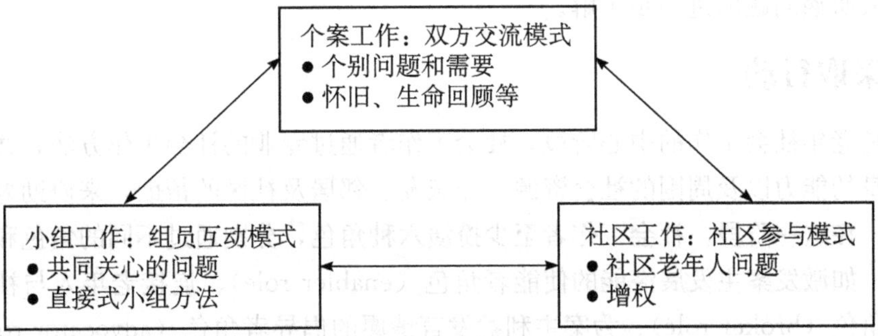

图 13－1 老年社会工作的三个层次

三、老年社会工作的实施过程

(一) 开始阶段

老年社会工作的开始首先是取决于老年人自己的，老年人想去改变某些情况，但却没有办法或能力去改变，希望借助老年社会工作的帮助来克服困难。也就是说，老年社会工作者首先要征得老年人的同意，使老年人自身愿意去改变所处的情况。当然，有些老年人会排斥接受外界的协助，认为接受协助显然不利于自身的独立自主，老年人会因此觉得失败。要协助老年人，使之敢于表达自己的求助动机，社会工作者首先必须认识到老年人确实能做某种程度的改变，能够运用自己的能力；并且有时要让老年人从事一些活动，以展示老年人的能力感，这也是对其尊重的表现。在这个阶段，社会工作者要对老年人面临的问题有一定的界定、澄清和了解，并与老年人建立良好的工作关系。

(二) 达成服务契约

在社会工作中，达成服务契约就是指社会工作者与案主就主要的问题、目标、社会工作处理策略、参与者的角色和任务，达成形式上的规定。需要协助的老年人与社会工作者经过双方同意达成一种协议，对双方的合作关系、分派责任等都有详细说明。这个步骤可以让老年人知道他可以从社会工作者的协助中得到什么，以及自己应该在协助过程中做些什么努力。

(三) 界定任务

这个阶段也可以称为评估或诊断阶段，是指社会工作者通过一定的调查访问，收集案主的一些相关资料，通过整理以了解案主的自身情况及其所遇到的问题。评估老年人的能力与问题必须收集相关的资料，包括老年人的生理状况、社会经济能力、个人的价值与目标及其适应能力等。这个阶段中资料的收集不仅集中在老年人个人层面，还包括对老年人家庭、团体、社区等相关资料的收集，这些相关资料通常有助于对老年人所遇问题的进一步了解。

(四) 采取行动

这是老年社会工作的中心阶段，社会工作者通过专业的社会工作方法，并运用老年人自身的能力以及周围的社会资源，如亲友、邻居及社区的帮助，来协助老年人解决问题。在这一阶段，社会工作者至少扮演六种角色，分别通过不同的角色和技术协助老人，如激发案主发展潜能的使能者角色（enabler role）、连接老年人与社区资源的中介角色（broker role）、为案主利益发言请愿的倡导者角色（advocator role）、协助老人内在心理适应的治疗者角色（therapist role）、影响相关人士支持社会政策或说服决策者有关方案重要性的专家角色（expert role），以及教导老年人有关认知情感运动的学习任务的教导者角色（teacher role）。这一阶段的成功进行需要社会工作者具有较高的操作能力。

(五) 结束阶段

当预定的目标达成或发现老年人所需要的后续服务并不是该机构能够完成的而需要转介服务时，社会工作者与老年案主的关系准备结束，所进行的老年社会工作也面临结束。由于老年人不喜欢在机构间被推来推去或终止关系，结束工作会使老年人产生被遗弃的感觉，老年人常常会以否定或愤怒来回应，这就需要社会工作者运用适当的方法和技巧以消除老年人的焦虑。结束阶段虽是最后的阶段，但仍是重要的阶段，一项老年社会工作的成功结束可以带给老年人整合的、被肯定的感受，使老年人能够充满信心地面对以后的生活和问题。

案例介绍：和顺社区危机老人社工服务①

（一）案例概述

和顺社区位于上海市黄浦区，60岁以上户籍人口为9 033人，约占户籍总人口的25.8%。其中80岁以上老人1 909人，纯老人家庭762户，单身独居老人319人，孤老72人。

随着老年人口的不断增多，近几年来和顺社区的老年人问题越来越严重，主要表现为两大类问题：

第一，老年人经济保障和医疗保障不足的问题。和顺社区有部分老人20多年前就已经退休，因退休较早，退休工资较低，随着生活费用的不断上涨，现在这些老人面临着生活比较困窘的状态；此外，无论是何时退休的老人，随着年龄的增长，实际上都面临着收入低、生活困难和看不起病的困境与威胁。

第二，老年人照顾、服务和支持缺乏的问题。和顺社区有超过千户的纯粹老人家

① 马伊里，吴铎．社会工作案例精选．上海：华东理工大学出版社，2007：36.

庭（包括纯老人家庭、单身独居老人户和孤老户），这些老人或者孤身一人，或者子女已经搬迁甚至海外求学、就业，所以这些老人尤其是80岁以上的老人时常因缺乏照顾、沟通和求助途径而出现意外情况。

总而言之，和顺社区的老年人口处于缺少家庭支持和社会支持的情况下，从基本的生活需要到高层次的精神慰藉，都出现了不同程度的问题。他们自身的力量不足以改变目前的状况，社会给予的资源又极其有限。

（二）服务介入

社会工作者依据社区照顾理论和社会支持网络理论，对社区内的老年人进行了比较充分的需求调查，也对社区内所拥有的相关资源做了比较详细的了解。在此基础上，社会工作者制定了社区工作的介入策略和活动目标。其中，介入策略是：

（1）借助义工网络，联系义工和社区内危机老人，建立关怀关系，主动提供适当的帮助或联络合适的社区资源。

（2）着重回应危机老人的需要，其中危机老人的定义是根据老人的健康状况、人际关系和社区资源而界定的，大致可以归纳为下列三项：首先，因体弱多病或伤残而足不出户或行动不便；其次，独居且对社区资源掌握不足；最后，独居且人际关系疏离。

社区工作的活动目标是：

第一，了解和掌握社区内危机老人的基本情况。

第二，接触和探访危机老人，了解其需要，提供适当服务或介绍社区资源。

第三，为社区内危机老人建立社区支援网络。

第四，提升社区公众关怀危机老人的意识。

（三）服务实施情况

由于具体的服务内容比较复杂繁多，因此仅列出和顺社区对危机老人进行服务的计划表（见表13-2）。从表中我们可以看到整个服务活动的程序和简单扼要的活动的相关要素。

表13-2　和顺社区危机老人服务计划表

活动内容	举行日期	对象及参加人次	地点
1. 义工招募及组长面试	2004年7月5日	义工62名	社区老年活动中心
2. 义工训练营	2004年7月10日	义工54名	社区公园
3. 外展探访简介会	2004年7月20日	义工40名	社区老年活动中心
4. 外展探访行动日（访问独居老人及填写问卷）	2004年8月5—15日	受访老人681名，义工259名	和顺社区1～20号、26～45号、50～75号
5. 分析问卷	2004年8月20—31日	危机老人180名	社区老年活动中心
6. 中秋月饼送爱心	2004年9月24日	危机老人180名，义工40名	危机老人家中

续前表

活动内容	举行日期	对象及参加人次	地点
7. 亲善探访（义工需填写报告，协助中心了解老人需要，并做跟进服务）	2004 年 10 月—2005 年 2 月	受访老人 1 036 人次，义工服务 836 人次	老人家中
8. 秋日远足行	2004 年 10 月 5 日	危机老人 62 名，义工 24 名	青浦朱家角
9. “冬日暖流”捐赠寒衣活动	2004 年 11 月—2005 年 1 月	危机老人 180 名，义工 285 人次，社区人士 3 290 人次捐赠	和顺社区广场和老人家中
10. 岁末扫除	2005 年 1 月	体弱老人 48 名，义工 96 名	老人家中
11. 喜气洋洋团圆宴	2005 年 2 月	危机老人 87 名，义工 42 名	社区服务中心和顺酒楼
12. 为老人贺新春	2005 年 3 月 8 日	危机老人 76 名，义工 25 名	社区老年活动中心
13. 义工组长训练及会议	2004 年 7 月 10 日 2004 年 8 月 29 日 2005 年 1 月 18 日	义工正副组长 28 名	社区老年活动中心
14. 义工小组分享会	2004 年 8 月—2005 年 3 月	义工 96 人次（5 组义工共集会 10 次）	社区老年活动中心

（四）服务效果

1. 掌握社区内危机老人的名单和生活状况

通过整理和分析受访者的身体状况、对社区资源的掌握和人际关系等情况，编定了危机老人的名单，又对个别老人的需要做跟进和回应。

2. 提供针对性服务，支援老人的特别需要

62 名义工定期探访或者电话联络社区内 180 名危机老人，表达关怀，发掘老人的需要，介绍中心服务和其他社区资源。一旦发现老人的需求，及时跟进并尽量满足老人。还为特别贫困者申请基金，帮助他们获得社区人士援助。

3. 为危机老人建立社区志愿网络

在亲善探访的过程中，发现大部分受访老人生活单调，难以和外界接触或者接触很少，对社区资源缺乏认识，对自己的境况深感失落。于是，社区老年活动中心借助义工网络联络义工和危机老人，建立关怀关系，使受访老人得到义工的定期慰问和实际协助，以降低其孤立无援之感。同时，为社区内老人之间的交流创造条件，使他们互相交流支持，强化了危机老人的邻里支援网络。

4. 提升社区人士对危机老人的关注意识

通过募捐衣服等活动，极大地唤起了社区内各界人士对老人需要的了解和关注，提倡社区敬老精神，营造了一个关怀友善的社区。

5. 培养优质社工，扩展中心服务

在这次社区工作中，充分地挖掘和运用社区的人力资源，利用社会工作的相关理论和理念，培育了一支优良的服务队伍和一些优秀的社区服务领袖。

第五节 中国的老年社会工作

一、中国的老年问题

中国是世界上人口最多的国家，老年人口的绝对数量在世界上也是居第一位的。新中国成立以来，随着人口死亡率的急剧下降，平均预期寿命迅速提高，特别是近20年来人口生育率的迅速下降，使得老年人口在总人口中的相对比重快速上升。根据联合国划定的标准，如果一个国家中65岁以上的人口比例达7%或60岁以上的人口比例达10%，就进入了老年型人口社会或老年型社会。由此可见，2001年我国正式进入老年社会。国家统计局的一项抽样调查结果显示，2015年我国人口各年龄阶段的情况是：0～14岁人口为22 715，占16.5%；15～64岁人口为100 361万，占73.0%；65岁及以上老年人口为14 386万，占10.5%。我国的老龄化情况进一步加剧。[①] 根据联合国的预测，中国人口将在2020—2040年达到快速老化期，预计到2040年，老年人口比例将达22%。我国的人口老龄化表现出以下特点：其一，老年人口基数大，增长快。其二，人口老龄化速度快。其三，人口高龄化趋势趋向明显，从1964年到2007年，80岁以上高龄老年人口占老年人口的比重从4.3%上升到15%；从绝对数上看，80岁以上高龄老年人口由181.3万增加到2 055万。[②] 第六次全国人口普查数据显示，2000—2010年间，80岁及以上高龄老人从11 991 083人增加到20 989 346人，占60岁及以上老龄人口比重由9.22%上升到11.82%。2050年，80岁及以上高龄老人将达到1亿，是2010年的5倍，高龄比达到22.3%，是2010年的2倍，届时相当于发达国家高龄人口的总和，占世界高龄人口总量的1/4。[③] 其四，我国是在生产力不发达的条件下进入老龄化社会的。其五，各地的老龄化起步时间、速度和程度都有差别。一些省市如北京、上海、江苏等地的人口老龄化的速度要明显快于其他地方。如第六次全国人口普查主要数据显示，上海的老年人口比例高达15.07%，江苏为15.99%，北京为12.54%；而新疆只有9.66%，甘肃为12.44%，

---

① 国家统计局和人口就业司．中国人口和就业统计年鉴2016. 北京：中国统计出版社，2017：5.

② 中国社会科学院人口与劳动经济研究所．中国人口年鉴2008. 北京：中国社会科学出版社，2009：498.

③ 杨燕绥等．银色经济与嵌入式养老服务．北京：清华大学出版社，2017：35.

青海为9.45%，宁夏为9.67%。从总体来看，农村地区的人口老龄化程度要高于城镇地区。

我国老年人口绝对数量的庞大以及人口年龄结构的老龄化，表明了我国存在着大量的老年社会工作的现实对象与潜在对象。由于过去我国老年人的养老主要采用家庭养老的形式，不管是在农村还是在城市，都强调老年人应由其子女妥善照顾，因此老年人问题往往表现为个人或家庭问题。但是随着我国社会转型的逐渐加剧，我国的老年人问题也表现出了新的特点：第一，在原有的计划经济体制下，职工的生老病死一般皆由企业负担或由企业补助。企业要实现体制转轨，就必然要求建立一套完善的社会保障体系与之相适应。然而，统一完善的城市社会保障体系的建立并不是一蹴而就的。这样，在经济体制转轨时期，老年人的社会保障问题便成为一个社会问题。第二，社会转型加剧了家庭养老模式的弱化。由于现代生活方式对传统共住养老观念的冲击，老年人和子女分住成为一种普遍的趋势。这就造成了“空巢家庭”的出现，对老年人的养老问题提出了新的挑战。第三，农村老年人的养老问题也正逐渐趋于严重。大量的年轻人外出打工，甚至在城市中建立了家庭，而老年人则留在农村独自生活；且年轻人受现代生活方式的影响，也趋向于建立自己的小家庭，而不是与父母同住。这就使得老年人的养老缺乏原有的保障。第四，我国的“第三部门”或称“非营利部门”（nonprofit sector）的发展明显处于滞后的状态。“第三部门”的发展滞后对老年人问题的影响主要表现在对老年社会工作的制约上。

中国的人口老龄化以及社会转型使老年问题变得非常突出，既对老年社会工作形成压力和挑战，同时也为我国老年社会工作的发展提供了机遇。

二、中国老年社会工作的状况

专业社会工作是于20世纪初由西方传入我国的。由于历史的原因，我国大陆的老年社会工作并未形成一种独立的专业或职业，而港台地区的老年社会工作则相对要成熟一些。但是作为一种实践的老年社会工作却是一直存在着的，可以说我国的老年社会工作是一种带有行政性的“准老年社会工作”。

（一）我国老年社会工作的发展历程

（1）改革开放前，中国是一个单位制的社会，国家通过单位这个“小社会”来管理“大社会”，因此大部分的城市老年人可以通过单位来满足自己的需要，农村老人则通过家庭和集体来获得相应的保障。而无依无靠、无生活来源、无生产劳动能力的孤寡老人和残疾人（简称“三无”对象）则由政府负责，通过建立养老机构、设立五保户制度等，实施对此类人群的保障。因此，这一时期的老年社会工作基本上是由政府唱独角戏，属于非专业性的。

（2）改革开放后，专业性的老年社会工作开始引进。1987年，北京市开办了国内第一家“临终关怀医院”——北京松堂关怀医院。医院首创的治疗医生和临床心理医生相结合的治疗方案[①]，不仅关心病人的饮食起居，而且更加关注病人的心理健康，因而具备了个案社会工作的一些特点。

20 世纪 80 年代后期，许多高校的社会工作系恢复重建或建立，从而培养了大批专业社会工作人才，相关的理论和实践也为这些学生的发展提供了指导，使专业化的社会工作进入老年人领域成为可能。如 1995 年成立的天津鹤童老年福利协会，由于是非营利组织，所以需要有大量的志愿者来服务或者开展活动，在这些志愿者中就有社会工作专业的学生，他们用专业的社会工作方法为老人服务。

（3）进入 21 世纪以来，由于党和政府对社会工作专业的重视和支持，社会工作专业发展速度迅猛，老年社会工作取得了可喜的进展，其中以上海和深圳最为出色。例如，2000 年，上海市第一福利院开始引进具有专业化知识背景的社会工作者；2004 年，民政部系统设立第一个主管社工发展、老年人活动和义工服务的社会工作部。2007 年 7 月，深圳市社会福利中心以政府购买服务的方式向深圳市鹏星社会工作服务社雇佣了 7 名社工；2008 年 3 月，深圳东西方社工服务社以民政局购买服务的方式向深圳老人院派驻了若干名具有社会工作专业背景的社会工作者，尝试为老年人提供比较专业的服务。[②]

总之，我国的老年社会工作经历了一个由非专业、行政化的社会工作向专业的社会工作转变的过程，政府由主要承担者变为购买服务者和监督者，而社会力量日益发挥了更大的作用。

（二）我国老年人政策法规的建设

我国《宪法》明确规定，公民在年老、疾病或者丧失劳动能力的情况下，有从国家和社会获得物质帮助的权利。国家发展为公民享受这些权利所需要的社会保险、社会救济和医疗卫生事业。《婚姻法》中也明确规定了老年人的婚姻权利以及子女对老年人具有赡养扶助的义务。1996 年 10 月 1 日，我国开始施行《中华人民共和国老年人权益保障法》，在政策法规上规定了为老年人服务的宗旨和主要内容。2000 年 8 月 19 日与 2006 年 9 月 21 日，中国老龄委分别发布了《中国老龄事业发展“十五”计划纲要（2001—2005）》和《中国老龄事业发展“十一五”计划纲要（2006—2010）》，从而进一步规划了我国老龄工作和老年服务的发展方向。2006 年 2 月，民政部公布了《关于加快发展养老服务业的意见》，为社区老年人服务事业的发展提供了指导。[③] 2016 年 1 月，民政部发布《老年社会工作服务指南》（MZ/T 064—2016）作为推荐性行业标准。该标准规定了老年社会工作的术语和定义、服务宗旨、服务内容、服务方法、服务流程、服务管理、人员要求和服务保障等，适用于社会工作者面向有需要的老年人及其家庭开展的社会工作服务。该标准的研究制定和发布实施，对总结推广各地老年社会工作实务经验，科学规范、正确引导老年社会工作服务行为，充分发挥老

---

① http：//www. stghyy. com/yyjs2. asp.

② 中国社会工作协会．中国社会工作发展报告（1998—2008）．北京：社会科学文献出版社，2009：45.

③ 同②.

年社会工作者在养老服务业中的专业作用，切实保障老年社会工作服务质量，具有重要促进作用。以上政策法规的颁布实施有力地推动了老年社会工作在我国的开展，对于老年社会工作的专业化提供了制度上的保障。①②

(三) 我国的老年人照顾

我国进行老年人照顾的社会福利机构主要有以下几种形式。

(1) 老年社会福利院：由国家出资举办、管理的，为综合接待“三无”老人、自理老人（the self-care elderly，指日常生活行为完全自理，不依赖他人护理的老年人）、介助老人（the device-aided elderly，指日常生活行为依赖扶手、拐杖、轮椅和升降等设施帮助的老年人）、介护老人（the nursing-cared elderly，指日常生活行为依赖他人护理的老年人）安度晚年而设置的社会养老服务机构，设有生活起居、文化娱乐、康复训练、医疗保健等多项服务设施。

(2) 养老院或老人院：专为接待自理老人或综合接待自理老人、介助老人、介护老人安度晚年而设置的社会养老服务机构，设有生活起居、文化娱乐、康复训练、医疗保健等多项服务设施。

(3) 老年公寓：专供老年人集中居住，符合老年人体能、心态特征的公寓式老年住宅，具备餐饮、清洁卫生、文化娱乐、医疗保健等多项服务设施。

(4) 护老院：专为接待介助老人安度晚年而设置的社会养老服务机构，设有生活起居、文化娱乐、康复训练、医疗保健等多项服务设施。

(5) 护养院：专为接待介护老人安度晚年而设置的社会养老服务机构，设有起居生活、文化娱乐、康复训练、医疗保健等多项服务设施。

(6) 敬老院：在农村乡（镇）、村设置的供养“五保”老人和接待社会上的老年人安度晚年的社会养老服务机构，设有生活起居、文化娱乐、康复训练、医疗保健等多项服务设施。

(7) 托老所：短期接待老年人托管服务的社区养老服务场所，设有生活起居、文化娱乐、康复训练、医疗保健等多项服务设施，分为日托、全托、临时托等。

(8) 老年人服务中心：为老年人提供各种综合性服务的社区服务场所，设有文化娱乐、康复训练、医疗保健等多项或单项服务设施和上门服务项目。

另外，我国老年人照顾还表现为向老年人送温暖活动，以及公共场所为老年人所提供的优惠服务措施。在我国的社区服务工作中，老年社区服务也有了很大的发展。例如，由基层街道居（村）委会建立老年保健中心，上门家政服务，定期医疗检查，以及为生活困难的老年人提供包户服务，建立包户服务组，订立包户服务协议；兴办托老所，对那些无人照料的老年人提供照料和生活帮助。社区服务能够较好地从物质、医疗和文化生活上为老年人提供保障。

---

① 民政部社会工作司．社会工作政策汇编．北京：中国社会出版社，2016：150.

② http：//www.mca.gov.cn/article/zwgk/tzl/201602/20160200880380.shtml.

（四）老年人的医疗保健

在老年阶段，老年人由于生理功能衰退，抵御疾病的能力下降，患病的概率增加并且容易患老年性疾病。因此，针对老年人的医疗保健工作是十分必要的。我国在这方面的具体内容有：

（1）建立老年人健康检查制度。目前在某些有条件的地方，主要是在城市中，往往由老年人所在单位或社区组织老年人定期开展身体检查，及时发现疾病并采取治疗措施。

（2）建立老年病医院或设立老年病科，开展老年病的治疗和预防工作。目前大多数医院都有老年人挂号、看病、取药优先的规定。

（3）建立老年康复和医疗机构。由国家组织和出资在社区中建立康复医疗机构，使老年人的健康问题就近得到解决。

在老年人的健康保健方面，我国仍有较多的工作要做。如低收入层次的老年人以及广大农村地区的老年人的健康保健问题还没有得到完全解决，应当发展对这些老年人的医疗救助工作。而且许多农村中的老年人还存在着就医买药难的问题。

（五）老年人文化服务设施

老年人除了生活的照顾和医疗保健以外，精神方面的需求也是一个不可忽视的方面。在经济条件较好和老年人比较集中的地方，由单位或者社区建立专门的老年人休闲娱乐活动场所，如老年活动站、老年中心等，为老年人提供文化、教育、娱乐、体育活动等设施，对老年人优惠甚至免费，解决了老年人的精神需求问题。

老年大学以及一些老年人服务网站的开设，既可以活跃老年人的晚年生活，增加老年人之间的交往，同时也可以使老年人获取所需的知识，满足老年人的学习欲望。另外，在我国很多城镇社区，还建立了“老年人婚姻介绍所”“老年人再就业介绍所”“家政服务站”等，在很大程度上解决了老年人的实际生活问题。

三、中国老年社会工作的发展前景

一方面，要认识到现在我国的老年社会工作已有了一定的发展，尤其是在城市社区中，老年人福利设施的建设为老年人的晚年生活提供了诸多方便，既保证了老年人的日常照顾，又有利于丰富老年人的精神生活。另一方面，也要看到我国现阶段老年社会工作的不足之处，我国的老年社会工作缺乏规范性，没有体现出社会工作的专业性，而且在我国广大农村中，老年社会工作的发展一直处于缺失或落后状态。随着社会转型的加剧，老年社会工作也亟须相应发展。

（一）促进我国老年社会工作的专业化发展

社会工作的专业化有助于强化社会福利政策和增强社会服务的成效。欧美国家的老年社会工作经过长期的发展，相比其他国家更为专业和规范。我国港台地区由于是在与大陆不同的背景下发展老年社会工作的，老年社会工作的专业化和制度化与大陆相比也更为明显一些。专业化的老年社会工作有助于科学有效地解决老年人问题，是老年社会工作发展的趋势。

（二）增进我国老年社会工作的社会化发展

老年社会工作的社会化发展不仅是老年社会工作对象的社会化，还包括老年社会工作开展的社会化，不仅要求行政部门，还要发展社区力量、社会团体、教育科研机构等社会力量来一起投身于老年社会工作中，真正实现老年社会工作的社会化。

（三）实现我国老年社会工作的本土化

老年社会工作作为一种专业和职业产生于西方国家。由于我国的国情不同于其他国家，因此在发展老年社会工作中并不能照搬西方的模式，而应该根据自身的经验和现状，通过积极借鉴国外的成功方法，来发展适合本国国情的老年社会工作模式，实现其本土化发展。

（四）我国老年社会工作发展的重点应放在老年人的生活照顾方面

我国老年社会工作的发展还处于初级阶段。从整体上来考虑，老年人的日常生活照顾方面还未达到完善，生存状况问题是老年问题中的首要问题。因此，我国老年社会工作应将重点放在解决老年人日常生活的照顾问题上。

（五）促进相关老年人社会政策的制定与实施

老年社会工作的实施需要相关社会政策的支持。只有在相关社会政策的指导和约束下，老年社会工作才会更加科学规范地进行，从而实现老年社会工作的专业化、社会化发展。

（六）加强老年社会工作专业人才的培养

随着老龄化的加速，对于老年社会工作者的需求也急剧增加。应加强培养实务型人才，注重理念、方法和技巧的学习，提升专业人才的实践技能。这一部分人才除了应在老年社会工作领域充分发挥作用外，还应注重在实践中积极探索、总结适合我国的老年社会工作模式。

本章要点

1. 老年问题是指老年人由于自身老化和外界环境的影响所带来的个人问题、家庭问题和社会问题，包括老年人需求问题和人口老龄化问题。老年问题的本质是需求问题。人口老龄化和现代社会变迁是影响老年问题的两个重要因素。

2. 老年社会工作有广义和狭义之分。狭义的老年社会工作是指社会工作者运用社会工作专业方法，协助老年人解决生活过程中所遇到的困难，以使老年人度过一个安乐祥和的晚年；而广义的老年社会工作泛指社会上一切有利于增进老年人适宜生活的社会服务活动。

3. 老年社会工作的理论基础分为微观和宏观两个层次。微观层次的理论包括角色理论、脱离理论、活动理论、连续性理论、符号互动理论和标签理论；宏观层次的理论包括老年亚文化群理论、年龄分层理论和现代化理论。

4. 老年社会工作的目标表现在：(1) 帮助老人获得所需资源，争取老人所拥有的权益；(2) 帮助老人增强其能力，以克服生活中的困难，解决所面临的问题；(3) 协助老人积极参与社区活动，促进其与他人互动，使老人晚年生活更为充实；(4) 为老人及其家属提供咨询，帮助老人了解和接受老年期的生活；(5) 影响有关老人的社会政策，改善老人的生活环境。进行老年社会工作应注意以下原则：(1) 相信老年人能够改变；(2) 尊重不同老年人的需求；(3) 耐心主动地与老年人进行有效的沟通；(4) 建立相互信任的工作关系；(5) 尊重老年人的自决权利，多肯定老年人；(6) 为老年人保守秘密。

5. 老年社会工作的内容包括老年人照顾、老年心理和社会服务、老年人教育服务、老年人就业服务以及老年社会工作的研究与教育。老年个案工作、老年小组工作和老年社区工作是老年社会工作的三种基本方法。

6. 我国老年社会工作的发展应注重以下几个方面：(1) 促进老年社会工作的专业化发展；(2) 增进老年社会工作的社会化发展；(3) 实现老年社会工作的本土化；(4) 老年社会工作的发展重点应放在老年人的生活照顾方面；(5) 促进相关老年人社会政策的制定与实施；(6) 加强老年社会工作专业人才的培养。

复习思考题

1. 什么是老年社会工作？其发展经过如何？
2. 如何正确认识现代社会中的老年问题？
3. 简述老年社会工作的理论基础。
4. 试述老年社会工作的目标和原则。
5. 试析社会工作主要专业方法在老年社会工作中的运用。
6. 谈谈你对我国老年社会工作发展前景的认识。
7. 请分析以下案例。

案例一

张先生，66岁，江苏人，2008年退休。张先生的妻子5年前因胃癌不幸去世。张先生有一个女儿小张，小张年轻时考取了北京的A大学，获得管理学学士学位。毕业后，小张进入北京的一家知名外企从事人力资源工作，经过10多年的打拼，成为公司的人力资源经理，并在SG社区购置了一套商品房。2008年，小张7岁的儿子也顺利进入了小学读书。由于小张和丈夫工作较忙，很少有时间照顾儿子，而张先生退休后一个人在家也很无聊，于是小张和丈夫经过商量后，于2009年年初将父亲接到北京的家里居住，一方面可以对父亲有个照应，另一方面，父亲平时也可以接送小张的儿子上学。

在新的城市、新的社区、新的环境中，张先生并不是很适应。张先生是江苏人，平时很少说普通话，来到北京后，与人交流有一定的困难。这半年来，他对北京的天气和生活也不是很适应。而且他在这里没有亲戚朋友，和邻居的接触也很少，女儿女婿平时工作忙，周末应酬也多，张先生感到十分孤独和沮丧。

在张先生现在所生活的SG社区中，和张先生有着相同处境的老人其实有很多。社区工作人员所提供的社区人口资料显示，像张先生这样由异地迁往本地的老人近年来数量不断上升。一方面，他们要适应退休后的生活；另一方面，他们要适应在新的城市环境中的生活。他们在当地几乎没有什么社交圈子。

对于这类老人，很多文章、杂志将他们称为"迁徙老人"或"流动老人"。运用社会工作方法，可以为这类老人建立一个小组，使这些老人获得更多的与同龄人交往和沟通的机会，并为他们搭建一个社会支持网络，缓解这部分老人的孤独感，提升他们对新生活的适应能力，从而提高其生活质量。

请结合案例思考以下问题：

(1) 这种小组的性质是什么？小组目标是什么？

(2) 你该如何招募你的组员？你选择组员的标准是什么？

(3) 你将如何规划开展小组活动的时间？如何设计小组活动？

(4) 你认为作为一名社会工作者，在这样的小组中该发挥什么样的作用？在对老年人开展小组工作时应该注意什么？

案例二

李女士，69岁。最近一段时间李女士经常失眠，由于患有高血压，近来血压也不稳定。了解李女士的家庭后，我们发现，李女士近来在家庭中的压力很大，在家里承担了几乎所有的家务劳动，并且需要照顾因意外造成骨折的丈夫。

原来，在一个月前，李女士72岁的丈夫老杨在出小区大门去超市买东西的时候，不幸被急行右拐的自行车撞倒在地，当即被小区的保安送往医院治疗。经检查和诊断，老杨是右腿骨折，需要卧床休养。老杨是个爱热闹的老人，退休后爱好练太极、遛鸟，经常和社区的棋友们下围棋。这一骨折，使得老杨不得不每天躺在床上。而且老杨不识字，看不懂报纸，在家的时候，只能看看电视。在家待久了，老杨烦躁不安，而且经常对老伴嚷嚷。

李女士明白老杨的感受，一般都让着他。在老杨卧床的这段日子里，李女士承担了几乎所有的家务劳动，每天都要帮老杨做饭、收拾房间、擦身子，定期还要找自己弟弟的女婿帮忙送老杨去医院换药。

李女士和老杨结婚后，由于不能生育，所以一直没有孩子，也从未收养孩子，现在老两口相依为命，经济条件不是很好。李女士年轻的时候主要是在自己弟弟开的饭馆里帮忙，也没有缴纳养老保险金，现在全家唯一的生活来源就是老杨每个月1 100元的养老金。所以在老杨卧床期间，他们也没有能力请一个家政服务员来帮忙。这段日子李女士特别辛苦，内心也觉得很苦闷，前些日子高血压又犯了，吃了点药，也没舍得去医院看病。这几天又失眠，李女士觉得非常苦恼。

请结合案例思考以下问题：

(1) 作为社会工作者，面对李女士这一个案，在你接案的时候，你会从哪些方面去了解和评估案主的需要?

(2) 作为社会工作者,你觉得是否有必要为老杨也提供帮助?为什么?

(3) 你在为案主制订具体的服务计划时,会考虑哪些方面的内容?并且你需要注意什么?

(4) 你会在何时结案?结案的时候会怎么做?你需要注意什么?

关键概念

老年、老年问题、老年社会工作、老年社会工作目标、老年社会工作原则、老年照顾、老年社会工作方法与技巧、老年社会工作三个层次、老年社会工作实施过程

推荐阅读书目

1. 邬沧萍. 社会老年学. 北京:中国人民大学出版社,1999.

2. 关锐煊. 老人社会工作实务. 台北:桂冠图书股份有限公司,1996.

3. 朱佩兰. 安老与社会工作. 香港:香港中文大学出版社,2001.

4. 霍曼,基亚克. 社会老年学——多学科展望. 北京:社会科学文献出版社,1992.

5. Zastrow C. 社会福利与社会工作. 台北:洪叶文化事业有限公司,1998.

6. Blau Z S. 变迁社会与老年. 台北:巨流图书公司,1988.

7. Mclnnis-Dittrich K. 老年社会工作:生理、心理及社会方面的评估与干预. 2版. 北京:中国人民大学出版社,2008.

8. 王树新. 老年社会工作. 北京:中国劳动社会保障出版社,2007.

9. 麦金尼斯-迪特里克. 老年社会工作:生理、心理及社会的评估与介入. 台北:五南图书出版公司,2011.

第十四章 儿童社会工作

儿童是国家和民族的未来。古今中外，对于儿童的抚育、教育、培养、扶助等工作均极为重视。特别是进入20世纪以来，各国都进一步推进儿童福利事业，开展儿童社会工作。在政府组织里，设有专门的机构进行策划；在政府预算中，列有专款进行补助；在工作推行方面，有受过专业训练的人员负责。有的国家还制定了儿童福利法，使儿童在法律上获得安全的照顾及妥善的保护。一些社会学家、心理学家、精神病学家及社会工作者也都将这一群体作为研究目标，去发掘儿童的需要，解决儿童的问题。

第一节 儿童社会工作概述

一、儿童社会工作的概念

（一）儿童范围的界定

“儿童”这一概念的出现是社会进步和社会文明的产物。随着儿童研究的不断深入，对儿童的定义逐步向纵深、全面发展，亦即由生理科学转向心理科学，进而转向全方位的社会、文化、人类学等研究视角。但是，学术界对儿童的内涵和外延的定义并没有一种最终的权威理论，而是各种理论交织并存；关于儿童期的界定即儿童的年龄界限更是众说纷纭，其标准难以统一。然而，无论是从学术研究还是从社会实践的角度考虑，对儿童和儿童期都必须有一个明确的、科学的界定。

在1989年审议《儿童权利公约》的第44届联合国大会上，不同的国家各自表明了对“儿童”含义的不同理解。阿根廷、危地马拉等国明确表明，儿童期是指自受孕起至18岁；有一些国家表示儿童“出生以前和以后”均需要保护；而英国等国家则明确表示儿童仅指自出生至18岁的人。根据中国法律的解释，儿童是指“18岁以下的出生者”。因此，儿童生命的开始应从出生之时算起，不包括未出生的胎儿。2003

年六一儿童节期间，联合国把儿童年龄上限从 14 岁放宽到了 18 岁，国际上习惯把 0 岁至 18 岁的孩子统称为“儿童”，把 18 岁以上的人称为成年人。

从生理——人体正常发育过程——的角度来看，18 周岁以后才真正成人。14 岁到 18 岁的儿童，不仅很多器官仍未发育成熟，而且在心理上也不够成熟。因此，本书将 18 岁以下的未成年人统称为儿童。

儿童在生长发育过程中，不同阶段有不同的特点。为了便于学术研究和实际工作的开展，人们将生长发育过程划分为若干年龄期。这种划分是人为的，在各年龄期之间并无严格界限，而且相互之间联系紧密。例如，卢梭根据他对儿童发展的自然进程的理解，将儿童期划分为四个阶段：第一阶段（0～2 岁），是身体发育较快的时期，主要的任务是保障他们的身体健康；第二阶段（2～12 岁），是理智睡眠期，主要应该发展外部感觉，在这个时期儿童积蓄力量，以便在年龄较大时能发挥出来；第三阶段（12～15 岁），在这一时期可以广泛地开展智育，满足儿童在理智方面的要求；第四阶段（15 岁至成年），是“激动和热情时期”，主要应该进行道德教育。[①]

（二）儿童社会工作的概念

儿童社会工作，是指把社会工作的专业知识、方法和技巧应用到儿童的教育和保护工作中，不仅救助和保护不幸儿童，而且关心一般儿童，使他们健康地成长。儿童社会工作是一项儿童福利工作，需要充分运用一切能促使儿童成长发展的个人和环境资源，以确保儿童福利服务的顺利实施。

儿童社会工作是儿童成长发展的基础和保证。与其他社会工作的概念一样，儿童社会工作的概念包括以下要点：其一，在理论上，儿童社会工作是一门专门学科，是研究如何满足儿童时期生理、心理和社会环境需要以促使其正常发展的综合性学科；其二，在社会运行机制上，儿童社会工作是一项社会基本建设，是包括社会政策法规体系、实施运行体系、评估监察体系等多种体系在内的综合性社会建设；其三，在实务上，儿童社会工作是一门专业，是一种需要一定专业技巧、专业准则及专业道德的不能为其他行业所替代的职业。无论从哪种角度去分析，儿童社会工作都是建立在人和社会的发展需求之上的，是人——主要是儿童——发展的一种社会性要求。

儿童社会工作的内涵有狭义和广义之分。狭义的儿童社会工作是一种事后补救性的工作，是指面向特定儿童和家庭，特别是在家庭或其他社会机构中需求未能得到满足的儿童的服务。这种意义上的儿童社会工作的对象，一般为遭遇各种不幸情境的儿童，如孤儿、弃儿、残疾儿童、流浪儿、被虐待或被忽视的儿童、家庭破碎的儿童、行为偏差或受情绪困扰的儿童等等。这些特殊困难环境中的儿童往往需要社会工作者予以特别的救助、保护、矫治，以解决其面临的各种问题。在服务方法上，多采取机构服务的形式。

广义的儿童社会工作是社会福利的组成部分，包括国家和地方政府为保护儿童权益、促进儿童健康成长所采取的一切措施，其中主要有：能增进儿童健全发展的各种

---

① 杨孔炽．论卢梭的儿童观及其现代意义．教育研究，1998（1）．

措施，能防范危害的儿童保护措施，能保障儿童福利的措施，能协助儿童处理成长和适应过程中的难题的措施，以及能激发儿童发展潜能的措施。也就是说，一切针对全体儿童的，促进儿童生理、心理及社会潜能最佳发展的各种方式和设计都属于儿童社会工作的范畴。正如联合国在1959年公布的《儿童权利宣言》中所指出的那样，“凡是以促进儿童身心健全发展与正常生活为目的的各种努力、事业及制度等均称为儿童福利”①。本书从广义上使用儿童社会工作的概念。

在社会工作领域，儿童社会工作被认为是一种服务，美国的《社会工作年鉴》定义儿童福利为“旨在谋求儿童愉快生活、健全发展，并有效地发掘其潜能，它包括了对儿童提供直接福利服务，以及促进与儿童健全发展有关的家庭和社区的福利服务”。

从内涵来讲，儿童社会工作的概念具有三个基本特征。

第一，儿童社会工作具有普遍性，是面向全体儿童的福利事业。虽然处于特别困难境地的儿童，如残疾、被遗弃及适应困难的儿童一般是各国儿童福利工作的重点，但无论是从社会政策的角度看，还是从社会福利设施和服务机构的角度看，儿童福利的对象都是全体儿童。

第二，儿童社会工作具有发展性，以帮助与激发儿童自我发展、自我成长的潜能，促进儿童全面健康发展为目的。与其他人群的福利事业相比较，儿童产生的问题都是发展成长中的问题，儿童福利工作中虽然有相当一部分内容属于补救性的，如对被遗弃儿童的救助，对包括智障在内的残疾儿童所采取的康复措施等，但其最终目的是面向未来，面向儿童的健康成长。从这个意义上说，所有的儿童福利项目都是积极的、发展性的。

第三，儿童社会工作具有社会性，需要动员广泛的社会力量，运用社会化的手段。社会福利的主体是国家和政府，在儿童福利中，国家和政府的责任主体地位不容置疑。但儿童作为未成年人是不成熟的人、发展中的人，儿童问题的解决必须在有限度地发挥其自身能动性的同时，最大限度地调动外部力量，从物质、精神和心理等多方面给予帮助。社会不仅是国家和政府儿童福利政策实施的载体，而且是儿童福利施予的重要组成部分。

儿童社会工作与其他社会工作一样具有多种功能。这些功能主要包括：保障功能，保障儿童的生命权、娱乐权、教育权、发展权；社会安全功能，儿童社会工作的直接结果是减少目前儿童的痛苦和问题，促进其全面发展和幸福，间接结果则是防止社会问题的产生，增强未来社会的安全。

二、儿童社会工作的理论基础

（一）儿童群体的特点与儿童社会工作

儿童作为弱势群体的存在，是一种生理、心理、社会的现象，或者说与其生理、

---

① 陆士桢．简论中国儿童福利．华东师范大学学报，1997（6）．

心理及社会特征相联系。无论是发达国家，还是发展中国家，都是如此。从群体的基本特征来看，儿童具有以下特点。

1. 生理上的快速发育期

生理上的快速发育是儿童最为明显的特征，生理的发育过程既有量的增长，也有质的飞跃。应该说，生理的急剧发育是儿童不同于其他人生阶段或其他人群的最重要的特征。

2. 心理上的高度敏感性、脆弱性

一方面，儿童有较强的心理依赖，对社会的认识处于由感性到理性的转变过程中。另一方面，儿童的年龄正处于从少年期向青春期的过渡，正处于一种心理上的"断乳期"。在此过渡期内，儿童的独立性日趋增长，欲从心理上摆脱对父母的依赖。但面对陌生的社会，他们的内心充满着迷惘和矛盾，极不稳定，同时又对社会信号有超强的敏感性，这使得他们在社会中的心理压力高于一般社会群体，容易产生较为强烈的受挫情绪。他们在社会生活中缺乏社会支持感，"具有较低社会支持感的人对他人的评估比较消极，而对自己本身，则产生人际交往无能、焦虑及社会排拒感"①，在心理上容易产生不满、苦闷、焦虑、急躁情绪，难以自我调适，进而容易对生活失去信心。这些心理断乳的孩子亟须家庭、学校和社区的教育和指引；若脱离这种教育和指引，他们就很容易偏离人生正常的轨道，产生越轨行为。

3. 儿童作为弱势群体在社会分层体系中处于底层

儿童的社会（政治）参与机会少，对社会生活的影响力低，难以影响公共政策的制定。这就意味着儿童仅仅依靠自身的力量很难摆脱自身的困境，解决自己的问题。由此，必须依靠社会的力量，制定更加公正的儿童社会政策，建立完善的儿童保障体系，以保护儿童的权利，维护儿童的利益。

儿童是社会的未来，但从其生理、心理及社会特征看，他们同时也是社会上最脆弱的群体之一。他们缺乏足够的应变能力，因而在成长的过程中，或在遇到社会问题的冲击时，容易遭受挫折。关注儿童的特点和需求，反映了社会的发展与进步。根据儿童自身的特点对其采取适当的保护措施，是开展儿童社会工作的前提和基础。

（二）儿童权利与儿童社会工作

儿童权利是视儿童为权利主体而提出的概念。作为一个具有独特的生理、心理特征的群体，儿童有着自己特殊的权益，包括生存权和发展权等，需要社会的特别保护。现代意义的儿童社会工作是建立在儿童权利观念之上的。

20世纪初，儿童权利还是一个未被确认的概念。联合国成立以前，一些国家曾采取措施防止奴役、贩运童工和迫使儿童卖淫，以保护儿童利益。国际联盟为此于1924年通过了《日内瓦儿童权利宣言》。1959年，联合国大会通过了新的《儿童权利宣言》，确立了儿童不受歧视、最大利益、特别照顾、免费初级教育、不受虐待剥削和买卖等十项原则。该宣言虽然在国际上产生了广泛的影响，但由于其不具有法律约束力，难以发挥对儿童权利的保护作用。随着国际人权运动的不断高涨和深入人心，

---

① 巴巴利亚，欧茨．发展心理学．台北：桂冠图书股份有限公司，1998：23.

给儿童权利赋予条约法效力的呼声也日益高涨。联合国大会于1978年通过决议，接受波兰的建议，成立了起草《儿童权利公约》（以下简称《公约》）的工作组。1989年11月，联合国大会才以协商一致的方式通过该《公约》。《公约》以《儿童权利宣言》为基础，参照《公民权利和政治权利国际公约》和《经济、社会和文化权利国际公约》的有关规定，在继承、发展和创新的前提下，特别强调儿童的一切行为均应以儿童的最大利益为首要考虑因素，强调儿童在享有权利方面不应（与成年人）有任何差别。《公约》对儿童权利做了广泛、全面的规定，涵盖的领域包括人权的整个范围，阐述了儿童的公民、政治、经济和文化权利，并确认一种权利的享有是与其他权利的享有无法分开的。目前全球已有192个国家和地区签署了该公约。2000年，联合国大会通过了两个公约的任择议定书，以制止全世界愈演愈烈的虐待和剥削儿童的现象，进一步保护儿童免于参与武装冲突、免受性剥削侵害的权利。其中，《〈儿童权利公约〉关于儿童卷入武装冲突的任择议定书》将18岁作为义务征兵的最低年龄，要求各国采取一切手段，防止不满18岁的个人直接参与敌对行动；《〈儿童权利公约〉关于买卖儿童、儿童卖淫和儿童色情制品问题的任择议定书》则呼吁特别关注严重侵害儿童权利的犯罪活动，强调提高公众意识，加强国际合作，打击此类违法犯罪活动。1990年9月30日，在纽约召开的世界儿童问题首脑会议又通过了《儿童生存、保护和发展世界宣言》（以下简称《宣言》）和《执行90年代儿童生存、保护和发展世界宣言行动计划》（以下简称《行动计划》）两个重要的国际文件。其中，《宣言》提出了儿童问题所面临的挑战、机会、任务，以及对儿童问题所做的承诺与解决儿童问题的步骤。《行动计划》则提出儿童中存在的各种需要重视和亟待解决的问题，规定了包括国家级和国际级的后续行动。在《行动计划》附录中，还确定了由所有国家的政府、联合国有关机构共同磋商而成的“90年代儿童与发展的目标”，并建议适用这些目标的所有国家根据各国具体情况对分段安排、标准、优先顺序和资源情况做出适当调整；同时，尊重各国文化、宗教和社会传统，加进各国行动计划的补充目标。

在跨入21世纪之际，儿童权利保护问题受到了包括联合国在内的国际社会更广泛的重视。联合国儿童基金会发布的《世界儿童状况（2000）》提出国际社会于2001年秋形成一个“儿童联盟”，并呼吁“要改变国际社会对儿童权利负责任的方式就需要各级机构的政治意愿和对各级社会行为的坚决保证”，指出“21世纪所需要的领导力量要超越传统和政府机构，要动员一切有志于人类进步事业的力量，即群众运动、社区组织、青年运动、妇女团体、专业网络、艺术家、知识分子以及大众传媒。这是一个全球性的领导机制，既要由下而上也要由上而下地开展工作，其中包括国家首脑，政治、商业、艺术和宗教社团的领导人以及正在为改变他们自身家庭和社区而工作的儿童和青少年”，这是改造妇女和儿童世界及推动人类法制所必需的社会变革。2002年，在联合国大会为儿童问题特别召开的、具有历史意义的第27届特别会议上，190个国家代表团通过了文件《适合儿童生长的世界》。文件要求各国制定一套针对儿童与青年的有时限目标，侧重维护儿童享有健康生活、受高质量教育、免于虐待和暴力，以及免于感染人体免疫缺陷病毒四项权利。

“儿童权利”的观念成为儿童社会工作的重要思想基础，影响着儿童社会政策和社会福利行为。在传统社会里，儿童大都被视为父母的私有财产，没有任何权利可言。1870年，在纽约市所发生的一起虐童案中，向法庭申请起诉的是虐畜会，因为当时没有对儿童的权利予以保护的有关法律条文，法庭只好按照受虐动物的原则处理此案。在中国封建社会，儿童的私有性表现得更为突出。随着社会的不断进步，儿童逐渐被承认有自我成长发展的权利。“儿童权利”的意识逐渐为社会所接纳，并影响着社会行为。瑞典著名作家、教育家爱伦·凯（E. Key）曾经断言：“20世纪是儿童的世纪。”当代中国社会，“儿童权利”的观念已经被普遍接受。社会承认儿童作为社会的一部分，有着因生理、心理发展阶段不同而产生的区别于社会其他阶层的特殊需要和特殊利益，需要在物质上、精神上得到特别的照顾和保护；承认儿童群体尽管不直接参与社会生产，但仍会以非主动的形式在社会发展体系中占有一席之地并影响社会的发展；承认儿童的发展权利，尊重儿童的独立性和主观能动性，尊重儿童的发展要求。可以说，“儿童权利”观念是儿童社会工作的精髓，其中最受重视的是儿童的生存权和受教育权。

三、儿童社会工作的发展历史

儿童福利起源于救济事业，是伴随着现代生产方式而产生发展起来的。十三四世纪以前，在封建地主经济和自给自足的小农经济基础上，众多儿童问题一般都在家庭和宗族内部解决，失去父母的孤儿、弃儿，大部分由亲属、邻人或宗族内部以私人身份予以抚养，并未引起政府和社会的关注和投入。直到资本主义生产方式不断发展，儿童问题逐渐成为社会性问题的重要组成部分，儿童福利事业才得以日渐发展。本书将儿童福利的历史发展分为“以救济为主的时期”及“积极的儿童福利时期”两个阶段。

（一）以救济为主的时期（自英国济贫法颁布至19世纪末）

1601年英国济贫法颁布前后至19世纪末，可称为儿童社会工作的以救济为主的时期。这一时期的儿童福利主要是对孤儿、弃儿和部分贫困儿童的领养、寄养等救助。

当时各国颁布的社会福利法令中多设有对儿童进行救济的内容。如1601年英国颁布的《伊丽莎白济贫法》中，就将孤儿、拾婴、被父母遗弃或因父母贫困无力抚养的儿童列为贫民三大类中的一类，要求设法领养或寄养。1788年德国推行的“汉堡制”中，包括将贫困儿童送往工艺学校学习就业技能和语文知识的计划。这表明，儿童福利问题已经开始成为政府的重要责任。到了1853年，美国人布拉斯（C. L. Brace）创建了“儿童救助协会”，不断地完善儿童救助的方法。① 随着失依和贫困儿童的增多，原有的代养、寄养方式不能满足需求，一部分儿童被收养于济贫院。为避免济贫院人员过于复杂和环境太差，专门收容孤儿的孤儿院、养育院应运而生，但这些机构仍无法使孤儿享受天伦之乐，不能解决个别需要的问题。布拉斯创建的“儿童救助协会”采用家庭教养式，以几个家庭式住宅代替公共宿舍，保育员充当父母角色。此种方式对于失依儿童的身心健康发展无疑具有重要意义。

---

① Walter F. A introduction to social walfare. 2nd Edition. New Jersey：Prentice-Hall Inc.，1991：142.

这一时期的儿童福利之所以是一种消极的救济性福利，是因为虽然已开始将儿童问题的解决视为政府的责任，但主要关注的是对特殊儿童的生活救济，而未顾及全体儿童的发展权利。

（二）积极的儿童福利时期（20世纪以后至今）

进入20世纪以来，儿童福利的新观念逐渐产生，儿童不再被视为父母的私人财产，而被视为具有社会意义的活的生命；对儿童的教养保护不再是个别家庭的责任，而是整个国家的责任；对儿童的关注不单是对不幸儿童的救济，而是促进一切儿童健康全面发展的宏大事业。此时的儿童福利，无论内容、形式，还是范围、程度，都有了根本的扩展和深入。1959年联合国发表的《儿童权利宣言》规定：儿童应该得到关怀、爱护和了解；儿童应该有足够的营养和医疗照顾；儿童应该有法定的免费教育；儿童应有全面的康乐和游戏的权利；儿童应该有自己的姓名和国籍；如果有伤残，儿童应该受到妥善的照顾；如果有灾难，儿童应该获得优先救济；儿童应该有发展潜能，有成为社会有用之才的权利……这一宣言不仅标志着20世纪的儿童福利进入了一个新的发展阶段，而且是现代儿童福利的最重要的思想理论基础。此外，在立法方面，世界各国和各地区基本上都制定了保护儿童权利的专门法，大多数发达国家和地区已形成了相当完善的儿童权利保护的法律体系。例如，1974年菲律宾前总统马科斯公布了《儿童与少年福利法典》；1978年古巴制定了《古巴共和国青少年法典》；日本于1922年制定《少年法》之后，又陆续制定了《少年救护法》《儿童福利法》《儿童抚养津贴法》《少年保护事件补偿法》《防止虐待儿童法》等法律，建立了相当完善的儿童权利保护的法律体系。21世纪以来，联合国儿童基金会自发布《世界儿童状况（2000）》之后，为践行其千年宣言，实现其千年发展目标，每年都会发布《世界儿童状况》，回顾其在维护儿童权利方面已取得的成就并关注一些特定的问题，如女童教育、童工、早期儿童发展、孕产妇和新生儿健康等。这些行动为维护儿童权利拉开了21世纪的新篇章。

由此可见，在这一时期，社会对儿童福利的关注不再仅仅局限于特殊儿童，而是推广到全体儿童；其内容不再仅仅局限于基本生活的救济和维持，而是涉及对儿童全面发展权利的保护。这一时期的儿童福利是制度型福利，强调儿童福利是一个社会所必需的重要社会职责和社会功能，主张以制度化的儿童福利体系积极地为全体儿童提供服务，使每一个儿童都能全面发展。

第二节
儿童社会工作的基本内容

关于儿童社会工作的基本内容，本书将从一般儿童社会工作与特殊儿童社会工作两个大的方面加以介绍。

一、一般儿童社会工作

一般儿童社会工作是指以全体儿童为对象的社会工作，主要涉及儿童教育、儿童营养、儿童卫生保健、儿童游戏与娱乐等方面。

(一) 儿童教育

教育为立国之本，也是促进儿童成长的重要措施，是儿童社会工作最重要的内容之一。

现代社会中的儿童到了适当的年龄均要进入学校接受教育，教育的任务之一就是使儿童达到理想的生存状态。它既是当今时代的教育理想之一，也是广大儿童社会工作者努力的方向。

符合儿童发展要求的教育工作应当既是理性的，又是充满人类情感的；既要遵循儿童的生理规律，又要满足他们的心理需求；既要促进当前的学习，又要着眼于长远发展；既要满足于个体需要，更要为人类总体利益服务。在这样的要求下，儿童教育应当满足以下原则。①

1. 以儿童的完整性为根本，培养儿童全面发展

社会工作者必须在培养完整人的基础上，引导儿童在德智体美等方面全面发展，从而达到儿童自然性和社会性的完整，以及身心及其各个要素的协调统一性。

2. 以儿童的主体性为中心，激发儿童的主体精神

培养人的主体精神是现代教育的核心内容。无论是目前学习的进步，还是将来事业的成功，只有富有主体精神的人才能实现。主体性来源于主体精神，没有主体精神就不可能有较强的适应力和应变力。激发儿童的主体精神是指在儿童社会工作过程中，一切活动都必须以儿童的主动性、积极性为出发点，引导儿童主动探索、积极思考、自主实践，生动活泼地发展。

3. 以儿童的未成熟、个性差异为前提，体现对儿童的关怀

“关怀”本是一种内心状态，用苏霍姆林斯基的话说，“你的心理会要求你采取一种办法，能在儿童的心灵里建立道德的纯洁和美，使他成为一个真正的人。这种心愿也就是对人的关怀”。由于儿童的身心未成熟、个性差异等，他们在学习、思想、行为等方面均会出现一些问题，这就需要我们正确对待，给予同情、理解和引导、培植，促进其身心的逐步成熟、完善、发展。

4. 必须体现人的尊严，给予儿童以最大的尊重

儿童是发展中的人，也是有个体独立性、有自己权利的人。在教育过程中必须表现出对儿童最大的尊重，尊重他们的独立人格、自尊心、上进心和能力等，以维护他们的尊严，保护他们的自尊心。

---

① 周天梅．论发展中儿童的教育教学原则．教学与管理，2001（3）．

（二）儿童营养

儿童期是人类身心发育的旺盛时期，是为身体打基础的时期。儿童社会工作要通过多方面的努力，促进对儿童的良好养育，首先就要保证儿童的营养。这不仅关系到儿童的正常发育，而且会影响到未来民族的素质、国家的素质。在儿童营养方面，社会工作者要做的工作包括：首先，加强对学生和家长的营养知识教育，以提高其对合理营养的认识，使其了解合理营养对少年儿童成长发育的重要性。其次，通过家长会、校刊校报、家校联系册等交流形式，向家长传达儿童营养的有关科学知识，帮助学生家长形成科学、合理、实用的营养观。

要切实改善家庭的膳食结构。缺乏科学的营养学知识，会使儿童摄入的蛋白质和脂肪比例失衡，加上许多儿童都有挑食的坏习惯，会影响儿童的正常生长发育。要改变这一情形，只有从家长做起，掌握一些科学搭配膳食的知识，让孩子养成一些良好的饮食习惯，如适当减少一些油炸类食品，增加一些豆制品和粗粮，喝一些牛奶或豆浆，以增加优质蛋白质的摄入量。此外，还要努力改变儿童不良的饮食习惯。

营养学是一门专门知识，并非人人都了解，尤其是关于儿童在各年龄层需要何类营养等知识，只有营养学专家才能通晓。因此，社会工作者应该聘请营养学专家做指导，制定一些理想的营养政策，并通过相关部门付诸实施。

（三）儿童卫生保健

儿童卫生保健主要涉及两方面内容。一是妇婴卫生保健。通过多种努力，减少婴儿死亡率。这方面虽然主要是医护人员的工作，但社会工作者亦有用武之地。二是学校卫生工作。学校的卫生工作应以健康教育为中心，行为与知识并重，并与儿童家庭合作，预防重于治疗。

儿童卫生保健的主要内容包括以下几项：(1) 健康检查——其目的是检查儿童的发育，发觉儿童的身体缺点，并养成儿童及其家长对于疾病预防的观念；(2) 身体缺点及矫治——经健康检查，发现问题，及时治疗；(3) 传染病的预防——包括预防接种、免疫监测及传染病的管理等；(4) 健康教育——以儿童为本位，传授简单的急救知识及生活必需的基本卫生常识；(5) 体育训练——通过体育活动发展儿童的健康能力，促进其健康发育，并能在运动中养成卫生习惯，矫正身体缺陷；(6) 卫生活动——健康教育中最重要的工作，其中团体组织的活动效力更大；(7) 家庭联络——儿童缺点的矫治、儿童营养的需要以及其他有关卫生的问题等，都需要向家庭解释、劝导或协商。

（四）儿童游戏与娱乐

游戏和娱乐是儿童生活的一部分，也是儿童教育的一部分。游戏既可以有效锻炼儿童的身体，促使其正常发育，又可以培养儿童与人交往的能力，学会与他人和睦相处，还可以提高儿童的想象力和创造力，使其身心平衡发展。

儿童游戏因年龄不同而有所差异。婴儿期的游戏，主要是四肢游戏，其次是模仿成人的游戏。幼儿期的游戏有了明显的改变，他们喜欢的是幻想性的、创造性的游戏。学童期的游戏，则是有系统、有组织、有约制性的。

任何一种活动如果运用不当，都可能导致不良后果。儿童游戏虽然对儿童的发展帮助很大，但若缺乏适当的指导，可能会对儿童造成意外伤害，损害身心健康。因此，儿童社会工作者要为儿童开展游戏和娱乐活动提供条件。比如，利用政府投资或社会资助修建更多的儿童场所，推广有益有趣的儿童游乐形式，普及儿童娱乐知识；举行竞赛性的活动，吸引儿童及其家长参与；直接指导和带领儿童进行娱乐活动，帮助孩子们在娱乐中学习；等等。

二、特殊儿童社会工作

这里所说的特殊儿童是指在生理、心理、情绪或适应生活上遭遇到特殊困难的儿童，即通常所说的孤残儿童。弱势群体包括残疾人群体、儿童群体及贫困者群体等，而所谓的特殊儿童群体，作为同一群体而兼有至少两种弱势群体特征。因此，特殊儿童社会工作，是政府和社会必须予以特别对待的。特殊儿童社会工作主要包括残疾儿童社会工作与不幸儿童社会工作两个方面。

(一) 残疾儿童社会工作

残疾儿童主要包括听障儿童、视障儿童、肢障儿童、智能不足儿童、孤独症儿童等。对这类儿童的工作，首先是必要的医疗服务，通过适当的身体训练和医疗手段，最大限度地矫正儿童的残疾；其次是教育，即通过举办特殊学校，随校设立特殊班、随班就读等方式，让残疾儿童在获得知识的同时，获得职业技能的培训。

医疗和教育，不仅能帮助残疾儿童恢复生理机能，而且有利于帮助他们建立自信心、适应环境，从而达到自力更生、残而不废的目标。社会也应该为残疾儿童提供适当的机会和协助，一方面促成他们达成上述目标，另一方面可以减轻社会的负担。

(二) 不幸儿童社会工作

儿童必须有年长者的看管保护，才能够健康成长，所以家庭的功能一方面是绵延种族，另一方面就是养育子女。也就是说，儿童必须由其父母共同抚养、教育，使他们在家庭中愉快地生活，享受双亲的慈爱。但由于种种原因，有部分儿童不能享有这种温暖，有的是父母双亡，有的是家庭离散，还有的是遭受虐待，凡此种种，我们都称之为不幸儿童。对于这些不幸儿童，各国都非常重视，运用各种不同的方法，尽量帮助他们享有愉快的家庭生活。最常用的方式就是设立儿童福利院，开展院内救助、家庭辅助、家庭寄养及收养等社会工作。

第三节 儿童社会工作的实施策略

儿童社会工作的实施本质上是一种完整全面的社会建设工程。在政策上，国家和社会应制定完整的儿童政策体系，以保障儿童的健康成长和全面发展。在社会组织和机构的建设上，政府的执行部门、社会化的第三部门、学校、社会基层组织和社区等应做到功能健全、配置合理、在运行上相互契合，符合儿童社会福利发展的需要。在专业方法的运用上，社会工作者应确立多层次的综合性的介入方法，将宏观层面的社会政策（社会行政）与家庭服务、个案、小组及社区等直接的社会工作方法密切结合，灵活运用。

一、国家（政府）儿童社会政策与儿童社会工作

（一）儿童社会政策的含义

儿童社会政策有着明确的、被普遍接纳的定义。联合国经济及社会事务部收集了八个国家的资料并加以分析之后指出，提供儿童福利并不等同于有儿童社会政策。儿童社会政策是具体说明儿童在整个国家发展计划中的角色、责任和权益的全面计划。儿童社会政策包括儿童服务的提供、有关如何满足儿童需要的考虑，同时要明确达到目标的时限，以及儿童参与的途径等。因此，它应是一个全面性的、配合社会整体发展的政策文件，而不是指某些单一的、针对个别儿童问题的政策，或只是回应某些儿童需要的服务。儿童社会政策的具体表现其实与该社会的政治制度和社会组织有关。例如，国际上的很多政策都是以公约或宣言的形式出现的，相关国家成为该公约或宣言的签署国以后，即表明其确认公约或宣言所代表的政策。个别国家的政策有些以法律的形式加以确认，有些则通过政府某些特定的程序成为正式的政策性文件，对政府有某种约束力。更多时候，儿童社会政策是指政府通过某种程序收集意见、审定和接纳，形成施政方针的正式政策文件，即俗称的“白皮书”。本部分所谈的儿童社会政策就是这一意义上的政策。

有些人可能认为，制定儿童社会政策是一种社会控制，其实这是由于对儿童社会政策缺乏了解所致。儿童社会政策会列出社会对儿童的期望，不是要制造同一模式的儿童，而是提出一些理想，使其成为儿童发展的共同目标。因此，这些期望不会对儿童带来社会控制。而且如上所述，联合国在论及儿童社会政策时，强调儿童参与的重要性和必要性，在儿童充分参与的前提下，儿童社会政策肯定不会成为控制儿童的工具，而会为儿童发展创造良好的环境。

（二）儿童社会政策的基本原则

第一，儿童最大利益原则。儿童最大利益原则是指凡涉及儿童事宜，一切以有利

于儿童的生存、保护和发展为首要考虑因素。儿童最大利益原则是处理儿童有关问题应当遵守的根本原则，也是制定保护儿童权利的法律的指导思想。

第二，无歧视原则。无歧视原则也称平等原则，指儿童保护法应面向全体儿童，不能保护一部分儿童的权利而忽视或排斥另一部分儿童的权利。所谓全体儿童是指不分性别、民族、种族、国籍、宗教信仰、居住期限、文化程度、经济条件等的所有儿童。儿童权利立法遵循无歧视原则，为儿童在法律面前平等地享有权利提供了法律保障，并避免了某些因素成为儿童权利被剥夺的理由。

第三，特殊保护原则。立法对儿童权利的特殊保护是相对于成年人而言的。特殊保护有广义和狭义之分，广义的特殊保护，指通过立法对儿童权利保护本身就是一种特殊保护；狭义的特殊保护，仅指规范儿童行为的立法或针对某种类型儿童的立法，例如，针对违法犯罪儿童的立法是对违法犯罪儿童的特殊保护，即使追究儿童的法律责任，其目的也不是惩罚，而是教育和挽救。

第四，社会责任原则。社会责任原则是指儿童的任何行为都会受到社会环境的影响，社会环境对儿童人格的形成具有特殊的作用，社会对儿童行为的形成负有责任。立法应突出社会对儿童行为的责任，尤其要强调社会对儿童思想和行为产生不良影响的责任，以提醒社会对儿童权利的重视和保护意识。

二、社会组织与儿童社会工作

在社会组织和机构的建设上，政府的执行部门、社会化的第三部门、社会基层组织和社区等应做到功能健全、配置合理，在运行和相互契合上能够符合儿童社会福利发展的需要。

随着儿童社会需求的日益突出、民间团体社会服务事业的不断发展，面对重大儿童社会问题的抉择和对策的迫切需要，国家必须建立相应的主管部门，参与领导与协调全局性的儿童社会工作。虽然政府应该在儿童社会工作体系中发挥主导性的作用，但是，由于国家现有财力的限制，仅仅依靠政府方面的力量对儿童进行支持与保护显然是不够的。随着儿童社会需求的日益突出，民间团体社会服务事业在不断发展。在国家通过社会政策对儿童加以扶持和保护的同时，还必须大力发展由民间非政府机构和志愿团体为主要承载体的儿童社会工作。当代较成熟的儿童社会工作一般都是由民间非政府机构和志愿团体作为主要承载体的。例如，我国香港地区的童军总会、红十字青少年团等十一个工作团，以及小童群益会、儿童游乐场协会、基督教青年协会等十个服务机构，承担着几乎全部青少年服务项目和具体规划。在内地，随着民间组织的不断发展，民间组织在开展儿童社会工作方面日益发挥重大作用。例如，成立于2007年5月11日的南都公益基金会——一家经民政部批准成立的全国性非公募基金会，旨在改善农民工子女的成长环境，实施“新公民计划”。自2007年9月1日改建第一所新公民学校以来，南都公益基金会已陆续在全国各地建立了七所新公民学校（北京有四所，温州、银川和成都各有一所），为农民工子女自由、健康、快乐成长，为他们融入城市创造良好条件。此举引起社会对农民工子女的关注，并在为农民工子女争取政府政策扶持、财政支持和教育资源分配方面发挥了重大作用。

此外，社区儿童社会工作也是大有可为的。与政府职能部门的工作相比，社区儿童社会工作强调社会工作者的中介角色。尽管两者的工作对象相同，但由于社会体系分工不同，故取向也不同。社区儿童社会工作在儿童与社会环境的关系中承担着协调和中介的角色。一方面，它协调有关社会力量的合作，让儿童能按其所需获得服务；另一方面，它协调社区内各种服务的资源分配，让儿童得到更切实的有价值的多元服务。

三、学校与儿童社会工作

学校作为一种社会组织，在儿童社会工作中扮演着特别重要的、不可取代的角色。因而，在此特别加以说明和讨论。

学校中的儿童社会工作是把儿童社会工作的原则、方法与技术运用到学校环境中，促成学校、家庭和社区之间的协调合作，协助学校形成“教”与“学”的良好环境，引导儿童寻求个别化和生活化教育，建立社会化人格，习得适应现在与未来生活的能力。由于学校中的儿童社会工作的具体活动和程序都属于学校社会服务，因此也被称为学校儿童社会服务。学校儿童社会工作的服务对象包括全体学龄儿童（包括心智不全、肢体残缺、有情绪障碍或行为偏差的学生）。学校教育中的儿童社会工作追求以下四个重要目标。

其一，实现社会福利。社会福利在狭义上是辅助社会生活功能失调的人的活动。儿童社会工作为学校中学习和生活适应失调的儿童提供服务，协助他们处理困难和解决问题，同时也帮助他们学会预防问题的出现和激发自己的潜能。

其二，保证实现教育机会均等和普及义务教育。义务教育既指政府有义务提供教育设施给全体学龄期儿童，又指所有的学龄期儿童有均等的教育机会。要实现这种教育机会均等和义务教育政策，儿童社会工作必须为少数因经济、社会、心理等因素难以充分享有受教育机会的儿童提供生活与学习的辅助和保障，使他们得以享有受教育的机会，掌握知识，发挥潜能。

其三，促进家庭、学校和社区的协调，以配合学校的需要和增强教育的功能。家庭、学校和社区是影响学生的心理、行为和学习成效的三大因素，也是推动学生形成社会化人格的三大力量。协调这三者之间的关系是学校社会工作者的专业服务和职责所在。

其四，学校中的儿童社会工作的最终目标是促进学龄儿童的全面发展。一方面，帮助学生习得社会普适规范，养成遵纪守法的好习惯；另一方面，协助学生掌握科学文化知识，培养分析和解决问题的能力，成长为建设性的社会成员。

在功能方面，学校中的儿童社会工作具有以下三大功能。

（1）补救班级教学的缺点，提高儿童的综合生存能力。学校社会工作是现代学校大量班级教学制度的产物。与私塾、家庭教学等传统教育相比，现代学校的大量班级教学制度尽管符合经济原则，但是忽视了在教育中很重要的个别需要与生活指导。忽视个别需要可能导致天才贻误等现象，忽视生活指导可能导致儿童社会不适应症。社会工作者在专业服务体系下展开学校社会工作，可以完善教育功能，协助学生在大量班级教学制度中得到一些个别化与生活化的指导，健康成长。

(2) 增强学校与家庭及社区的关系，统一教育方向。现代教育制度专业化程度越来越高，不仅学校内部教师与行政人员各司其职，而且学校教育与家庭教育、社会教育严重脱节。学校内的儿童社会工作有利于增进学校与家庭、社区的联系，确立统一的教育目标。

(3) 适应现代社会分工合作的需要。现代社会的职业分工越来越细，服务所需的技术也越来越精。在学校教育工作中，教师除传授专业知识外，不太可能给予学生心理上、生活上和社会关系上的专业指导。为此，完善的现代学校不仅需要任课教师与行政人员，还需要心理工作者和社会工作者的配合和服务。

学校中的儿童社会工作能积极调动社会资源，协助学校、家庭和社区共同建立社区监护网络，帮助儿童解决在成长过程中遇到的生理、心理和社会适应问题，使他们健康成长，发展潜能和专长，成为未来社会的建设性力量。

四、家庭与儿童社会工作

家庭是儿童社会化的最初环境，父母是儿童基础社会化的第一任老师。父母的文化素质、家庭教育方式以及家庭气氛等因素对儿童的社会性发展均有不同程度的影响①，家庭在儿童社会化方面具有无可比拟的优势。

在现代社会中，家庭由于面临着巨大的压力而发生了很多变化，但其仍然是社会最基本的单位，继续承担着诸多基本的社会功能，包括社会化和为家庭中不能自立的成员提供照顾等。在大多数发达国家中，政策和社会对家庭的角色越来越重视，认为保护儿童权益、帮助家庭改善关系是政府和社会的责任，毕竟社会用于增强家庭功能的投入是一种对社会未来的投入。

各国政府出台的各种社会政策不仅保护儿童，更重要的是对家庭，特别是对双职工家庭、单亲家庭、低收入家庭以及有幼儿的家庭提供支持。政府对儿童的权利越来越重视，并且普遍认识到儿童的需要与其父母的需要是不同的，他们同样具有合法的权利。

社会工作在通过家庭开展儿童社会工作方面有自己的用武之地。社会工作机构可通过建立家庭服务中心等具体部门，在宏观社会政策的指导下为家庭和儿童提供具体的服务。家庭服务以增强家庭功能为目的，以儿童和家庭为核心。只有先帮助家庭，才能有效地帮助儿童，因此，大多数家庭服务的核心内容是保护儿童的权益和利益，以“儿童第一”为原则。

家庭服务中心提供的服务主要有三类：(1) 专家服务——其中保护儿童是最重要的内容，服务对象往往是被其他服务机构转介而来的；一般都是针对个人的服务，专

---

① 方建移，何伟强．家庭教育与儿童社会性发展．杭州：浙江教育出版社，2005：44.

业性较强。(2) 邻里服务——为有需要的父母和儿童提供一系列服务，其目的是促进社区团结。(3) 社区发展服务——鼓励和帮助家庭开展自我服务，其理念是集体行为会改善影响家庭的社会和环境因素。

常见的家庭服务工作具有以下特征：(1) 以家庭为核心，工作对象包括所有的家庭成员；(2) 以社区为基础，工作内容包括适应社区需要，社区组织和志愿者参与提供服务；(3) 以服务对象为导向，服务对象参与整个服务过程和决策。

家庭和儿童服务工作应该使补救性工作与预防工作相结合。补救性工作固然必要，但更重要的是预防和早期干预。为此，家庭服务必须在家庭容易出现问题的阶段就介入。研究证明，如果能够在孩子出生前后开始为家庭提供教育和服务，并持续提供几个月或几年的服务，就可以有效地减少儿童虐待现象的发生，并能有效地帮助家庭形成积极的、健康的育儿行为。理想的服务应该是强调增强自信和自我效能、发挥现有家庭优势的服务。

五、儿童社会工作的专业方法

今天的儿童福利服务已成为一种专业，一种需要特殊的技能和专业知识的特殊职业，涉及社会环境建设、儿童生理心理发展、儿童工作技巧、发展偏向矫治等一系列知识和技能。仅以帮助残疾儿童回归和认同主流社会为例，这项工作不仅包括针对残疾儿童本身的工作，还包括针对社会其他人群的工作，需要运用社会工作中的各种具体专业方法和技巧，如为残疾儿童及其家庭提供咨询和心理辅导，组织社区的力量为残疾儿童创造良好的生活环境，呼吁社会关爱残疾儿童等。

社会工作专业方法包括个案工作、小组工作、社区工作、社会政策（社会行政）等，都可运用于对儿童的保护、教育和救助工作中。社会政策（社会行政）及社区工作等方法的运用在前面已经涉及，这里仅介绍个案方法及小组方法的运用。

首先，个案社会工作是针对单一案主的直接的社会工作方法。在与个别儿童或家长相处时，工作者应特别具备同理心（empathy，亦称共情）——从案主的角度看问题，设身处地考虑问题，乃至能从对方的处境来体察他们的思想，了解他们如何看待自己和周围世界并因此而产生独特感受。这将大大提高社会工作者的工作效率。另外，工作者应尊重案主，关爱案主，不应区分高低尊卑；除了熟练应用聆听和回应的技巧之外，更应做到与案主平等相处，相互理解。

其次，小组社会工作是通过将具有相同或相似背景的案主组成一个小组来开展教育、引导工作的社会工作专业方法。针对社区“问题儿童”就可以采用这一方法。社会工作者可通过组织生动活泼的社区文化娱乐教育活动，吸引广大儿童特别是“问题儿童”积极参加，不致使“问题儿童”产生“另类”的感觉，以增强其对社区的认同感和归属感，通过有趣的小组活动使他们能愉快地生活在社区，最终把他们留在社区。

最后，在助人过程中一定要坚持助人自助的社会工作价值观。助人活动绝不能养懒汉，绝不能助长不负责任的家长，绝不能助长一味依赖社区帮助照顾的家庭和儿童。应帮助“问题儿童”及其家庭树立自助意识和社会责任意识，尽可能地依靠其自身力量克服困难，自强自立。

第四节 中国的儿童社会工作

一、中国儿童社会工作状况

(一) 儿童权益的保障

中华民族素有“携幼”“爱幼”的传统美德，中国古语“幼吾幼以及人之幼”流传至今。中国政府一向以认真和负责的态度，高度关心和重视儿童的生存、保护和发展，把“提高全民族素质，从儿童抓起”作为社会主义现代化建设的根本大计，在全社会倡导树立“爱护儿童、教育儿童、为儿童做表率、为儿童办实事”的公民意识，并努力为儿童事业的发展创造良好的社会条件。中国实行改革开放政策以来，儿童社会工作进一步走上社会化、科学化、法制化的轨道，成为国家建设和全社会义务的重要组成部分。

中国多年来致力于通过立法来保护儿童的合法利益，进而使儿童权益的保护法制化、规范化。中国从实际国情出发，参照世界各国立法，特别是有关保护儿童权益的法律和国际文件，制定了以《宪法》为核心，包括《义务教育法》《残疾人保障法》《未成年人保护法》《妇女权益保障法》《母婴保健法》《预防未成年人犯罪法》《收养法》等在内的一系列有关儿童生存、保护和发展的法律，另外还颁布了《禁止使用童工规定》《未成年工特殊保护规定》《散居儿童卫生保健管理制度》等大量相应的法规，采取了许多政策措施，形成了较为完备的保护儿童权益的法律体系。我国《宪法》明确规定：“国家培养青年、少年、儿童在品德、智力、体质等方面全面发展”，“儿童受国家的保护”，“禁止虐待儿童”。根据中国《宪法》，中国的有关法律对儿童的生命权、生存与发展、基本健康和保健、家庭环境和替代性照料、教育、休闲和文化活动以及残疾儿童的特殊保护等均有全面系统的规定，并规定对虐待、遗弃、故意杀害儿童以及偷盗、拐卖、绑架、出卖、收买儿童等犯罪行为，予以严厉惩处。在中国的《宪法》、其他法律和有关行政法规中，对保护儿童权益的政府职能、社会参与、工作原则以及相应的法律责任也有比较完整的规范。在原有法律的基础上，为了满足时代发展要求，全国人大在一定时期内还对法律规定进行修订，例如 2002 年对《禁止使用童工规定》、2006 年对《义务教育法》和 2008 年对《中小学教师职业道德规范》等法律规范分别进行了修订，修订后的法律规范将更全面、更有效地保护儿童权利。

为了切实保护儿童权益，中国的立法、司法、政府各有关部门以及社会团体都建立了相应的机制，监督和促进儿童保护事业的健康发展。作为中国最高国家权力机关的全国人民代表大会，其内务司法委员会负责妇女儿童权益保障的立法和执法监督检查，委员会内设立了妇女、儿童专门小组，配有专职人员。中国人民政治协商会议设有社会与法制委员会，其职责之一是监督和促进国家有关妇女、青年、儿童等方面的法律法规的实施，并就这方面的问题和情况向国家的立法、行政部门提出建议。中国国务院成立了妇女儿童工作委员会，该委员会由有关的政府职能部门和社会团体的负责人组成，由一名国务委员担任主任。中央和地方政府的各有关部门，如教育、卫生、文化、公安、体育、民政等部门，均设立了负责儿童工作的职能机构。各省、自治区、直辖市组建了妇女儿童工作委员会或未成年人保护委员会，组织并指导当地的儿童权益保护工作的开展。一些群众性团体和组织也承担了保障儿童事业发展的大量任务。

为促进儿童保护领域的国际合作，中国政府和社会工作者在扎实、有效地做好国内儿童生存、保护和发展的工作的同时，还积极参与有关儿童生存、保护和发展的全球性和区域性国际合作与交流活动。多年来，中国与联合国儿童基金会、联合国教科文组织和世界卫生组织在有关儿童保护的领域进行了卓有成效的合作，得到了有关国际组织和权威人士的好评。中国是首个与联合国儿童基金会开展援助合作的亚洲国家。2009 年 9 月，在联合国儿童基金会与中国政府共同举办的合作 30 周年纪念活动中，联合国儿童基金会副执行主任萨阿德·胡瑞赞赏中国在儿童事业方面取得的成就，并提到："中国在过去 30 年为促进儿童发展所做出的努力恰恰体现了联合国儿童基金会的核心使命，即相信一个国家的未来取决于该国政府重视其儿童生存、发展和保护的投入，确保儿童充分发展。"

（二）儿童的健康与保健

中国政府和社会工作者高度重视儿童的健康和保健，为保护儿童的生命和健康做了大量艰苦细致的工作，成效明显。中国已建立了符合国情的妇幼卫生服务体系，以及遍布城乡的三级医疗预防保健网，向广大儿童提供卫生保健和计划免疫服务。中国在计划免疫工作方面取得的成绩得到了国际社会的高度赞誉。

中国把提高儿童营养水平作为提高民族整体素质的基础工作之一，于 2002 年 4 月颁布实施的《中国食物与营养发展纲要（2001—2010 年）》明确提出，要优先保证少年儿童群体的营养，积极组织实施有关少年儿童营养改善的国家计划，定期对少年儿童营养健康状况进行监测，实行有针对性的营养指导，使少年儿童从小形成良好的饮食习惯，建立贫困地区少年儿童营养保障制度，切实解决农村儿童营养不足和城市儿童营养不平衡的问题。同时要求逐步建立孕妇、婴儿营养保障制度，防止妇女尤其是孕妇、产妇、哺乳期妇女的营养失衡。为了适应我国儿童生长发育水平有了明显提高这一变化，加强儿童卫生保健工作，在大规模调查和数据收集分析的基础上，卫生部于 2009 年制定并发布了《中国 7 岁以下儿童生长发育参照标准》，同时，组织出版相关书籍和开展专业人员的技术培训，并大力宣传和普及生长曲线图的应用，以实现

“健康中国 2020”战略目标。此外，中国还通过加强乡镇卫生院、县防疫站、县妇幼保健院的建设来提高农村儿童的医疗保健水平，改善其健康状况。

2014 年 1 月颁布实施的《中国食物与营养发展纲要（2014—2020 年）》指出，要着力降低农村儿童青少年生长迟缓、缺铁性贫血的发生率，做好农村留守儿童营养保障工作。遏制城镇儿童青少年超重、肥胖增长态势。将食物与营养知识纳入中小学课程，加强对教师、家长的营养教育和对学生食堂及学生营养配餐单位的指导，引导学生养成科学的饮食习惯。强化营养干预，加大蛋奶供应，保障食物与营养需求。同时做好孕产妇营养均衡调配，重点改善低收入人群孕妇膳食中钙、铁、锌和维生素 A 摄入不足的状况，预防中高收入人群孕妇因膳食不合理而导致的肥胖、巨大儿等营养性疾病。大力倡导母乳喂养，重视农村地区 6 个月龄至 24 个月龄婴幼儿的辅食喂养与营养补充，加强母乳代用品和婴幼儿食品质量监管。

（三）儿童的教育

中国政府一向把儿童教育置于整个教育事业发展的优先地位。在政府和儿童社会工作者的共同努力下，中国的儿童教育事业有了很大发展，许多指标优先于其他发展中国家，有的接近发达国家水平。

2001 年国务院做出《关于基础教育改革与发展的决定》，确立了以财政拨款为主，其他多种渠道筹措教育经费为辅的教育经费筹措体制，并规定中央和地方政府的教育拨款的增长要高于财政经常性收入的增长，使按在校学生人数平均的教育费用逐年增长。

中国政府及儿童社会工作者十分关注边疆、贫困和少数民族地区的教育事业，先后实施了“国家贫困地区义务教育工程”“西部教育开发工程”“希望工程”“春蕾计划”等助学工程，保障贫困地区、少数民族地区儿童就学权利。

中国十分重视儿童的早期发展，动员全社会的力量，采取多种形式，多渠道地发展幼儿教育，在当地政府举办幼儿园的同时，鼓励单位、团体及个人根据有关规定举办幼儿园。为更多的学龄前儿童提供接受教育的机会，是中国发展学前教育的方针之一。近年来，由于各级政府和全社会的大力支持和儿童社会工作者的积极参与，中国学前教育事业稳步发展，已形成了国家、集体和公民个人一起兴办幼儿园的局面。在农村，经济发展情况较好的地区已做到乡乡有中心幼儿园，村村有学前班。一些经济发展落后、人口居住分散、交通不便的农村、山区和牧区，除了努力创造条件举办学前班外，还有儿童活动站、游戏小组和巡回辅导组等非正规幼儿教育形式。2003 年 3 月国务院办公厅转发了教育部等部门《关于幼儿教育改革与发展的指导意见》，提出了今后五年幼儿教育发展的目标，并把建立以社区为基础，灵活多样的形式相结合的社区早期教育网络作为一项重要任务来抓。2006 年教育部发布了《中小学幼儿园安全管理办法》，就各部门的安全管理职责、校内安全管理制度、日常安全管理及安全教育等各个方面给出了意见和规定，内容全面、针对性强，对进一步做好中小学幼儿园安全工作产生了重要作用。在各方努力下，全国幼儿园的数量有了大幅度的增加，根据教育部《2016 年全国教育事业发展统计公报》，2016 年全国共有幼儿园 23.98 万所，比上年增加 1.61 万所，入园儿童 1 922.09 万人，比上年减少 86.76 万人。在园儿童（包括附设班）4 413.86 万人，比上年增加 149.03 万人。幼儿园园长和教师共 249.88 万人，比上年增加 19.56 万人。学前教育毛入园率达到 77.4%，比上年提高 2.4 个百分点。[①] 根据《中国儿童发展纲要（2011—2020 年）》，截至 2010 年，儿童教育普及程度持续提高，学前教育毛入园（班）率从 2000 年的 35.0%上升到 56.6%，小学学龄儿童净入学率达到 99.7%，初中阶段和高中阶段毛入学率[②]分别达到 100.1%和 82.5%。孤儿、贫困家庭儿童、残疾儿童、流浪儿童、受艾滋病影响儿童等弱势儿童群体得到了更多的关怀和救助。

普及九年义务教育，是中国实施基础教育的一项主要目标。1986 年我国颁布《义务教育法》，宣布实行九年制义务教育；2005 年国务院发布了关于深化农村义务教育经费保障机制的改革通知，改革内容涉及“全部免除农村义务教育阶段学生学杂费”“提高农村义务教育阶段中小学公用经费保障水平”“建立农村义务教育阶段中小学校舍维修改造长效机制”“巩固和完善农村中小学教师工资保障机制”四大主要方面；2006 年修订的《义务教育法》在“将义务教育的均衡纳入法制的轨道”“回归义务教育免费的本质”“确立义务教育经费保障机制”“增强《义务教育法》执法的可操作性”等方面的突破，进一步推动了中国教育事业的发展。由于政府的大力支持和儿童社会工作者的努力，根据联合国教科文组织的材料，中国的适龄儿童入学率明显高于其他同等发展水平的国家。

在中国贫困地区，存在着因家庭贫困而失学的小学生。各级政府把帮助贫困家庭儿童就学纳入各类扶贫计划，采取各种措施帮助这些儿童重返校园。同时，在政府的关心和大力推动下，社会各界也纷纷伸出援助之手，使失学儿童获得受教育的基本权利。

(四) 特殊儿童的社会工作

中国的《宪法》和有关法律对保护包括残疾儿童在内的残疾人的合法权益有明确的规定。在政府的领导下，中国的社会工作者实行预防为主的方针，采取一系列措施预防儿童的先天致残；为帮助残疾儿童恢复或者补偿功能，增强其参与社会生活的能力做了大量工作，取得了良好的效果。

中国利用城乡三级医疗预防保健网开展社区康复，使城乡基层的大多数残疾儿童能够享有基本的康复服务。同时，在各级地方政府的领导下，成立了由卫生、民政、残联等有关部门参加的社区康复领导小组，相互协调、分工合作，共同制定社区康复规划并组织实施。

1982 年，中国民政部与联合国儿童基金会开展了“残疾儿童社区康复”合作

① 2016 年全国教育事业发展统计公报．(2017-07-10)［2018-03-05］．http：//www.moe.gov.cn/jyb_sjzl/sjzl_fztjgb/201707/t20170710_309042.html.

② 毛入学率，是指某一级教育不分年龄的在校学生总数占该级教育国家规定年龄组人口数的百分比。由于包含非正规年龄组（低龄或超龄）学生，毛入学率可能会超过 100%。

项目，进入新世纪以来，已在全国部分省、市、县建立了残疾儿童康复网络，对残疾儿童工作者及家长进行了系统的培训，有效地提高了残疾儿童康复工作的管理水平。2001 年 5 月 22 日，国务院公布实施《中国儿童发展纲要（2001—2010 年）》，强调要“提高残疾儿童康复率……改善孤儿、弃婴的供养、教育、医疗康复状况”，至 2010 年“基本达到每个地级市有 1 所具有养护、医疗康复、教育能力的儿童福利院”。2011 年 7 月 30 日，国务院颁布实施《中国儿童发展纲要（2011—2020 年）》，强调要实现“严重多发致残的出生缺陷发生率逐步下降，减少出生缺陷所致残疾”，要完善出生缺陷防治体系，落实出生缺陷三级防治措施，加强婚前医学检查知识宣传，规范检查项目，改进服务模式，提高婚前医学检查率；加强孕产期合理营养与膳食指导；建立健全产前诊断网络，提高孕期出生缺陷发现率；“加快发展特殊教育，基本实现市（地）和 30 万人口以上、残疾儿童较多的县（市）建立 1 所特殊教育学校”。

中国的《教育法》《义务教育法》《残疾人保障法》《残疾人教育条例》等法律法规，对残疾儿童教育的职责、特点、发展方针、办学渠道、教育方式等做出了全面的、系统的规定。根据有关法律法规，中国政府将残疾儿童教育纳入义务教育范畴。2006 年修订的《义务教育法》第四十三条添加了“特殊教育学校（班）学生人均公用经费标准应当高于普通学校学生人均公用经费标准”这一内容，增强了特殊儿童教育的经费保障。国家还建立了特殊教育专项经费，重点支持发展残疾儿童的义务教育。自 2001 年以来，国家财政每年拨款近 3 000 万元，专项用于残疾人教育，特别是残疾儿童的义务教育。同时，国家建立了对中西部地区残疾儿童义务教育重点扶持的“扶残助学”等项目。2008 年，《中共中央、国务院关于促进残疾人事业发展的意见》颁布，提出发展残疾人教育，提高特殊教育质量，促进残疾人全面发展，并就促进残疾人教育发展提出十项具体措施。

在中国，经过多年努力，以在普通学校附设特殊教育班和随班就读为主体、以特殊教育学校为骨干的残疾儿童义务教育格局已经形成。

中国的儿童社会工作者采取多种方式关心和帮助残疾儿童的成长，弘扬残疾儿童自强不息的精神，倡导团结、友爱、互助的社会风尚，为残疾儿童的生存和发展创造良好的社会环境。残疾儿童在全社会的关心下，得到了多方面的实际帮助和服务。

（五）儿童福利机构的建设

中国的儿童福利机构工作是中国儿童工作的特殊组成部分。儿童福利机构和其他相关的社会福利机构监护养育的儿童主要是因天灾和不可预测事故失去双亲的孤儿，同时也监护养育因身患难以完全康复的疾病和智残、肢残等重残或因严重疾病而被父母遗弃的儿童。近些年，随着机构收养弊端的暴露和社会的进步，福利院中儿童正常社会化的需要日益成为社会关注的重要方面，越来越多的福利院开始探求模拟家庭的养育模式，以更有力地促进这些不幸儿童的身心健康发展。

在中国，主要由民政部门具体负责孤儿和被遗弃的病残儿童的监护养育和安置工作。为了重点解决制约儿童福利事业发展的突出问题，加强儿童福利机构基础设施建设，民政部决定在“十一五”期间实施“儿童福利机构建设蓝天计划”（以下简称“蓝天计划”），资助地方政府在大中城市新建、改建和扩建一批功能完善、设施齐全、环境优美的儿童福利机构。为实施“蓝天计划”，从2006年起的5年内，从中央到地方投入资金60亿元，在全国大中城市建设和完善集养护、救治、教育、康复、特教于一体的儿童福利机构，为孤残儿童提供功能完善的福利服务场所和设施，为多种养育模式提供必要的依托和载体，辐射和带动社区孤残儿童服务的开展。另外，民政部结合儿童福利事业的现实与未来发展需要，于2009年组织编写了《儿童福利院建设标准》，以更好地保障孤残儿童的生活、教育、康复、培训等基本权益，进一步推进我国的儿童福利事业。

现阶段，中国的孤儿监护养育办法是：一部分由国家和集体举办社会福利事业单位集中监护养育，直至他们长大成人，对监护养育的痴呆和重残孤儿实行终身供养；另有一部分分散在社区群众家中寄养，福利院对其实行监护；还有一部分由国内公民根据法律规定收养，少部分被外国公民依法收养。

此外，全国各地区还兴办了孤儿学校、康复中心、智障儿童培训班、残疾儿童康复站、社区康复站等为社区孤儿、残疾人服务的组织，个人或组织兴办的社会福利机构的数量也在不断增加。

国外许多研究表明，家庭领养比机构收养对孩子的成长更有利，当前美国机构收养的规模在逐年缩小，家庭收养的儿童占不幸儿童总数的比例逐渐在上升。[①] 中国也认识到了这样的问题，因此政府和社会除建立福利院以抚养孤儿和被遗弃的病残儿童之外，还积极开展公民收养工作，使这些丧失家庭的儿童重新得到家庭的温暖，健康成长。为了保护合法的收养关系，维护当事人的合法权利，有利于被收养的未成年人的抚育、成长，中国全国人民代表大会常务委员会制定了《中华人民共和国收养法》。根据该法，经国务院批准，司法部、民政部发布施行了《外国人在中华人民共和国收养子女实施办法》。中国的孤儿收养工作有法可依，也完全符合联合国《儿童权利公约》提出的原则。

儿童社会工作者积极倡导助孤活动，呼吁全社会都来关心和帮助孤儿、弃儿健康成长。1994年，作为全国性非营利公益社会团体的中华慈善总会成立，宣传慈善事业，广泛募集捐助。社会各界关心关注儿童福利机构，有组织有计划地捐款捐物，支持儿童福利机构不断改善养育、救治和教育条件。近几年来，个人、企业等自愿性、群众性关爱不幸儿童的活动日益深入，例如，广东开展了“和谐湛江，关爱儿童”爱心志愿牵手孤儿活动、“万名爱心父母牵手困境儿童志愿行动”等，许多有心之人在网站BBS上组团为福利院的孤儿、弃儿做义工、献爱心。个人兴办福利机构的积极性也日益高涨，民间社会福利机构不断增多。

---

① Testa M F. When children cannot return home：Adoption and guardianship. The future of children，2004：120.

二、中国儿童社会工作的发展

(一) 当前中国的儿童问题

处于社会变革中的中国儿童社会工作尚面临着很多问题，需要在社会总体发展布局中予以特别重视，并加以解决。

首先，儿童发展的整体水平仍然需要提高，儿童发展的环境需要进一步优化。地区之间以及城乡之间儿童生存、保护和发展的条件和水平存在明显差异；贫困尚未消除，仍有数百万儿童生活在贫困中；随着流动人口数量的增加、城镇化水平的提高和农村人口的转移，这些人群中儿童的保健、教育、保护问题亟待解决；艾滋病病毒携带者和艾滋病患者中的儿童数量呈上升趋势；侵害儿童权益的违法犯罪行为时有发生。因此，改善儿童生存、保护和发展的条件，促进儿童健康成长，仍然是今后一个时期的重要任务。

其次，社会发展和环境的变化引发了许多新的儿童问题，如网瘾少年、留守儿童等，继而引发儿童心理不健全、人身安全没保障和未成年违法犯罪等问题。网瘾少年和留守儿童问题作为社会转型背景下的新社会问题，在早些年就已存在，但未能引起家长、学校、社区和社会的重视，直到近年来问题频发并见诸报端，才在社会中引起广泛的关注。2004 年在北京召开的第 28 届国际心理学大会上报告的一组数据表明，我国约有 20%的儿童出现抑郁症状，其中 4%为临床抑郁。2004 年全国人民代表大会常务委员会副委员长顾秀莲在《全国人大常委会执法检查组关于检查〈中华人民共和国未成年人保护法〉实施情况的报告》中指出，当前犯罪人员低龄化趋势明显，十四五岁的少年犯每年都在增长，而且犯罪的盲目性、冲动性、暴力性、模仿性和偶发性突出。当前急需相关政策措施的出台和专业社会工作者的介入以解决这些问题。

再次，儿童社会政策较为分散，儿童社会工作也较为零散，存在部门多、缺乏整合的问题。儿童社会工作的组织多存在于政府部门当中，而儿童社会工作的内容繁、多、杂，由国家包办，往往力不从心。

最后，儿童社会工作作为一种专业在中国尚不成熟，需要结合中国特有的经验，吸纳西方儿童福利服务的相关理论，创建出具有中国特色的儿童社会工作理论和制度体系。

(二) 中国儿童社会工作的发展

为应对上述状况，适应当代中国儿童的发展要求，中国儿童社会工作出现了以下几个趋势。

1. 工作领域不断扩大

改革开放以后，儿童社会工作领域不断扩大，工作内容涉及儿童成长的方方面面，不仅深受儿童欢迎，也获得了很好的社会效益。

2. 服务性不断增强

随着社会的发展，儿童服务日益成为中国儿童社会工作的重要组成部分。由青年团体创办的资助贫困儿童入学就读的“希望工程”动员了广泛的社会力量，使大批失学儿童得以重返校园。青少年法律保护咨询机构、未成年人保护机构的相继建立，直接保护了儿童的权益，成为中国儿童社会工作的重要组成部分。

3. 社会化趋势日益突出

改革开放以后，不仅儿童社会工作者自身的工作方法发生了很大变化，而且吸收了广泛的社会力量加入，民间个人举办的儿童服务机构如雨后春笋，显示出勃勃生机。有巨大社会影响的“手拉手”互助活动，广泛动员了社会力量。城乡富裕地区和贫困地区、健康少年儿童和残疾少年儿童等全方位的“手拉手”，使儿童教育成为一项社会性工程。社会化已成为中国儿童社会工作的重要发展趋势。

儿童社会工作在中国不仅有传统，而且为政府所高度重视，相信会沿着正确的道路不断发展。

本章要点

1. 儿童社会工作是指将社会工作的知识、方法和技巧应用于儿童的教育和保护工作中，不仅救助和保护不幸儿童，而且关心一般儿童，使他们健康地成长。儿童社会工作也称儿童福利工作，需要充分运用一切能促使儿童成长发展的个人和环境的资源，以确保儿童福利服务的实施。儿童社会工作作为一门专业，是一种需要一定专业技巧、专业准则及专业道德的、不能替代的职业。儿童社会工作是建立在儿童权利观念上的，是儿童发展的一种社会性要求。

2. 儿童社会工作包括儿童养育、儿童教育、儿童卫生保健、儿童游戏娱乐等诸多内容在内的全面的社会建设。在政策上，国家和社会应制定完整的儿童政策体系，以保障儿童的健康成长和全面发展。在社会组织和机构的建设上，政府的执行部门、社会化的第三部门、学校、社会基层组织和社区等应做到功能健全、配置合理、在运行上相互契合，符合儿童社会福利发展的需要。

3. 社会工作的专业方法包括个案工作方法、小组工作方法、社区工作方法、社会政策（社会行政）方法等，都可运用于儿童社会工作。在儿童社会工作中运用个案工作方法，应设身处地从当事人（案主）的角度考虑问题，从对方的处境来体察他们的思想，并且了解他们如何看待自己和周围世界，并由此产生独特感受，以便正确地认识案主，帮助案主解决问题。通过小组工作和社区工作等方法，开展生动活泼的社区文化娱乐教育活动，吸引广大青少年儿童特别是“问题儿童”积极参加，使他们产生群体感，不致使问题儿童产生“另类”的感觉，进而增强其对社区的认同感和归属感。

复习思考题

1. 什么是儿童？什么是儿童社会工作？

2. 试述儿童群体的基本特征。

3. 简述儿童社会工作的基本内容。

4. 什么是儿童社会政策？制定儿童社会政策应遵循哪些原则？

5. 简述儿童社会工作的实施策略。

6. 中国儿童社会工作的发展状况如何？其发展趋势是什么？

7. 分析以下案例。

案例一：流浪儿童案例

小刚，14 岁，在上海已经流浪了一年半。进入初中后，他越来越讨厌学习，而且他觉得班主任总跟他过不去，他自觉不是读书的料，所以当老师再一次威胁要开除他的时候，他一气之下把书都扔到河里了。退学后，小刚觉得非常无聊，在镇里开杂货店的父母不让他到小镇的街上，天天把他关在家里干家务。在他看来，父母对他从来都不好，即使他生病，父母也不大管；而且父亲会动手打他，母亲从来都不出手相救。由于无法忍受家里的生活，再加上有一次偷跑出来上街玩时碰到一个邀他一起去上海的同龄小孩儿，于是他毫不犹豫地离家出走，来到了上海。到上海后，同龄的那个小孩儿因为偷东西被警察抓走，小刚就一个人开始了在上海的流浪生活。由于年龄小，没身份证，找不到工作，他捡瓶子卖，捡剩饭吃，睡水泥长凳，慢慢地认识了一些朋友——大多是跟他差不多大的流浪儿童。小刚不愿意帮“黑老大”偷东西，所以没少挨打，但他饿急了也偷东西。他说他除了偷也干过其他坏事，例如有一次在太平洋百货附近的大花园放火，还砸过不让他们流浪儿进去的商店的橱窗，做这些事总是让他感觉无比快活、“过瘾”。有一次，他跟一个“黑老大”偷东西的时候被警察抓了，由于当时他只有 13 岁且他的偷窃数额够不上治安管理处罚的条件，所以警察把他转送到了救助站里的流浪儿童保护教育中心（以下简称“儿保”）。小刚对儿保的印象不好，他说：“儿保里面虽然有吃有穿有住，但是一点儿都不自由，每天就是‘静坐’、看电视、做操；在儿保，大的孩子会欺负小的，但儿保的大人也不管；儿保有时也上课，但就是讲要守纪律、不要乱来，谁听啊？”小刚一直想从儿保出去，尽管他不想把家里的电话告诉儿保人员，但为了能出去，他主动把家里的电话告诉了儿保人员。他并不愿意在家里待下去，所以他爸爸把他领回家后第二天他又偷跑出来，重新开始了他在上海的流浪生活。

请结合案例思考以下问题：

（1）如果你是社工，你会如何介入小刚的个案？采用什么样的措施、提供什么样的服务才能挽留小刚继续在学校读书而非辍学？

（2）如果你是社工，你会如何介入小刚的家庭以解决家庭中存在的亲子关系问题？

（3）如果你是政策制定者，你会发展哪些服务并如何开展这些服务来帮助解决类似于小刚这样的孩子在街头营生中遇到的问题，使他们维持日常生活？

（4）如果你是流浪儿童保护、救助工作的主要负责人，你会如何改进流浪儿童保护教育模式和发展什么样的新服务来帮助这些孩子？

（5）社会工作者在流浪儿童救助过程中可以担当哪些角色？

案例二：留守儿童案例

小梁（化名），男，8岁，陕西省西乡县柳树镇大沙村人。

小梁现在跟爷爷奶奶和祖爷爷一起生活，爸爸妈妈都出去打工了。为了还清因建房而欠的四万多元的债，爸爸妈妈都在江苏打工，一般只有过年的时候才回家。小梁平时跟爸爸妈妈的联系就是打电话，自己家里没有电话，爸爸妈妈就打到邻居家，一个月打一次。爷爷奶奶在家里不仅要照顾孙子和老父亲，还要养六头猪。家里的活很重，奶奶身体不好，因此大部分的活是爷爷干的，小梁也要帮忙扫地、擦桌子、提水——这些活他以前很少干。

奶奶只能照顾小梁的基本生活，在孩子的情感和心理需求方面则无法满足。妈妈高中毕业，以前在家时每天晚上都辅导小梁学习；奶奶只上到了小学二年级，识字不多，无法辅导他学习。以前父母会买衣服和玩具给小梁；奶奶不给零花钱，也不给他买东西，只在今年给他买过一双棉鞋。以前妈妈在家时常带小梁去赶集，他也很喜欢去；但奶奶从不带他去。原来小梁什么话都会跟爸爸妈妈说，爸爸妈妈也常跟他说家里的事情；而奶奶很少和他聊天，完全不知道他心里想什么，有什么高兴或不高兴的事情。有时小梁不听话，奶奶就用笤帚抽他，通常教训他一下他就不耐烦了。慢慢地，小梁变得内向、不爱说话。他睡觉的时候老是做噩梦，跟奶奶一起睡也是一样。他特别想爸爸妈妈，每次打电话都会让他们早点回来。

家里有个打猪草的机器，放在地下室。以前妈妈在家的时候，对小梁看管得很严，不让他靠近机器。但奶奶不怎么在意，也忙得顾不上看着他。一次，奶奶在地下室整理口袋，小梁也跟着跑下去玩，把手伸进机器里，结果右手中指的指头被削掉了。当时爷爷奶奶马上把他送到了县中医院，但手指头还是没接上。爸爸妈妈当时由于忙，没时间赶回来。小梁觉得很害怕，很想念爸爸妈妈。受伤之后，他暂时没有去上学，待在家中，爷爷奶奶打算新学期开学后让他留级。爷爷奶奶不能辅导他，他就自己写字，右手不能写的时候就用左手写。小梁很羡慕那些能和父母一直生活在一起的小朋友，他觉得他们比自己过得好。

根据案例思考以下问题：

(1) 依据材料分析小梁目前已出现的问题以及现状持续的话他可能面临的问题。

(2) 从专业方法的角度看，社会工作者可从哪些方面着手帮助小梁解决这些问题？

关键概念

儿童、儿童社会工作、儿童权利公约、一般儿童社会工作、特殊儿童社会工作、儿童社会政策、儿童社会工作实施策略、儿童社会工作方法

推荐阅读书目

1. 杨雄，苏萍．转型社会的中国青少年．上海：上海社会科学院出版社，2009.

2. Glicken M D. Social work in the 21st century: An introduction to social welfare, social issues, and the profession. SAGE Publications, 2007.

3. 米尔斯．儿童青少年社会工作．上海：华东理工大学出版社，2006.

4. 费梅苹．社区青少年社会工作方法与技巧研究．上海：华东理工大学出版社，2006.

5. 陆士桢，魏兆鹏，胡伟．中国儿童政策概论．北京：社会科学文献出版社，2005.

6. 袁驾骍．青少年问题探究．台北：巨流图书公司，1999.

7. 托马斯．儿童青少年社会工作：照管社会工作理论与实践．北京：中国人民大学出版社，2010.

第十五章

残疾人社会工作

残疾问题是全球普遍存在的问题。据世界卫生组织统计推算，全世界约有 10% 的人罹患不同形式的残疾或损伤。[①] 残疾人遭遇卫生保健提供者技能和设施不足的可能性是非残疾人的两倍，被拒绝卫生保健服务的可能性接近非残疾人的三倍，遭受恶劣对待的可能性是非残疾人的四倍。截至 2014 年 12 月 3 日，全世界共有 10 亿残疾人，占全球人口的 15%。残疾限制了他们参与家庭、社区和政治生活的机会。80% 的残疾人生活在低收入和中等收入国家，在这些国家中，人们往往只能获得有限的基本卫生和社会服务，而残疾人受到的影响更为深重。[②] 另据中国 2006 年第二次全国残疾人抽样调查结果推算，我国有8 296万残疾人口。[③] 根据第六次全国人口普查中我国总人口数，以及第二次全国残疾人抽样调查中我国残疾人占全国总人口的比例和各类残疾人占残疾人总人数的比例推算，2010 年年末，我国残疾人总人数 8 502 万人。[④] 可见，在现代社会中，残疾人群体是一个不容忽视的庞大而特殊的社会群体。随着社会发展与人类文明的进步，残疾人应当同其他社会成员享有同等的社会权利，且应该受到社会的特殊关怀与照顾。残疾人社会工作体系的建立与发展，不仅直接造福于广大的残疾人，而且对整个社会的经济、政治和文化产生着重要的影响。因此，残疾人社会工作的发展程度，从一个侧面反映出一个国家的综合国力与文明程度。

---

① 邱卓英，荀芳，张爱民．世界卫生组织残疾与康复行动计划（2006—2011 年）．中国康复理论与实践，2007（2）．

② 世界卫生组织．世卫组织 2014—2021 年全球残疾问题行动计划：增进所有残疾人的健康．中国康复理论与实践，2014（7）．

③ 国家统计局，第二次全国残疾人抽样调查领导小组．第二次全国残疾人抽样调查主要数据公报．（2007-05-28）[2018-03-05]．http：//www.stats.gov.cn/tjsj/ndsj/shehui%20/2006/html/fu3.htm.

④ 2010 年年末全国残疾人总数及各类、不同残疾等级人数．（2012-06-26）[2018-03-05]．http：//www.cdpf.org.cn/sjzx/cjrgk/201206/t20120626_387581.shtml.

第一节 残疾人社会工作概述

一、对残疾的认识与理解

对残疾的认识是残疾人社会工作实务的起点，直接影响了社会工作者在面向案主时做出的专业行动。

(一) 从医学模型到社会模型、ICF模型

最初，人们对“残疾”的定义基本停留在临床角度：认为残疾是由先天或后天因素产生的部分或全部的身体或脑力损害，以致部分或完全丧失生活自理能力。显而易见，当时的人们对残疾的认识还局限于生物学维度，并从这一角度来解释此“不幸”或“令人难以接受”的处境。在这一模式下，不管是先天性的还是由后天决定的生理损伤都被看作残疾的根源，却忽视了社会排斥性政策等社会结构因素对人们造成的综合影响。

随着社会的发展，单纯的医学模型已经不能很好地解释社会中越来越多的残疾现象，人们对“残疾”的认识也日渐加深。纳吉（S. Z. Nagi）是最早从社会层面弥合传统医学模式的学者，他从角色理论出发，指出残疾是因为残疾人无法契合社会对个人的角色期待，行动与社会角色间的落差致使他们贴上了“异样”的社会标签。[①] 生理或心理的功能损伤阻碍了残疾人正常的角色扮演，正是这种“差异”形成了被社会大众广泛认可的“残疾观”——残疾是一种病态的表现。20世纪60年代，学术界涌现了一批以反医学模式著称的残疾研究学者，如戈夫曼（Erving Goffman）和左拉（I. K. Zola）。至少在十几年里，他们的“少数群体”视角和“社会政治”视角启发了一大批的残疾研究和康复研究。

在这一认识论的纠正下，原有的“残疾观”受到挑战，人们开始纳入社会因素以更综合地看待和剖析残疾问题。奥利弗（M. Oliver）在纳吉的认识基础上提出了更理论化的“社会模型”（a social model of disability）——残疾的形成不单单是生理或心理的功能损伤，而是由更深刻的社会结构形塑而成的，它是制度歧视的复杂表现形式。英国学者克林（Colin Barnes）就曾指出，社会越是朝着高端技术化方向发展，伤残就被越多地复制和生产。[②] 美国学者希金斯也曾指出，残疾是一种社会建构，它

---

① Nagi S Z. Conceptual issues in disability and rehabilitation//Sussman M B (ed.) . Sociology and rehabilitation. Washington, D. C. : American Sociological Association, 1965.

② Borsay A. Disability and social policy in Britain since 1750: A history of exclusion. New York: Palgrave Macmillan, 2005.

与身体或心理特征无关。尽管后者的观点有些绝对化，但社会因素制造残疾的观点还是被越来越多的人接受和认可。

逐渐地，社会模型残疾观开始占据主导，人们趋向于认同“残疾”并不仅仅意味着生理上的伤残，而是一个社会政治、经济、文化等因素的历史性产物。社会模型关注基于损伤基础上各种致残的藩篱，如经济的、政治的、社会的等等。由此，要解决残疾问题，就必须从社会结构层面入手——改善外在环境、完善社会制度，从社会公正的角度优化社会资源的配置。

在这一模型基础上，世界卫生组织于2001年颁布了“国际功能、残疾与健康分类模型”（international classification of functioning，disability and health，ICF 模型），取代了原有的基于医学模型下的残疾人分类模型（international classification of impairment，disability and handicap，ICI 模型）。ICF 模型（见图 15－1）的进步在于它对“残疾”的描述和测量形成了统一的国际标准，将残疾与健康置于新的高度，整合了社会与个体的综合因素；并且它得到了191个世界卫生组织成员国的认可。该模型反映出残疾人的社会参与和社会融合不仅需要医疗技术的基础性配置，更需要环境因素和个人因素的携手并举，由此增强残疾人的活动能力和参与程度。

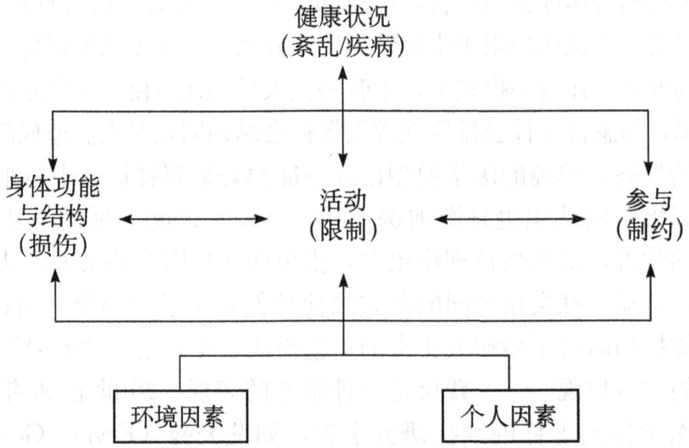

图 15－1 国际功能、残疾和健康分类（ICF）模型

资料来源：World Health Organization. Introduction in international classification of functioning，disability and health. Geneva，Switzerland：World Health Organization，2001：18.

（二）从“个人不幸”到“公共健康”模型

随着社会模型及 ICF 模型的提出和认可，人们达成的一个共识是：在生命历程中，人类会不同程度地经历健康的衰减，即在不同程度上体验残疾。所以残疾并不仅仅发生于少数人群中，而是一种普世性的人类体验。在这样一种理念下，残疾从原来少数的“个人不幸”上升为一种普遍的“生命体验”，成为人类个体生命周期中可能面临的共性风险。[①] 生命体验视角认为，身心残疾会成为所有个体的生命经历之一，

① Zola I K. Toward the necessary universalizing of a disability policy. The Milbank Quarterly，1989：67.

它颠覆了传统社会大众对“残疾/残疾人”的“特殊”认识，有助于改变人们对残疾人的刻板印象以及残疾人的自我认识，进而影响相关政策的制定方向。

在这一认识论的修正下，残疾问题不再指向残疾人“非正常”的功能障碍，而是转向社会环境和制度设置的社会层面。它将原有的“个人不幸”个体论上升到公共健康模型，更注重从人口健康的预防设置上聚焦问题、解决问题，以社会公正的理念为导向，试图从健康预防的角度预防残疾的发生，以此提高全体社会成员的生命质量，进而促进残疾人的社会参与和社会整合。

（三）从弱势群体到公民权利

近几十年来，公民权利与社会正义已成为各国残疾运动的目标指向。[①] 传统残疾观视残疾由基因引起，或由疾病与创伤引致。残疾运动颠覆了传统的残疾观，认为残疾是由社会造成的。他们倡导残疾人的社会融合与平等，这并非完全源于慈善事业施惠于弱势群体的内在动机，而是人们尝试为那些被附加了额外负担的残疾人寻求社会正义。整体而言，公民权利视角认为残疾者与其他社会成员一样享有普遍而平等的“公民资格”，国家和社会有责任保障他们的权利实现。

权利模型（a rights-based understanding）反映了人们对残疾更深刻的认识：残疾是一种由医学损伤和社会因素共同建构的现象。它反对只注重生理或心理的功能损伤或忽视社会因素的影响[②]，认为残疾人有权利参加主流社会的活动，他们应同其他社会成员一样享有同等的就业权，并在交通系统和建筑等设施上享受到无障碍服务；同时，精神病患者应朝着非机构化方向发展。权利模型以增进社会团结为目标，倡导残疾人的社会融合，并试图终结旧有落后的贫困残疾人“院舍”（warehousing），以期建立一个对残疾人进行收入、健康照料和社会服务支持的全新“庇护所”（a new asylum）。[③]

可以看出，随着社会的发展，人们对残疾的认识不断进步和深化，理念和价值观的不同定位直接形成了相异的政策取向。医学模型、社会模型、公共健康模型、权利模型和 ICF 模型等都在不同程度上促进了残疾人福利事业的发展，为残疾人的社会权利、社会参与和社会融合奠定了政策基础。

残疾认识模型的比较见表 15－1。

表 15－1　残疾认识模型的比较

模型	对残疾的定义	政策的主要目标	关注点	手段
医学模型	疾病或损伤	个体生理或心理功能的恢复	个体	医学技术
社会模型	功能损伤、社会结构、社会制度等因素的综合结果	功能恢复、社会参与	社会	公共意识、立法
公共健康模型	个体不同程度的健康衰减；残疾是环境因素造成的	生活质量	人口	基本预防，辅助预防

① Shakespeare T. Disability，genetics and global justice. Social policy and society，2005（4）：87－95.

② 同①.

③ Erkulwater J L. Disability rights and the American social safety net. Cornell University Press，2006.

续前表

模型	对残疾的定义	政策的主要目标	关注点	手段
权利模型	社会排斥与社会歧视的最终结果	社会公正、社会融合	社会	公共意识、立法和诉讼
ICF 模型	残疾是个体与环境的交集	社会参与、社会融合	个体、人口与环境	康复/治疗，服务，政策，无障碍环境

二、残疾人群体的分类及其基本特征

（一）残疾的含义

残疾现象和问题由来已久。对于残疾问题的传统认识多局限于疾病的范畴，对其定义和分类也简单和直接，例如，盲、聋、哑、跛、疯等都属于残疾。

1980 年世界卫生组织首次编成并出版了一本关于残疾的国际分类手册，精细地区分了疾病引起的不同后果。① 根据残疾对个体生理、心理和社会功能的不同影响，该手册以三个名称来界定“残疾”的含义：（1）损伤（impairment），指因后天致残而导致的身体或心理方面的功能丧失或减少；（2）残疾（disability），指因先天致残而导致的身体功能丧失或减少；（3）残障（handicap），指因社会歧视或环境限制而使致残者无法发展潜能或独立生活。此处已经反映出人们对残疾认识的变化——残疾不是一个简单的生理现象，而是多种因素共同引致的结果。

在我国，根据 1990 年颁布的《残疾人保障法》和 2008 年新修订的《残疾人保障法》的定义，残疾人均是指在心理、生理、人体结构上，某种组织、功能丧失或者不正常，全部或者部分丧失以正常方式从事某种活动能力的人。这一定义从身体功能障碍和社会功能障碍两方面综合考量了残疾人，扬弃了以往单纯的身体视角，与联合国、世界卫生组织及其他国家的相关定义基本相同。

（二）残疾人分类②③④

依据不同的分类标准，残疾人可以有不同的分类。一般意义上，根据身心功能和身体结构的差异，残疾人一般可分为智力残疾、肢体残疾、听力残疾、视力残疾、语言残疾五种。

1. 智力残疾

智力残疾指智力明显低于一般人的水平（通常是指智商在 70 以下），并表现出适

---

① World Health Organization. International classification of impairments. Disability and handicaps，1980.

② 残疾人实用评定标准（试用）.（2006－12－02）［2018－03－05］. http：//www. gov. cn/ztzl/gacjr/content _ 459939. htm.

③ 中国残联关于统一制发《中华人民共和国残疾人证》的通知 .（1995－09－15）［2018－03－05］. http：//www. cdpf. org. cn/zcwj/zxwj/200804/t20080408 _ 38100. shtml.

④ 李增禄 . 社会工作概论 . 3 版 . 台北：巨流图书公司，2002：394－397.

应行为的障碍的现象。智力障碍通常以智能不足程度的轻重予以分类，多数国家将智力残疾者分为三种：轻度、中度和重度。

2. 肢体残疾

由于发育迟缓、中枢或周围神经系统发生病变、外伤，或其他先天、后天性骨骼肌肉系统的缺损，或疾病而形成的功能丧失或功能障碍的状况。肢体残疾的种类分为：上肢、躯干或下肢残疾。肢体残疾也为三类残疾程度，即重度、中度和轻度。

3. 听力残疾

听力残疾指由于各种原因导致双耳不同程度的听力丧失，听不到或听不清周围环境声及言语声（经治疗一年以上不愈者）。听力残疾包括：聋（听力完全丧失）及重听（有残留听力但辨音不清，不能进行听说交往）两类。

4. 视力残疾

视力残疾指由于各种原因导致双眼视力障碍或视野缩小，通过各种药物、手术及其他疗法而不能恢复视功能者（或暂时不能通过上述疗法恢复视功能者），以致不能进行一般人所能从事的工作、学习或其他活动。视力残疾包括盲和低视力两类。

5. 语言残疾

语言残疾指声音机能或语言机能障碍，与人沟通困难或完全无法沟通。语言残疾包括：（1）发声器官失常；（2）声音失常；（3）口吃；（4）语言发展落后；（5）腭裂；（6）脑麻痹；（7）听力损害；（8）失语症。

如果一个人同时患有上述两种或两种以上的残疾则为多重残疾。

（三）残疾人群体的基本特征

残疾人群体具有生理上的障碍性、经济上的低收入性、生活上的贫困性、政治上的低影响力和心理上的高度敏感性等特征。

1. 生理上的缺陷或障碍是残疾人群体的首要特征

这一特征源于残疾人自身的特殊性：他们不像弱势群体中的其他群体（老人、儿童、贫困者）那样由于社会或者自然环境条件的限制而使自己的生活处于困境中，残疾人一般是由于生物器官（组织）的缺陷、损伤而使他们难以像正常人那样生活，更不用说公平地参与社会竞争。

2. 经济上的低收入性是残疾人群体的普遍特征

残疾人群体通常都是经济上的低收入者，其经济收入低于社会人均收入水平，甚至徘徊于贫困线边缘。在残疾人群体中，一部分具有劳动能力或部分劳动能力，另一部分则不具备劳动能力或失去劳动能力。其中，具有劳动能力或部分劳动能力的残疾人中的一部分人在福利企业就业，但收入普遍较低；而没有劳动能力或者丧失劳动能力的残疾人则只能依靠国家救济或家人抚养。因此，经济上的低收入也进一步造成了残疾人群体的生活脆弱性，一旦遭遇疾病或遭遇到其他灾害，他们很难具有足够的承受能力。

3. 生活上的贫困性

经济上的低收入性决定了残疾人群体在社会生活中的贫困性，既表现为生活水平的数量低下，也表现为生活质量的低层次性。在其消费结构中，绝大部分或全部的收入用于食品，即恩格尔系数高达80%～100%，入不敷出；日常生活中使用廉价商品、穿破旧衣服、没有文化娱乐消费，并有失学等后果。生活上的贫困性也是残疾人群体的典型特征。

4. 政治上的低影响力

残疾人群体在社会分层体系中处于底层，他们的政治参与机会少，对于政治生活的影响力低。政治生活的产品是公共政策，而公共政策是政府对整个社会的价值进行权威性的分配。显然，强势群体在公共政策的制定过程中具有更重要的影响力。他们可以通过自己的影响力和游说活动，使得公共政策的制定有利于自己的利益需求，或者至少不影响自己的既得利益。而弱势群体由于“远离社会权力中心”，较少参与社会政治活动，难以影响公共政策的制定。同时，这也意味着弱势群体仅仅依靠自身的力量很难迅速摆脱自身的困境，解决自己的问题。弱势群体问题的解决必须依靠社会的力量，制定更加公正的社会政策，建立社会保障体系，从各个方面为弱势群体提供社会支持，保护弱势群体的权利，维护弱势群体的利益。

5. 心理上的高度敏感性

由于残疾人群体自身的缺陷及其在经济上的低收入性和社会生活中的贫困性，他们在社会中的心理压力高于一般社会弱势群体。他们的职业技能缺乏市场竞争力，或者已经失去年龄优势，因而没有职业安全感，收入较低且不稳定，“常有衣食之忧”，对生活前途悲观，心理压力巨大。同时，由于弱势群体在政治上的低影响力，也使他们难以依靠自身的力量改变目前的处境。这些都造成了他们在心理上的高度敏感性，觉得自己是市场竞争中的失败者，或者感到自己被社会抛弃。他们有比较严重的相对剥夺感和较为强烈的受挫情绪，在社会生活中缺乏社会支持感；对他人的评估比较消极，而对自己本身则产生人际交往无能、焦虑及社会排拒感；在心理上容易产生不满、苦闷、焦虑、急躁的情绪，难以自我调适，进而容易对生活失去信心。

三、残疾人社会工作的含义及其功能

因专业价值观与残疾人社会观的内在契合性，社会工作依托其独特的专业理念和工作手法成为推动残疾人事业发展的重要推力。作为面向残疾人群展开的社会工作，残疾人社会工作不同于一般的残疾人服务，它是社会工作者运用专业的知识、价值观和方法帮助残疾人补偿自身缺陷，克服环境障碍，挖掘自身潜能，从而使他们平等地参与社会生活、分享社会发展成果的专业活动。从社会工作的构成要素来看，残疾人社会工作主要包括四个要素：(1) 残疾人个体或群体；(2) 社会工作者；(3) 助人自助原则；(4) 基于系统的残疾知识之上的专业助人态度、方法和技巧。残疾人社会工作的理念是平等、参与与共享。残疾人社会工作涉及残疾人生活的各个方面，其范围相当广泛，涉及残疾人的康复、生存、生活、发展等各方面内容。

在当前的社会分化过程中，残疾人这一弱势群体的整体状况堪忧，实际上已构成一项突出的社会问题。因此，开展残疾人社会工作就有着非常重要的意义。残疾人社会工作具有以下各种不可忽视的社会功能。

第一，残疾人社会工作体现了社会公正原则。公正是人类社会永恒的价值理念和基本的行为准则。现代意义上的公正，突出表现在生存权、就业权、受教育权和社会保障权等基本权利上。只有对社会成员的基本权利予以切实的保证，才能从根本上实现个体的发展和社会的发展。由于其自身的生理缺陷，残疾人群体在社会竞争中处于不利地位，就业困难、生活贫困、机会缺失。因而，开展残疾人社会工作，解决这一先天生理素质有缺陷的特殊弱势群体的问题，就是体现了社会公正的基本原则。

第二，残疾人社会工作具有社会安全的功能。残疾人群体是社会中的特殊脆弱群体，其生活压力大、经济承受力低、风险抵御力弱。一方面，残疾人群体的生活日益贫困化，甚至处于"生存危机"之中或"生存危机"的边缘，即绝对贫困化；另一方面，随着经济的发展，社会分化的加速，社会的贫富差距有进一步扩大的趋势，也造成残疾人群体的相对剥夺感不断强化，使他们最先也最强烈地感受到了社会改革和社会发展的成本与代价。因此，广泛开展残疾人社会工作无疑有助于发现问题、解决风险隐患，防患于未然。

第三，残疾人社会工作具有社会发展的功能。残疾人社会工作除了满足残疾人基本的物质需要外，还给予他们安全感和尊重感，有利于实现他们的自身价值。根据马斯洛的需要层次论，人们不仅有生理、安全、归属的要求，而且有受人尊重和自我实现的需要。尊重是对一个人价值的承认，每一个社会成员都希望自己在社会结构中发挥应有的作用，希望凭借自己的知识与能力获得他人和社会的承认。这一点对残疾人来说尤其重要。单纯地给残疾人以人道主义的同情是不够的，更重要的是解除残疾人自身及其家庭的心理压力，调整其因残疾而带来的社会心理失衡。这种失衡一旦得到调整，必然会给残疾人及其家庭带来自强不息的动力。

四、残疾人社会工作的历史发展

自有人类以来，残疾便如影相随，各种自然灾害、战争、犯罪、遗传病、职业病、地方病等造成了许多人的残疾，而现代社会因工伤事故、交通肇事、环境污染等因素造成的残疾人的数量大幅上升。残疾是人类社会在发展过程中付出的沉重代价，但也为人类提供了经验与精神财富。人们从残疾中开始了各种探索，从一定意义上说，各种疾病造成的残疾促进了医药学的发展；各种工伤事故造成的残疾促进了劳动保护的完善；各种交通事故造成的残疾迫使人们建立更合理的交通法规；各种环境污染造成的残疾迫使人们重视保护环境、爱护环境。每一种残疾都迫使人们去反思，以减少产生的原因，推动应变方法的实施。

对残疾人的态度改变是在工业革命以后开始发生的。1780 年，瑞士人奥比（Orbe）创立了第一家为残疾人服务的机构。1820 年，第一个残疾人之家在德国慕尼黑成立。之后，欧美各地纷纷建立招收残疾儿童的学校。1922 年，第一个为残疾人服务的国际组织"国际康复会"成立，在此前后，一些国家颁布了有关残疾人保障的政策，如 1887 年德国的残疾保险法令，1911 年英国在国民保险法中初涉了残疾人社会保险，1935 年美国颁布了综合性的《社会保障法》，其中也涉及残疾人的保障内容。第二次世界大战以后，由于战争带给人类巨大的创伤和影响，世界各国的残疾人社会工作在社会需求的推动下得到了较快发展。1948 年联合国公布的《世界人权宣言》规定："残疾人享有社会保障的权利。"此后，各国纷纷采取实际行动以立法形式保障残疾人的权益。

严格来说，残疾人的基本权利是在 20 世纪 70 年代开始受到世界性关注的。首先，国际康复总会向各国宣告 20 世纪 70 年代是"康复的年代"，率先动员世界各国人民调动资源，预防残疾，为伤残人士提供所需要的康复服务。这一行动得到了联合国的积极响应，后者还积极发表了影响深远的政策文件，向世界各国指出了预防残疾和康复政策的基本精神、原则和方向。

1971 年，联合国发表了《智障者权利宣言》，着重指出智障者与其他人一样应享有同样的权利，他们应有权获得适当的医疗、教育和职业康复等服务。宣言还指出，智障人群应在可能的范围内与家人或养父母同住，因此这些家庭应有权获得所需要的支持和服务。

1975 年，联合国发表了内容更全面的《残疾人权利宣言》，强调残疾人应拥有同其他人一样的基本权利，残疾人有权过完全接近正常的生活，他们应该得到所需要的康复服务和适当的就业机会；各国在制定经济和社会政策时，应该充分考虑残疾人的特殊需要。同时，宣言重申了《智障者权利宣言》的一些重要原则，即残疾人有权与家人或养父母同住，并参与各种社交和文娱康乐活动。这被认为是继种族解放、妇女解放、民族解放之后人类的又一次解放运动。

20 世纪 70 年代国际性的关注最终促成了 1981 年联合国"国际残疾人年"的成型，它以"完全的参与和平等"为主题，突出了残疾人参与社会生活和社会发展的重要性，并重申残疾人与其他人一样，应享有平等的生活条件并平等分享社会经济发展所带来的成果。

20 世纪 80 年代，残疾人工作进入一个新的时期。1981 年，残疾人的世界性组织——残疾人国际（DIP）成立并得到联合国的承认与支持，其宗旨是呼吁各国政府采取切实措施，动员、帮助残疾人以平等的权利和机会参与社会生活。国际康复总会为了响应"国际残疾人年"，还进一步编写了《80 年代宣言》。这份文件经过了四年多的草拟，经过近百名会员国的反复讨论，为各国的康复政策在维护残疾人的基本权利的原则下，提出了更加全面且具有实际效用的行动纲领和目标。《80 年代宣言》指出，在每个国家里，每十个人中至少有一个是因身体、精神或感觉器官上的缺陷而致疾，并估计每个社会都有大约 25%的成员会因缺陷的存在而未能充分发挥他们的能力；这些成员包括残疾人本身、他们的家人和帮助他们的人。如果社会不能对这些问题做出有效的反应，就会虚耗大量的人力资源，也残酷地浪费了人类的潜能。宣言又强调，康复政策的基本精神应该是，使残疾人与其他人一样享有成长和学习的权利、工作和创造的权利、爱与被爱的权利。

专栏：英美两国面向残障者照料服务的比较

在"去机构化"（deinstitutionalization）和"正常化"（normalization）理念的倡

导下，英美两国对居住权及居住服务进行了深刻反思：认为个人可以有正常化的居住环境，包括拥有与社会互动的机会；强调个人的价值，强调个体应生活在有隐私、有尊严、人性化、接近资源并被整合至正常的社区之中。在此背景下，英美两国从立法层面颁布了多项有利于残疾人融入正常的社区生活的法律法规，分别出台了“社区照顾”（community care）政策和“以社区为中心的服务”（community-centered service）政策，有效推进了残障者社区居住服务体系的建设。在这个过程中，社会工作者不仅在临床社会工作中扮演了治疗者、能促者、协调者等多重角色，而且在宏观社会工作层面做出了开拓与创新，使残疾人的合法权益得到了切实保障。

英美两国面向残障者照料服务的情况见表15-2。

表15-2 英美两国面向残障者照料服务的比较

	美国	英国
居住服务类型	团体居住、护理之家、寄养家庭、半独立居住方案、寄养及督导设施、个人照护之家、自购或租赁社区一般住宅	长期停留在医院、旅店、住宅家庭、个人或自有一般住宅
缘起（去机构化、正常化）	始自20世纪60年代；70年代禁止儿童家庭外安置；80年代开始HCBS替代方案，将教养院经费转移到HCBS	源自20世纪50年代的社区照顾政策；1970年法案；1971年心智障碍白皮书；1979年Jay报告；1989年与1990年社区照顾白皮书和法案
近代改革事件/措施	1999年最高法院的Otmstead决议指出，住在社区是公民的权利，残障者教养院服务歧视违背了ADA；州政府须提供以社区为基础的服务；服务供给方式与类型不能违背残障者意愿	2001年学习障碍白皮书提出了新住宅政策，保障服务使用者的选择权和自主权
相关政策法案	2000年颁布“发展残障协助与权利法案”；2001年颁布“以社区为基础的照护服务与支持法案”；总统发布执行令与“新自由”五年计划；国会提出书面报告	设立相关机构，发展新方案，出版政策导引报告，编列相关预算，作为社区照顾政策的一环
哲学/理念基础	人权维护、社区生活、整合、反歧视	法定的公民权利、自立、选择、融合
相关服务	档案管理、住宅服务、家庭支持方案、喘息照顾、支持性居住、日间训练和日常生活方案、居住协助、支持性就业	生活照顾、督导；参与社会与休闲活动；技巧教导；支持照护者使用资讯及参与社区照顾计划
住宅配套措施	依据1988年公平住宅法，“居住与都市发展部”下设“公平住宅平等机会”处，执行监督与住宅有关的协助或方案、活动，须符合ADA要求；协助残障者购屋使其整合在社区里	2001年白皮书新住宅政策提出，以人为中心的住宅，跨社区服务、健康、环境交通的合作，共同拟定“住宅选择计划”，发展“支持性居住”，整合住宅、照护、支持
结果——服务人数、服务成本、品质	有些州教养院已完全关闭，六人以下小型社区服务逐渐成长；社区小型住宅服务成本效益高	宣示2004年4月前所有残障者搬出医院；社区小型服务品质及成果好，需密集支持及由NHS经营的特殊小型服务可能比较贵，整体成本效益评估仍比大型医院高

资料来源：周月清．发展智能障碍者社区居住与生活：美英两国探讨比较．社会政策与社会工作学刊，2005（2）．

2006年，联合国正式通过修订后的《残疾人联合公约》。它标志着残疾人能以正式公民的身份生活，从而能在获得同等机会的情况下，为社会做出宝贵贡献。《残疾人联合公约》于2007年3月30日开放供签字。目前有146个签字国，有90个缔约国批准了《残疾人联合公约》。这是有史以来在开放供签字之日获得签字数量最多的联合国公约。《残疾人权利公约》是国际社会在21世纪通过的第一个综合性人权公约，也是首个开放供区域一体化组织签字的人权公约。《残疾人权利公约》旨在成为记录明确的社会发展问题的人权文书。它标志着人们对待残疾人的态度和方法发生了“示范性转变”。

这些重要的国际性政策文件都反复强调：(1) 残疾人的基本权利。(2) 每个文明的社会都有责任推行各项有效的措施和计划来维护和发展残疾人的权利。(3) 残疾人和家人的潜能能否得到解放对社会的繁荣进步有很大的影响；对残疾人的社会态度的转变是社会进步和社会文明的重要标志。

在世界范围内，残疾人福利或残疾人社会工作大致经历了如下一些发展阶段：文艺复兴之前的不被特别关注的“自然”状态；文艺复兴时期把残疾人应该得到特殊关怀视为尊重人权的表现；工业革命初期及以后关心残疾人的保障，也是残疾人社会工作的初创时期；20世纪初期以来，“保障残疾人生活，帮助他们回归社会”的理念被社会接受，成为残疾人社会工作的发展时期；第二次世界大战以后国际社会和各国政府纷纷通过立法保护残疾人利益，可称为残疾人工作的立法时期；20世纪80年代以后“平等、参与、共享”成为残疾人社会工作的新的理念，残疾人社会工作进入新的发展时期，可称为平等发展时期。

中国对于残疾人的关怀与救助始于宋代，宋神宗熙宁二年设置四所福田院，收养幼老废疾者。崇宁年间设置漏泽园，凡老弱废疾者死后无力为葬，由漏泽园予以掩埋。清代设养济院，以收容麻风病人及残疾人为主。[①] 20世纪40年代，我国出现中国盲民福利会、中华聋哑协会等组织，但因得不到政府的支持，不久即夭折。新中国成立后，残疾人获得了政治权利和基本生活权利，残疾人事业获得了长足的发展。

第二节
残疾人社会工作实务

一、残疾人社会（康复）工作的内容

残疾人社会工作是围绕“康复”这一核心内容展开的。残疾人康复是指综合应用医学、社会、教育等措施对残疾人进行训练或再训练，减轻致残因素造成的后果，以尽量提高其活动功能、改善生活自理能力，以便重新参加社会活动。康复能最大限度

① 李增禄．社会工作概论．3版．台北：巨流图书公司，2002：387.

地恢复残疾人的各种功能，因而从某种意义上来说，它是对残疾人的解放。[①] 从内容上区分，残疾人康复工作具体包括医疗康复、教育康复、职业康复和社会康复四个方面。

(一) 医疗康复工作

医疗康复是指通过治疗、改善、回顾残疾者的各项身体功能，以减轻能力障碍并获得最大限度的日常生活能力，为其重新参与社会生活提供生理方面的必要条件。它是全面康复的出发点。

对于残疾人来说，在医院或康复机构中对其进行治疗康复十分重要。虽然就其技术而言，医疗康复主要是医务工作者的工作，但是社会工作者也可以为有效的治疗、康复做出贡献。在医疗康复活动中，社会工作者与医务工作者应相互配合。

当残疾现象发生之后，当事人、家人、医务工作者和社会工作者对残疾的评估可能是有差异的。当事人及其家人常常会把残疾程度评价好些，即期望不会太坏。在这方面当事人的期望成分更大些。但对医务工作者和社会工作者来说，他们则要面对现实，即客观地评估残疾事实。这样，当事人-家人-医务工作者和社会工作者就形成了一个由期望到客观过渡的序列。社会工作者首先面对的就是这样一个认知差异的状况，并要设法弥合这种差异，以帮助当事人及其家人理智地对待现实。在这种情况下，社会工作者常常采取渐进沟通模式，即不但在关于残疾程度的沟通渠道方面是由当事者家人再到当事人，而且在残疾真实状况的告知过程中也是渐进的，以利于当事人及其家人有思想准备，更易于接受现实。

残疾人医疗康复社会工作者的任务和职责是：(1) 协助康复医护人员，观察了解残疾人的障碍情况，搞好诊治、康复等。(2) 协助残疾人及其家属，了解与其康复有关的社会经济和情绪的关系，以促使残疾人及其家属更好地利用康复设施。(3) 启发残疾人及其家属振作精神，发挥自我潜能，使其积极地自救自助。(4) 协助康复医疗部门有效使用各种设施，为残疾人提供充分的服务。(5) 参与康复医务人员的教育、训练、推广康复工作计划，讲授有关人类行为、家庭动力以及社会资源方面的知识。(6) 参与康复医疗部门重要的行政决策，参加各项康复调查研究工作，以提高康复服务的范围和水平。(7) 开发和运用社会各种资源，开展社区康复工作训练计划，指导社区康复工作，以充分满足残疾人及其家属的需要。

当面向具体的残疾当事人时，医疗康复社会工作的计划亦是综合性的。一个科学、完整的医疗康复社会工作计划必须包括下列各项：(1) 协助康复医师正确地诊断和有效地医治，以维持残疾人康复后的健康状况和自我照顾能力。(2) 要考虑残疾人康复后应有的基本医疗设施，包括地方性的医疗单位、老弱残疾人的疗养所以及福利机构的设施。(3) 家庭照护方案的实施。康复社会工作者要与康复医师、护士等一起定期到残疾人家庭探访，以提供康复指导。(4) 要与有关机构协调，开展一切必要的

---

① 关于残疾人的世界行动纲领．(2007－11－08)［2018－03－05］．http：//www.cdpf.org.cn/ztzl/special/wzajstl/gjwx_1042/200711/t20071108_267519.html.

和可能的社会服务项目，一方面促使残疾人有效运用医疗设施，另一方面寻找资源补充医疗服务的不足。(5) 立足“心理-生理-社会”模式，向案主提供社会工作的专业服务，以协助当事人实现身心的复原、抗逆力的提升。

（二）教育康复工作

教育康复是指对肢残人进行普通教育，对聋哑人、盲人、智障者进行特殊教育而采取的一切措施。它为残疾者重新参与社会生活提供文化素质方面的条件。因此，这一康复内容其实包含了学校社会工作、青少年社会工作等多种不同的专业内容和工作技巧。

在近代社会之前，残疾人根本没有接受学校教育的机会，甚至得不到公正、人道的待遇。面向残疾人的特殊教育是进入近代以后，伴随着人性尊严意识和人类平等理念的凸显而出现的。它改变了古人把残疾人群归为另类加以歧视的不人道观念，人类的文明形态因此而进了一大步。16 世纪末叶，西班牙传教士乐翁（Pedro Ponce de Leon）成功地以小班级方式教会聋童说、读、写，这是一个划时代的突破，它更正了此前人们所认为的聋人不可能接受教育的看法。1760 年，教士莱披（Abbe de L'Epee）在巴黎开办聋校；1784 年，胡威（Valentin Hauy）在同座城市设立盲校。两校的设立标志着世界上正规聋、盲教育的创立。[①]

因而，使残疾人享有平等的教育是社会进步的表现，是衡量一个国家教育发展水平的标志之一。从残障人的角度看，接受特殊教育是他们应该享有的一项基本权利。通过接受代偿性训练，可以在一定程度上补偿残疾人所丧失的部分感官功能，为进一步接受教育创造条件，以便积极参加正常的社会生活。从社会的角度看，对残疾人进行社会服务性训练，帮助他们提高基本的生活能力并获得一定的谋生能力，能实现社会秩序的维护、社会和谐的推动之目标。

残疾人享有受教育的权利真正体现了人的平等权利，体现了人道主义精神。对他们进行教育是社会的义务，也是他们的权利。他们能否接受教育，直接关系到整个国家、整个民族素质的提高。开展残疾人教育工作，有利于培养、发展和提高残疾人群体的社会适应及生存能力，减轻家庭与社会的压力。残疾人给家庭、社会带来的负担不言而喻，发展和提高他们的生存能力，把他们培养成有一技之长、能自食其力的劳动者就显得十分重要，而残疾人教育就是针对这一具体情况实施的扶残育残工程的有效手段。

根据残疾人的特性，其教育工作应采取两种方式。

一种是普通教育方式，主要针对具有接受普通教育能力的残疾人。为了在普通教育体系中安排残疾人教育，应做到：(1) 宣传国家的有关教育政策，并使之得到学校和社会的广泛理解和接受；(2) 教学课程灵活运用或做出适当的增补和修改；(3) 提供高质量的教材、经常性的教师培训和扶助教员。

另一种是特殊教育方式，主要针对不具备接受普通教育能力的残疾人。其中，需依据残疾人的身心特性和特殊需要实施具体的教育。对盲聋哑和智障学生的课程设

① 郭卫东．基督新教与中国近代的特殊教育．社会科学研究，2001 (4)．

置、教育教具、教学方法及入学年龄等，都要依据其特性和实际需要而定。目前，特殊教育领域已逐渐打破与普通教育分离的方式，逐渐采用一种融合的教育方法。融合教育也称一体化教育，其基本含义是不要把残障儿童孤立于隔离和封闭的教室、学校、交通设施和居住环境之外。① 长期的实践证明，推行融合教育能真正体现先进的教育理念，使特殊教育对象能回归社会主流，适应社会的发展，而不是在相对封闭的隔离环境里成长。

具体而言，残疾人教育工作的内容包括：学前教育、基础教育、以康复为目的的行为教育、职业教育及培训等。

（三）职业康复工作

残疾人走向社会、参与社会的重要标志之一就是劳动就业。残疾人就业的社会价值体现在两个方面：其一，对残疾人自身来说，残疾人参加生产劳动是改善其自身社会地位、生活状况和充分参与社会生活的基础，也是残疾人实现人生价值和权利的关键。其二，对社会来说，残疾人参加生产劳动有利于经济的发展、社会的稳定、文化的繁荣和精神文明建设。

由于生理、心理的缺陷，残疾人不能像健全人一样胜任一般工作，职业选择面小。因此，职业康复不仅要解决残疾人的心理建设外，还需加强对残疾人职业能力的培养。一般而言，职业康复是指采取各种适当手段，帮助伤残人员恢复健康和工作能力，以及料理自己生活的能力。具体指肢体、器官、智能的全面和部分恢复，以职业训练为中心，通过职业评估、教育、培养、就业安置、咨询等促进残疾人的康复和发展，从而使残疾人重返工作岗位或合适的职业，恢复正常生活能力，参加社会活动。因此，职业康复是残疾人在专业社会工作者的引领和协助下，以“助人自助”原则发挥自身潜能、实现自我的有效途径，是一种具有综合意义的残疾人康复模式，是治疗和发展的统一和整合。

在这个过程中，社会工作者要做的工作包括：残疾人的治疗和训练、残疾人就业前的咨询和评估、就业后的随访和持续支持。评估的过程始于社会工作者对残疾人的第一次访问，并贯穿于整个服务过程直至结束。社会工作者需通过这一双向评估过程走入残疾人的真实世界，尽可能完整地了解案主的现实需要，以制定出能最大限度发挥案主潜能的服务方案。就具体的职业评估而言，社会工作者需对残疾人的身体状况、心理状况、技能素质与可能从事的职业要求进行匹配比较，并结合残疾人的职业兴趣、薪酬期望值等因素，综合评断残疾人是否适合这些工作。

在寻找就业岗位的过程中，社会工作者应积极通过卫生、民政、劳动、街道等有关部门寻找有效的就业信息。当确认残疾人适于某项工作后，社会工作者还要对他们进行适应性培训，具体包括对残疾人的心理训练、技能训练，目的是使其较为顺利地适应岗位的要求，增强残疾人的工作信心。当残疾人上岗工作之后，社会工作者还应

---

① Peters S J. Education for all? A historical analysis of international inclusive education policy and individuals with disabilities. Journal of disability policy studies，2007，18（2）：98－108.

在一段时间内定期进行跟踪式随访，及时了解残疾人就业后遇到的问题，对其社区生活再适应进行延续性服务。这既包括继续对残疾人做发展性工作，也包括帮助他们建立良好的工作环境，还包括解决某些制度上的问题。

（四）社会康复工作

社会康复是残疾人全面康复的组成部分。它是指从社会的角度推进医疗康复、教育康复、职业康复等工作，动员社会各界各种力量为残疾人的生活、学习、工作和社会活动创造良好的社会环境，从而使他们能够平等地参与社会生活并充分发挥自己的潜能，自强自立，享有与健全人同样的权利和尊严，并为履行社会职责做出贡献。

社会康复的工作内容主要包括以下几大类：（1）协助和推动政府机构制定法律、法规和各种政策来保护残疾人的合法权益，使其享有同健全人一样的社会物质生活条件和文化成果。（2）保障残疾人生存的权利，满足其基本的生存需求，并使其在住房、食物、婚姻家庭方面得到平等、公平的待遇。（3）采取措施帮助残疾人实现经济自立，或提高其经济自立能力，保障其在经济生活中不受歧视；对于不能实现经济自立的重度残疾人，帮助其得到社会给予的经济保障。（4）为残疾人自身的发展提供帮助，使其有接受教育和得到培训的机会，提高其生活自理能力、就业能力和参与社会的能力。（5）消除家庭、社区和社会上的物理性障碍，使残疾人获得生活起居的方便并享受社会的公共设施服务。（6）提倡和实现人道主义精神，消除对残疾人的歧视和偏见，激励残疾人自强自立，建立和谐的社会生活环境，形成全社会理解、尊重、关心和帮助残疾人的良好风尚。（7）组织残疾人与健全人一起参加社会文化、体育和娱乐活动，支持残疾人自己的社团活动。（8）鼓励和促进残疾人参与社会的政治生活，保障其政治权利。①

社会生活的康复工作，包括本身情绪适应，对人际关系的再适应，以及工作环境的适应等，这是全部康复工作的最终目标，也是康复社会工作者在制定康复工作计划时所要认真考虑的。总体来看，医疗康复、教育康复、职业康复和社会康复在工作内容上存在一定的交叉和叠合。无论针对哪一种具体的康复内容，社会工作者都需要根据当事人的残疾损伤、心理能力、其所处的社会环境以及相关社会制度做出具体的应对。在具体的工作场景中——家庭、医疗机构、社区、企业等，社会工作者的角色会依序发生相应变化，因此它要求从事社会康复的社会工作者既有个案管理的临床实务能力，又需具备驾驭宏观社会工作的能力。

二、残疾人社会工作的方法

严格地说，残疾人的社会适应问题和社会福利需求，必须通过社会工作的专业方法才能取得最佳效果。尽管康复内容不同，但社会工作者在回应当事人的需求时所采取的实务方法大同小异。在残疾人社会工作的过程中，围绕案主的任务目标，社会工

---

① 马洪路．残疾人社会工作．北京：中国社会出版社，2010：168－170.

作者应始终秉承“人在环境中”的框架来解决残疾人所面临的问题、遭遇的困境、实际的需要、未来的发展等。从专业角度讲，最基本的方法不外乎个案工作、小组工作和社区工作。

在面向残疾当事人时，社会工作者在实务中必须特别注意以下几个问题：(1) 案主自决原则。这是残疾人社会工作中经常会遇到的问题，社会工作者必须坚守自己的专业伦理，坚信残疾人可以自主地作出遵从自身意愿的决定，切忌越俎代庖。对那些因患有精神上的疾病、认知障碍、发展性障碍而不能表达需要或不能对选择做出反应的案主，社会工作者应当从其家庭成员入手，综合鉴定，作出案主利益最大化的决定。(2) 社会工作者采取的无论是个案工作，还是小组工作或社区工作方法，他都应从生态系统理论出发，同医生、护士、心理工作者、功能训练人员、康复工程技术人员一起讨论并制定康复治疗和训练方案，定期进行康复评定，为残疾人回归社会创造条件。

涉及残疾人社会工作的关系群体如图 15－2 所示。

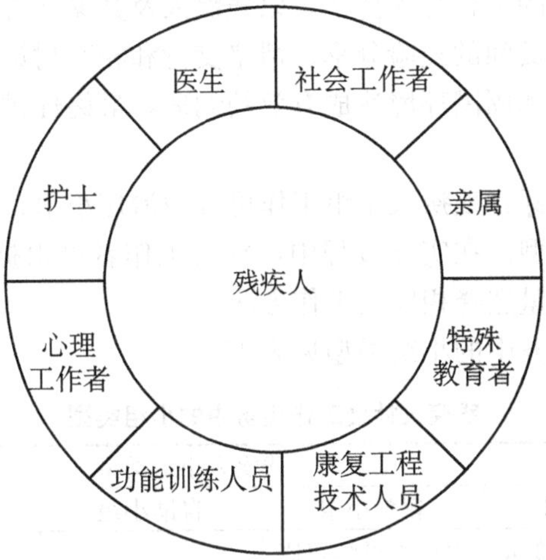

图 15－2　残疾人社会工作的关系群体

(一) 残疾人个案社会工作

作为一对一、面对面形式的专业服务，残疾人个案社会工作在残疾人的复原过程中占据着重要位置。残疾人个案社会工作的对象是残疾人个体或其家庭，尤其是那些后天致残者及其家属。

一般而言，残疾人社会工作实务中的个案工作应当从以下几个方面着手专业服务的推进：

(1) 用法律、法规和各种政策帮助残疾人保护自己的合法权益免受侵害，其中工伤的认定和处理、交通事故及意外伤害的赔偿是主要工作。

(2) 保障残疾人基本的生存权利，使其在住房、食物、婚姻家庭方面得到公平的待遇，不受歧视和虐待，有适合其生存的必需条件。

(3) 帮助消除社会、社区和家庭中的物理性障碍，方便残疾人的生活起居，享受社会的公共服务，其中主要是家庭的无障碍环境设计与改造。

（4）动员社会力量，消除社会上对残疾人的歧视和偏见，同时还要激励残疾人自强自立，建立和谐的家庭生活和社会生活环境。

（5）经常组织残疾人与医生、护士和其他人员一起参加文体娱乐活动，如组织住院病人观看比赛和演出、到商业区购物、参观游览等。

（6）为残疾人自身的发展提供帮助，使其有接受教育和参加培训的机会，以提高其生活自理能力、就业能力和参与社会的能力。

（7）帮助残疾人实现经济自立，或保障其在经济生活中不受歧视；在经济不能自立的情况下，还要帮助其得到应得的社会保障。

（8）鼓励残疾人参与社会政治生活，保障其政治权利。

（二）残疾人小组社会工作

残疾人小组社会工作是指运用社会工作中小组工作的方法，在医务人员、教师、社会工作者等相关人员的配合与支持下，以残疾人及其家属等为基本成员，通过小组工作者的引导、小组成员间的经验分享、情绪支持和相互讨论，产生行为改变和恢复正常功能，以及与他人和周围环境达成有效的调适，最终促进残疾人功能恢复和能力发展的专业服务。

基于不同的任务目标，残疾人小组工作可分为治疗小组、教育小组、自助小组和社会改变小组等四大类型。在实务过程中，社会工作者可根据残疾人群的残疾类型、问题需求等因素综合考量选择相应的工作方法。

残疾人社会工作实务中的小组类型见表 15-3。

表 15-3　　残疾人社会工作实务中的小组类型

小组特性	残疾人小组类型			
	治疗小组	教育小组	自助小组	社会改变小组
目标	协助组员改变或改进其社会心理功能	引导组员学习康复知识并制订康复计划	协助组员相互帮助和支持	消除社会歧视、改善社会环境
社会工作者角色	专家、权威人物、改变者、使能者	促进者、引导者、信息提供者	促进者、引导者	宣传者、引导者、促进者
工作重点	组员的问题呈现、原因剖析、介入策略	康复知识的传播和康复计划的制订	组员的觉醒和自助能力的发展	成员价值观的重塑、社会改变行动计划
维系动力	组员期待改变的愿望和组员之间的支持	组员的现实需要和学习愿望	组员的潜能和自助互助能力	社会责任感、使命感和平等意识
沟通模式	社会工作者对组员的引导	社会工作者引导，成员间互动	社会工作者引导，成员间互动	社会工作者引导，成员间互动
组成成员	面临共同问题的残疾人或其家属	有共同需要的残疾人或其家属	有一定自助互助能力的残疾人或其家属	致力于残疾人事业的工作者、志愿者或具有一定社会影响力的残疾人士
自我披露程度	高度	低度	低度或中度	低度

资料来源：卓彩琴．残疾人社会工作．广州：华南理工大学出版社，2008：76-77.

(三) 残疾人社区社会工作

残疾人社区社会工作是指依托社区、充分利用社区资源为残疾人服务，满足其日益增长的物质与精神需求，促进残疾人平等参与社会生活的一项工作。它是社区发展的一个重要方面，并被建构于各国的社区服务体系之中。

每一个社区都内含着其特定的地理结构、人口结构及关系结构等要素，但确定一个社区变动过程的程序却大同小异。一般而言，它包括五个步骤：(1) 确定问题和预期结果；(2) 确定要被改变的系统；(3) 找出并确定主要的工作对象、最关注的人；(4) 决定关注的范围（地区、人群）；(5) 定义社会工作的主要地位，努力使工作能包含各种类型的人和情境。[①] 在这个过程中，对社会工作者的实务专业技能提出了多元化的需求——合作、引导、教育、代理、联系、政治行为以及倡导呼吁。[②] 根据相关文献的检索，残疾人社区工作的实务模式有地区发展模式、社会规划模式、社会行动模式三种（见表 15-4）。

表 15-4　残疾人社会工作实务中社区工作的类型

	地区发展模式	社会规划模式	社会行动模式
关注问题	社区发展中的一般性问题	贫困、社区安全、居民住房、青少年违法等	社区内弱势群体合法权益的保护问题
基本假设	一定区域内个体间会形成利益共同体；修正现代化过程中对经济发展的过度追求，主张可持续发展基础上的生态发展模式	社会发展是一种有规划、有组织的过程，体现了人类理性的进步，并需对社会中的个体进行一定的管理和约束	社会问题的出现是不同群体之间的利益冲突
目标	培养社区居民（残疾人）自主合作的态度以及自主从事社区内的各项建设	以解决社区实际问题为主要的工作取向	结合社区力量需求社区权力和资源的再分配，使得处于弱势的残疾人居民能够改变自身的处境
策略	一起共同商量问题的解决方法	了解问题存在的真实情况，并采取有效的措施及手段予以解决	组织起来去战胜困难

资料来源：卓彩琴．残疾人社会工作．广州：华南理工大学出版社，2008：115-119.

三、残疾人群体的社会支持网络

残疾人群体在社会生活中具有极大的脆弱性，是弱势群体中最需要关心的。这不仅需要残疾人群体的自强自立，更需要广泛动员社会各方面的力量，积极构建残疾人

① Weil M O，Gamble D N. Community practice models//Edwards R. The encyclopedia of social work. Washington，D. C.：NASW Press，1995//Rothman J C. 残疾人社会工作．上海：华东理工大学出版社，2008：116.

② Rothman J C. 残疾人社会工作．上海：华东理工大学出版社，2008：118.

群体的社会支持网络，以帮助他们切实摆脱困境、重新回归社会。在残疾人群体的社会支持网络中，政府、社区及“第三部门”等都起着重要的作用，以下分别介绍和讨论。

(一) 残疾人社会政策

对弱势群体提供社会支持是政府的责任。马克思在《法兰西内战》一文中谈到国家的职能时也指出：“政府的压迫力量和统治社会的权威就随着它的纯粹压迫性机构的废除而被摧毁，而政府应执行的合理职能，则不是由凌驾于社会之上的机构，而是由社会本身的负责任的勤务员来执行。”① 即现代国家中政府的职能已不再是统治，而是要通过其社会管理职能为全社会提供服务。

因此，在解决残疾人群体问题的过程中，政府是主导性的力量；相应地，在残疾人群体的社会支持网络中，政府也同样扮演着主导性的角色。政府通过社会政策的制定与实施，协调社会矛盾，解决社会问题。政府根据国家法律，建立必要的管理机构，制定具体的政策措施，如建立和完善社会保障制度、给予政策倾斜、提供公平的就业机会等，并且运用法律手段保护残疾人群体的权利和利益，向残疾人群体提供社会支持。

结合残疾人群的特点，本书认为，残疾人社会政策是指通过国家立法和政府的行政干预，以残疾人群的需求为导向，旨在改善社会环境、增进残疾人社会福利及促进残疾人无障碍地参与社会生活的一系列措施、计划、方案和行动准则。

从狭义上看，残疾人社会政策即指关涉残疾人群体的社会福利政策；而从广义上看，残疾人社会政策是政府基于对残疾人群体及其相关问题的认识制定的政策总和，包括社会保障、文化、教育、人口、婚姻与家庭生活、社区及宗教等多个方面。

具体而言，世界各国和国际社会有关残疾人的社会政策主要包括以下内容。②

(1) 有关残疾人的社会保障政策。即有关支撑残疾人维持其基本生活的各项社会保障制度，旨在解决其基本的生活需求，不致陷入生存危机。具体来讲，包括工伤保险、一般残疾保险③、残障养老金、最低生活保障等，主要目的是满足残疾人的基本生活需求，使他们不致因残疾而生活难以为继。

(2) 有关残疾人的日常生活照顾服务的政策。这方面政策主要确立了残疾人日常服务的供给者、供给方式和资金来源，其主旨是回应残疾人的日常生活照料需求。

(3) 有关残疾人医疗保健和康复服务的政策。这一层面的政策内容与日常生活照料服务相似，主要也是确定了相关服务的供给机构、供给方式和资金来源，重点是为残疾人提供日常生活中所需的医疗保健和康复服务。

(4) 有关残疾人教育的政策。这主要涵盖两个层次：一方面是特殊教育的普及和推广，以满足特殊残疾人群的教育需求；另一方面是为残疾人提供平等的教育服务政

---

① 马克思，恩格斯．马克思恩格斯选集：第3卷．2版．北京：人民出版社，1995：122.

② 这部分内容参考了卓彩琴主编的《残疾人社会工作》一书中有关残疾人社会政策的相关内容。

③ 由于残疾已被世界各国普遍视为一项职业风险，因此有关残疾的社会保障政策并不局限于残疾人。

策，致力于保障残疾人平等的受教育机会，使他们能和其他社会成员一样得到同等的教育服务，提升自身素质，增强平等参与社会生活的能力。

(5) 有关促进残疾人就业的各项政策。即有关积极支持、扶持残疾人就业服务体系，加强残疾人就业培训和职业恢复的各项服务，旨在创造劳动福利型的政策模式，促进残疾人就业。

(6) 有关无障碍环境建立和推广的政策。在现代社会中，这方面的政策正得到世界上越来越多的国家的认同和支持，主要包括在城乡公共基础设施和小区住宅中的无障碍设计，以满足残疾人的正常出行。

(7) 有关丰富残疾人精神文化生活的政策。即为残疾人提供宽松关爱的社会环境、便利的活动场所和活动设施，引导开展丰富残疾人生活的文化娱乐活动。

(8) 有关残疾人权益保护的政策。即有关宣传、贯彻、执行涉及残疾人权益保护的各项法律、法规，以法律行动切实保障残疾人的正当权益，确保残疾人的合法权益不受侵犯。

从现阶段世界各国残疾人社会政策的发展进程看，它表现出对原有高福利政策体系的反思——试图调和个人责任和社会责任间的矛盾，实现两者的互构共生，并将政策聚焦于残疾人的自我发展与自我实现。同时，随着残疾人社会政策与社会工作的整合，以发展型政策为导向的残疾人政策逐步成型。这主要表现为两个方面：一方面，它注重从人力资本角度培养并提升残疾人的可行能力——通过社会力量的介入，注重对残疾人就业培训和就业服务的倾斜，在全世界范围内更进一步普及和推广无障碍环境的建设，力图为残疾人营造一个反社会排斥、充分参与的社会环境。另一方面，在新管理主义理念带动下，居家-社区照顾逐渐成为社会福利供给的重要模式。此模式更好地凸显了残疾人群的尊严和个体价值，让他们在家庭中即可方便地获得社区的各种福利服务，并且积极提倡残疾人的充分就业。

在残疾人社会政策中，社会保障制度无疑扮演着核心角色。任何社会都会有天灾人祸，任何时代都会有一部分人由于先天或后天的原因而暂时或永久地丧失劳动能力，对这些残疾人群体的生活困难，政府有责任以立法和制度的形式予以保障。正如阿马蒂亚·森所说的："当饥饿现象发生时，社会保障系统尤为重要。"[①] 同样，当残疾现象发生时，社会保障就成为保障残疾人基本需求的必要制度。

严格意义上的残疾人社会保障制度在整体上应由残疾人社会物质保障制度、残疾人社会安全保障制度以及残疾人社会发展保障制度三部分组成。

第一，残疾人的社会物质保障主要是指国家和社会对其在生、老、病、死、伤、丧失劳动能力或因突发灾难造成生活困难时给予物质帮助。它包括：残疾人社会救济、残疾人社会保险、残疾人社会福利、残疾人社会优抚等。残疾人社会救济是物质保障的最低层次，它通过救灾、扶贫等手段，保证救助对象起码的生活需要。残疾人社会保险是物质保障的核心和基本组成部分，它通过保证残疾人失业、工伤、患病、

---

① 森．贫困与饥荒．北京：商务印书馆，2001：35.

生育、年老等情况时的基本生活需要，以保证社会安定。残疾人社会福利是残疾人物质保障的最高纲领，其内容包括康复医疗卫生设施、无障碍环境等福利事业。残疾人社会优抚是一种特殊的社会保障形式，其保障对象是残疾军人及其家属。

第二，残疾人的社会安全保障主要包括残疾人社会安全的立法系统和残疾人社会安全的执法系统，这主要是通过法律规范人们的行为，制裁非法行为对残疾人的侵害，为残疾人提供一个良好的社会安全环境。其功能是保障残疾人的人身、财产安全和残疾人应享受的各种权利，如受教育权、劳动权、婚姻权等不受侵害。

第三，残疾人的社会发展保障主要包括普及残疾人的义务教育、残疾人的劳动技能教育、残疾人的幼儿教育、残疾人的保健教育以及残疾人的基本精神文化生活需求五个方面。这些需求是随着社会发展不断得到强化的一种生存需要，尤其精神文化生活需求更是如此。

（二）残疾人社区康复

虽然政府应该在残疾人群体的社会支持体系中发挥主导性的作用，但是，由于国家财力的限制，对残疾人群体的支持与保护仅仅依靠政府方面的力量显然是不够的。在国家通过社会政策进行扶持和保护的同时，还必须充分挖掘社会力量，发展残疾人工作、开展社区康复、建立社会互助网络。

社区康复（community based rehabilitation，CBR）又称基层康复，是近些年来在世界上广泛流行的残疾人工作模式和方法，是针对残疾人群体所提供的小型多样的社会福利和社会服务体系。随着社会的发展，社区日渐发展为特定区域内某一人群的利益共同体，社区康复就是适应这一形势而发展起来的一种针对包括残疾人群体在内的群众自治和自我服务方式。社区康复的根本宗旨是公益性的，它以福利服务为主，不以营利为目的。

1967 年世界卫生组织倡导社区康复，得到了许多国家和地区的响应。1979 年，世界卫生组织在专业技术上加强了对社区康复的管理，并发行了《在社区中训练残疾人》一书以指导各国专业人员。20 世纪 80 年代中期，随着“联合国残疾人十年”活动的展开，社区康复在世界范围内迅速发展起来。由于社区康复是以社区为基础的综合性康复模式，不同组织、机构之间的合作就成为必然。1994 年，国际劳工组织、联合国教科文组织与世界卫生组织联合发表了《关于社区康复的联合意见书》，总结了过去十几年的经验，进一步规范了社区康复的组织、方法与目标，使社区康复进入了一个新的发展阶段。《世界卫生组织残疾与康复行动计划（2006—2011 年）》指出，在其后的五年内残疾与康复行动计划的基本目标是，“让所有的残疾人都能有尊严地生活，具有平等的权利和均等的机会”①。2005 年 5 月，第 58 届世界卫生大会审议通过了关于“残疾，包括预防、管理和康复”的决议，要求各成员国加强执行联合

---

① WHO disability and rehabilitation（DAR），action plan 2006—2011.（2009－11－13）［2018－03－15］. http：//www.who.int/disabilities/publications/dar_action_plan_2006to2011.pdf.

国关于残疾人机会均等标准规则，促进残疾人享有完整的权利和尊严，促进和加强社区康复规划，在卫生政策和规划中纳入有关残疾的内容。①

社区康复的基本点是社区支持、社区参与、社区受益。进行社区康复，关键是要形成尊重残疾人、帮助残疾人的社会风气，并在物质上和精神上对残疾人给予支持。在社区资源的组织、动员与整合方面，重要的是将非正式组织、社会机构以及正式组织（包括政府及各相关部门）提供的有利于残疾人生存和发展的资源整合起来，共同支持残疾人的康复。其中，社会工作者应该发挥教育者、使能者、协调者、倡导者等多重显要角色，即要通过社区宣传、社区教育、社区动员、社区组织等多种工作形式构筑支持残疾人的社会环境。

（三）"第三部门"对残疾人的社会支持

第三部门（the third sector）的研究是20世纪80年代在西方国家出现的，以非政府组织（non-governmental organization，NGO）和非营利组织（non-profit organization，NPO）为研究对象。20世纪90年代以后，在西方国家又兴起了一场创建非政府组织和非营利组织的运动。在这场运动中，民众创建了各种团体、基金会和类似组织，它们以开展人道服务、促进基层社会发展、保障公民权利、追求关系人类福祉但长久以来似乎为政府所忽视的目标为己任。随着社会发展的进步以及人类认识的深化，第三部门在扩大社会福利的覆盖面、优化社会福利资源的配置效率、扩充社会福利的资金来源以及促进就业等方面的突出作用已受到越来越多的人的关注。美国研究第三部门问题的专家莱斯特·萨拉蒙还将其称为"公民社会部门"，并且认为它是"20世纪最伟大的社会创新"。

本书将第三部门界定为社会成员志愿加入的从事志愿活动的非营利组织，其具有志愿性、非营利性和自治性等特征。它可以填补政府机构与个人需求之间的空白，特别是对弱势群体的社会服务与社会保障，能够有效地促进社会整合和公民的政治参与，可以成为合作、关心、精神生活和智慧创造的蓄水池。在建立残疾人群体的社会支持网络中，要大力发挥第三部门和社会志愿者的支持作用，如鼓励创建各种民间团体，设立基金会，以及发展专门为残疾人群体提供支持、保护和服务的慈善机构。诺贝尔经济学奖获得者、美国经济学家米尔顿·弗里德曼认为，针对残疾人等弱势群体，"一个解决途径，而在许多方面还是最理想的途径便是私人慈善事业"②。

总而言之，只有建立多层次、立体化的残疾人社会支持网络，从政策和制度上解决弱势群体的社会支持和社会保护问题，才能有效地解决残疾人群体的社会保护和社会支持问题，才能真正实现残疾人在社会生活中的自尊、自信、自强、自立，才能维护社会稳定，化解政治风险，促进社会发展。

---

① http://apps.who.int/gb/ebwha/pdf_files/WHA58/WHA58_23-ch.pdf.

② 弗里德曼．弗里德曼文萃．北京：首都经济贸易大学出版社，2001：356.

第三节 中国的残疾人社会工作

一、中国残疾人社会工作的状况

在我国，残疾人社会工作的推展主要是通过政府相关部门、社会相关组织的合作，帮助残疾人补偿自身缺陷，克服环境障碍，使他们平等地参与社会生活。由于历史的原因，我国残疾人事业起点低，基础薄弱，专业化程度不高。新中国成立以后，特别是改革开放以来，在政府和全社会的关怀支持下，残疾人工作在较低的起点上取得了举世瞩目的成绩。

（一）残疾人社会政策

经过几十年的摸索和实践，我国的残疾人社会政策已经形成了以扶贫政策为基石，以教育、就业和社会保障为核心，以康复为扩展，以无障碍环境建设为补充的政策体系。如图 15-3 所示，这一政策体系从多个维度对残疾人的基本需求和发展需求进行了回应，形成了残疾人事业多个方面的进展。

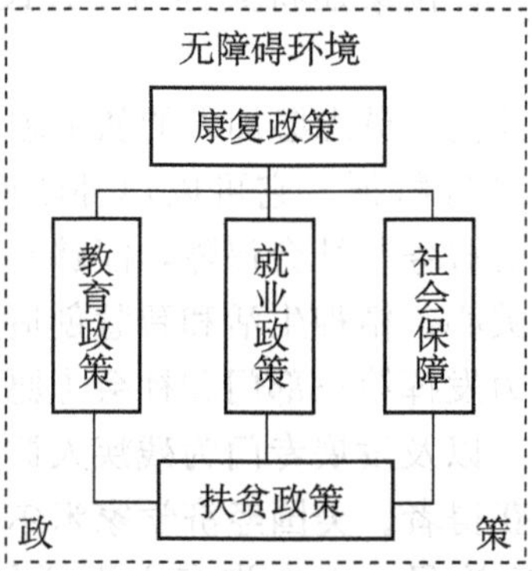

图 15-3 当前我国的残疾人社会政策结构图

在立法层面，我国的《宪法》《刑法》《刑事诉讼法》《民法通则》《民事诉讼法》《婚姻法》《义务教育法》等重要法律都有涉及残疾人的条款。国务院有关部门和地方政府陆续制定并出台了一系列政策、条例和规定（见表 15-5），如《残疾人教育条例》《残疾人就业条例》，以及 2008 年新修订的《残疾人保障法》等，覆盖了残疾人的康复、教育、就业、扶贫、维权等多个方面的权益。与此同时，我国还制定了《方便残疾人使用的城市道路和建筑物设计规范》《中国残疾人事业“九五”计划纲要（1996—2000 年）》《中国残疾人事业“十五”计划纲要（2001—2005 年）》《贫困残疾人脱贫攻坚行动计划（2016—2020 年）》等一系列事业发展规划及大量的地方法规与优惠政策。这些立法层面的努力和举措明确了残疾人事业的宗旨、目标、方针以及业务领域的政策、规定和做法，实现了残疾人工作的法律化、规范化、制度化。

表 15－5　市场转型以来我国颁布的各项残疾人社会政策

年份	名称	颁布单位	性质
1988—2010	中国残疾人事业历次发展计划	（国家多部委与残疾人联合会共同编制）国务院	法规
1990	残疾人保障法	全国人民代表大会	法律
1994	残疾人教育条例	国务院	条例
1998	教育部特殊教育学校暂行规程	教育部	章程
2007	残疾人就业条例	国务院	条例
2008	残疾人保障法（修订案）	全国人民代表大会	法律
2008	关于促进残疾人事业发展的意见	中共中央、国务院	法规

（二）组织机构建设

为推动残疾人工作，我国十分注重建立和健全各级、各类残疾人工作机构和设施，形成了具有我国特点的残疾人社会工作系统。由于中国长期实行计划经济体制和以单位制为基础的社会动员模式，从而形成了以单位制为主的社会福利供给模式。长期以来，我国残疾人的服务模式也以政府推动和单位提供为主，具体表现为残疾人的工作机构大多从属于政府的各个行政部门，民政部门、卫生部门及教育部门承担了大量的残疾人社会工作的任务。

1953 年，中国盲人福利会成立。1960 年，中国盲人聋哑人协会成立。大部分省、自治区、直辖市也建立起地方协会和基层组织。1988 年，全国各类残疾人的统一组织——中国残疾人联合会成立，实现了残疾人事业的组织创新。全国省、地、县、乡（镇）也相继成立地方分会，至 1989 年，全国 90%的省市已完成此工程。此后又成立了国务院残疾人工作协调委员会，由国务委员任主任委员，教育部、民政部、劳动部、卫生部和中国残联的负责人任副主任，与残疾人事业相关的其他各部委、群众团体负责人任委员。这样就形成了由政府领导的残疾人工作体系。与此相适应，我国在省（自治区、直辖市）、县（市、区）及乡（镇）也仿照中央政府成立了地方性的残疾人工作协调委员会，并在各层次之间形成了纵向的专业联系。至此，我国形成了从中央到基层、各部门互相配合的支持残疾人事业的组织体系。

除此之外，中国残疾人联合会还以自己创办的中国康复研究中心为残疾人服务。康复研究中心集医疗、教育与科研于一身，在残疾康复及残疾人社会工作研究方面发挥了突出作用，也推动了我国残疾人社会工作的发展。

（三）具体工作

新中国成立后，特别是实行改革开放以来，我国开展了大量针对残疾人的具体工作。1987 年，依据五类残疾标准，我国对残疾人状况进行了大规模抽样调查。2006 年，我国又进行了第二次全国残疾人抽样调查。通过调查，重新摸清了我国残疾人的人数、地区分布、年龄结构和致残原因。这为进一步做好康复工作、解决残疾人问题提供了科学依据，打下了良好的基础。

中国的残疾人社会工作业已取得了显著成就。尤其是《中国残疾人事业“九五”计划纲要（1996—2000年）》实施以来，残疾人状况得到明显改善，形成了更加有利于残疾人事业发展的社会环境。由于该计划的实施，430多万残疾人得到不同程度的康复；残疾儿童少年义务教育入学率进一步提高；残疾人就业率由70%提高到80%；829万农村贫困残疾人得到扶持且其温饱得到解决，269万城乡特困残疾人基本生活得到保障；残疾人文化体育生活日趋活跃，特殊艺术和残疾人体育在国内外引起强烈反响；残疾预防取得进展，多项预防措施逐步得到落实，减少了残疾的发生。截至2016年，通过实施精准康复服务，279.9万残疾儿童及持证残疾人得到基本康复服务；残疾人事业专项彩票公益金助学项目的实施，为全国1.4万余人次家庭经济困难的残疾儿童享受普惠性学前教育提供资助，各地也多渠道争取资金支持，对2 607名残疾儿童给予学前教育资助；4.3万名残疾青壮年文盲接受了扫盲教育；全国持证残疾人新增就业31.2万人，城乡持证残疾人就业人数为896.1万人；城乡残疾居民参加城乡社会养老保险人数达到2 370.6万，参保率79.0%；60岁以下的参保残疾人中有482.1万重度残疾人，其中445.7万得到了政府的参保扶助，代缴养老保险费比例达到92.5%；残疾人扶贫开发成效显著，贫困残疾人生产生活状况得到进一步改善，贫困残疾人得到有效扶持；残疾人精神文化生活更加丰富，残疾人受到社会广泛关注并更加全面地参与到社会生活当中；残疾人权益保障取得新突破，残疾人维权工作全面开展，无障碍建设法规、标准进一步完善，残疾人服务设施建设得到全面发展。①

我国对残疾人就业问题十分重视。据国务院法制办于2007年就《残疾人就业条例》答中国政府网问时所指出的，目前我国已有2 266万残疾人实现了就业，其中城镇463万人、农村1 803万人。② 总体而言，残疾人就业主要有集中就业、按比例就业、自主从业或创业、社区就地就近安排残疾人就业四大类型。针对贫困残疾人及其家属占全国贫困人口半数的状况，为解决以往的扶贫措施对存在生理和功能缺陷的残疾人难以奏效的问题，国家设立了“康复扶贫”专项贴息贷款。2016年《残疾人就业促进“十三五”实施方案》以残疾人基本服务状况和需求专项调查中未就业的残疾人为主要对象，旨在为城镇100万残疾人免费提供职业技能培训，着力提高其就业能力，实现城镇新增残疾人就业50万人。同时面向中西部地区50万名农村贫困残疾人开展免费的实用技术培训。残疾人就业促进的主要措施有：依法推进按比例就业；稳定发展集中就业；鼓励扶持自主创业、灵活就业；全面推开辅助性就业；积极探索支持性就业，扶持建设残疾人就业辅导员培训专业机构（基地），培训2 500名就业辅导员，帮助更多残疾人实现支持性就业；帮扶农村残疾人就业增收、转移就业；大力

---

① 2016年中国残疾人事业发展统计公报．(2017-03-31)［2018-03-05］．http://www.cdpf.org.cn/zcwj/zxwj/201703/t20170331_587445.shtml.

② 法制办就《残疾人就业条例》答中国政府网问．(2007-03-06)［2018-03-05］．http://www.gov.cn/fwxx/sh/2007-03/06/content_543353.htm.

发展盲人按摩业，“十三五”期间，全国培训盲人保健按摩人员不少于5万名，其中新增盲人保健按摩人员不少于2万名，通过学历教育、继续教育，培养培训盲人医疗按摩人员不少于2.5万名，建立70家盲人医疗按摩、保健按摩规范化实训基地，扶持全国建设不少于10家集中安置盲人医疗按摩人员就业的按摩专科医院。

2008年新修订的《残疾人保障法》将原来的“福利”章节更名为“社会保障”，明确指出了“国家保障残疾人享有各项社会保障的权利”，确立了残疾人参与各项社会保险的合法权益；对生活确有困难的残疾人，按照国家有关规定给予社会保险补贴；对贫困残疾人，要提供和完善各项社会救助。这使当前的残疾人社会保障得到了根本的立法支持，在具体的政策中形成了初具规模的政策体系。如表15-6所示，尽管我国残疾人在社会保障具体项目的享有上还存在很大的提升空间，但某些项目已明显超过全国人口的覆盖率。①

表15-6　　我国城乡残疾人的社会保险覆盖率

项目	城市	农村	合计	全国人口
养老保险覆盖率	30.3%	2.1%	10.0%	13.4%
医疗保险覆盖率	39.3%	29.2%	32.0%	10.5%
工伤保险覆盖率	1.2%	0.1%	0.4%	6.5%
失业保险覆盖率	1.8%	0.1%	0.6%	8.1%
保险未覆盖率	55.2%	70.0%	65.8%	—

注：此表中全国人口是指全国人口的保险覆盖率。

2007年5月，我国首次开展残疾人状况监测，继第二次全国残疾人抽样调查之后，在全国范围内建立残疾人状况监测系统，开展年度监测工作。表15-7为2007—2013年度中国残疾人小康进程监测结果。

表15-7　　2007—2013年度中国残疾人小康进程监测结果

指标体系	单位	权重	小康标准值	2007年度		2008年度		2009年度		2010年度		2011年度		2012年度		2013年度	
				实际值	指数(%)	实际值	指数(%)	实际值	指数(%)	实际值	指数(%)	实际值	指数(%)	实际值	指数(%)	实际值	指数(%)
二、发展状况		35			35.5		38.7		41.7		46.1		51.3		55.3		56.6
（五）康复状况		8															
6. 康复服务覆盖率	%	8	≥90	19.0	21.1	23.3	25.9	23.0	25.6	33.5	37.2	47.4	52.7	55.2	61.3	58.3	64.8
（六）教育状况		6															

① 表格中的数据前三列来源于第二次全国残疾人抽样调查，第四列来源于：李迎生．中国残疾人社会保障制度现状及完善策略．河北学刊，2008（9）．

续前表

指标体系	单位	权重	小康标准值	2007年度		2008年度		2009年度		2010年度		2011年度		2012年度		2013年度	
				实际值	指数（%）	实际值	指数（%）	实际值	指数（%）	实际值	指数（%）	实际值	指数（%）	实际值	指数（%）	实际值	指数（%）
7. 学龄残疾儿童接受义务教育比例	%	6	≥95	63.3	66.7	63.8	67.1	69.5	73.2	71.4	75.2	72.1	75.9	71.9	75.7	72.7	76.5
（七）就业状况		6															
8. 城镇残疾人登记失业率	%	6	≤6	10.6	0.0	12.6	0.0	13.6	0.0	8.6	0.0	9.9	0.0	9.2	0.0	10.8	0.0
（八）社会保障		8															
9. 城镇残疾人基本社会保险覆盖率	%	4	≥95	34.8	36.7	38.8	40.8	52.1	54.8	60.9	64.1	68.5	72.1	82.8	87.2	84.1	88.5
10. 农村残疾人参加新农合覆盖率	%	4	≥95	84.4	88.8	93.5	98.4	94.4	99.4	96.0	100.0	97.4	100.0	97.0	100.0	97.1	100.0
（九）信息化水平		4															
11. 百户残疾人家庭电话拥有量	部	2	≥150	75.2	50.1	80.4	53.6	86.0	57.3	90.8	60.6	98.3	65.5	103.4	68.9	104.3	69.5
12. 百户残疾人家庭彩色电视机拥有量	台	1	≥100	65.9	65.9	71.2	71.2	74.3	74.3	77.4	77.4	82.5	82.5	85.3	85.3	86.2	86.2
13. 百户残疾人家庭家用电脑拥有量	台	1	≥60	3.9	6.5	4.6	7.7	6.0	10.0	6.9	11.5	9.2	15.4	12.4	20.7	14.1	23.5
（十）社会参与		3															
14. 社区活动参与率	%	3	≥90	24.8	27.6	30.2	33.6	29.9	33.2	33.7	37.4	38.7	43.0	44.3	49.2	43.1	47.9

续前表

指标体系	单位	权重	小康标准值	2007年度		2008年度		2009年度		2010年度		2011年度		2012年度		2013年度	
				实际值	指数（%）	实际值	指数（%）	实际值	指数（%）	实际值	指数（%）	实际值	指数（%）	实际值	指数（%）	实际值	指数（%）
三、环境状况		20			52.4		60.0		61.5		66.8		72.6		78.5		79.2
（十一）无障碍环境		7															
15. 残疾人对无障碍环境的满意率	%	7	≥90	48.0	53.4	62.9	69.9	66.8	74.3	69.4	77.1	77.9	86.6	81.5	90.6	84.6	94.0
（十二）社区服务		7															
16. 社区服务覆盖率	%	7	≥90	14.3	15.9	17.8	19.7	17.0	18.9	25.3	28.1	31.7	35.2	43.6	48.4	44.3	49.2
（十三）法律服务		6															
17. 法律服务满意率	%	6	≥90	84.4	93.8	85.8	95.3	86.6	96.2	90.4	100.0	93.1	100.0	89.6	99.6	87.2	96.9
残疾人小康指数	%	100			46.8		50.6		53.5		57.4		63.1		68.4		71.1

《2016 年中国残疾人事业发展统计公报》显示，截至 2016 年年底，城乡残疾居民参加城乡社会养老保险人数达到 2 370.6 万，参保率 79.0%；60 岁以下的参保残疾人中有 482.1 万重度残疾人，其中 445.7 万得到了政府的参保扶助，代缴养老保险费比例达到 92.5%。有 269.4 万非重度残疾人也享受了全额或部分代缴养老保险费的优惠政策。领取养老金待遇的人数达到 936.1 万人。①

与此同时，为残疾人服务的精神产品也大大增多，残疾人不再被称为“残废人”。人们尊重他们的权利，肯定他们的能力，歧视与偏见大为减少。全社会更加重视残疾人事业，普遍开展“红领巾助残”“青年志愿者助残”“一助一送温暖”等多种形式的活动。“全国助残日”持续多年，各级领导和数以亿计的群众积极参加。通过“助残日”“残疾人活动”等，公众的助残意识得到了提高，残疾人所处的社会环境得到了进一步改善。此外，我国还积极参与了“联合国残疾人十年（1983—1992 年）”和“联合国亚太残疾人十年（1993—2002 年）”活动。我国残疾人事业的发展和经验受

① 2016 年中国残疾人事业发展统计公报．(2017-03-31)［2018-03-05］．http://www.cdpf.org.cn/zcwj/zxwj/201703/t20170331_587445.shtml.

到国际社会的高度赞扬，荣获联合国“和平使者奖”和“联合国残疾人十年特别奖”。

广大残疾人自强不息、完善自我，参与社会生活的能力得以增强。2000 年，残疾人事业“九五”计划全面完成，使我国残疾人事业迈上了一个新台阶，达到一个新水平，为新世纪残疾人事业的持续健康发展奠定了良好的基础。

二、中国残疾人社会工作的发展前景

随着我国市场经济的进一步发展和社会结构的急剧转型，残疾人群体及其问题日益凸显，构成了影响社会稳定与社会发展的重要风险因素之一，并且引起了社会各界的广泛关注。

当前面临的问题主要是：残疾人事业仍滞后于经济和社会的发展，地区发展不平衡；残疾人状况与社会平均水平相比还存在不小的差距，有些方面甚至呈拉大趋势；残疾人参与社会生活的环境和条件有待于进一步改善。发展残疾人事业，改善残疾人状况，促进残疾人事业与经济和社会协调发展，仍然是一项长期、艰巨的任务，必须加大力度，增加投入，加快发展。

第一，建立和完善符合我国国情的残疾人社会工作组织系统。我国的残疾人工作组织体系还很落后，在经济不发达、人民文化素质低的情况下，盲目照抄照搬外国的组织机构模式，不适合我国国情。为此，必须立足于中国国情，发挥社会传统的保障和康复的功能优势，探索符合国情的残疾人工作发展道路。

长期以来，我国残疾人的服务模式以政府推动和单位提供为主，表现为残疾人的福利服务大多是在政府的政策推动下进行的，无论是残疾人享受的福利范围还是其水平都受到政策的直接影响，而我国的民间组织包括民间社会福利服务机构，即现在流行的所谓“第三部门”十分缺乏。这样，除了政府（通过各级各类社会组织）提供的福利，只剩下家庭对残疾人的关护。政府提供的福利成为残疾人从外部获得福利的主体。我国是社会主义国家，但也是发展中国家。残疾人问题仅仅靠国家机构的力量是不够的，必须大力发展社会及民间力量，其中最重要的是要大力发展社区康复。

我国社区康复工作开展得比较晚，但是已经取得了很好的效果，如山东滕州、北京通州区的残疾儿童社区康复工作卓有成效，并已获得联合国儿童基金会的资助。作为一个世界性的新课题，社区康复在我国研讨、实践得还很不深入，但其所表现出的作用和效果充分说明社区康复已成为开展残疾人康复工作的有效途径。我国残疾人数量居世界首位，如按世界卫生组织对 15 个发展中国家残疾人各种康复需要的调查结果推算，我国有 750 万残疾人需要医疗康复，750 万需要职业康复。加之近一亿老年人的康复需求，如此众多的康复对象若单靠医院康复是绝对不可能满足现实的康复需要的。因而在实践中，要根据我国国情，探索并创造适合于我国城乡的社区康复模式，并加以推广，促进我国残疾人康复事业的发展。

第二，加强残疾预防工作。残疾人社会工作者的一个重要责任，就是要搞好残疾预防工作，杜绝和减少人为因素造成新的残疾。一方面，要搞好计划生育和优生优育工作，提高我国的人口素质。要通过防止近血缘通婚、加强孕妇围生期科学维护和婴幼儿的医疗保健等工作，尽力避免先天残疾儿的出现。另一方面，要加强劳动保护，大力开展生产安全常识和劳动法制教育，采取有效措施尽可能避免工伤、交通事故及中毒事故的发生，要本着以预防为主的原则，预防各种致残因素，把劳动事故和意外事故造成的残疾减少到最低限度。

第三，加紧培养和培训残疾人社会工作人才。一个国家的残疾人事业发展得如何，一个关键因素就是该国的残疾人社会工作者队伍状况。残疾人社会工作在我国刚刚兴起，专业人才十分缺乏，专业素质也很低，远远不能适应我国康复事业的发展需要。因此，应在各医学院校、民政院校、高校社会工作系（专业），普遍开设一些康复社会工作、康复医学、康复心理学等课程，重视培养康复教学、科研人才和实际工作者。同时，要有计划地对现有康复工作干部、康复医务人员进行康复业务培训，使他们提高业务素质、掌握政策，提升实际工作能力。要开展好康复工作者职业道德教育，本着“人道、廉洁、开拓、求实”的精神，深入实际、联系群众，为残疾人办实事，全心全意为残疾人服务。

第四，要集中力量，有计划地改造和建立一批骨干康复机构，进行科研、临床实践、技术指导和康复工作者的培训。并逐步地在现有一、二、三级医院开设康复科（室），把临床各科和康复医疗密切结合起来，发挥各级医院在康复工作中的重要作用。我们要特别注意发挥基层卫生网、社区康复服务网和残疾人家庭的作用，发挥社区康复中心的主体作用，在康复社会工作者的指导下，使更多的残疾人在社区和家庭环境中得到有效且及时的康复服务。

未来的残疾人社会工作具有以下几个发展趋势：(1) 大型机构逐渐减少，主要改变为社区照顾的模式；(2) 训练残疾者独立生活的能力，在家中设置无障碍环境，使他们至少能照顾自己的生活，在经济方面，使他们通过做零工或在福利工厂工作养活自己；(3) 运用个案管理的方法为中、重度残疾人服务；(4) 根据需要对残疾人的亲属实施教育和训练项目，给予支持性服务以应付意外或紧急事件的发生。这也是我国的残疾人社会工作所要达到的目标。

本章要点

1. 残疾人社会工作是针对残疾人所做的社会工作，它不同于一般的残疾人服务。它是社会工作者运用社会工作方法帮助残疾人补偿自身缺陷，克服环境障碍，以使他们平等地参与社会生活、分享社会发展成果的专业活动。在其他社会工作中，社会工作者具有与受助对象相同或相似的生活经历是可能的，因而社会工作者的“感同身受”也比较容易；但是他们很难具有与残疾人相似的生活经历，因此对这类工作的理解和开展也就困难得多。

2. 不同的认识论直接导致了相关政策的差异。一般而言，人们对残疾的认识可从医学模型（个体模型）和社会模型进行探究。因此，要真正保障残疾人的权利，首要的就是应当革除旧有的“残废观”，切实贯彻残疾的社会模型观。

3. 残疾人康复是指综合、协调地应用医学、社会、教育等措施对残疾人进行训练或再训练，减轻致残因素造成的后果，尽量提高其活动功能，改善生活自理能力，以便重新参加社会活动。康复能最大限度地恢复残疾人的各种功能，从某种意义上来说，它是对残疾人的解放。按照全面康复的原则，残疾人康复工作包括医疗康复、教育康复、职业康复、社会康复四大方面。

4. 残疾人群体在社会生活中具有极大的脆弱性，是弱势群体中最需要关心的。需要广泛动员社会各方面的力量，构建残疾人群体的社会支持网络，以帮助他们摆脱困境，回归社会。在残疾人的社会支持网络中，政府、社区、“第三部门”等都起着重要的作用。

5. 社区康复是与医院康复等相并行的一种康复途径，这些途径都是在现代康复医学理论指导下进行的，每一途径的工作都包括医疗、教育、职业、社会四大方面，即全面康复的原则。社区康复这一实践途径是当今世界大力推广的新型途径，是康复发展的主要趋势。

6. 未来的残疾人社会工作具有以下几个发展趋势：(1) 大型机构逐渐减少，主要改变为社区照顾的模式；(2) 训练残疾者独立生活的能力，在家中设置无障碍环境，使他们至少能照顾自己的生活，在经济方面，通过做零工或在福利工厂工作养活自己；(3) 运用个案管理的方法为中、重度残疾人服务；(4) 根据需要对残疾人的亲属实施教育和训练项目，给予支持性服务以应付意外或紧急事件的发生。

复习思考题

1. 试述残疾人群体的基本特征。

2. 什么是残疾人社会工作？它具有什么社会功能？

3. 现代社会对“残疾”的理解与认识发生了怎样的变化？其对残疾人社会工作产生了何种影响？

4. 试述残疾人社会工作的基本内容与三大传统工作方法。

5. 试析政府、社区及“第三部门”在残疾人社会支持中的作用。

6. 谈谈你对我国残疾人社会工作发展前景的看法。

7. 请分析以下案例。①

广州某特殊孩子家长俱乐部是专门为特殊孩子的家长提供支持与服务的非政府非营利机构。每当暑假期间，孩子们放假了，而家长大多要上班，暑期孩子缺少自我提高机会的情况就会发生。这些孩子的特殊性主要表现在：患有唐氏综合征、脑瘫以及自闭或者发育迟缓，其轻重程度不一。基于此，社会工作者计划利用暑假开展特殊儿童小组工作，希望为孩子提供一个同辈群体，使孩子们有玩伴；并通过与玩伴的沟通，让孩子们学会表达自己的意见，学会与他人相处，学习一些基本的社会规范。孩子们将学到的技能扩展到小组以外，能够与社会上的其他人有效地沟通和相处。在这个小组里面，社会工作者还将安排手工类活动、英语课、体能训练、讲故事等活动，提高孩子的认知能力和协调能力。在这个过程中，社会工作者以口头的形式和实物奖励孩子们，协助他们建立自信心和勇气。

---

① 卓彩琴．残疾人社会工作．广州：华南理工大学出版社，2008：86－95.

根据案例思考以下问题：

(1) 建立此类小组的目标是什么？

(2) 小组活动应当如何规划？

(3) 为保证此项工作的顺利开展，需要调动哪些资源？

(4) 结合此案例，分析残疾人社会工作实务与其他类型社会工作实务的区别与联系。

关键概念

残疾人、残疾人社会工作、残疾人医疗康复、残疾人教育康复、残疾人职业康复、残疾人社会康复、残疾人社区康复、残疾人社会工作方法、残疾人社会政策

推荐阅读书目

1. 王思斌．社会工作概论．北京：高等教育出版社，1999.

2. Gold W B. 弗兰克尔：意义与人生．北京：中国轻工业出版社，1999.

3. 徐震，林万亿．当代社会工作．台北：五南图书出版公司，1986.

4. 李增禄．社会工作概论．3 版．台北：巨流图书公司，2002.

5. 林宝山．特殊教育导论．台北：五南图书出版公司，1992.

6. 卓彩琴．残疾人社会工作．广州：华南理工大学出版社，2008.

7. Rothman J C. 残疾人社会工作．上海：华东理工大学出版社，2008.

8. Oliver M. The politics of disablement：A sociological approach. New York：St. Martin's Press，1990.

第十六章 学校社会工作

学校是青少年社会化的重要场所，也是预防和处理青少年问题的重要平台。近年来，发生在中小学校园里的暴力与欺凌事件屡见报端。校园暴力频发，不仅伤害未成年人身心健康，也冲击社会道德底线。在西方国家以及中国香港、台湾等地区，教育部门和社会福利部门均要求政府加强作为社会工作分支之一的学校社会工作服务，以预防、补救和遏止在校园中日趋复杂和严重的青少年问题。学校社会工作不是一般的帮助学生解决学习和生活中的问题，而是将专业的助人知识和方法运用于学校和学生中，致力于改善学习的环境和条件，帮助青少年提高适应学习和生活的能力，充分挖掘潜能以满足他们长远发展的需要，使“家庭-学校-社区”形成良性互动，构筑学生健康成长的和谐环境。因而，开展学校社会工作对于实现学生的全面、健康成长具有重要意义。

第一节 学校社会工作概述

一、学校社会工作的概念

学校社会工作（school social work）起源于20世纪初的美国，以访问教师（visiting teacher）的名义出现，有时也称为“教育社会工作”（education social work），泛指教育体系之内的社会工作实务。

关于学校社会工作的概念界定，目前尚未形成统一的定义，以下是几个有代表性的观点。

美国社会工作协会出版的《社会工作百科全书》对学校社会工作的解释是：学校社会工作是运用社会工作的理论与方法去实现学校的主要目的。学校的主要目的是为学生提供教与学的场所，使学生能为现在所居住的世界与未来可能面对的世界准备自己。该定义强调了学校社会工作是一种专业的社会工作，目的是帮助学生面对当下和未来。

台湾学者林胜义所著的《学校社会工作》一书认为，学校社会工作是学校教辅工作的一环，经由专业工作者运用社会工作的理论和方法，协助学生与学校、家庭及社区之间建立良好的关系，以准备现在以及未来的生活，从而达到学校教育的目的。[①] 该定义强调学校社会工作的工作对象是学生、学校、家庭和社区。

宣兆凯在《学校社会工作》一书中认为，学校社会工作属于社会工作学与教育学之间的一门交叉学科，也是运用社会工作理论及方法在教育领域开展专业服务活动的一项事业。它以在学习生活适应上有困难的问题学生为对象，探寻解决问题的方法、手段和途径，为学生创造良好的学习条件与环境，帮助他们学会适应学习生活。[②] 该定义强调学校社会工作的案主是困难学生。

《中国社会工作大百科全书》将学校社会工作定义为：学校社会工作为政府、社会各方面力量或私人经由专业工作者运用社会工作的理论、方法与技术，对正规或非正规教育体系中的全体学生，特别是处境困难学生提供的专业服务。其目的在于帮助学生和学校解决所遇到的某些问题，调整学校、家庭及社区之间的关系，发挥学生的潜能和学校、家庭及社区的教育功能，以实现教育目的乃至若干社会目标。[③] 此定义将学校社会工作的服务对象由困难学生扩展到全体学生。

综合以上各种观点，本书将学校社会工作定义为：学校社会工作是社会工作领域的一项专业服务，是将社会工作的价值观、理论、方法和技巧应用于学校中，致力于改善学习环境和条件，充分挖掘全体学生，特别是在学习生活适应上有困难的学生的潜能，以使其恢复和增强适应今日与未来生活和学习的能力，推动学校教育功能实现的一项专业服务活动。学校社会工作以学生的健康成长为目标，为实现这一目标，社会工作者通常要与学校的行政教学人员、学生家长以及社区和社会中相关部门的工作人员通力合作，为学生创造“家庭-学校-社区”三者之间良性互动的社会环境。广义的学校社会工作以全体学生为服务对象，而狭义的学校社会工作的服务对象则是在学习或生活适应上有困难的学生。

二、学校社会工作的历史回溯

学校社会工作最早起源于美国，发展至今已有百年的历史。当时美国中等学校的“访问教师”运动被视为学校社会工作的开端，随后逐渐发展为一门专业。

（一）20世纪初—20世纪20年代：“访问教师”时期

19世纪末20世纪初，随着工业化与城市化进程加快，大量移民向城市迁移，各

---

① 林胜义．学校社会工作．台北：巨流图书公司，1998：27.

② 宣兆凯．学校社工作学．北京：北京师范大学出版社，2000：1.

③ 史柏年．社会工作实务中级．北京：中国社会出版社，2007：352.

种社会问题随之出现，移民者的子女跟随转学迁入，也面临着诸多挑战。为解决这些问题，1906 年美国纽约市哈特雷馆（Hartley House）和格林尼治馆（Greenwich House）的社会工作机构派两名工作人员走访负责安置的老师，通过近距离接触学校和社区来了解学生的学习状况和生活适应状况。1907 年，波士顿的妇女教育协会安排人员去学校走访教师，目的是促进家庭与学校之间有更多的合作与更好的了解，使对儿童的教育更有效果。哈特福德心理诊所的主管在当地开展了第一个“访问教师项目”（Visiting Teacher Program），意识到这样的访问对诊所的工作有很大的帮助，有利于收集孩子的病史资料，并确保诊所对孩子的处方和建议能够被执行。由此可见，美国纽约、波士顿和哈特福德出现的访问教师运动，或可理解为当时的学校社会工作，是独立于学校系统之外而建立的，主要由私人机构和公民组织提供此类服务。

1913 年，纽约罗彻斯特教育委员会第一个推广并资助了“访问教师项目”，委员会为访问员在学校中设立了特别的部门，直接对学校监督部门负责。纽约共同体基金会向美国访问教师协会拨款，在全国范围内开展学校社会工作领域的实验，30 名学校社会工作者被分派到 30 个不同的社区（包括农村和城市社区）。在这一试点工作中，访问教师运动主要致力于青少年犯罪的预防工作，学校社工的主要角色是家庭、学校和社区间的沟通者。1930 年，基金会撤销资助，但其中仍有 21 个社区维持着学校社会工作的项目。[①] 与此同时，其他城市也开始开展自己的访问教师项目。美国教育理事会认可了学校社会工作的价值，开始在其他社区推广该项目。此后，美国访问教师协会蓬勃发展，着手建立更加完善的行业标准和发展方向。

在这一阶段，受心理分析理论盛行的影响，学校社会工作开始关注适应不良的学生，并且尝试对这些学生使用心理分析的个案工作方法加以矫治。不过，学校社会工作者主要的角色仍然是“家庭-学校-社区”之间的联络者。强制入学的法律实施后，学校出于了解不同文化差异、语言、社会阶层和学习背景的学生的需要，访问教师运动的主要责任是考察学生的出勤率。

（二）20 世纪 30 年代—20 世纪 50 年代：个案学校社会工作的兴起与发展

20 世纪 30 年代，经济大萧条严重阻碍了学校社会工作服务的发展。这一时期，访问教师运动原有的工作大都变成了提供服务、避难所和食物，经费和人员都极大缩减。访问员开始重新审视自己的定位。另外，随着精神卫生运动的蓬勃发展，访问员在联系家庭、学校和社区的基础上，希望能够发挥更为专业的作用——为问题学生提供精神支持。正如美国社会工作专家霍尔（G. Hall）和埃弗雷特（E. Everett）所认为的，访问员的重要作用是帮助儿童拥有一个“健康而有意义的童年”。学校社会工作者的角色正从一个家庭、学校和社区的联络人转变为预防和治疗儿童精神健康问题的专业人员。

20 世纪 40 年代以后，学校社会工作者的作用实际上已经不再是家庭、学校和社

① Allen-Meares P. 学校社会工作. 上海：华东理工大学出版社，2015：11.

区的联络员或者负责调查旷课的职员，而转变为一种更专业的角色。在这一时期，社会的变化和社区环境不再被当作干预的目标，儿童的人性需要成为主要的关注对象。斯莫利（Ruth Smalley）将学校社会工作定义为社会个案工作的特殊形式，将学校社会工作者的角色描述为“个案管理的专业人员，帮助儿童使用学校资源”。学校社会工作正式成为学校中的一个独立单位，在工作方法上，尤其注重学校与社区间的协调工作，以适应学生的需要。个案学校社会工作针对的是学生个体及其家庭，利用个案工作技巧，社工与学生个体发展出良好的关系。通过这种关系，学校社工可以使学生个体对自己、学校情况以及阻碍学生在学校生活中发挥潜能的问题有一个更清楚的认识。1945 年，美国成立了全国学校社会工作者协会（National Association of School Social Workers，NASSW），它是后来的美国社会工作者协会的一个重要组成部分，访问教师运动中的访问员也正式更名为学校社会工作者。

（三）20 世纪 60 年代—20 世纪 80 年代：社会变迁模式、社区学校模式的转向与运用

20 世纪 60 年代以后，公立教育因种族隔离问题备受社会各方攻击。公立学校中教育机会的不公平，拉大了少数族裔、低社会经济地位儿童与中间阶级儿童之间的差距。这样一来，公立学校被认为需要改变，学校社工随之也需要改变。学校社会工作开始不再消极地等待问题出现后再加以治疗，而是积极参与到教育政策的决定和学校活动的策划和执行中来，与社区协同改善学校环境，增进在校学生福利。

20 世纪 70 年代学校社会工作迅速发展，学校社工数量不断增长，更注重家庭、社区以及与其他学校相关部门的工作人员的合作。随着学校社会工作实践方法的不断改进，各种不同的实践模式应运而生。1972 年，艾德森（J. Alderson）提炼出四种学校社会工作实践模式，分别是传统临床模式、学校改变模式、社区学校模式以及社会交互模式。1975 年，美国通过了《残疾儿童教育法案》，带来了学校社会工作从业者数量的巨大增长。在对残障儿童的扶助中，学校社会工作者对儿童和家庭的服务受到了广泛的认可。同时，工作者在服务中增加了对不同社会系统的关注，逐渐形成了生态系统的社会工作模式。学校社会工作开始重视对学生权益的维护，通常指的是避免教师或家长对学生实施体罚，以及撤销有关停学与开除等决定的制度等；并参与到课程的设计当中，通过此种方法，更好地满足学生需要。1978 年，美国社会工作者协会拟定了美国学校社会工作服务准则，内容包括能力资格、组织与管理、专业实务三个部分，这些举措促进了学校社会工作的专业化发展。

（四）20 世纪 90 年代以来：学校社会工作快速发展

20 世纪 90 年代以来，美国先后制定和完善了一系列教育法规政策。1994 年是美国的教育改革年，学校社会工作在《美国教育法》中成为主要一环，这项法令的目的是“促进研究，建立共识，改变系统以确保所有学生都拥有平等的受教育机会”①。

---

① Allen-Mears P. 学校社会工作. 上海：华东理工大学出版社，2015：48.

正是在这一年，独立于美国社会工作协会教育委员会的美国学校社会工作者协会成立，成为学校社会工作的领导和先锋。在全美范围内，学校社会工作会议和研讨会纷纷召开，一系列关于学校社会工作的书籍也陆续出版。目前，全美有一万多名学校社会工作者活跃在各级各类学校中。

第二节 学校社会工作的理论基础

学校社会工作作为一项专业的助人活动，是在一定的理论指导下开展实践的。社会学、心理学、教育学等学科中关于个人成长、家庭关系、学校教育等的理论论述，形成了学校社会工作的基础理论，以下分别展开论述。

一、生态系统理论

20 世纪 70 年代社会工作领域首次引入生态系统理论。该理论假设环境是一个复杂的整体，由环境、行为和人三部分组成，三者相互联系，相互依赖。人、系统和各自的环境处于不断变化中，在变化中相互适应、协调。

（一）生态理论与学校社会工作

生态理论由布朗芬布伦纳提出，这一理论为理解和认识人与不同的机构和系统之间的相互作用提供了框架。人的生态理论研究的是人和自然环境的交互作用，核心概念是“适应”，即人在适应中成长和发展。生态视角观念包括以下假设：（1）行为只有放在具体的环境中考虑才有价值；（2）不正常的行为是和既定环境的价值观相违背的；（3）考虑人对既定环境的适应；（4）既定环境的交互作用呈现反向性特征；（5）个体外部的生态系统是可以改变的。[①] 例如，针对学生常见的压力事件如逃学、校园欺凌等，生态视角认为学校社会工作者需要识别和评估系统对学生当前处境或遭受困难情况的影响。

学校社会工作者可以从五个系统来设计干预计划：（1）微系统，即学生生活的直接环境，包括家庭、朋辈群体、学校和社区；（2）中系统，由个体与微系统所包括的环境之间的相互联系构成；（3）外系统，即对孩子有间接影响的环境；（4）宏系统，即影响最广泛的一层环境，由政治制度、社会政策、文化和经济趋势构成；（5）时间系统，即个体的成长轨迹（如婴儿期、童年、青少年、成年）和历史背景的时间元素。应从五个系统努力改善学生与家庭环境、学校环境的不适应状态。

---

① Allen-Meares P. 学校社会工作. 上海：华东理工大学出版社，2015：11.

（二）一般系统论与学校社会工作

贝塔朗菲提出，在一般系统理论中，系统包括开放性和封闭性、境界。境界是指系统和环境的区分边境，其主要作用是将系统和环境加以区分，对环境影响系统机能的各种要素起到保护作用，也就是说系统的境界以外就是环境。系统开放时，系统从环境中输入和输出，不断得到反馈，实现高效运转。学校社会工作者关注学校这样一个系统与外界环境包括家庭、社区、制度之间的适应状况，同时也关注学校系统的内部整合。

案例介绍：生态系统理论在学校社会工作中的应用

A同学，女，14岁，就读于某普通中学初三年级。一家6口住在一起，父母都有正当工作和稳定收入。父母对A同学比较严格，平常交流围绕的话题都是学习，常常拿她跟别的孩子比，希望以此激励她好好学习。A同学的母亲严格控制其零花钱，觉得A同学现在最重要的任务是学习，不让她打扮，她只能穿母亲买的衣服。A同学爱好看电影，喜欢这样了解世界，但父母觉得这是不务正业，不让她用电脑。她觉得父母不爱她，对她不好。A同学学习成绩不好，升读初三的时候，被分到学风较差的B班，在新班级中没有朋友，比较孤单，再加上自我封闭、着装老气、不善打扮等原因，经常受到同学们的嘲讽和排挤，成为欺凌的对象，A同学在学校不时出现自言自语等反常现象。其在网络日志上写的《我要自杀的30个理由》，引起学校和家长的高度关注。

根据一般系统理论，学校社会工作者具体的干预内容包括：(1) 学校系统——改善学校环境。经过社工、家长和政教处的协调，案主转回原来的A班（升读初三的时候，案主由于成绩较差而被分配到学风相对较差的B班，加剧了受欺凌的状况）。转班后，争取班主任对案主的关注与支持，为A同学的改变营造良好的班级环境，A同学受欺凌的状况有了明显好转。(2) 家庭系统——改善亲子关系。在亲子关系上，A同学喜欢坚持自己的看法并且相信自己是对的，她与父母向社工的表述也不一致。A同学认为父母对她限制太多，不让她做喜欢的事情，不让她打扮，是为了省钱，是不爱她。然而，A同学的父母却认为这是为了让她专注于学习。于是，社工决定采取澄清的方式，重塑案主与父母的关系，并采取家庭面谈的方式进行。在面谈中，社工提出了A同学对其父母的看法，同时让其提出自己的疑问，A同学的父母对她存在误解或者疑问的地方都一一进行了澄清。A同学的父母也听取了社工的建议，表示会主动了解并尊重A同学的真实想法，做出改变。在接下来与A同学的面谈中，她关于父母的负面想法明显减少，与父母的关系得到改善，新的家庭系统为她后续的改变提供了动力和支持。(3) 个人系统——改变消极的认知方式。经过前几次面谈后，社工发现，A同学很习惯用“自杀”“我一点用都没有的啦，别人最好。我死了，全世界的人都会开心的”来表达自己的心情。可见，认知偏差是导致A同学情绪困扰的重要根源，负面情绪如自卑、焦虑等都是个体对事物的非理性观念造成的。在此后一段时间的面谈当中，社工运用理性行为疗法的相关知识，把重点放在了认知矫正上，经由对A同学的心理诊断、领悟、疏通和再教育，引导她与自己的非理性观念进行辩论，帮助她认识自己的错误观念，以理性的方式看待事物，从而建立合理的情绪并做出正向的行为。(4) 朋辈系统——提高人际交往技巧。A同学在几个月之后就要面临中考，升学后将面临新环境，因而提高人际交往技巧，得到朋辈的认可，有利于A同学自我同一性的形成。社工为A同学提供同辈团体和志愿者活动等契机，令她在活动中提高与人交往的技巧和能力。刚开始参加志愿者活动时，A同学表现被动。在社工的支持和鼓励下，A同学逐渐实现由一名被动参与者到旁观者，再到积极参与者的转变。通过对各个系统的干预工作，A同学有了较为显著的改变。

二、社会化理论

社会化是个体由自然人成长、发展为社会人的过程；是个体与他人交往，接触社会影响，学习掌握社会角色和行为规范，形成适应社会环境的人格、社会心理、行为方式和生活技能的过程。社会化可以分为两类：一类是正式的社会化，如成人通过有意识的选择与设计，将社会认可的价值、态度、角色、知识、规范等，按部就班地灌输给儿童，如学校教育；另一类是非正式的社会化，指非刻意的安排与训练的社会化活动或内容，如家庭教育、同辈群体的影响等。由此可见，家庭是个人社会化最早与最重要的机构。在家庭中，父母对子女的影响最重要。父母的管教态度、人格特点都会影响到孩子人格的发展。不同的人格特质对子女今后的学习与生活会发挥不同的作用，因此父母必须对子女采取合适的教养方法。学校是儿童离开家庭、进入社会接触到的第一个社会化的正式组织。在学校中，儿童学习专门化的知识和技能，学会遵守社会共同的价值、态度与行为规范。因而老师和同辈群体对学生的社会化起着重要的作用。

查尔斯·霍顿·库利的"镜中我"和乔治·H. 米德的自我概念是社会化的重要理论。前者认为，在社会生活中，人们彼此都是一面镜子，每面镜子都映照出对方，如同我们在照镜子的时候，从镜子中看到自己一样。儿童会通过社会化过程，想象别人的看法，表现出被别人期待的行为。后者认为，在自我概念的发展中，重要他人，即儿童所羡慕和模仿的对象，对个人的评估最具影响力。库利的"镜中我"与米德的自我概念理论，解释了人的自我概念是在社会互动中形成的，并且他人的看法和评价对自我概念的形成有重要的影响。学校社会工作的服务对象——学生，正处于自我概念的形成期，有必要为案主创造良好的互动环境。同时，对于问题学生，不能以偏概全，让他们失去自尊心和自信心。

三、越轨行为理论

有关越轨行为的理论，具有代表性的有以下几种。[①]

① 李晓凤. 社会工作——原理·方法·实务. 武汉：武汉大学出版社，2008.

（一）社会失范论

社会失范论始于法国社会学家涂尔干。他认为产生越轨行为的原因在于社会结构。美国社会学家默顿进一步阐述了涂尔干的社会结构、失范与越轨理论。默顿认为，社会文化产生目标，社会结构决定达到这种目标的手段，而取得成就目标的合法机会并不能同等地分配给每个人。这样，某人如果接受了社会所创造的目标，但又缺乏合法手段，就会发生各种越轨及失范行为。而青少年正处于身心发展阶段，其世界观、人生观、价值观尚未完全确立，社会辨别能力较差，故社会失范对其行为的影响就更大，其行为越轨的可能性也就更大。

（二）社会冲突论

社会冲突论也是从社会结构角度来分析越轨行为形成原因的理论。美国学者T.舍林认为，社会冲突是人类本性中固有的，是复杂社会中不可避免的过程，一个社会越复杂，则越具有异质性，其经历的冲突就越多，相应地，越会产生各种越轨行为。而我国正处于社会转型的加速期，社会结构的复杂性、各阶层的差异性较大，越轨行为较容易发生。遵循社会工作接纳原则，尊重多元文化的存在，关怀处境不利的学生群体，不仅仅是被动地接受有需要的案主，而应主动挖掘有需要的案主，有效预防青少年越轨行为的产生。

（三）文化传递理论

文化传递理论认为，越轨行为是一个人从生活的社会环境中习得的。失范并不一定导致越轨行为，越轨行为是通过学习的方式获得的。如果越轨行为在某一个群体或者社区中已经作为一种文化模式存在，它就很可能被传播给新来的年轻人。根据这一理论，消极型的儿童朋辈群体容易导致学生越轨行为。需要引导学生的同辈交往，建立积极的青少年群体亚文化，防止青少年越轨行为的产生。

四、标签理论

“标签”的概念于1951年由勒姆尔特提出。标签理论认为，人一旦被贴上某种标签，就会成为标签所指的那种人。标签理论主要从主观层面来探讨个人偏差行为的形成，认为偏差行为不完全是个人品质所决定的，而是他人应用规范制裁于违反者的结果。根据这个观点，如果学校老师或学生的家长随意给偶尔犯错的学生贴上坏标签，如笨蛋、问题学生及不良学生等，学生本人可能就会不知不觉地开始修正他们的自我形象，将自己归属于这些被标签的角色，导致一种“自我应验预言”的恶果。①

显然，“标签”的作用具有很大的负效应，学生是否成为“有问题的人”，与周围

① 王赤贞．“贴标签”现象与越轨行为的发生——标签理论对个人社会化解释的评述．政法学刊，2006(6)：50-51.

环境中的社会成员对其及其行为的定义过程或标定过程密切相关。因此，学校社会工作的一个重要任务是通过重新定义，使那些原来被认为“有问题的学生”恢复为“正常人”。同时，采用发展的眼光看待案主的问题，避免先入为主的偏见，在辅导“有问题的学生”时，要采取价值中立的态度，对学生进行耐心的引导。不适当的工作态度，会适得其反地促使学生形成新的不正常的自我形象。

五、角色理论

美国社会学家G. 米德把“角色”一词引入社会心理学领域，以此来说明人的社会化行为。在社会学中，角色指与一定的社会地位、社会身份相联系的被期望的行为。个人在社会生活中会基于一种身份和地位，按照一定期望，选择一定行为模式去扮演角色。每个人在社会里不止扮演一种角色，根据情境以及互动对象的不同，扮演多种不同的角色。如果一个人无法掌握在何种情境下该扮演何种角色，或是碰到特定的他人应该用何种角色回应，就会产生角色紧张。角色紧张是实际生活中扮演角色时常会遇到的问题，是指同一个时间里对于一个角色的扮演者来说，有太多不同的期待和需求，而角色的扮演者无法完成这些期待和需求，从而产生心理上的压力。比如一个男孩会同时扮演儿子、学生、学生干部等角色，如果男孩扮演的学生角色未能达到家长或教师的期望，就会产生挫败感及压力。角色理论为学校社会工作者诊断学生问题提供了一条路径，同时也提供了解决方法——可通过角色扮演的方式来帮助学生厘清角色期待，更好地适应自我的角色，完成角色的任务，以达到改善人际关系的目的。

六、代沟与后喻文化理论

代沟是一种自然的社会历史现象，无论是在急剧变化的时代，还是在文化变迁缓慢的时代，年青一代与年老一代在生活态度、价值观念、情感倾向和行为方式等方面都存在差异、对立、矛盾。“代沟”的存在表明，每个人的生活环境都不同，因此各自的价值观、生活方式也不尽相同。对于学校社会工作的主要对象——学生，社会工作者应承认他们的独特性和差异性，尊重和理解他们的差异性，并遵循个别化原则为学生提供相应的服务。

玛格丽特·米德在《文化与承诺》一书中，将时代划分为前喻文化时代、并喻文化时代、后喻文化时代。后喻文化，也称“青年文化”，是由年青一代将文化传递给长辈的过程，即长辈反过来向晚辈学习。后喻文化的发展依赖年长者和年轻者之间的相互交流、沟通和学习，即除了长辈向晚辈传递文化和实施教化外，同时晚辈反过来向长辈施加影响，向他们传授新的知识、技能、价值观念和行为规范的社会化过程。年青一代和年长者之间的平等对话，有利于缩小和消弭两代人之间的代沟。因此，在后喻文化的视角下，开展学校社会工作时不能简单地把学生当作一个受助的客体来对待，也不能把工作者视为高高在上的权威，而是要把学生视为在社会互动过程中的主体，鼓励他们积极参与到服务过程当中，建立平等、合作的专业关系。

七、行为主义理论

行为主义最早由沃特生于 1913 年创立。这一理论认为行为是可以习得的，行为与刺激相关联，即是“刺激（S）-反应（R）”的结果，刺激和反应之间的联结叫作强化。同时，该理论认为通过对环境的“操作”和对行为的“积极强化”，任何行为都能被创造、设计、塑造和改变。如在教学活动中，对学生及时给予表彰和鼓励来肯定某些行为，可以增加其表现同样行为的可能性；反之，不给予鼓励，则会降低不良行为的发生。

班杜拉的社会学习理论是对经典行为主义理论的继承和发展。该理论认为个人在社会互动过程中，经由观察、模仿、认同与社会增强作用而进行社会学习。他提出了“行为-认知-环境”交互作用的公式。社会学习理论着重研究有机体对变化着的环境的反应能力，认为有机体在与环境互动的过程中，经过自我认知结构的发展和自我控制来影响环境，同时也为环境所影响。班杜拉强调，行为大多是通过观察学习得来的。他认为人的自我调整与自我增强比外在的奖惩更加重要。作为个体的人具有自我辨识能力，是否模仿他人的行为要看此行为是否对观察者有吸引力。依据这一理论，学校社会工作者在改变案主行为时，首先可以利用榜样的力量，为学生提供可以参照的榜样。其次，相信案主有能力自我调适，并能做出改变的行为。

八、道德发展理论

道德发展理论的代表人物是科尔伯格。在承认儿童存在道德发展阶段的基础上，他将儿童道德发展阶段概括为前习俗、习俗、后习俗三个水平和六个阶段，分别是：(1) 前习俗水平。处于这一水平的儿童，对是非的判断取决于行为的后果或服从于权威及成人意见，包括服从于惩罚和相对功利主义的两个道德定向阶段。(2) 习俗水平。在此阶段，人判断是非时，能够注意到家庭与社会的期望，包括人际和谐（或好孩子）的道德定向阶段和维护社会秩序及权威的道德定向阶段。(3) 后习俗水平。个人考虑道德判断时，可以超越社会法律及其对秩序的需要的权利和原则，包括社会契约和普遍原则的道德定向这两个阶段。道德判断是一个人根据道德原则对什么是正确的或错误的进行判断，是道德行为的基础。学校道德教育要以学生为主体，重视学生的主体能动性，尊重学生道德发展的内在规律性并积极引导学生参与到社会活动中去，在实际生活中运用道德思维以促进道德的发展，不能一味地进行机械的行为训练和具体的道德行为灌输。学校社会工作者在开展活动时，要充分认识青少年道德发展的重要性和阶段性，发挥社会工作者的专业优势。对学生进行道德教育时要注重学生的自我判断和情感认同，避免一味的说教和灌输，同时尊重学生的差异性，激发学生的内在动力。

九、精神分析理论

弗洛伊德是精神分析理论的创始人。他认为人在成长过程中出现问题主要源于儿童时期未解决的心理冲突。他提出了人格结构分为本我、自我、超我。三者之间不是孤立存在的，而是密切关联的。他提出了人格发展的五阶段说，即口腔期、肛门期、性器期、潜伏期、性爱期。这五个阶段中，每一阶段都有自己的发展任务，从一个阶段向另一阶段转换时往往会产生某种焦虑，克服焦虑才能发展到下一阶段，否则焦虑便可能被压抑在潜意识中。针对人格发展阶段转化过程中的焦虑，他提出了“自我防卫”观点。即当焦虑发生时，健全的自我能够判断应采取何种方式加以防卫。自我防卫的方法包括压抑、投射、反向、固着、退行、否认、认同、升华、转移、代替、幻想、理想化等。人在遇到挫折时，若“自我防卫”功能运用次数过多或强度太激烈，往往会产生适应不良。

依据这一理论，学校社会工作者在处理学生问题时可以追溯到他儿童期的经历，这段时期往往和其家庭环境密切相关。因此，矫正学生的行为偏差，要深入到学生成长的大系统中去，通过改变学生的生存环境、治疗幼年时期的创伤来纠正其人格缺陷，从而形成健康的社会化人格。

第三节 学校社会工作的实务基础

一、学校社会工作实务模式

艾德森提炼出四种学校社会工作实践模式，分别是：传统临床模式、学校变迁模式、社区学校模式以及社会互动模式。①

（一）传统临床模式

传统临床模式又称为传统治疗模式，主要是针对“问题学生”的心理和行为问题而直接提供服务或治疗的一种工作模式，也是最常见、运用最广泛的一种学校社会工作模式。

传统临床模式的主要理论依据是卢兹关于临床标准模式的解释，即认为学校社会工作者与学校、学生、家长和社区之间的关系既是封闭的，又处于发展之中。该理论

① 李晓凤．学校社会工作．北京：中国社会出版社，2010：93－111．

强调对个人、家庭提供直接的服务，即“咨询”；同时十分注重“心理-社会”的评估工作。

在传统临床模式的案主体系中，主要的工作对象是学生，以及与学生有关联的家长。学校社会工作者的工作焦点是帮助被认定有社会适应困难与情绪困扰的学生（这些困难或困扰会妨碍学生在学校的表现和自我实现），为他们提供“工作者-案主-家庭”的个案工作服务，以协助学生进行自我调适，发挥效能，获得最佳的学校生活体验。

从案主问题的根源看，学生的内在情绪或心理之所以有困扰，是亲子关系或与家人关系的困扰所致。因此，学校社会工作者在观察与分析学生困扰问题时，介入的对象不仅仅限于学生本人，而是从更广泛的层面入手，涉及学生的父母及其他家人，通常从亲子关系、家庭教养方式、家庭环境及家庭变故等方面，来探讨学生困扰问题的根源。

学校社会工作者采用个案工作方法的策略，针对个别学生提供一对一的专业介入服务，包括：对学校中的困难学生直接提供个案服务；与教师及其他学校人员建立一种专业的关系；对学生家长提供个案服务；与社区中的社会机构一起工作，共同为学生提供必要的协助。在这一模式中，学校社会工作者主要扮演增能者、支持者、咨询者的角色。

（二）学校变迁模式

20 世纪 60 年代，许多学者认为，美国公共教育没有很好地完成教育学生的任务，尤其是公立学校阻碍了学生创新能力的发展与学生求知欲望的满足，并认为当时的学校社会工作已不能全面回应学生发展的需要。为应对这一新形势，社会生态系统理论开始被广泛运用到学校社会工作中。一些学者倡导学校社会工作者应更多地关注学校的环境、政策及其安排是否对学生产生不良影响，学校变迁模式应运而生。

学校变迁模式又称为机构变迁模式、社会变迁模式、社会改革模式。此种模式认为，当学校体系或教育体系不能随着社会变迁而做出相应的改变时，就会增加学生的困扰。学校变迁模式就是促进学校做出必要改变，并协助“学校与学生”的一种实务工作模式。

学校变迁模式基于两个方面的理论：其一，维权理论。即以维护学生权益为中心，将学校视为目标体系的一环，并赋予学校社会工作者较大的责任。其二，组织理论。即学校社会工作者必须具备组织行为的知识与有效协调的技术，并在工作中不断练习，以此促使自己具有较高的谈判能力。

在学校变迁模式的案主体系中，主要的工作对象是学校整体，即学校体系的所有人，包括学生、教师、行政人员、校长、监护人，都可能与案主交互影响。学校社会工作者的工作焦点主要集中在学校的环境，特别是学校的规范、规定与设施条件。不合理的学校规范与功能欠佳的学校设施，会妨碍学生的成长，并增加困扰问题。比如，按成绩高低分班的教育制度，不仅会压抑学生的创新能力与个性化的发展，也会造成成绩一般学生对学校生活适应不良。

从案主问题的根源看，社会学的偏差理论中的越轨行为理论可以对此做出解释。学生因偏差行为被认定为违反了校规，这个学生的角色功能在学校处境下会遭遇到困扰。教师可能会把有偏差行为的学生看作惹是生非者而另眼相看，此种标签会影响其在学校的发展。同时，学校一些机构的根本目的在于管理学生的日常行为而不是教育学生，学校的规范与机构政策对学生的成就、效能会产生负面影响，甚至促成学生产生困扰问题。

学校变迁模式中学校社会工作者的介入行动侧重"学生-学校"的关联性，重视学校自身环境。在顺应社会变迁的需要下，改变功能欠佳或失调的学校规范与设施条件。比如，学校社会工作者在处理退学、学习成绩不良等学校问题时，应对学校的政策与安排是否会对学生产生不良影响加以鉴别，关注学校环境。主要包括：其一，学校社会工作者应充分了解学校的各种情况，能与学生打成一片；其二，协助学生认清并判断他们认为学校规范过分苛刻之处以及深感不满的问题；其三，提供"权利维护者"的服务，倾听学生的诉苦与抱怨；其四，成立由学生、教师、行政人员组成的非正式团体，让他们倾吐苦衷并理解彼此的感受，以找到解决冲突的办法；其五，由学生、教师、行政人员组成问题解决小组，视学校为一种体系，由学校社会工作者充当"变迁推动者"，共同评估学生的困扰，推动学校体系的改革。在这一模式中，学校社会工作者的主要角色是学校变迁的推动者、催化者。

（三）社区学校模式

20 世纪 60 年代，美国底特律的公立学校实施了一项由福特基金会赞助的项目。这个项目旨在让贫民区的社区与学校更为接近，以此帮助学习困难的学生建立学校与社区的双向沟通，达到改善学生学习成绩的目标。同时，市区学校的少年犯罪、辍学问题凸显，一些学校采用了社区学校的概念，将学校社会工作服务引入社区系统的视野之中。

社区学校模式所关心的主要课题是"学校-社区"之间关系的失调，并设法增进社区对学校的了解和支持，以此协助学生减少困扰，增加学习效果。

社区学校模式主张采用"社区取向"，其主要理论有两个方面。一是"完美的儿童"，这是社区学校模式所依据的主要理论前提。要教导具有完美人格的学生，就必须注意影响学生的所有势力。换言之，学校社会工作者不仅要注意学生的在校状况，也需要留意家庭与社区的状况。① 二是学校联结概念与沟通理论，强调学校社会工作者主动与社区沟通，并能够充分地为学生提供社区工作的机会，为将来充分运用社区关系做准备。这样不仅可以发展出对社区的了解与支持，也能够发展学校的方案去帮助贫困与文化失利家庭的学生。

从案主问题的根源看，产生学生困扰问题的主要根源包括：第一，贫困与其他社会环境，致使学生产生了许多困扰；第二，学校工作人员未能充分了解学生所处的社

① Sarri R C，Maple F F. The school in the community. Washington，D. C.：NASW，1972.

区文化差异、贫困原因及社会机构功能失调等原因，致使学生处于特殊困境中。学校社会工作者的工作焦点在于社区组织中不利于学校发展的状况。所谓的不利于，是指社区的目的和规范与学校的步调不一致，即社区不了解与不信任学校，也就不支持学校的方案。

在社区学校模式的主要介入方式中，社会工作者的主要任务是提供外延活动并实施新方案，增进学校与社区之间的相互了解、持续互动和发展。学校社会工作者的主要职责是将自己投入到社区的各项活动中，从中观察可能造成学生困扰的因素，协助社区居民去了解学校的教育方案，鼓励他们参与有关的活动，从而改善不能满足儿童成长需求的环境。具体来说，社会工作者的职责可以分为以下几个方面：其一，与家长建立良好的信任关系，鼓励他们自我表达其问题；其二，与社区人员打成一片，鼓励社区人员说出社区的问题，观察可能对学校造成困扰的部分；其三，亲自参与并投入社区活动中；其四，鼓励社区成员组成小组，探索、发掘社区问题，提出建议，改善不利于儿童成长的社区环境；其五，帮助学校和社区相互了解，倡导社区重视并支持学校计划，协助学校活动方案。为此，学校社会工作者需具备以下知识和技能：在技术方面，学校社会工作者必须掌握参与社区工作的必要技术，比如调查、分析、组织、规划、沟通、协调、评估等，以便在社区中发挥功能，鼓励社区里的学生、家长和居民参与学校的各种活动。在态度方面，通常学校有关人员很难理解学校社会工作的活动集中于社区，也难以认同社区工作有利于学生的发展，甚至会产生质疑。对此，学校社会工作者应该为社区辩护，帮助社区提出一些与学校有关的问题，并显示工作者正在设法改善这些问题，以此获得认可与支持。学校社会工作者的工作任务兼具社区与学校的双重性。即一方面需要告知社区了解学校可以提供什么，组织社区支持学校及其计划；另一方面，应向学校管理者解释社区所蕴含的动力与动态的社区因素。在这一模式中，学校社会工作者主要扮演媒介者、增能者、倡导者、组织者的角色。

(四) 社会互动模式

20世纪70年代，随着美国教育的迅速发展，学校社会工作进入了急剧的扩张时期，学校社会工作者的数量不断增长。同时，《残疾儿童法案》使得学校社会工作者的工作内容得以进一步扩展到保障残障学生的权利。为回应美国教育发展的新需要及促进学校社会工作实务的深入发展，学校社会工作者尝试调整其角色与工作方式，发展出了一种新的运作模式即社会互动模式，以促使学校社会工作的关注点扩展到更为广阔的学校与社区层面，并在生态系统理论的视角下，从学生与学校、家庭、社区的互动中，有效地处理学生、学校和社区的问题。

社会互动模式强调的是个体与团体之间产生的交流与互惠，也是对前三种学校社会工作模式的整合。比如，传统临床模式侧重于“学校-家庭”的关系，学校变迁模式着眼于“学生-学校”的关系，社区学校模式强调“学校-社区”的互功，而社会互动模式从全面的观点，关心学生个人及其与周围各个环境系统的交互影响，强调“学生-家庭-学校-社区”的互动及在“共同利益”下的互惠互动，从而协助学生获得良好的适应与发展。

社会互动模式基于伯特朗（Bertrand）提出的问题中心理论。具体而言，该理论主张围绕任何现存的问题进行毫无限制的、彻头彻尾的思考，根据案主的需求展开一种行动取向的运作。在这一理论的指导下，首先，界定案主问题的意义；其次，把案主当作家庭、学校、社区系统中的一部分，广泛考察与分析致使学生产生困扰的各种因素；最后，有系统地调整案主与每一个有关体系之间的交互关系。

从案主问题的根源看，造成学生困扰的问题是由于学生和各个系统之间在社会互动中出现了问题，不能进行沟通及未能形成互助体系。比如，学生需要老师帮助其处理情绪、学业、亲子关系问题，但由于师生关系疏离或师生关系紧张，学生得不到老师的帮助。学校社会工作者的工作焦点在于学生个人与周边环境的交互作用，从互动中鉴别问题。一是审视与学生个人产生交互作用的领域，在学生与家庭、学校、社区的互动之中找出互动过程中的问题，扫除阻碍，并发展互助系统。二是运用专门化的方法论，确定各个系统之间的共同利益，来调适学生的困扰问题及其在社会化过程中与所有参与者的交互关系，从而形成教育合力，促使学生获得良好的适应及发展。

在社会互动模式的主要介入方式中，学校社会工作者的主要任务是发现学生与系统之间在互动中的问题，并进行协调。主要职责是设法找出学生个人与其他团体发生互动关系的范围，并经由协调的过程，促使学生所处的社会体系（包括家庭、学校与社区）为自我满足而展开互惠互助的行动，通过充分运用社会资源去协助处在困境之中的学生，或者移除那些影响学生良性互动的障碍。在这一模式中，学校社会工作者主要扮演协调者的角色（见表 16－1）。

表 16－1　　艾德森的学校社会工作实务模型

	传统临床模式	学校变迁模式	社区学校模式	社会互动模式
关注点	存在社会适应困难与情绪困扰的学生	学校环境（特别是学校规范和设施条件）	因为贫困和存在缺陷而会误会和猜疑学校的社区	学生与学校之间的互惠互动，在互动中鉴别问题
目标	使上述学生能够更有效地发挥自己的功能	改善功能失调的学校规范和设施条件	发展社区的理解和支持；开发学校性计划，帮助贫困学生走出缺知识和少食物的境地	发展互动系统，扫清阻碍互惠互动的障碍
目标系统	学生及其父母	学校整体	社区、学校及其他系统	互动领域
问题来源	学生的情感和心理问题主要来自家庭，特别是学生与家长之间的问题	功能失调的学校规范和设施条件	贫困和其他社会环境；学校工作人员不能完全了解文化的差异性和贫困的影响	学生与各系统在社会互动中出现问题，不能进行沟通和互助

续前表

	传统临床模式	学校改变模式	社区学校模式	社会互动模式
工作者的任务与活动	针对学生和家长的个案工作；小组工作，家庭可以组成小组；联合发挥学生、家长、教育人员包括教师的功能	确认哪些学校规范和设施条件不能发挥良好的作用；运用小组工作方法，直接与学生接触；个别的或以小组形式向老师和学校管理者进行咨询	亲自参与社区活动，鼓励社区说出自己的问题并提出意见，帮助学校和社区相互理解，鼓励社区参与学校的一些相关计划	确认和突出贫困，建立共同的目标，改进和帮助沟通，建立互助系统，直接与个人、团体和社区接触
工作者的主要作用	建立具有支持性的合作和咨询系统	倡导、商谈、咨询和调解	理解、倡导和外展	理解、咨询和激励
概念和理论基础	心理分析、社会心理学、自我心理学和个案工作的理论和方法	社会科学理论，特别是有关非正常人的理论；组织理论	社区-学校概念，沟通理论	系统理论，社会科学理论，沟通理论

资料来源：Sarri R C，Maple F F. The school in the community. Washington，D.C.：NASW，1972：57-74.

二、学校社会工作方法

(一) 学校个案工作方法

学校个案工作是针对全体在校学生，尤其是有适应不良的学生，由学校社会工作者运用儿童成长知识和技巧开展的专业助人活动，为学生提供物质的或情感的支持与服务，帮助他们解决困扰问题，达到个人成长的最佳状态。学校个案工作坚持在理性情绪理论、行为矫正理论、人本理论、心理社会理论以及抗逆力理论的指引下，区别于一般的教师、班主任或思政老师，以社会工作专业的价值理念和专业技能，坚持学生本位的思想，为学校全体学生，尤其是适应不良的学生，扫除成长中的障碍，挖掘自身潜力，从而形成良好的世界观、人生观和价值观。因此，学校个案工作不仅具有治疗功能，还具备预防和发展的功能。

学校个案工作在建立专业关系时，应注意以下几点。

1. 满足学生的需求

学校社会工作者应以促进学生的健康成长和社会适应为己任，所提供的服务应尽力满足学生的需求。

2. 激发学生的潜能

学校社会工作者应提供一个安全接纳的环境，减轻学生的焦虑，帮助其将主要精力集中在积极的改变上。

3. 友伴关系

对学生而言，学校社会工作者不是一个权威或者高高在上的教师，而是陪伴学生渡过危机的伙伴。

4. 真实

对待学生要真诚，充满同理心，鼓励学生真实地表达，帮助他们理清关系，推进服务的进程。

学校个案工作的目的可以分为个人和社会两个层面。从个人层面来看，学校个案工作的目的在于帮助每一位处于困境中的学生了解和接纳自己的长处和不足，挖掘自身潜能，提升自己解决问题的能力，以有效适应学校和社会环境，满足其需求与期望。同时，在此基础上，进一步发挥学生的优势，使其建立信心，顺利度过成长过程中的冲突与困惑期，建立良好的人际关系，树立自己的价值观，从而实现自身全面、健康的发展。从社会层面来看，学校对于学生来说即是一个小小的社会。学校个案工作在保证校园公平与正义的前提下，应保障每一位学生的尊严和权利，满足个人需求；同时，学校个案工作还应减轻或遏制因个体社会功能失调而带来的班级和校园影响，维护校园的安定团结。

（二）学校小组工作方法

在学校学生众多，学生们重视同辈友谊，学校小组工作成为一种有效的工作方式。事实上，少先队、团组织、兴趣小组、夏令营等形式早已存在，在某种程度上它们是学校小组工作的雏形，学校社会工作者为学校小组工作注入了新鲜血液。小组工作方法在学校社会工作中的具体运用主要有以下类型。

1. 休闲小组

这种小组成员一般是由于共同的兴趣爱好自发聚集在一起，从小组活动中得到乐趣，如阅读小组、户外活动小组。这种小组的自发性较强，社会工作者只需要在小组中挖掘并培养适当的领导者，就可以带领小组成员完成小组目标。

2. 教育性小组

组内成员聚集在一起，希望通过彼此互动分享习得某一领域的知识，如烹饪技术学习小组。对于这类小组，社会工作者的任务是提供安全和资源丰富的环境，引导成员做有目的的讨论和开发可利用的资源。

3. 自助性小组

一般由有相同经历的学生参加。小组成员通过彼此分享、宣泄不良情绪，从而互帮互助，提供解决问题的方法，并提供感情支持。如单亲儿童小组。对于这类小组，社会工作者需要引导大家适度宣泄负面情绪，在出现依靠小组力量无法解决的问题时适时介入给予帮助。

4. 治疗性小组

小组成员一般具有情绪、行为、人际关系等成长方面的问题，在这类小组中，社会工作者需要提供更多的服务，澄清困扰小组成员的问题，观察小组成员的感受，提出合适的干预措施等，在尊重小组成员的基础上发展解决问题的能力。

(三) 学校社区工作方法

社区是学生除了学校之外的另一个重要环境，对学生的健康成长有着不可忽视的作用。学校社区工作就是运用学校社会工作的理念、原则和方法，结合社区工作的实践，在社区范围内开展工作，达到既能协助社区建设，改善教育环境，又能强化学校与社区、家长之间的沟通和联系，进而促进学生的社会责任感。一方面，学校通过教育功能的实现，为社区提供改善和变迁的动力，引导社区朝着更好的方向发展。另一方面，社区是学生长期生存的重要环境，社区文化、社区环境和社会治安对学生的价值观、行为举止和生活态度等有强大影响。同时，社区存在强大的资源，包括人力、物力、财力、社会资源等，可以与学校的资源相互补充，提高资源的有效利用率，从而形成学校和社区协同发展的助力。社区工作方法在学校社会工作中的具体运用主要有以下类型。

1. 同伴辅导

同伴辅导是指社区内的高年级同学为低年级同学提供服务，以帮助低年级同学适应学习环境并对学校产生归属感。这一方面可以使低年级同学在课外获得学习和生活的指导；另一方面也能够帮助高年级同学培养自身的领袖气质，并在关怀和照顾低年级同学的过程中提升自身的能力建设及价值感。

2. 志愿者训练及服务活动

学校社会工作者在社区内开展的志愿者训练和服务活动分为两种。第一种是由社区内的成年人组成志愿者团队，为社区青少年提供服务；第二种是组织社区内的在校学生成立志愿者团队，为社区内有需要的人提供志愿服务。这两种志愿者活动都需要学校社会工作者提供专业技能的训练，以达至学校和社区相互促进的目的。

3. 青少年成长支持网络计划

青少年成长支持网络计划指通过协助青少年了解自己的处境及问题的成因来界定和评估青少年周围的相关人物和事件，建立支持网络以解决青少年的个人问题，扩展其社交圈，增强其解决问题的能力，以此帮助其学习更多的适应技巧。学校社会工作者既要教导相关人员如何协助青少年，还要教导青少年如何接受别人的支援和协助。

4. 行为偏差少年关怀计划

偏差行为少年关怀计划指将对行为偏差青少年的辅导和帮助延伸到社区，以帮助边缘青少年与社区内的人士建立友善的相处关系，同时在邻里之间推动互助的意识和行为。在推展计划前，学校社会工作者首先要调查和分析社区内的邻里支持网络，再从愿意助人的程度、接触面及个人资源等方面，挖掘社区内的核心人物，通过核心人物的帮助来建立整个关怀网络，由此协助偏差青少年的成长。

5. 青少年权益保护的宣传和咨询活动

学校社会工作者通过青少年权益保护的宣传和咨询活动，来帮助家长及社区内的有关人士认识到社区内青少年权益保护的情况；同时组成关注小组，解决社区内的学生在权益保护上遇到的困难，以达到政策上的改变和权益受损状况的改善。

第四节
中国的学校社会工作

一、中国学校社会工作的发展历程

中国的学校社会工作早在中华人民共和国成立前就已初见端倪。1922年，燕京大学社会学系成立，特别设立了应用社会学专业，目的是为美国在中国设立的社会团体与社会福利机构等培训社会服务工作的专业人才。在所开设的社会服务专业课程中，就有儿童与社会、精神健康社会工作及社会服务实习等课程，这些课程正是与学校社会工作相关的课程。在社会服务个案工作方法的实习活动中，部分学生到监狱和儿童福利机构，对犯人与儿童开展个案调查并运用社会服务个案工作方法帮助他们。还有一些学生到基督教青年会实习，运用小组工作方法开展活动。协助学校教师从事与学生的课业辅导以及行为指导等有关的多项工作。除了行为辅导之外，当时的学校社会工作还包括对学生的职业辅导。这些被视为中国学校社会工作的雏形。[①] 20世纪三四十年代，学校社会工作中的个案辅导工作得到进一步发展。1934年，北平成立家庭福利会，为当地各个学校开展社会个案工作提供理论支持和实务帮助，并协助学校进行儿童行为的指导。这些都属于具有一定专业性质的学校社会工作的早期尝试。

中华人民共和国成立后，我国的学校社会工作为“思想政治教育”和“学生管理”这样的名词所代替，注重运用思想政治教育方法来解决学生问题，又可称之为“行政性非（半）专业的学校社会工作”。这套学校社会工作模式产生于20世纪50年代，并在计划经济条件下随着教育制度的发展得到逐步完善。在社会转型的过程中，社会对学校教育的目标提出新的要求，学生权利意识和自立意识增强，但由于缺乏专业性、系统性和科学性，传统的学生工作方式在回应不断涌现的新问题上显得乏力。自20世纪80年代末重新设置社会工作专业以来，专业的理论和知识不断渗透到学校学生工作当中，为学校社会工作的专业化发展提供了重要的理论基础。

另一方面，我国香港和台湾地区学校社会工作的发展历程及其经验为大陆学校社会工作的发展提供了有益的借鉴。其中，台湾的学校社会工作受美国影响较大。1960年，台湾大学社会学系开设“学校社会工作”课程。70年代，台湾在特殊教育学校中开始配备学校社会工作者。这一时期，香港青少年的越轨行为不断出现，且违法行为数量也逐渐上升。面对青少年的行为问题，香港政府参照志愿团体的尝试，首次推出五年福利计划，在各区开办青少年中心。随后香港政府又在部分学校开展了另一项实验计划，将社会福利署下辖的家庭服务中心的个案工作服务延伸至学校。政府还制定了“青少年个人辅导社会工作程序计划”，确立了学校社会工作制度。1982年，全

---

① 李晓凤．学校社会工作．北京：中国社会出版社，2010：39－40.

港中学都获得了学校社会工作的服务。2000 年，香港已完全实现“一校一社工”。[①]

学校社会工作的专业服务在我国大陆出现较晚，目前还处于开拓阶段。2002 年 9 月，在上海浦东新区社会发展局的支持下，浦东 38 所学校开始试行学校社会工作，按照香港模式，试点推行了“一校一社工”制度，揭开了学校社会工作发展的新序幕。在浦东新区，学校社会工作被视为“学校德育工作的一项有益补充”。继而北京、广州、深圳、四川等地在中小学中以试点的方式相继启动了驻校社工项目，根据学校常规教学时间，于周一至周五开展学校社会工作，以学生为主体，协助学校开展德育教育和心理教育，同时为有需求的群体提供专业社工服务。这些省市普遍借鉴港台地区的经验，结合本地的实际情况，以不同的方式创新学校社会工作的工作模式，在学校社会工作的专业化和本土化实践中积累了宝贵经验。

二、中国学校社会工作面临的主要挑战

纵观国内外学校社会工作发展的经验，学校社会工作在教育体系中的定位及其与学校内部各种学生工作相关机构之间的关系，会直接影响到学校社会工作发展的好坏。因此，要发展学校社会工作，首先必须明确学校社会工作在教育体制中的定位。现阶段，我国学校社会工作的发展面临的挑战主要体现在以下几方面。

第一，学校社会工作与传统学生工作的边界模糊。在新中国成立后的相当长的一段时期内，我国学生工作一直实行的是党委领导下的党政共管体制，在长期的实践中，形成了以党委系统为主、行政系统为辅的极具中国特色的模式，也即在学校党委统一领导下，由校一级学生工作指导委员会宏观指导，由学生处、校团委等部门具体实施，班主任具体落实的工作模式。原有的学校德育工作的内容涵盖了学生工作的多个层面，而新增的学校社会工作，在服务对象和工作形式上与德育工作有一定的相似之处。此外，在我国社会工作职业化发展的现阶段，很多学校社会工作者在学校不仅承担了学校社工的工作，同时还承担了其他的行政、管理和教学工作。[②] 学校社会工作与管理工作、行政工作、教学工作的协调问题一直困扰着学校社会工作者。因此，推广学校社会工作实践的当务之急是要准确定位学校社会工作在教育系统中的角色和功能，以发挥学校社会工作的专业特长。

第二，学校社会工作与学校心理辅导混淆。首先，由于社会工作和心理学在理论渊源、工作方法、流程和工作技巧上存在一定的相似性，目前我国的学校社会工作者多出自心理学专业，和学校的心理老师的知识背景有很大的重合性。其次，在那些配备学校社工的学校中，心理老师和学校社工常常在同一办公场所工作，而且两者的工作考核指标（如开展个案的数量和质量等）也有很大的重合性。这些因素造成了服务接受者对学校社工和心理老师的角色和服务的混淆。教育界普遍存在对学

① 李晓凤．学校社会工作．北京：中国社会出版社，2010：33－34.

② 蔡屹．浦东新区学校社会工作本土化发展历程及经验反思．华东理工大学学报（社会科学版），2006（2）：5－9.

校社会工作和学校心理辅导观念上的混淆，认为学校社会工作仅仅是学校心理辅导工作的简单重复。然而，社会工作与心理辅导是各自独立又相互依存的两个专业。学校社工擅长整合资源，对学生的问题和处境进行系统的考虑；而心理辅导老师擅长针对学生个人问题，做深度的心理辅导。学生问题的多元性与复杂性，要求服务的多元化。单一的心理辅导人员已无法满足学生需要，而社工则可发挥其专长，整合各个领域的专家与资源，为学生提供优质服务。在专业边界定位不清晰的情况下，学校社会工作的价值往往被掩盖，不利于其争取教育行政部门的认可和支持。

第三，学校社会工作没有获得足够的重视。在我国，社会工作者的专业地位与专业形象还没有获得社会的广泛认可。学校社会工作者的情况也是如此。学校社会工作缺乏整体性的制度化建设，学校社会工作者的职业地位尚未受到认可，这也是目前我国社会工作专业化发展过程中遇到的瓶颈问题。2017 年 9 月，人力资源和社会保障部印发《关于公布国家职业资格目录的通知》，社会工作者职业资格被正式纳入专业技术职业资格的范围，这一认定将推动社会工作的职业化、专业化的快速发展。然而，学校社会工作者的职业身份的认定仍需要积极呼吁和倡导，从而获得更广泛的社会认可和接纳。

三、中国学校社会工作的发展前景

学校社会工作在中国的发展已经具备了初步的雏形，体现了时代特征，并在实践中不断积累、反思、完善。但由于其起步晚，积淀不够深，在发展的过程中仍需要得到政府、学校和社会的支持和认可。

（1）不断完善学校社会工作的制度化建设，争取学校社会工作者的职业身份认定。目前学校社会工作需积极推进制度化建设，争取政府和社会对学校社会工作者职业身份的认可。社工界应积极呼吁、谋求学校社会工作者的职业地位认定，争取学校社会工作被纳入编制，建立相应的职称（职级）制度，推广学校社会工作的注册（执照）化，同时还需对其升迁问题建立一整套专业的人力资源开发制度。[①]

（2）在嵌入传统学生工作的过程中推进学校社会工作的专业化发展。王思斌和阮曾媛琪认为，借鉴和使用“嵌入”这一概念能很好地说明行政性社会工作与专业性社会工作之间的结构性关系，并说明它们之间的互动关系及变化取向，专业社会工作的嵌入指的是它必须进入行政性社会工作占主导地位或基本覆盖的社会空间发挥作用。这种社会空间具有很强的行政性、层级性和自上而下的特点，而这与专业社会工作发挥作用的自由空间有很大差异，因而专业社会工作只能在嵌入传统的学生工作中推进。[②] 因此，学校社会工作者应正确处理好与德育工作者、心理辅导老师、班主任等的关系，积极发挥自身的专业优势。

（3）加强学校社会工作的教育与培训，建立本土化的服务模式及工作方法。学校

---

① 刘志红．学校社会工作的本土化研究．社会工作，2006（12）：36－39.

② 王思斌，阮曾媛琪．和谐社会建设背景下中国社会工作的发展．中国社会科学，2009（5）．

社会工作者应注重专业知识的学习和技能的训练，掌握相关课程的知识及技巧，讲究专业伦理，并接受足够的实务训练。[①] 除了设立专门的学校社会工作的课程外，还应建立和完善学校社会工作者的督导制度和继续教育制度，帮助学校社会工作者不断提升专业能力和素养。此外，为更好地回应我国学生的需求，在学校社会工作发展的过程中，还应对西方的学校社会工作理论和方法进行本土化，并在此基础上整合出具有自身特色、适合本土的服务模式。

本章要点

1. 学校社会工作属于社会工作领域的一项专业服务，将社会工作的价值观、理念、方法应用于学校中，对全体学生，特别是处境困难的学生，提供专业的服务。其目的在于通过与家庭、学校、社区的互动，解决学生的问题，促进学生的成长，发挥家庭、学校、社区的教育功能。

2. 学校社会工作的理论基础主要包括：生态系统理论、社会化理论、越轨行为理论、标签理论、角色理论、代沟与文化反哺理论、行为主义理论、道德发展理论、精神分析理论。

3. 学校社会工作的主要模式有：传统临床模式、学校改变模式、社区学校模式以及社会交互模式。

4. 学校社会工作具体工作方法包括学校个案社会工作、学生团体社会工作、学校社区社会工作。运用个案工作方法进行工作时，由于对象是学生，需要重视与案主的关系，力求做到：(1) 满足学生的需求；(2) 激发学生的潜能；(3) 建立友伴关系；(4) 真实。团体社会工作小组类型有：(1) 休闲小组；(2) 教育性小组；(3) 自助性小组；(4) 治疗性小组。学校社区工作则可以开展：(1) 同伴辅导；(2) 志愿者训练及服务活动；(3) 青少年成长支持网络计划；(4) 行为偏差少年关怀计划；(5) 青少年权益保护宣传和咨询活动。

5. 我国学校社会工作面临的问题包括：(1) 如何定位学校社会工作与现有学校体制下心理辅导和德育工作的关系；(2) 学校社会工作者如何协调社会工作与其他工作的关系；(3) 如何让学校系统充分地认识到社会工作的重要性并接纳社会工作。

复习思考题

1. 什么是学校社会工作？
2. 简述学校社会工作的理论基础。
3. 简述学校社会工作的四大模式。
4. 简述学校社会工作的具体工作方法。
5. 简述港台地区学校社会工作对大陆学校社会工作发展的启示。
6. 分析以下案例：

Y 同学从普通学校转到一所贵族学校，因为家境稍差而遭到同学欺凌。“我被一

---

① 林胜义．学校社会工作．台北：巨流图书公司，1994.

群男生推下楼梯，根本不知道是谁推的，只记得一群男生抱着臂在楼梯上对着我得意地嘲笑。”Y同学表示，由于是一群男生，她当时想反抗都不知道对着谁，最后自己哭着离开。从那以后，施暴群体长期对她施加身体暴力和精神暴力，她被推下楼梯、被推搡、被群殴、被迫跳进厕所便池、被语言攻击、被集体嘲笑……

Y同学曾经尝试处理这些事件，但当她向老师求助时，换来的却是嘲讽：“老师只说我活该，还说忍不了就自己退学之类的话。”Y同学将欺凌事件告诉家长，父母给老师打电话老师不予理睬，便不了了之。因为求助无果，欺凌的事态加速恶化。“我被所有人极其严重地欺负，因为大家知道欺负我没有后果。”从此，Y同学再也没有向他人寻求过帮助，只是默默忍受欺凌带来的痛楚。

遭受欺凌后，Y同学形成了孤僻的性格，人际交往受到了很大的阻碍，与父母感情也很冷漠。她不相信任何人，也没有安全感，直至被诊断为抑郁症。受病魔困扰的她总是没有任何理由地想死，曾自杀多次但没有成功，自残现象非常严重。Y同学说道：“我不知道正常的学生生活是怎么样的。”

请结合案例思考以下问题：

（1）如果Y同学是你的案主，你会如何介入？

（2）如果你是一名学校社会工作者，如何看待学校社会工作在本土化过程中的角色定位问题？

关键概念

学校社会工作、访问教师、艾德森、学校社会工作理论基础、学校社会工作实务模式、学校社会工作方法

推荐阅读书目

1. 李晓凤．学校社会工作．北京：中国社会出版社，2010.

2. Allen-Meares P. 学校社会工作．上海：华东理工大学出版社，2015.

3. 拜伊，阿尔瓦雷斯．学校社会工作：理论到实践．北京：中国人民大学出版社，2014.

4. 林胜义．学校社会工作．台北：巨流图书公司，1998.

5. 宣兆凯．学校社会工作学．北京：北京师范大学出版社，2000.

6. 石彤．学校社会工作实务教程．北京：中国人民大学出版社，2010.

第十七章
医疗社会工作

健康是生活质量的重要保证，是个体和社会充分发挥其功能的必要前提。维护并恢复人类健康不仅是医务工作者的职责，也是医疗社会工作的主要目标。医疗社会工作不是一般的慈善工作或救济工作，也不是一般的公益或公共事业，而是在现行社会、经济制度下，对受到疾病困扰的社会成员，用现代科学知识与方法，从生理、心理、社会、经济、家庭等各个方面去全面、深入地了解病人功能失调的原因，然后对症下药，协助其重新适应社会，进而防止失调现象再度发生。

第一节 医疗社会工作的概念及其发展历史

一、医疗社会工作的含义

医疗社会工作起源于英国和美国。[①] 从 19 世纪末诞生至今，它的含义随着时代的变迁、社会的进步和人们需要的变化而不断丰富。总体上说，对于医疗社会工作含义的界定经历了如下两个不同阶段。

第一阶段是医疗社会工作诞生至 20 世纪 70 年代，这一阶段的医疗社会工作为传统意义上的医疗社会工作。在这一阶段，人们认为医疗社会工作的使命在于“理解疾病”，主要关注疾病的治疗和康复过程。医疗社会工作者面临的主要任务是如何在医疗机构中开展对病人的服务工作，其目的是协助病人及其家属解决与疾病相关的心理、社会、经济、文化、环境、职业等问题，以提高医疗效果，不仅要使疾病早日痊愈，而且要防治疾病的蔓延和复发。比如，1955 年美国社会工作者协会对医疗社会工作的定义是：“医疗社会工作是在医院或其他健康照顾机构中实施的促进健康、预防疾病并帮助病人和他们的家庭解决与疾病相关的社会和心理问题的社会工作实务。”这一阶段的医疗社会工作处于消极被动状态，仅就“病”论“病”。

---

① 金蔚如．医务社会工作．台北：五南图书出版公司，1988.

第二阶段是20世纪80年代以后，随着人们对健康含义认识的深化，医疗社会工作的含义也不断丰富。与前一阶段相对应，这一阶段为现代意义上的医疗社会工作。在这一阶段，人们不再满足“没有疾病就是健康”的观点，开始认识到健康不仅仅是治愈疾病，更重要的是对疾病的预防和保健。所以现代意义上的医疗社会工作除了传统医疗社会工作的内容外，还包括对健康的促进和保护，对疾病的预防和治疗。如有的学者将医疗社会工作定义为，社会工作经常与医疗保健及公共卫生配合实施。此种工作是将社会工作之知识、技术、态度与价值应用于卫生照顾工作，而其本身则侧重于对疾病中因社会或环境之紧张而导致社会功能与社会关系失败之探索。社会工作与医药卫生相结合，从社会心理、环境因素对于生活角色之影响，以从事疾病之研究、诊断与治疗。①

综合上述两个阶段的定义，本书认为，医疗社会工作有广义和狭义之分，大体上对应于医疗社会工作含义变化的两个阶段。狭义的医疗社会工作是指在医院围绕医疗过程而展开的社会工作，它包括对病人的心理援助、提升病人的自助能力、帮助病人寻求社会资源、安排病人的康复计划、为病人提供出院转介等工作。广义的医疗社会工作是指社会工作者在医疗、卫生、保健机构中运用社会工作专门的知识、方法和技巧，开发和利用社区、社会资源，协助病人及其家属解决与疾病相关的社会因素和心理因素，提高疾病治疗效果，增进人们对疾病的预防、治疗和对健康的保护。

医疗社会工作是一门专业，必须由掌握专业知识、技能的专业人士去开展工作。在西方及我国港台地区，医疗社会工作者一般从正规大学的社会工作系毕业，在有些国家和地区比如我国的香港地区，还必须经过专业资格认证和注册才能开展工作。并且医疗社会工作和其他社会工作一样，具有专门的工作方法，包括个案工作、小组工作和社区工作方法。总体而言，医疗社会工作着眼于为病人及其家属提供全方位的人性化服务，不但能促使病人早日痊愈，保持身心健康，而且协助解决产生疾病或因疾病而产生的各种社会问题，预防疾病的蔓延与复发，使病人精神振作地重新适应社会。

随着现代社会发展的多元化、医疗社会学理论发展的成熟化，今后的医疗社会工作将是包括医疗政策制（修）定、行政及管理、社会行动、社区组织、咨询、调查研究及专业教育等诸多内容在内的复杂工作。②

二、医疗社会工作的起源和发展

现代意义的医疗社会工作起源于英国。早在16世纪，英国便有“施赈者”在医院里做救济贫病的工作。1885年，罗查理爵士、蒙地非上校有感于病患的实际需要，经详细研究后，向上议院提出报告，至1895年获得批准，开始在伦敦皇家免费医院首先聘请“女施赈者”应用个案工作方法进行调查访谈，以解决病患因疾病而产生的

---

① 徐震，林万亿．当代社会工作．台北：五南图书出版公司，1986：396－397．

② 廖荣利．社会工作概要．台北：三民书局，1996：110．

各种社会问题。[①]

美国医疗社会工作起源于19世纪中后期，发展至今已是当今世界上医疗社会工作最为发达的国家。1893年，纽约亨利街的贫民区，开始有邻居探病和提供医疗护理救助等活动。1894年纽约The Post Graduate医院首先聘请一些社会工作者在小儿科服务。然而美国医务社会工作的正式推行是在1905年，麻省州立医院（The General Hospital of Massachusetts）在卡博医生（Dr. Richard Cabot）的鼓励提倡之下，正式成立医生社会服务部。此后，美国各大医院均先后纷纷模仿此制。该时期的社会工作者强调其友善访问员（friendly visitor）的角色，关心病患在家中的医疗照顾。20世纪30年代，受到心理分析理论和精神医学的影响，医院的社会工作服务方案分为一般医疗（medical）和精神科（psychiatric）两部分。20世纪50年代，则发展出多元化的医疗技术，如行为修正、危机调适、家庭治疗、遗传咨询等。而20世纪80年代，受医院注重医疗成本效益和绩效评估的影响，医疗社会工作也相应地开始注重行政管理、档案管理、品质控制和革新制度。另外，这个时期的许多医疗社会工作者开始将“出院计划”视为重点工作，并积极地建立此项工作的模式。

20世纪60年代以来，医疗社会工作的概念进入了一个新的领域，那就是视整个社区为医疗对象，而非单独针对个人而已。这种新概念的促成因素有两点：第一是社会科学家们开始研讨医疗政策及医疗制度的实效和广泛度；第二是医疗病因学逐渐重视区位（ecology）的重要性。

观念及知识的改变促使了传统式病人与医生关系的转变。视社区为医疗对象时，病人与医生的关系涉及政治、经济、立法（即消费者和弱势群体的权利，疾病预防较治疗更经济）等因素。同时，随着社区发展运动的进行，社区保健的概念也为政府、医学界以及社区居民所接受。

在上述潮流下，许多医疗社会学家加入了医学家的行列，成了医疗计划者之一，协助调查医疗政策、措施是否有效地达到社区内的每一个居民。

另外，由于20世纪以来医学领域中新观念的发展，包括所谓“整体性健康照顾”、康复医学、预防医学、心身医学、心理卫生，以及社区保健等的发展，必须有社会工作专业人员参与医疗卫生保健工作，与医生、护士以及其他医务人员共同组成医疗工作小组，来实现现代医疗卫生保健的理想目标。

目前西方国家医疗社会工作者首先多集中在一般综合医院、专门医院和精神病医疗机构，其次是残疾者康复医疗机构，再次是公共救助、公共卫生机构中工作。现代医学注重预防工作，在预防医学团队中，如果没有社会工作者，则其进行的预防措施会因一些社会、经济、家庭、职业、心理等问题的阻碍而不能实行。目前英、美、瑞典等国，其政府都聘用社会工作者到疾病预防机构，如卫生所、卫生局、卫生处和卫生署等卫生机构和卫生推广部门工作。

---

① 李增禄．社会工作概论．3版．台北：巨流图书公司，2002：407.

在农业社会中，我国社会成员以家族为单位，本着“父慈子孝，兄良弟悌”“守望相助，疾病相扶持”“里仁为美”的古训，过着一种互助式的生活。如有贫病残障者，皆能依其家人或族人生活，或由家族与邻里为之设法安置救恤。《周礼·大司徒》所提倡的“保息六政”包括：慈幼、养老、赈穷、恤贫、宽疾、安富。其中“宽疾”即今天所说的医疗救助。范文正公所办事业，除救灾外，对其戚族乡里的贫苦者更有平日的生活扶助和丧事、生育、疾病等的津贴，造福乡里，后世称道，代表着民间的私人医疗社会服务。

总体而言，医疗社会工作是工业化、城市化和社会现代化的产物，作为社会工作的一个重要组成部分，其在维系人们身体健康、促进医疗卫生事业发展的过程中，起着举足轻重的作用。

第二节 医疗社会工作的理论基础及基本内容

一、医疗社会工作的理论基础

（一）疾病的社会学观

将疾病视为一种偏差是社会学者对疾病的看法，也就是疾病的社会学观。对疾病、健康进行社会学定义最早可追溯到帕森斯。作为功能主义的大师，他从社会功能、社会系统的平衡及稳定出发，将健康解释为“个人扮演其社会化角色的最适能力状况”[①]。也就是说，帕森斯认为健康的关键在于社会角色以及个人的角色扮演，如果一个人能恰如其分地扮演其社会角色，而且扮演得游刃有余、乐在其中，那么这个人就是健康的。

依照这一看法，相对于正常的健康状况，疾病就是一种社会偏差。因为疾病最一般的特点是指，对个人希望完成任务和角色的能力的干扰，并非指特别要求他去承诺完成任何特殊的任务、角色、集体性、规范或价值，是减弱个体希望完成任务和角色的能力的一种表现，其对于一个社会系统来说就是一种偏差行为。同时，疾病会损失社会成本，所以社会会对它提高警觉，尽力消弭或减少疾病的发生，而医疗就是社会对应疾病（包括疾病分子）的机构，其功能在于矫治这种偏差。

社会学者对疾病与偏差模拟的原因可以综合归纳如下：（1）疾病是不正常的状态，健康一般被认为是常态，而疾病是偏离常态的状况；（2）疾病与偏差均为不受欢迎的情况，需要做矫正治疗；（3）偏差受到非我族类的待遇（社会排斥），疾病也是；

① 帕森斯．社会系统．北京：华夏出版社，1998：205.

(4) 疾病产生偏差行为，病人不管生理或心理有病都无法服膺社会行为规范，扮演正规的社会角色（如工作）。[①]

在社会学疾病观影响下，现代医学逐渐认识到，一个人生病的原因、发病的过程及治病的效果均与现代社会复杂的生活有关；并且，不同社会、文化、经济、教育背景、生活方式的人对同一疾病也会有不同的反应，"病人也是一种社会角色"。由此，世界卫生组织将健康界定为肉体、精神、社会活动与人际关系均达到健全的状态，并明确指出，社会活动与人际关系也是致病的原因，也应成为治疗的要素。因此，在当代医疗界揭示的"完全照顾""完全医治"的目标之下，社会工作者成为医疗卫生保健团队中的成员之一，担负着探索疾病中的社会因素、人际关系与心理情绪的任务，成为病人、家属和医护人员之间的桥梁。

(二) 生活适应模式[②]

医疗社会工作是运用社会工作知识、技术与医疗卫生机构，以医疗团队一分子身份协助病人及家属排除医疗过程中的障碍，不但使疾病早日痊愈，而且使因疾病而产生的各种态度问题得以解决，进而重新适应社会。因此，医疗社会工作的理论基础应以生活适应的模式为主，亦即以往强调的生理-心理-社会的模式。依杰美因所言，生活适应模式的三个核心概念是：适应（adaptedness）、压力（stress）和因应(coping)。

生活适应模式理论认为，一个人生病可称之为压力事件，它往往导致在家庭（病人及家属）与其生活环境的互动中，产生改变或适应不良，而医疗社会工作就是要协助病人处理因疾病或治疗所引起的各种问题，使病人在生理、心理或社会各方面都能达到最佳的适应，这一努力调适的过程就是因应。

(三) 危机调适理论[③]

危机是指个人面对一种其在日常生活中不熟悉或意外的经验，并且个人生活中熟悉（常用）的资源及经历无法有效应对。卡普兰（Caplan）将危机分为两类：一类是因日常生活的改变而引发的危机，即"发展性危机"；另一类是因意外或困难事件而引起的危机，如疾病、伤残等。危机调适是指通过提供及时和急需的帮助，协助处在危机情况下的个人或家庭重获身心平衡。

危机调适理论指出，疾病，特别是严重的疾病，对患者及家属而言是一个危机事件。医院中的病人可能面临的危机有：疾病与伤害引起的危机，如获得了诊断结果、病情恶化等；住院引起的危机，如角色危机（家属角色重新分配、子女照顾）、心理危机、经济危机（医疗费用、生活费的压力）等；医疗过程引起的危机，如手术、治疗带来的不适，肢体器官的切除、治疗失败等。

---

① 刘仲冬．疾病的社会学观．医望电子报，1998-05-22.

② 李增禄．社会工作概论．3版．台北：巨流图书公司，2002：418-421.

③ 莫黎黎．医务社会工作．台北：桂冠图书股份有限公司，2002.

医院中的危机调适方法及步骤如下：(1) 快速建立彼此信任的专业关系；(2) 了解造成危机的因素并针对危机状况搜集资料；(3) 制定契约，帮助案主认识问题并与其讨论可行的办法；(4) 确定调适的办法，继续协助案主对触发危机事件的原因、危机带来的威胁、过去应对危机的办法以及解决危机的支持系统进行评估，在此基础上鼓励案主确定应对危机的办法并采取行动；(5) 在2～4周内完成上述任务，如果不顺利则转介；(6) 结案并追踪服务。

二、医疗社会工作的基本内容

医疗社会工作是以医疗院所为基地的社会工作，依据其服务机构特性可分为医务社会工作、公共卫生社会工作、精神健康社会工作三种。

(一) 医务社会工作

医务社会工作是指综合医院和诊所、儿童医院和诊所、慢性病疗养院以及医学康复机构中实施的社会工作。这些服务大多是在医院进行的临床工作，所以有人称之为医院社会服务或临床社会工作。医务社会工作者服务的主要项目是解决在这些医疗机构内与病人及其家属有关的经济的、社会的和情绪的困难。因为这些因素对病人的治疗有密切的关系，只有在社会工作者的参与下，才能达到综合性的治疗效果。特别是随着医院功能的改变，医疗机构对社会工作专业人员的需要日益增加。

1. 综合医院和医疗诊所中社会工作者的职责

具体包括：(1) 协助医务人员察觉并了解病人的发病、诊治、康复，重建有关的社会、经济与情绪情况；(2) 协助病人及其家属有效地利用医疗防治设施；(3) 启发病人及其家属振作精神，协助病人配合治疗；(4) 参与机构内医务人员的教育、训练、推行服务计划；(5) 协助医院通过使用各种医疗设施为病患提供充分的服务；(6) 运用社会资源参与社区保健训练计划，以充分适应病人及家属的需要；(7) 指导来医院实习的医学、护理及社会工作等专业的学生；(8) 参与医院重要的行政决策，以提高医院服务的范围和水平；(9) 参与医院的各项调查工作及对医疗有关的家庭、社区的调查研究工作。

2. 儿童医院和医疗诊所中社会工作者的职责

具体包括：(1) 协助医务人员了解儿童因治病或住院所产生的心理反应；(2) 协助医务人员了解与儿童发病可能有关的各种因素；(3) 协助儿童适应医务设施环境以及协助家属注意到孩子因生病而产生的心理需要；(4) 协助儿童家长早期发现儿童因住院所引起的行为上不良的反应而给予适当的辅导；(5) 发现家长因儿童发病而产生的不良心理反应并进行适当辅导；(6) 促进儿童医院中心理卫生方面计划的推行；(7) 对于小儿科或儿童健康和疾病有关的各种情况进行研究等。

3. 慢性病疗养院和医学康复机构中社会工作者的职责

具体包括：(1) 协助病人及其家属了解慢性疾病对病人社会功能的影响；

（2）协助病人及其家属面对慢性病或身体残缺所带来的特殊困难和需要；（3）评估病人接受治疗的动机和潜在能力以做适当的辅助，使其善于运用医疗服务设施；（4）启发并鼓励病人在其身体的有限能力范围内充分发挥自己的能力和智慧；（5）协助病人及其家属逐渐地适应慢性疾病及身体残疾所带来的困扰，并估量病人对慢性疾病的适应能力；（6）利用社区资源对慢性疾病及身体残缺病人进行有效服务。

（二）公共卫生社会工作

公共卫生社会工作是指卫生行政和公共卫生设施内实施的社会工作。社会工作专业人员参与卫生行政工作，是为了更好地把卫生、教育和福利三者结合起来。社会工作者在卫生行政的各种政策和措施中，需顾及社会发展与社会福利的内容，同时也要兼顾社会上个人、家庭、社区的需要。

现代医疗卫生保健工作强调通过公共卫生的研究和服务，达到对社会成员的疾病预防、健康维护以及体力发挥等。根据温斯洛（Winslow）所作的界定（被世界卫生组织采纳），公共卫生是通过有组织的社区力量，高效率预防疾病、延长寿命、促进心理和身体健康的科学和艺术①，是运用预防医学、社会医学、环境医学等理论和技术预防疾病和劳动力丧失，提高人民健康水平的全社会系统工程。预防疾病、延长寿命和促进健康是它的三项基本目的。一般来说，公共卫生通常要借助有组织的社会成员的努力，依靠正确的医学和卫生知识，有计划地推行各项公共卫生措施，以达到消除妨碍大众健康的一切障碍，从而建立有利于人们健康的生活环境。可见，公共卫生社会工作离不开社会工作专业方法，其措施是与社会福利计划和社会服务工作密切相关的。

社会工作者在公共卫生与社区保健单位的职责有：

（1）参与各种卫生行政法规的制定或修订工作；

（2）参与各项公共卫生教育训练计划的制订与实施；

（3）充当卫生行政与社会福利行政之间的协调者；

（4）从事公共卫生方面的心理卫生工作方案的设计与推行；

（5）协调各种社会资源以供卫生服务的需要；

（6）调查研究与评估有关社区居民的需要以及卫生服务的功效；

（7）以社区组织的方式，协调社区居民自助互助，以发现、设计和推行社区各项卫生保健工作；

（8）从事社区中个人与家庭所遇困难的咨询工作，参与社区发展的有关活动事项。

---

① Winslow C E A. The evaluation and significance of the modern public campaign. New Haven：Yale University Press，1923.

（三）精神健康社会工作

精神健康社会工作是指精神疾病防治和心理卫生机构的社会工作专业服务，其跨越了双重领域。它一方面是社会工作专业活动的一个领域，另一方面又是心理卫生工作的一项工作。因此，对此种专业领域的探讨应从上述两种角度来衡量才能刻画出其特性。精神健康社会工作早年主要是在儿童心理辅导诊所和精神病医院中的个案工作实施，近年来开始在其他的心理卫生设施中充当重要角色，小组工作、社区工作以及行政和咨询等社会工作方法，也被广泛地运用于精神疾病的防治与心理卫生设施中。

精神健康社会工作者的职责有：

（1）对神经精神疾病或情绪障碍的个人发病的有关因素、个人生活史和家庭心理动力的资料进行搜集和分析。即进行个案研究与诊断，以供精神科医师作综合诊断的参考，或供专业人员在病患治疗与服务时参考。

（2）对病人家属进行心理辅导，以解除家人因精神病患所引发的焦虑与困扰，并促进家属对病人疾病性质的了解，更进一步辅导家属以启发其对病人治疗、康复与预防做建设性的辅助与影响。

（3）对较轻度病患进行个案工作治疗，或以小组工作方式进行心理社会生活再教育，以实现增强病人的社会生活再适应能力、人格的重建、人际关系的改善以及心理疾病预防等目标，从而使病人重返社会。

（4）通过探访、咨询或其他方式，对与精神病病人有关的家庭、学校和相关机构进行联系、协调或调适，使其对精神病病人再适应社会生活，产生积极的、建设性的辅助作用。

（5）参与康复医疗机构的重要行政计划与决策，参与和从事与精神疾病或心理卫生有关问题的调查研究，参与康复人才的培养训练，从事其他有关精神疾病或心理卫生知识的宣传工作。

（6）开发运用社会资源，参与或指导社区精神疾病和心理卫生的防治、康复服务计划，以适应精神病病人及其家属的需要和增进其社会福利。

关于精神健康社会工作的更多内容，还将在第四节详细展开。

三、医疗社会工作者的角色

社会工作者的工作领域有很多，在医疗院所及康复机构等社会工作部门从事社会工作的即称为医疗社会工作者，他们是社会工作者的一类。医疗社会工作者虽然属于社会工作者的一种，但是医疗社会工作者的服务范围、内容的广泛性和专业性，使其必须具备相当程度的医疗方面的知识，并注重与社会工作通识性知识、方法和理念相融合，因此医疗社会工作成为社会工作实施领域中独具特色的一个领域。关于医疗社会工作者的角色，在上面讨论医疗社会工作的分类及内容时已有所涉及，这里再做全面、具体的说明。

(一) 社会工作者对病人的角色

在病人的整个治疗中，社会工作者所扮演的角色因个别病人的具体情境而异。一般而言，以入院服务、出院计划及追踪为主。

(1) 社会工作者所提供的入院服务有：帮助病人决定他是否能使用医院中的设备；帮助病人处理影响其在住院治疗中遇到的紧急问题；对病人接受住院治疗予以支持；提供有关的医院治疗程序的信息；等等。

(2) 住院期间所提供的服务有：帮助病人放松紧张的情绪，利用医院服务配合医生治疗；在病人、家属和社区间担任联络人，协调关系；协助病人处理现实问题；提供支持性的及补充性的心理治疗；等等。

(3) 出院设计服务：为出院做出计划是一个从病人入院时即开始的持续性过程。社会工作者将利用早期和病人建立的关系做出病人出院的计划。为此，要进行个案工作会谈，帮助病人利用医院的资源；利用社区资源并帮助病人有效防止疾病的复发；参与病人出院后的追踪服务，帮助病人缓解生活环境中的压力。

(二) 社会工作者对病人家属的角色

医疗社会工作者另一主要工作内容就是为病人家属服务。特别是在为病人做出院计划时，社会工作者应专注于家属的问题。此外，从家属那里得到的社会资料，能帮助临床医务人员对病人的性格、家庭情境、成长经历、社会关系网等有更深入的了解，这些将有助于对病人的临床治疗。

(1) 在入院许可方面，对病人家属的社会工作的职责有：和医院建立合作关系；提供有关医院的必要信息；帮助家属处理和病人的病情及住院有关的各种感受；结合社会资料以增加对病人的了解，这些最好经由与家属的持续接触获得。

(2) 病人住院期间为其家属所提供的社会服务有：帮助处理因住院而产生的困难问题；帮助家属修正态度和行为；对病人在医院中的情况，向其家属提供有关的信息并给予心理支持；帮助处理出院后所可能产生的问题；等等。

(3) 出院计划和追踪服务：帮助病人家属修正态度；巩固其在为病人做作计划中的合作；帮助病人寻找适当的职业；等等。

(三) 社会工作者对社区的角色

社会工作者可对社区有关机构说明病人的需求、能力等，疏通社区资源，为病人所利用。此外，社会工作者和医院工作人员在对社区说明医院立场和政策时，负有共同的责任。

(四) 整体住院计划中社会工作者的角色

社会工作者对整体住院计划的责任是其对健康的强调多于对病理的说明。此外，社会工作者对文化模式的关注，有助于其全面、深入地了解病人或其家属的情况。社会工作者有责任参与有关病人入院许可之前、住院期间、出院及追踪的各项服务计划。社会工作者向医院工作人员说明病人及其家属的情况时，应包括病人的文化背景、现实问题、现实人际关系及家属人格等问题。同时，社会工作者还应对医院人员说明病人所在社区的基本情况，包括社区资源及文化模式的可用性和局限性。医疗社会工作也存在于医疗单位的行政管理计划中，包括对其他医疗小组提供意见并参与整个医院计划。

第三节 医疗社会工作的基本方法与过程

一、医疗社会工作的方法

（一）个案社会工作方法

个案社会工作是医疗社会工作的基本工作方法。其要旨是运用个案社会工作的专业知识与技巧，了解患者和疾病相关联的各种社会、经济、家庭、情绪等问题，通过会谈方式，收集资料，予以综合分析，找出问题之症结，建立社会心理诊断，再针对问题予以处置。其具体工作内容包括以下各项：（1）病人目前所呈现的问题及其形成因素的分析；（2）病人家庭生活情况及其家庭心理动力因素的分析，包括家庭病理因素的分析；（3）病人个人成长史及其行为动力的分析；（4）对病人接受帮助的意愿和使用帮助能力的评估，以及对该病人服务或治疗计划的拟定。

要达到这些目标，社会工作者首先要收集病人的社会及心理资料，以作为对病人社会及心理诊断的依据。医疗社会工作者在运用个案工作方法收集资料的过程中，应当随着与病人及其家属、医护人员及其他有关人士的接触，敏感、适当和有效地进入受助对象的生活空间里，逐步与案主建立专业关系。

在运用个案工作方法的过程中，医疗社会工作者的任务就是收集并检阅受助者的资料，全面把握对方的境况并进行理性反思，有计划地面对不同的要求和反应，进行社会诊断，设计服务计划，提供社会工作的服务，然后记录并评估。

（二）小组社会工作方法

第二次世界大战以后，小组社会工作方法开始被广泛应用于医疗社会工作领域。在医院体系实施的小组工作，组员以病人及其家属为主体，通过社会工作者的规划与引导，让病人对疾病的反应与治疗有深切的了解、获得正确的医疗信息、缓解情绪压力、增进疾病适应能力并尽快恢复生活的信心；同时，在这种有治疗气氛的小组环境中，病人可以较为容易地打破以前的孤独、消沉、苦闷，重新建立良好的人际关系与积极的人生观。

医疗社会工作中的小组类型有下列几种区分方式：

(1) 根据成员身份区分，可分为病人小组、家属小组、病人与家属小组三种。

(2) 根据成员进入控制程度区分，可分为：第一，封闭式小组（closed group），即小组人数有一定限制，聚会期间也确定。群体的人数在团体成立初期就确定，其中只可能有人退出，而不接受临时加入的人，有兴趣加入的可在下次再报名。第二，开放式小组（open-ended group），即群体聚会期间无限定，成员可在任何时候加入。

(3) 根据小组性质区分。这里的“性质”不易界定，从群体的功能、目标来看，可分为社会支持小组、教育（训练）小组、治疗小组；从小组的活动形式来看，则有联谊会、座谈会和讨论会等；而从问题性质来看，则有危机调适小组、多元家庭小组、出院计划小组等。

另外，近年来许多医疗社会工作者乐于尝试一种新的小组，即所谓的“自助小组”（self-help group），顾名思义是病人或家属自己负责管理的小组。自助小组成立之前，往往需要有医疗社会工作者在其主持的小组中鼓励成员产生共识，一起计划成立自助小组，参与并执行与小组相关的发展事宜。

(三) 社区社会工作方法

自从有医疗社会工作以来，社区社会工作的方法就开始被运用了，只是它在医疗机构中的专业性和必要性频繁遭到质疑。学者们认为，要想提高医疗社会工作的效果，主要取决于两个条件：一是要有经过专业训练的、具有领导能力的人才；二是要有足够的人力和财力。基于此，社会工作者可以运用社区社会工作方法，汇集人力、物力、财力，以促进医疗社会工作效果的提高。当前，这一方法主要被运用在以下几个方面。

1. 加强公共关系

医疗社会工作者应经常利用参加各种社会活动的机会，使公众了解自己工作的情形，有什么计划需要他们赞助。许多医院社工部的基金及与外界的合作计划或活动都来自良好的公共关系。

2. 发动志愿工作人员

社会工作所需要的人力和财力都是永无止境的，尤其是医疗社会工作者服务的对象是疾病缠身者，其连带发生的社会、经济、家庭、职业、心理等复杂问题常常是千头万绪，绝非有限的人力在短时间内所能完全解决的，因此需要借助志愿服务人员，他们的参与会使病人得到更多的帮助。

3. 利用大众传播工具发动社会力量帮助病人及其家属

这会使社区中其他团体或社区民众了解医疗社会工作的意义，从而主动提供支持。定期的工作成果报告也能引起热心人士的共鸣。

(四) 其他特殊方法

医疗社会工作的方法除了一般社会工作的个案社会工作、小组社会工作和社区社会工作三大方法之外，还形成了专业性更强的特殊方法，其中包括：

1. 出院安置计划

近10年来，医疗社会工作界深感出院安置计划的重要性，因而加强了这方面知识的学习和训练。出院安置计划工作流程可分为：(1) 病人的筛选界定；(2) 社区资源的联系；(3) 转介工作；(4) 病人追踪工作。从出院安置计划的工作流程来看，它与近年来社会工作界盛行的“个案管理”工作模式的过程相似，在运用时都能够培养社会工作者对个案中各种问题的轻重缓急和优先顺序的判断力，更能满足病人及其家属的需求，从而达到协助的功能。

2. 急诊室社会工作

在急诊室这一环境中，病人常常发生社会心理危机，而医护人员则因治疗上的急迫要求和不断增加的病人，无暇顾及病人的社会和心理的需要，所以急需社会资源的协助。医疗社会工作者应以危机调适方法对来到急诊室外的意外灾害病人及其家属提供协助，主要情形包括：(1) 协助转院；(2) 处理家属情绪；(3) 提供各种社会资源。

二、医疗社会工作的实施过程

(一) 接案，主动发掘服务对象

接案是整个助人过程的基础和起点。医疗社会工作者如果只是依靠其他医护人员的转介或应病人主动要求而开始提供服务，在工作上就难免会失去自主性，而受助人数也会因为人们对医疗社会工作缺乏认识而受到限制。此外，转介程序也往往使医疗社会工作者错失机会，不能尽早介入并提供服务，因而影响工作成效。

所以，医疗社会工作者应积极主动，尝试发掘需要服务的对象及领域。除此之外，还要针对不同的对象，制定切实需要的公认的危机评估细则，这不但可以配合不同医疗社会工作的需要，同时也为服务质量提供检验的标准。

(二) 进行社会诊断[①]

疾病的产生是生理和心理原因相互作用的结果，疾病的治疗也相应地要从这两个方面入手，才能“对症下药”。社会医学认为，某些疾病的防治绝非靠生物医学就能奏效，而在很大程度上取决于人们的经济水平、营养状况、生活方式等社会因素。与病理诊断相对应，医疗社会工作者应对病人开展详细而细致的社会诊断。社会诊断是指对影响病人身体健康、诱发疾病的各种社会因素进行综合分析，从而消除这些不利的社会因素。医疗社会工作按照对疾病分析、诊断的重点对象的不同，可分为以下三种模式。

1. 个别诊断模式

这种诊断模式主要是以病人个体为分析诊断的重点对象，它主要从两方面来分析

---

① 殷晓清，薛和．当代社会工作．北京：中国时代经济出版社，2003：406－419.

病人状况，一是病人在生理、心理、社会的情绪、精神等方面是否缺损，考虑其各方面的完整性；二是注重个体在社会角色、关系资源、经济状况等方面的特殊性，以及病人对疾病反应等方面所具有的独特性。

2. 疾病诊断模式

这种诊断模式是以疾病为重点分析对象，从医疗、社会等方面分析疾病可能造成的生理损伤和社会影响，分析疾病的可见性、危机性和可预防性，以便及时控制疾病。

3. 环境诊断模式

这种诊断模式是分析疾病对病人及其社会环境的影响，以及疾病对病人的社会角色、情绪反应、社会关系、社会资源可能带来的负面影响。

不管哪种方式，问题的诊断都包括资料的收集和分析、确立问题的性质、拟定初步计划等。系统的诊断方式是有助于问题解决的。"4Rs"诊断方法对此很有参考价值：

（1）角色（roles）：诊断病人的社会角色及因疾病而出现的转变，评估哪些角色必须保留及强化，以增强病人的适应能力。

（2）关系（relationships）：诊断病人的人际关系及分析影响关系的因素，订立解决的方法、支持网络和所需资源。

（3）反应（reactions）：诊断病人及其家属对问题的情绪反应。

（4）资源（resources）：诊断病人及其家属用以解决问题的资源。①

（三）医疗社会工作团队的建立和合作

社会工作者的生理疾病知识训练相对不足，在进行社会诊断之后，就要和其他医护专业人员合作，从而为病人提供生理、心理及社会性的全面治疗。

在医疗社会工作团队中，各种专业成员因为不同的专业训练，在工作观念上难免有差异，特别是对人的角色和权利，以及队伍的作用及角色等的看法有所不同。医疗社会工作者接受的训练和对人际关系及沟通的认识，往往能令他们起到桥梁的作用，尤其在推动病人及其家属与医疗团队的联系上，更起着穿针引线的作用。

（四）制定合约

与案主制定合约在社会工作中有重要作用。社会工作文献表明，立约是一个有动力和发展性的过程②，包含四个连续性的步骤：（1）探测与协商期；（2）初步订立合约；（3）根据初步合约内容进行工作，加深双方对目标的了解，订立正式和约；（4）完结期。

以上四个步骤只是理想模式，事实上，有些服务对象并不愿意立约。很多医疗社会工作的案例中，服务对象都只是要求服务，却不知或不想知道自己和社会工作者都

---

① Dorem B. The four R's：Social diagnosis in health care. Health and social work，1996，1（4）：120－139.

② Strain J. Clinical social work：The theory and practice. New York：Free Press，1998：58－75.

有责任。另外，因环境的限制，医疗社会工作者也可能容易忽略这方面的工作。无论如何，医疗社会工作者与案主立约，都不能缺少热情、真诚与同情心。制定合约的基本技巧是把问题分解成可实行的步骤，使案主了解并接受，以共同实现目标。

（五）选择合适的工作方法

医疗社会工作者针对病人及其家属的问题与需要，配合诊治程序，为解决问题提出具体的处理方法。不同的工作方法可单独或结合在一起使用。

（六）评估和结案

评估是针对实施的过程及目标而做出的检讨，可以帮助工作人员在类似工作中找出最好、最适当的处理方法，并可以从错误中学习，提高服务的素质。评估的机制有很多种，例如单一主题模式、同事间的相互检讨、专题研究等。与评估工作有密切关系的是工作过程记录。若没有正确的记录，要想测知案主得到多少帮助及改变多少是很困难的。个案评估和经验整理是医疗社会工作采用的主要研究方法。个案分析及调查研究能令医疗社会工作的介入方法和工作技巧得到改善。介入目标已经实现，服务对象的问题已经得到解决，社会工作者和服务对象双方根据工作协议逐步结束工作关系所采取的行动，即是结案。

案例介绍：医疗社会工作者是如何开展工作的①

案主概况：刘某，男，13岁，上海市人，出生至今不能自己站立和独立行走，双眼向上斜视，吐字不清，语言连贯性差，后以脑性瘫痪住进某市医院脑瘫科进行康复治疗。

接案：入院当日，病房护士通知社会工作者对该患儿及家长提供康复辅导。社会工作者与当事人即患儿的母亲在脑瘫病房首次会谈，向其介绍了医务社会工作者在康复医院的作用及工作职责，相互之间取得了信任。在社会工作者的引导下，当事人介绍了患儿、自己及家庭的情况。

立案：根据当事人的叙述和对患儿的观察与了解，医疗社会工作者向当事人说明了患儿所患疾病的成因、治疗方法和预计效果，并决定立案给予康复辅导，与当事人确立专业关系。

社会诊断：通过与当事人及患儿的多次接触，社会工作者了解到该患儿的性格特点以及成长环境。如患儿性格内向，胆小，依赖性强，因语言障碍不愿与外人交流，生活自理能力差；家长对患儿过于溺爱，过分包办孩子的一切，在教育方面过分注重患儿的兴趣，缺乏良好性格的培养。

建立医疗社会工作团队，开展社会治疗：社会工作者与医生、护士等其他专业人员建立工作团队，制定工作目标。工作目标包括对患儿的生活自理能力的培养、心理抚慰、精神和情绪的调节，以促进各项能力的发展，最大限度地减轻残疾程度；尽量

---

① 马洪路．医疗社会工作个案研究——刘某个案工作报告．社会工作，2008（1）．

使患儿获得生活自理和接受教育的能力，增强独立生存于社会的能力。在工作方法选择上，社会工作者主要选择了团体工作方法，在脑瘫病房组织脑瘫儿童的家长座谈，进行社会康复小组辅导。另外，在医生、护士的配合下，组织部分住院患儿及家长去植物园游玩，扩大患儿的活动空间，锻炼其社会交往能力。

结案与评估：本项个案取得了较好的成效。在整个工作中，社会工作者采取操作制约或称工具制约的方法开展工作。因为患儿的个人行为受到家长的限制，所以社会工作者的工作重点一方面是帮助刘某在外界刺激下改变生活行为和思维方式，另一方面是通过帮助家长学习的过程来改变其行为，改善患儿回到家庭后面对的环境。

第四节
精神健康社会工作

现代社会，社会竞争日趋激烈，人际关系的疏离、工作生活压力的增大，使得社会成员很容易产生心理和精神的不平衡，而压力会产生情绪上的反应与冲突，如果长期处于冲突的情景，可能会引起不能回转的生理变化或慢性疾病，甚至会恶化为精神疾病。世界卫生组织 2001 年 1 月提出警告，全世界有 4 亿人口患有精神疾病，而且这些问题会日趋严重。预测在 20 年内，包括抑郁症、精神分裂症以及智能退化在内的精神疾病，将成为导致人类失能的第二成因。① 改革开放以来，中国人群的死因谱、疾病谱和身心健康状况发生了重大结构性变化，慢性非传染性疾病和精神心理健康问题已成为国家卫生政策核心议题。② 中国疾病预防控制中心精神卫生中心 2009 年公布的数据显示，我国各类精神障碍患者人数在 1 亿人以上，严重精神障碍患者人数超过1 600万，各类精神问题约占疾病总负担的 1/5，到 2020 年这一比例将升至 1/4。③ 另有数据显示，全国精神心理疾病患病率已达 17.5%，其中重性精神障碍发病率高达 1%。④ 针对这一严峻的社会现实，2013 年 5 月《中华人民共和国精神卫生法》正式实行，2015 年 4 月国家卫计委等六部委颁布《关于开展全国精神卫生综合管理试点工作的通知》，标志着中国精神健康和精神健康社会工作时代来临。⑤

① 温信学．医务社会工作．台北：洪叶文化事业有限公司，2013.

② 刘继同．中国精神健康社会工作时代来临与实务性研究议题．浙江工商大学学报，2017（4）.

③ 数据显示我国有 1 亿精神病患 每年 28.7 万人自杀．（2011－06－16）［2018－03－04］．http：//news. sina. com. cn/c/sd/2011－06－16/111722651745. shtml.

④ 我国精神疾病发病率高达 17.5%．（2015－07－04）［2018－03－04］．http：//news. 163. com/15/0704/01/ATL3TI4S00014AED. html.

⑤ 同②.

一、精神健康社会工作的定义及发展历史[①]

精神健康社会工作（psychiatric social work）是指精神疾病防治和心理卫生机构的社会工作专业服务。其跨越社会工作与心理卫生双重领域，一方面是社会工作专业活动的一个服务领域，另一方面又是心理卫生事业的一项工作。因此，其工作过程所需要的知识与技能来自社会工作、心理卫生及精神医疗体系三大部分。社会工作自创建初期就开始进入精神健康这一领域，早年主要是在儿童心理辅导诊所和精神病医院中的个案工作实施，近年来开始在其他的心理卫生部门中充当重要角色，小组工作、社区工作以及行政和咨询等社会工作方法，也被广泛地运用于精神疾病的防治与心理卫生工作中。从19世纪末至今，精神健康社会工作的发展可以分为三个阶段。

19世纪末至20世纪40年代，是社会工作开始进入精神健康领域并拓展服务内容、服务场所的阶段，是精神健康社会工作的萌芽期。第一次世界大战的爆发，为精神健康领域社会工作的发展创造了条件。如战争期间，美国红十字会建立了一个家庭服务局照顾士兵的家庭，他们聘请经过正式训练的慈善组织会的人员担任专职工作人员，向军人家庭提供精神健康社会服务。针对战地医院和士兵的需求，波士顿精神病医院连同全美精神卫生协会和史密斯学院，在1918年开展了第一个精神健康社会工作的培新计划。同一时期，1928年北平协和医院正式建立神经精神科，除开展教学和门诊工作外，还指导北平市疯人院的医疗业务及学生临床实习工作。1934年，北平市精神病院（今北京安定医院）正式成立了社会服务部（即社会工作部）。[②] 除了实务领域的萌芽，这一阶段还有一些从事精神健康社会工作服务的工作者将其工作经验进行总结，尝试构建医疗和精神健康社会工作的理论框架。1922年，波士顿精神病医院社会服务部主任贾勒特（Mary C. Jarrett）和同事索瑟德（Southard，该医院的医生）对社会服务部的工作内容、职责、服务方法等进行总结和梳理，出版了《邪恶的王国》（*The Kingdom of Evils*）一书，在书中他们提出精神健康领域社会工作者的基本职责是社会调查（从患者和社区收集患者的医学和社会史）、个案工作（帮助案主尽可能保持最大限度的良好状态）以及协调医生、院外社工、患者、家庭和朋友之间的关系。他们对精神健康社会工作和医院中社会工作部门的描述为后来者确立了一个模式。到20世纪30年代末，在美国，红十字会、士兵服务机构、医院、心理卫生协会、教育机构、公共卫生组织等多个领域都有精神健康社工就业，但是这段时期社工的角色主要是医院医护人员的助手，他们实际上在多大程度上参与了诊断和治疗，并不清楚。

精神健康社会工作发展的第二阶段是20世纪40年代至20世纪80年代，这是精神健康社会工作快速发展的时期。二战的经历引起了西方国家对精神健康问题的意识和服务需求，社工收集的案主家庭和环境的数据被用于辅助确定诊断。而20世纪50

---

① Sands R G. 精神健康社会工作．上海：华东理工大学出版社，2015.

② 王春霞．民国时期精神健康社会工作研究——以北平、成都、南京三地的实践为中心．社会工作，2016 (1)．

年代出现的“去机构化”运动（deinstitutionalization movement），使精神疾病患者在心理、社会和精神方面的健康发展要求越来越受到关注，强化社会支持网络、实施社区康复的治疗模式开始进入精神疾病治疗的谱系中。在20世纪70年代中期，美国国家精神健康研究所（the National Institute of Mental Health）开展了社区支持项目（Community Support Program），成立了社区精神健康中心，向生活在社区中的精神病病人提供外展式精神健康服务。在这一阶段，许多精神健康社会工作者是在精神病病人日常生活的社区开展工作的，其服务对象从精神疾病患者个人拓展到其家庭甚至整个社区；协助病人适应出院后的生活和各种问题、在社区开展服务改变社区成员对精神疾病患者的负面看法、营造包容接纳的社区环境等成为工作重点。而这些工作是精神病科医生、心理咨询师等其他专业人员所不擅长的。因此，这一时期，社会工作者的角色从医院医护人员的助手转变为多学科合作团队中的专业人士。①

第三阶段是20世纪90年代至今。随着医学模式从生理模式向生理-心理-社会医学模式的结构转型以及新的健康观的确立，由精神科医生、药剂师、护士、临床心理学家、社会工作者和各类康复治疗师组成跨学科、跨专业团队提供服务，成为主导模式。精神健康社会工作者在精神心理障碍预防、诊断和治疗，制订入院计划和出院计划，促进医患沟通和帮助病人适应医院环境，提供医疗救助和社区精神健康服务，为精神病病人、家属提供支援服务和各种福利等服务中扮演着重要角色②，其服务领域得到了进一步拓展。另外，受循证医学的影响，证据为本的实践运动开始进入精神疾病的治疗，为社会工作者的干预提供了新模式和新思路。

二、精神疾病的界定与类型

根据《中华人民共和国精神卫生法》，精神疾病（或称精神障碍，mental disorders）是指由各种原因引起的感知、情感和思维等精神活动的紊乱或者异常，导致患者明显的心理痛苦或者社会适应等功能损害。即精神疾病主要是一组以表现在行为、心理活动上的紊乱为主的神经系统疾病。引发精神疾病的原因很多，大多数精神疾病的发生尚未找到明确的主要原因。已有的研究显示，精神疾病的发病，与家庭、社会环境等外在因素和病人本身的生理遗传因素、神经生化因素等内在因素相互作用有关。另外，疾病与健康的认知有其社会文化相对性，同样的身心状态，在某一社会中被视为是病态的，在另一社会中却被认为是健康和正常的。同样，精神疾病的界定也往往受社会环境、时间的影响而变化。

精神障碍一般分为精神病性精神障碍（psychosis）及非精神病性精神障碍（轻度精神障碍）。精神病性精神障碍主要包括精神分裂症（schizophrenia）、情感性精神病

---

① 童敏．生理-心理-社会的结合还是整合？——精神病医院社会工作服务模式探索．华东理工大学学报（社会科学版），2012（2）．

② 刘继同，严俊，孔灵芝．生物医学模式的战略升级与精神健康社会工作的战略地位．福建论坛（人文社会科学版），2010（3）．

(affective psychosis)、妄想性精神病（delusional psychosis)、器质性精神病（organic psychosis）以及反应性精神病（reactive psychosis）等较为严重的精神异常，患者有怪异的思想、行为及感情反应，发生与现实脱节的情形。非精神病性精神障碍指的是非因脑器质性病变和躯体疾病所致，而是由精神活性物质与其他物质或者由心理因素所致的精神异常，主要包括神经官能症（包括焦虑症、强迫症、恐惧症、抑郁症、癔症等)、智力不足、人格异常性疾病（包括人格异常、性心理变态、酒瘾、药物成瘾等)、心因性反应及儿童行为异常（如自闭症、行为异常及儿童问题行为）等。

根据严重程度，精神疾病也可以分为严重精神疾病、轻型精神疾病以及儿童青少年常见精神疾病。严重精神疾病包括精神分裂症、情感性精神病（包括抑郁症、躁郁症)、妄想症以及器质性精神疾病。轻型精神疾病常见的有焦虑症、强迫症、恐惧症、轻郁症等。儿童青少年常见精神疾病主要包括自闭症、多动症、抽动症以及情绪障碍。

精神疾病的临床研究以及流行病学显示，对精神疾病诊断的宽松或者严谨，不但影响到疾病的发生率，也会影响到对病人治疗模式的判定。临床上，针对精神疾病患者的诊断采取两套系统，即精神疾病诊断与统计手册（Diagnostic and Statistical Manual of Mental Disorders，DSM）和国际疾病分类系统（International Statistical Classification of Diseases and Related Health Problems，ICD)。DSM 由美国精神医学会出版，ICD 则是由联合国世界卫生组织出版的国际疾病分类系统。ICD 的分类系统中涵盖了人体所有系统的疾病，精神疾病只是其中的一部分，而 DSM 则只涉及精神疾病。在国内，国家卫生健康委员会以《疾病和有关健康问题的国际统计分类》第10 次修订本（ICD-10）为依据，根据我国的社会文化特点和精神障碍的传统分类，制定了中国精神疾病分类与诊断标准（Chinese Classification and Diagnostic Criteria of Mental Disorders，version 3，CCMD-3）作为诊断依据。

三、精神健康社会工作的服务方法与内容

精神健康社会工作是医疗社会工作的一支，也是社会工作专业介入较早的领域。其服务范围，就狭义而言，包括服务机构内的精神病病人与家属；就广义而言，还包括服务的机构以及社区居民。

精神健康社会工作早年主要是在儿童心理辅导诊所和精神病医院中的个案工作实施。近年来，随着医务服务内容的多样化，精神健康社会工作也不再局限于个案工作方法，而是将小组工作、社区理念和各种治疗性技术融入其中。一般而言，精神健康社会工作过程可以分为三个阶段。(1）诊断阶段：收集并分析资料，为团队诊断及确定治疗目标提供参考。(2）治疗阶段：针对病人及家属的问题，达到支持、教育和问题解决的效果。(3）康复工作阶段：发挥病人潜在的能力，重建适当的家庭和社区生活，预防此病的再发生。

在国内，大多数从事精神健康社会工作的工作者都受聘于医院，也有一定比例的工作人员是在社区康复站工作。不管是在医院还是在社区，精神健康社会工作者的工作内容主要包括：

(1) 对神经精神疾病或情绪障碍的个人发病的有关因素、个人生活史和家庭心理动力的资料进行搜集和分析。即进行个案研究与诊断，以供精神科医师做综合诊断的参考，或供专业人员在为病患治疗与服务时参考。

(2) 对病人家属进行心理辅导，以解除家人因精神病患所产生的焦虑与困扰，并促进家属对病人疾病性质的了解，进一步辅导家属以启发其为病人治疗、康复与预防做建设性的辅助与影响。

(3) 对较轻度病患进行个案工作治疗，或以小组工作方式进行心理社会生活再教育，以实现增强病人的社会生活再适应能力、重建人格、改善人际关系以及预防心理疾病等目标，从而使病人重返社会。

(4) 通过探访、咨询或其他方式，对与精神病病人有关的家庭、学校和相关机构进行联系、协调或调适，使其对精神病病人再适应社会生活，产生积极的、建设性的辅助作用。

(5) 参与康复医疗机构的重要行政计划与决策，参与和从事与精神疾病或心理卫生有关的调查研究，参与康复人才的培养训练，从事其他有关精神疾病或心理卫生知识的宣传工作。

(6) 开发运用社会资源，参与或指导社区精神疾病和心理卫生的防治、康复服务计划，以适应精神病病人及其家属的需要和增进其社会福利。

四、精神病患者的医疗照顾模式[①②]

根据精神病患者病情的轻重、有无伤害危险等，目前主要采取门诊/急诊、机构康复、日间住院康复、社区康复、家庭康复这几个模式。

(一) 门诊/急诊

在门诊/急诊服务中，精神健康社工人员在接案初期，要协助门诊/急诊病人或家属决定是否继续接受治疗，或利用适当的资源或其他方法来解决疾病问题。同时将接案结果报告给治疗团队，为之后做初步诊断和治疗计划做参考。同时，社工在门诊中，也要参与治疗性工作，包括个案或家族治疗、支持性或咨询性会谈；承担联系或协调工作，为个案寻找到恰当的社会资源，以改善病人所面对的社会性和物理性环境。

(二) 机构康复

住院治疗是治疗精神疾病的重要方法，我国对这一治疗方法采取的是自愿原则。《中华人民共和国精神卫生法》第三十条规定，“精神障碍的住院治疗实行自愿原则”，但是“诊断结论、病情评估表明，就诊者为严重精神障碍患者并有下列情形之一的，应当对其实施住院治疗：(一) 已经发生伤害自身的行为，或者有伤害自身的危险的；

① 温信学．医务社会工作．台北：洪叶文化事业有限公司，2013.

② Sands R G. 精神健康社会工作．上海：华东理工大学出版社，2015.

（二）已经发生危害他人安全的行为，或者有危害他人安全的危险的”。另外，第三十一条再次解释：“精神障碍患者有本法第三十条第二款第一项情形的，经其监护人同意，医疗机构应当对患者实施住院治疗；监护人不同意的，医疗机构不得对患者实施住院治疗。监护人应当对在家居住的患者做好看护管理。”对于需要住院治疗的精神病患者，社工要对个案进行社会生活功能的评估，并与家属建立关系，协助收集资料，如病人参加社会保险的情况、社会适应（如学校适应、工作适应、人际适应）状况、自我照顾能力等，供医疗团队人员制订治疗计划参考。此外，社工还需要针对病人与家庭成员的互动情况、病人及家属对疾病的认识、家庭经济状况、病人及家属的期待和需求、未来出院计划进行资料收集，为治疗方案的完善提供参考。

（三）日间住院康复

这是一种白天在医院接受治疗、晚上回家居住生活的非全日住院的治疗模式。这一模式不仅可以减轻家属白天的照顾压力，还可以让病人在不与社会脱节的情况下逐步改善其功能。病人会接受到的服务包括药物治疗、健康护理指导、生活技巧训练、工作训练、团队活动、社交技能训练、户外运动等活动，以维持其部分的社会及工作能力，尽早回到社区。一般来说，适合日间照顾服务的病人多为慢性精神病患者、抑郁症患者、轻中度智障、严重精神官能症以及轻度器质性精神病患者。社工服务于日间住院服务的病人，其目标主要包括：(1) 促成病人建立积极的生活目标；(2) 强化病人独立生活的能力，如家务能力、金钱支配能力、外出交通能力、时间安排能力以及自我服药训练等；(3) 提升病人解决问题的技巧；(4) 增进病人自我了解以及培养良好人机互动的能力；(5) 培养工作技能。

（四）社区康复

慢性精神病患者出院返家后，如果没有人协助其安排日常生活、就医、就业等，经常会造成病人生活松散、病情反复及无法回归社会等问题，如此一来，将形成病人重复发病住院、功能再次退化、个人或家庭成为封闭系统的恶性循环。因此，精神健康社会工作者应协助慢性精神病病人及其家属面对出院后的各种适应问题。1976 年世界卫生组织首次提出社区康复（community-based rehabilitation，CBR）这一理念，认为这是一种新的、有效的、经济的康复途径。1994 年，联合国国际劳工组织、教科文组织和世界卫生组织发表了《关于社区康复的联合意见书》，对社区康复进行了明确界定：“社区康复是社区发展的一项策略，使所有残疾人均具有平等的机会和达到社会一体化。社区康复要通过残疾人自身、残疾人家庭、社区以及相关的卫生、教育、职业与社会服务机构的共同努力来得到实施。”[①] 2010 年，世界卫生组织、教科文组织、国际劳工组织和国际残疾与发展联盟共同出版《社区康复指南》，对社区康复的内容进行了更为详细的界定，将其扩展为涵盖健康、教育、生计、社会融入、赋

---

① 张金明，赵悌尊．国际社区康复发展趋势及对我国社区康复工作的思考．中国康复理论与实践，2011 (2)．

权等5大领域25个方面的具体内容。[①] 发展至今，非机构化的社区康复已经成为发达国家和地区残疾人康复的主流模式。

社区康复模式将残疾人回归社会的责任扩展至社会，强调以社区为基础，融入个人、家庭、专业康复机构、社会组织等社会各方面力量，使残疾人能够在接纳、包容的环境中康复。在这一模式中，社工要协助病人面对出院后的各种适应问题，其工作内容主要包括：处理病人和亲属间的适应问题；给社区有关卫生机构提供有关精神疾病的知识；对社区成员解释，使他们可以接受及了解精神病病人在社区的意义；继续与病人维持良好的专业治疗关系，协助其慢慢适应独立自主的生活；将病人转介到社区中的康复机构并提供适当的就业机会；协助病人组织自主性团体。

(五) 家庭康复

多项研究指出，出院精神病病人和家属同住的比例非常高，家庭依然是精神病病人的主要照顾者。家庭康复是指精神残疾人在治疗团队（包括医生、护理师、社工、心理咨询师等）的指导下，在家中进行康复训练。社会工作者在其中的主要职责是对病人及家庭成员进行护理方法、疾病认知的教育，介绍如何利用社区及相关社会资源，开展家庭问题指导以及协助住院等。

精神病不同于一般疾病。患者不仅深受神经机能病变的痛苦，也存在适应社会生活、融入社会群体的障碍。因此，精神疾病的治疗不仅要修复患者受损的神经机能，更要恢复、重建其回归社会、适应变化日剧的社会生活的能力。

第五节
中国的医疗社会工作

一、中国医疗社会工作状况

(一) 中国大陆医疗社会工作状况

中国医疗社会工作发展至今，可以划分为六个阶段。[②③] 第一，1921—1949年是现代西医制度、社会工作实践与医务社会工作制度建设萌芽、起步、奠基和初步发展阶段。1921年，蒲爱德女士在北平协和医院（今北京协和医院）的社会服务部开展专

① 刘林，郭悠悠．残疾人社区康复的认知与实践．中国康复理论与实践，2011 (7)．

② 中华人民共和国卫生部．中国医院社会工作制度建设现状与政策开发研究报告（摘要）．中国医院管理，2007 (11)．

③ 刘继同．改革开放30年以来中国医务社会工作的历史回顾、现状与前瞻．社会工作，2012 (2)．

业化的医务社会工作服务，为中国大陆培养了最早的一批专业的社会工作者，也开了亚太地区医务社会工作的先河。随后，该项工作的重要性为全国各大医院所认识，济南齐鲁医院、南京鼓楼医院、上海红十字会医院先后成立医院社会服务部。[①] 第二，1950—1978 年是社会工作教育与医务社会工作实践“销声匿迹”时期。1951 年院系和学科专业调整后，社会工作专业和医院社会工作部均被取消，政府建立了“中国特色”的卫生保健与疾病预防控制体系，以此方式改善人民的身心健康状况。第三，1979—1986 年是社会工作教育恢复重建和医务社会工作理论研究“昙花一现”时期。第四，1987—1999 年是医学社会学和医务社会工作研究再度沉寂阶段。第五，2000—2006 年是全国医务社会工作实践“浮出水面、快速发展”时期，针对医疗纠纷日益增多，医患关系逐渐紧张，医学模式转变的社会影响显现的社会变化，京、津、沪等地大医院自发自觉、自愿设立“社会工作部”，开展各种医务社会工作服务。[②] 第六，2007 年至今，是稳步发展、规范化、专业化阶段。随着医药卫生体制、医院质量管理和医院体制改革的进一步深化，2007 年，中华人民共和国卫生部人事司进行了《全国卫生系统社会工作和医务社会工作人才队伍现状调查与岗位设置政策研究》，这标志着医务社会工作和医院社会工作正式纳入中国卫生政策和医院管理议程。[③] 2010 年 10 月，中国医院协会（医院社会工作暨志愿服务工作委员会）成立；2011 年 3 月，上海医学会（医务社会工作专科分会）成立；2011 年 9 月，我国第一本医务社工工具书《医务社会工作与医院志愿者服务实用指南》在上海首发。这标志着我国医疗社会工作建设迈出了重要的历史步伐。[④] 总体而言，我国的医疗社会工作依然处在起步和探索阶段，目前开展的具体工作大致可分为以下四个方面的内容。

1. 医院社会工作服务

医院社会工作服务是指在医院、诊所、慢性病疗养院以及医学康复机构中实施的医疗服务工作。

我国的医院社会工作服务在 20 世纪 20 年代就曾在北京协和医院、山东齐鲁医院等医院出现过，有专门的社会工作者作为医院职员开展工作。[⑤] 新中国成立后，受学科专业调整的影响，社会工作专业和医院社会工作部被取消，医院中的社会工作服务部分大多由医生和护士兼做并延续至新世纪。2000 年 5 月，上海市东方医院正式成立了大陆首家医务社会工作部，由专职人员向患者提供心理支持、社会支援、医疗康复、医患关系协调等几大类服务，其病房探访、慢性病小组（糖友乐）服务得到了一致肯定。[⑥] 自此以后，中国的医院社会服务工作开始渐渐发展起来。如北京大学人民医院于 2009 年正式成立医务社会工作暨志愿服务工作部，开展了医院志愿者管理、

---

① 张岭泉，王晶晶．北平协和医院社会服务部社会工作人才培养及其启示．河北大学成人教育学院学报，2015（2）．

② 刘继同．改革开放 30 年以来中国医务社会工作的历史回顾、现状与前瞻．社会工作，2012（2）．

③ 刘继同．国内外医院社会工作的研究进展与发展趋势．中国医院，2008（5）．

④ 同②．

⑤ 林姗，张孙彪．近代中国医院社会工作的历史启示．医学与哲学，2015（3）．

⑥ 季庆英．上海医务社会工作的发展回顾．中国卫生资源，2015（6）．

社区健康教育服务、病人及家属的小组工作、社会资源链接和救助以及患者社会-心理评估干预的个案工作。[①] 2008 年 10 月，深圳市民政局和深圳市卫生和人口计划生育委员会通过政府购买社会工作服务岗位、以第三方派驻形式聘请了深圳第一批医务社会工作者共 8 名进入 6 家市级医院开展服务。截至 2016 年年底，深圳市政府已购买 8 家社会工作服务机构的 260 余名医务社会工作者，在深圳 50 余家医疗单位开展医务社会工作服务。[②] 到 2015 年，上海市也有 152 家医疗机构（涵盖了综合性医院、儿科和精神卫生中心等专科医院和社区卫生中心）开展了医院社工服务。[③] 目前，我国医院社会工作开展的服务主要包括：协助病人、家属熟悉医院环境和医疗服务流程；对病人的社会心理和健康需要进行评估；为低收入家庭的病人及家属提供医疗救助和链接资源；协调医患之间的有效沟通，预防和减少医疗纠纷；管理志愿者，开展志愿服务；等等。其中，协调医患矛盾是各试点医院重点开展的服务。

在新的健康观和“生物-社会-心理”现代医学模式下，在医疗机构建立专业社会工作部门，配备专业人员开展日常的医疗社会工作实务，是一种现实的需要。从全国范围来看，我国设置医疗社工岗位的医院比例低，而且大部分工作人员是医院医政部门的管理人员或者由医生和护理岗位转行或兼职而来，提供服务的专业化程度不高，与日益增长的社会需求存在一定的差距。

2. 社会健康教育与健康促进服务

在疾病谱、死亡原因、医学模式、健康概念和疾病治疗模式内涵外延不断变化的社会处境下，疾病预防、健康风险因素预防日趋重要。因此，开展“非医疗性”的健康促进和预防服务是我国医务社会工作的另一重要领域。社会健康教育是指组织医疗、教育、科研、学术、卫生保健和预防医学等诸领域的专家，联合卫生行政管理和相关企业等健康教育资源对社会成员提供公益或增值服务；健康促进则是促使社会成员提高、维护和改善他们自身健康水平的过程。

在开展健康促进服务方面，中国的医疗社会工作者做了大量的工作。如定期到社区开展大型义诊宣传，为社区居民开设专业病、保健常识、疫病预防的讲座和活动，已经成为医院医务工作者的固定工作。尤其是围绕进城务工人员、女性、老年人这三个群体做了大量工作。针对进城务工人员，社会工作者围绕性病、艾滋病、结核病和一些急性突发传染病的暴发流行、职业病及工伤开展了一系列宣传教育活动。针对女性，社会工作者围绕常见病预防筛查、生殖健康开展了专项服务，如“微笑母亲”——农村妇女“两癌”普查普治救助项目、单亲特困母亲“四救助”项目等，受到社会各界的关注。针对老年人，社会工作者进入社区、家庭、养老机构，围绕老年期间的生理心理变化、合理饮食、锻炼方式、慢性疾病的预防等开展重点服务。[④]

---

① 马凤芝．北京市医务社会工作人才队伍研究——历史、现状与发展．福建医科大学学报（社会科学报），2015（69）．

② 张卓华，林莲英，陈晓微．专业引领，协同发展——深圳医务社会工作 10 年本土实践．中国社会工作，2017（6）．

③ 李娟．我国医务社会工作发展模式比较研究．中国卫生事业管理，2016（5）．

④ 张悠然，江霞，杨正夫．我国社会工作在卫生领域的介入角度及延伸路径．医学与社会，2012（11）．

另外，针对农村地区农民群众严重缺乏卫生知识、自我保健意识和能力的问题，医疗社会工作者通过电视、广播、标语、讲座等多种形式向农民群众传播卫生知识，倡导健康行为和健康生活方式。特别是在国家卫生和计划生育委员会等七部委联合开展的“全国亿万农民健康促进行动”（原名为“全国九亿农民健康教育行动”）中，社会工作者通过大众传播与人际传播相结合的方式，大力普及基本卫生知识，倡导科学文明健康的生活方式，提高了广大农民的健康素质。

3. 精神健康社会工作

在实务方面，2000年以来，全国各地多个精神卫生机构建立独立的社会工作部（室、科），在综合医院、精神卫生机构和社区层面开展精神健康社会工作实务；2015年以来，北京、上海、重庆、广东省和其他省市建立了社区精神健康社会工作实务项目与服务体系，按照“去机构化”原则，探索社区为基础的精神健康社会工作实务，填补了精神障碍患者社区照顾的空白。①

在制度建设方面，2013年5月，《中华人民共和国精神卫生法》正式实行，这是我国第一部《精神卫生法》，为我国庞大的精神疾病患者群体提供了法律保障；2015年4月，国家卫计委等六部委颁布了《关于开展全国精神卫生综合管理试点工作的通知》，明确提出要探索并逐步推广康复师、社会工作师和志愿者参与精神卫生服务的工作模式。

4. 医疗社会行政

医疗社会行政主要指政府卫生机构对社会健康医疗卫生问题进行调研、制定医疗社会政策、立法、对医疗卫生机构进行评估等行政性工作，这些工作的进行大都离不开医疗社会工作者。

（二）中国港台地区医疗社会工作状况②

1964年，我国香港地区正式成立医务社工会，开展一些医务社工活动的理论研究和实践探索。1983年，在一些公立的综合性医院、专科医院、医学康复机构中建立了社工部。医务社工根据床位医师转介和病人资源中心提供的信息，对病人的精神心理、社会生活、身体健康等方面做出全面评估，建立个案，解决病人的问题。与美国不同的是，香港地区的医务社会服务由医院管理局和社会福利处共同提供，医务社会工作者并不隶属于医院，而是站在“第三方”的角度，通过医院内的病人资源中心、医务社工部和社区内的病人复康网络来为病人服务。香港公立医院每100张床位均须配有1名医务社工，执行香港社工协会年度注册制度，有统一的医务社工个体等级评定制度。截至2013年10月，香港共有约600余名注册医务社工，其中430名由社会福利处管理，200余名由医院管理局管理；这些医务社工均具有本科及以上学历。③

① 刘继同．中国精神健康和精神健康社会工作研究专题．浙江工商大学学报，2017（4）．

② 郭永松，吴水珍，张良吉等．美国及中国港台地区的医务社会工作状况及启示．中国医院管理，2009（2）．

③ 杜丽娜．我国港台地区医务社会工作比较与启示．中国医院，2016（8）．

我国台湾地区的医务社会工作源自北京协和医院，并深受其影响。[①] 在发展初期也是应急处理患者的急难救助，后期渐渐地开始制度性回应“全人化医疗照顾”的需求。1967 年，台湾大型公立医院普遍成立了社会服务部；1983 年，台湾医务社会工作协会成立，性质为医务社会工作专业团体；1985 年，台湾将社会工作纳入医院评价标准。[②] 在台湾地区，目前共有约 1 000 名医疗社工师，根据法律规定，平均每 100 张病床就有 1 名医疗社工师。台湾地区医务社会工作内容比较多元，“二代全民健保”实施之后，服务内容发生了显著变化，目前服务项目主要包括个案协助、疾病适应辅导、家庭问题协助、经济问题协助、情绪辅导、社会福利咨询、爱心募捐、社区服务、社会资源转介、教育训练、志愿服务组织工作、医患关系等。[③]

香港和台湾地区均要求对医务社会工作者进行资质认定。台湾于 1997 年开始了第一次社会工作师考试（其中包括社会工作师高考、社会工作师特考），并于 1998 年进行了第一次社会工作师检核考试（即只要符合有关条件，向“考试院”提出申请，经“考试院”考选部的社会工作师考试审议委员会核准，可免试其中的部分科目，但仍须参加其他科目的考试）。此外，已经有相应的法律对其考核和资质认定做出规定。

二、中国医疗社会工作的发展

当前我国实际上存在着两种医疗社会工作：一种是专业医疗社会工作，另一种是实际医疗社会工作。专业医疗社会工作是指受过社会工作专业培训的人员，遵照医疗社会工作的价值观，采用社会工作的方法所进行的专业医疗服务活动。实际医疗社会工作则是指在我国的政府部门和群众组织中，有一些是以专门进行医疗服务活动为己任的职业或岗位，具体内容就是上面所说的四个方面。

与西方国家相比，我国专业化的医疗社会工作还处在起步阶段，在专业化、职业化、社会化等方面都有着很大的发展空间。

（1）我国的医疗社会工作模式以政府推动和单位提供为主，其主体除了包括国家卫生与计划生育委员会、人力资源和社会保障部、民政部之外，还包括妇联、工会、残联等各个部门，这些部门之间不能在一个统一的价值基础上开展工作，还存在重复浪费、职能冲突的矛盾。这种简单单一的管理方式也是阻碍社会工作社会化的重要因素。另外，社会组织已经成为社会治理的重要主体，是社会服务的重要承担者，中国的医疗社会工作应当充分发挥医疗社会组织、中间机构的作用。2003 年 4 月爆发的“非典”危机、2009 年的甲型 H1N1 流感以及近年来不断攀高的 HIV 病发率等清楚地表明，我国的医疗社会工作特别是公共卫生工作面临的挑战不仅是针对政府部门、医疗机构与医务工作者的，也是针对社会工作者的。广大医疗社会工作者在配合政府部门、医疗机构和医务工作者应对公共卫生挑战中发挥了自己应有的作用。今后，应

① 施睿谊．台湾医务社会工作专业发展分析：1949—1967 年．社会工作，2014（4）．

② 杜丽娜．我国港台地区医务社会工作比较与启示．中国医院，2016（8）．

③ 同②．

当给社会工作更多的空间，让医疗社会工作形成新的活力和创新能力。

（2）中国的医疗社会工作专业理论研究相对滞后，近几年来尽管有很大的发展，但还是不能满足医疗社会工作的实践要求。医疗社会工作学者队伍不容乐观，其知识结构不合理，专业危机意识淡薄。医疗社会工作是社会工作中比较特殊的领域，医疗社会工作学者应是多学科复合型人才，其知识包括心理学、社会学、医学等。而我国具有这种多学科知识结构的从事社会工作的学者凤毛麟角，因而医疗社会学界只能做一些现象或行为层次上的分析，十分肤浅和浮躁，导致我国医疗社会学理论缺乏整体性、系统性和深度，研究领域狭窄，社会工作的技术和技能得不到规范和发展。

（3）医疗社会工作专业人员数量不足且大多缺乏专业教育和训练，专业技能比较弱。医疗社会工作即需要具备社会工作的专业知识，又要具备相关的医学知识，属于复合型人才。现在虽然一些发展比较成熟的地区开始设立专门的医疗社会工作机构，但专业训练和职业技能培养仍然未被提到议事日程。医疗社会工作作为一项职业要想获得社会的承认和国家的保护就必须组织起来，培训从业人员，实行职业准入制度，有严格的职业规范和专业化的职业技能，实现职业的专业化。

医疗社会工作的专业化、职业化、社会化三位一体，有机结合，协调发展，是我国医疗社会工作发展的模式和途径。医疗社会工作者要跳出狭隘的专业范畴，树立大专业的思想，将工作对象面向全体社会成员，多形式、多层面、多渠道地开展医疗社会工作的教育，更多、更快、更好地培养专业的医疗社会工作者和大批具有一定医疗社会工作知识的人才。

本章要点

1. 医疗社会工作有广义和狭义之分。狭义的医疗社会工作是指在医院围绕医疗过程而展开的社会工作，它包括对病人的心理援助、提升病人的自助能力、帮助病人寻求社会资源、安排病人的康复计划、为病人提供出院转介等工作。广义的医疗社会工作是指社会工作者在医疗、卫生、保健机构中运用社会工作专门的知识、方法和技巧，开发和利用社区、社会资源，协助病人及其家属解决与疾病相关的社会因素和心理因素，提高疾病治疗效果，增进人们对疾病的预防、治疗和对健康的保护。

2. 医疗社会工作的发展与疾病社会学的建立密不可分。将疾病视为一种偏差是社会学者对疾病的看法，也就是疾病的社会学观。疾病的社会学理论使得医疗社会工作有了自己独特的立场及观点。医疗社会工作的基本内容，依据其服务机构特性可分为医务社会工作、公共卫生社会工作、心理卫生社会工作三种。

3. 医疗社会工作是将社会工作的方法应用在医疗服务的有关单位和领域，所以，医疗社会工作的方法也如社会工作其他领域所运用的方法一样，有个案社会工作方法、小组社会工作方法和社区社会工作方法等。

4. 精神健康社会工作是在精神疾病防治和心理卫生机构的社会工作专业服务，其工作过程所需要的知识与技能来自社会工作、心理卫生及精神医疗体系三大部分。精神健康社会工作是医疗社会工作的一支，也是社会工作专业介入较早的领域。其服务范围，就狭义来说，包括服务机构内的精神病人与家属，广义而言，还包括服务的机构以及社区居民。

5. 中国的医疗社会工作分为专业医疗社会工作和实际医疗社会工作两种，目前大量存在的是后者，这种现状亟须改变。医疗社会工作的专业化、职业化、社会化三位一体，有机结合，协调发展，是我国医疗社会工作发展的模式和途径。

复习思考题

1. 试述医疗社会工作的含义及其理论基础。
2. 什么是疾病的社会学观？它对医疗社会工作的产生有何影响？
3. 概述医疗社会工作的分类及内容。
4. 试述医疗社会工作的方法及其实施过程。
5. 什么是精神健康社会工作？简述精神健康社会工作的服务方法、内容与模式。
6. 中国医疗社会工作的发展状况如何？有何特点？如何进一步发展？

关键概念

医疗社会工作、医务社会工作、公共卫生社会工作、精神健康社会工作、医疗社会工作方法、医疗社会工作实施过程

推荐阅读书目

1. 李娟．我国医务社会工作发展模式比较研究．中国卫生事业管理，2016（5）．

2. 刘继同．改革开放30年以来中国医务社会工作的历史回顾、现状与前瞻．社会工作，2012（2）．

3. 刘继同，严俊，孔灵芝．生物医学模式的战略升级与精神健康社会工作的战略地位．福建论坛（人文社会科学版），2010（3）．

4. 莫黎黎．医务社会工作．台北：桂冠图书股份有限公司，2002.

5. 童敏．生理-心理-社会的结合还是整合？——精神病医院社会工作服务模式探索．华东理工大学学报（社会科学版），2012（2）．

6. 温信学．医务社会工作．台北：洪叶文化事业有限公司，2013.

7. Sands R G. 精神健康社会工作．上海：华东理工大学出版社，2015.

8. Strain J. Clinical social work：The theory and practice. New York：Free Press，1998.

第十八章

工业社会工作

工业化为社会带来了前所未有的繁荣，为人类创造了充分的福祉和机会。但与此同时，它也导致了例如失业、工伤、职业病、劳动保护、就业平等、劳资纠纷、精神健康、心理障碍等一系列社会问题的产生。针对工业界产生的种种问题，富有社会责任感的社会工作者运用社会工作的专业知识与方法加以预防和解决，从而开辟了工业社会工作这一重要的社会工作实务领域。

第一节 工业社会工作的概念及其职责

一、工业社会工作的必要性

工业社会工作广泛存在于当今各个国家绝非偶然，其存在有着不容置疑的合理性与必要性。随着科学技术的迅速发展，世界各国的工业化程度越来越高。在工业化的发展过程中，工业化一方面为人们带来了经济的繁荣、生活的丰裕、物质的享受以及社会的巨大进步；另一方面在工业领域引发了许多问题，例如劳资纠纷、职业病、失业等。这为工业社会工作的产生和发展提供了现实必要性。

工作环境日益复杂化所带来的压力和问题，已非员工个人和企业自身能够解决，需要工业社会工作者的介入和帮助。随着世界经济一体化和全球化的发展，许多公司和企业逐渐走向世界市场。面临激烈的国际竞争，员工和企业将面临更大的压力和未曾遭遇的问题，非员工和企业自身所能解决，需要依赖专业的知识和技术。这就为专业化的工业社会工作进入工业领域提供了良好的契机。

社会转型中所引发的结构性问题反映在工业界会导致员工失业等以及员工的利益诉求等问题，已非单纯的企业界人士所能解决，需要工业社会工作的介入。劳资间的问题、劳动条件问题、工作环境的适应、健康保健问题、家庭与婚姻问题、失业、职业安全卫生、休闲娱乐问题、相关法律问题等困扰着企业员工，使其工作积极性大大受挫。职场的激烈竞争和优胜劣汰的风险使劳工强烈要求职业保障、失业救助、新兴技术的职业培训、再次就业的指导等。解决诸如此类的问题是工业社会工作的重点。

员工在工作中遭遇的各种困难需要工业社会工作者的帮助。由于工业化的高度发展，现代社会职业专门化程度越来越高，分工越来越细，加之生产过程的机械化、自动化程度越来越高，员工所从事的工作大多数由机械化的生产线来决定，工作日益简单化、机械化，流水线作业的工作环境使人成了机器的奴隶。紧张、单调、乏味的工作方式使得员工的工作满意度降低，个人的自主性、创造性受到压抑，员工的工作成就感难以得到满足；员工之间缺少必要的沟通与交流，不满和压抑情绪难以疏解。这种状况不及时解决，势必会影响员工的正常工作和企业的顺利发展。工业社会工作者"助人自助"的工作理念以及拥有专业的社工技术和方法，能够帮助员工解决工作中的困扰。

尤其对于中国而言，目前正处于农业社会向工业社会、计划经济向市场经济加速转型期，难免会出现以下的问题。其一，中国工业化、城市化步伐加快，工业人口的增多使得工业社会工作者的服务对象增多。目前，城镇人口不断增加，而乡镇企业的迅猛发展，更使企业在职职工的人数剧增。职工福利、职工福利保障、职工权益保障，应当成为社会工作的一个重要领域。其二，随着企业的结构改组、减员增效等改革的不断推进，一些技术水平低、能力较差的员工不可避免地会被淘汰，出现了下岗、失业等现象。这些下岗工人、失业者不仅在生活上出现困难，在心理上受到极大的创伤，而且再次就业也非常困难。政府有责任和义务帮助下岗、失业人员解决所面临的困难。但这些问题仅靠政府的力量很难得到解决。这时，工业社会工作者的存在就会分担其中的一些责任，他们通过各种途径主动帮助这些弱势群体解决所面临的困难，从而走出困境。其三，改革开放四十年来，中国的劳动关系发生了深刻的变化。改革开放以来，我国出现了一支为数可观的雇佣工人，他们的经济社会地位一般较低，劳资关系严重失衡。即便是在国有企业内部，普通产业工人失业、下岗不断出现，在岗的工人和管理层的工资、福利待遇的差距较大，劳资关系也比较紧张。更有甚者，随着大批农村劳动力进城与城市劳动力市场的逐步开放，农民工成为城市产业工人的一个重要的组成部分。但由于农民工的农民身份，其在各类企业的处境较差。他们不仅从事的是脏、重、累、苦、危险性大的工种，而且享受不到与城市工人同等的工资福利待遇，还往往成为资方转嫁企业风险的对象。工作的重要性不言而喻，它不仅是人们主要的经济来源，而且是人们实现自我价值和自尊的重要途径。随着工业化的迅速发展，员工们在工作中遭遇的各种问题不仅对他们造成了伤害，而且也损害了企业的经济利益，如不妥善解决，将会影响社会的稳定和发展。然而这些问题已非雇主或管理人员能够予以解决，必须依赖经过专业训练的社会工作者来协助处理这些问题。工业社会工作的建立和发展就是对工业社会中各种问题和需求的回应。工业社会工作者的职责就是关注工业世界中人们的问题和处境，将社会工作的方法用于工业界，帮助企业员工、工会会员以及管理者解决工作与生活中出现的种种问题和矛盾，为平衡人们的工作与生活、职业活动与家庭关系的需要，以及促进人的全面发展提供咨商和协助。

二、工业社会工作概念的界定

工业社会工作一词由英文“industrial social work”翻译而来。但是，有的学者也将工业社会工作称为“企业社会工作”（social work in enterprise）、“职业社会工作”（occupational social work）、“工商业社会工作”（social work in business and industry）、“工厂社会工作”（social work in factory）、“工业社会服务”（industrial social service/social service in industry）、“工业社会福利”（industrial social welfare）等。工业社会工作的不同用语反映了社会工作在介入工业领域的过程中，社会工作者的服务理念、观察问题的视角、实务的重点以及工作内容和方法的多样化。

工业社会工作是社会工作的一个新领域。究竟什么是工业社会工作？具有代表性的概念有下列几种。

在1978年美国工业社会工作研讨会上，专家们认为，工业社会工作是指运用社会工作的专门知识与技能，去满足工人或工会会员的需求，并达到整个企业组织的目标。① 社会工作者从多元的环境系统中去影响劳工个人。其所提供的服务，包括咨商、团体服务、实质性服务方案、为员工辩护、社区与个人的联结服务、协助员工与管理部门进行人才培训，并成为工业社群与工会的决策顾问。②

B. 古金斯（B. Googins）与J. 高德弗里（J. Gogfrey）将工业社会工作界定为：工业社会工作是一项实务工作，在此过程中社会工作者注意到员工的人性与社会需求，并通过设计与执行适当的方案，以维护员工的健康与良好的工作环境。③

关锐暄认为，工业社会工作是指一种有系统地帮助个人或团体去更有效地适应其工作环境的方法。具体地说，即针对有关工人所遇到的问题，包括个人性格、家庭、社区或工作情境等各个方面的问题，如擅离职守、不专心工作、不良嗜好、经济短缺、人际关系、对工作不满等。工业社会工作者希望通过专业社会工作技巧，引导案主在态度上、行为上，甚至工作环境上有良好的转变。工业社会工作者通过关怀、接纳及保密等，与案主建立良好的、有目标的专业关系，客观地去分析导致案主发生问题的各种因素，衡量改变的可能性并运用案主个人的力量、企业的力量、案主家庭的力量和社区上的力量来处理，寻求解决案主问题的方法。④

威伦斯基与莱博克斯则认为，工业社会工作主要来自工业社会与社会福利，是指以都市化与工业化发展中所产生的社会问题与社会福利机构的社会服务为主题，分析在人口快速增长、职业分工专业化、都市化与组织规模扩大的情况下，社会工作者所

---

① Akabs S H，Kuzman P A，Kollen N S，eds. Labor and industrial settings. New York：Columbia University School of Social Work，Hunter College School of Social Work，Council on Social Work Education，National Association of Social Workers，1979：5.

② 苏景辉．工业社会工作．台北：桂冠图书股份有限公司，1989：2.

③ Googins B，Gogfrey J. The evolution of occupational social work. Social work，1985（9，10）：396-402.

④ 隋玉杰．社会工作——理论、方法与实务．北京：中国社会科学出版社，1996：243.

应负起的工作责任。[①]

林万亿认为，工业社会工作是应用社会工作的专业方法实施于工业体系或工业机构（设施）中，通过社会工作者与其他相关专家的协助，增进员工解决问题的能力，促进良好的工作适应关系，充实员工职业生涯的成就，提升合理而有效的生产环境。[②]

苏景辉将工业社会工作界定为：工业社会工作主要是运用社会工作的知识与方法，以协助和服务于工业界（企业界）的劳工。[③]

上述关于工业社会工作的定义，除威伦斯基和莱博克斯的定义比较宽泛、不太适合作为工业社会工作的定义之外，其他几个定义基本上大同小异。笔者认为，工业社会工作就是指工业社会工作者将社会工作的理念与方法运用到工业界，以其专业知识与技术，调动企业自身和社会的资源，帮助员工解决个人的、家庭的和工作上的各种困扰，提高员工解决问题的能力，促进其形成良好的工作适应关系，使其身心健康、生活稳定，提升合理而有效率的生产（工作）环境，使其能最大限度地发挥自身的潜能，取得良好的工作绩效，更快更好地实现企业的组织目标。

三、工业社会工作的职责

在工业社会里，员工承受着来自生理的、心理的、家庭的、工作的以及社会各方面的压力，时常感到疏离、紧张、单调、乏味与沮丧。这不仅影响了员工的正常工作和生活，影响了员工身心的健康发展，而且影响了企业经济效益的提高，不利于企业实现经济效益最大化。为了帮助员工和企业解决所面临的困难，工业社会工作应运而生，它关注的焦点是工业社会中劳工所遭遇的种种问题。它以解决员工问题，帮员工排忧解难，为企业分担一些困扰，帮助企业提高生产力为目标。

工业社会工作者的工作理念是，相信生产力的提高是广大员工和社会大众的愿望；劳工的生活问题会影响到企业的经济利益；除非劳工在工作中的表现不好，否则不应过问劳工的私人问题；劳工所遇到的种种问题都会在工作中表现出来；相信社会工作的介入能改变环境，进而帮助员工解决所遇到的问题，创造良好的工作生活环境；在工业环境中，社会工作者可以配合基层管理人员的工作，帮助他们处置有问题困扰的员工。[④]

工业社会工作的这种服务理念决定了它所从事的服务是以劳工及企业主面临的困难和问题为主，这些问题主要包括以下几方面。

（1）劳资间的问题：员工之间的争执，管理部门与员工之间的失和，工会代表与厂方的冲突，劳资契约与劳资协商的问题。

---

① 李增禄．社会工作概论．3版．台北：巨流图书公司，2002：425.

② 徐震，林万亿．当代社会工作．台北：五南图书出版公司，1986：481.

③ 苏景辉．工业社会工作．台北：桂冠图书股份有限公司，1989：1.

④ 同②482－483.

（2）劳动条件的问题：工作环境的安全卫生，工资、休假、升迁、调职与工作机会权利的公平等。

（3）适应上的问题：对工作环境设施、工作技术、工厂团体生活、人际关系、职业生涯的体认以及工厂社区文化的适应等。

（4）健康问题：意外伤害、工业灾害、疾病以及与员工身心健康相关的诸多问题。

（5）家庭与婚姻问题：员工离婚、家庭破碎、外遇、生育计划、子女教养以及未婚男女性教育与交友等问题。

（6）经济问题：最低收入保障、紧急危难救助、家计安排以及退休准备等问题。

（7）休闲娱乐问题：因工作时间与地点需要增进休闲活动的安排、兴趣发展、生活美化以及精神生活的充实等问题。

（8）住宅问题：员工购屋计划，宿舍、住宅品质，租赁，工厂与社区关联的共生关系等问题。

（9）法律问题：工业灾害赔偿、租赁契约、劳动契约、财产纠纷以及各种权利义务不履行的纠纷等。①

工业界存在的这些问题时有发生，且发生形式往往呈现多样化的特征，有时以单个问题的形式出现，有时则多个问题同时出现；有些问题只存在于个别劳工身上具有特殊性，有些问题则存在于一些劳工群体中具有普遍性；有些问题是由于结构性因素导致的，而有些问题则是由于管理不当引起的。所有这些问题都直接或间接地影响了劳工正常的工作和生活，给劳工的身心造成了严重的伤害，这些负面影响反映到工作中就导致劳工常常出现怠工、酗酒、疏离、不合作、不满、情绪低迷、紧张、焦虑、沮丧、无成就感、无归属感等，这势必会影响企业的生产目标和组织目标的顺利实现，使企业的生产能力大幅度降低，损害企业的经济利益，导致企业竞争力减弱。因此，企业必须投入一定的人力、物力、财力来解决这些问题，其中一种有效的方式就是通过工业社会工作的方法来加以解决。

工业社会工作者应该充分认识到企业界这些问题的复杂性，深入实践充分了解问题产生的根源和原因，并且制定出行之有效的解决办法和实施方案，通过为劳工提供各种直接或间接的服务，帮助企业和劳工解决这些问题，切实起到为劳工和企业排忧解难的作用。

第二节 工业社会工作的发展

工业社会工作的产生，是时代发展的必然。19 世纪末主要资本主义国家先后完

① 徐震，林万亿．当代社会工作．台北：五南图书出版公司，1986：483－484.

成或即将完成的工业革命使资本主义国家的工业化程度得到前所未有的提高，生产力得以迅猛发展。但是资本家的残酷剥削和压迫使得阶级矛盾空前尖锐，工人阶级与资产阶级之间的斗争日益激烈。企业的快速成长、生产规模不断扩大、流水线作业，使得员工间接触交流的机会大大减少。紧张、单调、疏离使得员工的工作满意度降低。

工业界诸多劳工问题的产生严重地影响了工作效率和企业利润，企业管理部门受到了严重的挑战。如劳工装病、怠工、不满、蓄意破坏等现象层出不穷，劳资间关系紧张，充满冲突。为了缓解劳工之间的矛盾，解决劳工间所存在的问题，以便提高工作效率、保证企业利润、增强企业竞争力，工业化国家普遍出现了福利运动。尤其是在美国，工业化为美国的繁荣和富庶做出了极大的贡献。但是工业化过程中所产生的种种问题在美国也较早地凸显出来，阻碍了生产力的发展，影响了社会的稳定。因此，美国政府和工业界的领导人敏锐地认识到解决这些问题的重要性。他们采取了种种措施来解决这些问题，其中包括工业社会工作。如何在工业社会组织严密的体系中保护和增进劳工的工作福利，避免因职业竞争、工作压力以及工业伤害而损害劳工的身心健康和正常生活，成为工业社会工作关注的焦点。

工业社会工作从无到有、从非专业到专业化发展，直到成为工业领域中有效的工作方法经历了长期的发展过程，其发展过程主要经历了以下几个阶段（主要以美国为例）。

一、工业社会工作的起源

（一）福利运动的兴起

福利运动产生的背景是由于随着资本主义工业化的迅速发展，企业规模迅速扩大，传统的企业管理方式受到挑战，如何避免因企业规模扩大带来的人浮于事以及工人的消极怠工等问题，如何采取有效的、人性化的管理方式来激励员工努力工作，促进企业的顺利发展成为工业界重点考虑的问题；随着妇女大量进入企业，需要建立适合女性需要的一些福利制度，为妇女创造良好的工作环境，解决她们面临的特殊问题。19 世纪末，资本主义的剥削和压榨本质暴露无遗，工人阶级和资产阶级的斗争日益激烈，工人运动此起彼伏，为了缓和阶级矛盾，安抚和收买工人，西方资本主义国家纷纷制定了各种福利计划，为工人提供服务，如建立医疗设施、开办职工学校、提供和改善工人的住宿条件以及组织休闲娱乐活动等。在美国工业界也开始推行福利运动，在工作场所推广有助于员工的方案与服务，解决员工个人或家庭问题。福利运动在这一阶段发展相当迅速，美国劳工统计局（Bureau of Labor Statistics）1926 年的资料显示，在美国 1 500 家大工厂中，大约 80%的企业制定了福利计划，约有 50%的企业制定了综合的福利方案。[①]

在工业化国家里，企业主为了消除工人的不满，防止工人消极怠工，减少企业的

---

① 徐震，林万亿．当代社会工作．台北：五南图书出版公司，1986：485．

经营风险和损失，制定了许多福利方案，对员工推行各种福利措施，如职工教育与培训、福利餐厅与百货部门提供的服务、员工宿舍与公寓服务、疾病与意外服务、医疗护理服务、有益于身心发展的休闲娱乐活动及实物辅助等服务方案的实施。有的企业雇用专门的工作人员来处理员工的食、住、疾病及灾难救助与办理休闲活动。在福利运动期间，主要由福利秘书、社会秘书或社会福利秘书负责规划员工福利。

（二）工业社会工作者的前身：福利秘书出现

福利运动的迅速发展需要大批有经验的工作人员投身于福利运动中。这样，社会福利秘书（social welfare secretary）应运而生。第一位福利秘书是爱洁·杜恩（Aggie Dunn），她在1875年受雇于匹兹堡的海因兹公司，其主要职责是照顾公司的年轻女工，包括会谈、雇用、咨商、举办各种活动。1902年全美有8～10个福利秘书被聘用，在1906年全美有27个福利秘书。1919年，劳工统计局调查431家全美最大的公司发现，有141家最少雇用一名全职福利秘书，154家与厂外的社会服务机构订立契约以获得服务。①

福利秘书是福利运动中出现的一种新的企业管理职位，该职位兼顾企业福利的行政事务和社会工作服务。行政事务主要包括员工福利和人事管理工作；社会工作福利秘书则承担着为员工提供咨询、辅导、治疗和各种支持等。福利秘书大都具有高中教育程度，大部分为教师、护士或牧师，绝大部分接受过慈善事业组织举办的社会工作者的训练。他们经常运用小组工作的方法对员工进行教育、举办娱乐休闲活动、促进员工的社会化，使他们更好地适应工作环境，用个案工作的方法处理员工自身的个别问题。这个时期的社会福利秘书可以说是员工的指导者、教导者与朋友，他们所发挥的作用极其有限，主要的工作包括调查员工的不满与监督宿舍、餐厅、衣帽间等。

福利秘书运用一定的社会工作方法为员工开展社会工作服务，因此往往被视为工业社会工作者的前身。

（三）福利运动的衰落

虽然在20世纪20年代员工福利方案非常普遍且受到企业界人士的大力欢迎，但其后逐步走向衰落，福利秘书的职位也逐渐丧失支持。导致福利运动及福利秘书没落的原因主要有：第一，当时大部分工业福利方案的实施领域主要集中在劳动密集型的企业，例如纺织厂。20世纪20年代，西方产业结构大规模调整，许多劳动密集型企业逐渐衰落。因此1920年以后纺织业逐渐萧条，许多纺织厂没落，许多公司也就停止了福利方案的实施。第二，企业管理者的换代更新，不同时期管理者的管理方式存在差异，管理目标不同。那些为员工提供福利方案的企业家死亡或退休，下一代企业家则把工厂的管理权交给科学管理的专家。科学管理的目标更关注生产过程，想方设法提高生产效率，获取更多利润而并非着眼于工人，考虑他们的需要和处境。为改善

① 苏景辉．工业社会工作初探．台北：辅仁大学社会科学研究中心，1987：41－42（内部资料）．

工人工作环境和工作条件，调动工人劳动积极性的福利运动不再被重视，多数企业取消了福利秘书的职务。第三，1930 年，工厂企业制度渐渐完善，社会工作的专业化水平越来越高，同时劳工越来越要求获得更多的物质利益和社会权利，对主要给以精神慰藉的社会福利秘书的服务越来越不满。有的工人对福利秘书的工作持负面态度，认为这是家长式的干预；工人领袖也认为福利秘书的设置目的是反工会的，因为在他们看来福利秘书是为资方服务的，目的是要消除受雇者的不满，而不是改变任何劳资关系。在工会的强烈反对下，福利秘书走向终结。

福利运动虽然衰落了，但是福利秘书的某些职能仍被保留下来，只不过福利秘书的许多工作，诸如处理申诉、寻求资源援助员工、办理健康保险与年金等都交给工厂的人事主任或其他管理人员来处理，有关卫生医护与劳工服务也逐渐为地方性机构所取代。有的工厂采取其他方法来从事福利秘书的工作，如第一次世界大战期间，美国社会工作中出现了工业咨商。

二、工业社会工作的发展

自 20 世纪 30 年代开始，工业社会工作在美国得到了进一步的发展。下面以一些主要事件（方案）为线索，对美国工业社会工作的发展加以简要介绍。

(一)“工业咨商”服务的兴起

“工业咨商”服务在 20 世纪 30 年代兴起，主要任务是利用社会资源协助员工解决个人与家庭问题。第二次世界大战以后，美国有许多工商企业组织采用员工咨商服务（employee-counseling service)，包括美国钢铁公司南方厂、标准石油公司、芝加哥 CAN 保险公司、艾奥瓦电话公司、美国国际商业机器公司与美国欧林公司等。他们除了聘请律师与心理专家外，绝大多数聘用社会工作者来了解员工所面临的困难和问题，并帮助员工寻求解决这些困难的对策。

许多公司都成立了咨商部门，针对沮丧、焦虑与缺乏信心的员工给予帮助。这个部门的主要功能是个别咨商、压力疏解、团体讨论、特殊方案与研究。员工对咨商的需求来自本身的问题（沮丧、焦虑、情绪困扰、酗酒、药物上瘾、赌博）、家庭问题（婚姻、亲子关系、年老父母、婚前怀孕、配偶眷属）与工作问题（工作不满意、与上级争吵、工作表现差、同事关系不佳、缺勤)。

1963 年，美国颁布《社区卫生法案》（Community Mental Health Act，1963)，促使员工咨商再度被广泛使用。自 1970 年以后，工业社会工作成为整合性服务，运用以任务为中心的个案工作、利用社区资源和社会资源为员工服务，其咨商服务以社会环境、法律、财务、心理与卫生健康等问题为主，服务范围主要集中于解决员工的个人问题和家庭问题，例如健康问题、婚姻问题、子女养育、工作问题与经济问题等。社会工作者通过咨商服务为员工排忧解难。

（二）“工业酗酒方案”的实施

20世纪40年代，美国工业社会工作制度的建立与工厂存在的酗酒问题紧密相连。当时美国工业界的酗酒风气十分严重，很多企业因员工酗酒导致出勤率差、工作效率降低，有的企业尝试从戒除酒精依赖的员工中招募志愿者，协助酗酒员工戒酒，取得了一定效果。但这种戒酒方式仍停留在非正式的、个别的企业中，没有得到推广。20世纪60年代以后，工业酗酒问题日益严重，酒瘾对生产力以及工业成本产生严重影响。据全美酗酒协会（National Council on Alcoholism）的研究报告称，1968年全美有650万酗酒者，其中有400万是受雇员工；员工酗酒导致全美每年损失80亿～150亿美元。[①] 除此之外，酗酒员工所滋生的很多问题（例如健康照顾、怠工、意外事件、生产力降低等）影响了公司的生产力及收益；同时，美国政府也开始注意到员工酒瘾、离婚等问题。

1970年美国卫生教育福利部通过了“休斯法案”，从而促使各种方案和服务形成，以预防与治疗酗酒成瘾的工人，其中包括“工业酗酒方案”。为了解决因酗酒而产生的各种问题以及减少企业成本和损失，一些工业机构的企业管理者施行了“工业酗酒方案”（industrial alcoholism programs）。该方案通过监工或企业管理者去了解和发现员工的酗酒问题，聘用社会工作者在酗酒员工中实施戒酒方案，社会工作者以专家的身份对酗酒者及家庭给予辅导和治疗，为酗酒员工提供专业服务，帮助员工解决酗酒的不良习惯。

“工业酗酒方案”在企业的推行是社会工业介入工业领域，帮助企业解决具体问题的初步尝试，对工业社会工作的形成具有非常重要的意义。然而“工业酗酒方案”首先是基于企业管理的需要，解决因酗酒而影响企业工作绩效和劳动生产率的问题推行的，其次才是员工的健康福利。系统的工业社会工作方法的形成有待于特有的专业方法与工作模式的形成。后来在“工业酗酒方案”基础上发展出来的“员工协助方案”的实施，标志着工业社会工作特有的工作方法的形成。[②]

（三）“员工协助方案”的实施

20世纪40年代以后，发达资本主义国家企业员工中的酗酒问题、婚姻与家庭问题、财务问题、法律问题、健康问题越来越严重，并且造成了工业成本的损耗，阻碍了生产力的发展，从而再次引起企业界和政府部门的高度关注。为了尽快解决企业界出现的种种问题，从而提高企业的生产率，增加企业的利润，在工业界推出了一系列的社会服务方案，如“员工协助方案”（Employee Assistance Program，EAP），以下简称EAP方案。

EAP方案根植于1930年至1940年的戒酒方案，该方案在解决员工酗酒问题中起了非常积极的作用，激发了企业管理者的思考。EAP方案将“工业酗酒方案”加

---

① 苏景辉．工业社会工作．台北：桂冠图书股份有限公司，1989：24.

② 钱宁，张默．工业社会工作．北京：高等教育出版社，2009：12.

以扩展，探索通过协助员工解决婚姻、家庭、经济收入、工作情绪和法律等问题，改善员工的工作福利，调动员工的工作积极性，提高企业的劳动生产率，促使“工业酗酒方案”扩大为EAP方案。

EAP方案的实施主要是因为：其一，到20世纪60年代后期，企业管理者发现工业酗酒问题不仅是员工的个人问题，而且还涉及员工的婚姻家庭、法律、财务等问题。这些问题既影响了员工的正常工作和生活，也影响了员工身心的健康发展，不利于生产力的快速发展以及企业利润最大化的实现。这些问题也有必要通过有专业知识以及工作经验的社会工作者采取有效的方案帮助员工和企业系统地加以解决。其二，实施“工业酗酒方案”的监工和管理人员由于缺乏基本的专业训练使得服务效果不佳，致使酗酒者的酗酒情形往往已经很严重了才能被发现，从而失去了最佳的治疗时机而造成损失。“工业酗酒方案”这种“头痛医头、脚痛医脚”的方式对员工问题的解决效果非常有限，因此考虑将“工业酗酒方案”扩大到解决员工的其他问题上，为员工提供多种专门服务，帮助他们解决面临的各种困难，从而推出了EAP方案。

“工业酗酒方案”逐渐扩展了服务的范围，扩大为员工协助方案，成为工业社会工作采取的主要方案之一。EAP方案是一种综合性、教育性与诊断性的工业福利服务方案。20世纪70年代，EAP方案被美国等工业化国家广泛应用到企业员工的福利服务过程中，从而成为社会工作解决工业界员工个人问题的主要方法。

EAP方案的工作程序是：首先让员工知道并了解酗酒与药物上瘾是可以治疗的疾病；接着获得管理人员以及工会组织的支持；然后对管理人员说明EAP方案的政策与手续；让员工明白EAP方案以及参与治疗后所能获得的益处；EAP方案的协调者应对方案的计划执行与协调负责；充分利用社区资源；利用工作报告与记录来评价EAP方案的实施效果。

EAP方案致力于协助员工解决个人或家庭问题，如药物滥用、酗酒问题、心理问题、经济问题等，并且筹划一些教育性的发展方案，如沟通技巧的训练，休闲娱乐的合理安排，压力、不满的疏解方法等。谢鸿钧将员工协助归纳为三个不同的方案：员工咨商，主要集中在员工心理、生理健康以及处理可能间接影响工作表现的个人问题；生涯发展，进行对个人的评估、咨商、计划、训练，以帮助个人作生涯决定，并能配合组织人力资源规划的需要；健康福祉，教育员工有健康的生活形态，提升心理健康功能，预防员工生理、心理问题发生，促进组织人力资源有效发挥。① 这三个EAP方案从不同的角度和层次解决员工的问题和需要，通过组织给予个人多方面的协助来帮助员工增强解决困难的能力。有的学者将EAP方案的内容分为七大类：咨商类、教育类、申诉类、咨询类、福利类、休闲类等。②

EAP方案的主要目的在于帮助员工恢复正常的生活以及工作行为，使员工身心得以健康发展，提高员工的生活质量；可以降低员工的缺勤率，避免消极怠工，改善劳资间的关系，减少员工的不满，帮助企业提升劳动生产流程，从而实现企业利润最

① 钱宁，张默．工业社会工作．北京：高等教育出版社，2009：15.

② 方隆彰．员工协助方案实务手册．台北：张老师文化出版社，1995：41－46.

大化的目标，使企业和员工双方均得到益处。苏景辉认为员工协助方案致力于实现以下几个目标：鉴定可能干扰员工工作表现的健康及其他个人问题；鼓励有困扰的员工寻求、接受适当的帮助；经由预防、教育、评估等策略找出有压力的员工；协助员工及雇主达到双方的目的：健康与生产力。[①] 由此可见，EAP方案充分体现了工业社会工作的双赢策略。在高度组织化的、以企业利益为重的工业世界里单纯花费人力、物力、财力等，如果仅为员工解决问题、谋取福利，难以成为企业开展员工协助方案的强大动力；EAP方案得以广泛推行的成功之处就在于其在解决员工个人问题、提升员工福利的同时，使企业提高了劳动生产率、增加了企业利润、增强了企业竞争力。这种在实现企业利润和整体目标的同时使员工的生活质量或福祉得以提升、个人生活目标得以实现的双赢策略，不仅是工业社会工作的主要任务，而且也是社会工作方法在企业界得以广泛运用的重要原因。

EAP方案的发展反映了社会工作者对工业界人们遭遇的问题和需求的持续关注，预防和治疗员工在工作中出现的各种问题，从更为专业的角度理解和帮助员工更好地适应工作给自己和家庭带来的挑战，使员工在工作中获得个人和家庭的幸福。在20世纪60年代末至70年代初期，大型企业开始为无经验、长期失业、少数民族员工设计训练方案，凡此种种开启了工业社会工作新的里程碑。1978年6月，美国社会工作界在纽约召开了“全美工业社会工作”讨论会，100多名颇有经验的工业社会工作者出席会议，总结了工业社会工作的经验，探讨了工业社会工作的发展。专家们一致认为，社会工作界介入职业制度这一重要领域乃是社会工作新纪元的开始，必将推进社会工作专业的发展，使之在社会生活领域发挥更加重要的作用。

随着经济全球化的发展，企业的竞争日益激烈，企业行为对员工生活的影响更加深远。要避免企业为了在竞争中获胜而忽视或不顾员工的身心健康和福利，通过各种途径激发员工的潜能更好地适应复杂的企业生活，就需要工业社会工作的专业技术和服务不断给予回应和解决。除了EAP方案外，其他各种方案也纷纷出台，如顿悟方案、了悟方案等，工业社会工作成为企业和企业员工解决困难和提供帮助的重要方法。

第三节 工业社会工作的服务对象、方式和方法

工业社会工作将社会工作的助人理念和专业服务方法应用到工业界，能调动各方资源，解决工业领域中案主面临的各种问题，增强案主的工作能力，满足案主的各种需求，提升案主的工作福利，增强案主在工业社会中的适应性。社会工作应用到工业界有其自身的特点，需要对工业社会工作的服务对象、服务范围、服务原则和服务模

---

① 苏景辉．工业社会工作．台北：桂冠图书股份有限公司，1989：34.

式与方法进行界定。

一、工业社会工作的服务对象

工业社会工作的服务范围主要在工商实业界，工业社会工作者的服务重心主要是运用专业技巧解决员工与企业之间存在的各种问题。因此，工业社会工作的服务对象主要是身处企业界的人员和群体。工业社会工作者在长期的实践中逐渐明晰了工业社会工作的服务对象，即工业社会工作的案主体系，其主要包括以下几个方面。

（一）企业员工

企业员工主要指从事直接生产过程的劳工、行销部门员工及提供服务的受雇者等。他们是企业的主体，也是工业社会工作的主要服务对象。一方面，社会工作者通过组织和调动各种组织的、政策的和物质的资源，帮助企业中处于弱势地位的员工克服各种困难或摆脱不利的处境；另一方面，社会工作者通过协助企业在管理制度、劳动关系、企业文化以及员工福利等方面进行的改革，为员工创造良好的工作环境，提升员工的工作福利，增加员工的生活福祉。

（二）员工家属

家庭生活和企业生活对员工都非常重要。企业员工的情绪和工作态度不仅受企业生活的影响，而且也会受家庭生活的影响。夫妻不和、养老负担以及子女教育等家庭问题都会引起员工注意力分散、情绪低落、无法专心工作而影响工作效率，甚至在工作中出现严重的失误。

因此，工业社会工作的服务对象必须扩展到员工家属，将其纳入社会工作服务的对象体系。工业社会工作者通过各种途径和方法，能为员工家属提供专业服务、解决员工的家庭问题，为员工排除后顾之忧，减轻员工生活压力，让员工能够专心工作。

（三）企业管理部门

企业管理部门包括各层级的幕僚人员，如工头、监工、领班、工业督导员、人事管理员、中层管理员、经理以及工业设备的所有权人等。企业管理部门的管理理念、管理方式直接影响员工在企业中的生活。管理者与被管理者这一矛盾共同体在企业活动中会产生频繁的互动和联系。工业社会工作者要改善员工的工作环境、提升员工的工作福利，很大程度上需要企业管理部门的支持和配合。因此，工业社会工作者通过为管理层和雇主提供专业服务，可以改善其对员工的态度，提高对员工的重视度，为员工创造更为人性化、更宽松的工作环境和氛围。工业社会工作者运用专业方法，可为管理者与员工提供更多的沟通互动机会，增强彼此间的理解，化解潜在的劳资矛盾，从而提高劳动生产率，实现企业的良性运作。

(四) 工会代表

工会代表指工业设施内的工会干部、产（职）业工会及区域性工会的干部。他们是工人利益的代表，负责向企业管理层表达工人的意见、困难和需求。要使工会代表能够切实维护员工的利益、为员工提供良好的服务，就需要工业社会工作者为其提供专业的服务和指导。

(五) 社区

社区主要指企业所在地的社区、社区居民以及社区内的相关资源。企业常常与所在的社区联系紧密，二者关系是否融洽，将直接关系到企业能否顺利发展。社会工作者强调环境对案主的影响，对企业和员工来说，社区就是非常重要的环境。良好的社区环境和社区氛围可以使员工心情舒畅，有助于提高员工的工作满意度和工作效率。企业的生产和员工的生活不可避免会影响社区居民，因此，如何融洽企业与所处社区的关系，使员工与社区居民和谐共处，如何调动社区中的各种资源为案主服务，就成为工业社会工作者需要思考和解决的问题。

工业社会工作者从个人到家庭，从企业到社区，建构起比较全面的案主体系，通过为这些服务对象提供各种专业的指导和服务，能有效地帮助员工和企业营造良好的工作环境，解决其面临的各种问题，最终实现员工和企业的双赢。

二、工业社会工作的服务模式及内容

由于工业社会工作者在实际中所要解决的问题产生原因各异，并且相互间交叉影响且相互关联，因此在解决这些问题时要运用各种方法寻求问题的症结所在，并根据具体问题及其产生的特定原因对症下药，从而取得好的疗效，使问题得以解决，以便有效地达成工业社会工作的整体目标。

(一) 工业社会工作的服务模式

如何为案主提供有效的服务呢？学者们提出了一些工业社会工作的服务模式。根据工业社会工作关注的服务对象主要是个人与群体，分为“个人发展取向”和“社群权益取向”两种服务模式。“个人发展取向”服务模式是与工作生活相关的心理-社会服务模式，主要针对劳动者个人，例如：雇员辅导、劳动者支持小组、压力疏解课程以及人际关系训练；对雇员的职业培训与再培训；与就业相关的服务，如就业介绍与分配、面试的训练与模拟等。“社群权益取向”服务模式是从宏观上针对社会政策环境等方面的企业社会工作，主要是服务对象的权益工作，其主要内容包括：劳动法律方面的咨询与宣传教育、劳资纠纷的介入、劳工权益政策方面的倡导与帮助等。[①] 斯莫基尔认为，无论是雇主还是员工及其家庭，都可能需要专业社会工作者运用咨询和

① 钱宁，张默．工业社会工作．北京：高等教育出版社，2009：55－56．

治疗等直接服务方法，协助其面对职场内外的各种挑战及有效地解决问题；社会工作者可运用各种专业知识及技能，以有效预防或减少酗酒、药物上瘾、家庭和婚姻冲突等所导致的各种问题，协助案主生活品质的提升，丰富每个人的生命。[①] 依据服务输送来源和服务对象，企业社会工作可划分为不同的模式（见表 18－1）。

表 18－1　企业社会工作的运作模式

聚焦	模式	意义	工作取向、服务方式、工作者角色
服务输送来源	企业外模式	企业与外部社会服务机构或顾问签约，由外部专业人员提供服务给员工，分为“驻厂服务”及“结构（厂外）服务”两种，也称为“契约模式”。	根据工作目标及做法归纳出三类工作取向：促进劳资和谐，增进个人调适能力的“心理调适模式”；照顾及关怀劳工生活和身心成长的“生活照顾或人际联谊模式”；强调劳工意识的“社会行动模式”。
	工会模式	由工会聘用专职的社会工作者，为工会提供服务。	服务方式可分为直接服务和间接服务两种。
	企业内模式	由企业组织聘用专职的社会工作者，为组织提供各项服务，又称为 In-House Model。	组织形态分为三种工作方式：类似同辈辅导员的做法；企业内成立相关部门的做法；由人事相关人员或高层主管兼任相关工作的推动者。
服务对象	员工服务模式	针对个别员工的需求提供服务，以增加员工的生产力及对组织的使命感，或对工会的忠诚度。目前最常采用。	社会工作者扮演咨询者、调解者及训练者的角色。
	雇主或组织服务模式	协助雇主或组织认定及发展与员工有关的政策和服务措施，社会工作者可能外聘或内部聘用。目前运用较多。	社会工作者扮演顾问、评估分析者、训练者等角色。
	消费者服务模式	针对顾客的需求提供服务。	社会工作者扮演咨询者、方案策划发展者、顾问及倡导者等角色。
	企业社会责任模式	确认和协助企业践行其对社区的福利责任。	社会工作者扮演社区分析及计划者、预算分配者、顾问及倡导者等角色。
	与工作相关的公共政策模式	促成、认定、分析会直接或间接影响工作世界的公共或政府政策、方案和服务。	社会工作者需具备政策规划、分析、方案发展、宣传及促成联盟等技术。

资料来源：万育维．社会工作概论：理论与实务．台北：双叶书廊有限公司，2003：248－251.

（二）工业社会工作服务的主要内容

工业社会工作者可以运用社会工作的技巧，提供各种服务以帮助员工预防和解决工作、生活中可能出现的种种问题。这些服务既包括直接服务，也包括间接服务。

1．直接服务

工业社会工作者所提供的直接服务主要包括：

① Farley O W，Smith L L，Boyle S W. Family and child welfare services//Skidmore R A，Thackeray M G. Introduction to social work. 8th Edition. Allyn & Bacon，2000.

（1）提供个案咨商服务并举办各项服务活动，协助员工解决个人的问题，使其工作状态恢复正常，以维持生产力。

（2）使用社区服务方式，发掘、利用社区资源，建立与社区紧密结合的服务方案，发展社区服务事业以满足案主工作、生活等方面的需求。

（3）尽力帮助企业人事部门（如工会代表、管理员、监工）明了相关社会服务机构与转介服务的程序，与工会人员、管理人员共同维持转介渠道的畅通。

（4）建立社会工作服务的信息资料库，发展与监督管理资讯体系的操作，并且记录服务资料，以便在将来制定社会工作服务活动的方案时能够提供参考。①

2. 间接服务

工业社会工作者所提供的间接服务主要包括：

（1）参与制订企业未来发展计划与人事计划。

（2）为管理部门决策与人力资源政策提供咨商。

（3）协助社区开展卫生、福利、休闲等活动，制定可行的教育方案。

（4）赞助医疗照顾与劳保给付的行政支援，协助企业制定新的劳工福利方案。

（5）为有关劳工立法的制定与执行提供宝贵的意见。②

社会工作者为员工和企业提供全方位的专业服务，目的主要是促进企业生产力的飞速发展，并给员工以人道主义关怀，改善员工的恶劣处境，维护员工的基本权益，提高员工的生活福利，为员工及其企业排忧解难，增进员工与厂方、工会的沟通，形成良好的劳资关系。工业社会工作者所提供的服务最终将有助于整个社会的生产力飞速发展，物质财富极大增长，人际关系更加健康和谐。

三、工业社会工作的方法

工业社会工作是社会工作实务的一个新领域。所有社会工作方法对于工业社会工作也同样适用。运用于工商企业界的社会工作实务，大都以临床或直接服务为主，其中包括个案社会工作、小组社会工作、社区社会工作等。此外，社会工作行政、社会工作研究等间接方法也可用于工业社会工作领域。这些社会工作方法从不同层面为企业员工和管理者提供了解决问题的方法。

（一）个案社会工作

在社会工作者所要解决的诸多问题中，有的只是个别员工及其家庭所面对的问题，不具有普遍性，例如适应上的问题、健康问题、家庭与婚姻问题、酗酒、药物滥用、沮丧、焦虑等。这就需要社会工作者针对个别员工及其家庭的问题采取特定的方法加以解决。

个案社会工作就是一种从个人着手的工作方法，其实施的对象为个人或家庭。个

---

① 徐震，林万亿．当代社会工作．台北：五南图书出版公司，1986：484.

② 同①.

案社会工作主要协助遭遇困难的案主了解困难发生的原因，发掘和运用其自身的潜能，重建案主或家庭的生活。工业社会工作者通常运用个案社会工作的方法，直接面对员工或家属，运用有关的专业知识和技巧为员工和家庭提供物质或情感方面的支持与服务，协助其解决个人问题。

个案社会工作的理念基于当事人具有独立人格的个体，有表达其行为、言说其意愿、受尊敬的权利。社会工作者与案主之间经过沟通建立起彼此信赖的关系，与案主一起讨论、分析面临的问题，以找到解决的方案，帮助案主克服困难。

个案社会工作的服务内容一般包括为员工和家人提供直接服务；员工可以单独或与家人一起寻求有关住宅、工作、法律、财务、生理健康、家庭关系、心理卫生等需求方面的帮助。

在个案社会工作中，社会工作者在与案主处于彼此信任的合作关系中，可充分调动案主本身的潜能与积极性，共同探讨、研究案主的问题，运用案主自身的各种资本以及外部可利用的资源，增进案主解决问题的能力，使问题得以有效的解决。个案社会工作的主要目的就在于协助发生问题或遭遇困难的个人或家庭，帮助他们分析研究所面临的问题，并给予妥当的安排与处置，从而达到问题的解决及个人人格的健全与家庭生活的调适。①

个人服务方案是个案社会工作的一种。个人服务方案就是针对个体提供团队的服务工作，经由种种助人专业的组合措施，运用辅导、咨询、社会个案工作、心理卫生与精神医学等专业知识和特殊技能，以有系统的工作计划、协调、转介、咨询等，给予个人热忱持续的服务，使劳工能了解自我，发挥潜能以适应工作与生活环境。②

除个人服务方案外，工业社会工作者在个案社会工作的具体实施过程中还要注意灵活运用各种方法，例如功能处理法、心理-社会疗法、行为矫正法、危机处置法、任务中心个案法与发展性协助模式等，以利于更好地开展工作。

（二）小组社会工作

小组社会工作方法是社会工作者在社会工作实施过程中经常采用的有效方法。小组社会工作方法主要由知识、理解、原则、技巧组成，借助小组社会工作者的协助和引导，小组成员在各种机构或社区小组中展开互动，建立关系，并以个人能力与需求为基础，获得成长的经验，最终达到个人与小组共同的发展目标。

1949 年美国小组工作者协会指出，小组工作者在小组工作中，通过小组互动与方案活动达到个人的成长与社会目标的完成。小组工作通过小组成员的互动和交流能够处理社会关系中存在的种种困扰，能够帮助人们建立起良好的人际关系。因此，在工业社会中，小组社会工作能够用来解决一些员工所面临的相同或相似的问题。

工业世界中小组社会工作的服务对象主要包括直接从事生产工作的员工和企业管理者。对员工的小组工作主要包括协助员工适应工作环境，解决心理困扰，学习社会

---

① 李增禄．社会工作概论．3 版．台北：巨流图书公司，2002：444.

② 刘焜辉．辅导原理与实施．台北：天马出版社，1979：118.

交往技巧，适应劳资关系，促进劳工福利，改善员工工作环境等。对管理者的小组社会工作主要包括提高其管理及领导能力，助其了解员工心理，协调劳资关系等。

在工业界，社会工作者经常将小组社会工作方法或过程用于员工个人成长、企业干部训练、上下级之间的沟通、员工活动积极分子培训等工业关系问题的解决，促进企业内部关系协调和企业的正常运转。小组社会工作方法经常用于处理人际关系的困扰。工业社会工作的小组，一般是由8～12个有共同问题的员工所组成，每周聚会一次、每次两个小时，共同考虑问题，互相交流，分享各自的感受和经验，探讨解决问题的方式、方法。

在小组社会工作中，工业社会工作者面对的是多个个体，这就要求他们具备良好的组织沟通和协调交流能力，具有组织和介入群体的技能，领导群体、运用社会资源、评估群体过程的技巧，使得社会工作者与成员、成员与成员间关系和谐融洽、彼此信任、敞开心扉，从而达到有效的沟通和交流，以便有效地解决成员们所面临的问题，达到群体成立的初衷。

小组社会工作方法有多种模式，可供工业社会工作者在实际的实施过程中参考和运用，如社会目标模式、治疗模式、互动模式等，它们在解决个人、团体、组织管理和人际关系问题中，发挥着重要的作用。

(三) 社区社会工作

社区社会工作是以整个社区及社区中的居民为服务对象，通过了解社区存在的社会问题和社区居民的需求，利用社区资源帮助社区居民解决困难，从而使整个社区的力量得到加强，社区成员生活得更加美好。

社区社会工作在发展过程中形成了一系列成熟的工作模式，如研究、计划、协调、组织、财务、行政等。这套工作模式可以为工业社会工作者在开展员工福利、保障、发展等工作时提供借鉴。这将有助于工业社会工作者更好地对员工的现状进行研究，制定相应的计划，围绕计划进行组织等。

社区社会工作通过组织社区居民来参与集体行动，利用调节社区的资源、改善社区的人际关系和生活风貌，来减少社会冲突，加强社区的凝聚力，培养社区居民自立自强意识，提高社区的社会生活水准，促进社区的不断进步。社区的成熟、完善和发展能够促进生活在社区中的人不断成熟、完善和发展。在员工聚居的社区里，工业社会工作者一方面可以将有需要的员工转介至适当的社区机构，另一方面帮助企业管理者了解社区、帮助社区、增进社区福祉。

工业社会工作者可以运用社区社会工作的方法，充分了解社区所拥有的资源，并与这些资源机构保持联系，将这些资源充分利用到工业界为企业和员工服务；制定对员工或社区的服务方案或计划，帮助员工和组织实现其职业目标和生活目标。

工业社会工作者通过对企业内部和外部的资源调查，实现企业资源与社区资源的整合，协助员工和企业处理特殊的个人或家庭问题；也可以担任咨商者的角色，协助企业去了解所处社区存在的社会问题，为社区提供各种资源和有效的解决方案。

工业社会工作者能够运用社区社会工作方法搭建企业与社区的桥梁，调动各种资源，有效地为案主解决困难、提供服务。

(四) 社会工作研究与社会工作行政

工业社会工作者还可以运用社会工作研究、社会工作行政等间接方法来开展社会工作实务。

1. 社会工作研究

社会工作者运用社会研究的方法，搜集分析与社会工作有关的资料，来促进社会工作目标的实现。需求预估、方案开发和影响评估是社会工作研究的三个重要部分。需求预估主要是了解案主的信息，对其需要、问题及个人与社会环境原因机制有所把握；方案开发就是利用专业知识，发展有效的服务方法、模式或政策；影响评估就是了解所执行工作方案对解决案主及其社会问题的效果。①

工业社会工作者在运用社会工作专业技能解决案主问题的过程中遭遇到的问题，可以通过社会工作研究，在理论上找到解决的方法，预防类似问题的发生，同时可以将实务经验转化为共享的知识，供其他社会工作者参考和借鉴。

工业社会工作者可以运用社会工作研究的方法对企业管理与劳资关系等各种问题进行研究，寻找适当、有效的方法改善企业管理与劳资关系，实现劳资双赢。

社会工作研究方法中的需求预估可以帮助工业社会工作者了解员工和企业的需求、存在的问题等；针对员工和企业存在的特定问题和需求拟定目标、设计和执行方案、评估成效，从而有针对性地改善并提升社会工作服务质量，以切实实现社会工作的目标。

2. 社会工作行政

工业社会工作者在社会工作的实施中应认识到社会行政的重要性。社会工作行政是一种连续的、动态的、机构成员将社会政策转化为社会服务输送的社会行动过程，通过这个过程，社会工作者将社会政策转化为具体的社会服务，并使用实务经验修正政策。社会工作行政涉及领导者和其他成员，包括计划、组织、人事、领导与控制等方面，人力与物力资源的发掘、安置、协调与合作等。②

社会工作者可运用社会行政的方法，协助企业组织及工会了解企业的相关政策，将政策转化为具体的行动，为员工和企业服务。运用行政技巧将政策或制度所提供的那些资源、福利分配给员工，督促企业履行政策和制度所要求的企业责任，协助工会和其他员工组织了解、落实政策和制度所要求的有关员工的福利和权利，借助政策的实施推进员工社会福利服务的落实。这对于工业社会工作者帮助员工争取更大的福利以及促进社会公平和社会进步的实现都起着非常重要的作用。

在工业化飞速发展的今天，工业社会工作的重要性愈来愈凸显，工业社会工作的方法也越来越成熟。工业社会工作者的专业知识更精湛，技术更娴熟，方法更完善。所有这些都有力地促使企业和员工所面临的问题能够有效地解决，劳资关系逐渐融

---

① 顾东辉. 社会工作概论. 上海：上海译文出版社，2005：214-215.

② 同①175.

洽，企业利润得以充分实现，企业生产力飞速发展。

案例介绍：在东北A企业开展社会工作的情况[①]

本案例通过在东北一家改制后的国有企业（A企业）中所做的小组工作为个案，阐述企业社会工作的过程及成效，探索以企业为本的企业社会工作的本土化实务模式。

（一）企业基本情况

A企业是中国重点装备工业大型骨干企业，是黑龙江省重点装备工业16家企业之一，是全国最大的精密复杂刀具、数控刀具生产和科研基地，是一家拥有数千名员工的大型国有企业。

（二）小组活动背景

A企业每年都要招聘几十名新员工，这些新员工是企业的新鲜血液，我们在A企业通过参与式观察和访谈的方式，分别在企业相关管理人员、新入厂的员工、近五年入厂的员工和五年以上厂龄的员工几个层面进行了为期一个月的需求评估，我们了解到新入厂员工在适应新的工作和生活方面普遍存在一定的困难。

这种困难主要表现为：对企业环境的不适应（包括工作环境、生活环境）；人际交往的不适应；业余文化生活匮乏，在这其中尤为突出的是那些住在企业集体宿舍的员工；对本职工作的认同度较低；对企业缺乏归属感。员工的这些问题对企业产生了诸多不利的影响，如员工缺乏对组织的向心力与凝聚力，影响工作绩效的提高，企业人才流失情况严重；从员工方面来看，不利于提升员工整体生活质量及身心健康，不利于员工良好人际关系的发展和满足员工的需求，不利于员工自我成长，不能促进其潜能的发挥。

基于上述需求评估结果，我们发现企业中新入厂员工的主要问题为环境适应问题，员工们希望通过相互交往增进彼此的了解，结识更多的朋友，使自己的工作环境更加温馨、和谐，进而形成对企业的归属感。我们决定运用小组工作的方法帮助解决新入厂员工的这一问题。

（三）小组工作目标

我们通过学生实习，在A企业举办了四个单元的小组活动。小组名称为“新环境，新成长——试用期员工适应小组”。小组的性质定位于成长小组。其工作目标如下：

(1) 增强组员的团队合作精神和对企业的归属感；

(2) 协助成员掌握人际交往的基本技巧；

(3) 协助组员发展良好的人际关系；

(4) 增强组员对新环境的适应能力。

（四）活动内容分初期、中期、后期分别设计

一是小组初期。本次的小组目标基本达到了我们的预期效果，整个活动的场面比

---

① 苏光．企业为本的企业社会工作实务模式的探索——以哈尔滨A企业为例．社会工作，2009 (7)．

较活跃，我们在内容的选择上比较偏向于可以调动组员积极性的游戏，希望可以通过比较新颖的方式来吸引组员的眼球，从而可以让他们继续参加接下来的几次小组活动。在组员之间逐渐熟悉之后，大家的交流和互动明显有所增加，是比较开放式的交往模式。由于是小组的初级阶段，各个方面都需要有一个适应和参与的过程。

二是小组中期。由于第一次小组活动气氛较好，只有个别组员处在小组边缘，但小组中期两个单元的活动中组员们都很积极配合，新组员也很快就融入了小组之中。领导者与组员、组员与组员之间消除了陌生感，彼此很快融入小组活动当中。总体来说，中期活动进行顺利，达到了我们的预期目标，甚至超过了工作人员的想象。在小组活动过程中气氛比较活跃，只是刚进了两个小组成员，跟组员和领导者比较陌生，表现出有距离感，其中一人表现稍微明显，但是通过几个游戏情况有了好转。由于工作时间的问题，有三个组员未能参加本次活动，小组成员的减少给工作者带来了一定的压力。通过领导者每一个游戏之后的引导和总结时的澄清，小组成员对本次活动的目的比较清晰。通过本次活动，有好几个组员流露出找到信心的表现。

三是小组后期。进入小组后期，工作者提前告知组员离别时间，对整个小组活动进行了回顾，分享了在其中经历的快乐感受，组员之间相互祝福留念，并鼓励组员在活动结束之后相互联系，巩固小组动力，形成自治互助的群体。这一切的努力都是希望能更好地处理离别情绪，降低组员出现担忧失落退行等负面情绪。组员的情绪都很积极，小组气氛也很好。告别时，我们还是看到了他们的感动与不舍，这种氛围也深深地触动着小组工作人员。

（五）小组目标评估

上述小组工作设计取得了预期的目标：一是企业给予小组活动很高的评价。尽管小组只设置了四个单元，但机构对小组活动非常满意，并给予了高度的评价，认为我们的小组活动采用了全新的理念和工作方法，这是他们从来没有见过的工作方式，工作成效十分显著，受到了员工们的欢迎，也为企业今后的管理工作开辟了新的思路。二是组员实现了一定改变。首先，在人际交往方面，四次小组活动使组员克服了个体的孤独感和无助感，彼此间的陌生感消失，小组中形成了良好的沟通氛围，彼此的距离被大大地拉近。在组员之间熟悉之后，大家的交流和互动有了明显的增加，这不但促进了组员对他人的信任和接纳，还使组员意识到人际交往中沟通的重要性，从而极大地调动了小组成员进一步扩大人际交往范围的积极性，提升了人际交往的自信心。其次，在归属感方面，合作型的小组活动不但使组员彼此的交流进一步加深，使大家很好地融为了一体，还让小组成员感受到了团体的存在以及团队的力量，同时意识到了团队合作的重要性，增强了组员的团队合作精神与合作意识。通过引导，大家彼此开始形成支持网络，寻找到了强烈的归属感。组员说，他们虽然住在同一栋宿舍楼里，过去都不认识，现在彼此都很熟悉了。最后，在能力提升方面，小组活动使小组成员人际关系得到了初步的改善，团队归属感逐步产生，加快了组员对企业环境的适应速度，增强了组员对新环境的适应能力。

第四节 中国的工业社会工作

一、我国工业社会工作的发展概况

（一）20 世纪上半叶我国的工业社会工作

20 世纪上半叶，我国经受着血与火的洗礼，国内政治局势动荡，社会极度不稳定，人民生活困苦不堪。20 世纪初，一些传教士开始在我国的一些大学里讲授社会学、社会服务等课程。一些师生开始从事社会服务活动。还有一些受西方教育影响的知识分子为了救国救民也从事农村发展活动。

虽然社会工作这时有所萌芽，但由于当时的社会动荡不堪，工业的发展举步维艰，工业社会工作在这样的社会氛围中难以产生。

（二）新中国成立后的工业社会工作

新中国成立后致力于社会主义现代化建设。为了加速发展社会主义工业化以及加强对社会的组织动员能力，国家实行类似于苏联和东欧的计划经济模式。在计划经济模式下，工业化飞速发展，建构起了社会主义的工业体系，但工业社会工作的发展空间却极其有限。

计划经济时代，以单位福利制度为基础的中国传统工业福利制度和工会组织在保障企业职工的正常生活、满足基本需要、解决职工所遇到的各种意外和困难方面发挥了重要作用。

计划经济时期，企业既是生产部门和经济组织，又是一个社会组织，承担着经济功能和社会功能。全民所有制企业和集体所有制企业形成了企业办社会的局面，企业几乎包揽了职工生活中方方面面的需要，职工和家庭的基本福利都由单位提供。从柴米油盐到职工的生老病死，从子女的教育到职工的休闲娱乐，企业都给予全面的保障，企业俨然成了“麻雀虽小，五脏俱全”的小社会，形成了计划经济时代特有的单位福利制。所谓单位福利制主要是指劳动者作为单位（企业）职工，他的住房、医疗、养老和子女教育等全部由其所属的单位（企业）承担，职工的生老病死一切事务由单位包揽。计划经济时期，企业在很大程度上也包揽了工业社会工作的许多职能，专业化的工业社会工作发展空间有限。

（三）改革开放以来我国的工业社会工作

计划经济时期的单位福利保障模式在一定程度上改善了企业职工及其家属的福利，减少了职工的后顾之忧，促进了企业职工劳动积极性的发挥。但是单位福利制提供的福利不仅是低水平的，而且仅局限在单位范围内，缺乏普适性。随着服务越来越细、项目越来越多、经费开支越来越大，“企业办社会”的福利保障模式使企业变得不堪重负。

改革开放后，市场经济在中国得到长足发展，中国的经济体制开始由计划经济向市场经济转型，自主经营、自负盈亏的企业管理体制使传统的“企业办社会”的格局发生了根本性的改变，企业原来的社会福利保障职能逐渐从单位中剥离出来，单位福利制失去了原来的政治和社会功能。市场经济体制下，承担过多的福利职能会使企业负荷过重，影响市场竞争力，亟须加以改变。这就要求企业直接负担的福利保障功能要逐步减少。

建立市场经济体制后，随着福利社会化，单位福利逐渐被社会福利所代替。我国现在已逐步建立起新的社会保障制度，职工的养老保险、失业保险以及医疗保险，由社会统一管理。社区服务也有所发展，企业员工在抚养子女、养老、家务劳动、休闲娱乐等方面所遇到的难题在一定程度上得到解决。但是，以上这些还不能够解决职工面临的所有问题。社会保障、社区服务主要解决的是职工工作之外的问题，职工工作中遭遇的问题却无法得到解决。

随着单位福利制的解体，单位仅仅成了职工挣钱养家、自我发展的场所，就业、职业生涯发展、退休、住房、医疗、养老等与职工的工作和生活密切相关的问题凸显出来，企业与员工、工作需要与个人生活需要等方面的矛盾成为影响企业和职工发展的重要问题。随着工业化的发展，工业社会中激烈的竞争使员工的人际关系紧张、工作压力增大，解决市场竞争中的失业与就业、劳资冲突、伤残、疾病、养老、环境污染等问题，避免工业活动对劳动者个人、家庭、社区的福祉产生影响，促进工业福利的发展，这些问题仅靠国家和企业难以得到解决，需要工业社会工作者的积极参与。

工业社会工作者在长期的实践中，以其特有的专业理念和专业服务在为工业社会中的人们解决他们面临的工作问题、生活问题，增加员工福利，促进企业发展等方面做出了突出的贡献。因此改革开放以来，政府、学术界和企业界越来越注重工业社会工作者在工业社会中所发挥的重要作用及功能。工业社会工作的发展得到政府有力的政策支持；在学校，社会工作的教育工作也有所发展，致力于培养一批理论和实践水平高的专业社会工作者。这些都极大地促进了我国工业社会工作的发展。

二、当前我国工业社会工作的特点及内容

随着社会主义市场经济的逐步建立和工业化规模的不断扩大，我们的国家和社会越来越需要工业社会工作发挥自身的功能。不仅如此，随着物质生活的舒适、安康，人们不再为生活的温饱而烦恼，更加注重精神生活的愉悦和满足。现代生活的一个副产品就是人们不得不承受沉重的工作压力，复杂的人际关系使人感到万分疲惫，感情危机和家庭纠纷也常使人困扰，这必然会影响人们正常的工作和生活。要解决这些问题，不能再像以前那样找单位、找领导了，这时人们就可以求助于社会工作者。随着改革的进一步深入，失业问题、贫困问题也较突出，政府虽然在宏观政策上可以帮助

员工改善自己的处境，但是对于如何具体改变他们的处境却心有余而力不足。工业社会工作者应该抓住时机，发挥自己的专业所长，帮助他们走出困境。

我国工业社会工作的主要特点是：它一般由政府有关机构、企业的人事管理部门、工会和社区等来实施，通过给职工及其家属提供各类直接和间接的服务，如社会福利、社会保障、劳动保护、社区服务、社会救济、社会教育、专业技能培训以及各种娱乐休闲、文化体育活动等，帮助职工协调、解决生活工作中出现的种种问题和困扰，满足职工不断提高的物质文化和精神生活的需求，保证职工身心的健康成长以及劳资关系和人际关系的和谐，从而充分发挥职工的劳动积极性和创造性，使他们最大限度地为企业、社会和国家做贡献。

目前，随着工业化的迅速发展，工业社会工作所提供的服务越来越多，越来越全面。工业社会工作者可以与企业管理部门的管理者、工会组织的领导者、社区的负责人及有关机构的人员密切合作，运用工业社会工作的方法和各种有效的资源，帮助职工和企业排忧解难，包括提供职工福利、协调劳资关系和人际关系、发展职工教育、解决职工问题、兴办娱乐休闲设施等。

现阶段我国工业社会工作的服务内容越来越具体，主要有以下方面。

（1）为职工提供完善的劳动保护设施，如完善职工的失业保险、职业伤害补偿、退休金、职工福利金、人寿保险、医疗保险等制度，解决职工的后顾之忧，使职工全身心地投入工作之中。

（2）在劳动条件方面，为职工创造良好的工作环境，预防工业灾害、意外伤害的发生；提供良好的医疗卫生、医疗保健服务；利用社区资源，提供职工子女的教育服务；建立残疾人康复中心、老年人活动中心等。

（3）为职工提供丰富的娱乐休闲服务，如组织节假日娱乐活动，组织旅游、体育活动以及各种文化活动等等。

（4）帮助职工协调各种人际关系，如劳资双方的关系、职工与管理者的关系、职工之间的关系。工业社会工作者应致力于排除职工人际交往中的干扰因素，探究人际关系冲突的根源，协调各方的关系，排除对抗性因素，化解职工人际交往中所出现的矛盾，帮助职工建立和谐的人际关系，使职工与职工、职工与管理者、职工与厂方之间相互体谅、相互理解，共同致力于企业的发展。

（5）帮助职工开展职业技能培训，开展职工教育活动。在今天的知识经济时代，科学技术迅猛发展，高新技术产业如雨后春笋般发展起来。高新技术产业需要的是掌握高新技术的综合型人才，因而只有掌握高新技术的人才才能在激烈的竞争中处于优势。但是长期以来我国大多数职工都是在传统的企业里工作，这使得他们不具备高新产业所需要的技术。为了使这些职工适应时代的发展，免遭淘汰，就需要工业社会工作者帮助这些在竞争中处于劣势的职工，通过发展职工业余教育，提高职工的文化素质，使职工适应现代社会的迅速发展，以积极的心态迎接现代社会所面临的挑战。通过开展职业技能培训，职工可以掌握必备的高新技术，适应科学技术发展进步的要求。

工业社会工作者可以与工会组织、劳动人事管理部门密切合作，通过各种途径举办多种形式的职工业余教育，如举办各种技术培训班，开展技术交流与竞赛活动，提高职工的劳动技能；还可以组织职工参加各类成人教育，开办文化俱乐部，提高职工的文化素质和科技水平。

关心职工的生活状况和思想状况，帮助解决职工面临的实际困难和问题。在竞争激烈的现代社会里，职工承受着空前沉重的生活压力，工作中的不如意、不满，容易导致婚姻不稳定、子女教育以及老人抚养等问题。职工遭遇的这些问题如果不能有效地解决，势必会影响职工的工作积极性和创造性。在现实生活中，由于家庭问题影响职工情绪、妨碍企业发展的现象屡见不鲜。

工业社会工作者必须与企业管理部门、社会服务机构合作，切实关心职工生活上和思想上存在的种种问题，并切实有力地为他们提供各种相关服务，帮助职工解决困扰。

近年来，我国政府致力于建设有中国特色的社会保障制度，出台了许多有利于企业和职工的社会保障和社会福利政策。这些有利于解决职工一些后顾之忧的社会政策在很大程度上也推动了工业社会工作的发展。工业社会工作者必须及时准确地了解国家的社会政策，并利用这些社会政策帮助企业和职工解决实际问题。这些社会政策主要包括企业职工养老保险、医疗保险、失业保险、工伤保险、职工福利等。此外，政府还出台了一些社会政策和法规来保护劳动者的权利，从而维护社会的稳定，促进社会的发展。工业社会工作者在实践中除了运用自身的专业知识和社会工作技巧外，还必须非常了解这些政策和法规，才能更大限度地发挥自身的作用。

三、我国工业社会工作的未来展望

改革开放以来，我国的工业社会工作有了较快的发展，但是应当看到，迄今为止在工业界所开展的社会工作，基本上还是传统意义上的，明显地带有计划经济时代的痕迹，专业意义上的工业社会工作远未得到充分的发展。在我国，发展专业意义上的工业社会工作是市场经济发展的必然要求，是企业及其员工的共同需要。要使现代企业在追求利益最大化的过程中，体现对职工最大限度的人文关怀，并使二者最终达到完满的统一，就需要专业社会工作者做出不懈的努力。发展专业的工业社会工作千头万绪，以下几个方面是应当着重加以关注的。

（一）鼓励工厂、企业设立专职的工业社会工作者岗位

应该使企业主认识到，工业社会工作的开展不仅可以帮助员工解决各种困扰，使员工不因个人与家庭问题影响正常的工作和生活，而且能够帮助企业组织了解劳工法令并遵守国家的劳工政策，协调企业中的劳资关系；帮助员工使其不因个人或家庭问题影响企业的生产率；减少企业人力资本的浪费，使企业人尽其才，从而提高企业的生产力。只有这样才能解决工业社会工作者与企业主的价值对立，使工业社会工作者的价值为企业主所认可，使企业主心甘情愿地聘用工业社会工作者为企业服务，从而促进工业社会工作的迅速发展。

（二）大力推行工业社会工作教育

社会工作教育是推行工业社会工作的根本。掌握大量社会工作知识和专业技能的工业社会工作者是壮大工业社会工作队伍的力量源泉。要知道工业社会工作者不会享有“免费的午餐”，企业界不可能雇用一位不从事生产的社会工作者。社会工作者只有深入学习工业社会工作的相关课程，如员工问题、劳资关系、社会政策、工业社会学、工业心理学、企业管理、管理心理学、人事管理等课程，全面了解企业活动的实质、企业的责任、员工的地位以及公司的决策，才能更好地发挥工业社会工作的功能，使工业社会工作的价值被员工、企业主以及社会各界所肯定和认同。当工业社会工作所发挥的作用能使企业和员工大大受益时，这一工作必将会取得自己的一席之地并发扬光大。

（三）国家和政府从政策上对社会工作给予强有力的支持

工业社会工作不仅有助于培养职工健康的心态、培养和谐的人际关系、解决棘手的员工问题，而且有助于提高劳动生产率、增加社会财富，还有助于实现社会的公平、公正，形成安康、和谐的社会局面。

随着我国市场经济的不断完善和发展以及工业化水平的不断提高，我国的工业社会工作也会在实践中不断得以发展和完善，从而形成一套具有中国特色的工业社会工作理论和方法，能够更好地为我们的国家和社会服务。

案例介绍：千名社工助解富士康危机①

2010 年的 1 月，对深圳富士康而言，是一场危机的开始。到 2010 年 5 月，近千名社工紧急进驻富士康开展工作，随后，富士康逐渐走出阴霾。

在经历富士康危机后，企业社工被人们深刻地记住。在 2010 年那场惊心动魄的企业员工生命危机中，深圳企业社工为化解危情付出了什么？2011 年 1 月“富士康危机”发生时隔近一年后，《公益时报》记者追访深圳企业社工，解读那场不为人知的社工紧急救援，追问与企业社工发展相关的问题。

富士康危机：曾有 489 人想跳楼

跳，再跳……当十多名年轻人殒命楼下的时候，富士康人和整个社会舆论一片惊慌。这一幕，或许永远地留在了人们对 2010 年的记忆里。

“当时，经过我们个案谈心，发现有 489 名年轻员工存在明显的自杀倾向……”曾参与富士康社工矫治的一名资深社工告诉《公益时报》记者。

富士康是台湾地区著名商人郭台铭的企业，是众多世界知名电子品牌的代工厂，在大陆、台湾及国外有近百万工人。

长期以来，这些在流水线上辛勤工作的 80 后、90 后工人们鲜入世人视野，直到

① 根据《公益时报》2011 年 1 月 18 日报道整理。

不断有人跳楼或以其他方式了结年轻生命。富士康多米诺骨牌似的自杀，在带给人们强烈震惊和悲怆之时，越来越多的人开始理性分析“N连跳”背后的成因，以及可资解决的方案。

当时有评论人士认为，深圳是中国大陆社会工作的先行地区，在其他办法都不能奏效的情况下，向富士康派驻社工应当是“最可行”的选择。

2010年5月30日下午，“深圳关爱行动”动员会在深圳市公安局召开，一个由近千人组成的“义工”团体，开始进驻富士康公司在深圳的各大厂区，其中，有220余人正是深圳的专职社工。

“针对青年工人们的具体情况，我们采取个案谈心、小组对话和社区活动等方式干预富士康的工人群体，效果非常明显。”上述资深社工表示，“活动（联谊活动）的时候，往往是专职社工、政府官员、民非单位、NPO、康复师、心理咨询师和企业所有岗位的员工在一起，企业一下子就活了。”

在不久前召开的中国社工协会年度总干事会上，另有社工证实了这一情况，并认为，深圳当地政府部门介入，特别是组织专职社工干预富士康事件，促进了富士康危机的化解，有着重大的积极意义。

中国社工协会督导、深圳慈善公益网理事长颜政告诉《公益时报》记者，促进政府购买社工服务，帮助企业建立社工制度，已经成为当前中国企业管理的必然要求。中国的大企业越来越多，企业规模也越来越庞大，人们通过类似的案例应该有所思考。

“为有需要的人服务”是社工的基本要求，关键是，这个服务由谁购买。颜政认为，政府、企业都有责任在企业内部建立社工体系，形成劳资双方、企业与市场、产品与消费者之间的有效协调，促进企业与社会的良性发展。

颜政认为，企业社工最有效的合作形式是“第三方模式”，即政府购买专职社工服务，派入企业，而不仅仅是企业自己培养社工队伍。“企业有理由认为，我缴税、承担企业社会责任，政府应该在社工方面有所支持和帮助。”

有着十年社工培养、管理经历的颜政目前是深圳慈善公益网的掌门人，旗下专职社工百余人。“深圳在这方面应该是走在了全国前面。”颜政介绍，由深圳慈善公益网售出的社工服务，这几年就已经“翻了几番”：从9年前的500元开始，到2010年，政府购买公益网的社工服务资金已达800多万元。“未来五年，我们要向社会提供社工服务5 000万元，应该全都是政府购买。”

社工是朋友，不是救世主

在深圳慈善公益网输出的社工中，企业社工占了大多数。

“社工是朋友，是知音，不是救世主。”颜政认为，一些人把社工当成万能药、救世主，在遇到危机的时候“紧急想到社工救火”，也值得人们反思。企业社工服务，是社会工作者运用社会工作价值理念与专业方法，帮助企业员工解决有关社会、经济、家庭、职业、心理等问题，维护员工合法权益，沟通劳资双方，保障企业运转正常有序。“企业社工与社区社工、福利机构社工、学校社工、医院社工、监狱社工等对应，形成社会工作序列。”

“最可贵的是要在企业里面建立长期有效的社工机制，使社工服务系列、系统，才能有效。”这已经成为中国社工的普遍共识。近10年来，深圳社工的实践证明，企业社工的工作主要分为四种，帮助企业提高疏导、资源整合、活动和反思的能力。

事实上，政府购买社工服务只是一方面，企业同样可以通过捐钱给公益组织，再由公益组织购买社工服务回报企业来完成企业建立社工服务体系的工作。“关键是，社工必须是第三方，是中立的服务者，否则难以完全承担社工的工作。”颜政称。

“社工是员工的开心果，是整合企业资源的能手，是鼓舞士气、解决问题的专家，是洞察企业情绪、提供决策参考的反思者。”颜政说，社工处理心理危机问题与心理医生不同，心理医生是以看病为己任，以生物学的角度医治人的心理疾病；而社工是以社会学等理论知识为基础，多方面关注服务对象的精神心理状况，并运用个案、小组、社区等专业方法帮助服务对象摆脱心理危机，恢复正常的社会功能。“这两者是不同的，社工是一项专门的职业，不仅与心理医生不同，也与工会、妇联、共青团的角色、职责分工不同。”

其实，国外社工帮助有自杀倾向者的成功经验很多。据媒体报道，巴西一个叫作“生命之林”的组织的社工用生命体验方法拯救自杀者的生命，并帮助其就业和发展，实现助人自助。近年来，中国社工的成功经历也多次印证了社工服务的重要价值。

本章要点

1. 工业社会工作是社会工作实务的一个新领域。在工业化迅速发展的进程中，各国都产生了一系列的问题，如劳资纠纷、下岗失业、工伤、职业病、职工保障、职工福利等。这些问题的产生使得工业社会工作的存在极其必要。工业社会工作者的职责就是运用社会工作专业方法，解决工业界产生的种种问题。

2. 广义的工业社会工作是指社会工作者应用社会工作的专业知识和方法，以及运用各种社会资源、社会政策，帮助职工解决生活上、工作上的种种困扰和难题，使其全神贯注地投入工作之中，从而获得自身的发展，并促使企业增进职工福利，改善职工的工作环境和生活环境，从而激发职工的工作积极性和创造性，创造合理而有效率的生产环境，更迅速地实现企业的组织目标的一系列活动。广义的工业社会工作主要包括职工的社会保障、职工思想和文化教育工作、职工的职业技能培训以及退休职工及其家属的管理等。

3. 狭义的工业社会工作是指社会工作者将社会工作的方法运用到工业界，运用专门知识和技术，帮助员工解决个人的、家庭的和工作上的种种困扰，提高员工解决问题的能力，促进其形成良好的工作适应关系，使其身心健康，生活稳定，提升合理而有效率的生产环境，使其能最大限度地发挥自身的潜能，最大限度地取得良好的工作绩效，更快更好地实现企业的组织目标。

4. 工业社会工作起源于欧美国家，至今已有100多年的历史。以工业社会工作最为发达的美国为例，工业社会工作起源于19世纪末企业界开展的福利运动，在20世纪中后期得到了迅速发展，形成了一些在工业社会工作界十分著名的工作方案，如工业酗酒方案、员工协助方案、了悟方案等。

5. 工业社会工作的服务对象主要是在工业界。工业社会工作的案主体系包括企业员工、员工家属、企业管理部门、工会代表和社区等。工业社会工作常用的方法有个案社会工作、小组社会工作以及社区社会工作等。工业社会工作者通常直接面对员工或其家属，运用有关的专业知识和技巧为个人和家庭提供物质或情感方面的支持与服务，协助其解决个人问题。工业社会工作者也通常运用小组社会工作解决一些员工所面临的相同或相似的问题。社区社会工作是工业社会工作者以企业员工及其家属所生活的整个社区为服务对象，利用社区资源帮助居民解决困难。

6. 新中国成立后，立足于基本国情和现实基础，形成了一套有中国特色的工业社会工作方法。其主要特点是：一般由政府、劳动人事部门、工会和社区等社会团体来实施，往往是通过给职工及其家属提供各类直接服务，帮助员工解决各方面的困难。随着我国工业化的迅速发展，工业社会工作的服务内容也越来越具体，专业化程度也将逐步提高。

复习思考题

1. 谈谈发展工业社会工作的必要性。
2. 什么是工业社会工作？其基本职责何在？
3. 什么是EAP方案？它对我国工业社会工作有何借鉴和启示？
4. 试述工业社会工作的案主体系。
5. 试述工业社会工作的服务模式。
6. 试述工业社会工作的基本方法。
7. 谈谈你对如何发展我国工业社会工作的认识。
8. 结合本章所给的案例，分析工业社会工作理论与方法在企业管理中的角色。

关键概念

工业社会工作、福利运动、工业咨商服务、EAP方案、工业社会工作对象、工业社会工作服务模式、工业社会工作方法

推荐阅读书目

1. 苏景辉．工业社会工作．台北：桂冠图书股份有限公司，1989.
2. 李增禄．社会工作概论．3版．台北：巨流图书公司，2002.
3. 钱宁，张默．工业社会工作．北京：高等教育出版社，2009.
4. Zastrow C. 社会福利与社会工作．台北：洪叶文化事业有限公司，1998.
5. 何洁云，阮曾媛琪．迈向新世纪——社会工作理论与实践新趋势．香港：八方企业文化公司，1999.
6. 高钟．企业社会工作概论．北京：社会科学文献出版社，2007.

第十九章

矫正社会工作

在迄今为止的所有文明社会中，都存在着违法犯罪现象和对罪犯惩罚、改造的制度。矫正社会工作所涉及的就是对违法犯罪者的改造，是其中重要的制度和方法之一，并在现代社会受到普遍关注和重视。矫正社会工作的目的是运用社会工作专业方法，帮助违法犯罪者重建与社会相适应的人格体系（思想观念和行为方式），使他们成为可被社会接纳的成员，重新适应社会生活，从而维护社会的正常秩序和稳定。

第一节 矫正社会工作的概念及其起源和发展

一、矫正社会工作的基本含义

（一）矫正的含义

矫正（correction），也称矫治。作为一个医学术语，矫正是指矫形和治疗，即通过外科手术或药物治疗，恢复人体畸变部分的形态和功能，从而提高患者的生活质量。如矫正脊柱弯曲、矫正斜视等等。作为一个司法术语，矫正则是指刑罚执行机构（主要是监狱）对被判徒刑的人在行刑过程中所进行的教育和改造，以改变罪犯或违法者不适应社会的心理结构、行为方式，重塑其人格和社会适应体系，从而使他们重新适应社会，过上正常的社会生活。矫正过程就是对罪犯的改造过程，在这种意义上，矫正制度就是教育和改造违法犯罪者的社会制度，即监狱制度。与矫正相关的另一个术语是感化（probation）。probation 一词的司法含义是缓刑，它是针对少年犯和初犯采取的一种刑事处罚方式，以后逐渐扩展到社会危害较轻的罪犯，对他们的处罚不是投入监狱，而是由警察或其他人对他们进行监督、教育和改造。国内有人把它翻译为“观护”。执行感化或观护的人就是感化主任或观护人（probation officer）。国内对“感化”的理解要宽泛得多，对被判死缓的犯人也可以感化，做感化工作，这是西方人无法理解的。西方人理解的感化工作是矫正工作中的一部分，受西方传统影响的香港地区也是这样。在我国大陆地区，感化工作实际上就是矫正工作，只不过是强调的侧重点不同而已。

应该指出的是，作为一种行刑方式，监狱已经有相当长的历史，矫正不是伴随着监狱的产生而产生的，它是行刑方式发展到一定阶段的产物，或者说是现代社会的行刑方式，是在现代监狱改革的理论和实践中产生的。它是对传统行刑方式的超越，但它并没有也不能改变行刑的本质。不论我们如何强调矫正的人道性、强调对矫正对象的尊重，都不能否认或忽视矫正的强制性。这种强制性实质上是行刑强制性的反映，也是行刑惩罚性的反映，而且还是司法正义（即刑罚学中罪刑相适应的原则）的反映。

(二) 矫正社会工作

简单地说，矫正社会工作就是实施于罪犯（offenders）改造过程中的社会工作。它是由矫正社会工作者或志愿者为犯罪嫌疑人或罪犯在审判、服刑、缓刑或假释期间提供的专业服务，其目的是消除工作对象的犯罪心理结构，改变其行为方式，重建他们的社会适应能力和适应机制，使他们改过自新，重新适应正常的社会生活。

矫正社会工作的主体是矫正社会工作者。他们因掌握专业的矫正知识和矫正方法而能够为需要服务的对象提供专业服务，他们或受雇于专业机构（如司法部门、监狱、感化院等），或作为志愿者为受助对象提供服务。

矫正社会工作的工作对象是社会适应不良的社会成员，既包括受刑事处罚的人，如监狱的服刑人员、缓刑假释人员；也包括受行政处罚的人，如接受劳动教养的人员。

矫正社会工作的目标是通过调动工作对象的积极性，充分发挥其潜能，改变其不适应的心理结构和行为方式，重建工作对象的社会适应能力和适应机制，从而使其重新适应正常的社会生活。

(三) 矫正社会工作的分类

依据矫正社会工作进行的场所（或介入方式）、矫正社会工作进行的阶段，可以把矫正社会工作大致区分为狭义的矫正社会工作和广义的矫正社会工作（见表 19-1）。狭义的矫正社会工作（由 C1 和 C2 构成）就是罪犯在服刑期间（包括在成年人监狱、未成年人监狱、感化院、劳动教养所等机构中服刑和在社区中服缓刑及假释期间），社会工作者为其提供的专业矫正服务，其目的主要是调动工作对象的积极性，改变其与社会不适应的价值观念、心理结构和行为方式。广义的矫正社会工作除了狭义的矫正社会工作之外，还包括服刑之前的工作（A1 和 B1）和刑期结束之后的工作（D1），服刑之前的工作主要是预防犯罪的工作和审判之前的司法建议工作。在我国，预防犯罪的工作已经建立了一个较为完整的体系，它包括综合治理工作和在单位及社区内建立的人民调解制度，其工作的目标是调解民间纠纷，防止民事案件向刑事案件转化，控制和预防犯罪。审判之前的司法建议工作主要是通过社会工作者的建议，使法院做出更有利于罪犯矫正的判决方式和刑罚执行方式，因此，司法建议工作不是辩护，只是建议，即根据罪犯的社会状况、个性特征，从允许选择的刑罚方式和刑罚执行方式中，选择最有利于罪犯矫正的方式。刑期结束之后的社会工作主要是为刑满释放人员提供的心理指导、生活指导、就业服务等工作，这也是矫正社会工作的重要组成部分，其目的是重建个人的社会适应机制和适应能力，使个人重新适应社会生活，回归社会，巩固矫正的成果，预防和减少重犯率。

表 19－1　　　　　　　　矫正社会工作的分类

<table>
<tr><th colspan="2">矫正阶段
场所</th><th>犯罪之前的工作</th><th>审判之前的工作</th><th>服刑期间的工作</th><th>刑期结束后的工作</th></tr>
<tr><td rowspan="2">机构</td><td>监狱</td><td rowspan="2"></td><td rowspan="2"></td><td rowspan="2">C1 机构中的矫正社会工作</td><td rowspan="2"></td></tr>
<tr><td>感化院（劳动教养机构等）</td></tr>
<tr><td rowspan="2">社区</td><td>社区</td><td rowspan="2">A1 预防犯罪工作</td><td rowspan="2">B1 社工建议报告</td><td rowspan="2">C2 机构外的矫正社会工作</td><td rowspan="2">D1 回归社会工作</td></tr>
<tr><td>社会单位或工作场所（学校、家庭等）</td></tr>
</table>

二、矫正社会工作的起源和发展

（一）刑罚观念的发展与矫正观念的产生

由于受个体心理、成长环境及社会文化或观念的影响，人的个体行为是极其多样和复杂的，这些行为中有的是对社会（或其他人）有益的或无害的，而有的则会危害社会或社会中的其他成员；有的行为是为社会所接受或认可的，有的则不被社会接受。由于人的行为的多样性，以至在任何社会中，都不得不对人的行为进行约束和控制。一般说来，那种被主流社会认定的对社会构成危害以至不得不通过国家以法律的方式（刑法）明确禁止的行为就是犯罪行为。如果一个人不顾社会或国家的警告而危害社会、侵害他人，社会或国家必然会惩罚他，让他为自己的行为付出代价。因此，刑罚是社会对犯罪行为近似本能的一种反应，正所谓罪有应得、恶有恶报。惩罚就是剥夺，有时候不只剥夺罪犯的物质财富、地位或声望，还要剥夺其各种权利和人身自由，甚至剥夺生命。

人类的刑罚观念产生于报复或报应观念，原始社会的同态复仇是其最早的形态，即“以眼还眼，以牙还牙”。它是以对侵害者造成同等损害的形式进行的，报复或报应的对等性构成司法正义最重要的基础之一，因此，刑罚是以恶惩恶、以恶治恶。在这种刑罚观念下，古代的刑罚一般以肉体侵害（肉刑）为主，如中国古代的“五刑”，即墨刑（在脸上刺字并涂墨）、劓刑（割掉鼻子）、剕刑（断足）、宫刑（割除生殖器）和大辟（死）都是非常残酷的肉刑。

早期报复观念的产生固然与社会内部阶级的分化有关，是社会内部冲突在刑罚上的反映，但也与人们还无法认识犯罪行为产生的原因有关。在那种情况下，人们认为犯罪或罪犯就是邪恶，社会同犯罪的斗争就是正义与邪恶的较量，人们特别是社会的统治阶级以一种愤怒的、复仇的观念来对待罪犯。随着社会的发展，特别是人们对社会认识的不断加深，刑罚的报复观念也随之发生了变化，被现代的刑罚观念特别是现代的刑罚执行观念所取代。

在文艺复兴以后，自由、平等的观念日益深入人心，个人权利、人身自由得到广泛关注，古代残酷的肉刑逐渐被废弃。伴随着资本主义的进一步发展，在18世纪末19世纪初，现代意义上的监狱普遍建立起来，一种更人道的、以剥夺自由为特征的徒刑作为刑罚的方式开始普遍实施。1790年，在费城沃尔特纳大街建立了世界上第一所“惩治所”，1817年建立的纽约“奥伯恩监狱”和1829年建立的费城“东方州监狱”几乎成为北美和欧洲所有地区监狱的样板。

自由刑的产生是由社会经济发展推动的。18世纪末，随着城市化和工业化的发展，一方面，个人自由活动的空间变得越来越大，自由对个人来说也变得越来越重要；另一方面，社会也有能力将罪犯长期关押起来并供应他们膳食。在这种情况下，徒刑逐渐取代了过去残酷的身体刑（肉刑）、荣誉刑，有的国家甚至还以徒刑取代了生命刑，即废除了死刑。由于徒刑是要剥夺自由和实行监禁的，而自由对个人来说是极其重要和宝贵的（现代社会更是如此），从这种意义上来看，刑罚的惩罚性依然是十分明显的。

然而，随着监狱的不断建立和徒刑的运用、扩展，徒刑这种刑罚方式及监狱制度的问题和局限性也很快显现出来。由于犯人被长期单独关押、无所事事，有些犯人由于不堪忍受而相继发疯，有些犯人则由于长期监禁，健康受到严重摧残。因此，几乎在监狱制度建立和扩展的同时，监狱制度改革的浪潮也随之掀起。在监狱改革的过程中，主要形成两种观点，一种观点认为应该从根本上取消监狱和监狱制度，正如北美著名的刑法学家伊·瓦恩斯在《论世界各国判决执行的报告》中所说：“问题的关键不是设置监狱，而是取消它；不在于改造它，而是让监狱成为多余的设置。”[①] 有人甚至认为：“几乎是任何别的措施都比监狱的效果要好些，至少不可能更糟，不可能更残酷、效率更低。”另一种观点则是在不改变目前行刑体制的前提下，对监狱制度进行改造，认为对罪犯的惩罚只是剥夺其自由，除此以外，不得对罪犯实施其他损害。监狱作为行刑机构，其主要的任务是对罪犯进行矫正和治疗，防止他们出狱后重新犯罪。两种观点的争论实质上是报应刑论与教育刑论的争论，其焦点在于要不要对罪犯进行惩罚或者说矫正是不是强制的。取消论者认为，是不是真的取消监狱，如把监狱叫作“社会教育中心”“矫正所”或者“医院”，只要问一个问题：你那里的活动是不是自愿参加的，一个人是不是可以根据自己的意愿随时加入或退出这种机构？如果对方回答“否”，那么，这些机构的本质和监狱是一样的。在他们看来，行刑不是为了惩罚罪犯，不是为了给他们带来新的损害，而更多的是为了让罪犯和受害者和解。因此，取消监狱考验的是社会对犯罪的容忍程度（在我国的司法实践中称为“民愤”，民愤极大的罪犯是要从重处罚的），一个人犯了罪、对他人或社会造成了损害，

① 施奈德．犯罪学．北京：中国人民公安大学出版社，1990：892.

他人或社会容忍了他的犯罪行为，不追究他所造成的损害，不要求他赔偿，就免除了他的民事责任；如果也不对他进行惩罚，也就免除了他的刑事责任。对于他的“问题行为”，是不是去“矫正所”或“医院”进行矫正或治疗，则完全取决于他个人的意愿。而社会则应该把注意力和主要的力量放在预防犯罪上。

到目前为止，或到可以预测的未来，现实的社会都还没有文明到这种程度，因此也没有任何一个国家取消了监狱，即“罪犯们”可以自愿地去矫正所接受矫正。因此，19 世纪以来的行刑观念是以矫正为主，但并没有放弃对罪犯的惩罚。虽然惩罚罪犯作为监狱的一项任务已经从监狱工作人员的词汇中消失了，但这恰恰是目前监狱唯一能够胜任的任务。监狱不能完全胜任的其他三项任务（也就是刑罚的目的）是：隔离罪犯以保护社会和其他社会成员；以刑罚威慑预防犯罪；改造罪犯。比如在美国，平均每 100 起重大案件中，只有 50 起有人报案；在报案的 50 起案件中，平均逮捕 12 人（按每个案件一个犯罪嫌疑人计算，破案率只有 24%）；在逮捕的 12 人中，只有 6 人被判刑；而在判刑的 6 人中，平均只有 1.2 人被投入监狱。多数“罪犯”（有犯罪行为发生但没有人报案或没有被指控或没有被关进监狱）依然“逍遥法外”，生活在社会中。要做到“法网恢恢，疏而不漏”，社会要付出极高的控制成本。由此看来，监狱根本无法胜任隔离罪犯的任务和以刑罚威慑预防和减少犯罪的任务。同样，在美国出狱犯人的重犯率也高达 50%，这还不包括那些没有报告和没有破案的，如果加上这些，重犯率会更高。由此看来，监狱也不能完全胜任改造罪犯的任务。因此，目前的刑罚观念是在惩罚中进行矫正。对于罪犯来说，惩罚的意义或者说接受惩罚就是认罪伏法，就是承担自己过去行为的责任并悔过，因此惩罚是矫正的前提，逃避惩罚、不接受惩罚甚至抗拒惩罚，矫正就无从谈起。而社会是不是实施惩罚，或实施惩罚是否能够取得良好的效果，则完全取决于社会。随着社会的发展，社会文明程度的提高和人们对罪犯权利的尊重、保护，刑罚中惩罚的因素会逐渐减少，而矫正与治疗的因素会逐渐增加。

（二）矫正社会工作的起源和发展

矫正社会工作与矫正观念几乎同时产生于 19 世纪上半叶。促使矫正观念和矫正社会工作产生的条件主要有两个，一个是学术条件，另一个是社会历史条件。学术条件主要反映在：这一时期，心理学、教育学和社会学等社会科学学科都已经建立并得到一定的发展，这使人们对犯罪的原因比以前有了更为科学和正确的认识，由此导致社会对罪犯的惩罚观念发生变化，同时也使人们运用心理学、教育学和社会学的知识对罪犯的心理和行为进行矫正成为可能，从而为矫正社会工作提供了直接的理论和知识来源并为矫正社会工作的产生创造了条件。社会历史条件主要反映在：这一时期，资产阶级对自由、平等和人权的关注已经超出了一般社会成员的范围，开始关注罪犯的权利，由此导致行刑观念和行刑方式的变革，徒刑取代了过去残酷的刑罚和行刑方式，徒刑的广泛运用导致现代监狱制度的产生，而徒刑的局限又导致了监狱制度的改革，正是 18 世纪末 19 世纪上半叶监狱制度改革的浪潮，直接推动了矫正社会工作的产生。因此，矫正社会工作是监狱改革的直接产物，并且，伴随着监狱改革的不断深人，矫正社会工作也不断发展。

监狱改革是沿着几个方向展开的，一个是监狱的监管体系或判决执行体系，主要形成了三种不同的体系，第一种是以美国宾夕法尼亚州费城的东方州监狱为代表的宾夕法尼亚体系，又称独居制，其特点是严格执行单人监禁、强调用宗教改造罪犯的思想。第二种是以美国纽约的奥伯恩监狱为代表的奥伯恩体系，又称沉默制，它以严厉的狱规著称，罪犯在劳动时不许有任何形式的交谈。强迫劳动是其另一个特点，监狱成了罪犯劳动改造的工厂。第三种体系是爱尔兰体系，又称累进处遇制，其特点是判决执行被分成四个阶段，前两个阶段为一般的单独监禁和强迫劳动，第三个阶段是进入过渡监狱，过渡监狱的特点是淡化强制性的纪律，逐渐提高自由化的程度，使罪犯接近自由生活的条件。第四个阶段是罪犯在警察的监督下获得有条件的假释，而且警察可根据具体情况将对罪犯的监督权移交给某个单位或个人。爱尔兰体系充分利用了自由刑的弹性，使行刑过程由严到宽，逐渐接近正常的社会生活，使刑罚执行更加灵活机动，为对罪犯进行社会处置提供了广阔的前景。

监狱改革的第二个方向是在行刑中有所区分，如根据罪犯的危险程度和罪行的轻重，把关押他们的监狱区分为完全封闭的、半开放的和开放的监狱，在半开放的和开放的监狱中，可以增加日间照料场所、托管家庭等机构或设施，就更容易提高矫正的效果和效率。或者根据罪犯的年龄、性别，将监狱区分为未成年人监狱、女子监狱和一般的成人监狱。区分的结果是形成不同类型的监狱。

监狱改革的第三个方向是对罪犯个人进行分类，即在监狱分类的基础上，对监禁在同一所监狱内的犯人根据个性化的原则进行分类，在这一分类的基础上，进行治疗。分类是治疗的基础，促进了治疗的发展。

正是监狱的改革直接推动了矫正社会工作的产生。在谈到矫正社会工作的起源时，人们都会提到约翰·奥古斯特斯（John Augustus），一位家住马萨诸塞州波士顿的制鞋匠，他是第一个表示自愿协助监督缓刑犯的人。从 1841 年开始，他在自己家中安置犯人，安排他们劳动，并负责对他们进行监督和管束（马萨诸塞州是美国最早实施缓刑和假释的一个州）。在他的关怀和协助下，犯人都能痛改前非，重新做人。奥古斯特斯接待的犯人也越来越多，以致他放弃了制鞋匠本行，而专门从事感化罪犯的工作。因而，奥古斯特斯就成为世界上第一位观护人（probation officer）。在奥古斯特斯去世 20 年后的 1878 年，马萨诸塞州通过一项法案，授权波士顿市设置观护人一职，负责监督缓刑犯的行为。以后，密苏里州、佛蒙特州、伊利诺伊州和新泽西州也先后通过了类似的缓刑（感化）法律。

几乎与此同时，英国也于 1887 年制定了《初犯法》（First Offenders Acts），该法确立了对首次触犯刑罚的人（初犯者）实施缓刑处罚的感化精神。1907 年制定的《缓刑犯人法》（Probation of Offenders Act）则进一步扩大了缓刑和感化的范围，1925 年制定的《刑事裁判法》（Criminal Justice Act）更是强制规定每一司法裁判区必须设立缓刑委员会，以推动感化工作。[①] 由此，矫正社会工作中的感化工作及其制

---

① 周永新．社会工作学新论．香港：商务印书馆（香港）有限公司，1994：263－264.

度也逐渐建立和发展起来。

第二节 矫正社会工作的理论与实务

一、矫正社会工作的价值基础

（一）对人的假定以及对犯罪的认识

社会工作的基本价值是每个人都有改变自己处境和行为的潜能，社会工作者的任务就是激发受助者的潜能，并运用专业知识帮助受助者改变其处境和行为。罪犯只不过是以不被社会认可的方式来满足自己的需求或满足不被社会认可的需求而已，人的需求和行为的多样性产生了违法犯罪的可能，同样也为改变违法犯罪行为提供了巨大的可能性。深信人具有巨大的潜能、人的行为和人性具有巨大的可塑性，不仅是一般的社会工作的价值基础，而且也是矫正社会工作的价值基础。

个人违法犯罪的原因是多种多样的，既有先天生理性或遗传性的因素，即生物因素，也有后天个体生理、心理、文化和社会性的因素；既有个人的原因，也有社会的、文化的原因。如果犯罪完全是由先天的个人无法控制的因素决定的，或者完全是由社会的原因而非个人的原因造成的，也就是说，犯罪不是个人自由意志的结果，个人也就无须对自己的行为负责，那么刑罚也就失去了基础和理由。在矫正观念出现之前，人们把犯罪更多地看作个人邪恶意念的结果或产物，因而对个人施以严厉的惩罚，期望通过对个人的惩罚，来迫使个人放弃犯罪的邪恶意念并以此来减少犯罪的问题。由于犯罪的原因是多样的，因而单纯地对罪犯个人进行惩罚不仅是不公平的，也不会取得更好的效果，而必须以矫正或治疗的观点来对待罪犯。矫正社会工作者不是执行惩罚罪犯的任务的，而是执行矫正罪犯的任务的。需要指出的是，不能因为强调矫正社会工作者不是执行惩罚任务的而否认刑罚的惩罚性，刑罚的尺度不仅反映了刑法中“罪刑相适应”的原则，是司法正义的体现，同时也构成了一个矫正难度的相对尺度。罪犯的刑罚越重，他存在的问题就可能越多、越严重，需要矫正的难度可能就越大，所需要的时间可能也就越长。因此，矫正社会工作者是在承认刑罚惩罚性的前提下，在罪犯认罪的基础上，帮助罪犯认识和解决他所存在的问题，因此要帮助他直视问题，为他寻找解决问题的办法而不是为他辩护开脱。这实质上也是一种接纳的价值观。

（二）尊重、平等、接纳的价值观

在一般人的观念中，总会含着对犯人的敬畏、恐惧、好奇、鄙视、仇恨等复杂的观念或情感，任何一个社会中都会形成与这个社会相适应的“犯人形象”或成见。即使监狱看守也可能形成完全不同的对犯人的看法。如有的人认为犯人是不完全的人，顶多算是发育不良的劣等人，他们不能与其他人保持正确的相互关系；然而有的人却认为被投入监狱的人都是些出类拔萃的人物，他们更富有人性、拥有更高的智力和更大的创造力。一种更为中肯的看法是：“监狱中的犯人绝不是人们平常所描述的那种不可救药、毫无道德和淫荡成性的人，他们是一些和我们相差无几的人。使他们身陷囹圄的原因，与其说是因为犯罪，不如说是因为他们时运不济……监狱好像是社会的一个侧面，通过这个侧面可以洞悉人们的每一种不幸。如果将某监狱中的一定数量的犯人与牢墙之外同等数量的人相比较，那么不论从性格、智力还是习惯来看，都找不出二者之间有什么截然不同之处。”① 是监狱造就了犯人，而不是犯人成就了监狱。社会工作者是在平等的基础上与犯人建立相互尊重的关系，犯人也是有尊严的人，而不是由你高高在上任意掌控的囚号。只有尊重犯人，平等地对待犯人，才能取得他们的信任，有效地开展矫正工作。

尊重的价值、平等对待的价值也隐含着接纳的价值，接纳就是不论他的社会地位如何，也不论他的个性或性格如何，更不论他的犯罪事实如何，都不鄙视他们，而是以一种客观的、体谅的心态接受这些事实，并以一种客观的态度与受助者一起分析其所面临的问题，寻找问题产生的原因，讨论或提出解决问题的办法。接纳不是鄙视或排斥，而是理解。犯罪的欲念并不仅仅存在于罪犯的头脑中，在某些特殊的情形下，犯罪的欲念也会闪过普通人的头脑，在某些特殊情况下，每个普通人也会有尝试性的、轻微的越轨行为，接纳就是承认这些欲念和行为存在的合理性，并分析它们产生的原因、寻找控制的方法。从这种意义上来看，接纳还是一个助人自助的过程。接纳也不是认可现状，而是在正视现状的前提下，寻找改变现状的方法并促使受助者调动自己的潜能，积极地改变现状。

二、矫正社会工作的理论基础

（一）监狱化与矫正

1. 标签论与贬降仪式

标签论认为，罪犯之所以成为罪犯，是因为社会成功地给他贴上了罪犯的标签。社会给某人贴上罪犯标签的过程就是司法调查、起诉和审判的过程。如果一个人有犯罪行为，他虽然被起诉，但被宣判为无罪，则社会就没有成功地给他贴上罪犯的标签，即使他实际上犯了罪，他也不是罪犯。反过来，如果一个人没有犯罪，但他被起诉和错误地被判有罪，这时候他就被社会成功地贴上了罪犯的标签，即使他事实上没有犯罪，他也成了罪犯。当个人的犯罪行为被发现，被贴上罪犯、小偷、妓女等标签后，个人在心理上会经历一个降低或贬损个人的自尊、人格并接受这一标签的过程，

① 米特福德．美国监狱内幕．北京：法律出版社，1985：5－6.

标签论把这个过程称为贬降仪式。贬降反映了如下几个事实：贬降是个人原有自我观念的破坏；贬降是社会对个人尊严和社会地位的一种剥夺和对个人的惩罚；贬降改变了个人原有的社会交往方式或原有的社会关系。

2. 贬降与监狱化

监狱化是罪犯贬降仪式的重要组成部分，因为在审判之前，犯罪嫌疑人一直是被羁押的，断绝了与任何人的接触或联系；判决执行以后，才开始允许家人或朋友探视，贬降仪式才真正开始。另一方面，由于犯人之间的接触是被限制的，贬降仪式实际发生在监狱管理者与罪犯之间，即罪犯在监狱管理者面前，放弃他以前的几乎所有社会角色，接受囚犯的角色和价值观，按照监狱要求的囚犯的行为方式来行为。这个过程一般被称为监狱化。从社会化的角度来看，监狱化实质上是个人的一个消极的再社会化过程，通过监狱化，个人不仅接受监狱的规范、惯例和价值，有的甚至还会接受监狱内由犯人形成的亚文化。因此监狱化实际上包括两层含义，第一层含义是接受监狱的规范、价值和囚犯的角色，完成自我贬降的过程；第二层含义是接受犯人形成的非正式规范、价值和犯人的亚文化。在监狱管理较为严格、犯人之间的交往被严格限制的监管体系中，可能不存在第二层含义下的监狱化，而在监管不太严格、犯人之间交往较多的监管体系下，犯人则可能先后经历这两种意义上的监狱化。

3. 监狱化与矫正

监狱化既是一个社会贬降过程，同时也是一个再社会化的过程。由于监狱化，罪犯个人的自我观念被破坏，个人自我观念中被掩盖的、不被社会认可的那一部分内容被暴露出来，这是罪犯个人反思自我、接受矫正或改造的前提。如果个人不被贴上罪犯的标签，他个人的自我观念中不被社会接受和认可的那一部分就被掩盖起来，他就会维持一个相对完整的自我观念，或戴上一个为社会所接受的“面具”。贬降和监狱化不仅要摘掉他的“面具”，而且还要毁掉他的自我观念和自尊。另一方面，由于监狱化，罪犯个人正常的社会化过程被阻断，他被强行从形成他犯罪行为的那个社会环境中隔离出来，迫使他改变自己的观念和行为，这也是迫使他接受矫正或改造的前提。从这种意义上来说，所有在机构（如劳动教养管理所、戒毒所、工读学校、感化院等）中进行的矫正都存在这样一个过程或者这样一种现象。

监狱化虽然是矫正工作得以进行的一个前提，但它也产生了严重的后果。第一，监狱化破坏了罪犯的自我观念和自我价值观，并从此给他们深深地打上耻辱的烙印，使他们完全丧失对自己的信心，破罐子破摔，在犯罪的生涯中越陷越深。罪犯对改造的抗拒和累犯能部分地说明这一后果。第二，监狱化造成的个人正常社会化阻断会加剧罪犯回归社会的困难，由罪犯标签导致的社会对他们的歧视以及个人强烈的耻辱感，会毁掉他们重新做人的动机和信心，激起他们与社会为敌的邪恶欲念。第三，监狱化导致犯人之间的相互影响，抵消了矫正的成果或使其沾染新的恶习。

惩罚与改过是人类社会行为控制过程中遇到的一个永恒的难题。由于监狱化产生的后果，或者说由于监狱惩罚产生的后果，导致一部分人产生取消监狱、取消监狱强制性惩罚的思想，而采取自愿的、更加灵活和有效的矫正措施。然而直到目前为止，人们只能在惩罚与改过之间寻找一个恰当的度，特别是在美国，这一特点表现得更为突出。由于在美国的监狱中，执行对犯人的管理或惩罚任务的是监狱管理官（administrator），而执行矫正任务的是矫正官（correction officer），由此导致了任何灵活有效的矫正方法在碰到严格和僵硬的监狱管理体制后，都会变得苍白无力。在监狱化的过程中，罪犯和看守始终处于对立状态，罪犯被强行隔离起来，被强迫接受监狱的规范和管理方法并按照监狱的要求行动，犯人普遍存在抗拒心理，有的甚至还有反抗行为。公开的抗拒或反抗只能招致更严厉的惩罚。罪犯和看守之间的对立导致监狱管理的严厉和严格以及监狱官僚体制的僵硬，使罪犯和看守之间的关系变得更加缺乏人情味。这样，在监狱化的过程中，留给矫正工作的空间就极为有限，监狱化反过来又限制了矫正工作的展开。

（二）罪犯改造的心理规律与矫正

犯罪行为是在与现实环境相适应的犯罪心理的支配下产生的，因此，对罪犯的教育改造首先是对其犯罪心理和犯罪心理结构的改变。从被判刑进入监狱到刑满释放，罪犯心理大致要经历三个阶段。

第一个阶段是不适应阶段，罪犯被投入监狱后，开始监狱化的过程，他们不论在心理上、观念上还是行为上都难以适应监狱的生活，表现为压抑、烦躁、悲观失望等复杂的心理状态，有的甚至会对监狱的规范、习惯和监狱管理人员表现出强烈的对立情绪或抗拒心理。经过一段时间的适应后，绝大多数的罪犯会进入到适应阶段，开始由强迫改造向自觉改造过渡。个别反社会心理倾向强烈、反社会人格特征明显的罪犯经历的不适应阶段会相对较长一些，有的还可能向顽固抗拒改造的方向发展。

进入第二个阶段以后，罪犯开始适应监狱的生活，情绪渐趋稳定，开始以现实的态度接受自己犯罪和被监禁的事实，思考自己的将来，并萌发重新做人的愿望和信心。罪犯开始清理自己以前的思想、观念和行为，寻找重新适应社会的方式。由于受罪犯个人能力、个性以及个人犯罪事实等因素的影响，这一阶段会出现各种反复。如果罪犯对自己的能力非常有信心，能完全实现自己的愿望，他就能按照自己既定的目标努力下去。如果罪犯在实现自己愿望的过程中困难重重，那么他出现反复的次数就会多些。矫正社会工作者工作的重要内容就是激发工作对象的潜能，帮助他克服困难，树立重新做人的信心。同时还要克服罪犯在出现反复后产生的抗拒心理。罪犯在改造过程中出现的反复实际上是罪犯思想变化过程的反映，越是罪大恶极的罪犯，出现反复的次数越多。如果罪孽深重的罪犯在改造过程中没有反复，那么他改造的动机和在监狱中的良好表现就值得怀疑。

第三个阶段是罪犯在重建自我和人格以及对将来生活的信心的基础上，进行自觉的改造。自觉改造使监狱化得以完成，罪犯能够按照监狱的规范行为，他们的心理负担减轻或消失，情绪稳定并能在各项活动中积极表现自己，他们的能力、才智和创造性也最容易表现出来。

从这三个阶段来看，矫正工作主要在第一个阶段和第二个阶段发挥作用，特别是第二个阶段。第一个阶段矫正社会工作的主要任务是帮助犯人尽快适应监狱的生活，减少由于不适应而带来的不良情绪和不良影响。第二个阶段是最重要的矫正阶段，它是罪犯开始在外部环境的影响下、在自身对新生活（或对自己未来生活）向往的基础上，洗心革面，重新做人的阶段，也是罪犯和矫正工作者思想交锋、改造与抗拒改造斗争最激烈的阶段。只有通过这种激烈的思想交锋，罪犯才能真正认识到自己的错误，认识到什么是正确的，怎么做是正确的，罪犯的思想、观念才能真正发生变化，矫正工作才能产生实际的效果。在第三个阶段，矫正工作主要表现为及时地发现和鼓励罪犯的向善方面，为改造或矫正效果确实较好的罪犯争取奖励的机会，进一步巩固他们改造或矫正的成果。

三、矫正社会工作的介入方法

矫正社会工作的方法就是介入。通过介入，帮助受助者达成他们的目标或促进受助者达成自己的目标。矫正社会工作的目标是由受助对象确定还是由社会工作者确定，这一直是社会工作中的一个非常重要的伦理问题。有的观点认为，不应该把社会工作者自己的价值、观念或目标强加给工作对象，而应该尊重工作对象自己的选择，社会工作者只是促进者、帮助者或指导者。但在社会工作的实践中，很难做到社会工作者的价值中立，他们往往有意无意地将自己的价值、观念或目标强加给工作对象，使工作对象或多或少地按照社会工作者自己的意图发生变化。对于矫正社会工作者来说，工作的目标是相对固定和具有强制性的，即矫正对象必须接受这一矫正目标，这往往是通过刑罚中的惩罚来实现的，通过惩罚迫使对象接受这一目标。

归纳起来，矫正社会工作的介入途径主要有两种，即机构介入和社区介入。关于社区介入将在本章第四节详细介绍，在此主要介绍机构介入这一途径。

通过矫正机构为受助对象提供服务的介入方式就是机构介入。根据机构的类型，机构大体上分为政府机构和非政府机构，政府机构包括监狱、戒毒所、感化院、工读学校、劳动教养所等；非政府机构包括由社会开办的教养院、感化院、中途家庭、寄养家庭等。机构介入有如下几种形式。

（一）通过监狱为服刑犯人提供服务

根据分类原则，监狱主要包括普通成人监狱、未成年人监狱和女子监狱，根据不同的矫正对象，矫正社会工作者可为他们提供不同的服务。概括起来看，通过监狱为犯人提供的服务内容主要包括：第一，发掘罪犯自身的价值和潜能，培育他们悔过自新的内在动力。第二，为他们提供心理和行为的指导与服务，缓解他们的不良情绪或使他们的负面情绪得以宣泄，减少或避免由监禁而导致的心理损害，帮助犯人正确地处理与监狱管理者及其他犯人的关系，使其适应监狱的生活和环境，并有效地进行心理和行为的矫正。第三，关注犯人的表现和行为，及时发现并鼓励他们态度和行为上的积极表现。

（二）通过社会教养机构为相关人员提供的矫正服务

如我国的劳动教养制度是一项行政处罚制度，它是对触犯法律但又不够刑事处罚条件（轻微违法犯罪）的人实行强制教育改造的一种措施。它也是我国矫正制度中的一项重要内容。在西方国家，对这类人员一般通过教养院、感化院等提供矫正服务。通过教养机关提供的矫正服务包括：第一，心理、行为上的指导与帮助，如自我认知、不良情绪的缓解与宣泄、人际交往的指导等等。矫正社会工作者帮助受教人员正确认识自我、适应教养机关的学习和生活环境、处理好与管教人员和其他受教人员的关系，实现最佳的矫正效果。第二，帮助受教人员选择就业或职业方向，掌握相应的职业技能。教养机关会为受教人员提供多种职业技术培训，矫正社会工作者帮助或指导受教人员根据自己的情况，选择职业技术培训的方向并鼓励他们克服学习中的困难，获得相应的职业资格证书。

(三) 通过特殊的教养机构提供的矫正服务

针对儿童（未成年人）的违法或轻微犯罪行为，一般通过建立比较特殊的教养机构提供矫正服务。在国外，这类机构有中途家庭、寄养家庭等形式。我国香港地区的男童院和女童院等也是此类机构。工读学校则是我国特有的针对不够刑事处罚的违法犯罪青少年进行强制性教育的特殊教育机构和矫正机构。工读学校既要提供较为系统的文化教育，同时还要进行生产劳动的锻炼和心理及行为的矫正。社会工作者的任务就是运用个案和小组工作的方法，为他们提供心理、行为的指导，帮助他们克服社会生活中遇到的困难。

此外，社会工作微观方法在矫正社会工作中能够发挥重要作用，在方法运用中占据主导地位。矫正社会工作的微观方法主要有个案工作方法、小组工作方法等，可以根据需要加以灵活运用。

个案方法就是针对犯罪人个人进行矫正的方法，它是个案工作在矫正社会工作中的运用。通过诊断工作，矫正社会工作者了解案主的个性特征、犯罪的原因和犯罪的心理结构，了解他的问题所在，在诊断的基础上，制定有针对性的矫正工作方案，然后按照矫正工作的方案开展个案矫正工作。运用个案工作的方法还可以拉近矫正工作者与矫正对象之间的距离，大大提高矫正工作的效率。个案工作的方法在我国的矫正实践中主要表现为个别谈话的教育改造工作方法。

运用小组工作方法，矫正社会工作者通过建立由新老犯人共同参加的各种小组，由老犯人介绍自己的改造过程和经验，帮助新入狱的犯人尽快适应监狱的生活，树立改造的信心和决心，克服改造过程中遇到的问题。

第三节 中国的矫正社会工作

一、我国的矫正制度与体系

我国的矫正制度与体系是由若干部分组成的，大致上可以区分为司法矫正制度与体系和非司法（行政）矫正制度与体系。司法矫正制度与体系是以《刑法》和《刑事诉讼法》为基础的矫正制度与体系；非司法（行政）矫正制度与体系则是建立在行政处分和纪律处分基础上的矫正制度与体系。

（一）我国的司法矫正制度与体系

对危害社会的行为人的惩罚是通过刑种和量刑来反映并通过刑罚执行来具体实施的。根据《中华人民共和国刑法》的规定，我国的刑种共有九种，即管制、拘役、有期徒刑、无期徒刑、死刑、罚金、剥夺政治权利、没收财产和驱逐出境。其中前五种为主刑，后四种为附加刑，而且驱逐出境只适用于在中国境内犯罪的外国人。刑罚执行就是刑事执行机关根据审判机关作出的、已经发生法律效力的刑事判决和裁定，依照刑事诉讼法或监狱法规定的程序，将对罪犯确定的刑罚付诸实施的刑事司法活动。狭义上的刑罚执行主要是指作为行刑机关的监狱对有期徒刑、无期徒刑和死刑缓期执行等刑罚的执行，行刑过程表现在狱政管理和对罪犯的教育改造过程中。广义的刑罚执行还包括执行管制、拘役、单处剥夺政治权利和主刑执行完毕后附加剥夺政治权利、实施缓刑、假释、监外执行等刑罚执行制度，将犯罪的外国人驱逐出境（由公安机关执行），以及死刑、罚金、没收财产的执行（由人民法院执行）。根据现代行刑观念，刑罚执行不仅仅是实施惩罚的过程，同时也是进行矫正的过程，惩罚是矫正的前提，矫正是惩罚的目的。

1. 监狱矫正制度与体系

司法矫正制度与体系的核心是建立在刑罚执行制度和刑罚执行体系基础之上的监狱制度与监狱体系（或监狱矫正制度与监狱矫正体系）。[①] 根据《中华人民共和国监狱法》的规定，我国的监狱主要有监狱（关押和监禁成年犯）和未成年犯监狱（未成年犯管教所或少年犯管教所）两种类型。在监狱体系中，与矫正工作密切相关的主要有刑罚执行制度和监狱管理制度两个方面。

从行刑制度方面来看，对矫正工作具有直接影响的是减刑制度和假释制度。根据《刑法》第七十八条规定："被判处管制、拘役、有期徒刑、无期徒刑的犯罪分子，在执行期间，如果认真遵守狱规，接受教育改造，确有悔改表现的，或有立功表现的，可以减刑……"如果说刑罚是一种惩罚的话，那么，减刑就是一种奖励。从矫正的角度来看，减刑制度把罪犯改造的主动权交给了罪犯自己。能否获得减刑的机会，不是取决于刑罚执行机关而是取决于罪犯自己，从而可以大大地激发罪犯改造的积极性，同时也为矫正社会工作者提供了调动罪犯潜能、有效进行矫正的制度基础。

假释制度是指对被判处有期徒刑或无期徒刑的犯罪分子，在其服够一定的刑期之后，确有悔改表现而不致再危害社会的，有条件地予以提前释放的一种刑罚执行制度。我国《刑法》第八十一条规定："被判处有期徒刑的犯罪分子，执行原判刑期二

---

① 在1994年《监狱法》通过之前，监狱、劳动改造管教队、少年犯管教所、拘役所、看守所统称为劳动改造机关（简称劳改机关）。《监狱法》通过之后，第二条明确规定："监狱是国家的刑罚执行机关。"据此，司法部将对判处死刑缓期两年执行、无期徒刑、有期徒刑的罪犯执行刑罚的机构和场所，统一称为监狱。劳动改造机关的称谓不再使用。

分之一以上，被判无期徒刑的犯罪分子，实际执行十年以上，如果认真遵守狱规，接受教育改造，确有悔改表现，假释后不致再危害社会的，可以假释。”与减刑相比，假释不是刑期的减少，而只是刑罚执行场所的变更，即由在监狱中执行改变为在社会上执行，这个阶段称为假释考验期。假释考验期一般为剩余刑期，如被判有期徒刑十年，执行六年后获得假释，则假释考验期为剩余的四年。如果说减刑是奖励的话，则假释就是对罪犯改造结果的一种认可或肯定，即罪犯已经基本改造好了，不致再危害社会，因此可以提前释放，在社会上进行考验。从矫正社会工作的角度来看，假释制度的意义主要表现在两个方面，一是对罪犯改造成果的肯定，有利于调动或鼓励罪犯改造的积极性；二是有利于巩固罪犯改造的成果，使罪犯提前回归社会，减轻由于长期监禁而导致的回归社会的困难。

刑罚的目的不是对罪犯进行单纯的惩罚，而是通过惩罚促使罪犯接受改造或矫正，悔过自新，弃恶从善。因此，当罪犯确有悔改表现后，减少或减轻对他们的惩罚就成为理所当然的事情了。反过来，更多地关注对罪犯的改造而不是单纯地惩罚，则可以有效地降低罪犯的反抗或抗拒心理，使他们更容易接受矫正或改造并提高矫正或改造的效果。

狱政管理、教育改造与劳动改造是我国矫正工作中最主要的方面。本章把它作为实际的矫正社会工作放在后面加以讨论。

2. 其他司法矫正制度与体系

除了监狱矫正制度与体系之外，其他的司法矫正制度与矫正体系主要包括由公安机关负责执行缓刑、拘役以及假释和监外执行的实施。在羁押未决犯的过程中，实际上已经存在矫正社会工作，因此，羁押未决犯的机构——看守所也是矫正机构，是我国矫正制度与矫正体系中的重要组成部分。

缓刑制度起源于1870年波士顿的《缓刑法》，它只适用于少年犯，随后被马萨诸塞州采用，适用范围扩大到一般犯人，1889年后为各国所效仿。缓刑制度有两种方式：一种是行政制。采取行政制的国家认为，缓刑是行政处罚方式而不是刑事处罚方式，因为司法机关应执行有罪必罚的原则，因此不便使用缓刑，因而只能采用行政执行的方式。另一种是司法制。司法制又有两种方式：(1) 缓宣告。对于有悔改表现的人暂缓宣告刑罚，在一定阶段内如没有新罪，就不做有罪的判决。(2) 缓执行。宣告有罪，但在一定阶段内有条件地暂缓执行。我国的缓刑是司法之中的缓执行，即宣告有罪，但有条件地暂缓执行。缓刑的执行机关不是监狱而是公安机关。我国《刑法》规定，对于被判处拘役、三年以下有期徒刑的犯人，根据其犯罪情节和悔罪表现，认为适用缓刑确实不致再危害社会的可以宣告缓刑。缓刑只适用于罪行轻微的少年犯和初犯；对于累犯，不再适用缓刑。被判处拘役的缓刑考验期为原判刑期以上、一年以下，最少不少于一个月；被判处有期徒刑的缓刑考验期为原判刑期以上、五年以下，最少不少于一年。在缓刑考验期内，由公安机关委托犯罪人所在单位或基层组织（社区）对其进行考察和教育。

缓刑是一项重要的矫正制度，它克服了监狱化给犯罪人带来的种种不利影响，把矫正的主动权交给犯罪人自己，能充分调动犯罪人矫正的积极性，提高矫正的效果。

对缓刑人员的帮教也成为我国矫正社会工作的一种重要形式。

拘役是由审判机关以判决的形式，短期剥夺犯罪人自由并关押在一定场所的刑罚。我国《刑法》把拘役作为主刑的一种，其期限一般为 15 天到 6 个月。拘役的执行机关不是监狱而是公安机关，它是刑罚中最轻的一种，以至在刑法实践中，不把它作为一种刑罚来看待。如拘役服刑期满以后再犯罪不以累犯论处；在服刑期间，每月可回家 1～2 天，参加劳动的，可酌情发给一定的报酬。为了执行拘役，有的地方的公安机关还建立了拘役所，作为执行拘役的专门场所，因此，拘役所也是我国矫正体系中的一个组成部分。

（二）我国的行政矫正制度与体系

1. 劳动教养制度与劳动教养管理所

劳动教养是为维护社会治安，预防和减少犯罪，对不够追究刑事责任但对社会又构成危害或威胁的违法犯罪分子进行强制教育改造的行政措施。劳动教养制度产生于 1955 年的肃清反革命运动中，其目的是将肃反中清理出来的既不够判刑又不宜留用的反革命分子和其他破坏分子集中进行强制性的、有针对性的教育改造，使他们逐渐成为适应社会需要的有用之才。1957 年，全国人大常委会批准公布了国务院《关于劳动教养问题的决定》，将收容对象扩大到一般的不够刑事处罚的人员，并将劳动教养制度化、法制化和规范化。1979 年国务院公布了《关于劳动教养的补充规定》，1982 年国务院转发了公安部制定的《劳动教养试行办法》，它实际上是《关于劳动教养问题的决定》和《关于劳动教养的补充规定》两个法规的具体实施细则，劳动教养制度逐渐完善。劳动教养的决定机关是省、自治区、直辖市和大中城市人民政府组成的劳动教养管理委员会，该机构负责领导和管理劳动教养工作，审查批准收容劳动教养人员。需要实行劳动教养的人，均由劳动教养管理委员会审查决定而不是由司法机关裁定或判决。劳动教养的执行机构是劳动教养管理所，它负责组织实施对劳动教养人员的管理、教育和改造工作。被决定的劳动教养期限大多数为一年，少数为一年半左右，极少数为三年。被决定劳动教养的人由司法行政部门的劳动教养管理所收容并进行教育改造。劳动教养管理所凭《劳动教养决定书》和《劳动教养通知书》等法律文书接收劳动教养人员。目前，我国共有 300 个劳动教养管理所，收容 26 万名劳教人员，其中除犯有盗窃、诈骗、赌博、聚众斗殴、寻衅滋事等扰乱社会治安秩序行为的人员外，主要是有重复卖淫、嫖娼和重复吸毒等违法行为的人。[①]

从性质上看，劳动教养是行政处罚措施而非刑事处罚措施，因此，劳动教养人员的公民权不被剥夺也不受侵犯。如劳教人员可以依法行使选举权，有宗教信仰的自由，人格尊严不受侮辱，人身不受体罚和虐待，个人合法财产不受侵犯，通信自由；家属可以经常来所探视，劳教所可以提供住处允许劳教人员夫妇同居；家里有特殊情况和有悔改表现的劳教人员，经批准可以回家探视或休假；劳教人员对劳动教养管理所

---

① (2003-05-28) [2018-03-05]. http://www.legalinfo.gov.cn/moj/ldjyglj/2003/05/28/content_19622.htm.

的工作有提出批评、建议的权利，对国家机关及其工作人员的违法、失职行为有提出申诉、控告和检举的权利等。劳动教养人员还可以参加劳动教养所的民主管理。我国的劳动教养管理所或劳动教养管理院是类似于西方国家的教养院或感化院的行政矫正机构。

2. 工读制度与工读学校

工读教育是由教育行政主管部门和公安机关联合举办的对有不良行为或违法犯罪行为的青少年采取托管寄宿教育的特殊教育形式。工读学校的接收对象是有不良行为、违法行为或轻微犯罪行为的在校学生或被学校开除、自动退学、流浪在社会上的青少年。这些青少年不适应正常的学校生活，学校难以对他们进行有效的教育，有的还成为班级或学校的害群之马。家庭或监护人也难以对他们进行教育和管束。工读学校 2～3 年的相对封闭的寄宿制教育，可以使他们获得较为系统的文化知识教育、劳动锻炼和思想行为的矫正，成为对社会有用的人。同时也可以有效地减少和预防未成年人犯罪。如上海市辛灵中学，它的招生对象是具有不良行为和严重不良行为的学生以及学校教育有困难、家庭教育有困难、学生自身控制能力有困难的“三困”学生。学校采取托管寄宿教育，下设的五个工作部具体负责教育与矫正的各个方面的工作。工读教育部：以教育矫正、转化严重不良行为的学生；寄宿管理部：对“三困”学生以教育、预防、预控为主；女子教育部：对女学生进行教育、转化；校外协教部：为普通学校宣讲法制，对普通学校具有不良行为的学生进行帮教及预控；心理咨询部：对问题学生进行个性心理测试和心理矫正。由此可见，工读教育与工读学校也是我国矫正制度与矫正体系中的重要组成部分。

二、我国矫正社会工作的主要内容

矫正社会工作的主要内容就是改变罪犯与社会不相适应的心理结构、价值观念和行为方式。具体到我国的矫正体系和矫正制度中，就是通过监狱的狱政管理、教育改造和劳动改造，促使罪犯弃恶从善、重新做人。

(一) 狱政管理

狱政管理是监狱对服刑犯人执行刑罚的过程中所实施的各项具体的行政管理活动，包括对罪犯的监督管理、生活卫生管理、考核奖惩管理等具体内容，是监狱日常活动最主要的内容。通过狱政管理，完成对罪犯的监督和管理，解决罪犯的衣食住行等问题，保持罪犯的个人卫生和监狱内的环境卫生，对犯人的表现和行为进行考核奖惩。因此，监狱化过程实际上是通过狱政管理来完成的，通过狱政管理，犯人逐渐改变过去的恶习，接受监狱的规范和习惯。因此，狱政管理不仅是矫正的重要前提，同时也是矫正的重要内容，矫正工作是在监狱的日常管理中进行的。我国的矫正工作不仅贯穿在教育改造和劳动改造过程中，同时也贯穿在狱政管理过程中，这也是我国矫正工作区别于美国矫正工作的一个重要方面。美国的监狱管理和矫正工作分别是由不同的人来承担的，狱政管理由监狱管理员（administrator）来实施，而矫正工作则由专门的矫正官（correctional officer）来承担。由于这种区分，往往造成矫正工作与狱政管理工作之间的相互干扰。我国的狱政管理和矫正工作则同时由管教干警来承担，这样可以使狱政管理更好地服务于矫正工作，有利于提高矫正工作的效率，避免了狱政管理工作和矫正工作之间的相互干扰。

（二）教育改造

教育改造是对罪犯思想、观念、价值和人格的重塑过程，也是对罪犯进行文化教育和技术教育的过程。通过思想教育，改变罪犯错误的思想观念，重塑他们的人格和自我。通过文化和技术教育，提高罪犯的素质，为他们重返社会创造条件。思想教育的主要内容包括法制教育、道德教育和前途教育三个方面。文化教育包括扫盲教育、初等教育、中等教育和高等教育等不同层次的教育；技术教育主要是矫正体系根据劳动力市场设计的不同种类的职业技术教育，如计算机操作技术、经济作物栽培技术、木工瓦工技术、家用电器修理技术等等。这里我们重点介绍思想教育的三个方面的内容。

法制教育主要包括法律基础知识的教育和认罪的教育两个内容。通过法制基础教育，罪犯能了解基本的法律知识和法律常识，形成基本的法制观念和守法意识。认罪的教育则使他们认识到为什么犯罪、犯了什么罪以及犯罪行为造成的危害或损害，使他们从思想和观念的深处认罪悔罪。

道德教育主要包括人生观教育、社会公德教育和集体主义教育。道德教育使罪犯放弃享乐主义的和极端个人主义的人生观，重新思考生命的意义，明确是非、善恶、荣辱和美丑等观念，重塑个人的自我和人格，从罪犯思想观念的深处激发他们悔过自新的愿望。

罪犯被判刑关进监狱以后，往往会对自己的前途失去信心，认为自己的一生都没有希望了，因此给他们以重新做人的前途和信心就成为前途教育的核心内容。形势教育能使他们了解国家和社会发展变化的情况，特别是经济建设的巨大成就，激发他们对新生活的向往；通过对国家刑事司法法律和政策的宣讲，他们可了解国家对犯罪人的基本态度和政策，看到自己的前途和出路，树立改造的决心和信心。通过前途教育，他们可了解和认识到改造的主动权就掌握在自己手中，自己的前途和命运就掌握在自己的手中，能否回归社会，过上正常的社会生活，完全取决于自己在监狱的改造行为。

一些条件比较好的监狱还建立了心理咨询室，为服刑犯人提供专业的心理咨询和矫正服务。这已成为教育改造的一项重要内容。

（三）劳动改造

劳动改造就是通过监狱劳动对罪犯进行矫正和改造。劳动改造的核心是监狱劳动，即罪犯在改造期间，必须参加力所能及的劳动。我国《监狱法》第七十条对此做了明确的规定："监狱根据罪犯的个人情况，合理组织劳动，使其矫正恶习，养成劳动习惯，学会生产技能，并为释放后就业创造条件。"

监狱劳动又称监狱作业，是指监狱在刑罚执行过程中，组织罪犯从事合理的劳动，它既是自由刑执行的重要内容，也是监狱对罪犯进行矫正和改造的一项重要措施。对罪犯只进行单纯的监禁、不让他参加任何劳动或其他活动的弊端，在监狱制度建立和自由刑执行的初期已经充分暴露出来了，因此监狱必须组织罪犯从事合理的、有效的劳动。但监狱劳动不是普通意义上的生产劳动，而是作为刑罚执行组成部分的特殊劳动。就像刑罚执行同时具有惩罚性和矫正性一样，监狱劳动也同时具有惩罚性和矫正性。惩罚性具体表现为监狱劳动不是自愿参加的而是必须参加的，罪犯必须参加力所能及的劳动，也就是说，监狱劳动具有一定的强制性。监狱劳动的矫正性主要表现在监狱劳动的作用中，即通过监狱劳动要矫正罪犯的恶习，养成劳动的习惯，同时形成和培养罪犯的谋生能力，为释放后就业创造条件。

好逸恶劳、贪图享受、极端自私自利是罪犯的共同特点，也是导致他们犯罪的一个重要的主观因素，他们鄙视劳动，认为靠劳动生活、自食其力就是没出息、窝囊。较长时间的强制性监狱劳动，可以使他们的思想观念、价值观念和行为习惯在劳动过程中得到改造和矫正。监狱劳动以集体劳动为主，通过集体劳动，特别是集体劳动中的相互协作和配合，可以改变罪犯极端自私自利的思想和品质，养成他们在行为过程中考虑他人的习惯，以集体主义的观念削弱和战胜极端自私自利的观念。监狱劳动以体力劳动为主，体力劳动是一种有形劳动，劳动过程特别是劳动成果是可见的，罪犯付出体力就会看到劳动成果，同时还可以获得一部分劳动报酬，从而体会到劳动带来的满足、成功和欢乐，养成劳动的习惯，形成自食其力的观念。

通过监狱劳动，罪犯可以掌握一定的劳动技能和职业技能，特别是教育改造中职业技能的教育和培养，还可以提升罪犯的职业技能，从而为他们出狱后就业、自食其力创造条件。

1955 年，在日内瓦举行的第一届联合国预防犯罪和罪犯待遇大会通过了《囚犯待遇最低限度标准规则》，其中第七十一条中对监狱劳动的管理作了相应的规定。概括起来，主要有以下三点：第一，监狱劳动不应使犯人感到痛苦；第二，劳动应在可能的范围内，使犯人能够维持和增强他们释放后的谋生能力；第三，犯人劳动应以他本人的利益和职业训练为主要目的，不可因贪图财政上的利益而对其予以忽视。

我国的矫正社会工作除了上面讨论的机构矫正工作之外，另一个重要方面是社区矫正工作，近年发展势头迅猛。对于社区矫正工作，也形成了一些有中国特色的社区矫正工作方法，关于社区矫正的内容，将在下一节中重点介绍和探讨。

第四节 中国的社区矫正

一、社区矫正概述

(一) 社区矫正的含义

社区矫正（community correction）是指社区刑罚执行活动，与监禁刑罚相对。

社区矫正可分为狭义的社区矫正和广义的社区矫正。狭义的社区矫正强调对非监禁者执行的活动；对象是罪犯；场地是非监禁机构的社区；管理者是专门的国家机关；时间是刑事判决、裁定、决定确定且生效的期限；目的是矫正服刑罪犯的犯罪心理、意识、恶习；性质是非监禁刑罚执行活动。[①] 而广义的社区矫正，其工作队伍除专业矫正人员和社会工作者这一执行主体之外，还包括社会志愿者、社区居民等辅助工作者；其目的不仅仅是要帮助矫正对象改变犯罪心理和行为恶习，还要促进其完成再社会化。由于各国国情、文化和法治背景的不同，因而其社区矫正的内涵与外延也有所不同。一般而言，英美法系国家采用广义社区矫正概念，欧洲国家多采用狭义社区矫正概念。我国在 2002 年 8 月开始社区矫正试点之前，对刑事判决的非监禁的执行一般不称为社区矫正，而是统称为非监禁刑的执行。国内学者对社区矫正的定义也多有争议。2003 年 7 月 10 日，最高人民法院、最高人民检察院、公安部和司法部联合下发了《关于开展社区矫正试点工作的通知》，该通知较为详细和准确地表述了社区矫正的概念："社区矫正是与监禁矫正相对的行刑方式，是指将符合社区矫正条件的罪犯置于社区内，由专门的国家机关在相关社会团体和民间组织以及社会志愿者的协助下，在判决、裁定或决定确定的期限内，矫正其犯罪心理和行为恶习，并促进其回归社会的非监禁刑罚执行活动。"这一论述已成为目前我国对社区矫正定义的通说，使得关于社区矫正内涵和外延的争论逐渐平息下来。

需要指出的是，从各国在预防犯罪和促进罪犯再社会化的立法和实践来看，社区矫正并不仅仅局限于监外执行刑罚，还包括对刑满释放人员的矫正以及对失足青少年的帮教。因而，本书认为当前我国社区矫正概念反映的只是对刑罚期内罪犯的社区矫正，而事实上，将对刑满释放人员的安置帮教以及对失足青少年的帮教纳入社区矫正，较为符合我国的现状和对社区矫正的需求。

（二）社区矫正的特征

监禁矫正和社区矫正都是对犯罪人进行刑事制裁的方式，都包含对犯罪人的惩罚性。不管是被判以社区矫正还是监禁矫正的犯罪人，都要服从相关部门的管理和监督，他们的人身自由和行动都受到一定限制且有可能不能行使某些权利。这是监禁矫正与社区矫正的共同之处。随着社会发展和时代的进步，社区矫正作为一种解决监禁矫正弊端的刑罚方式必然与监禁矫正有所不同。与监禁矫正相比，社区矫正主要有以下特征。

1. 执行对象的特定性

首先，一般而言社区矫正的适用对象是实施了犯罪行为并被法庭判决有罪的人，但也有一些国家对社区矫正的适用对象范围有所延伸，将"罪犯释后安置""对青少年的非刑罚性质的教育矫正"等内容也纳入其中。其次，适用于社区矫正的一般包括以下三种情况的犯罪人：（1）犯罪程度较轻且社会危害性不大，多为初犯或偶犯的犯罪人；（2）已在监狱中服刑一段时间，因本身表现良好且社会危害性较小，故得到假

---

① 王顺安．社区矫正研究．济南：山东人民出版社，2008：10.

释的犯罪人；（3）因身体状况不适合在监狱服刑的犯罪人。2003 年我国“两院”“两部”联合下发的通知将社区矫正的适用对象限于以下五种：被判处管制的、被宣告缓刑的、被裁定假释的、被暂予监外执行的、被剥夺政治权利并在社会上服刑的。

2. 非监禁性

社区矫正属于“非监禁刑罚”，与监禁刑罚相对。非监禁性是社区矫正的根本特征之一，意味着犯罪人员服刑的地点不是监狱、看守所等监禁场所，而是在社区中服刑。

3. 惩罚的宽缓性

尽管社区矫正仍具有惩罚性，但相对于监禁矫正，它的惩罚性明显宽缓许多。这个宽缓性体现在两个方面：一是社区矫正对象的人身自由只是受到了一定的限制，不存在监禁刑罪犯所要承受的自由被剥夺的精神痛苦；二是社区矫正对象不需与家人分离，避免了监禁矫正可能带来的两性隔离、亲朋无法相聚的痛苦。

4. 社区参与性

社区矫正的社区参与性指的是社区矫正对象与社区中的生活密切结合的特征。一方面，社区矫正对象要参与不同形式的社区公益劳动，这些社区服务的任务是对其进行教育矫正的重要内容；另一方面，社区矫正充分、广泛地利用了社区的力量和资源，如社区居民、社区志愿者、社区中的设施等，这些力量和资源对于社区矫正对象的监督、帮助和教育等方面都有重要作用。

（三）社区矫正的功能

社区矫正之所以在第二次世界大战后得到了许多国家的认可并加以推广，不仅因为它能够弥补监禁矫正的诸多不足，而且在于它对于恢复犯罪人个人社会功能、降低犯罪比例以及稳定社会发展方面都有巨大的作用。社区矫正作用主要体现为它具有以下三大功能。

（1）从个人层面来看，社区矫正有利于矫正对象顺利回归社会。一方面，监禁矫正有许多弊端，如矫正对象要遭受监禁场所中无所事事以及自由严重被剥夺的精神痛苦、监禁场所容易形成的群体亚文化及矫正对象之间的负性互动等，社区矫正可避免监禁矫正的此类弊端，促使罪犯再社会化的正常顺利进行。另一方面，社区固有的开放性和信息的多样性有利于改变矫正对象的思想观念和犯罪行为，同时在社区中服刑的矫正对象有机会开展正常的人际互动和发展个人的生存、就业技能，避免了监禁矫正对象刑满后无法融入社会的情况。

（2）从犯罪群体层面来看，社区矫正有助于改变矫正对象实施重新违法犯罪行为的预期效用。[①] 最终的结果可能在一定程度上降低社会犯罪的总数，降低重犯率。根据上海市社区矫正办公室的统计，2004 年上海市社区矫正对象期满后一年内重新犯

---

① 违法的预期效用定义为：$EUj=pjUj(Yj-fj)+(1-pj)Uj(Yj)$，这里 Yj 表示违法者 j 从违法行为中获得的货币及心理方面的收益；Uj 表示其效用函数；fj 可以理解为 j 受到惩罚的货币等价物，于是 $EUj/pj=Uj(Yj-fj)-Uj(Yj)<0$ 和 $EUj/fj=-pjUj'(Yj-fj)<0$。只要收入的边际效用为正，通过纳入某些因素的成本与可能性，便可以将分析予以扩展。

罪率为0.67%，2005年为0.70%；而根据上海市连续七年的统计数据显示，监狱矫正对象刑满释放后一年内的重犯率平均为3.2%。[①] 根据司法部公布的信息，2016年，全国新接收社区服刑人员48万人，办理解除矫正49万人，现有社区服刑人员70万人，社区服刑人员在矫正期间重新违法犯罪率一直保持在0.2%左右的较低水平，取得了良好的法律效果和社会效果。[②]

（3）从社会层面来看，社区矫正有利于增强社会稳定和促进社会发展。在增强社会稳定方面社会矫正的作用主要体现为，一方面社区矫正有利于矫正对象思想观念和行为发生根本改变、顺利回归社会、实现自力更生，从而减少犯罪，进而增强社会稳定；另一方面社区矫正以人道主义为理论基础，特别是社会工作者在矫正工作中采取的平等、尊重、同理心和接纳等价值观，有利于减少矫正对象仇视社会的心理，进而增强社会稳定。在促进社会发展方面，社会矫正的作用主要表现为以下几个方面：首先，社区矫正能够带来直接的经济效益。一方面，国家可以大大节省在刑罚执行方面投入的资源，大幅度降低行刑成本；另一方面，矫正对象在社区服刑中参与的劳动服务也直接创造了经济价值。其次，实行社区矫正是刑罚人道性的必然要求，是符合人道主义精神的，有利于提高整个社会的文明水平。最后，在社区矫正工作中，矫正社会工作的工作体系建设体现了“社会管理”观念的实践。例如在上海的社区矫正工作中，政府购买社会团体中的专业社会工作者的服务，让专业社工参与社区矫正工作。这种实践超越了政府直接为矫正对象提供服务的行政模式，其本身具有重大的创新意义，并为社会建设提供了一种思路。

（四）我国社区矫正实践的发展历程

社区矫正作为社区的刑罚执行活动，与刑罚方法和种类以及刑罚的适用关系密切。因此，在讨论社区矫正历史发展时必须要涉及刑罚制度的历史发展，由于在本章第一节详细论述过刑法观念的发展，所以在此对社区矫正历史发展的论述主要关注社区矫正实践的发展历程。

在中国，社区矫正这个概念近几年才被明确提出，然而在我国刑事法律及其实践中，假释、缓刑、监外执行、管制、剥夺政治权利等与社区矫正相近的非监禁刑罚方式却有着较长的历史沿革，这些沿革是当今我国开展社区矫正工作的重要经验和基础。

2000年9月上海市首开了“社区矫正”之先河，上海市女子监狱对罪犯试行了半监禁刑的探索，采取了对符合条件的罪犯允许其从周一到周五回社区参加劳动、周末回监狱服刑的措施。2001年5月石家庄市长安区人民检察院发出“社区服务令”，同年8月出台了《关于实施“社区服务令”的暂行规定》。2002年8月，上海市开始在徐汇区斜土路、普陀区曹杨新村和闸北区宝山路三个街道开展社区矫正试点工作。

---

① 孙辉．罪犯的监狱矫正与社区矫正模式比较——以上海市为例．南京师范大学学报（社会科学版），2007（4）．

② 全国成立矫正小组67.8万个建县（区）社区矫正中心1 746个 社区服刑人员重新违法犯罪率保持0.2%．(2017-02-20)［2018-03-05］．http：//www.moj.gov.cn/index/content/2017-02/20/content_7097086.htm?node=86527.

同一时间，北京市在密云县也开展了社区矫正的试点，进行了对假释、监外执行罪犯实施社区矫正的探索。

在这些最初探索的基础上，在司法部组成的社区矫正制度研究课题组对国内外社会经验进行大量深入研究后，于 2002 年 8 月形成了《关于改革和完善我国社区矫正制度的研究报告》。随着试点工作的开展和取得的成效，2002 年 11 月，原司法部部长张福森在全国司法厅局长会议上正式提出"要积极稳妥地开展社区矫正的试点工作"，并将北京、上海、天津、江苏、浙江、山东确定为首批社区矫正试点地区。由于社区矫正没有法律依据，各地的试点工作在具体执行上存在很多问题，为此，2003 年 7 月最高人民法院、最高人民检察院、公安部、司法部联合颁布了《关于开展社区矫正试点工作的通知》，明确了社区矫正的定义、适应范围和任务等重要问题。[①] 各试点省市分别从制定相关适用规范、成立社区矫正领导机构和配备社区矫正专业人才三大方面着手，积极开展社区矫正工作。2009 年在全国全面推行后，社区矫正工作发展迅速，覆盖面稳步扩大，社区矫正人员数量不断增长。2011 年 2 月 25 日，十一届全国人大常委会第十九次会议审议通过《中华人民共和国刑法修正案》，明确规定了对判处管制、缓刑以及假释的罪犯依法实行社区矫正，标志着我国社区矫正法律制度的确立，为改革完善我国刑罚执行制度奠定了重要基础。2012 年 1 月 10 日，最高人民法院、最高人民检察院、公安部、司法部下发关于印发《社区矫正实施办法》的通知。2012 年 3 月 1 日，《社区矫正实施办法》正式施行。办法第三条规定："社会工作者和志愿者在社区矫正机构的组织指导下参与社区矫正工作。"明确了社会工作者和志愿者在社区矫正中的角色地位。

二、社会工作者在社区矫正中的地位和作用

从开展社区矫正工作的国家，尤其是西方发达国家来看，其社区矫正工作人员的核心是由缓刑官与假释官构成的"社区矫正官"以及专业社会工作者，另外还吸收了大量的社会志愿者。目前，我国实施社区矫正的各个试点地区由于当地各种因素的影响，因而其社区矫正工作队伍的组成亦有所不同。北京、上海、江苏这些较早开展工作的试点地区已建立了由专业矫正人员、社会工作者和社会志愿者三部分组成的社区矫正工作队伍；其他试点地区基本上由社区矫正执法人员和辅助人员构成。

在社区矫正工作中，社会工作者的职责区别于专业矫正人员，前者主要为矫正对象提供非刑罚矫正服务和其他帮助保护服务；后者主要负责社区刑罚执行事务，具有执法权。因而，社会工作者在社区矫正中的工作内容可以包括以下两个主要方面。

（一）教育矫正

教育矫正的内容主要包括心理和行为的矫正。任何人总是在一定的心理作用下行动的，矫正对象也不例外，他们犯罪时的心理状态直接决定了行为的性质和主观恶

① 王珏，王平，杨诚．中加社区矫正概览．北京：法律出版社，2008：14.

性。不少矫正对象有赌博、吸毒、酗酒、懒惰以及挥霍等行为恶习，这些恶习对于矫正对象走上犯罪道路有重要影响。因此，社会工作者需要通过专业知识和干预帮助矫正对象认识自己原有的偏差观念和行为，培养矫正对象学会辨别和选择合法行为的能力以及良好的生活习惯，从而逐渐改正和消除其原有的犯罪心理；此外，大多数社会人群对矫正对象抱有歧视，不利于矫正对象顺利回归社会，因此社会工作者一方面要帮助矫正对象处理消极情绪，另一方面也要通过社区方法开展犯罪和矫正等相关内容的宣传教育活动，动员社会志愿者和社区居民参与到帮助矫正对象的过程中来。

（二）帮助服务

社区矫正在本质上具有社会福利的性质，犯罪人作为一个特殊的弱势群体，需要社会的关爱与支持，需要社会提供相应的社会服务与福利，帮助他们实现再社会化。社会工作者在社区矫正过程中，特别要注重改善、修复和重建矫正对象的社会生态系统，关注矫正对象面临的困难和需求，积极为矫正对象争取资源，如提供职业培训和就业信息、申请社会救助等[①]，使得矫正对象在基本生存得以保证的前提下能够有所发展，最终实现“助人自助”。

要实现以上两个主要内容，必须动员各方面资源，因此社会工作者需要在公安司法工作人员、矫正对象个人、矫正对象家庭、社区组织、志愿者以及社区居民之间扮演重要的中介、桥梁角色，继而通过为矫正对象提供个人和家庭辅导、定期举办青少年犯罪预防讲座、招募和培训社区矫正志愿者、向居民普及和宣传社区矫正基本知识等方式最终实现社区矫正的目标。

三、社区矫正社会工作的过程

（一）建立专业关系

在社区矫正的实施过程中，矫正社会工作者和矫正对象之间的刑罚执行关系是在法律的规定下被强制建立的。但是，在社区矫正中，仅有这一层关系是不够的，还需要社会工作者和矫正对象之间在互相信任、合作的基础上通过有效的互动形成专业的助人关系，从而改善和提升矫正对象的社会适应能力。

（二）收集、分析资料

在社区矫正的过程中，资料的收集是一个重要的程序，在这一阶段，需要从个人和环境两个层面入手来收集矫正对象的资料。

（三）分析和诊断矫正对象的问题

矫正对象的问题，一般被认为是由于矫正对象自身各要素失衡及其与环境关系失

---

① 钟莹．社会工作在社区矫正中的功能定位与实现途径．求索，2007（10）．

衡所引发的各种现象。[1] 正是由于矫正对象的这些已经出现或即将出现的问题的存在，才使得其在恢复、改善社会功能、适应社会生活、回归社会等方面存在障碍。因此，社会工作者需要在矫正过程中，对这些问题进行聚焦，针对矫正对象所存在的具体问题开展具体的矫正工作。

(四) 建立社区矫正计划

建立社区矫正计划一般包括三个方面的工作，即设立计划的目的和目标、确定计划所关注的对象、制定具体的实施方案。

(五) 社区矫正的介入

介入环节是社区矫正中的重要过程。在这一过程中，矫正社会工作者通过有目的、有计划的行动过程，挖掘矫正对象的潜能、解决矫正对象的问题，以使矫正对象恢复和改善其社会功能，进而能够顺利回归社会、适应社会。社区矫正的介入过程可以分为直接介入和间接介入两种形式：直接介入主要指直接对矫正对象个人或矫正对象群体的介入；间接介入指对矫正对象以外的其他系统采取行动，即指对矫正对象所处的环境系统介入。

(六) 社区矫正的评估与跟进

在社区矫正的实务过程完成之后，需要对矫正项目进行评估，包括对矫正对象的需求进行评估、对进行社区矫正的社会环境进行评估及对矫正所带来的社会影响进行评估等。在对矫正项目完成评估之后，社区矫正将进入结案阶段。在这个时期，虽然矫正社会工作者和矫正对象之间的专业关系结束了，但是社会工作者还需要对矫正对象加以跟进，如矫正社会工作者可以观察矫正对象在结案后的心理、认知、行为等方面的改变是否与矫正目标相一致。通过对社区矫正的跟进，可以更好地维持和巩固社区矫正项目所取得的成果，有利于矫正对象更好地被社会所接纳。

四、我国社区矫正工作所面临的问题

(一) 制度建设不足

从目前我国关于社区矫正方面的制度建设情况来看，只有最高人民法院、最高人民检察院、公安部、司法部于2003年7月10日下发的《关于开展社区矫正试点工作的通知》和各试点省、市制定的地方性文件。近年来，伴随着社区矫正试点工作的开展与深入，相关法律制度的缺乏和不完善逐渐显现出来。社区矫正制度不仅包括刑罚执行制度，还应包括对社区矫正对象的矫正、帮助与服务等方面的规定。但实际上，由于对社区矫正具体工作的规定和制度的欠缺，社区矫正在实操过程中缺乏法律依

---

① 张昱，费梅苹．社区矫正实务过程分析．上海：华东理工大学出版社，2005：126.

据，其中的一些具体做法也缺乏法律支持，因此在合法性上遭到质疑。在现阶段，应加强社区矫正方面的制度建设，为社区矫正工作的开展与发展提供制度上的保障，从而更有力地推进社区矫正工作的发展。

（二）缺乏专业化、职业化的矫正社会工作者

社区矫正对象主要是一些存在着问题的犯罪人员，在对这一类对象开展矫正工作的过程中，需要专业的工作方法和技巧，以求得到更好的矫正效果。但从社区矫正工作的试点情况来看，现有的专业人员主要包括司法所、公安派出所的工作人员，从监狱抽调的干警等，他们主要是从原岗位“转岗”而来，虽然经过了一系列的培训，但是很多人仍是难以适应专业性较强的社区矫正工作。因此，对于社区矫正工作的开展来说，培养一批专业化的社会工作者是非常重要的，这部分人掌握专业的工作方法、技巧，具备专业的价值理念，可以在社区矫正的过程中使矫正工作取得更好的矫正效果。

（三）社区建设不够成熟

社区的成熟是社区矫正发展的基础。但是，从现阶段来看，我国的社区建设虽然取得了一定的发展，但是总体尚未成熟。一方面，社区中的行政色彩弱化了社区本身的功能和影响力；另一方面，人们对社区的认同感和社区参与意识比较单薄，缺乏参与社区事务的主动性和积极性；此外，植根于社区的非政府组织较少，影响有限。[①]因此，在现阶段，需要加强社区建设，从而更好地发挥社区矫正的作用。

本章要点

1. 矫正社会工作就是实施于罪犯改造过程中的社会工作。它是由矫正社会工作者或志愿者为犯罪嫌疑人或罪犯在审判、服刑、缓刑或假释期间提供的专业服务，其目的是消除工作对象的犯罪心理结构、改变其行为方式、重建他们的社会适应能力和机制，使他们改过自新，重新适应正常的社会生活。广义的矫正社会工作既包括罪犯服刑期间的矫正工作，也包括预防犯罪工作和罪犯服刑期满后回归社会的工作。狭义的矫正社会工作则指对违法犯罪者的矫正工作。

2. 矫正社会工作与矫正理论几乎同时产生于 19 世纪上半叶。这一时期，心理学、教育学和社会学等社会科学学科都已经建立并得到一定的发展，使人们对犯罪的原因比以前有了更为科学和正确的认识，由此导致社会对罪犯的惩罚观念发生变化，同时也使人们运用上述学科知识进行罪犯的心理和行为的矫正成为可能。而 18 世纪末至 19 世纪上半叶监狱制度改革的浪潮，直接推动了矫正社会工作的产生。

3. 尊重违法犯罪者的人格和价值、平等对待和接纳他们，是矫正社会工作的价值基础。矫正社会工作的理论基础包括监狱化理论与罪犯改造的心理规律等。监狱化实质上是一个针对个人的消极的再社会化过程，通过监狱化，个人不仅接受监狱的规

---

① 马辉，周静茹．社区矫正工作实务．广州：暨南大学出版社，2008：14.

范、惯例和价值，有的甚至还会接受监狱内由犯人形成的亚文化。监狱化虽然是矫正工作得以进行的一个前提，但它也产生了严重的后果。罪犯的改造过程大致经历三个心理变化阶段：不适应阶段、开始适应阶段和适应阶段。正是在这个由不适应到重新适应的过程中，实现对对象的矫正。

4. 矫正社会工作的介入方法主要有机构介入和社区介入。机构介入是为机构处遇的对象提供矫正服务的方式，社区介入是为社区处遇的对象提供服务的方式。此外，社会工作的微观方法如个案工作方法、小组工作方法等在矫正社会工作中也经常被采用。

5. 我国的矫正体系主要由司法矫正体系和行政矫正体系构成，司法矫正体系以监狱及其他行刑制度为代表，行政矫正体系以劳动教养机构及工读教育机构为代表。我国一般通过狱政管理、教育改造和劳动改造等方式对犯人进行矫正。

6. 社区矫正是指社区刑罚执行活动，与监禁刑罚相对。与监禁矫正相比，它主要有执行对象的特定性、非监禁性、惩罚的宽缓性、社区参与性四个特征。社区矫正对于恢复犯罪人个人社会功能、降低犯罪比例以及稳定社会发展都有巨大的作用。自2002年我国开展社区矫正试点工作以来，已取得了阶段性的成效，但我国社区矫正工作仍面临着制度建设不足，缺乏专业化、职业化的矫正社会工作者以及我国社区建设不够成熟三个方面的重要问题。

复习思考题

1. 什么是矫正社会工作？它包括哪些内容？
2. 矫正社会工作是如何产生的？
3. 简述监狱化对矫正社会工作的影响。
4. 矫正社会工作的介入方法有哪些？
5. 我国的矫正工作体系包括哪些方面？
6. 我国矫正社会工作的主要内容有哪些？
7. 什么是社区矫正？其功能是什么？
8. 社会工作者在社区矫正工作中主要扮演什么角色、发挥什么作用？
9. 学习分析以下案例。[①]

案例一

王某，32岁，七年前因入室盗窃罪被判入狱，剥夺政治权利一年，现于社区中接受社区矫正。通过与王某的交谈，矫正社会工作者发现王某现在和母亲住在一起，但和母亲的关系很僵。王某的父亲在其入狱后因心脏病发作，不幸去世。现在，全家的生活来源主要是母亲每个月900元的退休金。王某近来脾气暴躁，对生活提不起兴趣，也不愿意出去找工作；然而又觉得自己这么大年纪还要依赖母亲而很惭愧；而母亲对于儿子整日在家游手好闲，也非常生气，因此母子俩经常发生争执。

矫正社会工作者在分析了王某的情况之后，发现王某的问题和家庭有着很大的关

① 张昱，费梅苹．社区矫正实务过程分析．上海：华东理工大学出版社，2005：163，183.

系，于是选取王某的家庭作为关注对象，开展矫正工作。矫正社会工作者对王某的初步评估为："王某实质上是孝顺母亲的，不想依赖母亲，让母亲操劳。目前王某急于就业，但在上海没有社会关系；此外，王某的脾气暴躁，与母亲缺乏良好的互动关系。"

于是，矫正社会工作者通过电话与王某的母亲聊及了王某孩童时的事情，并借题转达了王某对母亲的孝顺之意。王某的母亲随后来到了矫正办，并向矫正社会工作者描述了当前家庭现状，希望矫正办能帮其儿子找一份工作。然后，社会工作者与王某经过交谈和商量，决定采用以下矫正策略：

(1) 社会工作者加强与王某的接触，防止其与那些早年一起厮混的哥们重新联系；

(2) 改善王某的家庭气氛，要求王某的母亲改变教育方式，减轻王某的压力；

(3) 帮助王某申请最低生活补助和寻找工作机会，以解决其工作问题。

思考题：

(1) 在上述案例中，矫正社会工作者扮演了什么样的角色？发挥了什么样的作用？

(2) 你认为案例中的矫正策略存在哪些不足之处？

(3) 作为矫正社会工作者，你在面对王某这样的案例时，会确立怎样的矫正目标？制订怎样的矫正计划？

案例二

小宁年轻时在KTV工作，认识了一群社会上的不良青年。在KTV工作时，由于旁人的蛊惑，小宁未能禁受住诱惑，开始服用摇头丸，后又开始吸食毒品。为了获得稳定的毒品来源，小宁与贩毒团伙取得了联系并开始贩毒。最终，小宁因贩卖毒品被依法判刑。目前，小宁已基本戒断了毒瘾并在社区接受矫正。小宁重新回到社区后，因为过去的吸毒经历，经常被人指指点点，她十分沮丧。小宁的父母对她帮助很大，他们一直在生活上细心照顾小宁。现在，小宁在矫正社会者的帮助下，已经逐渐恢复了正常的生活，但小宁觉得，自己都29岁了，不能再一味依赖父母了，于是小宁在社会工作者的帮助下，获得了两份工作机会。一份工作是去一家著名的娱乐城做清洁工，而另一份工作是去民政局殡葬部门做美容师。小宁的父母都希望女儿去殡葬部门工作，一来殡葬部门属于事业单位，工作稳定，对未来也有保障，二来怕小宁去娱乐城工作重新接触到那些不良的社会青年。但是年轻的小宁始终不愿意去殡葬部门工作，她更希望去娱乐城工作。为此，小宁和父母发生了多次争执。小宁感到很痛苦，首先，她在社区中经常受人歧视，其次，她无法去做自己想做的工作，和父母的关系也一度僵化。有一天，小宁给矫正社会工作者打了一通电话，在电话里，小宁哭诉："我觉得我现在活得没有意义了，我永远抹不掉我的过去了，我永远做不了称心的事情了，我不想活了，我已经买了农药了，我来生再重新开始做人吧……"

思考题：

(1) 在这则案例中，矫正社会工作者需要面对的伦理困境有哪些？

(2) 如果你是一名矫正社会工作者，在这个案例中会怎样解决这些伦理困境？

（3）对于当前小宁和父母在工作选择上的分歧，社会工作者应该如何从家庭层面介入？

关键概念

矫正、矫正社会工作、矫正社会工作价值基础、矫正社会工作理论基础、矫正社会工作介入方法、司法矫正、行政矫正、社区矫正

推荐阅读书目

1. 范燕宁．矫正社会工作研究．北京：中国人民公安大学出版社，2009.
2. 张昱，费梅苹．社区矫正实务过程分析．上海：华东理工大学出版社，2005.
3. 马志冰．监狱文化与矫正工作研究．北京：法律出版社，2008.
4. 王顺安．社区矫正研究．济南：山东人民出版社，2008.
5. 杨士隆．犯罪矫正．台北：五南图书出版公司，2007.
6. 鲁兰．中日矫正理念与实务比较研究．北京：北京大学出版社，2005.
7. 夏宗素．罪犯矫正与康复．北京：中国人民公安大学出版社，2005.
8. Petersilia J. Community correction：Probation，parole，and intermediate sanctions. New York：Oxford University Press，1998.

第二十章
反贫困社会工作

贫困现象与人类社会相伴而生。直到今天，虽然全球经济有了根本性的发展，但贫困现象仍然存在。贫困不仅是经济问题，同时又是引起各种矛盾乃至冲突的复杂的社会问题。济贫帮困是社会工作的一个传统领域。自 17 世纪初英国实施旧济贫法以来的各种济贫实践，不断丰富、充实和发展着社会工作的理论、方法和实务知识。本章首先对有关贫困的基本概念与理论进行概略介绍与讨论，并对我国当前的贫困现象进行具体的描述与分析，然后着重介绍、讨论社会工作有关济贫帮困的实务知识。

第一节 贫困的概念及其测量

一、贫困的概念

贫困是人们非常熟悉的一个词语，在传媒及日常生活中它被人们广泛使用着。但究竟什么是贫困，或者说，如何对贫困做准确的界定，即便是研究贫困问题的学者也存在分歧。

贫困是一种复杂的社会现象，涉及经济、政治、社会、文化、心理、生理、环境等多方面的问题。具有不同学术背景的人往往对贫困有着不同的认识。我国学者大多将贫困界定为衣、食、住等物质生活方面的困难。西方学者则认为，贫困应包括物质生活、精神生活、政治生活等多种内容，如过不上像样的物质生活、没有健康的身体、缺乏受教育的机会以及政治上受歧视等。比较中西方学者对贫困理解的差别，可以认为，我国学者倾向于对贫困的狭义理解，西方学者则偏向于对贫困的广义理解，这是由各自所处的不同经济、社会发展背景所决定的。

实际上，贫困是指在一定环境条件下，人们在较长时期内难以维持一种生理上所要求的、社会文化可接受的、社会公认的基本生活水准的状态。[①] 这个定义偏重于对贫困

---

① 李珍．社会保障理论．北京：中国劳动社会保障出版社，2001：143.

的狭义或绝对意义上的理解，也在一定意义上包含着对贫困的相对意义上的理解，应该说，比较符合我国的实际。以下就什么是绝对贫困、什么是相对贫困作进一步的区分。

(一) 绝对贫困

关于什么是绝对贫困，我们首先看看一些中外学者做出的界定。英国学者 S. 朗特里（Rowntree）于 1899 年最早提出“初级贫困线”的概念。他指出，所谓“初级贫困线”是指维持身体有效活动的最低指标。它仅是勉强维持生存，而不是生活的界限。这样一种最低量并不意味着能成为一种合理的生活水准。从朗特里的界说可见，“初级贫困线”即绝对贫困线。

我国学者周彬彬则指出，绝对贫困线位于仅能满足人们生存需要的水平，低于此线就是贫困。生活的享受，智能的发展，都不包括在内。他进一步指出，绝对贫困的概念不与社会整体收入的发展水平相关，只进行客观的衡量、比较，不受外界生活水准变化的影响。

综合以上学者对绝对贫困所作的界定，我们可以认为，绝对贫困是指一种低于最低的物质生活水准的生活状态。

(二) 相对贫困

所谓相对贫困是指相对于社会上其他人群的生活水平而言，有一部分人处于社会生活水准的最下层。因此，相对贫困测量的是社会财富（收入）在不同的社会阶层或群体间的分配问题，它是一个动态的、发展的概念，反映社会收入分配不平等的程度。周彬彬提出确定相对贫困的四要素是：

（1）确定相对贫困要与其他社会成员进行比较，它是由社会经济发展的不平衡和国民收入的分配不均引起的，是根据与其他社会成员之间的关系来确定的。

（2）相对贫困是一个动态概念，其标准要随着经济的发展、收入水平的变化以及社会环境的不断变化而变化。

（3）相对贫困反映的是不同社会成员之间的差距，是社会不同成员之间的不平等。

（4）它依据于一定的价值判断，具有明显的主观偏好。

毫无疑问，我国目前所要解决的贫困主要是绝对贫困，为此，我国政府制订了各种行动计划。但随着经济的进一步发展和改革的深化，有关解决相对贫困问题，以缓解日益严重的贫富两极分化的呼声也在不断高涨。按照对两种贫困所作的界定，绝对贫困最终会消失，但相对贫困问题会永远存在。因此，在我国，在绝对贫困趋于消失的情况下，有关相对贫困的问题会进一步引起人们的关注和重视。研究相对贫困问题对我国的意义是多方面的。李强在其专著《当代中国社会分层与流动》中对此提出了四点。[①] 本书认为，以下两点似更为重要：

其一，研究相对贫困有助于人们从分配的角度考虑贫困问题，解决社会财富（收

---

① 李强．当代中国社会分层与流动．北京：中国经济出版社，1993：350－351.

入）分配的不公。

其二，研究相对贫困有助于我们深化对贫困现象的认识，并将治理、缓解贫困作为一项长期的任务。按相对贫困指标去测量，不论经济发展达到何种程度，社会中都将有一部分人处于贫穷状态，它促使人们在解决贫困的问题上不断提出新的目标，不断研究如何在更高标准上解决贫困问题。

二、贫困的测量

无论是要解决绝对贫困的问题，还是解决相对贫困的问题，其前提都是要准确地掌握贫困发生的范围和程度。而要做到这点，就必须采用科学的方法对贫困加以测量。以下从绝对贫困及相对贫困两方面，分别介绍一些主要的贫困测量方法。

（一）绝对贫困的测量方法

测量绝对贫困的方法主要有人均国民生产总值法、恩格尔系数法、市场菜篮法等。前一种主要测量一个国家或地区贫困发生的规模和程度，属于宏观层次的方法；后两种主要测度单个家庭或个人的生活状况和贫困的程度，属微观层次的方法。

（1）人均国民生产总值法。人均国民生产总值是国际上衡量各国经济发展水平和贫困状况的重要指标。运用国民生产总值能够反映富国和穷国之间在人均国民收入上的重大差别，人们经常提到的发达国家与发展中国家的区分，就是运用了这一方法。运用这一指标也可以反映一国内部不同地区的收入差距，例如中国东、中、西部的收入差距。但运用这一方法的局限在于，人均国民生产总值指标并不能衡量人与人之间以及家庭与家庭之间的贫富差异状况。

（2）恩格尔系数法。恩格尔系数法是国际上测度绝对贫困最常见的方法之一。恩格尔是德国的一位统计学家。他发现：当食物消费达到一定水平后会相对稳定，不会随收入或消费的增加而提高。因此，当某个人或某个家庭的收入增加或消费水平提高时，其食物支出在全部支出中的比重会相应下降。这一规律可用来衡量一个家庭的生活水平。当食物支出占全部支出的比例即恩格尔系数上升时，说明其生活水平在下降；而当上述比例下降时，说明其生活水平在提高。在研究中，恩格尔绘出的表示生活必需品开支占收入比例变化的曲线就是“恩格尔曲线”，他所发现的生活必需品开支与收入增长成反比的规律，被称为“恩格尔定律”。后来，上述发现被美国学者进一步发展，认为“恩格尔曲线”上有一个可以测定贫困的转折点，当一个家庭的恩格尔系数高于这一转折点时，这个家庭就属于贫困户。这一方法最先为美国社会保障署采用，后在国际上广泛流行。现在，国际上一般以59%作为临界点，高于这一比例的家庭即为贫困户。[①] 在这一比例以下的划分大致是：50%～59%为勉强度日；

① 近年我国有些城市在测定最低生活保障标准时也使用了恩格尔系数法，但用来计算贫困标准的恩格尔系数都比较高，一般为60%～70%，接近70%。多吉才让．中国最低生活保障制度研究与实践．北京：人民出版社，2001：146-148.

40%～49%为小康水平；20%～39%为富裕；小于20%为极富。表20-1是2001—2013年我国城乡居民恩格尔系数的变化情况。

表20-1 中国城乡居民恩格尔系数变化情况统计（2001—2013年）

年份	城镇居民家庭恩格尔系数（%）	农村居民家庭恩格尔系数（%）
2001	38.2	47.7
2002	37.7	46.2
2003	37.1	45.6
2004	37.7	47.2
2005	36.7	45.5
2006	35.8	43.0
2007	36.3	43.1
2008	37.9	43.7
2009	36.5	41.0
2010	35.7	41.1
2011	36.3	40.4
2012	36.2	39.3
2013	35.0	37.7

资料来源：1. 中国统计年鉴2009. 北京：中国统计出版社，2009：317.
2. 中国统计年鉴2014.［2018-03-05］. http：//www.stats.gov.cn/tjsj/ndsj/2014/indexch.htm.

（3）市场菜篮法。市场菜篮法也叫“标准预期法”。它是所有测定绝对贫困方法中一种较为古老，同时也易于为人们所接受的方法，由英国学者朗特里在1901年最先提出。它所依据的是一张按照营养学的标准确定的能够维持体力恢复的生活必需品清单。对这一方法的质疑是，究竟应该由谁来决定哪些物品是“生活必需品”，以及究竟如何看待统一的贫困标准之下个人的需求差异。① 在中国，这种方法得到比较广泛的应用，一般是通过对贫困户的实际调查确定生活必需品的清单，而专家按营养学标准制定的清单仅供参考。表20-2是浙江省于1999年提出的用以确定最低生活保障线的生活必需品清单。②

表20-2 浙江省最低生活保障线的生活必需品清单

品名	设定每人每月	价格计算方法
粮食	15公斤	按早籼米计算
干鲜菜	15公斤	按青菜、萝卜平均计算
肉禽	1.5公斤	按猪肉条肉价计算
蛋	0.5公斤	按鸡、鸭、蛋平均价计算
水产品	0.5公斤	按白鲢价计算
糖	0.5公斤	按普通白糖价计算
食油	0.5公斤	按菜油价计算
医疗、教育		按当地人均支出60%计算
衣被		按维持最低需要计算
住房租金	15平方米（每户）	仅在城市标准中考虑

① 巴尔等. 福利经济学的前沿问题. 北京：中国税务出版社，2000：136.

② 多吉才让. 中国最低生活保障制度研究与实践. 北京：人民出版社，2001：144-146.

续前表

品名	设定每人每月	价格计算方法
水	5 立方米（每户）	仅在城市标准中考虑
电	5 度（每户）	按城乡电价分别计算
燃料	60 公斤（每户）	仅在城市按民用计算

（二）相对贫困的测量方法

相对贫困的测量方法主要有实际生活质量指数法、基尼系数法、五等分法、收入比例法。前三种基本是宏观层次的测定方法，后一种可用来测定家庭及个人的相对贫困状况。

（1）实际生活质量指数法（the physical quality of life index，PQLI）。实际生活质量指数是衡量各国人们实际生活状况包括贫困状况的综合指标，它由三大基本指标组成，即婴儿死亡率、1 岁婴儿的预期寿命和成人识字率。该指数采取的是 0～100 分级的指标体系，把上述三个指标体系以一个合理的标准分别换算成指数，然后求其平均数。一个国家的实际生活质量指数由这三个方面得分的平均数求出来。依据实际生活质量指数，人们能较好地判断出一个国家的教育、卫生设施的普及程度以及人们的营养状况，这些情况又反映出一个国家的就业、工资、保障、福利的状况。一个国家只有大多数人都具备较高的文化素养和健康的身体素质，才能得到较高的人均指数。因此，这一指数可以反映一个国家大多数人是否受惠于社会经济的发展。

（2）基尼系数法。在介绍“基尼系数法”之前，首先应当了解什么是“洛伦兹曲线”。洛伦兹曲线是用来测量收入分配不平等程度的曲线（见图 20－1）。它最初由德国统计学家洛伦兹提出，因而得名。图中横轴 *OP* 为累计相对人口数，纵轴 *OI* 为累计相对收入数。对角线 *OY*（45 度线）表示所有得到收入的人占总收入的份额和占人口的份额相同，即人口中 10%的人占总收入的 10%，以此类推。*OPY* 线是绝对不平等线，它表示社会成员中，除一人之外，其余的人收入为零，而这个人的收入却是收入的全部。实际收入曲线 *OMY* 介于 45 度线即绝对平等线和 *OPY* 之间，是一条向下弯曲的曲线，弯曲越大，收入分配就越不平等。

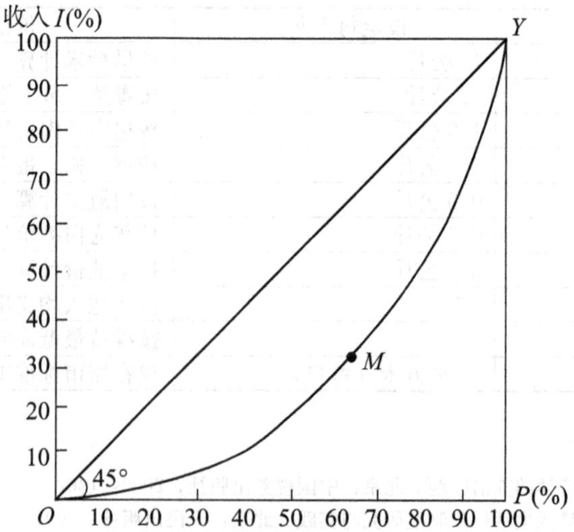

图 20－1 洛伦兹曲线

基尼系数法和洛伦兹曲线密切相关。基尼系数也称洛伦兹系数，是20世纪初由意大利统计学家基尼根据洛伦兹曲线作出的判断收入分配不平等的指标，其计算公式为：

$$G=\frac{A}{A+B}$$

其中，A表示实际收入分配曲线与绝对平等曲线之间的面积，B表示实际收入分配曲线与绝对不平等曲线之间的面积。若A＝0，则G＝0，表示收入绝对平均；若B＝0,则G＝1，表示收入绝对不平均。一般而言，基尼系统在0～1之间，它的数值越大，则收入分配越不平均；它的数值越小，则收入分配越平均。根据国内外大量研究得出基尼系数的标准参数是：基尼系数在0.2以下为高度平均，在0.2～0.3之间为相对平均，在0.3～0.4之间为比较合理，在0.4以上为差距偏大。

2016年全国居民人均可支配收入基尼系数为0.465，比2012年的0.474下降0.009，居民收入差距总体在不断缩小，但仍超过0.4，差距偏大。2012—2016年居民收入基尼系数见图20-2。

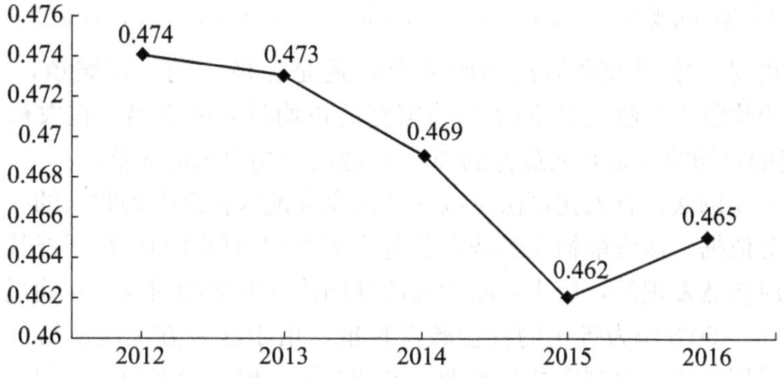

图20-2 2012—2016年居民收入基尼系数

资料来源：2003—2016年全国居民人均可支配收入基尼系数.(2017-10-10)[2018-03-05]. http://www.stats.gov.cn/ztjc/zdtjgz/yblh/zysj/201710/t20171010_1540710.html.

(3) 五等分法。五等分法也是进行收入差距比较和了解相对贫困状况经常采用的一种方法。其具体做法是按收入水平高低，将人口分为五等份，然后计算各个1/5人口层的收入在全部收入中所占的比例。表20-3是按五等分法计算的2004年中国城乡各层次居民家庭占有收入的比例。

表20-3 2004年按五等分法计算的中国城乡各层次居民家庭占有收入的比例

按家庭年收入所做的分组	各组占有全部收入的比例（%）
最低的1/5	4.25
次低的1/5	8.48
中间的1/5	13.68
次高的1/5	21.73
最高的1/5	51.86

资料来源：中国统计年鉴2009. 北京：中国统计出版社，2009：231.

从表中可见，中国城乡居民家庭的收入差距是比较大的，最贫穷的20%的家庭仅占有全部收入的4.25%，最富有的20%的家庭占有全部收入的51.86%。

2016年，按全国居民收入五等分法分组，低收入组人均可支配收入5 529元，中等偏下收入组人均可支配收入12 899元，中等收入组人均可支配收入20 924元，中等偏上收入组人均可支配收入31 990元，高收入组人均可支配收入59 259元。贫困地区农村居民人均可支配收入8 452元，比上年增长10.4%，扣除价格因素，实际增长8.4%。全国农民工人均月收入3 275元，比上年增长6.6%。[①]

表20-4显示了2015年按五等分法分组的人均可支配收入。

表20-4　2015年全国、城镇、农村居民按收入五等分法分组的人均可支配收入（元）

组别	全国	城镇	农村
低收入户（20%）	5 221.2	12 230.9	3 085.6
中等偏下户（20%）	11 894.0	21 446.2	7 220.9
中等收入户（20%）	19 320.1	29 105.2	10 310.6
中等偏上户（20%）	29 437.6	38 572.4	14 537.3
高收入户（20%）	54 543.5	65 082.2	26 013.9

资料来源：中国统计年鉴2016.［2018-03-05］.http：//www.stats.gov.cn/tjsj/ndsj/2016/indexch.htm.

从表中可见，中国城乡居民的收入差距还是比较大的。在城镇，收入最高的20%家庭的户均收入是收入最低的20%家庭的户均收入的5倍。在农村，收入最高的20%家庭的户均收入是收入最低的20%家庭的户均收入的8倍。

（4）收入比例法。收入比例法是以一个国家或地区社会平均收入的一定比例作为贫困线的划分依据。该法最初是经济合作与发展组织（OECD）在调查其会员国的社会救济标准时偶然发现的，后来，欧洲经济共同体（欧盟的前身）明确规定以社会平均收入的50%～60%作为各国的社会救济标准。由于这一方法简便易行，近年我国不少地区也采用该法作为制定社会救助标准的参照。但一般来说，我国按此方法确定社会救助标准时所设定的比例都较发达国家低，如1995年广州市以社会平均收入的1/3作为实施社会救助的标准。[②] 世界银行的专家认为，收入低于社会平均水平的1/3的社会成员，便可视为其处于相对贫困状态。[③]

第二节 对贫困现象的理论解释与现实分析

本节首先就有关贫困现象的几种理论进行概要的介绍与说明，然后就我国目前的贫困问题进行简要的描述与分析。

---

① 中华人民共和国2016年国民经济和社会发展统计公报.（2017-02-28）［2018-03-05］.http：//www.stats.gov.cn/tjsj/zxfb/201702/t20170228_1467424.html.

② 多吉才让.中国最低生活保障制度研究与实践.北京：人民出版社，2001：149.

③ 王思斌.社会工作概论.北京：高等教育出版社，1999：263.

一、关于贫困现象的几种理论[1]

贫困问题作为一个世界性的问题，在西方工业革命以后变得更加突出和尖锐。针对贫困现象的理论探讨也因之变得非常热烈，形成了各种有关这一问题的理论模型。本部分所介绍的理论主要偏重于社会学方面，是西方学者对贫困的理论认识。这些理论对于反贫困社会政策的制定与实际社会工作的开展具有一定的指导、借鉴意义。

（一）个人主义贫困论

个人主义贫困论强调贫困现象发生的原因在个人而不在社会。它认为，在市场经济条件下，人与人的机会是均等的。在此前提之下，如果一个人陷入贫困，应受责备的是他自己，他应当对这种结果负责。当然，这种观点并不否认一些特殊环境下的贫困，如老人、儿童、残疾人等的贫困，不应当由个人承担责任。

个人主义贫困论在西方出现较早。在资本主义自由竞争时代非常盛行，以亚当·斯密、大卫·李嘉图为代表的古典经济学对其起了推波助澜的作用。西方社会工作发展史上的慈善组织会社时期，社会奉行这一观点。直到今天，这种观点在奉行个人主义价值观的西方特别是美国仍有一定的市场。

（二）贫困结构论

这是一种从社会结构，且主要是从制度层面探讨贫困现象形成的理论，又可分为两个派别，即福利制度贫困论与社会制度贫困论。

（1）福利制度贫困论。这是一种从微观角度探讨贫困原因的理论。持此观点的学者坚持：福利制度貌似公正，实际上，它是造成一部分人贫困的根源。持激进观点的学者指出，表面看来，福利制度是在济贫，其实政府发放的福利、救济金数额很少，只能使穷人维持在贫困的生活水平上。这样，救济金实际上在制造着一个贫困阶层。这个阶层非常困苦，却由于保障制度而尚能存活。因此，福利制度阻止了穷人贫困状况的根本改善。福利制度有利于雇主，它使失业工人得以生存，成为劳动后备军。

而持保守倾向的学者则认为，福利制度之所以造成贫困是因为社会福利的开支过大，使社会再生产受到抑制，使投资减少，结果限制了财富与新的就业机会的增长，最终加剧了社会上一部分人的贫困。

（2）社会制度贫困论。这是一种从宏观角度探讨贫困原因的理论。它坚持：占主导地位的社会制度是造成贫困的基本原因。持此观点的学者认为，任何社会总是有贫有富，一定的制度规定了谁做穷人，谁做富人。在农业社会，穷人往往是那些没有土地或居住于土地贫瘠环境中的人。在工业社会，穷人通常是那些非企业主、无技术、无职业者。

---

① 李强．当代中国社会分层与流动．北京：中国经济出版社，1993：352-362.

马克思主义也从社会制度角度对资本主义社会中的贫困做了解释。马克思本人认为，在资本主义条件下，工人阶级不占有生产资料，被资本家剥削了剩余价值，这是导致其贫困的根本原因。他还研究了绝对贫困与相对贫困的区别。前者是指工人除劳动力外一无所有的状况，后者是指相对于资本家而言，工人永远是贫困的。

(三) 贫困功能论

该理论认为：贫困之所以在各种社会中都存在，是因为它发挥着某些有利于该社会运转的功能。换句话说，社会的正常运转，在一定程度上依赖于部分社会阶层、部分社会成员的贫困。赫伯特·J. 甘斯在 1972 年发表的《贫困的正功能》一文中指出，在美国社会，贫困有以下十个方面的正功能。

(1) 穷人的存在保证了社会中那些肮脏的、危险的、临时性的、下贱的工作有人去做。

(2) 穷人的存在对富人有利，他们接受低工资，做出了经济上的牺牲。

(3) 贫困也造就了一些与之相关的职业，如社会福利和救济工作者、警察、心理医疗者等。穷人还为那些年龄大且水平低的医生、律师、教师等提供了就业机会。

(4) 穷人是旧货的主要使用者，延长了旧服装、汽车、房子的使用寿命。

(5) 穷人常被指控为“越轨行为者”，成为“反面教员”，从反面起到维护社会规范体系的作用。

(6) 老弱病残的穷人成为人们怜悯的对象，满足了人们感情上的需要。

(7) 穷人居于社会下层，成为其他阶层确认其身份的一种尺度。

(8) 穷人是某些政党、政治团体的重要选民与支持者。

(9) 为使社会变迁顺利进行，总要付出一些代价，总有一些牺牲者，在这一队伍里，穷人首当其冲。

(10) 穷人通常对选举、政治参与不感兴趣，使集中主义政治领导人在决策时可以将穷人忽略不计。

(四) 贫困文化论

贫困文化论从文化的角度来分析贫困现象存在的根源。它认为，穷人由于长期生活于贫困之中，结果形成了一套特定的生活方式、行为规范、价值观念等，即“贫困亚文化”。此种文化一旦形成，便会对周围的人，特别是穷人的后代发生影响，从而代代相传，贫困于是在这种亚文化的保护下得以维持和繁衍。

1946 年，美国学者艾利斯·戴维斯在《社会下层工人动机之研究》一文中，首先提出了有关“贫困文化”的思想。1959 年，美国学者奥斯卡·刘易斯在《五个家庭：关于贫困文化的墨西哥人实例研究》一书中，首次提出“贫困文化”的概念，并从社会、社区、家庭、个人等层面，对其做了系统研究。

(1) 在社会层面，贫困文化作为一种亚文化，表现为该种文化及其体现者穷人脱离了社会生活的主流，不能与广大的社会融为一体，而处于一种自我封闭、自我孤立的境地。穷人不能融入社会的现实更加剧了他们的贫困状况。

(2) 在社区层面，贫困文化常以贫民窟这种特殊的物质载体体现出来。在肮脏、拥挤的贫民窟，穷人家庭在生活方式、价值观念上相互影响，加速了贫困文化的传播。贫民窟的居住环境对孩子的影响尤甚。

(3) 在家庭层面，贫困文化往往体现为特定的家庭关系、结构。穷人的家庭结构往往比较松散，家庭关系往往比较紧张，常有家庭暴力发生，家庭成员之间的责任感差，离婚经常发生。由于居住拥挤，家庭成员很少有隐私。孩子过早接触到性，容易诱发不当性关系。

(4) 在个人层面，穷人往往知识贫乏，眼界狭窄，只关心眼前利益和个人利益，没有群体感和社会感。他们有强烈的及时行乐倾向，自控弱，自视低，消极颓废，听天由命。

研究贫困文化得出的必然结论是，要消灭贫困，首先必须改造贫困文化。只有穷人抛弃了自暴自弃、不求上进、宿命论的价值观念，而接受了积极进取、不懈奋斗的价值观时，贫困才有可能真正走向消失。这一结论对美国的反贫困实践具有明显的指导意义。

(五) 贫困处境论

该理论是在批判贫困文化论的基础上提出来的，其代表者有查理斯・A. 瓦伦丁、海曼・罗德曼、L. 戴维森等。与贫困文化论所主张的穷人自身的精神、观念、知识等是导致他们陷入贫困的主要原因的观点不同，贫困处境论认为，穷人所处的不利环境决定了贫困文化的存在并使他们陷入贫困。瓦伦丁将贫困文化的内容分为三个方面：其一为贫困的状况，诸如失业、无技术、低教育等指标；其二为诸如自暴自弃等贫困的行为模式；其三为诸如具有反社会倾向等贫困的价值观念。他认为，正是第一方面即穷人的处境决定了后两方面，而不是相反。

在处境论者看来，穷人的内在条件与富人并无重大差别，也不是穷人不愿意学习或学不会富人或中产阶级的生活方式、行为、态度、观念等，而是穷人所处的直接环境不允许他们表现出上述的态度与行为。穷人不攒钱是因为他们没钱可攒；他们也想建立稳定的家庭，但环境不允许他们这样做；他们及时行乐是因为他们仅有这一点乐趣。

因此，处境论者主张治理贫困应从改造穷人所处的环境，特别是贫困的经济条件着手。

(六) 贫困冲突论

冲突论的理论预设是：社会的本质是处于各种冲突之中的，贫困和不平等都是冲突的结果之一。由于不同群体都倾向于自身利益的最大化，在资源短缺的情况下，利益在不同群体之间的差别分配就导致了贫困的产生。

美国学者格尔哈斯・伦斯基在其代表作《权力与特权：社会分层的理论》中，认为占有资源很少的群体在社会冲突中沦为贫困者。他从经济、政治、社会等几个方面进行了详细阐述：在经济领域里，因为缺乏资本和技术等生产要素，贫困者难以获得多的收入；在政治领域里，因为缺乏政治参与的机会和能力，贫困者不可能对政治决策产生影响；在社会生活领域里，因为缺乏对教育、传媒和社区组织的影响，贫困者得不到社会尊重。

归根结底，贫困冲突论认为，是一系列不合理的权力结构使得社会成员陷入了贫困。因此该理论认为，要解决贫困，单纯依靠救济是不行的，必须改善不平等的权力结构，通过给穷人"增能"来缓解和消除贫困。

二、我国贫困问题的现状及其原因

尽管世界各国都存在着贫困，但贫困的具体表现在发达国家与发展中国家之间明显不同。发展中国家的贫困主要表现为绝对贫困。按世界银行在20世纪90年代初确立的以每人每天1美元的最低生活标准衡量，1993年世界贫困人口达13.1亿，较之20世纪80年代不仅没有减少，反而有所增加。当初西方国家纷纷宣布建成"福利国家"之时，也曾一度宣称贫困现象已一去不复返，但到了20世纪70年代，当这些国家的经济出现"滞胀"时，贫困问题重新出现，而且有不断加重的趋势。到20世纪90年代中期，美国接受政府救济的贫困人口已占全部人口的10%，英国更达到16%。① 截至2008年，美国的贫困人口增至13.2%。② 根据美国人口调查局2015年的估计，官方的贫困率为13.5%。那一年，估计有4 310万美国人生活在贫困之中，根据补充贫困标准，贫困率为14.3%。③ 当然世界贫困人口的绝大部分集中于南亚、撒哈拉以南非洲、东南亚、蒙古、中美洲、巴西以及中国内陆省份，这些国家和地区存在的贫困属于绝对贫困。而发达国家的贫困主要是相对贫困。在发达国家，相对于其他人口群体而言，老年人、失业者、低收入者、妇女、儿童、移民以及乡村贫困者等被认为是主要的贫困人群。与发展中国家贫困人口主要集中于乡村不同，发达国家的贫困人口主要集中于城市。

我国目前所存在的贫困既有绝对意义上的贫困，也有相对意义上的贫困，其中前者是主要的且主要存在于农村地区。城市人口的贫困近年有上升趋势。此外，还有社会转型时期所出现的游离于城乡之间的流动人口的贫困。

（一）我国贫困的现状

1. 农村地区的贫困

我国农村的贫困主要分布于两类地区，第一类为西部地区。我国经常采用"老少

---

① 唐钧．社会政策的目标：从克服贫困到消除社会排斥．江苏社会科学，2002（3）．

② 这一数据是美国人口调查局2009年9月份公布的数据，即2008年美国贫困人口3 980万，占美国总人口的13.2%；另据《纽约每日新闻》2009年10月20日报道，由于不同的统计标准，美国国家科学院调查显示，美国2008年的贫困人口占总人口达15.8%。无论依据哪一个结果，美国2008年的贫困人口比例都超过了20世纪90年代中期。

③ What is the current poverty rate in the United States?．（2017-12-18）［2018-03-05］．https：//poverty.ucdavis.edu/faq/what-current-poverty-rate-united-states.

边穷”来概括贫困地区的分布，除其中的“老”即老区或过去的革命根据地外，其他三种主要存在于西部。第二类为中部地区，中部地区由于发展机遇的匮乏以及其他原因也造成了一定程度上的贫困。当然，较为发达的东部地区也零星分布了一些贫困地带。我国每个富裕、较富裕的省份，都有或多或少、或大或小的贫困地区。

至于农村贫困人口的数量，在1978年时为2.5亿，经过治理，到1993年时下降到8 000万，主要分布于当时确定的592个国家级贫困县。1994年我国政府制定并实施《国家八七扶贫攻坚计划（1994—2000年）》，计划用七年时间使这8 000万人口摆脱贫困。现在看来，当时制订计划时是过于乐观了。

按照每人每年2 300元（2010年不变价）的最新农村贫困标准计算，2016年农村贫困人口4 335万人，贫困发生率4.5%，贫困地区农村居民人均可支配收入8 452元。①

根据联合国开发计划署《中国人类发展报告2016》，1978年到2014年，我国农村贫困状况如表20－5所示。

表20－5　　我国农村贫困状况

年份	1978年标准		2008年标准		2010年标准	
	贫困人口（万人）	贫困发生率（%）	贫困人口（万人）	贫困发生率（%）	贫困人口（万人）	贫困发生率（%）
1978	25 000.0	30.7				
1980	22 000.0	26.8				
1981	15 200.0	18.5				
1982	14 500.0	17.5				
1983	13 500.0	16.2				
1984	12 800.0	15.1				
1985	12 500.0	14.8				
1986	13 100.0	15.5				
1987	12 200.0	14.3				
1988	9 600.0	11.1				
1989	10 200.0	11.6				
1990	8 500.0	9.4				
1991	9 400.0	10.4				
1992	8 000.0	8.8				
1994	7 000.0	7.7				
1995	6 540.0	7.1				
1997	4 962.0	5.4				
1998	4 210.0	4.6				
1999	3 412.0	3.7				
2000	3 209.0	3.5				
2001	2 927.0	3.2				
2002	2 820.0	3.0				

① 中华人民共和国2016年国民经济和社会发展统计公报．(2017－02－28)［2018－03－05］．http：//www.stats.gov.cn/tjsj/zxfb/201702/t20170228_1467424.html.

续前表

年份	1978 年标准		2008 年标准		2010 年标准	
	贫困人口（万人）	贫困发生率（%）	贫困人口（万人）	贫困发生率（%）	贫困人口（万人）	贫困发生率（%）
2003	2 900.0	3.1				
2004	2 610.0	2.8				
2005	2 365.0	2.5				
2006	2 148.0	2.3				
2007	1 479.0	1.6	4 320	4.6		
2008			4 007	4.2		
2009			3 597	3.8		
2010			2 688	2.8	16 567	17.2
2011					12 238	12.7
2012					9 899	10.2
2013					8 249	8.5
2014					7 017	7.2

资料来源：联合国开发计划署．中国人类发展报告 2016.（2016－08－17）［2018－03－05］．http://www.cn.undp.org/content/china/zh/home/library/human_development/china-human-development-report-2016/.

注：1. 1978 年标准：1978—1999 年称为农村贫困标准，2000—2007 年称为农村绝对贫困标准。

2. 2008 年标准：2000—2007 年称为农村低收入标准，2008—2010 年称为农村贫困标准。

3. 2010 年标准：是最新确定的农村扶贫标准。

2. 城市地区的贫困

在过去的计划经济时期，由于实行偏向城市的城乡分割政策，城市中的贫困问题不是很严重，城市贫困人口主要是一些民政部门的救济对象，即通称的“三无”人员，其人数很少，在 20 世纪 80 年代中期不过占城市人口的 1%。进入 20 世纪 90 年代以后，我国市场取向的改革进程明显加快，特别是国有企业在改制过程中的加速，导致了下岗、失业人员的迅速增长。这些人群属于城市的新贫困群体。城镇的贫困发生率虽然不是很高，但是城镇的贫困具有很高的集中性，主要集中在一些缺乏创收能力的特殊群体身上。这些群体主要包括：因企业不景气而发不出工资或所发工资严重不足的职工及其家庭成员；部分离退休职工；长期从事低收入工作的职工及其家庭成员；因物价上涨导致实际收入下降至低于贫困线的居民；等等。

20 世纪 80 年代以来，中国的收入差距迅速扩大，基尼系数在 2008 年和 2009 年达到了 0.490，成为亚洲收入最不平等的国家之一。基尼系数居高不下，导致城镇相对贫困问题比较突出。2007 年，最富 10%人口的平均收入是最穷 10%人口的 18 倍以上。① 基尼系数虽然近年来有所下降，但 2015 年仍高达 0.462。如图 20－3 所示。东中西部三大地区人均收入比例如表 20－6 所示。

3. 流动人口的贫困

流动人口是我国社会转型加速时期出现的一种游离于城乡之间的特殊的人口群体。在实行严格的城乡分割的计划经济时代，这个群体是不存在的。改革开放实行

① 世界银行，国务院发展研究中心．2030 年的中国：建设现代、和谐、有创造力的社会．北京：中国财政经济出版社，2013：304.

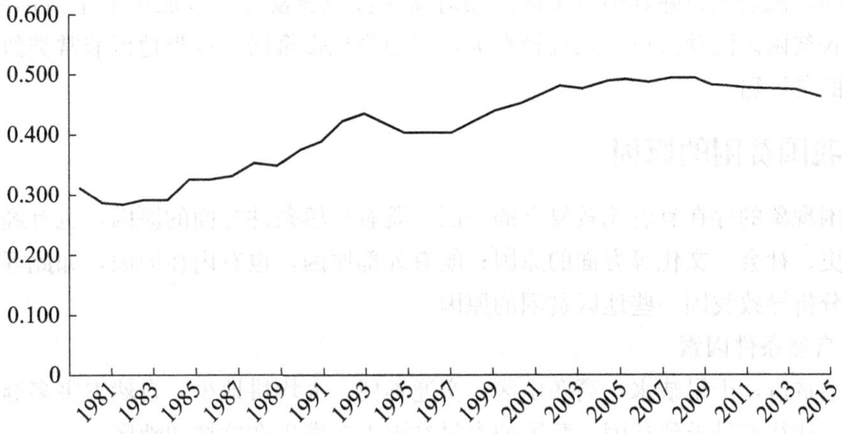

图 20-3 1981—2015 年中国居民收入差距的基尼系数

资料来源：联合国开发计划署．中国人类发展报告 2016．(2016-08-17) [2018-03-05]. http://www.cn.undp.org/content/china/zh/home/library/human_development/china-human-development-report-2016/.

注：1981—2001 年数据源自世界银行马丁·拉瓦雷（Martin Ravallion）和陈少华于 2004 年根据国家统计局提供的住户调查计算的数据；2002 年的数据采用布兰科·米兰诺维克（Branko Milanovic）整理的世界 166 个国家近 60 年的基尼系数数据库 ALG；2003—2014 年源自中国国家统计局历年发布的基尼系数。

表 20-6 东中西部三大地区人均收入比较（元）

年份	东部		中部		西部		东：中：西	
	城市	农村	城市	农村	城市	农村	城市	农村
2000	6 277	3 005	4 318	1 978	4 484	1 399	1.40：0.96：1	2.15：1.41：1
2004	9 038	3 780	6 432	2 272	6 675	1 792	1.35：0.96：1	2.11：1.27：1
2008	14 073	5 513	9 911	3 282	8 790	2 576	1.60：1.13：1	2.14：1.27：1
2011	20 965	6 598	14 062	4 453	13 917	3 518	1.51：1.01：1	1.88：1.27：1
2013	23 272	8 143	15 962	5 510	15 807	4 418	1.47：1.01：1	1.84：1.25：1
2015	26 406	9 585	18 323	6 530	18 159	5 247	1.45：1.01：1	1.83：1.24：1

资料来源：姚化．浅议我国收入分配的现状和改革思路的探索．商，2016（16）．

后，大批农村剩余劳动力及其家属流动到了城市，开始尚是小规模的，以后逐渐扩大。根据国家统计局资料，到 2015 年我国流动人口已达 2.47 亿，人户分离人口达 2.94 亿。[①] 上海、北京、广州、武汉、深圳等大城市的流动人口总数都达数百万人，其中北京市的流动人口近年一直在增加。北京市 2016 年常住人口达到 2 172.9 万人，常住外来人口达到 807.5 万人。[②] 流动人口在城市所从事的一般为城市居民不愿从事的一些职业，即一些比较脏、累、苦、危险系数大、挣钱少的职业。他们愿意从事这些职业，是因为和他们长期生活的穷乡僻壤相比，有一份可挣钱的事情可干已经满

① 中国统计年鉴 2016. [2018-03-05]. http://www.stats.gov.cn/tjsj/ndsj/2016/indexch.htm.

② 北京市统计局．人口．(2017-07-26) [2018-03-05]. http://www.bjstats.gov.cn/tjsj/cysj/201511/t20151109_311727.html.

足。这样，流动人口除其中极少部分相对富裕甚至极富外，以城市的生活标准衡量，大多比较贫困。流动人口一般选择在大城市边缘地带聚居，这类地区非常类似国外大城市中的贫民窟。

（二）我国贫困的原因

贫困现象的存在有着比较复杂的原因。既有自然条件方面的原因，也有经济、政治、历史、社会、文化等方面的原因；既有外部原因，也有内在原因，如此等等。以下简要分析导致我国一些地区贫困的原因。

1. 自然条件因素

土地贫瘠，干旱缺水，高寒山区，交通不便，人均耕地少，自然灾害多等自然条件因素，往往容易导致贫困。我国的农村贫困大多发生在这样的地区。

2. 历史原因

长期的封建社会、半封建半殖民地社会对生产力发展的束缚，导致人民生活水平一直很低，这种状况在相当长时期内不可能得到根本改变。我国不少老的革命根据地，在战争年代为中国革命做出了巨大的牺牲，革命成功后虽然着力改变其贫穷落后的面貌，但短期内尚难发生根本的变化。

3. 经济原因

贫困地区产业结构往往比较单一，人们的收入主要来源于种植业等传统产业，增长缓慢，在粮价发生波动的情况下，可能出现增产不增收的情况。由于缺少其他谋生门路，人们不得不把眼光放在开山辟地、砍树换钱上，结果破坏了生态平衡，造成贫困的恶性循环。

4. 政治原因

新中国成立以后相当长时期内，我国实行偏向城市、偏向工业的城乡分割政策，农村人口不能向城市流动；在农村又不能从事工业、副业，农产品收购价格又被压得很低，在这种情况下，农村大范围地陷入贫困就不难想象了。这显然是政治原因，具体而言是政策原因导致的贫困。实行改革开放后，特别是随着城市国企改革的深化，数以千万计原先捧“铁饭碗”的职工变成下岗、失业人员，这也是由于政策因素导致的贫困。

5. 文化原因

文化上的愚昧和封闭对致贫的影响是深远的。不少贫困地区居民安于现状，不思进取，得过且过，及时行乐，究其根源，是这些地区（社区）形成了与主流文化相隔离的区域文化即亚文化，对居民的行为起着严重的抑制作用。

6. 个人原因

造成贫困的个人因素很多。身体素质比较弱，因健康状况制约，特别是因残因病丧失劳动能力而致贫的情况越来越多；贫困者的文化、技术素质一般也较低下，人力资本不足已经越来越成为阻碍脱贫的重要因素；还有一些贫困者沾染了一些不良习气，如不务正业、好逸恶劳，也使他们难以摆脱贫困。

第三节
反贫困社会工作的实务基础

贫困治理工作是社会工作的一个传统领域。从早期比较被动的济贫到后来特别是20世纪以来强调全面的贫困治理，社会工作的理念和实践都发生了重大的变化。本节将结合我国实际，介绍并讨论贫困治理工作的一般经验与实务知识，并对我国贫困治理工作所面临的问题进行探讨。

一、贫困治理理念与实践的创新

早期针对贫困问题开展的工作一般被称为济贫或救济，主要由民间或教会举办，虽然英国早在伊丽莎白时期就颁布了济贫法，但所起的作用有限。早期的济贫事业虽然对后来专业社会工作的发展起了重要的准备作用，但其理念和实践和后来存在着显著的不同。自19世纪中叶以来，特别是自20世纪以来，贫困治理工作的理念和实践发生了重大的变化，与前期形成鲜明的对照。

(1) 关于致贫的责任，过去常被视为应由个人自行负责。本书前面介绍的“个人主义贫困论”就坚持这样的主张。这样的观点现在越来越少有人坚持了。致贫有着多方面的因素，但主要原因在社会，而不在个人。

(2) 关于救助的理念，过去的救助者常抱着慈善施惠的理念去实施救济，救助者与受助者之间的关系是不平等的。今天，治理贫困被视为一种社会应尽的责任，强调救助者与受助者之间关系的平等，在实施救助过程中应注意受助者人格的尊严，不应伤害受助者。

(3) 过去的救济工作多由教会或慈善人士主办，一般是零星的或不成体系的。今天，它已成为政府主办的社会福利行政或社会行政的重要内容，成为一项经常性的制度设置。

(4) 过去的救济是消极意义上的，是一种事后补救性的举措。而今的贫困治理是全面或全方位的，一般包括社会救助和社会扶持，前者类似于过去的救济，但理念不同；后者则是对付贫困现象的一种积极的举措，其目的在于帮助贫困者最终摆脱贫困。当今社会更强调后者。

(5) 过去，对付贫困现象的手段比较单一，一般只有社会救济。而今，由于发达的社会保障制度的建立，特别是许多工业化国家先后建成“福利国家”，针对贫困或防止贫困的国家或社会制度种类繁多，针对传统意义上的贫困的社会救济制度在现代社会福利体系中只占很小的比重。表20－7反映的是日本社会救助制度地位的变化情况。

表 20-7　　1955—1993 年日本国家救助金额与比重

年份	国家救助		社会保障绝对额（亿日元）
	绝对额（亿日元）	比重（%）	
1955	34.2	33.1	1 033
1960	505	26.2	1 927
1970	2 208	19.2	11 515
1980	9 404	11.5	81 703
1990	10 163	8.9	114 805
1991	10 109	8.3	121 500
1992	10 186	8.0	127 454
1993	10 434	7.9	131 457

资料来源：吕学静．日本社会保障制度．北京：经济管理出版社，2000：185.

1970—2015 年日本的国民收入及社保给付如表 20-8 所示。

表 20-8　　1970—2015 年日本的国民收入及社保给付

	1970 年	1980 年	1990 年	2000 年	2010 年	2015 年预算额
国民收入（兆日元）A	61.0	203.9	346.9	375.2	352.7	376.7
社保给付（兆日元）B	3.5（100%）	24.8（100%）	47.2（100%）	78.1（100%）	104.7（100%）	116.8（100%）
（明细）年金	0.9（24.3%）	10.5（42.2%）	24.0（50.9%）	41.2（52.7%）	53.0（50.6%）	56.2（48.1%）
医疗	2.1（58.9%）	10.7（43.2%）	18.4（38.9%）	26.0（33.3%）	32.9（31.4%）	37.5（32.1%）
福祉等	0.6（16.8%）	3.6（14.5%）	4.8（10.2%）	10.9（14.0%）	18.8（17.9%）	23.1（19.8%）
B/A	5.77%	12.15%	13.61%	21.01%	29.68%	30.99%

资料来源：周扬．日本的社会保障制度改革与劳动政策转型．中国劳动，2016（22）.

（6）过去，贫困治理一般为各国自行办理，各行其是。而今，贫困治理已成为国际合作的重要内容。联合国等国际组织致力于在全球消除贫困，提出了诸如“缩小贫富差距”“保障机会平等”“保证最低所得”等各种治理贫困的新观念、新举措，并向各国推广。各种国际合作，特别是“南北对话”“南北合作”，都包含合作治理贫困的内容。

二、贫困治理工作：政策与制度建设

各国治理贫困的实践，既有差异，也有共同或一致的一面。在当今国际交流与合作得以加强的情况下，一致的成分在增多。总结各国贫困治理的经验，进行社会保障或社会福利制度建设以及强化针对贫困的社会扶持政策，应是国家间在宏观层面治理贫困的共同的举措。

（一）社会福利制度建设

通过国家立法，采取强制手段对国民收入进行再分配，以对基本生活发生困难的社会成员给予帮助，实施社会保障制度，是当今各国治理贫困的主要做法之一，它能在很大程度上缓解贫困给当事人造成的生活困难和精神痛苦。一方面，社会保障制度的实施依赖于多方面筹集资金，一般是要求高收入者缴纳更多的费用，或主要由高收入者承担责任，低收入者少缴或不承担缴费的义务；另一方面，高收入者或富裕家庭享受的社会保障待遇较少或不能享受，穷人或贫困家庭享受的社会保障待遇较多，其中社会救助项目是专门针对穷人的，只有他们及其家庭成员才有资格享受。社会保障就是通过这种机制，通过“收”“支”的控制与调整，将一部分社会收入集中起来进行再分配，客观上起到了缩小贫富差别、缓解贫困痛苦的作用，在一定程度上弱化社会成员在社会发展中所获结果的不公平。

在西方工业化国家，社会保障制度或福利制度作为一张社会安全网，在为贫民及其家庭提供基本的生活保障方面起着重要的作用。与原来的济贫制度（旧济贫制度）仅仅提供贫民及其家庭最基本的生存保障、使其不至于饿死冻死不同，现在的福利制度在满足贫民及其家庭最基本的生活方面，已形成了比较完整的制度体系。如在美国：医疗补助项目为穷人支付大部分的住院费、手术费和其他卫生保健费用；住房补助为购置房屋的低收入家庭提供补贴；食品营养补助计划使低收入家庭可以买到得以维持一定营养水平的食物；公共救助项目中有对老年穷人及有未成年孩子的贫困家庭提供的专门救助；等等。

我国早在新中国成立不久，就为城乡居民建立了社会救助制度。我国的社会救助制度与发达国家不同，一开始就城乡有别，目前在一些比较发达的地区才开始了城乡一体化的进程。① 新中国成立后至 20 世纪 90 年代前，我国社会救济制度分城乡两块施行。农村社会救济主要适用于两类人，即对“三无”孤老、孤儿的救济和对其他贫困户的救济。对前一类人员的救济一般实行保吃、保穿、保住、保医、保葬（儿童保教）即著名的五保制度。针对不同情况分别采取乡村福利机构集中供养与在家分散供养。对一般贫困户，特别是因老弱病残致贫的贫困户一般也实行社会救济（只是后来，对有一定生产能力的贫困户才实行开发性扶贫）。城镇社会救济制度主要针对三类人员：一类与农村相似，为“三无”孤老及孤儿，对这类人员的救济定期、定量，且是一项长期的工作；一类为困难户救济，这种救济多为补助性的，以确保其最低水平的生活，这项工作一般为不定期、不定量的；一类为企事业单位精简下来的老弱病残职工的救济，这类人员有的可享有一定比例的原工资，其余的人享受救济，一般也是定期、定量。

自 20 世纪 90 年代初起，随着我国经济体制改革的深化，贫困问题加剧，旧的社会救济制度已经不能满足新形势下的各类贫困人员的需求。在这种情况下，我国政府授权民政部探索并逐步实施涵盖全体居民的最低生活保障制度。在城市，这项工作进展很快，以 1993 年 6 月 1 日上海市城市居民最低生活保障制度出台为序幕，其他城市纷纷仿效，到 20 世纪末，全国所有城市基本实施最低生活保障制度。在农村，也

---

① 如在东部发达地区特别是一些沿海省份，这方面的工作已经实际开展起来。广东、浙江等省已于 2001 年宣布实施城乡一体化的最低生活保障（社会救助）制度。

于2007年实现了最低生活保障制度全覆盖。目前这项工作正深入推广，并在一些发达省份开始了城乡一体化的探索进程（见表20-9）。

表20-9　2004—2016年全国城市/农村最低生活保障平均标准

年份	城市	农村
2004	152元/人·月	—
2005	156元/人·月	—
2006	169.6元/人·月	—
2007	182.4元/人·月	70元/人·月
2008	143.7元/人·月	82.3元/人·月
2009	227.75元/人·月	100.84元/人·月
2010	251.2元/人·月	117.0元/人·月
2011	287.6元/人·月	143.2元/人·月
2012	330.1元/人·月	2 067.8元/人·年
2013	373元/人·月	2 434元/人·年
2014	411元/人·月	2 777元/人·年
2015	451.1元/人·月	3 177.6元/人·年
2016	494.6元/人·月	3 744元/人·年

资料来源：据民政部官网2004—2009年《民政事业发展统计公报》，以及2010—2016年《社会服务发展统计公报》整理。

社会保障或福利制度固然在缓解贫困中起着重要的甚至是不可替代的作用，但同时不得不指出，它只是通过经济补偿帮助穷人维持一种勉强过得去的日子，而不能根本改变他们的生活状况，根本无法为其提供摆脱困境、走向富裕的机会。社会保障制度或社会福利制度的这种消极、被动、事后补救的性质，使其不可能单独承担起贫困治理的责任。

（二）社会扶持政策建设

社会保障或社会福利制度作为国家或政府的一项重要设置，其功能在于缓解贫困，但不可能最终导致贫困的消除。因此，要消除贫困还需另寻出路。社会扶持即通常所称的“开发性扶贫”，是通过或借助来自政府或社会提供的资金、知识、技术、人才、机会及其他必要的资源的支持，使贫民或贫困户中有一定劳动能力者能因此缓解、摆脱贫困，乃至逐步走向富裕。可见，社会扶持也是国家或政府的一项宏观政策，在贫困治理过程中，与社会救助等福利制度相辅相成。通常人们将福利制度形象地称为“输血机制”，将社会扶持政策称之为“造血机制”。

有关社会扶持的思想及举措并非始自现代。在英国的旧济贫法中便可寻觅到有关的规定。在其后的欧美各国的济贫实践中也有类似的举措。在我国历史上也有有关“以工代赈”等等扶贫措施。但在过去，这类举措大多只是停留于字面上而没有实施；或者实施了，但规模很小，实际效果也不佳。像今天这样大规模的、注重实际效果的社会扶持政策实践，在历史上应该尚未出现过。

现代意义上的社会扶持举措无论是在发达国家，还是在发展中国家都实施过。在美国，受刘易斯等人“贫困文化论”的影响，20世纪六七十年代政府提出了著名的

“向贫困宣战”的行动计划。当时的尼克松总统认为，庞大的福利计划会使穷人产生依赖心理。因此，他提倡在社会福利计划中增加“工作刺激”。他指出：“应该提出一种计划，使更多的美国人脱离社会福利而去参加工作，以取代那种花费数以百万计的美元而使更多的人依赖于社会福利的政策。”“向贫困宣战”计划由就业计划、农业季节工计划、地区发展计划等10项具体计划组成，试图通过提供各种机会使穷人从根本上改变贫困的境遇。继美国之后，一些发达国家也根据本国的贫困情况，先后制定并实施了一些以消灭特定贫困群体为目标的反贫困计划。实施积极的反贫困计划也得到一般民众的拥护。一项调查表明，大多数美国人认为，消灭贫困的关键在改变穷人的文化环境，只简单地将救济金交给穷人会使他们产生更大的依赖性，失去奋斗的动力。

在发展中国家，如亚洲的印度、泰国、印度尼西亚、韩国等，自20世纪70年代起，在世界银行、联合国粮农组织等国际组织的帮助下，先后都兴起了以缓解农村地区贫困问题为中心的经济与社会开发计划。其中以增加贫困人口的经济收入与就业机会为目标的经济开发计划是主体，社会发展计划则作为补充。印度于1980年开始的农村经济开发计划重点集中于使农村贫困户中的赤贫户增加收入，以摆脱贫困。该国第六个五年计划要求在计划期内扶贫1 500万户，每个社区平均约为3 000户。其中2 000户被纳入农业与合作经济，500户进入乡村工业，500户从事服务业。计划对扶贫进度及补助金额都有详尽的规定。作为辅助措施的社会发展计划主要涉及对穷人生存环境如道路、水源、住房、供电的改善，消费水平的提高及初级的卫生、教育条件的提供等等。由于缺乏资金的支持，这些发展中国家的社会开发计划没有取得预期的效果。

我国自20世纪50年代开始至80年代中期的贫困治理工作，所采取的基本上是被动的救灾、救济，即所谓的“输血机制”。这种工作是必要的，但如将其比重提高到不适当的水平，则会产生十分不利的后果。长期被动扶贫的结果，难以形成贫困地区及个人自我发展、自我积累的能力，同时还助长了救济对象的“等、靠、要”的依赖思想。鉴于此，1985年以后，国家对扶贫政策进行了重大调整，从简单的、分散的救济性扶贫向实行救济与注重经济、社会开发的整体性扶贫过渡，初步形成了扶贫的“造血机制”。1994年我国政府制定了《国家八七扶贫攻坚计划（1994—2000年）》，计划中明确提出了开发式扶贫的战略措施，要求在1994—2000年共计七年的时间内，采取财政、金融、教育、科技等方面的政策扶持，帮助贫困地区的8 000万人口摆脱贫困。该计划将我国的开发式扶贫事业推向了一个新阶段。

1985年以后扶贫工作的主要特点有：（1）改变原有的单纯救济式扶贫，实行开发式扶贫，具体形式包括兴办乡镇企业、发展商品经济、强化社会服务体系、开展劳务输出、兴办扶贫经济实体、加强智力开发、重视科技作用等。（2）对扶贫资金的管理使用办法实行改革，改变原来的平均分散投资的办法和按贫困人口平均分配使用资金的办法，实施按项目投放管理和按效益分配资金的新举措。（3）注意克服只重视资金物质投入、忽视科技智力开发的弊端，实行资金、技术、物质、信息、人才的配套投入。（4）注重资金的使用效益，建立科学、合理、高效的投入产出机制，并加强了对资金使用效益的监督。（5）注意加强扶贫的组织领导和社会动员。在国家层面，1986年国务院成立了贫困地区经济开发领导小组，1993年改称国务院扶贫开发领导小组，下设国务院扶贫办，专门负责全国的开发性扶贫工作。贫困面较大的省（区）、地、县也成立了相应的对口机构。在实施中，采取了广泛的社会动员方式，从中央到省（区）、地、县各级机构及社会各界向贫困地区派出工作团（组），分片联系，帮助贫困地区的经济开发并培养它们自我发展的能力。

开发式扶贫的着眼点是努力使贫困地区及贫困人口形成自我积累、自我吸收、自我发展的能力。从实际效果来看，这种扶贫机制取得了明显的经济效益和社会效益，是近年我国贫困人口大幅下降的原因。不过，这项工作在实际推行中也出现了不少偏差，突出表现为一些地区只关注一些脱贫的硬性目标，忽视智力开发、科技投入等比较软性的目标，造成近期发展与长远发展的脱节或错位，不利于贫困地区从根本上摆脱贫困。此外，过去的开发式扶贫计划也在一定程度上体现出急躁、主观的倾向，对这项工作的长期性和艰巨性估计不足。为此，进入21世纪以来，我国政府相继发布《中国农村扶贫开发纲要（2001—2010年）》及《中国农村扶贫开发纲要（2011—2020年）》，希望经过各方面努力，于新世纪初基本解决贫困问题。

值得特别指出的是，中共中央、国务院于2015年11月29日颁布《关于打赢脱贫攻坚战的决定》，确立了“精准扶贫”方略并全面实施，是指导当前和今后一个时期脱贫攻坚工作的纲要性文件。决定提出，到2020年“精准扶贫”的总体目标是：“稳定实现农村贫困人口不愁吃、不愁穿，义务教育、基本医疗和住房安全有保障。实现贫困地区农民人均可支配收入增长幅度高于全国平均水平，基本公共服务主要领域指标接近全国平均水平。确保我国现行标准下农村贫困人口实现脱贫，贫困县全部摘帽，解决区域性整体贫困。”

三、贫困治理工作：社会工作的作用①

作为一项专业化、职业化活动，社会工作在贫困治理中发挥着不可替代的独特作用。社会工作在贫困治理中的作用主要表现在以下几个方面。

（一）社会工作为反贫困提供了专业价值观

社会工作是一种专业化的服务活动，这种专业化的服务活动是建立在系统的理论知识基础上的；社会工作是一种助人活动，这种助人活动是建立在利他主义等价值基础上的。社会工作是一种以价值为本位的专业。作为社会工作的灵魂，价值贯穿于社会工作的始终。

助人自助是社会工作的核心价值观。助人自助是指社会工作者在助人的工作中，协助案主摆脱困境与发展自我的能力，使其在离开社会工作者的帮助后也能够解决或避免发生类似其之前遇到的问题。简单地说，就是使案主能够自我完善、自我发展和适应环境。

社会工作助人的过程，绝不是单方面地施惠于人，更不是扮演救世主的角色。社

① 向德平，姚霞．社会工作介入我国反贫困实践的空间与途径．教学与研究，2009（6）．

会工作者相信，个人、团体、社区乃至社会都有克服困难、解决问题的潜能，一旦这种潜能得到发挥，问题便可迎刃而解。社会工作者的任务就在于帮助案主在困境和无助中了解自己的真实处境，引导他们用一种客观、正确、健康的观点来看待自己的处境。社会工作的整个过程是以助人开始，以受助者自助结束，因而社会工作过程是一个助人自助的过程。

（二）社会工作为反贫困提供了“优势视角”

一般认为，贫困是因为社会或自身的某些原因导致的，因此，帮助对象的过程实际上是在帮助受助者解决问题，这是“问题视角”。社会工作者认为，每个人都是有潜能的，受助者之所以身陷困难，是因为其潜能没有充分发挥，其能力没有得到提升。因此，帮助受助对象最重要的是赋权——发挥潜能、提升能力，最终实现助人自助。这是“优势视角”。社会工作不但致力于解决人们遇到的各种困难，而且致力于促进人的发展。在助人过程中，社会工作者充分尊重那些陷入困境中的人们的自主与自决，尊重受助者的自我选择、自我决定的权利。社会工作者还应充分调动受助者的主动性、积极性和创造性，不仅要为受助者救难、解困，而且应更重视帮助受助者提高其自助的能力，实现自我的发展。社会工作者应动员各种社会资源和社会力量，动用一切社会条件对受助者进行援助。社会工作者应通过增加人的知识和技能、增强克服困难的能力，提高个人与社会协调能力，帮助个人、社会群体及社区获得更好的发展。社会工作者应注重对受助者的教育，通过教育使受助者适应社会环境，调整心态，调整行为，适应新的社会。社会工作者还应注重个人内在资源的开发，如智力的提高和能力的培养等，为个人的发展创造条件。

（三）社会工作为贫困治理提供了专业的方法与技术

社会工作者不仅重视助人自助的理念，在实际工作中还可运用专业的技术和手段。如在方法上运用社会工作中的小组工作、个案工作、社区工作的方法，运用个案辅导、团体技巧、社区资源调动、咨询、培训等多种介入方式和技巧，了解贫困者的困境，评估他们的需求，培育、挖掘和提升贫困者的能力，协助他们走出困境，增强他们融入社会的能力。社会工作作为一种制度设计，其核心在于把助人自助的理念转变为增强贫困者能力建设的实践，即把依靠行政强制的外部支持转变为扶贫对象的自主自立发展。

四、贫困治理工作：社会工作专业方法的运用

缓解贫困最根本的是提升贫困人口的自身发展能力，而不是简单地为贫困人口提供基本的生活保障，只有当贫困人口自身具备了一定的发展能力，从源头上消灭了致贫的原因时，才能使他们真正地走出贫困。这与社会工作的理念十分契合。作为一门助人的专业，“助人自助”是社会工作的根本理念，它注重工作对象自身能力的提升和发展，以从根本上帮助工作对象摆脱困境。

这里主要介绍与讨论社会工作的三大专业方法即个案社会工作、小组社会工作及社区社会工作在贫困治理工作中的运用。①②

（一）贫困治理中的个案社会工作

这是社会工作者针对贫民及贫困家庭开展工作时所经常采用的一种工作方法。运用社会个案工作方法在协助案主发挥其个人潜力，正确地处理其所面临的问题，以增进社会适应功能上起着重要的作用。贫民或贫困家庭往往在心理或人格上存在这样那样的问题或特点，这类问题妨碍着他们最终走出困境。

不少学者针对贫民的特点做过研究。沃伦·I. 艾伦将贫民的人格特征概括为：(1) 精神疾病。贫困的压力对心理适应影响显著，贫民中慢性精神分裂症和性格异常的发现比率较高。(2) 时间展望。对较长远的计划和满足的追求欲望低微，相反，对痛苦的忍受力较强。(3) 满足的延宕。常暂时搁置欲望。(4) 成就动机极低。(5) 较期待外在的控制。靠运气，碰机会，而不期待于内在的自我控制。(6) 需借助外在的诱因来学习。(7) 自我观念偏低，自尊心偏低。

基于贫民自助动机缺乏，态度改变的倾向偏低，情绪低落，又不主动求助，听天由命等特点，社会工作者应有针对性地开展工作。首先，社会工作者应主动和贫民接触，了解贫民的生存状况和需求；其次，社会工作者应设法调动各种资源以解决贫民的当务之急；再次，激发贫民自我改变的动机和欲望并实际引导贫民改变；最后，对贫民进行一些比较适用的技术、技能的培训，使他们通过学习掌握基本的生存技能。在这些工作中，个案工作者应特别注重贫民心理、人格、动机、态度的改变，做好“扶贫先扶志”的工作，只有如此，才有可能使贫民最终走出贫困。

（二）贫困治理中的小组社会工作

小组社会工作方法在贫困治理中也有着自己的用武之地，运用这一方法通常被认为是一种促进贫民及其后代改变的一条较为经济、可行、有效的途径。刘易斯的“贫困文化论”指出，穷人长期生活于贫困文化中，会与社会主流文化隔绝并造成贫困文化的代代相传。而要摆脱贫困文化的束缚，就应当增加贫民与主流文化接触的机会及其被主流文化接纳的技能。社会工作者运用小组工作方法开展工作，既应针对贫民本身，更应针对贫民的后代。针对后者开展工作有着更为根本的意义：有可能使贫困家庭最终走出贫困的恶性循环。

其具体做法可以是通过建立贫民互助小组、贫民子女辅导小组，以及贫民及其子女与其他社会阶层成员组成的互助小组，通过社会工作者的有效介入及群体成员之间的频繁互动，使贫民及其后代能够接触社会主流文化，培养其积极的人生态度，建立正确的生活信念，掌握必要的人际交往的技巧，这些都是帮助他们摆脱困境的基本准备。

---

① 王思斌．社会工作概论．北京：高等教育出版社，1999：268－270.

② 隋玉杰．社会工作——理论、方法与实务．北京：中国社会科学出版社，1996：187－189.

案例介绍：减少农民工贫困[①]

2002 年，联合国教科文组织与中国社会科学院合作，启动了一项以减少农民工贫困为目标的行动研究——“城市青年外来务工者贫困扶助”项目。这个为期六年（2002—2007 年）的项目在全国选取了八个实验观察点，试图探索、发现具有创新意义的减少农民工贫困的途径。经过阶段性的项目实践，项目组总结出了很多能够直接或间接减少农民工贫困的方式，如技能培训、加强健康法律意识、支持网络建设、社会融合推进等等，都能在一定程度上缓解农民工贫困。其中，赤峰和成都项目点的网络建设，使用的就是社会工作中的小组工作方法。

赤峰项目点以“打工者之家”为依托，定期开展打工妹的公共活动，这些公共活动为打工妹提供了加强社会网络的机会。在参加这些活动的同时，他们可以认识新的朋友，与同在一地的亲戚、朋友、熟人相聚（而以往这些集会往往在超市、马路边、公园等地方进行），同时进行正式的讨论与非正式的交流。这些公共活动加强了她们之间的联系，增加了她们网络内部的社会资本，起到加强社会支持网的作用。另一项目观察点成都则努力为农民工及其家庭建立社会支持网，这个支持网包括了企业（雇主）、大学生（志愿者）、研究机构、政府部门、农民工子女学校与法律事务所等多个机构与个人。这个支持网利用自身的优势为农民工提供法律、子女教育、培训等多方面的服务。赤峰和成都两地为农民工建设社会支持网络的做法，缓解了农民工社会支持网弱化的问题，减少了社会空间的变化给农民工带来的贫困。

（三）贫困治理中的社区社会工作

社区工作强调居民参与、合作、社区自助、领袖培训等主题，强调经济社会全面协调发展，在方法上注重教育与组织的应用。社区工作方法特别是社区发展的理念和方法在各国的贫困治理中得到了广泛的应用。在发展中国家特别是类似中国这样的发展中的大国，推行这一方法治理贫困，更具普遍意义与合理性。

美国学者克林纳德（M. B. Clinard）根据他在印度德里贫民区指导社区发展的实际经验，著有《贫民区与社区发展》一书。他在书中指出，贫民区的问题并非单靠社会福利计划或增加就业机会所能解决，应当注意运用社区发展的原则和方法。他主张应推行低收入社区的自助教育，培育当地人才，建立创新组织，给予贫民荣誉，并掌握急难时机，唤起更生的愿望。在具体运作上，应注重唤起社区意识，促成社区自助，训练当地人才，配合政府援助。

但社区工作方法的运用更多的是在农村地区。第二次世界大战后，不少新兴国家针对贫穷、疾病、失业、经济发展缓慢等各种问题，在政府力量难以顾及的情况下，开始探索运用民间资源与发挥社区自助以解决问题。这一探索后来受到联合国的重视并加以推广。于是，一场以乡村社区为主体、通过社区发展带动落后地区经济、社会

① 黄平，杜铭那克．农民工反贫困：城市问题与政策导向．北京：社会科学文献出版社，2006：32－36.

发展的运动于20世纪的五六十年代在全球范围内开展起来。我国早在20世纪二三十年代就出现过以改变乡村落后面貌为目标的“乡村建设运动”，其所运用的方法类似于后来的社区发展的方法。从20世纪80年代中期开始的开发性扶贫，试图通过政府与社会在资金、物资、技术等各种外部资源的援助下，启动贫困地区内部自我发展的动力和潜力，通过经济发展，达到脱贫致富、改善生活的目的，这一思路也具有明显的社区发展的色彩，也出现了各方合作运用专业社区工作方法在农村社区反贫困实践中取得巨大成功的具体案例（参见以下案例介绍）。

案例介绍：贫困治理中社区工作方法的运用[①]

松口（化名），云南西部某少数民族行政村，位于海拔2 500米的喀斯特岩溶山区，境内无自然水源，人均年耕地1亩左右，均为旱地，全村人口中96%是彝族，2000年全村年人均纯收入仅为474元。松口为高寒地区，少数民族集中且贫困比较普遍。如何帮助松口摆脱贫困，是当地政府最为头疼的事情。转机出现在1998年，国际扶贫组织香港某NGO（以下简称NGO）在云南省政府的支持下，于1998年带着资金和方法来到了松口，希望通过几年的努力来改变这个贫困山村的面貌。

NGO将这次社区扶贫的理念定为“以权为本，以改善社区生计、实现社区的民主管理和可持续性发展为目标，注重运用参与性手法和引入社会性别视角，积极推动社区的参与、赋权和自我发展”。在这一理念指导下，NGO进入松口后，首先在机制建设、社区组织管理和社区制度建设上下功夫：县政府成立了“县NGO项目领导小组”，下设“县NGO项目办公室”，负责协助社区实施综合扶贫发展项目。其次，组织农户广泛参与，通过投票的方式民主选举产生了5个片区管理中心和社区发展委员会，同时在发展委员会内成立了基础设施、教育、卫生等管理小组。最后，采用“从上至下”的方法讨论制定了社区发展委员会的职责及相关管理监督措施，以制度建设为切入点，增强了农民的参与和管理意识。

在制度保障和群众参与的基础打好之后，2001年4月，扶贫项目正式启动。NGO投资，村民投工投劳，进行小水窖、道路、卫生医疗、校舍等基础设施的建设和更新，不仅节省资金，工程优良，而且村民直接受益。在工作中，NGO非常注重培养妇女的广泛参与意识，专门建立了妇女活动中心，对妇女进行各种知识的培训，还组织妇女外出考察，开阔她们的眼界，提高她们的参与意识。另外，NGO还投入10万余元建立社区发展基金贷款项目，逐步形成了“有偿使用，小额、短期、整贷零还、小组互助联保、滚动发展”的运行机制，以帮助大家发展经济，增加收入。通过一系列方案的实施，NGO不仅帮助村民实现了增产增收，提高了农户的科技管理水平，而且改善了社区的医疗卫生、教育和文化的条件，改变了村民的生活观念，杜绝了适龄儿童因贫困失学的现象。更为重要的是，项目增强了社区农户的参与意识和互助意识，提高了妇女参与社区事务的能力和自信心，初步建立了社区民主管理的运行机制。

---

① 张和清．农村社会工作．北京：高等教育出版社，2008：243－248.

从2001年4月至2004年3月项目正式实施的三年中，松口社区扶贫项目取得了巨大成功。总结起来，这次社区扶贫工作主要有以下特征：一是注重受益人的需求，强调受益人的参与，把参与贯穿于项目活动的始终，在此过程中建立起自我发展的能力；二是强调互助合作，共同发展；三是关注项目主体的意识提升；四是以关注弱势群体（特困户和妇女）为基础，实现资源分配的公平性；五是把机制建设作为项目建设的主要内容，达到社区农户既是项目选择者、实施者、受益者，又是管理者和推动者的目标，实现社区的可持续发展。

本章要点

1. 贫困是指在一定环境条件下，人们在较长时期内难以维持一种生理上所要求的、社会文化可接受的、社会公认的基本生活水准的状态。西方学者则偏向于对贫困的广义理解，我国学者倾向于对贫困的狭义理解，这是由于各自所处的不同经济、社会发展背景所决定的。

2. 绝对贫困是指一种低于最低（或最基本）的物质生活水准的生活状态。相对贫困是指相对于社会上其他人群的生活水平而言，有一部分人处于社会生活水准的最下层。相对贫困测量的是社会财富（收入）在不同的社会阶层或群体间的分配问题，它是一个动态的、发展的概念，反映社会收入分配不平等的程度。我国目前所要解决的贫困主要的是绝对贫困，但随着经济的进一步发展和改革的深化，有关解决相对贫困问题，以缓解日益严重的贫富两极分化的呼声也在不断高涨。

3. 要准确地掌握贫困发生的范围和程度，必须采用科学的方法对贫困加以测量。测量绝对贫困的方法主要有人均国民生产总值法、恩格尔系数法、市场菜篮法等。相对贫困的测量方法主要有实际生活质量指数法、基尼系数法、五等分法、收入比例法等。

4. 贫困作为一个世界性的现象，在西方工业革命以后变得更加突出和尖锐。学者们针对贫困现象构建了各种理论模型。社会学家、经济学家等提出的个人主义贫困论、贫困结构论、贫困功能论、贫困文化论、贫困冲突论及贫困处境论等，对于反贫困社会政策的制定与实际社会工作的开展具有一定的指导、借鉴意义。

5. 贫困治理工作是社会工作的一个传统内容。从早期比较被动的济贫到后来特别是20世纪以来强调全面的贫困治理，社会工作的理念和实践都发生了重大的变化。各国治理贫困的实践，既有差异，也有共同或一致的一面。就共同的一面而言，主要体现在宏观层面，各国注重社会保障或社会救助制度建设以及强调和强化针对贫困的社会扶持政策。就差异的一面而言，在微观领域，发达国家比较注重社会工作专业方法的运用，我国在这方面还存在不少欠缺。

复习思考题

1. 什么是贫困？我国现阶段的贫困有何特点？
2. 什么是绝对贫困？如何测量绝对贫困？
3. 什么是相对贫困？如何测量相对贫困？

4. 试述西方社会学有关贫困现象的几种主要理论。

5. 现代贫困治理的理念和实践与过去相比有何根本区别？

6. 社会工作在贫困治理中有何作用？

7. 结合我国当前实施精准扶贫的实际，谈谈社会工作的专业方法在反贫困实践中的应用。

关键概念

贫困、绝对贫困、相对贫困、恩格尔系数、基尼系数、贫困治理、反贫困社会工作、精准扶贫

推荐阅读书目

1. 李迎生，徐向文．发展型福利视野下我国反贫困社会政策的改革创新——基于一个本土化分析框架．社会科学，2018（2）．

2. 巴尔等．福利经济学的前沿问题．北京：中国税务出版社，2000.

3. 时正新．中国社会救助体系研究．北京：中国社会科学出版社，2002.

4. 张和清．农村社会工作．北京：高等教育出版社，2008.

5. 向德平，姚霞．社会工作介入我国反贫困实践的空间与途径．教学与研究，2009（6）．

6. 联合国开发计划署. 中国人类发展报告 2016.（2016－08－17）[2018－03－05]. http：//www.cn.undp.org/content/china/zh/home/library/human_development/china-human-development-report-2016/.

图书在版编目（CIP）数据

社会工作概论/李迎生主编．—3 版．—北京：中国人民大学出版社，2018.8
新编 21 世纪社会工作系列教材
ISBN 978-7-300-25805-8

Ⅰ.①社… Ⅱ.①李… Ⅲ.①社会工作-概论-教材 Ⅳ.①C916

中国版本图书馆 CIP 数据核字（2018）第 106981 号

"十二五"普通高等教育本科国家级规划教材
北京高等教育精品教材
新编 21 世纪社会工作系列教材
社会工作概论（第三版）
主　编　李迎生
Shehui Gongzuo Gailun

出版发行	中国人民大学出版社		
社　　址	北京中关村大街 31 号	**邮政编码**	100080
电　　话	010－62511242（总编室）		010－62511770（质管部）
	010－82501766（邮购部）		010－62514148（门市部）
	010－62515195（发行公司）		010－62515275（盗版举报）
网　　址	http://www.crup.com.cn		
经　　销	新华书店		
印　　刷	固安县铭成印刷有限公司	**版　　次**	2004 年 2 月第 1 版
开　　本	787 mm×1092 mm　1/16		2018 年 8 月第 3 版
印　　张	37.5	**印　　次**	2025 年 1 月第 13 次印刷
字　　数	830 000	**定　　价**	79.00 元

关联课程教材推荐

书号	书名	作者	定价
978-7-300-26267-3	个案工作（第二版）	隋玉杰	59.00 元
978-7-300-30127-3	小组工作（第二版）	万江红	48.00 元
978-7-300-21231-9	社区工作（第三版）	夏建中	45.00 元
978-7-300-28092-9	社会工作行政（第二版）	时立荣	39.90 元
978-7-300-30042-9	社会工作实务（第三版）	库少雄	65.00 元
978-7-300-30448-9	社会工作实用写作	江国平 张艳	39.90 元

配套教学资源支持

尊敬的老师：

衷心感谢您选择人大版教材！相关的配套教学资源，请到中国人民大学出版社官网（www.crup.com.cn）下载。部分教学资源需要验证您的教师身份后，才可以下载，请您登录出版社官网后，点右上角“注册”，填写“会员中心”的“我的教师认证”项目，等待后台审核。我们将尽快为您开通下载权限。

如您急需教学资源或教材样书，也可以直接与我们的编辑联系：

龚洪训　　电话：010-62515637　　电子邮箱：6130616@qq.com

专业教师 QQ 群：

195761402（全国社会学教师 QQ 群）

欢迎您登录浏览人大社网站，了解图书信息，共享教学资源

期待您加入专业教师 QQ 群，开展学术讨论，交流教学心得